Barbara Korte / Klaus Peter Müller / Josef Schmied

Einführung in die Anglistik

2., überarbeitete und aktualisierte Auflage

2004
Verlag J.B. Metzler Stuttgart · Weimar

Die Autorin/die Autoren

Barbara Korte, Professorin für Anglistische Literaturwissenschaft an der Universität Freiburg; Veröffentlichungen u.a. zur Erzählforschung, zum englischen Reisebericht und zur britischen short story.

Klaus Peter Müller, Professor für Anglistik an der Universität Mainz; Veröffentlichungen u.a. zur britischen Literatur, zur Kulturwissenschaft und Fachdidaktik.

Josef Schmied, Professor für Englische Sprachwissenschaft an der Technischen Universität Chemnitz; Veröffentlichungen u.a. zu Computeranwendungen in der Sprachwissenschaft und zur Sprachvariation.

Bibliografische Information Der Deutschen Bibliothek
Die Deutsche Bibliothek verzeichnet diese Publikation in der Deutschen Nationalbibliografie; detaillierte bibliografische Daten sind im Internet über <http://dnb.ddb.de> abrufbar.

ISBN 978-3-476-01894-6
ISBN 978-3-476-05036-6 (eBook)
DOI 10.1007/978-3-476-05036-6

Dieses Werk einschließlich aller seiner Teile ist urheberrechtlich geschützt. Jede Verwertung außerhalb der engen Grenzen des Urheberrechtsgesetzes ist ohne Zustimmung des Verlages unzulässig und strafbar. Das gilt insbesondere für Vervielfältigungen, Übersetzungen, Mikroverfilmungen und die Einspeicherung und Verarbeitung in elektronischen Systemen.

© 2004 Springer-Verlag GmbH Deutschland
Ursprünglich erschienen bei J. B. Metzler'sche Verlagsbuchhandlung
und Carl Ernst Poeschel Verlag GmbH in Stuttgart 2004
www.metzlerverlag.de
info@metzlerverlag.de

Vorwort

Diese einführende Darstellung richtet sich vor allem an Leserinnen und Leser[1], die am Beginn eines **Studiums der englischen Sprache, Literatur und Kultur** stehen – einem der am häufigsten gewählten Studienfächer und der größten Fremdsprachendisziplin. Dieses Studium wird als ›Fach‹ je nach Hochschule und den dortigen Studienmöglichkeiten unterschiedlich benannt: als ›Anglistik‹, ›Anglistik/Amerikanistik‹, ›English oder British Studies‹ oder einfach als ›Englisch‹ (in Lehramtsstudiengängen). Hinter diesen Bezeichnungen verbergen sich sowohl eine bestimmte Geschichte des Fachs als auch verschiedene Vorstellungen vom Fach und seinen Möglichkeiten. Wir haben uns für ›Anglistik‹ entschieden und verstehen hierunter das Fach in einem Sinn, der prinzipiell **die Kulturen aller englischsprachigen Länder** umfasst, sich vor allem aber auf die Britischen Inseln sowie ehemalige britische Kolonialgebiete außer den USA bezieht.

Für die **Amerikanistik** (oder *American Studies*), die sich der Sprache, Literatur und Kultur der USA widmet und die man an einer Reihe von Universitäten auch als separates Fach studieren kann, werden Hinweise knapp gehalten, weil hierzu eine separate Einführung geplant ist. Es ist uns jedoch wichtig, dass die Amerikanistik auch in einem ›anglistischen‹ Studienführer nicht völlig aus dem Blick gerät, denn eine unserer Grundannahmen ist, dass alle Bereiche der englischsprachigen Kulturen schon allein aufgrund ihrer Sprache und Geschichte miteinander ›vernetzt‹ sind.

Innerhalb dieses **Netzwerks** ist die große kulturelle, sprachliche und literarische Vielfalt des englischen Sprachraums ein Aspekt, der ein Studium der Anglistik besonders attraktiv macht und über den Lehrerberuf hinaus viele Betätigungsfelder erschließt: in den Medien (Verlagswesen, Fernsehen und Rundfunk), im Übersetzerbereich, im Tourismus, bei Kulturinstitutionen und im Kulturmanagement, in der Erwachsenenbildung oder im interkulturellen Training in der Wirtschaft. Gute Absolventen eines Anglistikstudiums haben überall Chancen, wo es auf Sprachkenntnisse, Kompetenz im Umgang mit Texten und (inter-)kulturelle Kompetenzen ankommt. Um sich möglichst viele dieser Chancen zu erschließen, sollte man schon während des Studiums Möglichkeiten des Praktikums, des Volontariats und natürlich des Auslandsaufenthalts nutzen.

Die Anglistik befindet sich seit einigen Jahren in einer **Phase der Neubestimmung**, vor allem in Bezug auf Studienabschlüsse und -inhalte sowie in Bezug auf das Verhältnis ihrer Komponenten Sprach-, Literatur- und Kulturwissenschaft zueinander. Man kann Anglistik heute noch mit den in Deutschland traditionellen Abschlüssen des Magisters, des Staatsexamens und anschließend der Promotion

---

1 Wir bitten die Leserinnen um Verständnis, dass wir aus stilistischen Gründen im Folgenden auf die politisch korrekte Verwendung männlicher *und* weiblicher grammatischer Formen verzichten.

studieren. Daneben sind anglistische Komponenten Teil von Diplomstudiengängen, die mit Blick auf den späteren Arbeitsmarkt das Studium der englischsprachigen Literaturen und Kulturen z.B. mit einem wirtschaftswissenschaftlichen Studium verbinden oder es als Teil eines medien- und übersetzungswissenschaftlichen Studiums anbieten.

In den kommenden Jahren werden die herkömmlichen deutschen Abschlüsse allerdings sukzessive durch **BA- und MA-Studiengänge** ersetzt, und an einer zunehmenden Zahl von Universitäten ist eine Entscheidung für einen anglistischen BA und MA auch jetzt schon möglich. Bei den neuen BA/MA-Studiengängen sind eine Modularisierung und eine straffere Studienorganisation mit vorgegebenen Studienplänen verbunden. Der BA ist ein grundständiges Studium, in dem die Vermittlung von Grundwissen eine wichtige Rolle einnimmt. Der sich an ein BA-Studium anschließende MA bietet eine vertiefte wissenschaftliche Ausbildung und ist Voraussetzung für die eventuelle Aufnahme in ein PhD-Programm.

Diese Einführung in die Anglistik hat das Ziel, **das Fach in seiner ganzen Breite als Netzwerk darzustellen**. Deshalb bietet sie die Basis für einen vertieften Studiengang ›Anglistik‹, ›English and American Studies‹ oder ähnlich bezeichnet. Da der BA als Hauptfach im Grundstudium mindestens so viele Semesterstunden fordert wie die herkömmlichen Studiengänge, kann und muss diese Ausbildung das in diesem Band vorgestellte Grundwissen vermitteln. Daneben wird es aber auch spezialisierte BA- und vor allem MA-Studiengänge geben, z.B. ›*English/American Literature*‹, ›*English Linguistics*‹, ›*Cultural Studies*‹, sowie anglistische Module und Schwerpunkte in Studiengängen wie ›*European Linguistics*‹, ›*Translation Studies*‹, ›*Intercultural Communication*‹, ›*Postcolonial Studies*‹ oder ›*Gender Studies*‹, um nur einige Möglichkeiten zu nennen. Auch in diesen Fällen bietet dieser Band ein Fundament, indem er über die einzelnen geforderten Module hinaus anglistische Grundkenntnisse möglichst breit darstellt und damit eine Hilfe für das ergänzende Selbststudium liefert.

Dem **Selbststudium** kommt nicht nur im Zusammenhang mit *E-Learning*, Fernstudium und Weiterbildung eine erhöhte Bedeutung zu, sondern auch in Verbindung mit einem zentralen Stichwort der gegenwärtigen (Hochschul-)Didaktik, dem ›Autonomen Lernen‹. Für eine (immer relative) Autonomie beim Lernen und ein stark selbst bestimmtes Studium mit Berücksichtigung beruflicher Perspektiven und gesellschaftlicher Bedingungen ist Kontextwissen unerlässlich. Auch dies will die vorliegende Einführung mit der Idee des Netzwerks deutlich machen.

Das durch die neuen BA- und MA-Studiengänge stark erweiterte **Studienangebot** macht es erforderlich, dass man sich vor Studienbeginn genau über Möglichkeiten der Abschlüsse, eventuelle Spezialisierungen sowie bestimmte Voraussetzungen (z.B. Sprachtests, Aufnahmeprüfungen etc.) informiert. Die für jedes Semester erscheinende Publikation *AREAS* stellt für alle Hochschulen in den deutschsprachigen Ländern das laufende anglistische Studienangebot zusammen; sie kann in Universitätsbibliotheken eingesehen werden. Eine leicht zugängliche und besonders aktuelle Informationsquelle ist jedoch das Internet, in dem alle anglistischen Institute und der *Deutsche Anglistenverband* mit ihren *home pages* vertreten sind.

Der neuen **Bedeutung des Internet** trägt auch dieser Band Rechnung, indem er nicht nur auf die Informationsmöglichkeiten und Hilfen aus dem Internet hinweist, sondern eine eigene Seite mit Ergänzungen und Aktualisierungen anbietet, und zwar unter: http://www.tu-chemnitz.de/phil/english/einf

Das Studium der Anglistik hat sich immer wieder dem aktuellen Stand der Hochschulpolitik und natürlich dem der wissenschaftlichen Diskussion angepasst und wird dies weiter tun. Zwar kommen in unserer Einführung bewährte traditionelle Ansätze zu ihrem Recht, gerade in der Bereitstellung neuer, alternativer Perspektiven liegt aber ein Reiz der Sprach-, Literatur- und Kulturwissenschaft, mit deren Elementen man im Übrigen ja in der Schule wie im täglichen Leben schon erste Erfahrungen gesammelt hat. Bekanntes, wo immer möglich, im Licht aktueller fachwissenschaftlicher Entwicklungen zu präsentieren, ist eines unserer Anliegen. Unsere Einführung nimmt also bewährte Begriffe der Anglistik auf, fügt neue hinzu und versucht so, das Gesamtgebäude und die Denkweise heutiger Sprach-, Literatur- und Kulturwissenschaftler am Beispiel des Englischen zu zeigen. Ebenso wird die Fachdidaktik in ihren aktuellen Verbindungen in den Bereichen der Anglistik und wichtigen Bezugswissenschaften mit ihren Schwerpunkten sowie traditionellen und neuesten Ansätzen vorgestellt.

Diese Einführung setzt wenig Vorkenntnisse über Sprach-, Literatur- und Kulturwissenschaft sowie Fachdidaktik voraus und will einen ersten Einblick in das weite Feld der anglistischen Teilbereiche vermitteln. Sie ersetzt weder den Besuch anglistischer Einführungskurse, noch will sie als Nachschlagewerk für alle im Anglistikstudium relevanten Termini fungieren. Natürlich stellen wir anhand von Beispielen die wichtigsten fachwissenschaftlichen Ansätze und Begriffe der anglistischen Teilbereiche (deutsch und englisch) vor, denn ein wesentlicher Bestandteil der wissenschaftlichen Betrachtungsweise ist terminologische Genauigkeit. Wir möchten vor allem aber, auf der Basis eines aktuellen Verständnisses unseres Fachs, die vielfältigen Zusammenhänge der Arbeitsfelder des Anglistikstudiums akzentuieren und Hilfestellung bieten, wie man sich über unsere Darstellung hinaus weiter in diese Felder einarbeiten kann.

Für tatkräftige Unterstützung bedanken wir uns bei unseren Mitarbeiterinnen und Mitarbeitern: Katja Bay, Anna Bernhardt, Petra Göpfrich, Traute Finn, Dr. Stefanie Lethbridge, Anne Müllerschön, Dr. Jochen Petzold, Ulrike Pirker, Sandra Schaur, Christina Spittel, Evelyn Richter, Gritt Langer und Edward Martin.

Mai 2004, BK, KPM, JS

Inhaltsverzeichnis

Vorwort V

Einleitung: Das Netzwerk der englischsprachigen Kulturen und der Anglistik .. 1

I. Sprachwissenschaft 9

1. Was ist Sprache? 9
   - 1.1 Warum interessiert sich der Mensch für Sprache? 9
   - 1.2 Definitionen von Sprache 10
   - 1.3 Kommunikation als Funktion von Sprache 12
   - 1.4 Kennzeichen von Sprache 14
2. Was ist Sprachwissenschaft? 15
   - 2.1 Kennzeichen wissenschaftlichen Arbeitens 15
   - 2.2 Das Netzwerk der sprachwissenschaftlichen Teildisziplinen .. 17
   - 2.3 Sprachwissenschaft im Netzwerk der Anglistik 19
3. Phonologie und Orthographie: Aussprache und Schreibung 22
   - 3.1 Phonetik: Englische Konsonanten und Vokale 23
   - 3.2 Phonologie: Phoneme und Allophone 26
   - 3.3 Suprasegmentale Phonetik: Lautfolgen 28
   - 3.4 Orthographie: Laut/Buchstaben-Entsprechungen 29
4. Lexikologie: Der Wortschatz 30
   - 4.1 Lexeme als Form/Inhalt-Paare 31
   - 4.2 Etymologie: Wortgeschichte 32
   - 4.3 Wortbildung 35
   - 4.4 Bedeutungsverschiebungen 36
   - 4.5 Lexikalische Strukturen 38
5. Morphologie und Syntax: Grammatik 42
   - 5.1 Missverständnisse über Grammatik 42
   - 5.2 Wortarten und Satzfunktionen 43
   - 5.3 Grammatische Morpheme 46
   - 5.4 Syntax: Satzbau und -analyse 51
   - 5.5 Syntaxtheorie 53
6. Text, Textualität und Texttypen 55
   - 6.1 Textualität: Was ist ein Text? 55
   - 6.2 Bessere Kohärenz von Texten durch grammatische und lexikalische Kohäsionsmerkmale 56
   - 6.3 Texttypen als Konventionen von Texten im Gebrauch 57

7. Semantik: Bedeutungen 59
  7.1 Bedeutung und außersprachliche Wirklichkeit 59
  7.2 Bedeutung und Aussprache 62
  7.3 Bedeutung und Lexeme 62
  7.4 Bedeutung und Grammatik 65
  7.5 Bedeutung und sprachliches Handeln: Pragmatik 66
8. Was ist Englisch? 68
  8.1 Sprachstile: Englisch für jede Gelegenheit 68
    8.1.1 Gesprochene – geschriebene Sprache 68
    8.1.2 Fachsprachen 70
  8.2 Sprachgeschichte: Englische Texte im Wandel der Zeiten 70
    8.2.1 Die historischen Sprachstufen des Englischen 70
    8.2.2 Die Entwicklung des Standards 73
  8.3 Soziolinguistik und Dialektologie: Englisch weltweit 74
    8.3.1 Referenzvarietäten: Britisches und amerikanisches
          Englisch 74
    8.3.2 Pidgin- und Kreolsprachen 76

II. Literaturwissenschaft 79

1. Anglistische Literaturwissenschaft und ›Englische‹ Literatur 79
  1.1 Was ist Literaturwissenschaft? 79
  1.2 Was ist Literatur? 80
    1.2.1 Literaturbegriffe 80
    1.2.2 Besonderheiten der literarischen Kommunikation 84
    1.2.3 Der kommunikative ›Zweck‹ von Literatur 86
    1.2.4 Fiktionalität von Literatur 87
    1.2.5 Literatur als Verfremdung 88
  1.3 Was ist ›englische‹ Literatur? 90
    1.3.1 ›Englische‹ Literatur im *Celtic Fringe* 91
    1.3.2 Die ›Neuen‹ Englischsprachigen Literaturen 92
  1.4 Was sollen Anglisten lesen? 94
    1.4.1 Das Kanon-Problem 94
    1.4.2 Intertextualität als Lektüre-Argument 95
2. Literatur-Geschichten: Probleme der Periodisierung
   von (englischer) Literatur 97
3. Literatur-Theorien 100
4. Textinterpretation und Textanalyse 109
  4.1 Gattungen und Untergattungen 110
  4.2 Gattungsübergreifende Fragestellungen der Textanalyse 113
    4.2.1 Sprach- und Strukturanalyse 113
    4.2.2 Der literarische Wirklichkeitsentwurf 114
  4.3 Gedichtanalyse 115
    4.3.1 Rhetorische Figuren und Tropen 116
    4.3.2 Verslehre 118

	4.3.3	Reim 120

        4.3.3 Reim 120
        4.3.4 Gedicht- und Strophenform am Beispiel des Sonetts ... 121
        4.3.5 Subjektivität als Gattungsmerkmal der Lyrik? 123
        4.3.6 Die Sprechsituation lyrischer Texte 124
    4.4 Handlungsanalyse in erzählenden und dramatischen
        Texten. 125
        4.4.1 Handlungsdynamik. 125
        4.4.2 Handlungsstruktur: Story und Plot. 126
        4.4.3 Umstellungen in der Handlungschronologie 128
        4.4.4 Informationsvergabe 128
    4.5 Figurenanalyse in Erzähltext und Drama 129
        4.5.1 Figurenkonzeption 129
        4.5.2 Charakterisierungstechniken 129
    4.6 Spezifika der Erzähltextanalyse 130
        4.6.1 Die Erzählsituation 131
        4.6.2 Homo- und heterodiegetische Erzählinstanzen 132
        4.6.3 Perspektive – Fokalisierung 134
        4.6.4 Begrenzte Fokalisierung und Zuverlässigkeit
              von Erzählinstanzen 136
        4.6.5 Alternativmodell: Die typischen Erzählsituationen
              nach F.K. Stanzel 136
        4.6.6 Erzählerische Manipulation der Zeitdauer 137
        4.6.7 Erzählweisen – Modi der Bewusstseinsdarstellung 139
    4.7 Spezifika der Dramenanalyse 141
        4.7.1 Die Vermittlungssituation im Drama 141
        4.7.2 Redeformen des Dramas. 142
    4.8 Drama und Theater 144
        4.8.1 Vom Text zur Bühne: Plurimediale Umsetzung. 144
        4.8.2 Drama und Theatergeschichte am Beispiel
              Shakespeares. 145
5. Literatur und Medien 147
    5.1 Literatur intermedial 147
    5.2 Filmanalyse 149

III. Kulturwissenschaft 155

1. Kultur und Kulturwissenschaft 155
    1.1 Die Begriffe ›Kultur‹, ›Natur‹, ›Zivilisation‹ und ›Gesellschaft‹. 155
    1.2 Grundlegende Charakteristika von Kultur 159
    1.3 Aufgaben und Methoden der Kulturwissenschaft........... 160
2. Kulturwissenschaft im Netzwerk Anglistik. 165
    2.1 Positionen der Kulturwissenschaft in der Anglistik 166
    2.2 Inhalte und Methoden. 167
        2.2.1 Alltagskultur und Ideologiekritik 168
        2.2.2 Feminismus und Diskursanalyse 172

         2.2.3 Sub-Kulturen, postkoloniale Kulturen, Jugendkulturen
               und regionale Kulturen............................ 176
         2.2.4 Eine grundlegende Methode: Das Lesen, Interpretieren
               und Schreiben von Kultur als Text 183
   2.3 Übergreifende Charakteristika der Anglistischen
       Kulturwissenschaft 186
3. Die Poetik der Lebenswelt als sinnstiftende Erzählung............ 188
   3.1 Der Lebensraum als materielle und Wert setzende Welt
       im *Cultural Materialism*................................. *191*
   3.2 Lebenswelt als narrative Selektion: Die Poetik der Kultur
       im ›New Historicism‹..................................... 194
   3.3 Die eigene Nation und das Fremde: Vorgegebene
       und konstruierte Lebenswelten............................ 197
       3.3.1 Großbritanniens und Englands Suche nach Identität,
             dem Fremden und dem Eigenen 198
       3.3.2 *Heritage Industry* *202*
       3.3.3 Konstruktionen, Dekonstruktionen und
             Re-Konstruktionen des Mythos England /
             Großbritannien 203
4. Ziele einer Anglistischen Kulturwissenschaft 209

IV. Fachdidaktik 211

1. Stellung und Funktion der Fachdidaktik im Anglistikstudium 211
2. Inhalte des fachdidaktischen Studiums........................ 211
   2.1 Zur Geschichte der Fachdidaktik Englisch 212
   2.2 Wissenschaften im Umfeld der Fachdidaktik Englisch........ 213
   2.3 Definitionen von (Fach-)Didaktik 217
   2.4 Das Netzwerk ›Englischunterricht‹ und die Kernbereiche
       der Fachdidaktik Englisch 218
       2.4.1 Sprachdidaktik................................. 222
       2.4.2 Text- und Literaturdidaktik 231
       2.4.3 Didaktik der Kulturwissenschaft (Landeskunde)....... 237
       2.4.4 Mediendidaktik 241
3. Perspektiven und Tendenzen in der Fachdidaktik Englisch 246

V. Sprachpraxis 251

1. Die Stellung der Sprachpraxis im Anglistikstudium 251
2. Grundprinzipien 252
3. Übungsformen in sprachpraktischen Kursen.................... 254
   3.1 Fertigkeitenorientierte Kurse.............................. 254
   3.2 Aufgabenorientierte Kurse................................ 257
   3.3 Integrierte Kurse... 258

4. Ausschöpfen von Hilfsmitteln 261
   4.1 Das (traditionelle) Wörterbuch 261
   4.2 Das Internet 264
   4.3 Auslandsaufenthalt 265
5. Sprachkompetenz und Sprachtests 267

VI. Kommentierte Hilfs- und Arbeitsmittel 269

0. Fachübergreifende Hilfs- und Arbeitsmittel 269
1. Sprachwissenschaft 281
2. Literaturwissenschaft 289
3. Kulturwissenschaft 296
4. Fachdidaktik 305
5. Sprachpraxis 307

VII. Bibliographie der zitierten Literatur 311

1. Sprachwissenschaft 311
2. Literaturwissenschaft 312
3. Kulturwissenschaft 318
4. Fachdidaktik 330
5. Sprachpraxis 342

Sachregister 345

Einleitung: Das Netzwerk der englischsprachigen Kulturen und der Anglistik

›Terranglia‹ als Gegenstand der Anglistik

Die Gebiete, in denen das Englische heute als Erst- oder Zweitsprache gesprochen wird, werden u.a. mit dem Begriff ›**Terranglia**‹ zusammengefasst.

Wie Abbildung 1 zu entnehmen ist, hat sich die englische Sprache aufgrund der Handels- und Kolonisationstätigkeit der Engländer bzw. Briten über die ganze Erde verbreitet. Abgesehen davon ist das Englische heute die globale Verkehrssprache Nummer 1 – in Wirtschaft, Politik, Wissenschaft und im Internet. In allen Bereichen der ›interkulturellen Kommunikation‹ kommt dem Englischen eine herausragende Bedeutung zu.

Wenn das Englische also Welten verbindet, so hat ›Terranglia‹ aber auch ihre besonderen **regionalen Ausprägungen**. Gerade die Eigenheiten englischer Sprache, Literatur und Kultur in bestimmten Gebieten der englischsprachigen Welt finden in der heutigen Anglistik besondere Aufmerksamkeit. Man geht nicht mehr einfach von englischem und amerikanischem Englisch, von englischer und amerikanischer Literatur aus, wie es noch vor wenigen Jahrzehnten der Fall war. Stattdessen ist man sich der Tatsache bewusst, dass neben den USA auch die anderen ehemaligen Kolonialgebiete eine Spezifik haben, die in einem anglistischen Studium differenziert werden muss – zumal diese Gebiete ihre soziopolitische und kulturelle Eigenart schon seit geraumer Zeit mit immer größerem Selbstbewusstsein vertreten. Das traditionelle Verständnis von ›englischer‹ Sprache, Literatur und Kultur, das auf die Britischen Inseln und die Vereinigten Staaten fixiert war, ist unübersehbar ins Wanken geraten.

Wir möchten dies mit einem ersten Beispiel demonstrieren, zu dem wir auch in den späteren Kapiteln immer wieder zurückschauen werden. Dieses Beispiel lässt gleichzeitig das notwendige **Zusammenspiel von sprach-, literatur- und kulturwissenschaftlicher sowie fachdidaktischer** Betrachtung in der Anglistik erkennen.

Anglistik vernetzt: »No Dialects Please«

Das Gedicht »No Dialects Please« (s. S. 4) stammt von Merle Collins, einer Dichterin afrokaribischer Abstammung, die von ihrer Heimatinsel Grenada nach Großbritannien übergesiedelt ist.

Auch wenn die Variante des Englischen, die in diesem Gedicht verwendet wird, auf den ersten Blick unvertraut scheint (aber ist sie ›fremder‹ als die Sprache Shakespeares?), dürfte die Grundaussage des Textes deutlich sein: In welcher Sprache

2 Einleitung

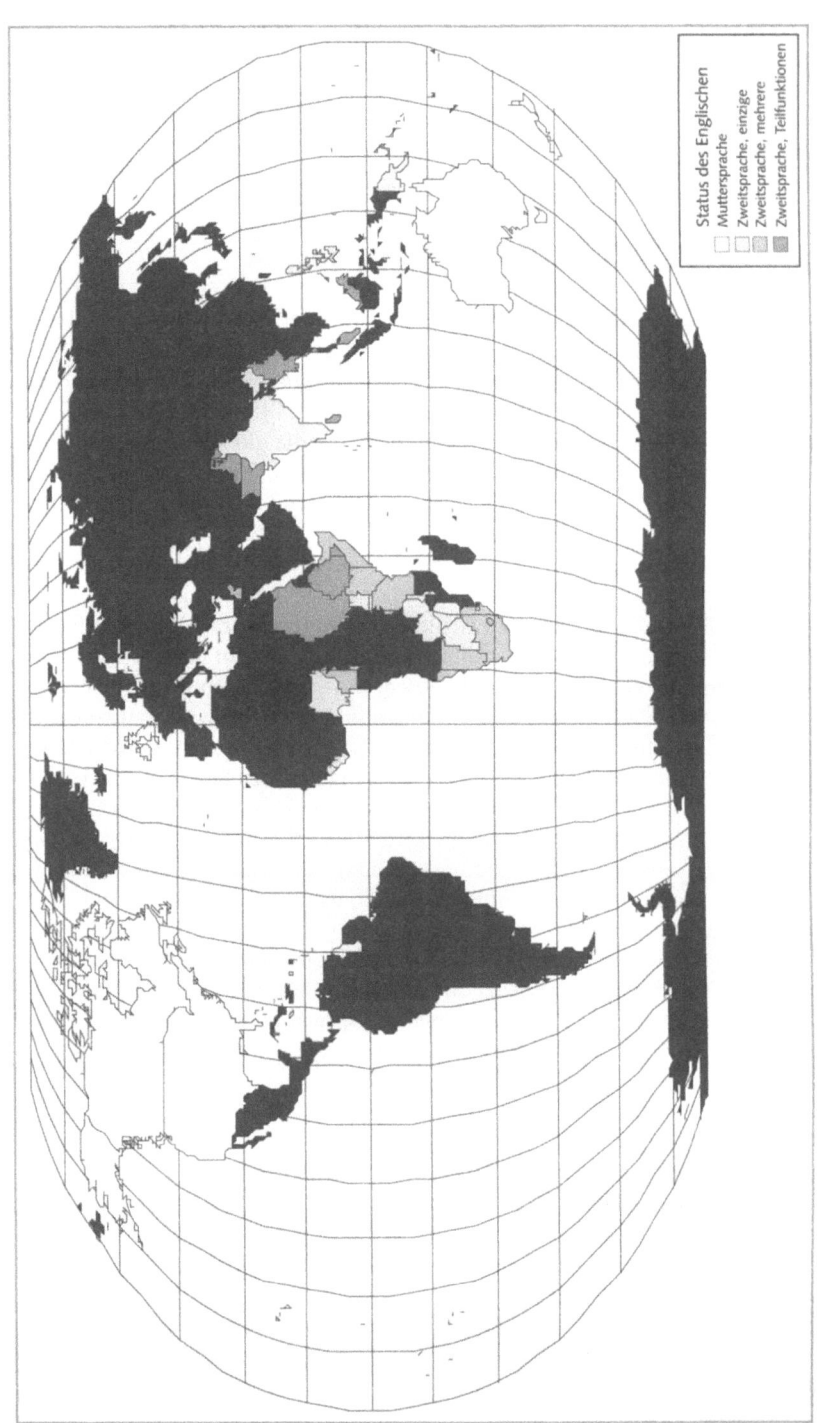

Abb. 1: Terranglia

kann man ›wertvolle‹ Gedichte (»poetry of worth«, Z. 2) schreiben, die in einem britischen Literaturwettbewerb mit einem Preis ausgezeichnet werden könnten? Wer bestimmt den Wert eines Gedichts in einer Zeit, in der Großbritannien durch Einwanderung aus seinen früheren Kolonien, insbesondere aus der Karibik und dem indischen Subkontinent, selbst zu einer multiethnischen und multikulturellen Gesellschaft geworden ist? Das Gedicht wendet sich entschieden gegen die Auffassung, dass nur ein in britischem Standardenglisch und aus europäischen Traditionen heraus geschriebenes Gedicht preiswürdig sein kann und Gedichte in ›Dialekten‹ wie dem karibischen Englisch ›minderwertig‹ sind. Angeklagt wird also ein einschränkender Literaturbegriff, und zwar in einer Sprache und Form, die die programmatische, kulturpolitische Aussage unterstreicht: Der Stil ist eingängig, die Strophenform frei, Ausrufe und verschiedene Schrifttypen verleihen manchen Sätzen besonderen Nachdruck. Vor allem aber wird der Wert der Literatur in anderen Varianten des Englischen dadurch ausgedrückt, dass sich Merle Collins selbst des karibischen ›Dialekts‹ bedient.

Unterschiede dieses ›Dialekts‹ zu der uns geläufigen Variante des britischen Standardenglisch sind offensichtlich. Wie im Gedicht die ›abweichende‹ Schreibung andeutet, werden in der Aussprache manche Laute durch ähnliche ersetzt, etwa [ð, θ] durch [d] und [t] wie in *dey* (Z. 2) oder *tink* (Z. 12); die Endung *-ing* wird zu *-in*; das Personalpronomen *I* wird *ah* geschrieben und [a:] ausgesprochen (Z. 11). Konsonantenverbindungen werden oft vereinfacht; so fehlt der Endkonsonant von *and* in *an* (Z. 4). Ebenso deutlich sind einige regelmäßige grammatische Änderungen gegenüber dem britischen Standardenglisch: *dey was* (Z. 2) steht anstelle von *they were*; *we* statt *our* (Z. 40); Formen von *to be* werden ausgelassen, wie in »But if dat not enough pain« (Z. 26). Der Wortschatz ist einfach (abgesehen von den ›Verfremdungen‹ durch die Schreibung), aber er enthält einige Ausdrücke wie *boushet* (Z. 11), die sich im von Muttersprachlern des Englischen meist verwendeten Wörterbuch, dem *Concise Oxford English Dictionary*, nicht nachschlagen lassen.

An sich sind diese sprachlichen Merkmale nicht ›schlechter‹, sondern nur anders als das für uns gewohnte Standardsystem des Englischen. Problematisch sind eher die (Vor-)Urteile, die andere Sprechergruppen damit verbinden, z.B. die Annahme, dass Dialektsprecher weniger gebildet seien als Sprecher der Standardvariante. Merle Collins bedient sich in diesem Gedicht allerdings nicht ausschließlich des karibischen ›Dialekts‹. Einige Zeilen, vor allem die in Großbuchstaben geschriebenen Parolen der Hüter traditionell-britischer Literatur, sind im britischen Standardenglisch verfasst, so dass allein in sprachlicher Hinsicht in diesem Text zwei Kulturen aufeinanderprallen.

No Dialects Please

1   In this competition
      dey was lookin for poetry of
         worth
      for a writin that could wrap up
         a feelin
      an fling it back hard
5   with a captive power to choke
         de stars
      so dey say,
      ›Send them to us
      but NO DIALECTS PLEASE‹
      We're British!

10   Ay!
      Well ah laugh till me boushet
         near drop
      Is not only dat ah tink
      of de dialect of de Normans
         and de Saxons
      dat combine an reformulate
15   to create a language-elect
      is not only dat ah tink
      how dis British education mus
         really be narrow
      if it leave dem wid no
         knowledge
      of what dey own history is
         about
20   is not only dat ah tink
      bout de part of my story
      dat come from Liverpool in a
         big dirty white ship
      mark
      AFRICAN SLAVES PLEASE!
25   We're the British!

      But if dat not enough pain
      for a body to bear
      ah tink bout de part on de
         plantations down dere
      Wey dey so frighten o de power
30   in the deep spaces
      behind our watching faces
      dat dey shout
      NO AFRICAN LANGUAGES PLEASE!

      It's against the law!
35   Make me ha to go
      an start up a language o me own
      dat ah could share wid me
         people

      Den when we start to shout
      bout a culture o we own
40   a language o we own
      a identity o we own
      dem an de others dey leave to
         control us say
      STOP THAT NONSENSE NOW
      We're all British!
45   Every time we lif we foot to do
         we own ting
      to fight we own fight
      dey tell us how British we British
      an ah wonder if dey remember
      dat in Trinidad in the thirties
50   dey jail Butler
      who dey say is their British citizen
      an accuse him of
      Hampering the war effort!
      Then it was
55   FIGHT FOR YOUR COUNTRY,
         FOLKS!
      You're British!

      Ay! Ay!
      Ah wonder when it change to
      NO DIALECTS PLEASE!
60   WE'RE British!
      Huh!
      To tink how still dey so dunce
      an so frighten o we power
      dat dey have to hide behind a
         language
65   that we could wrap roun we
         little finger
      in addition to we own!
      Heavens o mercy!
      Dat is dunceness oui!
      Ah wonder where is de bright
      British?

Für ein volles **Verständnis des Gedichts** benötigt man nicht nur Informationen über seine sprachlichen ›Besonderheiten‹, sondern auch ein Wissen über den karibischen Kulturraum, insbesondere die Geschichte der britischen Kolonialherrschaft. Ein gemeinsames Trauma der Region ist die Verschleppung eines Großteils ihrer Bevölkerung von Afrika auf die karibischen Inseln, wo die europäischen Kolonialmächte Sklaven für ihre dortigen Plantagen benötigten. Es gehörte zur britischen Kolonialpolitik, die afrikanischen Sprachen und Kulturen dieser Sklaven zu unterdrücken; in der Folge entwickelten sich neue Sprachen und Kulturen aus verschiedenen europäischen und afrikanischen Elementen. Nach Abschaffung der Sklaverei war Schwarzen ein Fußfassen in der dominanten Kultur der Kolonialmacht nur möglich, wenn sie das britische Standardenglisch sprachen – und auch in anderer Hinsicht die kulturellen Standards des ›Mutterlandes‹ übernahmen. Seit Ende der britischen Kolonialherrschaft nach dem Zweiten Weltkrieg hat sich dagegen in den karibischen Inselstaaten ein starkes Bewusstsein nicht nur politischer, sondern auch kultureller Unabhängigkeit und Eigenständigkeit herausgebildet, das durch Migranten wiederum nach Großbritannien importiert wurde und dort eine Diskussion über ›britische‹ Kultur und ›britische‹ Nationalidentität überhaupt ausgelöst hat.

Wenn auch heute noch, Jahrzehnte nach dem Ende des *British Empire*, durch Briten das karibische Englisch als minderwertig gebrandmarkt wird, äußert sich hier eine Arroganz, die im Gedicht jener der früheren Kolonialherren gleichgesetzt wird. Die Arroganz führt aber nicht nur zur Engstirnigkeit (»Dat is dunceness oui!«, Z. 68) gegenüber der afrokaribischen Kultur, sondern auch gegenüber der eigenen Kultur: Historisch gesehen geht nämlich auch das heutige britische Standardenglisch auf Dialekte zurück und ist selbst nur ein Dialekt – der allerdings im Lauf der Geschichte zu einer Sprache der Herrschenden wurde: »de dialect of de Normans and de Saxons / dat combine an reformulate / to create a language-elect« (Z. 13-15). Das Verhältnis von Sprache und Macht sowie die Entstehung von sprachlichen, literarischen und kulturellen Mythen gehören zu den interessantesten Themen der heutigen Anglistik.

Die Komponenten des Fachs Anglistik

Das Gedicht von Merle Collins wurde oben unter sprach-, literatur- und kulturwissenschaftlichen Perspektiven betrachtet, womit drei wesentliche Komponenten der Anglistik und ihres Studiums benannt sind. Diese Komponenten sind die drei **fachwissenschaftlichen Grundlagen** der heutigen Anglistik und Gegenstand unserer Kapitel I. bis III. Dabei handelt es sich nicht um drei voneinander unabhängige Bereiche, sondern um ein komplexes, ineinander verwobenes **Netzwerk**. Erst die Befähigung, sprach-, literatur- und kulturwissenschaftliche Fragestellungen zu verbinden, macht nach zeitgemäßem Verständnis einen ›Allround‹-Anglisten aus. Natürlich sind in einem Anglistik-Studium Spezialisierungen möglich, und viele der neuen BA- und MA-Studiengänge werden solche Spezialisierungen gezielt anbieten; aber auch diese werden weiterhin eine breite Grundkenntnis des Fachs voraussetzen.

Die **gegenseitige Abhängigkeit der anglistischen Teilbereiche** erweist sich in Bezug auf die zeitgenössische Kultur ebenso wie bei den Grundlagen der historischen Sprach-, Literatur- und allgemeinen Kulturentwicklung. Nur wer z.B. weiß, wie Shakespeares Englisch ausgesprochen wurde, kann den künstlerischen Effekt von Rhythmus und Reim in seinen Dramen und Gedichten adäquat erfassen. Bei Shakespeare ist auch der zeitgenössische Unterschied der Personalpronomina *you* und *thou* wichtig, um die soziale Beziehung von Figuren in seinen Stücken genau zu verstehen: mit *thou* konnte eine intime, aber auch eine herablassende Beziehung ausgedrückt werden, während *you* eine höfliche und höfische Form war. Wenige Jahrzehnte später wurde in den Wirren des Englischen Bürgerkriegs zwischen Königs- und Parlamentsanhängern (1642–51) dieser sprachliche Unterschied bewusst abgeschafft – und zwar mit weit größerem Erfolg als die sozialen Unterschiede in der englischen Gesellschaft selbst.

An vielen Hochschulen umfasst das anglistische Studium noch mediävistische Komponenten, d.h. die englische **Sprache, Literatur und Kultur des Mittelalters**, und es wird BA- und MA-Studiengänge in *Medieval Studies* geben, an denen die Anglistik zumindest beteiligt ist. Dieses Studium hat einige spezielle Schwerpunktsetzungen (etwa in Bezug auf die Textüberlieferung und -edition oder historisch-vergleichende Sprachwissenschaft). Grundsätzlich sind aber Fragestellungen, die wir an moderne Erscheinungsformen von Sprache, Literatur und Kultur herantragen, auch auf ältere Zustände anwendbar, und umgekehrt komplettiert die Einbeziehung der älteren Perioden die Vielfalt englischsprachiger kultureller Äußerungen in historischer Hinsicht. Auch wenn Anglistik an einem Institut ohne mediävistisches Angebot studiert wird, sollte man sich im Selbststudium dem Mittelalter nicht verschließen. Sogar in unserem karibisch-britischen Beispielgedicht wird schließlich der Dialekt der »Normans and de Saxons« in Bezug zu einem heutigen Zustand gesetzt.

Zum Netzwerk der Anglistik gehören neben den fachwissenschaftlichen Bereichen der Sprach-, Literatur- und Kulturwissenschaft zwei weitere Studienbereiche: Fachdidaktik (Kap. IV) und Sprachpraxis (Kap. V). Die praktische Beherrschung des Englischen, einschließlich einer gewissen Sensibilisierung für seine Variationsbreite, ist eigentlich eine Voraussetzung des Anglistikstudiums. Für die Vertiefung, aber auch Bewusstmachung der Kenntnisse sorgt während des Studiums die Komponente **Sprachpraxis**.

Während das Erlernen der Fremdsprache ein allgemein akzeptierter Bestandteil der Anglistik ist, gilt deren **Didaktik** vor allem für diejenigen Studierenden als unerlässlich, die lernen wollen, wie Fachinhalte erfolgreich an andere Menschen vermittelt werden können. Zu »No Dialects Please« wären etwa folgende Fragestellungen ›didaktischer‹ Natur zu richten: Kann/sollte man das Gedicht aufgrund seiner sprachlichen Gestaltung überhaupt im Unterricht einsetzen? Welche Einsichten über Sprachvarianten, Literatur und den englischen Kulturraum lassen sich an diesem Text vermitteln? Traditionell ist die Fachdidaktik ein Bestandteil der Lehramtsstudiengänge, die auf den Unterricht an der Schule vorbereiten. Zunehmend stellt sich die Frage nach der Vermittlung englischer Sprache und anglistischer Inhalte jedoch für Lernende aller Altersgruppen, an der Universität ebenso wie in der beruflichen und Erwachsenenbildung. Der Besuch didaktischer Veranstaltungen kann sich also für alle Studierenden der Anglistik lohnen.

Vernetzungen der Anglistik mit anderen Disziplinen

Unser **Konzept eines anglistischen Netzwerks** bezieht sich zunächst auf die Komponenten des Fachs Anglistik selbst. Die Anglistik ist aber auch mit zahlreichen anderen wissenschaftlichen Disziplinen vernetzt. Die Literaturwissenschaft greift traditionell z.B. mit Theater- und Filmwissenschaft, Kunstgeschichte oder Musikwissenschaft ineinander, und sie wird heute zunehmend als kulturwissenschaftliche Disziplin verstanden und praktiziert. Die Kulturwissenschaft richtet ihre Aufmerksamkeit potentiell auf alle sinnstiftenden (oder Zeichen-)Systeme einer Kultur und öffnet sich zu allen Disziplinen, die sich mit den kulturellen Erzeugnissen, einschließlich der Geschichte und gesellschaftlich-politischen Strukturen eines Gemeinwesens auseinandersetzen. Von den immer kulturgeprägten Zeichensystemen ist die Sprache das wichtigste; sie ist für alle Bereiche des menschlichen Handelns grundlegend, so dass Ergebnisse z.B. der Soziologie, Psychologie oder Anthropologie auch für linguistische Fragestellungen relevant sind. Die Kognitionswissenschaften liefern aufschlussreiche Erkenntnisse über Spracherwerb und Sprachverwendung, die in der Linguistik, Literaturwissenschaft, Kulturwissenschaft und Fachdidaktik aufgegriffen werden. In der elektronisierten Informationsgesellschaft, stellen die verschiedenen Medien einen weiteren Kulturbereich dar, der in der Anglistik eine große Bedeutung hat. Die einzelnen Kapitel unserer Einführung werden einige **interdisziplinäre Bezüge** der anglistischen Teildisziplinen genauer ansprechen. Die zahlreichen Kontakte zu anderen Disziplinen, die vielen interdisziplinären ›Außenbeziehungen‹ der Anglistik werden – neben dem allgemeinen gesellschaftlichen Wandel – dafür sorgen, dass das Fach auch künftig sein Gesicht immer wieder verändert.

Zur Benutzung dieser Einführung

Die Kapitel der Einführung wurden abhängig voneinander verfasst. Sie können zwar unabhängig voneinander gelesen werden, aber erst im Zusammenhang erschließen sich die Vernetzungen, die das Fach interessant machen und derer man sich schon im Studium in besonderer Weise bewusst sein sollte. **Querverweise** machen explizit auf die mannigfaltigen Beziehungen zwischen den anglistischen Teilbereichen aufmerksam.

Wir verzichten auf ein Glossar, das dazu verleiten könnte, die Begriffe, die wir aufwerfen, *nicht* näher nachzulesen. Die Orientierung innerhalb unserer Einführung, vor allem auch das Finden von Querbezügen, erleichtert aber ein ausführliches **Sachregister**.

Separat für jedes Arbeitsfeld der Anglistik verweist das zum Teil kommentierte **Verzeichnis wichtiger Hilfs- und Arbeitsmittel** (Kap. VI) auf Materialien, die wir für den Einstieg in den jeweiligen Bereich, zur Benutzung in der Bibliothek oder gegebenenfalls zum Aufbau einer privaten Handbibliothek empfehlen.

Darüber hinaus vermittelt die **Bibliographie der zitierten Literatur** (Kap. VII) zahlreiche Hinweise für die vertiefte Einarbeitung in die einzelnen Bereiche unseres Fachs.

Die **Internetseite** zu unserem Buch (http://www.tu-chemnitz.de/phil/english/einf) bietet schließlich Ergänzungen, Übungsmöglichkeiten, Aktualisierungen und Weiterleitungen zu anderen Quellen und Hilfsmitteln im Internet.

I. Sprachwissenschaft

Traditionsgemäß definieren sich die meisten Wissenschaften durch ihren Gegenstand. Somit wäre eine **Definition von Sprachwissenschaft** (oder **Linguistik**; *linguistics*): »linguistics is the scientific study of language« (vgl. Crystal 1968, 27; Lyons 1983, 11, und andere). Eine solche Definition zerlegt das Problem in Teilprobleme (Was ist Sprache? Was ist Wissenschaft?), die zwar nicht unbedingt leichter zu lösen, aber vielleicht übersichtlicher sind. Das Studium der englischen Sprachwissenschaft besteht aus dem Studium von Sprache im Allgemeinen (wobei wir meist nur die Beispiele aus dem englischen Sprachsystem wählen; es könnte auch das deutsche oder arabische sein) und dem speziellen Studium der englischen Sprachformen, das die außergewöhnliche Variationsbreite und die Besonderheiten des Englischen gegenüber anderen Sprachen (vor allem dem Deutschen) hervorhebt.

1. Was ist Sprache?

1.1 Warum interessiert sich der Mensch für Sprache?

Wenn man Sprachwissenschaftler fragt, warum sie sich mit der **Sprache als Forschungsgegenstand** beschäftigen (vgl. Lyons 1983, Kap. 1), kann man natürlich wie bei jeder Wissenschaft, jedem Beruf und jedem Hobby hören, dass es manche Leute einfach interessiert oder ihnen Spaß macht. Allerdings sind Sprachwissenschaftler nicht die einzigen **Wissenschaftler, die sich mit Sprache beschäftigen**:

- Schriftsteller und Literaturkritiker sehen die Sprache von literarischen Texten als Basis des künstlerischen Ausdrucks (s. Kap. II.1.2);
- Journalisten und Medienexperten wollen durch ihre Sprache bewusst bestimmte Wirkungen bei ihren Rezipienten, Lesern usw. erzielen;
- Kriminologen nutzen die ganz individuellen Sprachmerkmale, um den Urheber von Texten (in Erpresserbriefen oder -anrufen) zu ermitteln;
- Juristen befassen sich z.B. mit möglichen Mehrdeutigkeiten von Verträgen;
- Übersetzer fragen sich, warum manches einfach und manches schwer in einer anderen Sprache wiederzugeben ist.

Deutsche Englischlernende fragen sich, warum für sie manches einfach zu lernen ist, manches schwer. Schließlich hat jeder Erlebnisse, bei denen auch bei Nichtsprachwissenschaftlern eine gewisse wissenschaftliche Neugier geweckt wird, etwa wenn jemandem das Funktionieren oder Nichtfunktionieren von Sprache bewusst wird, z.B. bei **Kommunikationsproblemen**. Ein Beispiel dafür stammt aus dem bekannten englischen Kinderbuch *Through the Looking Glass*:

> ›They gave it me‹, Humpty Dumpty continued thoughtfully, as he crossed one knee over the other and clasped his hands round it, ›they gave it me – for an un-birthday present.‹
> ›I beg your pardon?‹ Alice said with a puzzled air.
> ›I'm not offended‹, said Humpty Dumpty.
> ›I mean, what *is* an un-birthday present?‹
> ›A present given when it isn't your birthday, of course.‹ (Carroll 1977, 273)

Warum sollte Humpty Dumpty »offended« sein? – Weil er »I beg your pardon« missverstanden hat als Entschuldigung und nicht als Aufforderung zur Erklärung des Wortes »un-birthday«, das Alice nicht verstanden hat. Sie ist perplex (»puzzled«), weil sie mit ihren Sprachregeln den Sinn von »un-birthday« nicht ausmachen kann (oder sollte man *non-birthday, inbirthday* oder *antibirthday* sagen [s. 4.3]). Natürlich, Humpty Dumpty ist jemand, der gern mit Sprache spielt und damit Kommunikationsprobleme verursacht, die er als alter Besserwisser souverän lösen kann.

Um derartige Verständnisprobleme lösen zu können, muss man nicht nur ein Gefühl für das Englische haben, sondern auch ein **Gefühl für Sprache** an sich. Sprachwissenschaft hilft, dieses Gefühl bewusst zu machen. Wichtig ist vor allem das Bewusstsein (*awareness*), dass wir von Sprache in unserem Denken beeinflusst werden, dass sie unsere Haltung gegenüber anderen Menschen bestimmt, dass wir sprachliche Merkmale aktiv und passiv als Indikatoren nutzen, um uns ein Bild von unseren Kommunikationspartnern zu machen und ihnen ein Bild von uns zu vermitteln. Sprache wird ge- oder missbraucht zur Eigen- und Fremdzuschreibung von Identitäten. Wird nicht dieselbe Person als ›Freiheitskämpferin‹ gepriesen und als ›Terroristin‹ verdammt? Ist jemand dumm, der nicht Hochdeutsch oder *Standard English* spricht? Freuen wir uns nicht, wenn wir mit unserem Englisch nicht als Deutscher erkannt werden? So kommt jeder Sprachverwender in Situationen, in denen er über Sprache nachdenkt, ihren Ge- oder Missbrauch je nach Person und Situation. Nur gelegentlich aber stellt sich der Laie die zentrale Frage, was Sprache eigentlich ist.

1.2 Definitionen von Sprache

Definitionen von Sprache durch Wissenschaftler können erstaunlich unterschiedlich sein. Im Folgenden sind **drei Sprachdefinitionen** von weltberühmten amerikanischen Wissenschaftlern wiedergegeben, die sehr verschiedene Aspekte betonen:

> 1. Language makes human behavior extremely different from that of animals because it establishes a minute and accurate interaction between individuals. [...] The speech sounds act as a stimulus upon other persons who may then perform a handling response such as to give a biologically favorable outcome to the speaker's situation. Thus a person who is in need of food but unable by his own bodily power to get it may, by speech, prompt others to get it for him. Thus, in addition to the normal biological series S → R, man has also the series
> $$S \to r - s \to R.$$

Here r — s denotes the act of language; the biologically effective stimulus S and response R are no longer confined to occurence within one body. Language bridges the gap between the individual nervous systems. It makes possible a minute division of labor and high specialization of individual abilities. (Leonard Bloomfield: *Language*. Chicago 1933, 15)

2. [...] the background linguistic system (in other words, the grammar) of each language is not merely a reproducing instrument for voicing ideas but rather is itself the shaper of ideas, the program and guide for the individual's mental activity, for his analysis of impressions, for his synthesis of his mental stock in trade. Formulation of ideas is not an independent process, strictly rational in the old sense, but is part of a particular grammar, and differs, from slightly to greatly, between different grammars. We dissect nature along lines laid down by our native languages. (Benjamin Lee Whorf: *Language, Thought, and Reality*. New York 1956, 104)

3. I will consider a language to be a set (finite or infinite) of sentences, each finite in length and constructed out of a finite set of elements. All natural languages in their spoken or written form are languages in this sense, since each natural language has a finite number of phonemes (or letters in its alphabet) and each sentence is representable as a finite sequence of these phonemes (or letters); though there are infinitely many sentences. Similarly, the set of ›sentences‹ of some formalized system of mathematics can be considered a language. (Noam Chomsky: *Syntacic Structures*. Den Haag 1957, 13)

Nun ist es nicht selten, dass Meinungen von ›Experten‹ zu komplexen Systemen voneinander abweichen. Denn Sprache ist ein **Zeichensystem**, das (nach Ferdinand de Saussure) willkürlich ein Symbol (*signifiant*) mit der Realitität (*signifier*) verbindet, ein relationales System, da diese Zeichen immer erst im Kontext ihre Bedeutung bekommen, ein **Kulturphänomen**, da es von kulturellen Traditionen geprägt ist, und ein multifunktionales System, das nicht nur zum Informationsaustausch, sondern auch zur Selbstdarstellung, zur Welterschließung, usw. dient.

Sprachwissenschaftler haben aber ein ganz spezielles Problem, nämlich dass man Sprache verwenden muss, um über Sprache zu reden. Andere Wissenschaftler verwenden Sprache, um beispielsweise über Politik, Recht, Literatur oder Religion zu sprechen – und Sprache kann dabei durchaus zentral sein für den internen Diskurs, die Weiterentwicklung der jeweiligen Wissenschaftsdisziplin. Aber Sprachwissenschaftler sind die einzigen, die sich mit Hilfe von Sprache über Sprache unterhalten. Eine solche ›Fachsprache über Sprache‹ wird oft **Metasprache** (*meta-language*) genannt. Wenn ein Sprachwissenschaftler beispielsweise von einem ›Text‹ spricht, kann dies oft ein mündlicher Text sein (s. 6.1), während ein Laie womöglich nur an einen schriftlichen Text denkt. Um solche Schlussfolgerungen von Wörtern aus der Alltagssprache zu vermeiden, verwenden Wissenschaftler Fachbegriffe (wie ›Lexem‹ und nicht ›Wort‹; s. 4.1).

Allerdings erschwert ein **Fachwortschatz** den Zugang zu einer Wissenschaft. Ähnlich verhält es sich mit speziellen **Notationskonventionen**, wie

[ ] für Laute allgemein (Phone, s. 3.1),
/ / für Laute im Sprachsystem (Phoneme, s. 3.2) und
< > für Buchstaben (Grapheme, s. 3.4).

12 Sprachwissenschaft

Die Sprachwissenschaft hat das paradoxe Problem, dass sie einerseits eine Metasprache und eine gewisse Formalisierung besonders braucht, andererseits sich der dadurch entstehenden Verständnisschwierigkeiten besonders bewusst sein muss.

1.3 Kommunikation als Funktion von Sprache

Wenn die Definition von Sprache so schwer erscheint, dann können wir vielleicht versuchen, ihre Funktion zu bestimmen: Wozu braucht man überhaupt Sprache? Die geläufige Antwort lautet: Sprache ist das wichtigste menschliche **Kommunikationsmittel**. Die an einer Kommunikationssituation beteiligten Elemente werden oft als Diagramm dargestellt, wie in unserem einfachen idealisierten Kommunikationsmodell (Abb. 2, s. auch das spezielle Kommunikationsmodell in Kap. II.1.2).

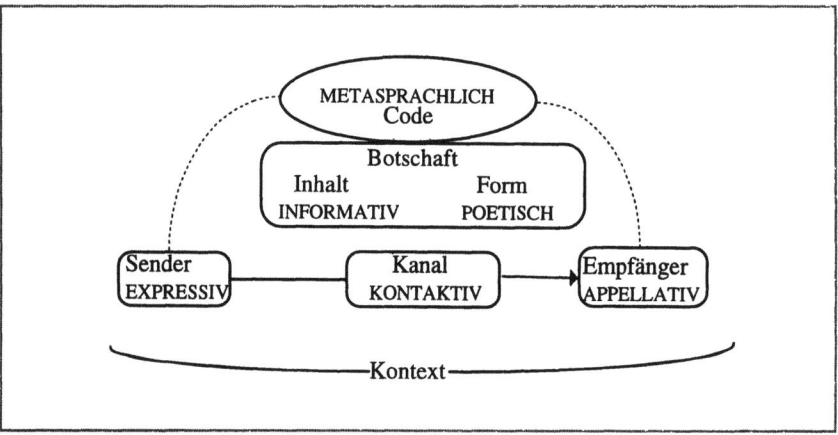

Abb. 2: Ein einfaches allgemeines Kommunikationsmodell

Sender (Sprecher/Schreiber; *sender/speaker/writer*) und **Empfänger** (Hörer/Leser; *receiver/hearer/reader*) stehen in einem bestimmten **Kontext** (*context*) über einen **Kanal** (*channel*) miteinander in Kontakt; im schriftlichen **Medium** (*medium*) sind die Kommunikationspartner durch Papier oder Computerbildschirm, im mündlichen direkt durch die Luft oder telefonisch durch die Leitung verbunden; beide verfügen über einen gemeinsamen **Code** (*code*), in dem eine **Botschaft** (*message*) verschlüsselt, gesendet und entschlüsselt wird. Je nachdem, welche dieser Elemente im Kommunikationsprozess betont werden, ergeben sich unterschiedlich **Funktion der Kommunikation** (vgl. Jakobson 1960 und Bühler 1934):

a) Natürlich braucht man Sprache, um eine Botschaft zu übermitteln, einen Inhalt, der vom Sender ausgewählte Sachverhalte in einer bestimmten Form an den Empfänger weitergibt. Diese oft als primär angesehene Textfunktion wird **informativ** genannt und ist typisch für Nachrichten, Zeitansagen oder Protokolle.

b) Allerdings wird Sprache auch als Ausdrucksmittel genutzt. Manche Texte sind ausgesprochen senderzentriert, haben **expressive Funktion**. Dazu gehören z.B. der Ausdruck von persönlichen Gefühlen, die Darstellung von Sprecher- und die Anerkennung von Höreridentitäten. Typische Texte sind etwa Schmerzschreie, aber auch Gedichte und Tagebücher.
c) Spiegelbildlich dazu hat Kommunikation oft eine **appellative Funktion** (von Jakobson 1960 ›konativ‹ genannt), d.h. sie will beim Hörer eine bestimmte Reaktion hervorrufen. Typische Texte sind hier Befehle, Werbetexte und Wahlreden. – Diese drei Hauptfunktionen sind in jedem Kommunikationsmodell zentral; sie sind interessanterweise auch in der Grammatik als Kategorien verankert: in den drei Personen der Personalpronomina oder in den Satzarten (erkennbar an den Satzzeichen). Informative Texte enthalten fast nur die ›neutrale‹ 3. Person (*he, she, it, they*) sowie Aussagesätze, expressive relativ häufig die 1. Person (*I, we*) sowie Ausrufesätze und appellative Texte relativ häufig die 2. Person (*you*) sowie Fragesätze.
d) Dient Sprache vor allem zur Aufnahme oder Aufrechterhaltung der zwischenmenschlichen Beziehungen, so wird die Kontaktfunktion betont (von Jakobson 1960 ›phatische‹ Textfunktion genannt). Zu solchen **kontaktiven Texten** gehört etwa die stereotype britische Unterhaltung über das Wetter, die nur selten die Weitergabe von meteorologischen Informationen beabsichtigt. Ähnliches gilt in vielen kulturellen Kontexten für Gespräche über das letzte Fußballspiel, die Kinder und sogar die Politik; vieles von dem, was oft abschätzig als Klatsch bezeichnet wird, hat kontaktive Funktion.
e) Wird der Code betont, so spricht man von **metasprachlicher Kommunikation**. Hierzu gehören nicht nur alle metasprachlichen Äußerungen über Sprachwissenschaft (s.o.), sondern auch Verständnis- und Rückfragen.
f) Wird weniger die Inhalts- als die Formseite der Kommunikation betont, so spricht man von **poetischer Funktion**. Die stilistische Ausgestaltung der Botschaft ist z.B. ein wichtiger Ausgangspunkt literaturwissenschaftlicher Betrachtung von Texten.

Obwohl die **Kontextbetonung** in unserem Modell keine eigene Funktion darstellt, spielt sie eine wichtige Rolle in der Sprachwissenschaft, denn sie ist für die interne Variation der Sprachverwendung entscheidend. Außerdem können Text(teil)e aus ihren ursprünglichen Kontexten herausgenommen und in neuen Kontexten wieder aufgenommen werden; so entsteht **Intertextualität**; z.B. wenn der *Hamlet* Shakespeares in Tom Stoppards *Rosencrantz and Guildenstern Are Dead* (1967) als Hintergrund dient (s. Kap. II.1.4). Eine moderne, poststrukturalistische Ausweitung des dargestellten Transmissionsmodells von Kommunikation wäre deshalb ein Dialogmodell, in dem ein Text nicht eine feste unveränderliche Größe ist, sondern in dem variable Lesarten durch verschiedene Kontexte und Dialogpartner erst geschaffen werden (s. Kap. II.1.4.2 und III.3.1).

Das dargestellte Kommunikationsmodell berücksichtigt, dass Sprache in zwei Medien vorkommt, in gesprochener und geschriebener Sprache, und im Englischen kann der Unterschied zwischen beiden beträchtlich sein (s. 8.1). Die Übertragbarkeit von einem Medium in das andere ist ein besonderes Kennzeichen menschlicher Sprache.

Wir müssen uns allerdings der Tatsache bewusst sein, dass viele Faktoren dieses Idealmodell beeinträchtigen können. Dazu zählen externe Probleme der unreinen Übertragung im Kanal (z.b. am Telefon), unbewusste Unterschiede zwischen dem vom Sender und Empfänger verwendeten Code (z.B. assoziative, ›mitverstandene‹ Bedeutungen, s. 7.3) oder ein unterschiedliches kulturelles Umfeld (z.b. bei Höflichkeitsformen).

1.4 Kennzeichen von Sprache

Wenngleich Wissenschaftler nicht in ihrer Definition von Sprache übereinstimmen, so doch wenigstens in Bezug auf einige zentrale **Kennzeichen von Sprache** (*language properties*). Sprache ist:

- **akustisch**: Sprache wird primär im so genannten Stimm-Hör-Kanal (*vocal-auditory channel*) verwendet; der optische Kanal für Schriftzeichen oder Gesten (bei der Taubstummensprache) und der taktile Kanal für das Fühlen (bei der Braille-Schrift für Blinde) sind sekundär.
- **linear**: Sprache besitzt eine zeitliche Ausdehnung und wird (mit wenigen Ausnahmen) nacheinander verarbeitet (Saussure 1967, 82).
- **austauschbar**: Bei einer Sprache können grundsätzlich Sprecher und Hörer die Rollen tauschen und aufeinander reagieren (Austauschbarkeit; *interchangeability*). Eine Verkehrsampel dagegen reagiert nicht auf das Verhalten der Autofahrer ihr gegenüber.
- **willkürlich/symbolisch**: Die Verbindung eines sprachlichen Zeichens zu einem Bezeichneten in der außersprachlichen Wirklichkeit ist nach Saussure (1916; deutsch ²1967, 79) willkürlich (*arbitrary*), d.h. sprachliche Zeichen sind primär Symbole, ihre Bedeutung ist aus der Zeichenform nicht logisch ableitbar (s. das semiotische Dreieck in 7.1), sondern beruht nur auf Konventionen der Sprachgemeinschaft. So ist nicht logisch erklärbar, warum z.B. ein Hund *Hund*, *dog* oder *chien* genannt wird; diese Bezeichnungen haben auch mit der lautmalerischen Bezeichnung ›wau-wau‹ (für Deutsche), ›bow-wow‹ (für Engländer), ›gnaf-gnaf‹ (für Franzosen) oder ›wung-wung‹ (für Japaner) nicht direkt zu tun. Allerdings sind komplexe Wörter, die aus Prozessen der Wortbildung entstehen, morphologisch oder ›sekundär‹ motiviert (*secundary motivation*), d.h. erschließbar und nicht idiomatisch (s. S. 41).
- **Zeit-Raum-unabhängig**: Sprache ist prinzipiell von Raum und Zeit des Sprechers/Schreibers unabhängig (*displaced*), d.h. man kann sich sprachlich auch auf Sachverhalte beziehen, die weit von Raum und Zeit des Kommunikationsaktes entfernt sind. Das Bellen eines Hundes gibt dagegen nur dessen augenblickliche Befindlichkeit wieder.
- **kulturell-vermittelt**: Sprache wird durch Tradition übermittelt (*cultural transmission*). Die Spracherwerbsfähigkeit allgemein ist genetisch vererbt, aber die Konventionen einer bestimmten Sprache werden durch das Lernen und Lehren in einer bestimmten Kultur weitergegeben (s. Kap. III.1.2).
- **produktiv**: Sprache kann zu jedem denkbaren Thema neue Information jeder-

zeit ver- und entschlüsselt werden (*productive, creative, open*). So werden in jeder Sprache laufend neue Bezeichnungen ›erfunden‹ (z.B. *infotainment*, eine Mischung aus *information* und *entertainment*), aber wenn man sich dabei an die Regeln der Wortbildung hält, kann sie auch der Hörer entschlüsseln, der sie noch nie gehört hat. Viele Sätze, die wir bilden, haben wir so noch nie geäußert oder gehört.
- **rückgekoppelt:** (Mündliche) Sprache hat die Eigenschaft der totalen Rückkopplung (*complete feedback*). Dies bedeutet, dass ein Sprecher normalerweise seine Botschaft auch selbst hört und, wenn er es für nötig hält, z.B. durch eine Selbstkorrektur (etwa mit *I mean*), sofort verbessern kann.
- **dual:** Sprache funktioniert auf zwei Ebenen gleichzeitig: Die untere Ebene besteht aus kleinen Elementen (der Lautebene), die für sich genommen keine Bedeutung haben; erst in Kombination ergeben sie auf der höheren Ebene (der Wortebene) eine Bedeutung. So haben im Englischen beispielsweise *bit, hit, sit*, aber auch *knit* völlig unterschiedliche Bedeutungen, obwohl sie sich nur in einem Laut unterscheiden, der für sich allein, als /b/, /h/, /s/ oder /n/ keine Bedeutung hat (die angeführten Beispielworte bilden so genannte Minimalpaare, die belegen, dass ein Laut ein Element der untersten Funktionseinheit von Sprache ist; s. 3.2). Diese zwei Ebenen von bedeutungsunterscheidenden und bedeutungstragenden Einheiten (Phoneme bzw. Morpheme) nennt man **Dualität der Musterbildung** (*duality of patterning, double articulation*).
- **redundant:** einzelne Elemente werden oft mehrfach ausgedrückt (z.B. Plural-s nach Zahlwörtern, wie bei *four apples*).

Andere Zeichensysteme verfügen bei weitem nicht über so viele Merkmale. Hockett (1960) diskutiert ausführlich 13 solcher *design features*, andere Sprachwissenschaftler noch mehr. Im Endeffekt sollen derartige Merkmalslisten belegen, dass Sprache etwas **essentiell Menschliches** ist. Nur der Mensch besitzt auch die Fähigkeit zu lügen oder Unsinn zu reden und die Fähigkeit, mehrere Sprachen zu lernen und entsprechend zu verwenden.

2. Was ist Sprachwissenschaft?

2.1 Kennzeichen wissenschaftlichen Arbeitens

Auch der Begriff ›Wissenschaft‹ ist schwerer zu definieren als durch Merkmale zu erklären (vgl. Lyons 1983, Kap. 2). Jede Wissenschaftsdisziplin besitzt neben ihrem Gegenstand eine eigene Wissenschaftsgeschichte, verschiedene Methoden, Ansätze und Teildisziplinen (s. aber Kap. III.1).

1. **Wissenschaftsgeschichte:** Weil Sprache ein zentrales Kennzeichen des Menschen ist, hat das Nachdenken über Sprache schon eine lange Geschichte, und zwar innerhalb der Philosophie, der Rhetorik und Grammatik (vgl. Robins 1990). Die so genannte traditionelle Grammatik wurde schon von den Griechen und Römern entwickelt. Ein neuer Aufschwung der Sprachwissenschaft begann vor 200 Jahren.

Die **Junggrammatiker** (*Neogrammarians*) konzentrierten sich im 19. Jahrhundert vor allem auf die historische Verwandtschaft und Entwicklung der Sprachen (vgl. Paul 1920).

Dagegen betonte Ferdinand de Saussure Anfang des 20. Jahrhunderts die synchrone (nicht-historische, s.2.2.) Sprachbetrachtung (vor allem in seiner Vorlesung *Cours de linguistique générale*, 1916 posthum veröffentlicht). Er leitete damit den **Strukturalismus** (*structuralism*) ein, der sich in verschiedenen Schulen in Europa (z.B. Roman Jakobson und André Martinet) und Nordamerika (z.B. Leonard Bloomfield und Bejamin Lee Whorf) weiterentwickelte.

In der Mitte des 20. Jahrhunderts begründete Noam Chomsky eine neue Linguistik, die **generative Transformationsgrammatik** (*transformational grammar*), die sich in verschiedene Richtungen weiterentwickelt hat.

In der heutigen englischen Sprachwissenschaft bestehen mehrere Ansätze nebeneinander.

Diese Beispiele aus der Wissenschaftsgeschichte zeigen, dass es nicht *eine* Sprachwissenschaft gibt, sondern mehrere, mit unterschiedlichen Stärken und Schwerpunkten. Dadurch erklären sich auch die genannten recht unterschiedlichen Definitionen von Sprache.

2. Wenn man sagt, die **Methoden** (*methods*) der Wissenschaft seien ›objektiv‹ oder ›empirisch‹, dann heißt dies nicht, dass man Daten (auch sprachliche Daten) einfach sammelt und erst dann überlegt, was man damit machen will. Schon das Sammeln erfolgt nicht theorieneutral oder zweckfrei, man muss schon vor der Erhebung überlegen, wofür man die Daten braucht und wie man sie analysieren will. Danach richtet sich beispielsweise, wieviele Daten von wievielen verschiedenen Sprechern man zur Erforschung eines bestimmten Sprachphänomens benötigt. So stehen Theorie und Empirie in einem Wechselverhältnis zueinander. Wenn andere Forscher dieselben Daten verwenden wollen, müssen auch sie wissen, wie die Sprachbeobachtungen oder -aufnahmen gemacht wurden. Das heißt, eine wissenschaftliche Vorgehensweise ist dadurch gekennzeichnet, dass sie intersubjektiv nachvollziehbar ist. Vor allem darin besteht ihre ›Objektivität‹.

3. **Ansätze** (*approaches*) nennt man in der Wissenschaft bestimmte Perspektiven, die einen besonderen Zugang zum Gegenstand bieten. So kann man z.B. sagen, dass die Sprachwissenschaft diachrone und synchrone Ansätze hat. Die **diachrone** (*diachronic*) Betrachtung untersucht die Entwicklung von (Teilen der) Sprache über einen größeren Zeitraum (z.B. die Entwicklung der englischen unregelmäßigen Verben seit der Zeit Shakespeares), die **synchrone** (*synchronic*) Betrachtung sieht (Teile der) Sprache als System zu einem bestimmten Zeitpunkt (z.B. das System der Modalverben im heutigen schottischen Englisch), wobei der Zeitraum wie der Zeitpunkt in der Gegenwart, aber auch vollständig in der Vergangenheit liegen können (d.h. synchrone Sprachwissenschaft kann historisch ausgerichtet sein). Andererseits hat jede Wissenschaftsdisziplin Ansätze, die mehr theoretisch und andere, die mehr **angewandt** (*applied linguistics*) sind. Mit der Frage, warum deutsche Englischlernende *the* anfangs häufig wie /se/ aussprechen, beschäftigen sich eher angewandte Linguisten, mit der Frage, ob das eine oder das andere Grammatikmodell ›richtig‹ ist, eher theoretische Linguisten, selbst wenn dies praktische Konsequenzen haben kann.

Teildisziplinen (*subdisciplines*) nennt man in der Wissenschaft spezielle Gebiete, die sich aus dem Gegenstand oder seiner Betrachtungsweise ergeben.

2.2 Das Netzwerk der sprachwissenschaftlichen Teildisziplinen

Die Teildisziplinen der Sprachwissenschaft bilden ein komplexes Geflecht, das man als Modell von mehr oder weniger zentralen Bereichen (*micro-* und *macrolinguistics*) graphisch darstellen könnte (Abb. 3; auch Abb. 23). Als Kernbereiche (*core areas*) des Netzwerks Sprachwissenschaft werden immer wieder die Beschäftigung mit Aussprache, Wortschatz, Grammatik und Bedeutung genannt. Mit diesen Bereichen beschäftigen sich jeweils die **linguistischen Teildisziplinen** Phonologie, Lexikologie, Morphologie, Syntax und Semantik.

Allerdings sind diese nicht gleichgewichtig nebeneinander gestellt, sondern greifen komplex ineinander. So wird die Grammatik häufig wissenschaftlich in **Morphologie** (als Lehre von den bedeutungstragenden Formen) und Syntax (als Lehre von der Verknüpfung dieser Formen im Satz) unterteilt. Die **Phonologie** baut auf der Phonetik auf und betrachtet nur die für das Sprachsystem relevanten bedeutungsunterscheidenden Laute, die sich im Englischen nicht immer direkt in der **Orthographie** widerspiegeln. Die **Lexikologie** schließt heute meist die historisch orientierte **Etymologie**, die die Herkunft der Wörter untersucht, und einen morphologisch orientierten Teil, die **Wortbildungslehre**, mit ein. Die **Textlinguistik** betrachtet alle Merkmale in ihrem Zusammenspiel in einem Text. Die **Pragmatik** betont Gebrauch und Bedeutung einer Äußerung in Abhängigkeit von Sprachnutzer und Situationskontext.

Diese Teildisziplinen gelten natürlich für die Erforschung jeder Sprache. Die Akzentuierung der Disziplinen ist nicht nur von Modeerscheinungen, sondern auch von der jeweiligen Sprache abhängig. So ist z.B. für die englische Sprache, aufgrund des Endungsverlustes in ihrer Geschichte, die Morphologie weniger wichtig als für das Deutsche.

Um die Kernbereiche sind verschiedene **Überschneidungsdisziplinen mit Nachbarwissenschaften** entstanden, die manchmal ›Bindestrichlinguistik‹ (*hyphenated linguistics*), manchmal Makrolinguistik (gegenüber der zentralen Mikrolinguistik) genannt werden. So grenzt die **Soziolinguistik** an die Soziologie, die **Computerlinguistik** an die Künstliche-Intelligenz-Forschung (*artificial intelligence*), die **Dialektologie** an die Geographie, die **Stilistik** an die Literaturwissenschaft usw. Damit ergeben sich wiederum Überschneidungen und damit Darstellungsprobleme im Modell. Die moderne **Soziolinguistik** hat großenteils die **Dialektologie** und die **Ethnolinguistik** als Unterdisziplinen in sich aufgenommen. Die **Diskursanalyse** überschneidet sich weitgehend mit der **Textlinguistik**, schließt aber besonders soziolinguistische und interkulturelle Aspekte ein. Die **interkulturelle Kommunikation** vereinigt heute Elemente der Pragmatik, der Kultursemantik, der *lingua franca*–Kommunikation (s. 8.3.2) usw. Die **kontrastive Linguistik** vergleicht sprachliche Phänomene aus allen Teildisziplinen in *zwei* Sprachen miteinander, die **historisch-vergleichende Sprachwissenschaft** oder die moderne **Typologie** in möglichst *vielen* Sprachen.

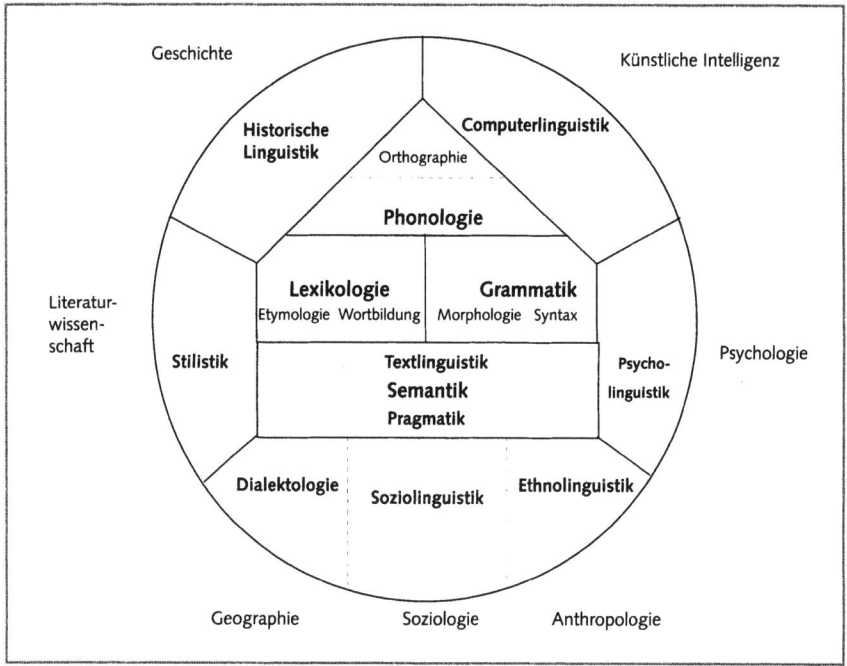

Abb. 3: Teildisziplinen der Sprachwissenschaft

Der relativ neue Bereich **Englisch als Weltsprache** (*English as a World Language*) kann als soziolinguistisch begründete Komparatistik innerhalb des Englischen gesehen werden und bildet damit einen sprachspezifischen Sonderfall. In letzter Zeit haben auch andere Teildisziplinen an Bedeutung gewonnen, sowohl die **kognitive Linguistik** als neue semantisch-psychologische Perspektive, als auch die **Korpuslinguistik**, die computergestützte Analysen von im Computer abgespeicherten Daten unternimmt.

Neben diesen theoretischen Bereichen gibt es angewandte Bereiche, z.B. die auf die Lexikologie aufbauende **Lexikographie** (Wörterbuchschreibung; s. auch Kap. V.3), die mit der kontrastiven Linguistik komplementäre **Fehleranalyse** (s. Kap. IV.2.3) oder die die Psycholinguistik anwendende **Spracherwerbsforschung** (s. S. 214 und 253). Andere Bereiche, wie die **Übersetzungswissenschaft** (s. S. 259), haben sich bereits weitgehend verselbständigt.

Dies zeigt, dass das hier vorgeschlagene Modell nur ein Versuch sein kann, die Zusammenhänge graphisch anschaulich zu machen. Selbst die Einordnung der Sprachwissenschaft in das Gesamtgebäude der Wissenschaften, als Geistes-, Sozial- oder Naturwissenschaft, ist nicht immer eindeutig. Denn die moderne Linguistik besitzt z.B. in der Phonetik, die etwa die Aussprache über Schallwellenuntersuchungen bestimmt, durchaus naturwissenschaftliche Elemente. Demgegenüber würden viele Sprachwissenschaftler betonen, dass jede Linguistik Soziolinguistik ist, da Sprache nicht unabhängig von den durch Sprache handelnden Menschen gesehen werden sollte. Kognitionswissenschaftler und Psycholinguisten wiederum betonen, dass Sprachwissenschaft eine Geisteswissenschaft im engsten Sinne ist, da wir über Sprache einen Zugang zu Organisation und Funktionsweise des menschlichen Gehirns bekommen können. Nur böse Zungen, wie eine Figur in Christopher Hamptons Komödie *The Philanthropist* (1991), sprechen von Sprachwissenschaft als »the only subject which cunningly combined the boredom of the science faculties with the uselessness of the arts faculties«.

2.3 Sprachwissenschaft im Netzwerk der Anglistik

Warum muss man als Anglist überhaupt Sprachwissenschaft studieren? Warum sollte man sich über Sprache Gedanken machen, selbst wenn man ursprünglich vielleicht nur an der Literatur oder Kultur interessiert ist? Dies wirft die Frage nach der Rolle der Sprachwissenschaft im Netzwerk der Anglistik, d.h. ihr Verhältnis zum Sprachlernen, zum Sprachlehren, zur Literatur- und zur Kulturwissenschaft auf.

Für jeden Sprachlerner ist es nützlich, eigene Fehler beim Spracherwerb zu verstehen. Deshalb wird schon in der Schule eine einfache Art von (angewandter) Sprachwissenschaft in Form der Fehleranalyse betrieben. Unterschiede in der Bedeutung zwischen formal ähnlichen deutschen und englischen Wörtern (eine *alley* ist keine *Allee*, sondern eine *Gasse*) können zu Verständnisproblemen führen (s. 4.4 und Kap. V.3.1). Für Englischstudenten kann ein systematischer Sprachvergleich zwischen Deutsch und Englisch auch in der eigenen Sprachpraxis hilfreich sein.

Da Sprach*lernende* zumindest zum Teil aus den eigenen Erfahrungen lernen, können sie auch zum Sprach*lehrenden* werden – obwohl dazu bekanntlich viel mehr gehört als theoretische und praktische Sprachkenntnis. Hier muss der Prozess der Bewusstmachung, wie Sprache allgemein und eine Fremdsprache im Besonderen funktioniert, noch weiter ausgebildet sein. Natürlich sollte ein Sprachlehrer Schülern keine Grammatiktheorien als Selbstzweck vorführen, sondern die Kategorien der Grammatik nutzen, um Zusammenhänge bewusst zu machen und Sprachstrukturen besser erläutern zu können; eine wissenschaftliche Grammatik ist noch lange keine pädagogische (vgl. S. 226). Weil aber Sprachstrukturen am besten gelernt werden, wenn sie in authentische Verwendungssituationen eingebettet sind, muss ein Lehrer diese simulieren und erklären können. Gerade die pragmatische Ausweitung der Sprachwissenschaft in den letzten Jahrzehnten hat die Einbettung der **Sprache als kommunikatives Handeln** (s. S. 221) in die Gesamtsituation betont. Damit trägt die neuere Sprachwissenschaft zur Vermeidung von Problemen in *critical incidences* bei, von Missverständnissen, die häufig als Ansatzpunkt für Diskussionen aus interkultureller Perspektive genommen werden. Wieviel Höflichkeit Modalverben im englischen (im Gegensatz zum amerikanischen) Englisch wirklich ausdrücken und wieviel ›nur Floskeln‹ sind, ist ein sprachliches und ein kulturelles Problem.

Damit wird auch die Überschneidung der Sprachwissenschaft mit der **Kulturwissenschaft** oder Landeskunde deutlich, gleichgültig wie weit der Begriff der Kultur gesehen wird (s. Kap. III.1). Das Verhältnis von Sprache zur Kultur wurde bereits bei den zentralen Merkmalen von Sprache betont: eine bestimmte Sprache wird im kulturellen Kontext an die nachfolgenden Generationen vermittelt. Umgekehrt werden zentrale Werte einer Kultur in der Sprache kodiert weitergegeben. So sind ›typisch englische‹ Konzepte (vgl. *Englishness* in Kap. III.3.3) wie *public school* oder *little England*, ja sogar *public right of way* sehr komplex, aber durch die sprachliche Präzisierung in der Kultur besser handhabbar als in anderen Sprachen, in die sich diese Bezeichnungen oft nur schwer übertragen lassen. Natürlich ist es für jeden, der sich durch Sprache in einer Kultur bewegt, nützlich, mehr über Sprachformen zu erfahren, da wir alle im täglichen Leben viel mehr von Sprache ›leben‹, als uns bewusst ist. Dies wird uns oft erst bei Konflikten klar, z.B. bei der Diskriminierung von Dialektsprechern.

Hier ergibt sich für die englische Sprache ein besonderes Problem, weil sie heute viel weniger als andere Sprachen mit *einer* Kultur verbunden ist, sondern mit vielen: englische, schottische, walisische, irische, kanadische, US-amerikanische, südafrikanische, indische oder australische Kultur wird (ganz oder teilweise) in Englisch wiedergegeben. Für die einen geht der Ablösungsprozess der Sprache von der ehemaligen ›Zentrale‹ in England nicht schnell genug, für andere viel zu schnell. Vielleicht gibt es eines Tages auch eine *airport* und *internet culture* – in Englisch. Doch macht gerade die Variationsbreite des Englischen (s. 8. sowie Kap. II.1.3 und III.2.3) im Studium und in den praktischen Anwendungsmöglichkeiten seinen besonderen Reiz aus.

Für **Literaturwissenschaftler** ist es wichtig zu wissen, dass die Sprache der Literatur nur eine von vielen texttypspezifischen Varianten ist, wenn auch in gewisser Weise eine besonders interessante. Die Literatur und spezielle regionale sprachliche Varianten darin spielen oft eine besondere Rolle bei der Entwicklung einer separaten nationalen kulturellen Identität; die Literatur und ihre Sprache dienen u.a. zur **Weitergabe des kulturellen Erbes** an die nachfolgenden Generationen. Dies zeigt sich auch daran, dass das, was wir heute im Englischen als *literary style* bezeichnen, oft besonders gewählte und z.T. historisierende Wörter sind (das *Oxford English Dictionary* nennt z.B. *similitude, whence*; s. S. 64). Auch was in der Sprache literarischer Texte mühelos und ›natürlich‹ scheint, ist häufig erst das Ergebnis eines komplizierten Zusammenspiels von Formen, das Sprachwissenschaftler aufschlüsseln helfen. So klagt Merle Collins' Gedicht (S. 4) an, dass *Black Englishes*, wie etwa das karibische, als minderwertig stigmatisiert wurden. Eine sprachwissenschaftliche Analyse zeigt aber, dass auch dieses Englisch eine ›Grammatik‹, eine innere Logik, hat; einen bestimmten sozialen ›Wert‹ erhält es erst aus der Perspektive der Gesellschaft: In der Gruppe kann es Solidarität betonen, außerhalb zur Diskriminierung Anlass geben.

Obwohl Schriftsteller keine Sprachwissenschaftler, Soziolinguisten oder Dialektologen sind, werden sie sich, wenn sie ›realistisch‹ erscheinen wollen (s. Kap. II.1.2), um eine möglichst **wirklichkeitsnahe Wiedergabe der Sprache** in einem gegebenen soziokulturellen Kontext bemühen. Für bestimmte Gesellschaftsschichten oder -gruppen ist es ganz natürlich, nicht Standardenglisch zu sprechen, sondern Dialekt. Eine Figur in einem Roman über Glasgow, in dem die urbane schottische Identität von heute thematisiert wird, wird *Glaswegian* (*English*) sprechen. Aber wie kann der Leser unterscheiden, ob eine ihm als Außenseiter auffallende Form normales *Glaswegian* ist oder ob sie auch in diesem Kontext auffällig ist und als

›Signal‹ besonders interpretiert werden muss? Sprache kann natürlich für viele Funktionen ›zweckentfremdet‹ werden, von der Charakterisierung einzelner Personen bis ganzer Gesellschaften. Berühmte Beispiele sind der Film *Educating Rita* (1983) oder George Bernhard Shaws *Pygmalion* (1914) und das darauf basierende Musical *My Fair Lady* (1956), wo Dialekt und Standard Klassenunterschiede markieren. Auch in nigerianischen Romanen sprechen Figuren mit niedriger Bildung oder bestimmte Berufsgruppen (z.b. Polizisten) oft Pidgin (s. 8.3) im Dialog; in Ken Saro-Wiwas Roman *Sozaboy* (1985; das Titelwort ist aus *Soldier+Boy* gebildet) sind sogar die narrativen Teile in *rotten English* geschrieben, um die *rotten society* zu charakterisieren, in der er spielt (s. Kap. II.1.2).

Ein Literaturwissenschaftler muss nun unterscheiden, ob bestimmte Sprachformen in einem gegebenen Kontext unmarkiert, d.h. normal, oder markiert sind, also eine Aussage beinhalten sollen und spezielle Interpretationen nahelegen. Allerdings verwenden Schriftsteller in ihren sprachlichen *clues* häufig Stereotype, z.T. weil in der Wahrnehmung bestimmte Formen besonders auffällig sind und dann als ›charakteristisch‹ erwartet werden; so signalisieren z.B. *dropping one's aitches* (*'alf an' 'alf*) oder doppelte Verneinung (*I ain't got nothing left*) in England stereotyp die Zugehörigkeit zu unteren Bevölkerungsschichten. Dies kann zu Interpretationsproblemen führen, wenn zwischen Leser und Schriftsteller eine gewisse sprachliche Distanz besteht und es nicht klar ist, ob Formen markiert sind oder nicht, und falls ja, mit welchen soziokulturellen Assoziationen markierte Formen verbunden werden.

Sprachformen können aber nicht nur **regional und sozial markiert**, sondern auch **historisch bedingt** sein. Bei manchen Wörtern Shakespeares fällt im Kotext (s. S. 22) auf, dass sie um 1600 eine andere Bedeutung gehabt haben müssen als heute (z.B. *nice* kann auch bedeuten *stupid, lazy, shy, precise*; also nicht immer nur wie heute *lovely*). Viele damals neu aus dem Lateinischen übernommene Wörter hatten noch ihre ursprüngliche Bedeutung: Der Geist in Shakespeares Hamlet ist »th'extravagant and erring spirit« (Akt I, Szene i), weil er ›aus dem Rahmen fällt und herumirrt‹. Manchmal braucht man zur Interpretation sogar den gesamten Kontext des elisabethanischen Weltbilds (s. Kap. III.3.1), z.B. wenn der Herzog in Shakespeares *As You Like It* als »humorous« (Akt I, Szene ii) bezeichnet wird: er ist nicht ›humorvoll‹, sondern ›launisch‹; die Bezeichnung erklärt sich durch die damalige Medizintheorie, wonach Ausgeglichenheit von den vier Körpersäften (*humours*) abhängt. Und wenn Shakespeare öfter *his* statt *its* verwendet, so bedeutet das nicht, dass er dieselben Fehler macht wie ein deutscher Englischlerner, sondern einfach, dass damals die Sprachverwendung anders war und dies noch kein Fehler. Zu Shakespeares Zeit war auch die doppelte Verneinung noch nicht *nonstandard*. Man darf also nicht einfach heutige Sprachkenntnisse auf ältere Texte übertragen.

Abschließend sei noch auf einige Missverständnisse von Sprachwissenschaft hingewiesen. Sprachwissenschaft ist heute nicht (mehr) *hauptsächlich* das Studium von älteren Sprachformen (als Vorbereitung und Voraussetzung zum philologischen Text- und Kulturverständnis), von möglichst vielen Sprachen (wie es auch der alten Bedeutung von *linguist* entspricht), von Grammatikregeln, von ›höheren‹, literarischen Texten. Die **moderne Sprachwissenschaft** ist vielmehr eher angewandt, sprachgebrauchsbetont, umfassend, interkulturell und im gesellschaftlichen und wissenschaftlichen Umfeld integriert, d.h.

- sie macht den Studierenden den eigenen und fremden Sprachgebrauch und dessen interpersonelle und interkulturelle Funktionen bewusst (*language awareness*),
- sie analysiert nicht nur ›literarische‹, sondern alle Texte von Gebrauchsanleitungen bis Graffiti,
- sie berücksichtigt systematisch die Einbindung von Sprachverwendungen im (direkten, sprachlichen) **Kotext** und im (weiteren, außer-sprachlichen) **Kontext**.

3. Phonologie und Orthographie: Aussprache und Schreibung

Die gesprochene Sprache besteht aus Lautfolgen; diese formalen Einheiten werden mit einer Bedeutung verbunden als Sprache wahrgenommen. Sprache ist zunächst gesprochene Sprache, selbst wenn sie in bestimmten Fällen durch sekundäre Formen ersetzt werden kann, z.B. in der Taubstummensprache durch Gesten oder in der Schrift durch Buchstaben (vgl. 1.4). Die Wissenschaft, die sich mit der Beschreibung von menschlichen Lauten beschäftigt, wird **Phonetik** (Lautlehre; *phonetics*) genannt (Literatur zu Phonetik und Phonologie s. Kap. VI.1.3.1). Je nach dem gewählten Beschreibungszugriff (s. das Kommunikationsmodell auf S. 12) kann man drei Richtungen unterscheiden:

- die **artikulatorische Phonetik**, die vor allem die Produktion von Lauten durch den Sprecher beschreibt,
- die **akustische Phonetik**, die vor allem die physikalisch messbaren Phänomene der Schallwellen untersucht, und
- die **auditive Phonetik**, die sich vor allem mit der Wahrnehmung durch den Hörer befasst (s. S. 225).

Aus didaktischen Gründen wird an Schulen und Hochschulen besonders die artikulatorische Phonetik betont.

Zur Darstellung von Lauten wird seit 1889 vor allem die **phonetische Umschrift** (Lautschrift; *phonetic transcription*) der IPA (*International Phonetic Association* oder API für *Association Phonétique Internationale*) verwendet. Dabei unterscheidet man eine weite (phonemische) und eine enge, d.h. genaue (phonetische) Umschrift (*broad/narrow transcription*). Im Unterricht wird meist nur eine weite Umschrift benötigt. So wird *kill* als /kɪl/ umschrieben und nicht als /kʰɨɫ/, d.h. mit Behauchung des [kʰ] und einem so genannten dark /ɫ/-Allophon (s. S. 27 unten).

Phonologie und Orthographie: Aussprache und Schreibung 23

3.1 Phonetik: Englische Konsonanten und Vokale

Die Laute der menschlichen Sprache werden mit Hilfe der **Artikulationsorgane** im Kopf, vom Kehlkopf mit den Stimmbändern über den Mund- und Rachenraum bis zu den Lippen und der Nase gebildet (Abb. 4). Je nachdem, welche dieser Artikulationsorgane beteiligt sind, entsteht ein bestimmter Laut. Aber nicht alle Laute sind sprachlich relevant (s. 3.2.)

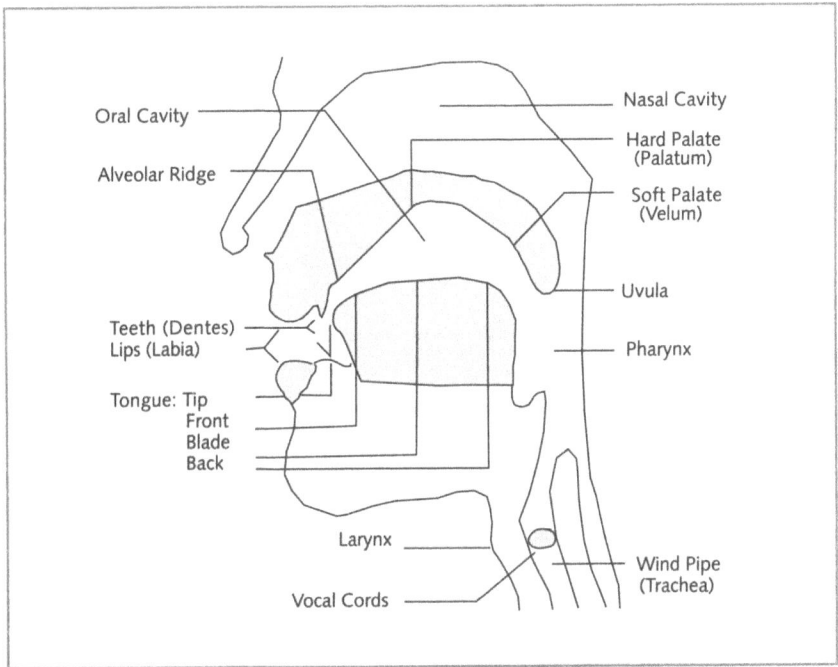

Abb. 4: Die Artikulationsorgane der menschlichen Sprache

Obwohl die Aussprache von Lauten nach vielen Merkmalen beschrieben werden kann, braucht man nur drei unterscheidende Merkmale (*distinctive features*), um alle englischen Laute nach ihrer Aussprache eindeutig zu beschreiben. Allerdings benötigt man für Vokale Höhe und Position der Zunge sowie Lippenstellung und für Konsonanten Artikulationsart und -ort sowie Stimmbändervibration (stimmhaft/stimmlos) als Variablen (s. Tab. 1).

Vokale (*vowels*) sind Laute, die bei weitgehend ungehemmtem Luftstrom durch den Mund entstehen; sie sind deshalb Dauerlaute, die durch ihre Länge und die Zungenstellung im Mund bestimmt sind. Zu ihrer Beschreibung wurde von Daniel Jones ein **Vokaltrapez** (*vowel diagram*) entwickelt, das die Extremkoordinaten der Zungenstellung (*cardinal vowels*) im Mund wiedergibt und durch Hilfslinien den

Mundraum unterteilt zwischen den Extremen ›geschlossen‹ und ›offen‹, ›halbgeschlossen‹ und ›halboffen‹ sowie ›vorne‹, ›in der Mitte‹ und ›hinten‹. Durch Punkte in diesem idealen Raum können dann tatsächliche Vokale (**Monophtonge**) einer Sprache beschrieben werden, durch Pfeile zwischen zwei Punkten Gleitlaute von einer zur anderen Vokalposition, die **Diphthonge**. Dabei werden die *closing diphthongs* /ei/, /ai/, /oi/, /au/ und /əu/ von den *centring diphthongs* /iə/, /eə/ und /uə/ unterschieden. Zusätzlich zur Position wird bei manchen Umschriften noch die Länge der Vokale durch Doppelpunkte wie bei [i:] angegeben.

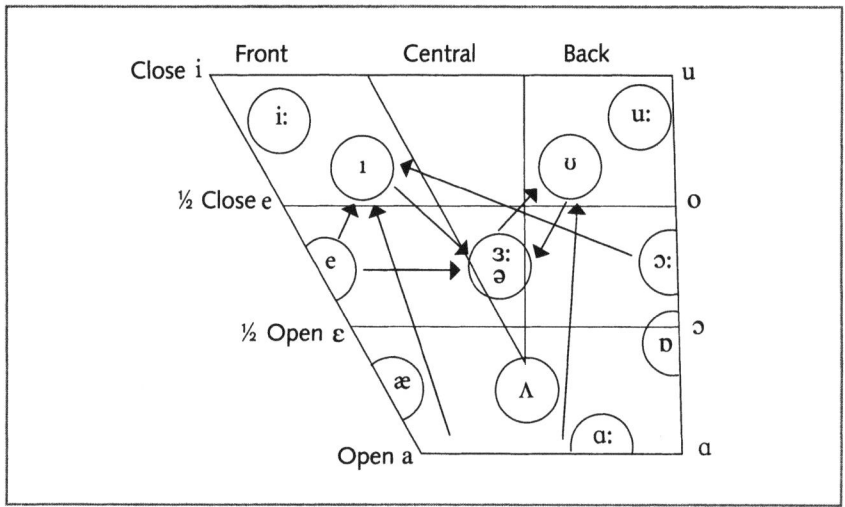

Abb. 5: Die 12 englischen Vokale und 8 Diphthonge im Vokaltrapez

Konsonanten (*consonants*) sind Laute, die dadurch entstehen, dass ein Luftstrom im Mund durch ein Hindernis aufgehalten oder gebremst wird. Laute, die durch aufgehaltenen Luftstrom entstehen, werden Verschlusslaute oder, weil der Luftstrom mit einer kleinen Explosion weiterfließt, **Plosivlaute** (*plosives*) genannt. Laute, die durch einen nur gebremsten Luftstrom entstehen, werden **Reibelaute** (*fricatives*) genannt. Allerdings klingt der hervorgebrachte Laut unterschiedlich, je nachdem ob im Kehlkopf die Stimmbänder, die der Luftstrom passiert, mitschwingen oder nicht. Laute mit Stimmbändern in Schwingung werden **stimmhafte** (*voiced*), die anderen **stimmlose** (*voiceless*) genannt. Da bei der Artikulation von stimmlosen Lauten Gesichtsmuskeln angespannt sind, nennt man sie auch **fortis** (gespannt; *tense*), stimmhafte dagegen **lenis** (*lax*). Wenn man neben dieser Stimmhaftigkeit und der Artikulationsweise noch den Artikulationsort, d.h. die Stelle, wo der Luftstrom aufgehalten oder gebremst wird, angibt, erhält man wiederum ein dreifaches System der Lautbeschreibung (Abb. 5 für ›englisches‹ Englisch). Allerdings gibt es noch einige Besonderheiten, die dieses einfache System komplizert machen.

Auf der phonetischen Ebene ergeben sich für den Englischlerner normalerweise keine großen Verständigungsprobleme; selbst wenn Laute etwas anders gebildet werden, sind sie noch mit den Äquivalenten der Muttersprache vergleichbar. So sind deutsche und französische, aber auch amerikanische, schottische und englische [r]-Laute höchst unterschiedlich. ›Authentisch‹ klingt das Englische aber erst, wenn man sich der Bildung der jeweiligen Laute bewusst ist und sie selbst nachvollziehen kann, nicht nur in ihrer Artikulation, sondern auch in ihrer Verteilung. Zum englischen Englisch (s. S. 74) gehören das so genannte *linking* [r] wie bei *far away* (bei *far* wird das End-[r] von *far* normalerweise nicht ausgesprochen, außer das folgende Wort beginnt mit Vokal) und das so genannte *intrusive* [r], wie im bekannten *law and order* ['lɔ:rənd'ɔ:də] (hier wird ein [r] vor vokalischem Anlaut eingefügt, obwohl es nicht in der Schreibung vorkommt). Selbst innerhalb der Standardformen *British English* (BrE) und *American English* (AmE) gibt es also zahlreiche Variationen. Deshalb wurde bei obigen Beschreibungen immer die meist im Fremdsprachenunterricht verwendete südenglische Prestigevariante **RP** (= *Received Pronunciation*; s. 8.2) verwendet, selbst wenn das amerikanische Englisch auch in Deutschland an Boden gewinnt.

Main Features of RP Consonants

	manner	*place*	*vocal cords*
/p/	plosive	bilabial	aspiration
/t/	plosive	alveolar	aspiration
/k/	plosive	velar	aspiration
/b/	plosive	bilabial	voicing
/d/	plosive	alveolar	voicing
/g/	plosive	velar	voicing
/f/	fricative	labio-dental	(unvoiced)
/θ/	fricative	dental	(unvoiced)
/s/	fricative	alveolar	(unvoiced)
/ʃ/	fricative	palato-alveolar	(unvoiced)
/v/	fricative	labio-dental	voicing
/ð/	fricative	dental	voicing
/z/	fricative	alveolar	voicing
/ʒ/	fricative	palato-alveolar	voicing
/h/	fricative	glottal	(unvoiced)
/tʃ/	affricate	palato-alveolar	(unvoiced)
/dʒ/	affricate	palato-alveolar	voicing
/m/	nasal	bilabial	(unvoiced)
/n/	nasal	alveolar	(unvoiced)
/ŋ/	nasal	velar	(unvoiced)
/l/	lateral	alveolar	voicing
/w/	approximant	bilabial	voicing
/r/	approximant	post-alveolar	voicing
/j/	approximant	palatal	voicing

Main Features of RP Monophtongs			
	position of the tongue		*lips*
/iː/	front vowel	close	lips spread
/ɪ/	front-central vowel	½ close	lips spread
/e/	front vowel	½ close – ½ open	lips spread
/æ/	front vowel	½ open – open	lips neutral
/ɑː/	central-back vowel	open	lips neutral
/ɒ/	back vowel	½ open	lips rounded
/ɔː/	back vowel	½ open – ½ close	lips rounded
/ʊ/	back-central vowel	½ close	lips rounded
/uː/	back vowel	close	lips rounded
/ʌ/	central vowel	½ open – open	lips neutral
/ɜː/	central vowel	½ close – ½ open	lips spread
/ə/	central vowel (unaccented)	(½ close –) ½ open	lips neutral

Tab. 1: Beschreibung der Konsonanten und Vokale des Englischen (RP) nach distinktiven Merkmalen

3.2 Phonologie: Phoneme und Allophone

Nicht alle Merkmale menschlicher Laute sind gleich wichtig für das Funktionieren des Sprachsystems. Deshalb beschreiben Sprachwissenschaftler zunächst die Laute und die Merkmale, die Bedeutungen unterscheiden (und später die, die bestimmte Sprechergruppen unterscheiden). Der Unterschied zwischen einem ›normalen‹ S und einem gelispelten S ist im Deutschen vielleicht für den Sprecher hinderlich (vor allem wenn er von Zuhörern darauf angesprochen wird, dass er mit der Zunge anstößt), aber für die Bedeutung von *sinken* unwichtig. Wenn aber im Englischen jemand statt [sink] [θink] (= *think*) sagen würde, wäre dies schon folgenreicher, weil dadurch eine andere Bedeutung, d.h. ein anderes Wort, entsteht und in bestimmten Kontexten dadurch Missverständnisse auftreten könnten.

Obwohl der Unterschied zwischen den Lauten in der Artikulation nicht groß ist, gibt es viele Wörter, die sich genau in diesen beiden Lauten unterscheiden (man bezeichnet solche Wortpaare als **Minimalpaare**, *minimal pairs*); damit begründet ein Ausspracheunterschied einen Bedeutungsunterschied. Der Ausspracheunterschied zwischen *sink* und *think* ist also im Englischen wichtiger als im Deutschen, weil die *sink* und *think* unterscheidenden Laute viele Minimalpaare bilden (z.B. *sick-thick, sin-thin, sought-thought*). Mit solchen bedeutungsunterscheidenden Laut(merkmal)en einer Sprache beschäftigt sich die **Phonologie** (*phonology*). Die kleinsten bedeutungsunterscheidenden Einheiten heißen **Phoneme** (*phonemes*). In der Schreibkonvention sind sie in / / angegeben. So sind die Laute /iː/ und /ɪ/ distinktiv, weil sie viele Minimalpaare bilden (*heat-hit, beat-bit*, usw.).

Die großen Unterschiede zwischen dem englischen und dem deutschen Phonemsystem liegen im <th>, deshalb ersetzen viele deutsche Englischlerner anfangs oft [θ, ð] durch [s, z]; diesen Einfluss der Muttersprache nennt man **Interferenz** (*interference*). Allerdings ersetzen auch einige Muttersprachler des Englischen das [θ, ð], wenn auch durch [t, d]. Selbst wenn Deutsche dieses Problem gemeistert haben, bleibt immer noch die Verteilung der Vokale in *bed*, *bad* und *bud*, an der man einen Deutschen erkennen kann, weil er die ersten beiden nicht so deutlich unterscheidet wie ein Südengländer.

Die Phonologie beschreibt auch Laute, die nicht nur in ihrer Bedeutung, sondern auch in ihrer Umgebung distinktiv sind. So werden im RP, je nachdem ob der Laut weiter vorn oder hinten am Gaumen gebildet wird, zwei Aussprachen von /l/ unterschieden, das so genannte *clear* [l] und *dark* [ɫ]. Die Verwendung dieser Lautvarianten ist nicht willkürlich, sondern durch den Kotext bestimmt: In eher palatalen Umgebungen ist die Aussprache eher palatal (d.h. *clear*), in velaren eher velar (d.h. *dark*) (s. Abb. 4). So ist das /l/ in *million* ein *clear* [l] und in *pull* ein *dark* [ɫ]. Vor Vokalen wird immer *clear* [l] und vor Konsonanten und am Wortende immer *dark* [ɫ] gesprochen. Allerdings gibt es auch andere /l/-Aussprachen, wie *syllabic* [l̩] am Wortende wie in *little* oder stimmloses [l̥] nach stimmlosen Konsonanten wie in *slender*. Überdies trifft diese Regel nicht auf alle Englischvarianten zu. In Südirland spricht man meist nur *clear* [l], in Schottland und den USA nur *dark* [ɫ]. Da sich beide Aussprachen an derselben Stelle einer Lautkette ausschließen (d.h. es gibt kein Minimalpaar), spricht man von **komplementärer Verteilung** (*complementary distribution*). Solche komplementär verteilten Varianten eines Phonems nennt man **Allophone** (*allophones*).

Dieses **System der Phoneme und Allophone** im Englischen ist natürlich nur ein Hilfsmittel, um die Beschreibung einer Sprache (auch für den Anwender) möglichst einfach und ökonomisch zu machen. Wie in jedem Abstraktionssystem gibt es auch Schwächen: Im Englischen gibt es zwei Laute, die komplementär distribuiert sind, aber völlig unterschiedlich gebildet werden: Der Anfangs- und der Endlaut in *hang* können kein Minimalpaar im Englischen bilden, da /h-/ immer nur am Wortanfang und /-ŋ/ immer nur am Wortende vorkommen. Aber sie als Varianten eines Phonems zu bezeichnen wäre irreführend, weil man bei Allophonen (nach den bisherigen Beispielen) intuitiv eine gewisse phonetische Ähnlichkeit voraussetzt. Da diese hier nicht gegeben ist, haben Phonologen wegen dieses *einen* Falles ein zweites notwendiges Definitionsmerkmal für Allophone eingeführt: Sie müssen nicht nur komplementär verteilt sein, sondern auch phonetisch ähnlich.

Weiterhin sind die Ausspracheunterschiede zwischen verschiedenen Phonemen in bestimmten Kotexten nicht immer deutlich. So wird im Deutschen die Opposition zwischen *Rad* und *Rat* meist aufgegeben (Neutralisation); sie unterscheiden sich dann nur noch grammatisch, durch ihr Genus. Im Englischen ist das /p/ in *sport* oder das /t/ in *strong* phonetisch eigentlich von einem /b/ bzw. /d/ nicht zu unterscheiden. Es ist aber Tradition, Plosive nach <s> immer als <p> bzw. <t> zu schreiben, <sb-> und <sd-> gibt es nicht.

3.3 Suprasegmentale Phonetik: Lautfolgen

Die genannten ›Ausnahmen‹ zeigen, dass die Methode, Laute isoliert zu betrachten, nur begrenzten Beschreibungswert hat: Laute kommen natürlich nicht isoliert vor, sie sind ja bedeutungslos. Wenn sich Laute an ihre Umgebung angleichen, nennt man dies **Assimilation** (*assimilation*). So werden die Worte *shut your eyes* im englischen Englisch zusammen wie [ʃʌtʃəˈraɪz] gesprochen. Jede natürliche Sprache besteht aus Lautketten, die nur durch Segmentierung künstlich auseinandergenommen werden, um durch Austauschtests (*substitutions*) Minimalpaare und Phoneme zu isolieren. Gerade die größeren Lauteinheiten geben einer Sprache ihre Besonderheiten, selbst wenn sie oft nicht einfach zu beschreiben sind. Dies versucht allgemein die **suprasegmentale Phonetik** (*suprasegmental phonetics*) (z.B. in Bezug auf Rhythmus und Intonation).

Relativ offensichtlich sind im Englischen bestimmte Einschränkungen von Phonemfolgen, mit denen sich die **Phonotaktik** (*phonotactics*) beschäftigt. Heute sind im Gegensatz zum Deutschen und zu mittelalterlichen Varianten des Englischen (erkenntlich an der traditionellen Schreibung) keine *kn-*, *wr-* und *ps*-Lautfolgen im Anlaut mehr möglich, daher die ›stummen‹ Anfangsbuchstaben in *know*, *write* und *psychology*.

Schwieriger ist es in der Prosodie (*prosody*), die Bedeutung von Wort- und Satzbetonung zu erfassen. Die **Wortbetonung** (*word stress* oder *accent*) wird in der Phonetik meist durch ein Betonungszeichen vor der entsprechenden Silbe dargestellt: hochgestelltes ' für den Haupt- und tiefgestelltes ˌ für den Nebenton. Beispielsweise ist ein auffälliger Unterschied zwischen britischem und amerikanischem Englisch der Nebenton, etwa in AmE 'secreˌtary gegenüber BrE 'secretary.

Alle Wortbetonungen im Satz zusammengenommen ergeben einen bestimmten **Satzrhythmus** mit einer Abfolge von betonten und unbetonten Silben. Englisch ist durch Isochronie (*isochrony*) charakterisiert, d.h. der zeitliche Abstand zwischen den betonten Silben ist etwa gleich lang (s. auch Jambus in Kap. II.4.3). Bei anderen Sprachen, wie Französisch, herrscht Isosyllabismus, d.h. betonte und unbetonte Silben folgen ungefähr im gleichen Abstand aufeinander. Eine Tendenz zum Isosyllabismus besteht aber auch z.B. bei einigen Zweitsprachvarianten des Englischen, die dadurch für den ungeübten Hörer nicht leicht zu verstehen sind (s. 8.3). *Standard English* (StE) ist also *stress-timed*, nicht *syllable-timed*. So sind z.B. in dem Satz *Which is the train for Crewe, please?* die drei Silben der Tongruppe /ˈwɪtʃɪzðə/ genauso lang wie /ˈpliːz/ und nicht gleich betont, wie bei /ˈwɪtʃ ɪz ðə/. Durch die entsprechende Reduktion der Vokale in unbetonten Silben zu /ə/ oder /ɪ/ entstehen auch die so genannten *weak forms*. Das sind Aussprachevarianten desselben Wortes, meist eines Funktionswortes, je nachdem ob es in betonter oder unbetonter Stellung ist, z.B. *a* /ə/ oder /eɪ/, *but* /bət/ oder /bʌt/, *him* /ɪm/ oder /hɪm/, *some* /səm/ oder /sʌm/, *would* /wəd, əd, d/ oder /wʊd/.

Die Anschlussart (*juncture*) bestimmt die Grenzen von Wörtern, wobei im Englischen Wörter generell mehr zusammen gesprochen werden als im Deutschen, so dass /neɪm/ sowohl für *a name* als auch für *an aim* stehen kann.

Schließlich ist der **Rhythmus des gesamten (Teil-)Satzes** von Bedeutung, d.h. der Verlauf der **Intonation**/Intonationskurve (*intonation*) nach unten oder nach oben. Prinzipiell drückt eine fallende Intonation (`) im Englischen Sicherheit und Abgeschlossenheit aus, deshalb ist sie für Aussagesätze charakteristisch; eine steigende Intonation (´) drückt dagegen Unsicherheit und Nichtabgeschlossenheit aus, deshalb wird sie vor allem in Fragesätzen verwendet:

> In this section we want to demonstrate the importance of intonation for sentence meàning. Don't you understánd that? (vgl. Leech/Svartvik ³2002, 25)

3.4 Orthographie: Laut/Buchstaben-Entsprechungen

Das Problem der englischen Rechtschreibung (Orthographie, *orthography*) ist heute für West- und Mitteleuropäer nicht, dass Englisch andere Buchstaben verwendet (s. aber 8.2), sondern dass es sie für andere Laute verwendet – und das oft nicht systematisch.

Zunächst hat Englisch wie viele andere Sprachen auch das Problem, dass man ein Inventar von 44 Phonemen (für RP) unmöglich in 26 Buchstaben oder **Graphemen** (*graphemes*) wiedergeben kann. Die gängige Lösung ist, Buchstabenkombinationen zu verwenden. Englisch verwendet die Doppelgraphen (*digraphs*) <sh> für den stimmlosen palato-alveolar Reibelaut /ʃ/, <ch> für die stimmlose palato-alveolare Affrikate /tʃ/ und <th> für die dentalen Reibelaute /ð/ und /θ/, was nur deswegen möglich ist, weil <h> sowieso untergenutzt ist; es kommt im Englischen nämlich (wie in der deutschen Aussprache) nur am Wortanfang vor, sonst wird Behauchung (z.B. als Allophon von /p/) nicht geschrieben.

Allerdings wird jeder Englischlerner bestätigen, dass es sich bei der englischen Rechtschreibung um ein besonderes Problem handelt, das weit über das anderer Sprachen hinausgeht. Die Ursachen hierfür liegen vor allem in unterschiedlichen Schreibkonventionen und in der frühen Festlegung der englischen Rechtschreibung nach der Einführung des Buchdrucks in England durch William Caxton (1476; s. S. 71). Während damals die Entsprechungen zwischen Laut und Schrift noch einigermaßen stimmten (obwohl Schreibungen allgemein, auch die englische damals, tendenziell konservativ sind), ist heute die Diskrepanz offensichtlich. Traditionelle Schreibungen ›verewigen‹ heute noch mittelalterliche Ausspracheunterschiede, z.B. die unterschiedlichen Schreibungen von *meat* und *meet* für offenes /ɛ/ und geschlossenes /e/.

So kann z.B. <ea> ausgesprochen werden als /i:/ wie in *beat*, als /e/ wie in *bread*, als /eɪ/ wie *break* in, als /ɜ:/ wie in *learn*, oder /f/ kann geschrieben als <f> wie in *if*, als <ph> wie in *photo* oder <gh> wie in *cough*.

Allerdings gab es schon vor dem großen Lautwandel (s. 8.2) unterschiedliche Schreibkonventionen (z.B. für ursprünglich langes [u:] die französische mit <ou> wie in *doubt*, im Gegensatz zu <ow> wie in *town*) und unterschiedliche Lösungen für die Darstellung der Langvokale (z.B. die Nutzung des stummen End *-e* nach Konsonanten wie in *tune*). Beispiele für die Absurdität der englischen Schreibung sind der Satz:

»Though the rough cough and hiccough plough me through, I ought to cross the lough«

oder das anonyme Gedicht:

> Beware of heard, a dreadful word,
> That looks like beard and sounds like bird,
> And dead: it's said like bed, not bead,
> For Goodness' sake, don't call it deed!
> Watch out for meat and great and threat,
> They rhyme with suite and straight and debt. (vgl. Crystal ²2002, 66)

Da die englische Rechtschreibung ein über ein halbes Jahrtausend altes Aussprachesystem widerspiegelt, sind Rufe nach einer **Rechtschreibreform** nur verständlich. Doch was schon im 18. Jahrhundert schwierig erschien (z.B. für Jonathan Swift) und im 19. Jahrhundert nur in Ansätzen durch den einflussreichen Lexikographen Noah Webster im neuen nationalen Anfangsschwung in den USA gelang, scheint heute aus politischen wie sprachlichen Gründen unmöglich. Zum einen müssten sich alle englischsprachigen Länder einigen oder zumindest die führenden Muttersprachennationen, wie das Vereinigte Königreich, die Vereinigten Staaten, Australien usw. zustimmen, zum anderen nehmen die Unterschiede in der Aussprache mit dem neuen Regional- und Nationalbewusstsein in vielen Teilen der englischsprachigen Welt und mit der größeren Akzeptanz von Sprachvariation eher zu als ab, so dass eine allgemeine Entsprechung von Aussprache und Schreibung nur schwer zu finden sein dürfte. So könnten sich die Aussprachen auch in Zukunft von der traditionellen Schreibung wegentwickeln und immer mehr zu unabhängigen Systemen wie im Chinesischen werden, wo die regionalen Ausspracheunterschiede nur durch die gemeinsame Bilderschrift überbrückt werden können.

4. Lexikologie: Der Wortschatz

Mit dem Aufbau des Wortschatzes beschäftigt sich die **Lexikologie** (*lexicology*), die Lehre von der Gesamtstruktur der sprachlichen Zeichen, und zwar sowohl der internen Struktur, d.h. wie Wörter zusammengesetzt sind, als auch der externen Struktur, d.h. wie Wörter untereinander im Verhältnis stehen (Standardeinführungen hierzu s. Kap. VI.1.3.4).

Die Lexikologie sollte nicht verwechselt werden mit der Lexikographie, der Wörterbuchschreibung, die gerade im Englischen eine interessante Vielfalt von modernen einsprachigen Wörterbüchern hervorgebracht hat. Da Wörterbücher ein Teil der angewandten Sprachwissenschaft sind und in der Sprachpraxis verwendet werden, sind sie in Kapitel V.4.1 genauer beschrieben. Allerdings ist das Wörterbuch nicht das einzige Informationsmittel über den Aufbau des Wortschatzes einer Sprache.

4.1 Lexeme als Form/Inhalt-Paare

Die Grundeinheit der Lexikologie sind die **Lexeme** (*lexemes*), d.h. Wörter, die eine lexikalische Einheit aus Form und Inhalt (Bedeutung) bilden; manchmal wird, wenn die Formseite betont wird, von **Morphemen** (*morphemes*), und wenn die Inhaltsseite betont wird, von **Sememen** (*sememes*) gesprochen. Die populärwissenschaftliche Grundeinheit der Sprache, das Wort, ist in der (englischen) Sprachwissenschaft nicht besonders gebräuchlich, weil es nicht eindeutig ist. So sind Komposita (s. S. 36) wie ›Waschmaschine‹ im Deutschen wohl ein Wort, aber gilt das auch für '*washing ,machine* im Englischen? Die Betonungszeichen ' und , deuten an, dass der erste Bestandteil den Hauptton trägt, der zweite nur den Nebenton (s. 3.3). Da beide zusammen einen Begriff und eine Intonationseinheit bilden (im Gegensatz etwa zu '*washing* '*woman* mit zwei Hauptbetonungen), ist man geneigt, sie als ein Wort anzusehen. Aber '*gold ,ring* hat im Gegensatz zu '*golden* '*ring* auch zwei Hauptbetonungen, obwohl man es als ein Wort ansehen möchte (Crystal 1992, 91).

Um Probleme zu vermeiden, nennt der Sprachwissenschaftler jede dieser bedeutungstragenden Einheiten ein Lexem. Lexeme werden auch lexikalische Morpheme genannt, da sie zusammen mit den grammatischen Morphemen (Flexionsformen wie Plural *-s* oder *-ed* für *past tense*; s. 5.3) die Klasse der Morpheme bilden. Morpheme sind die kleinsten bedeutungstragenden Einheiten der Sprachwissenschaft (vgl. Phoneme als kleinste bedeutungsunterscheidende Einheiten in 3.2). Lexeme sind die Grundeinheiten der Lexikologie.

Da jedes sprachliche Zeichen aus der Kombination von Form und Inhalt besteht, ergeben sich zwei Zugriffsrichtungen auf sprachliche Zeichen: von der Form zum Inhalt (s. 7.1), wie in einem Wörterbuch, in dem man die Bedeutung eines Wortes nachschlagen kann (semasiologisch), oder vom Inhalt zur Form, wie in einem **Thesaurus**, in dem man Ausdrucksmöglichkeiten für einen Inhalt auswählen kann (onomasiologisch; z.B. Roget's oder Wordnet im www).

Da das Verhältnis von lexikalischen Einheiten **zur außersprachlichen Realität** willkürlich ist, kann die Welt in verschiedenen Sprachen unterschiedlich in Einheiten eingeteilt werden. Dass die subjektive Welt im Kopf nicht einfach die objektive Welt widerspiegelt, kann man z.B. daran sehen, dass Engländer alle Lebewesen im Wasser gern als *fish* bezeichnen, selbst wenn sie zoologisch gar keine Fische sind (Deutsche tun dies nur bei ›Walfisch‹). So heißen ›Quallen‹ sehr plastisch *jellyfish*. Gleiches gilt für ›Krebs‹, der vom altfranzösischen Wort *crevice* abgeleitet als *crayfish* ins Englische übernommen wurde, weil es in englischen Ohren ›eben so klingt‹ (die so genannte Volksetymologie; *folk etymology*). Dies sind natürlich extreme Beispiele, aber auch andere Einteilungen sind nicht unbedingt zwingend. So umfasst das englische *to eat* die deutschen Verben ›essen‹ und ›fressen‹. Umgekehrt hat das Deutsche ein Wort für ›Schnecke‹, während das Englische zwischen *snail* (prototypisch, mit Haus) und *slug* (ohne Haus) unterscheidet. Gleiches gilt für ›Affe‹ (*ape* als Menschanaffe im Gegensatz zum *monkey*) oder ›Straße‹ (*street* innerorts, mit Häusern gegenüber *road*). Solche Lexikalisierungen, d.h. die Zusammenfassung eines Inhalts in jeweils *ein* Lexem, sind nicht unbedingt logisch.

In kontrastiver Sicht können **Lücken im Wortschatz** auffallen (z.B. existiert für das deutsche Wort ›Schimmel‹ im Englischen kein Lexem als direktes Gegenstück).

Aber das ist nicht unbedingt ein Problem, denn man kann ja mit zusammengesetzten Wörtern (Komposita) wie ›Nacktschnecke‹, ›Menschenaffe‹ oder ›Landstraße‹ oder adjektivischen Ergänzungen wie *white horse* eine genauere Bezeichnung wählen, wenn dies in einem Kontext nötig erscheint.

Nach Sapir/Whorf (s. 1.2 und zur Thematik allgemein Kap. III.1) beruhen unterschiedliche sprachliche Einteilungen auf **kulturellen Unterschieden**; andere würden die Unterschiede direkt in der außersprachlichen Wirklichkeit sehen. Dies ist aber bei unterschiedlichen Einteilungen so kontinuierlicher Bereiche wie des Farbenspektrums in der gleichen Umwelt schwer zu erklären (z.b. haben Englisch und Walisisch deutlich voneinander abweichende Farbeinteilungen, so dass manchmal *green*, *blue* und *grey* mit ein und demselben walisischen Wort *glas* übersetzt werden können).

Natürlich dient die Lexikalisierung zur Informationsverdichtung, aber was kürzer ist, wird oft auch mehrdeutig. So ist *sleeper^1* »s.o. who sleeps«, die Grundbedeutung, *sleeper^2*, »a train where people can sleep«, leicht idiomatisiert und *sleeper^3*, heavy piece of wood supporting a rail track, schon stark idiomatisiert oder gar »verdunkelt«.

Wenn ein Sprecher einen Sachverhalt ausdrücken will, sucht er aus seinem Wortschatz die zugehörigen Lexeme. Manchmal findet er die der Konvention nach genau zu seiner Aussage passenden Lexeme, manchmal nicht. Findet er für ›Dinge‹ der außersprachlichen Wirklichkeit keine lexikalisierten (d.h. in Lexeme gegossenen) Formen, so muss er entweder eine Bezeichnung von anderen Sprachen übernehmen oder das vorhandene Sprachmaterial anpassen. Da das Englische durch Entlehnungen aus anderen Sprachen einen besonders reichen Wortschatz hat (s. 4.2), ist die unterschiedliche Geschichte der einzelnen Wörter oft besonders interessant (s. 8.2). Durch sprachinterne Prozesse können entweder vorhandene Formen in ihrer Bedeutung angepasst werden (z.B. übertragene oder metaphorische Verwendungsweisen in *blood bank* oder *bottle bank*), oder vorhandene Lexeme oder Lexemgruppen in ihrer Form verändert (z.B. Kürzungen/*clippings* wie *phone* für *telephone*) oder aber neue Formen für neue Inhalte gebildet werden (z.B. *bio-diversity*). Die dabei zugrunde liegenden Prozesse werden in der **Wortbildungslehre** (*word formation*) untersucht (s. 4.3). Durch die Veränderungen der Form/Inhalt-Paare entstehen immer neue Ausdrucksmöglichkeiten, so dass sich die (englische) Sprache als Ausdrucksmittel immer neuen Herausforderungen stellen kann.

4.2 Etymologie: Wortgeschichte

Mit der Herkunft und Entwicklung der einzelnen Wörter einer Sprache beschäftigt sich die **Etymologie** (*etymology*). Aufgrund der komplizierten Geschichte der englischen Gesellschaft und damit auch ihrer Sprache im Mittelalter ist dies besonders ergiebig (vgl. Kastovsky 1982). Die gesamte **Sprachgeschichte** spiegelt sich sozusagen im heutigen Wortschatz und macht ihn so reichhaltig und vielschichtig (s. 8.2).

1. Bei ihrer Einwanderung **ab dem 5. Jahrhundert** brachten die Angelsachsen ihren germanischen Wortschatz mit nach Britannien, das dann nach einem Teil der

Einwanderer, den Angeln, ›England‹ genannt wurde. Viele der so eingeführten Wörter haben noch ihr deutsches Gegenstück (*sang/sang, under/unter*, aber auch *cow/Kuh*), wenngleich die prinzipielle Beibehaltung der Form nicht unbedingt auch auf die Beibehaltung der Bedeutung schließen lässt (*town/Zaun*; s. Bedeutungsverschiebungen in 4.4).
Interessanterweise übernahmen die Angelsachsen von den in Britannien ansässigen und später an den ›Rand‹ der Britischen Inseln (Schottland, Wales und Irland) gedrängten Kelten nur sehr wenige (regionalspezifische) Wörter, wie die bis heute mit dem *Celtic Fringe* assoziierten *lochs* in Schottland und *loughs* in Irland sowie *whisky* in Schottland und *whiskey* in Irland. Immerhin fallen Fluss- und Ortsnamen als keltisches Erbe auf: viele Flüsse in England heißen *Avon*, viele Ortsnamen in Wales beginnen mit *Aber-*, z.B. *Aberystwyth*, und viele Ortsnamen in Devon und Cornwall enden auf -*comb*, z.B. *Widecomb*.

2. Die **altenglische Periode** (ca. 450-1100) war durch skandinavische Einflüsse gekennzeichnet, denn Plünderer und Einwanderer aus Dänemark und Norwegen sprachen altnordische Dialekte. Selbst häufig verwendete Wörter wie *get, give, take* und *hit* wurden aus dem Altnordischen (AN) übernommen. Teilweise entstanden dann Dubletten mit im Altenglischen (AE) traditionell vorhandenen Wörtern wie AN *cast* neben AE *werpan* (verwandt mit deutsch *werfen*; englisch heute nur als Rest in *warp* erhalten) und AN *skirt* neben AE *shirt* (die ursprünglich gleichbedeutend waren, dann in Frauen- und Männerkleidung separiert wurden). Selbst Pronomina wie *they, their, them* wurden aus dem AN in das AE System der Pronomina übernommen und verdrängten andere Formen.

3. Die **mittelenglische Periode** (ca. 1100-1500) nach der normannischen Eroberung (*Norman Conquest*) von 1066 wurde durch Übernahme zunächst normannischer, dann zentralfranzösischer Wörter bestimmt. Auch hier entstanden interessante Dubletten, wie *warden* und *guardian*, die man einfach zuordnen kann, wenn man weiß, dass das Normannische den Laut [w] verwendete, das Französische (um Paris) auch damals schon nicht mehr. Die Einflussbereiche der Sprache spiegeln die gesellschaftliche und sprachliche Teilung Englands nach der Eroberung wider. Die anglonormannische Oberschicht brachte neue Wörter für die für sie wichtigen Lebensbereiche mit: Verwaltung (*council, parliament*), Gesellschaft (*noble, peasant*), Recht (*arrest, punishment*), Mode (*button, embroidery*), Militär (*battle, siege*) und (hohe) Kultur (*art, romance*). Die Verteilung der französischen und englischen Wörter spiegelt in einigen Fällen sogar die ›Arbeitsteilung‹ zwischen Herrschenden und Beherrschten wieder, z.B. in den englischen Essens- und Nutztierbezeichnungen: *pork, beef, mutton, venison* kommen aus dem Französischen, die Entsprechungen *swine, cow, lamb, deer* aus dem Germanischen; die einen sahen das Fleisch auf dem Tisch, die anderen im Stall.

4. Die **frühneuenglische Periode** (ca. 1500-1700) wurde zunächst durch die Rückbesinnung auf die griechischen und lateinischen Wurzeln Europas in der Renaissance bestimmt und brachte z.B. vom Griechischen abgeleitete Wörter wie *lexicographer, thermometer* und *rhythm* und vom Lateinischen abgeleitete wie *vocabulary, science* und *contradiction* als Neuzugänge in den Wortschatz. Die

in dieser Zeit beginnende Wissenschaft und Technik ist auf solch einer klassischen Nomenklatur aufgebaut. Mit der Ausdehnung des englischen Weltreichs ab dem späten 16. und vor allem im 18. und 19. Jahrhundert gelangten auch immer mehr Handelswaren und Bezeichnungen aus allen Kontinenten in das nun weltumspannende Englisch. *Tobacco* und *canoe* kamen aus Amerika über das Spanische, *admiral* und *zenith* aus dem Arabischen, *voodoo* und *safari* aus Afrika, *bungalow* und *shampoo* aus Indien und *koala* und *kiwi* aus Australien/Neuseeland.

So kann man die **Geschichte der englischen Sprache** einfach anhand ihres Wortschatzes darstellen, weil in allen Epochen **Lehnwörter** aus Kontaktsprachen in das Englische aufgenommen wurden. Jedoch ist nicht immer eindeutig, wann, wie und von wo Lehnwörter ins Englische kamen. Häufig ist nicht klar, ob ein Wort aus dem Lateinischen oder dem Französischen stammt (wie z.B. bei *solid* und *information*). Manchmal wurde ein Wort sogar mehrmals übernommen: das griechische *diskos* als *dish* (*disc* im AE über das Lateinische in der Bedeutung ›Gefäß‹/›Gericht‹), als *dais* (über das Altfranzösische und Lateinische in der Bedeutung ›Podium‹), als *desk* (über das Mittellateinische *desca* in der Bedeutung ›Schreibtisch‹), *disk/disc* (über das Französische *disque* und das Lateinische in der Bedeutung ›Diskette‹) und schließlich nochmals das Original *discus* (in der Bedeutung ›Diskus‹). Dies zeigt, dass Latein eine reiche Quelle für Entlehnungen durch die Jahrhunderte war: *cheese* wurde von der römischen Besatzung auf dem Kontinent ins Westgermanische übernommen, *benediction* während der Christianisierung in altenglischer Zeit und *controller* während der Computerisierung im 20. Jahrhundert.

Natürlich hat das Englische auch aus anderen benachbarten Sprachen, vor allem in Bereichen mit besonders intensiven Erfahrungen, Wörter übernommen (oft mit unterhaltsamen Detailveränderungen): *blitz* (*we are going to have a blitz on the house* im Sinne von ›Überraschungsangriff‹) oder *flak* (*she came under heavy flak* im Sinne von ›verbalem Abwehrfeuer‹, ›Kritik‹) aus dem Deutschen, Seefahrtstermini aus dem Niederländischen (*buoy, cruise, yacht*), Musikbezeichnungen aus dem Italienischen (*opera, canto, stanza*) und natürlich kulinarische Zugaben aus aller Welt (*pizza, burrito, curry, nasi goreng* usw.).

Das Bewusstsein um die Herkunft von englischen Wörtern hat auch zu ›historisierender‹ **Rechtschreibung** geführt. Wenn z.B. in *subtle* and *doubt* das <b> nicht gesprochen wird, ist dies durchaus mit der jeweiligen Wortgeschichte zu vereinbaren, da beide als Übernahmen aus dem Französichen früher auch ohne <b>, *sutil* bzw. *doute*, geschrieben wurden. Später wurde nur in der Schreibung aufgrund der Erkenntnis, dass beide sich ursprünglich aus dem Lateinischen (*subtilis* bzw. *dubitare*) herleiten, ein ›stiller‹ Konsonant eingefügt, um eine als Korruption des Originals empfundene Entwicklung rückgängig zu machen. Auch die Beibehaltung der griechischen Schreibung in Wörtern wie *phone* oder *photo* (entgegen der Aussprache mit [f]) lässt sich nur etymologisch erklären.

Was die Etymologie so attraktiv macht, ist, dass sie sich gut als Einstieg in Sprache und ihre Geschichte eignet. Was sie für den modernen Sprachwissenschaftler unattraktiv macht, ist, dass sie in ihrer positivistischen Tendenz zum Detail des Einzelbeispiels nicht immer Sprache als System betrachtet, obwohl es auch dafür amüsante Beispiele gibt. So ist das Wort *quean* (›impudent woman‹; ›prostitute‹; aus AE *cwen*) im StE (nicht in Dialekten) fast ausgestorben, weil es durch Lautzusammenfall mit *queen* (›female monarch‹; aus AE *cwene*) gleich ausgesprochen wurde, was aber wegen des Bedeutungsunterschieds ›nicht tragbar‹ war. Hier greifen lautliche und semantische Entwicklungen ineinander.

Solche Geschichten lassen sich in **etymologischen Wörterbüchern**, z.B. dem *Oxford Dictionary of English Etymology* (Onions 1978; s. Kap. VI.1.1.2), gut nachvollziehen. Gesamtgesellschaftliche Prozesse (s. Kap. III.1.1) spielen eine zentrale Rolle bei den Anredekonventionen wie *you*, *master*, Vornamen usw. Wenn heute im Englischen alle mit ›Sie‹ angeredet werden, hat dies vor allem mit religiösen und politischen Entwicklungen im England des 17. Jahrhunderts zu tun. Bei Shakespeare verwenden bestimmte Sprecher noch *thou* in bestimmten Kommunikationssituationen, ähnlich wie im heutigen Deutschen. Im Bürgerkrieg des 17. Jahrhunderts wurden dann von den Puritanern alle als gleich angesehen und die Anrede ›Sie‹ verallgemeinert. Unterschiedlicher Sprachgebrauch führt zum Bedeutungswandel eines Lexems, und dies kann schließlich das ganze System des Wortschatzes verändern.

4.3 Wortbildung

Neue Wortformen können im Englischen auf vielfältige Weise von bestehenden abgeleitet werden (Standardwerke zur Wortbildung s. Kap. VI.1.3.2). Eine der im Englischen wie im Deutschen am häufigsten verwendeten Möglichkeiten ist das Hinzufügen von Vor- oder Nachsilben (**Affigierung**/*affixation* mit Prä- und Suffigierung/*prefixation* und *suffixation*). Interessanterweise bleibt im Englischen bei **Präfigierung** die Wortart immer erhalten (*immoral, non-smoker, incomplete, unwise, non-inflammable, amoral, decentralize, disconnect, anti-nuclear, counterattack*, alle mit negativer bzw. reversiver Vorsilbe je nach Bedeutung bzw. Wortstamm), während sie bei der **Suffigierung** verändert werden kann (*mileage, slavery* bleiben Nomina; *resentful, childlike* werden Adjektive). Dies liegt natürlich daran, dass Wortarten im Englischen wenn überhaupt am Wortende gekennzeichnet sind. Natürlich können mehrere Wortbildungsmuster zusammenkommen, um komplexe Einheiten zu bilden. Diese werden durch Segmentierung in ihre Bestandteile zerlegt (*un/believ/able, em/bodi/ment*). Allerdings ist die **Produktivität**, d.h. der Gebrauch einzelner Affixe für Neubildungen, heute recht unterschiedlich; während die Wortgruppen auf *-dom* (*kingdom*) oder *-ship* (*hardship*) für neue Wörter nicht mehr verwendet werden, sind etwa *-ing* (*carpeting*) und *-ation* (*exploration*) besonders produktiv. Allerdings entstehen auch laufend neue Präfixe und Suffixe in Verwendungen, die z.T. noch gar nicht im Wörter- oder gar Schulbuch stehen. Beispiele sind *mega-*, *hyper-* und andere emphatische Modesuperlative (*megastore*).

Ein besonders im heutigen Englischen produktives Wortbildungsmuster ist die so genannte **Nullableitung** (*zero derivation* oder **Konversion**/*conversion*), bei der keine formale Veränderung am Wort stattfindet, sondern nur im Kotext klar wird, dass ein Wort in einer anderen Wortart verwendet wird. So wird aus dem Verbum *to release* ein Nomen *the release*, und aus dem Nomen *the thumb* werden gleich zwei Verben mit unterschiedlicher Bedeutung, *to thumb a book* (›mit dem Daumen schnell durchblättern‹) und *to thumb a lift* (›den Daumen hochhalten und als Anhalter fahren‹). Viele englische Wörter, wie *change, rest, cure, turn, start,* werden gleichwertig als Nomina und Verben gebraucht, so dass man heute gar nicht sicher ist, ob sie zuerst Nomina oder Verben waren. Dies wird im Englischen dadurch ermöglicht, dass wortartspezifische Flexionsendungen weitgehend verschwunden sind; im Deutschen sind sie noch eher vorhanden.

Im Deutschen wird bei der Wortbildung die **Komposition** (*compounding*) bevorzugt. Englische Komposita sind im Gegensatz zu deutschen nicht immer an der Zusammenschreibung und Primärbetonung (a 'dark‚room gegenüber a ‚dark 'room, a 'hot‚house gegenüber a ‚hot 'house) zu erkennen. Die Schreibung mit Bindestrich (*hyphenization*) ist auch nicht einheitlich (*easy-going,* aber *everlasting*) – und im AmE seltener als im BrE (z.B. AmE *psychosomatic* – BrE *psycho-somatic*). Prototypisch sind **Determinativkomposita**, bei denen ein Bestimmungswort ein Grundwort näher erläutert (*butter-bean*), d.h. der zweite Bestandteil ist Hyponym (s. S. 40). Semantisch besonders interessant sind die so genannten Bahuvrihi- oder exozentrischen Komposita (die Bezeichnung kommt aus dem Sanskrit), bei denen das Grundwort nicht explizit genannt wird (wie *paperback* für ›Taschenbuch‹ oder *highbrow* für ›Intellektueller‹, *laptop* für ›tragbarer Computer‹). Diese Verwendung wird meist durch Teil-Ganzes-Beziehungen von lexikalischen Elementen ermöglicht (s. 4.5).

Daneben gibt es speziell im Englischen noch einige kleinere **Wortbildungsmuster**, wie Rückbildung (*backformation*), bei der das Kompositum die eigentliche Grundform ist und die verkürzte Form nur scheinbar eine einfachere Form wiederherstellt (*televise* < *television*), Reduplikation (*tip-top*), Verschmelzungen (*blending*; z.B. *infomercials* < *information* + *commercials*) und vor allem verschiedene Abkürzungen (BrE *telly*/AmE *TV* < *television*), entweder als einfache Kürzungen (*clippings,* wie *pram* für *perambulator*) oder als Buchstabenwörter oder **Akronyme** (*acronyms,* wie *NATO*).

Für nichtmuttersprachliche Englischsprecher ist das Spiel mit den Möglichkeiten manchmal verwirrend, zumal es unter Umständen schwerfällt, zwischen etablierten und spontanen Bildungen zu unterscheiden (z.B. bei *infomercials*). Sie müssen immer auf sprachliche Neuerungen gefasst sein, selbst wenn sie nur spielerisch verwendet werden. James Finn Garner (1994) spricht in seinen *Politically Correct Bedtime Stories* z.B. von den *pre-adults* Hansel and Gretel, die von ihrem Vater, einem *tree butcher* und *raper of the earth* zu den *eco-defenders* in den Wald ziehen. Durch diese neuen Komposita werden ›verharmlosende‹ Bezeichnungen für Holzfäller, wie *forester* und *lumberjack,* ersetzt und ›Missstände‹ explizit genannt. Den humoristischen Wert solcher ›Umerzählungen‹ alter Märchen muss man im Kontext der amerikanischen *political correctness*-Debatte beurteilen.

4.4 Bedeutungsverschiebungen

Eine Alternative zur Neubildung von Wörtern ist die Verwendung alter Wörter in neuen Bedeutungen. Dadurch ergeben sich historisch interessante **Bedeutungsver-**

schiebungen. So erklären sich einige bekannte Bedeutungsunterschiede zwischen etymologisch verwandten deutschen und englischen Wörtern.

- Bedeutungserweiterung: z.b. das englische Verbum *to stop* (verwandt mit *stopfen*);
- Bedeutungsverengung: z.B. *undertaker* (*Leichenbestatter*, nicht *Unternehmer*);
- Bedeutungsverschlechterung: z.B. *cunning* (*verschlagen*, nicht *könnend*);
- Bedeutungsverbesserung: z.b. *knight* (*Ritter*, nicht *Knecht*).

Divergierende Entwicklungen führen häufig zum Problem der ›falschen Freunde‹ (*false friends*), wenn Lexeme unterschiedlicher Bedeutung im Deutschen und Englischen aufgrund formaler Ähnlichkeit miteinander in Beziehung gebracht werden. Humoristisch werden sie in *When-shall-I-become-a-beefsteak*-Witzen ausgeschlachtet. Diese ›Verwechslungsgefahr‹ wird in modernen Wörterbüchern berücksichtigt. Tabelle 2 ist der Beginn des entsprechenden Eintrags aus dem *CIDE* (*Cambridge International Dictionary of English*):

actual *adj*	aktuell	relevant; topical; fashionable
afterthought *n*	Nachdenken	reflection, meditation; thought
all day *adj*	alltäglich	daily; common, ordinary
allure *n*	Allüren	behaviour; affections, airs
also *adv*	also	so, thus; in that
announce *v*	annoncieren	to advertise
become *v*	bekommen	to obtain, receive, get
benzene *n*	Benzin	patrol; gasoline
blank *adj*	blank	shiny, bright; clean
blink *v*	blinken	to sparkle, glitter, gleam, twinkle
brave *adj*	brav	good; well-behaved; honest
bright *adj*	breit	wide, broad
bring *v*	bringen	to take, convey, put
cabin *n*	Kabine	telephone booth, cubicle
card *n*	Karte	postcard; map; menu; list; ticket

Tab. 2: Falsche Freunde Deutsch-English (German false friends; *CIDE* 1995, 343)

Eine besondere Form der Bedeutungsverschiebung ist die **Metonymie** (*metonymy*), bei der prototypische Kennzeichen übertragen werden. Besonders häufig sind die Beziehungen

- Teil – Ganzes (*chicken* 1. *two chickens on the roost* 2. *we ate chicken and rice*),
- Behälter – Inhalt (*bottle* 1. *empty bottles* 2. *we drank a whole bottle*),
- Ort – Bewohner (*house* 1. *a six-story house* 2. *we woke up the whole house*) und
- Institution – Gebäude (*university* 1. *she goes to university* 2. *he walked to the university*).

Im Englischen werden auch häufig Firmen- oder Produktnamen auf alle ähnlichen Dinge übertragen (*a kleenex* für jedes Kometik- oder Taschentuch; *to xerox* für Fotokopieren allgemein).

Neben solchen graduellen Bedeutungsverschiebungen können Bezeichnungen auch auf ganz andere Dinge übertragen werden, wenn man sie irgendwie für vergleichbar hält. **Vergleiche** sind explizite Gegenüberstellungen, häufig mit der Vergleichspartikel *like* (prototypisches Beispiel: *He was [like] a tower in the battle*). Wird sowohl die Vergleichspartikel als auch die Form von *be* getilgt, so entsteht eine **Metapher** (*metaphor*), ein indirekter Vergleich, der durch eine semantische Inkongruenz zwischen Satzteilen gekennzeichnet ist (vgl. aber Lakoff/Johnson 1980 für einen sehr weiten Metaphernbegriff). Bei *The chairman ploughed through the discussion* ist, ganz oberflächlich betrachtet, *plough* eigentlich nicht mit *chairman* und *discussion* vereinbar, sondern eher mit Begriffen wie *farmer* und *field* (zu syntagmatische Beziehungen s. 4.5). Diese Übertragung von Lexemen in ungewöhnliche Kotexte hat seit alters her Sprach- und Literaturwissenschaftler beschäftigt (s. Tropen in Kap. II.4.3). Seit einigen Jahren untersucht die kognitive Linguistik metaphorischen Sprachgebrauch als eine ›Zugriffsmöglichkeit‹ auf zugrunde liegende Denkstrukturen, selbst wenn die extreme Auffassung, wonach Metaphern überall anzutreffen seien (Lakoff/Johnson 1980), nicht allgemein geteilt wird. Es wird jedoch anerkannt, dass Metaphern uns die bildhafte Übertragung von detailliert strukturierten, konkreten Sachverhalten auf weniger konkrete erlauben.

4.5 Lexikalische Strukturen

Semantische Beziehungen zwischen lexikalischen Einheiten kommen in zweierlei Richtungen vor:
- als paradigmatische Beziehungen, wenn ein Lexem ein anderes ersetzen kann, und
- als syntagmatische Beziehungen, wenn Lexeme miteinander kombiniert werden können.

In dem Satz

The victim was killed by the gardener.

ist *victim* mit *killed* syntagmatisch verbunden und könnte paradigmatisch durch *butler* oder viele andere Opfer ersetzt werden. **Paradigmatische Beziehungen** (*paradigmatic relations*) werden z.B. bei Worterklärungen auch im Schulunterricht gerne benutzt. Durch Gleichsetzung, z.B. *wealthy = rich*, wird ein unbekanntes Wort durch ein bekanntes erklärt.

Kann man Wörter gegeneinander austauschen, so nennt man sie **Synonyme** (*synonyms*). Allerdings gibt es vollständig gleichbedeutende Synonyme eigentlich nie. Lexeme sind häufig nur in ihrer denotativen Bedeutung, nicht aber in ihrer assoziativen und kollokationellen austauschbar (zu diesen Bedeutungskomponenten s. Abb. 8). *Rich* z.B. ist in vielen Fällen mit *wealthy* austauschbar, aber *wealthy* ist im Register höher (›klingt besser‹) und wird nicht in negativen Kontexten als *stinking wealthy* oder in übertragenen Kontexten als **wealthy soil* verwendet (der Stern/*asterisk* [*] kennzeichnet in der Sprachwissenschaft unakzeptable bzw. historisch rekonstruierte Strukturen). Allerdings können bedeutungsgleiche Bezeichnungen auch in unterschiedlichen Subsystemen oder Varietäten vorkommen oder zumindest bevorzugt werden (z.B. BrE *taxi* – AmE *cab* und AmE/BrE *raincoat* – nur BrE *mac[intosh]*).

Synonymen verwandt sind **Antonyme** (*antonyms*), d.h. bedeutungsgegensätzliche Lexempaare. Sie sind nicht völlig gegensätzlich (es wäre absurd, behaupten zu wollen, *dog* sei das Gegenteil von *in*, weil das Nomen und die Präposition nichts miteinander zu tun haben), sondern auf Lexeme der gleichen Wortart und in ähnlichen Kontexten beschränkt. Antonyme im engen Sinn sind in ihren semantischen Merkmalen fast identisch, bis auf ein Merkmal, das einmal am einen und einmal am anderen Ende einer Skala besetzt ist (*warm – cold*), so dass sie nur durch ein NOT getrennt sind. Auch dies kann man für Worterklärungen nutzen (*warm = not cold*). Allerdings sind die beiden Lexeme eines Antonympaares nicht gleichwertig und nehmen somit auch keine absoluten Positionen ein. Wasser, das nicht warm ist, muss nicht kalt sein – die Alternative *lauwarm/lukewarm* ist sogar lexikalisiert. Je nach Empfinden kann man jedoch die Temperatur den beiden Antonympolen zuordnen.

Speziellere Kategorien sind **komplementäre und konverse Antonyme**; als komplementär bezeichnet man lexikalische entweder-oder-Einheiten, bei denen ein Nichtzutreffen des einen automatisch ein Zutreffen des anderen bedeutet (*married* impliziert z.B. *not single*). Konverse Antonyme sind dagegen lexikalische Einheiten, die notwendigerweise eine logische Spiegelfunktion enthalten; so braucht man als *teacher* gleichzeitig einen *student* oder *pupil, husband* impliziert jemand anderen als *wife*, usw. Aber auch Verbpaare wie *precede/follow* und Präpositions-Adverbpaare wie *above/below* oder *before/after* sind konvers.

Ein weiteres Problem der 1:1-Beziehung von Form und Inhalt ist die **Mehrdeutigkeit**. Hierbei unterscheidet man zwei Typen:

Polysemie (*polysemy*) bezeichnet unterschiedliche Bedeutungen eines Wortes, **Homonymie** (*homonymy*) bezeichnet unterschiedliche Wörter gleicher Form.

Die Unterscheidung basiert eher synchron auf Assoziationen als diachron auf Formzusammenfall ursprünglich getrennter Wörter. Das heißt, es ist gleichgültig, dass ear^1 (Ohr) und ear^2 (Ähre) historisch aus der gleichen Wurzel kommen, weil heute niemand bei der Verwendung des einen *ear* an eine Verbindung zum anderen *ear* denkt (also sind sie homonym).

Allerdings sind kognitive Konzepte, der Begriff im Kopf, nicht immer eindeutig. So wird etwa *bulb* als polysem interpretiert, d.h. als ein Wort mit verwandten Bedeutungen, wie in *plant a bulb* (Blumenzwiebel) im Gegensatz zu *change a bulb* (Glühbirne), während *gums* im Mund (Gaumen) und *gums* im Urwald (und dann im Reifen, aber auch im Mund [im Deutschen genauer bezeichnet als *Kau*gummi]) eher als Homonyme, als zwei getrennte Wörter, angesehen werden. *Hall* wird trotz recht unterschiedlicher ›Nuancen‹ in *Town Hall, student hall, entrance hall* oder *Hardwick Hall* normalerweise in Wörterbüchern als *ein* Wort geführt.

Beide Typen von Mehrdeutigkeit werden erst durch den Kotext desambiguiert; nur in Ausnahmefällen ist die Wortklasse schon ausschlaggebend, wie bei *sound* (als Adjektiv: gesund) und *sound* (als Nomen: Ton). Besondere, aber typisch englische, Problempaare ergeben sich, wenn englische Wörter nicht in Schreibung *und* Lautung übereinstimmen, sondern entweder nur in der Schreibung oder nur in der Aussprache. Sie werden dann **Homographe** (*homographs*) wie z.B. *lead* als [li:d] und [led] bzw. **Homophone** (*homophones*), z.B. [rait] als *write* und *right* genannt. Humoristische Merksätze sind z.B.:

Homonyme: *What clothes do lawyers wear at court? Lawsuits.*
Homophone: *Seven days without water make one weak.*

Für Worterklärungen ebenso häufig genutzt werden **Unter- und Oberbegriffe** (**Hyponyme**/*hyponyms* bzw. **Hyperonyme**/*hyperonyms*), wobei ein Hyperonym durch Spezifizierung (*type of flower*) auf die entsprechenden Hyponyme schließen lässt; oder aber entgegengesetzt die einzelnen Hyponyme (*tulips, daisies, roses*) durch Aufzählung auf das jeweilige Hyperonym. Ein größeres Geflecht von Hyperonymen und Hyponymen führt zu einer Gliederung des Wortschatzes nach semantischen Merkmalen (s. 7.3) in so genannten **Wortfeldern** (*lexical fields*). Die Wortfeldtheorie postuliert hierarchisch geordnete Lexemgruppen, wie etwa Farbbezeichnungen, Sitzmöbel oder Teile des botanischen oder zoologischen Systems. Die Bedeutung des einzelnen Systemelements im Feld wird erst durch die anderen Feldmitglieder klar. So kann die Bezeichnung *father* in Afrika zu Verwirrungen führen, sobald mehr als ein *father* auftaucht, wenn man nicht weiß, dass im afrikanischen Englisch *father* für mehr Familienmitglieder verwendet wird, weil alle Männer der vorherigen Generation *father* genannt werden können. Dafür wird das Wort *uncle* seltener verwendet. Entsprechendes gilt für *brother* und *cousin*; *brother* kann für Mitglieder der gleichen Altersgruppe im Dorf verwendet werden, *cousins* stehen einem nicht so nah. So ergibt sich eine Verschiebung der Elemente im Feld Verwandtschaftsbezeichnungen.

Interessant ist, dass nicht alle möglichen Knoten eines solchen Subsystems in jeder Sprache von Lexemen besetzt sein müssen. Solche Lücken (s. auch S. 31) im (hierarchischen) Netz des englischen Wortschatzes sind z.B. das Antonym zu *bitch* (*female dog*), das als (*male*) *dog* wiedergegeben werden muss, oder geschlechtsneutrale Berufs- und Amtsbezeichnungen (*nurse* oder *spokesman*), die in den letzten Jahren in die Diskussion geraten sind. Während z.B. das englische Nomen *man* früher als männliche und als allgemeine Bezeichnung für Menschen gebraucht wurde, ist dies heute zweifelhaft (s. Kap. III.2.2.2). Die Lücke im System wird, wenn sie als solche wahrgenommen wird, durch häufigere Verwendung von *human being* oder *person* und ähnlichen Bezeichnungen geschlossen. Tabelle 3 fasst die erwähnten lexikalischen Strukturen nochmals schlagwortartig verkürzt zusammen.

Bezeichnung	Beispiel	Kurzerklärung
Synonyme	freedom – liberty	2 Lexeme = 1 Bedeutung
Antonyme	good – bad	›Gegenteil‹ + NOT (steigerbar)
komplementäre	male – female	– erstes = + zweites Lexem (ausschließend)
konverse	buy – sell	reziproke Perspektive (bedingend)
Polyseme	field; black	1 Form = 2 Bedeutungen
Homonyme	pupil; bill	1 Form = 2 Wörter
Homographe	lead – lead	1 geschriebene/2 gesprochene Formen
Homophone	write – right	1 gesprochene/2 geschriebene Formen
Hyponym/Hyperonym	tulip – flower	Unter-/Oberbegriff

Tab. 3: Typen paradigmatischer Strukturen im englischen Wortschatz

Syntagmatische Beziehungen (*syntagmatic relations*) bestehen z.B. zwischen Einheiten im Satz, die semantische Elemente gemeinsam haben (zu Isotopieketten s. 6.2). So können lexikalische Solidaritäten zwischen verschiedenen Satzgliedern bestehen. Bei *a week elapsed* ist der Faktor ›Zeit‹ so dominant, dass eigentlich nach dem Subjekt *week* nur Verben des Zeitverlaufs folgen können (Selektion; *selection*). Bei *he shrugged* (*his shoulders*) ist das Lexem *shoulders* so vollständig im Verbum enthalten (Implikation; *encapsulation*), dass es mitverstanden wird, selbst wenn das Objekt weggelassen wird.

Eine offenere syntagmatische Kategorie ist die **Kollokation** (*collocation*), die nach J.R. Firth (1957) ›gewohnheitsmäßige Verbindungen‹ bezeichnet, wobei das Spektrum (*collocational range*) bei den Kollokationspartnern sehr unterschiedlich sein kann. So ist *good omen* eine Kollokation, weil *omen* mit nur wenigen Adjektiven verbunden wird (vor allem *good* und *bad*); *good* dagegen ist kollokationell kaum eingeschränkt und wird mit zahllosen Substantiven verbunden. Der Extremfall sind einmalige Kollokationen (*unique/frozen collocates*), die nur mit einem bestimmten Lexem verbunden werden können (*auburn* in *auburn hair*, *ajar* in *the door stood ajar*, *shrug* in *shrug one's shoulders*). Etwas weiter, aber trotzdem klar eingeschränkt, sind die Kollokationen von Adjektiven wie *handsome* (bei Männern) im Gegensatz zu *pretty* (bei Frauen) oder *buxom* (bei Frauen) im Gegensatz zu *plump* (bei Personen allgemein und anderen Lebewesen), die ansonsten Synonyme wären. Für die idiomatische Ausdrucksweise des *near-native speaker* ist die Verwendung von stereotypen Kollokationen (*warmest greetings, to apologize profusely*) – und ihre gelegentliche kreative Durchbrechung – zentral.

Sind größere syntaktische Einheiten besonders fest miteinander verbunden, so spricht man von **idiomatischen Ausdrücken** (*idioms*). Ihre Bedeutung lässt sich nicht aus der Summe ihrer Teile erschließen, sie müssen also vom Fremdsprachenlerner als Ganzes gelernt werden. Ein Standardbeispiel ist *kick the bucket* für ›ins Gras beißen‹. Ihre Idiomatizität (*idiomaticity*) kann unterschiedlich sein, abhängig davon, wie weit eine ursprüngliche Bedeutung noch erkennbar ist und wie austauschbar einzelne Elemente sind. Sie reichen von erweiterten Metaphern wie in *break the ice* (der ›Durchbruch‹, wenn man sich näher kommt) bis zu (angedeuteten) Sprichwörtern wie in *the early bird* [*catches the worm*] (›Morgenstund [hat Gold im Mund‹]) und kulturspezifischen Ritualen wie in *keep one's fingers crossed* (›die Daumen drücken‹). In Idiomen sind oft auch historische Lexeme ›konserviert‹, die (so) sonst nicht mehr verwendet werden, wie *leave in the lurch* (›in der Patsche sitzen lassen‹) oder *meat* in der alten Bedeutung von ›Essen‹ allgemein in *meat and drink* (›Speis und Trank‹). Manche *idioms* sind auch semantisch entleert und zu reinen pragmatischen Formeln geworden, d.h. nicht wörtlich gemeint: *How do you do?* zur Gesprächseinleitung, *Pleased to meet you* zur Vorstellung, *Nice talking to you* zur Gesprächsbeendigung, *see you* zum (informellen) Abschied, *bloody hell* zum Ausdruck der Überraschung.

Idioms leiten über zu **Redewendungen** allgemein (vgl. z.B. das *Longman Dictionary of English Idioms* 1979; s. Kap. VI.5.1.1). Zitate führen häufig intertextuell ein Eigenleben und haben sich inzwischen weit von Shakespeare (*brevity is the soul of wit*; Hamlet Akt II, Szene ii, Z. 91), Churchill (*blood, sweat and tears*) oder der Bibel (*turn the other cheek*) entfernt. Tradierte Sprichwörter (*to set the cart before the horse*) konkurrieren mit neuen Slogans (*keep Britain tidy*). Alle diese unterschiedlichen Formen belegen, wie weit das Fremdsprachenlernen in der Sprache verankerte kulturelle Traditionen mit einschließen muss (s. auch Kap. IV.2.2).

5. Morphologie und Syntax: Grammatik

5.1 Missverständnisse über Grammatik

Grammatik ist die Form von Sprachwissenschaft, mit der viele Fremdsprachenlernende (s. Kap. IV.2.4.1) am frühesten in Kontakt – oder auch in Konflikt – kommen, denn für viele ist Grammatik ein kompliziertes Regelsystem, das dem Sprachbenutzer das Leben schwer macht. Eine solche Auffassung von Grammatik vermittelt einen ganz falschen Eindruck (vgl. Quirk/Greenbaum/Leech/Svartvik 1985, 11-15), sie macht natürlich keinen Spaß und trägt ihr eher den Ruf ein, trocken und kompliziert zu sein. Im Gegensatz dazu wollen wir im Folgenden zu zeigen versuchen,

- dass Grammatikkenntnisse ein Ausgangspunkt für Sprachwissenschaft sein können,
- dass es nicht an den Studierenden liegen muss, wenn Grammatiküberlegungen schwierig sind, sondern dass es an den Grammatikbegriffen liegen kann,
- dass Grammatik helfen kann, Sprachlernprobleme zu verstehen und
- dass Grammatik ein faszinierendes Beispiel für unterschiedliche formale ›Verpackung‹ von Information sein kann.

Grundsätzlich sollte deutlich werden, dass Grammatik nicht nur das ist, was ›in der Grammatik steht‹; ja, dass eine Grammatik, im Sinne von Grammatikbuch (wie das Standardwerk von Quirk/Greenbaum/Leech/Svartvik 1985), heute eher versucht, das zusammenzufassen und bewusst zu machen, was in der Grammatik, d.h. im Sprachgebrauch, von gebildeten Muttersprachlern ›automatisch‹ als normale Kommunikationsform in einer bestimmten Kommunikationssituation empfunden wird.

Manche Sprachwissenschaftler unterscheiden eine **interne** (*i-grammar*) von einer **externen Grammatik** (*e-grammar*), d.h. eine moderne deskriptive Grammatik von einer präskriptiven, wie sie fast drei Jahrhunderte lang in Gymnasien in Deutschland und *grammar schools* in Großbritannien zur Eliteschulung verwendet wurde. Da sich die I-Grammatik mit der Sprache allgemein laufend ändert, ist eine E-Grammatik laufend bemüht, Schritt zu halten, und kann doch nie alle unbewussten ›Regeln‹ der I-Grammatik bewusst machen (vgl. Chomsky 1986).

Ein Beispiel für die neueste Entwicklung sind zwei ›Hilfsverben‹, die noch nicht in modernen Grammatiken stehen. Die Sätze *Your money will help finish the building* und *He tended to misplace his glasses* gelten als ›typisch englisch‹, weil sie einerseits nicht wörtlich direkt ins Deutsche übersetzt werden können und andererseits mit einer stereotypen britischen Tendenz zu *indirectness* erklärt werden können. Wenn wir nun *help* und *tend* als Hilfsverben bezeichnen, so betonen wir damit, dass sie eher eine adverbiale Komponente zur Bedeutung des Vollverbums hinzufügen (wie im Deutschen *teilweise* oder *oft*). Ungewöhnliche Sätze können uns über Grammatik nachdenken lassen und uns bewusst machen, wie sich Sprache wandelt (s. 8.2).

5.2 Wortarten und Satzfunktionen

Jeder Sprachlerner kommt schon mit einigen – wenn auch oft vagen – grammatischen Begriffen zur Sprachwissenschaft (s. Nachschlagewerke in Kap. VI.1.1.3). Begriffe wie Substantiv, Verbum und Adverb oder Subjekt, Prädikat und Adverbiale werden bereits in der Schule benutzt, um ›korrektes‹ oder ›falsches‹ Englisch zu beschreiben (»*you my friend*« ist grammatisch falsch, weil es kein Prädikat oder Verbum enthält). Die erste Wortreihe (Substantiv, Verbum usw.) enthält formale, die zweite (Subjekt, Prädikat usw.) funktionale Grammatikbezeichnungen.

Die traditionelle Grammatik ist auf den formalen Kategorien aufgebaut, die **Wortarten** (*word classes*) genannt werden. Traditionell gibt es **neun** Wortarten: Nomina (oder Substantive), Pronomina, Verben, Adjektive, Adverbien, Präpositionen, Konjunktionen, Interjektionen und Artikel (andere Klassifikationen sehen z.B. Zahlwörter oder Hilfsverben als separate Wortarten). Die ersten vier Wortarten werden ›offene Klassen‹ genannt, weil man prinzipiell immer neue Substantive, Verben, Adjektive und Adverben bilden kann, aber nicht so einfach neue Pronomina, Konjunktionen usw., obwohl auch neue Präpositionen entstehen können (z.B. *regarding*).

Traditionell wurden Wortarten in erster Linie durch ihren Bezug zur außersprachlichen Wirklichkeit bestimmt: z.B. Verben als ›Tätigkeitswörter‹ und Adjektive als ›Eigenschaftswörter‹. Die moderne Sprachwissenschaft versucht, sie sprachimmanent, durch besondere morphologische Formen oder Variationsmöglichkeiten (was ein *-ly* als abtrennbare Endung hat, ist ein Adverb), oder durch ihre syntaktische Verteilung im Satz (was ein Verbum näher bestimmt, ist ein Adverb) neu zu bestimmen. Diese Einteilung nach Wortarten hat jedoch große Nachteile.

Ein Nachteil ist, dass diese Kategorien Untergruppen mit ganz unterschiedlichen Eigenschaften enthalten. **Hilfsverben** (*auxilaries*; vgl. Coates 1983, Palmer ²2001 und 1990, Mindt 1995) z.B. brauchen im Englischen heute ein Vollverb im Satz. Shakespeare konnte noch schreiben *I must to England* (wie im Deutschen), heute ist diese Verwendungsweise von Hilfsverben nicht mehr als ›grammatikalisch‹ akzeptiert. Deswegen hat man im Englischen mehr Grund, Hilfsverben als eine spezielle Wortart zu sehen als im Deutschen, obwohl die Formen (*may, must, shall, can* usw.) in beiden Sprachen ähnlich sind. Abgesehen von ihren speziellen Verwendungen (nur mit Vollverb ohne *to*-Infinitiv) haben Hilfsverben noch andere Gemeinsamkeiten: sie können nicht alle Zeit- und Aspektformen bilden wie Vollverben (**I am musting go to England*). Aber *have* muss nicht immer als Hilfsverb verwendet werden, wenn es möglich ist (Hughes/Trudgill 1987, 25f.): während Schotten eher zum Hilfsverb *have* neigen (*Have you any money?* und sogar *Have you a good time?*), verwenden Amerikaner es eher als Vollverb (*Do you have any money?* und *Do you have a good time?*).

Noch uneinheitlicher verhalten sich **Pronomina** (*pronouns*). Sie umfassen im Englischen persönliche (*I, me*), possessive (*my, mine*), reflexive (*myself*), interrogative (*who, what*), relative (*who, that*), demonstrative (*that*) und indefinite (*few, little*) Pronomina. Schon die wenigen genannten Beispiele zeigen, wie unterschiedlich die Eigenschaften sind: *I* und *me* unterscheiden sich durch den Kasus (s.u.) als Subjekts- bzw. Objektsfall, *who* und *what* durch das Genus (s.u.) als Person bzw. Sache, *few* und *little* durch den Numerus (s.u.) bzw. dadurch, dass das zugehörige Nomen zählbar ist, also einen Plural hat, oder unzählbar. Auch sind die Formen nicht eindeutig: *who* kann offensichtlich ein Interrogativ- oder ein Relativpronomen und *that* ein Relativ- oder ein Demonstrativpronomen sein. Schließlich werden einige Pronomina (Possessiv-, Demonstrativ- und Indefinitpronomina) manchmal wirklich, wie der Name sagt, als Kurzform für ein Nomen eingesetzt (wie *his*), oft aber auch wie ein Adjektiv vor ein Nomen gesetzt (wie *my* in *I showed him my report, he showed me his*).

Andererseits ist der Unterschied zwischen Präpositionen und Konjunktionen im Englischen oft gering (z.B. bei *after*). Schließlich kann *round* sogar Adjektiv, Adverb, Substantiv, Verb oder Präposition sein, obwohl wir es intuitiv zunächst prototypisch als Adjektiv klassifizieren würden (wie es in der Tat auch am häufigsten vorkommt), denn **Adjektive** (*adjectives*) haben charakteristischerweise eine Reihe von **morphologischen und syntaktischen Eigenschaften**, wie die folgenden:

- sie können attributiv vor einem Substantiv stehen,
- sie können prädikativ nach einer Form von *to be* stehen,
- sie können mit Adverbien wie *very* intensiviert werden,
- sie können gesteigert werden, im Komparativ mit *-er* oder *more*, im Superlativ mit *-est* oder *most*,
- sie können abgeleitete Adverbien mit *-ly* bilden und
- sie sind an Adjektivendungen (wie *-able, -al, -ish*) zu erkennen.

Tabelle 4 zeigt allerdings, dass einige Adjektive nicht alle diese Eigenschaften besitzen – und trotzdem intuitiv als Adjektive eingestuft werden, außer *four*, das als Zahlwort eingestuft wird.

Beispiel	Syntax				Morphologie	
	attrib.	präd.	*very*	komparativ	Adverb (+*-ly*)	Adjektivendung
agreeable	+	+	+	+	+	+
interesting	+	+	+	+	+	?
large	+	+	+	+	+	+ –
big	+	+	+	+	+	– –
ill	–	+	+	+	?	– –
four	+	+	–	–	–	– –

Tab. 4: Typische Eigenschaften von Adjektiven

Für den Satzaufbau sind die einzelnen Wortklassen von unterschiedlicher Bedeutung. Im Allgemeinen sind Sätze nicht aus vielen gleichwertigen, nebeneinander geschalteten Wörtern aufgebaut, sondern zerfallen sinngemäß in kleine Gruppen, so genannte **Phrasen** (*phrases*), die die für den Satz wichtigen Kernelemente (*heads*) mit beliebig vielen Ergänzungen beinhalten. So lässt sich der Satz

The old man was patiently waiting.

in eine Nominalphrase um *man* und eine Verbalphrase um *wait* unterteilen. Die Nominalphrase besteht außer dem Kern *man* aus einer Prämodifikation durch das Adjektiv *old* sowie dem *determiner* (s.u.) *the*, die Verbalphrase wird mit einem modifizierenden Adverb *patiently* und einer Tempus-Aspekt-Markierung *was -ing* vervollständigt. Zusätzlich zu diesen obligatorischen Phrasen können Sätze noch zahlreiche optionale Phrasen enthalten, wie z.B. die Präpositionalphrase in

The old man was patiently waiting in the station.

Ein zweiter Nachteil traditioneller Wortklassen ist, dass Formkategorien nicht immer deutlich von **Funktionskategorien** (Subjekt, Prädikat, Objekt, Ergänzung/*Complement*, Adverbiale) getrennt werden. Obwohl die Überlappung z.B. zwischen Subjekten und Substantiven groß ist, sind nicht alle Subjekte Substantive; auch Pronomina (z.B. *she, this*) und sogar ganze (Teil-)Sätze (*What you did* in *What you did was really nasty*) können Subjekte sein. Adverbiale Ergänzungen oder einfach **Adverbiale** (*adverbials*) können ausgedrückt werden

- durch Adverbien (*later* und *away* in *Later they went away*), aber auch
- durch Präpositionalphrasen (*after lunch* und *to the zoo* in *After lunch they went to the zoo*),
- durch einfache Nominalphrasen (*this afternoon* und *ten miles* in *This afternoon they walked ten miles*) oder
- durch adverbiale Nebensätze (*keen to meet her friend* und *as fast as she could* in *Keen to meet her friend she walked as fast as she could*).

Wenn Wortarten mehr nach Funktionen definiert werden sollen, dann werden (z.B. in der *Comprehensive Grammar of the English Language* von Quirk u.a. 1985) alle Wörter, die die Lücke vor einem Nomen (und einem Adjektiv) *We like _ beautiful garden* füllen können, *determiner* genannt: Possessivpronomina (*our*), Demonstrativpronomina (*this*), Indefinitpronomina (*no*), Artikel (*a*) oder Zahlwörter (*one*).

Grundsätzlich sind grammatische Einteilungen nur Hilfskonstruktionen, um Verallgemeinerungen machen zu können. Wenn man sagt »Vor Berufen steht im Englischen ein Artikel bzw. *determiner*« (*My father is a butcher*), so ist dies einfacher, als wenn man sagen müsste: »(einWort wie) *a* oder *an* oder *the*«.

Allerdings können bestimmte Wortformen so geläufig und damit ›praktisch‹ erscheinen, dass sie für andere Funktionen herangezogen werden. So ist die englische Konjunktion *and* ein häufiger *connector* (d.h. sie verbindet Wörter, Phrasen und Teilsätze). Es gibt aber auch viele Beispiele, in denen sie nicht verbindende, sondern intensivierende Funktion hat, z.B. in *nice and cosy in here; well and truly; The car went slower and slower; There were roses and roses*. Dann wird entweder das zu betonende Wort wiederholt – ein Mittel, das in Pidginsprachen (s. 8.3.2) besonders häufig angewendet wird – oder ein relativ ›nichtssagendes‹ Wort wird als erstes verwendet.

Während ein Wort theoretisch immer derselben Wortart zugeordnet wird, richtet sich seine Funktion nach dem jeweiligen Satz. Dasselbe Nomen *Prime Minister* kann z.B. Subjekt (*The Prime Minister spoke*), Objekt (*I met the Prime Minister*), Präpositionalobjekt (*He agreed with the Prime Minister*), *subject complement* (*He was elected Prime Minister*) oder *object complement* (*They elected him Prime Minister*) sein. Im Gegensatz zu Objekten sind *complements* durch Referenzidentität gekennzeichnet, d.h. im letzten Beispiel beziehen sich *him* und *Prime Minister* auf dieselbe Person in der außersprachlichen Wirklichkeit.

Eine solche Einteilung nach Wortarten (und Satzfunktionen) ist neben dem Englischen ebenso für andere Sprachen weit verbreitet und erweist sich somit als sehr effektiv und hilfreich. Darüber hinaus wird deutlich, inwieweit Wortarten durch ganz unterschiedliche Formvariationen markiert werden (s. 5.3 und zu morphologischen Standardwerken VI.1.3.2) und sich auch ganz unterschiedlich im Satz verhalten können (s. 5.4 und zu syntaktischen Standardwerken VI.1.3.3).

5.3 Grammatische Morpheme

Ein ›Grammatikskeptiker‹ könnte fragen, wozu man Grammatikkategorien überhaupt benötigt; wären Sprachen nicht viel einfacher (zu lernen), wenn man sie nicht hätte? Doch grundsätzlich macht Grammatik die Sprache (und das Leben) nicht schwerer, sondern einfacher. Denn Grammatik dient dazu, häufig vorkommende Funktionen in möglichst ökonomischer Form auszudrücken. Dazu dienen auch Bezeichnungen wie Plural/Mehrzahl, Perfekt oder Verlaufsform, die inhaltliche und formale morphologische Variationen bei bestimmten Wortarten bezeichnen. Wörter werden z.B. je nach Wortart durch unterschiedliche **grammatische Kategorien** variiert. Nomina etwa verändern sich nach den Kategorien Numerus, Genus und Kasus, Pronomina zusätzlich nach Person; Verben verändern sich ebenfalls nach

Person und Numerus, aber auch nach Tempus, Aspekt und *genus verbi* (*voice*), wie die Aktiv/Passiv-Unterscheidung traditionell genannt wird. Im Englischen gibt es nur wenige grammatische Flexionsmorpheme (-*s* bei Nomina, -*s*, -*ed* und -*ing* bei Verben und -*er*, -*est* bei Adjektiven).

1. Wenn wir bei jedem **Substantiv** (*noun*), das sich auf mehr als ein vorkommendes Exemplar bezieht, im Englischen nicht ›in der Regel‹ nur ein -*s*, sondern die genaue Anzahl, die wir meist sowieso nicht wissen, oder *two, three or more* hinzufügen müssten, wäre Englisch sicher ›unübersichtlicher‹. Also ist die ›Erfindung‹ des Plurals, wenn man diesen als die markierte Variante der Kategorie **Numerus** (*number*) ansieht, sicher eine Vereinfachung der Markierung. Im Englischen ist nur der Kontrast zwischen ›gleich eins‹ und ›größer eins‹ (nur bei zählbaren Nomina!) obligatorisch grammatikalisiert, d.h. er muss als Endung ausgedrückt werden. Allerdings wäre auch ein komplexeres System möglich, z.B. ›gleich eins‹, ›gleich zwei‹ und ›größer zwei‹; Reste eines solchen ›Duals‹ finden wir im Englischen lexikalisiert in *pair* und *couple* und in *both* und *either*, die alle eindeutig ›zwei‹ beinhalten. Natürlich könnten jetzt Grammatikskeptiker einwerfen, dass dann Englisch noch ›ökonomischer‹ wäre, wenn es den Unterschied zwischen Singular und Plural nicht auch noch beim Verbum ausdrücken müsste, wie z.B. bei *The supporter says*... verglichen mit *The supporters say*... Hier wird der Numerus doppelt ausgedrückt. Ist also eine der beiden Markierungen ›überflüssig‹ (*redundant*)? In diesem Fall schon, doch die Kongruenz (*concord*) zwischen Nomen und Verb ist im Englischen heute nur im Indikativ Präsens und bei Substantiven in Subjektposition gegeben.

Obwohl die klare Kennzeichnung des Plurals von präskriptiven Grammatiken als ›unverrückbare‹ Regel dargestellt wird, ist die Wahl nicht immer eindeutig: manchmal ist der Plural an der Form nicht so genau zu erkennen (*dice* für Würfel ist eigentlich Plural, aber wird häufig als Singular benutzt, außer in den ›alten‹ idiomatischen Ausdrücken, wie *The die is cast*) oder am Inhalt (*fish* ist normalerweise nicht zählbar, also Singular; *data* sind fast immer Mehrzahl, trotzdem folgt manchmal das Verb im Singular; und bei *team* kommt es auf die Betrachtungsweise an, ob man die Gruppe als Ganzes oder die Einzelmitglieder betonen will; entsprechend steht das Verb im Singular oder Plural).

Neben dem Numerus gibt es bei englischen Substantiven die grammatischen Variationen Kasus und Genus.

Kasus (*case*) kennzeichnet durch Endungen die Funktionen von Substantiven im Satz. Im Lateinischen gibt es bis zu sechs Endungen für verschiedene Satzglieder, insbesondere für

- den Nominativ, in dem das Satzsubjekt steht,
- den Genitiv, der Besitz oder Herkunft anzeigt,
- den Dativ, in dem der Nutznießer einer Handlung steht, oder
- den Akkusativ, der ein (direktes) Objekt markiert.

Im heutigen Englisch ist davon nur die Markierung für den Genitiv übrig geblieben, und diese eigentlich nur im Singular, in Form eines *s* mit Apostroph davor (*father's*); der Genitiv Plural wird schriftlich durch einen Apostroph nach dem Plural -*s* (*fathers'*) deutlich, mündlich aber nur bei unregelmäßigen Substantiven.

Alle anderen Beziehungen im Satz werden durch die Wortstellung (Subjekt vor, direktes Objekt nach dem Verb) oder durch Präpositionen ausgedrückt (Herkunft durch *of*, Nutznießer durch *to* oder *for* usw.). Obwohl also Kasus als formale Kategorie im Englischen unbedeutend ist, sind die zugrunde liegenden semantischen Rollen (s. 7.4) vorhanden.

Genus (*gender*) dient zur Kategorisierung der Substantive allgemein. Im Englischen ist die Wahl vieler Pronomina davon abhängig, ob sie sich auf einen männlichen, weiblichen oder nicht-geschlechtlichen Referenten in der außersprachlichen Wirklichkeit beziehen. Sie werden dann als **maskulin, feminin und neutrum** bezeichnet. Dabei sind die Trennlinien interessanterweise keineswegs ›objektiv‹, d.h. biologisch, festgelegt, sondern eher subjektiv, nach ›Relevanz‹; denn bei ›niederen‹ Lebewesen interessiert uns das natürliche Geschlecht eigentlich nicht, selbst wenn sie eines haben. So können Pferde und Katzen (speziell von Nichtliebhabern) und sogar Babys grammatisch als neutrum behandelt werden. Im Englischen erkennt man das ›grammatische Geschlecht‹ vor allem an den stellvertretenden Pronomina, allerdings nur im Singular (den Personalpronomina *he, she* und *it;* bzw. den Relativpronomina *who* und *which*). In anderen Sprachen, wie Japanisch, wird auch bei anderen Personen nach dem Genus unterschieden, etwa zwischen ›ich-männlich‹ und ›ich-weiblich‹, bzw. dieselbe Form erhält bei männlichen Sprechern einen anderen stilistischen Wert. Jedoch wird die obligatorische Unterscheidung nach männlich/weiblich im Englischen zunehmend als unangenehm empfunden, da es kein neutrales Genus für Lebewesen im Singular gibt (man muss sich zwischen *he/she, his/her* und *him/her* entscheiden). In der Diskussion um *non-sexist language* und *political correctness* werden das Abwechseln von *he* und *she*, die Verbindung *(s)he* oder gar *they* (im Singular) als Lösungen angeboten.

Allerdings ist die im Prinzip einfache ›Lösung‹ im Englischen, grammatisches = natürliches Geschlecht, in sich nicht eindeutig, sie überlappt auch mit Resten eines anderen Systems, wenn wir für Staaten und Schiffe feminine, für den Mond maskuline und die Sonne feminine Referenzpronomina verwenden können. Warum also machen Menschen ihre Sprachen so kompliziert durch ›Erfindung‹ einer (obligatorischen) Nominakategorisierung? Eine Kategorisierung der Substantive kann bei rückverweisendem Bezug im Text (*anaphoric reference*) mit Hilfe von Personalpromina ein Vorteil sein, um das Gemeinte deutlicher zu machen, allerdings nicht immer:

> The airship was about to leave the airport. The last person to go up the gangway was Miss Henning. Slowly *her* huge nose turned into the wind. Then, like some enormous beast, *she* crawled along the grass. (Mair 1995, 233)

Wenn Englisch seine Genuskategorien gänzlich nach dem Prinzip des natürlichen Geschlechts einteilen würde, wäre in diesem Beispiel *airship* nicht als Bezugspunkt für *her* und *she* in Betracht zu ziehen, doch so wird der Leser zunächst bei *huge nose* irregeleitet, weil *nose* eher einen menschlichen Bezug suggeriert, bevor diese Interpretation nach *like some enormous beast* doch zu abwegig wird.

Genusklassifikationen können sehr unterschiedlich sein: Englisch, Latein und Deutsch haben z.B. drei, Französisch zwei, aber viele Bantusprachen in Afrika haben bis zu zwanzig Genera, die dann meist Nominalklassen genannt werden. Die Einteilung ist bei vielen Substantiven heute oft nicht mehr ›durchsichtig‹. Warum ist z.B. im Deutschen der Löffel maskulin, die Gabel feminin und das Messer neutrum? Die Kategorisierung kann aber prinzipiell und ursprünglich auf formalen oder inhaltlichen Kriterien aufbauen. In den Bantusprachen Afrikas gibt es z.B. Klassen für lebende Wesen (nicht nach natürlichem Geschlecht getrennt), Pflanzen, abstrakte Bezeichnungen, kleine und große Dinge usw. Natürlich sind heute nicht alle Substantive immer in der ›vorhersagbaren‹ Klasse, zumal die Klassen auch überlappen, aber im Gegensatz zum Deutschen sind die Ordnungsprinzipien noch gut erkennbar. In anderen Sprachen, wie dem Lateinischen, ist das Genus meist am Suffix erkennbar (-*us* maskulin, -*a* feminin, -*um* neutrum). Da es im Englischen heute kein deutlich ausgeprägtes Endungssystem mehr gibt, ist es intuitiv einfacher, einem ›natürlichen‹ Einteilungsprinzip nach dem natürlichen Geschlecht zu folgen (*natural* im Gegensatz zu *grammatical gender*). Probleme gibt es eher im Deutschen, wo z.B. *Mädchen* nach dem ›natürlichen‹ Geschlecht feminin (*sie*) und nach dem ›grammatischen‹ Geschlecht neutrum ist (*es*).

2. Während die Bedeutung der grammatischen Variation beim englischen Nomen im Vergleich zum Deutschen abgenommen hat, hat sie beim **Verbum** (*verb*) zugenommen. Durch die geschichtliche Entwicklung ist das Verbalsystem viel komplexer geworden, vor allem weil zwei Zeitrelationen bedacht werden müssen, Tempus und Aspekt.

Tempus (*tense*) bezieht sich auf die Zeit der Handlung im Verhältnis zur Sprecherzeit (gleichzeitig: Gegenwart/*present*, vorzeitig: Vergangenheit/*past*), Aspekt auf die Zeit des Handlungsablaufs (abgeschlossen: *simple*, nicht abgeschlossen: *continuous*). Das englische Perfekt kann als Tempus ›von einem Punkt in der Vergangenheit bis einschließlich heute‹ oder als Aspekt ›noch nicht abgeschlossen‹ gesehen werden. Ein Standardbeispiel ist: *He has been one of the best British actors for the last 30 years* (*Seit 30 Jahren ist er einer der besten britischen Schauspieler*). Da dieser Zeitbezug im Englischen grammatikalisiert ist, ist er einfacher deutlich zu machen als im Deutschen, wo diese Kurzform nicht in der Grammatik festgelegt ist und in expliziten Fällen mit *Er war und ist ...* wiedergeben werden muss. Für den deutschen Englischlernenden ist dies ein Problem, weil die Aspektmarkierung im Unterschied zum Deutschen obligatorisch ist, nicht optional; der Bezug *muss* grammatisch ausgedrückt werden. Im Deutschen ist die dem englischen *he worked – he has worked* formal parallele Unterscheidungsmöglichkeit *er arbeitete – er hat gearbeitet* nicht klar für unterschiedliche Bedeutungen genutzt. Beide Formen markieren Vergangenheit, sie spiegeln aber dialektale Präferenzen wider (Nord- gegenüber Süddeutschland). Dies macht die direkte Gegenüberstellung der Sprachsysteme in der kontrastiven Sprachwissenschaft so komplex.

Die **Zeitmarkierungen beim Verbum** werden allgemein als grammatische Zeiten bezeichnet, allerdings ist Tempus nicht die einzige Ausprägung des außersprachlichen Konzepts ›Zeit‹ in der Sprache. So beinhalten viele Wörter eine Bedeutungskomponente Zeit (z.B. *short, observe, second*); sie lässt sich unter anderem nach temporalen Adverbien, Konjunktionen oder Präpositionen einteilen (z.B. *then, before*). Trotzdem scheinen Verben eine besondere Beziehung zur Zeit zu besitzen.

Zum einen gelten sie prototypisch als ›dynamisch‹, d.h. einen zeitlichen Verlauf ausdrückend (›statische‹, d.h. zeitunabhängige Verben wie *cost* oder *weigh* sind eine Ausnahme), zum anderen werden bei ihnen im Englischen gleich zwei Zeitbezüge grammatikalisiert. Tempus markiert das Verhältnis des Sprechaktes zum Handlungsakt, wie es oft bildlich auf einer Zeitachse von der Vergangenheit über die Gegenwart zur Zukunft dargestellt wird.

Aspekt (*aspect*) bezeichnet Einzelheiten des Handlungsverlaufs näher, also ob die im Verb bezeichnete Handlung noch andauert oder schon abgeschlossen ist, ob sie eher als kurz oder lang, eher als abgeschlossenes Faktum oder als im Verlauf befindlich oder näher dem Anfang oder dem Ende gesehen wird. Diese Unterschiede bedingen manchmal die Wortwahl; z.B. liegt der Unterschied zwischen *see* (*sehen*) und *watch* (*betrachten*) vor allem im *durativen* Aspekt.

Im Gegensatz etwa zum Russischen, wird im Englischen Aspekt nur gelegentlich lexikalisiert. Dagegen wird im Englischen der Unterschied zwischen ›abgeschlossen‹ und ›noch andauernd‹/›im Verlauf‹ (daher der Name) obligatorisch grammatikalisiert. Diese so genannte **Verlaufsform** (*progressive*) ist ein weiterer wichtiger Unterschied zwischen Deutsch und Englisch und eine besondere Lernschwierigkeit für Deutsche. Im deutschen Satz *Wir gingen gerade die Straße entlang/Wir waren gerade dabei, die Straße entlangzugehen, als ein Polizeiauto um die Ecke bog,* kann das Adverb *gerade*, das die Gleichzeitigkeit der Handlung ausdrückt, weggelassen werden. Im Englischen muss ich den Kontrast ausdrücken zwischen der schlichten Feststellung der Tatsache *We walked along the avenue* und der Betonung des Ablaufs *We were walking along the avenue, when a police car came round the corner.* Auch der Unterschied zwischen dem englischen *past tense* und *present perfect* kann als Grammatikalisierung von Aspekt aufgefasst werden, nämlich als *imperfective*. Das *present perfect* markiert explizit, wenn eine Handlung noch bis in die Gegenwart andauert und noch nicht abgeschlossen ist. Die Tendenz dazu ist im amerikanischen Englisch weniger stark ausgeprägt, im britischen Englisch hingegen breitet sich das *present perfect* immer stärker aus. So entsprechen sich:

BrE: *Have you eaten?/I've told you already.*
AmE: *Did you eat?/I told you already.*

Andere Typen von Aspekt werden im Englischen gelegentlich durch Präpositionen nach Verben wiedergegeben: *eat up* (*completive*) oder *walk along* (*durative*).

Selbst wenn man sich bewusst ist, *dass* bestimmte grammatische Markierungen im Englischen gemacht werden sollten oder müssten, muss man sich manchmal noch über das *wie* Gedanken machen, denn dieselbe Funktion wird gelegentlich, je nach dem Kotext, vor allem dem jeweiligen Stamm, durch verschiedene Formen ausgedrückt. Das Morphem, das *past tense* markiert, ist im Englischen nicht immer die *-ed*-Endung, sondern es hat zahlreiche, vom jeweiligen Verbum abhängige Varianten, die analog zu den Allophonen der Phoneme **Allomorphe** (*allomorphs*) des *past tense*-Morphems genannt werden (Tab. 5). Abgesehen von den durch die phonetische Umgebung bedingten, gibt es auch von einzelnen Lexemen (morphologisch) bedingte Varianten.

phonetisch bedingter Typ:		
Allomorph	Beispiel	Verteilung nach Lautumgebung
/d/	bowed	nach stimmhaften Lauten
/t/	spelt	nach stimmlosen Lauten
		(selbst wenn in US Englisch -*ed* geschrieben)
/id/	melted	nach alveolaren plosiven Lauten
morphologisch bedingter Typ:		
Allomorph	Beispiel	Verteilung nur bei bestimmten Lexemen
/d/	had, made, said	Kontraktionen
0	put, cast	unregelmäßige Verben (unveränderliche)
	came	unregelmäßige Verben
		(mit Ablaut nach klaren Mustern wie i – æ – ʌ)
	went	Ersatzformen (suppletiv)

Tab. 5: Allomorphe des englischen *past tense*-Morphems

Abschließend ein Beispiel für ein Gedicht (wieder aus Lewis Carrolls *Through the Looking Glass*), in dem alle grammatischen Morpheme (Flexionsendungen wie Plural -*s* und Funktionswörter wie *the*) korrekt sind, das aber kein einziges englisches Lexem enthält, also zwar grammatisch, nicht aber semantisch akzeptabel ist, d.h. man kann grammatische Bezüge gut, semantische kaum erkennen; z.B. bezeichnet *Twas* einen Zustand in der Vergangenheit, der eine Erzählhandlung (s. Kap. II.4.4) von *gyre* und *gimble* einleitet, aber was das bedeutet ist unklar, denn die Formen sind leer:

> Twas brillig, and the slithy toves
> Did gyre and gimble in the wabe:
> All mimsy were the borogoves,
> And the mome raths outgrabe. (Carroll 1977, 276)

5.4 Syntax: Satzbau und -analyse

Mit dem Aufbau von Sätzen (*sentences*) aus Wörtern und Teilsätzen (*clauses*) beschäftigt sich die **Syntax** (*syntax;* von griech. ›zusammenstellen‹). Die englische **Wortstellung** (*word order*) ist sehr fest und erfordert prinzipiell die Reihenfolge Subjekt – Prädikat – Objekt (SPO); adverbiale Ergänzungen stehen etwas flexibler meist vor oder nach dieser Gruppe. Aber selbst wenn uns diese Wortstellung als ›ganz natürlich‹ vorkommt, weil wir sie tendenziell auch im Deutschen bevorzugen, so fragt sich ein kritischer, typologisch interessierter Sprachwissenschaftler, ob ein SPO-Sprachtyp (*dog bites man*) wirklich natürlicher ist als ein SOP-Typ, wie Japanisch (*dog man bites*), oder ein PSO-Typ, wie modernes Irisch/Gälisch (*bites dog man*). Immerhin scheint überall das Subjekt vor dem Objekt zu stehen, vielleicht weil man kognitiv den Handelnden oder Verursacher vor dem Opfer oder der Wirkung verarbeitet (s. Kasus in 5.5 und semantische Rollen in 7.4).

Aber selbst im Englischen gibt es Ausnahmen von der SPO-Norm. Zunächst ist die **Inversion** (*inversion*) bei satzeinleitenden negierten Adverbien zu beachten, wie *Hardly/Never have we heard that*. Schließlich unterscheiden sich nach ihrer Syntax im Englischen formal die **Satztypen**:

- der Aussagesatz (*declarative clause*), gekennzeichnet durch die Standardreihenfolge Subjekt – Prädikat – Objekt,
- der Fragesatz (*interrogative clause*), gekennzeichnet durch die Inversion von Subjekt und Prädikat (im Englischen meist vermieden durch die Konstruktion: Hilfsverb – S – P),
- der Befehlssatz (*imperative clause*), ohne obligatorisches Subjekt und mit dem Verb in der Grundform ([*you*] *come here*) und
- der Ausrufesatz (*exclamative clause*), der mit *How*- oder *What*-Phrasen eingeleitet wird (*what a mess*).

Aber schon die Bezeichnungen zeigen, dass auch hier wieder formale und funktionale Kategorien ineinandergreifen: Aussagesätze vermitteln Informationen, Fragesätze signalisieren Fragen (die Antworten oder Handlungen bewirken sollen), Befehlssätze geben Handlungsanweisungen (auch als Aufforderungen und Bitten) wieder und Ausrufesätze drücken aus, dass der Sprecher überrascht oder beeindruckt ist.

Prinzipiell geht es bei der Aneinanderreihung von Satzgliedern und Teilsätzen auch darum, wie die enthaltene Information so verpackt werden kann, dass sie für den Rezipienten am besten zu verarbeiten ist. Dabei ergibt sich oft eine **Thema-Rhema-Abfolge**, wobei Thema (*theme*) den Ausgangspunkt und Rhema (*rheme*) die weiterführende Information bezeichnet, und Thema oft dem Hörer bekannte Informationen (*topic*), Rhema hingegen neue Information (*comment*) darstellt. Ein typisches Beispiel für eine lineare thematische Progression ist die nachstehende Abfolge von *door*, *butler* und *lounge* erst als Rhema, dann als Thema:

> I knocked on the door. It was opened by the butler. He showed me into the lounge, which was richly decorated.

Im Kontrast dazu gibt es z.B. eine durchlaufende thematische Progression, wenn jeder Satz wieder mit dem Thema *I* eingeleitet wird:

> *I* knocked on the door. *I* waited a few minutes. Then *I* rang again until *I* was let in by the butler.

Manchmal ist diese logische Anbindung von Satzgliedern im Englischen nicht eindeutig. Mehrdeutige (oder zumindest gewollt missverständliche) Sätze wie *We saw the Eiffel Tower flying from London to Paris* (Mair 1995, 233) bereiten Schwierigkeiten der Interpretation. Nur die Bedeutung macht klar, dass *flying* auf *we*, nicht auf *Eiffel Tower* Bezug nimmt, denn wir fliegen, nicht der Eiffelturm. Grammatisch kann der -*ing*-Satz als Modifikation von *we* oder als adverbiale Ergänzung zum Gesamtsatz angesehen werden.

Dieses Beispiel leitet über zu größeren Einheiten der Betrachtung: einfache Nominalphrasen, die nur aus (Pro-)Nomina bestehen, werden z.B. durch Adjektive prä- und durch Teilsätze postmodifiziert; einfache Sätze (bestehend aus einem

Teilsatz, normalerweise mit nur einem Vollverb) werden zu komplexen Sätzen zusammengesetzt, die entweder neben- oder untergeordnet sein können, je nach der sie einleitenden Konjunktion. Im Schriftlichen werden Sätze zu Absätzen zusammengestellt und Absätze zu ganzen abgeschlossenen Texten (z.B. Kapiteln oder Büchern). Jede dieser immer größeren Texteinheiten sollte eine Informationseinheit bilden, damit der Leser die Botschaft möglichst gut entschlüsseln kann. In diesen Strategien weichen Deutsch und Englisch nicht prinzipiell voneinander ab.

5.5 Syntaxtheorie

Trotzdem kann die **Satzanalyse** (*parsing*), d.h. die Beschreibung, wie die einzelnen Satzglieder miteinander zusammenhängen, recht komplex sein. Sie ist kaum unabhängig von **Syntaxtheorien** zu bewältigen – und die können nicht nur sehr komplex, sondern auch sehr verschieden sein (vgl. Borsley [2]1999 und Halliday [3]2004).

Die strukturalistischen Theorien eignen sich gut für **Konstituentenanalysen** (z.B. die beiden Analysen von *heavy smoker* als jemand der korpulent ist oder jemand der viel raucht), betonen stark empirische Vorgehensweisen bei der Datenerhebung und -interpretation und haben sogar über das *pattern practise* Eingang in das Sprachlabor gefunden.

Die generative **Transformationsgrammatik** (TG), die in verschiedenen Varianten seit fast vierzig Jahren die Diskussion beherrscht (vgl. Cook/Newson [2]2001), baut auf der Idee der Generierung von Sätzen auf, was vor allem an sog. **Transformationen** (*transformations*) deutlich gemacht wurde. Das bekannteste Beispiel hierfür ist die Passivtransformation, bei der durch Umstellung eines Objekts in Subjektposition (und entsprechender Umformung der Verbalphrase mit *to be*) praktisch derselbe Inhalt der so genannten Tiefenstruktur (*deep structure*) in einer verschiedenen Oberflächenstruktur (*surface structure*) ausgedrückt werden kann:

The driver damaged the fence → *The fence was damaged.*

Dies ist besonders nützlich, wenn der Sprecher den ›Verursacher‹ nicht kennt, also auch nicht als handelndes Subjekt benennen kann bzw. nur am Ergebnis der Handlung interessiert ist. Obwohl hier also pragmatische Unterschiede (s. Thema – Rhema oben) zweifellos bestehen, wird bei solchen Transformationen der semantische Gehalt nicht verändert. Seit ihren Anfängen hat die TG zahlreiche grundlegende Veränderungen erfahren, so dass heute z.B. auch der Begriff semantischer Rollen (s. 7.4) aufgenommen wurde. Während in der traditionellen und der Transformationsgrammatik die Nominalphrase des Subjekts eine Sonderstellung erhält (das Subjekt bedingt ja auch Veränderungen im Verbum nach den grammatischen Kategorien Numerus und Person, s. S. 49f.), steht in anderen Theorien das Verb im Mittelpunkt. Obwohl auch andere Wortarten Abhängigkeiten (Dependenzen) bedingen (z.B. Präpositionen ziehen Nominalphrasen und Konjunktionen Teilsätze nach sich), sind Verben etwas Besonderes, wie schon Humpty Dumpty in Lewis Carrolls *Through the Looking Glass* erkannt hat:

They've a temper, some of them – particularly verbs, they're the proudest – adjectives you can do anything with, but not verbs – however, *I* can manage the whole lot of them! (Carroll 1977, 274)

Die Auffassung, dass Verben in einem Satz eine zentrale Rolle spielen, führte z.B. zu einer Grammatiktheorie, nach der alle anderen Satzglieder vom Verbum abhängig sind. So wird in der **Valenztheorie** (vgl. Allerton 1982) die Wertigkeit oder Valenz (*valency*) eines Verbums als Ausgangspunkt dafür genommen, welche ›Mitspieler‹ es in einem grammatisch vollständigen Satz fordert. Wie die Elektronen um ein Atom scharen sich notwendige (*obligatory*) und nicht notwendige (*optional*) Ergänzungen quasi um das Verb. So braucht *put* unbedingt drei Mitspieler (*She put the flowers in the vase*), *read* hat unbedingt einen, nicht notwendigerweise auch zwei (*She was reading [a book]*), *sleep* nur einen (*She is sleeping*) und *rain* eigentlich keinen: das *it* in *It is raining* ist nur ein unveränderlicher Ersatz (*dummy*). Unterschiedliche Valenzen von Verben können auch unterschiedliche Bedeutungen signalisieren (s. 7.4).

In der **Kasustheorie** erhalten die Komplemente inhaltliche ›Rollen‹, wie die Subjekte in folgenden Sätzen (wobei in den deutschen Entsprechungen Instrumente selten und Orte so gut wie unmöglich sind):

Agens: *John opened the door with the key.*
Objekt: *The door was opened by John.*
Kraft: *The wind smashed the window.*
Instrument: *The key opened the door.*
Ort: *This tent sleeps ten people.*
Zeit: *1994 saw the opening of the new Edinburgh festival theatre.*

Im Deutschen können solche Orts- und Zeitangaben nicht in der Subjektposition verwendet werden, sie müssen als Adverbiale mit Präposition in den Satz integriert werden.

Die **funktionale Grammatik** (z.B. von Dik oder Halliday) verbindet semantische (wie Agens), syntaktische (wie *Complement*) und pragmatische (Thema-Rhema) Funktionen und fragt, wie Bedeutungen in Texten ausgedrückt werden können.

Die **kognitive Linguistik** schließlich betont, dass Grammatikwahrnehmung nicht durch eine ›objektive‹ Wirklichkeit, sondern durch den menschlichen Geist bestimmt ist. So besteht zwischen *gold dust* und *gold nuggets* sicherlich ein Kontinuum, doch im Englischen wird ersteres als unzählbare Masse (ohne Plural) kategorisiert, letzteres nicht. Besonders mit ihrem weiten Methaphernbegriff hat die kognitive Linguistik interessante Erklärungen geliefert.

Heute gibt es trotz unterschiedlicher Traditionen auch Versuche, Elemente aus verschiedenen Syntaxtheorien zusammenzufassen. Teilweise richtet sich die Wahl der Syntaxtheorie auch nach der Anwendung: so wird für didaktische Zwecke häufig eine modernisierte traditionelle Grammatik und für Computeranwendungen eine Dependenzgrammatik als Ausgangspunkt verwendet.

Obwohl wir hier die formalen Bausteine der Sprachwissenschaft vor allem aus didaktischen Gründen vom Kleinsten zum Größten dargestellt haben, könnte man auch umgekehrt vorgehen, d.h. die Texteinheit als Ausgangspunkt nehmen und beschreiben, wie alle kleineren Einheiten zur Entstehung eines Gesamttextes beitragen. In beiden Betrachtungsweisen fällt auf, wie interdependent die einzelnen Bestandteile des Sprachsystems sind.

6. Text, Textualität und Texttypen

6.1 Textualität: Was ist ein Text?

Die größte formale Betrachtungseinheit der Sprachwissenschaft ist heute normalerweise der Text, der sowohl schriftlich als auch mündlich vorliegen kann; er ist zentraler Gegenstand der Textlinguistik (vgl. Brinker ^{5}2001 und Heinemann/Viehweger 1991). Texte sind auch mehr als eine bloße Aneinanderreihung von Wörtern und Sätzen: sie müssen einen sinnvollen Zusammenhang bilden, d.h. **Textualität** (Texthaftigkeit, *textuality*) besitzen (s. auch Kap. II.4.2 und III.2.2.4). Dafür haben de Beaugrande/Dressler (1981) **sieben Kennzeichen** festgelegt. Fünf (a bis e) beziehen sich auf die Einbettung von Texten in kommunikative Handlungen, sind also verwenderzentriert (vgl. das allgemeine Kommunikationsmodell in Abb. 2), zwei (f und g) ergeben sich unmittelbar aus dem Textmaterial, sind also textzentriert.

a) **Intentionalität**, d.h. Produzenten verbinden bestimmte Absichten mit einem Text (die bestimmenden Funktionen, die Texte erfüllen sollen, dienen häufig einer Typologisierung der Texte; s.u.).
b) **Akzeptabilität**, d.h. Rezipienten erwarten einen sinnvollen, also im Kontext relevanten oder nützlichen Text.
c) **Informativität**, d.h. Texte enthalten eine Botschaft in Form von neuer oder im Kontext unerwarteter Information.
d) **Situationalität**, d.h. Texte sind in bestimmte Kommunikationssituationen eingebunden.
e) **Intertextualität**, d.h. Texte hängen mit anderen, vorher produzierten oder rezipierten Texten zusammen (s. Kap. II.1.4).
f) **Kohärenz**, d.h. Texte bilden einen semantisch-pragmatisch inhaltlichen Zusammenhang, der insgesamt einen Text bzw. Textinhalt als *ein* Thema konstituiert.
g) **Kohäsion**, d.h. sprachliche Mittel (Lexikon und Grammatik) schaffen eine Verkettung der einzelnen Teile (Wörter, Sätze, Abschnitte, Kapitel usw.).

Die beiden Textmerkmale Kohärenz und Kohäsion bedingen sich gegenseitig als inhaltliche und formale Verknüpfung: Kohäsion ist quasi der in der Oberflächenstruktur verdeutlichte Reflex von Kohärenz der Tiefenstruktur. Allerdings ist Kohärenz in Texten nicht objektiv gegeben, sondern wird subjektiv durch den Rezipienten kreiert. Texte werden also in einem kognitiven Prozess von Textbenutzern unter Rückgriff auf Kohäsionsstrukturen (s. 6.2) und auf soziale Normen oder Texttypen oder Gattungen (s. Kap. II.4.1) kohärent gemacht. Selbst wenn Texte keine Kohäsion zeigen, versucht der Rezipient, sie durch den Situationskontext und seine Hintergrundinformation durch implizite Schlussfolgerungen (Inferenz) kohärent zu machen.

Anhand eines ›schwierigen Falles‹ sollen Probleme der Textualität erläutert werden. Der folgende ›Text‹ z.B. (aus Brown/Yule 1983, 197; leicht verändert nach Sir Arthur Conan Doyles *The Lost World*, 1912) macht es einem Leser nicht leicht, die inneren Zusammenhänge zwischen den einzelnen Sätzen zu erkennen:

(1) A man in white clothes, who could only be the surviving half-breed, was running as one does run when Death is the pace-maker.
(2) The white figure lay motionless in the middle of the great plain.
(3) Behind him, only a few yards in his rear, bounded the high ebony figure of Zambo, our devoted negro.
(4) An instant afterwards Zambo rose, looked at the prostrate man, and then, waving his hand joyously to us, came running in our direction.
(5) They rolled on the ground together.
(6) Even as we looked, he sprang upon the back of the fugitive and flung his arms round his neck.

Die Kohärenz des Textes ist unklar, obwohl der Text zahlreiche Kohäsionsmittel enthält, z.B. die Pronomina *one, he, they* usw. Aber logische Widersprüche ergeben sich vor allem in den Bereichen Ursache – Wirkung – Abfolge und Körperposition, die sich aus der Verbfolge *was running – lay motionless – bounded – rose – came running – rolled – sprang upon his back – flung his arms* ergibt; speziell der Sprung von *came running towards us* zu *rolled on the floor* ist unmotiviert. Unnötig erscheint auch die Wiederholung von *a man in white – white figure* und *Zambo* in direkt aufeinander folgenden Sätzen (1 und 2 bzw. 3 und 4).

Diese Probleme werden erst aufgehoben, wenn man die Sätze in einer anderen Reihenfolge liest:

(1) A man in white clothes, who could only be the surviving half-breed, was running as one does run when Death is the pace-maker.
(3) Behind him, only a few yards in his rear, bounded the high ebony figure of Zambo, our devoted negro.
(6) Even as we looked, he sprang upon the back of the fugitive and flung his arms round his neck.
(5) They rolled on the ground together.
(4) An instant afterwards Zambo rose, looked at the prostrate man, and then, waving his hand joyously to us, came running in our direction.
(2) The white figure lay motionless in the middle of the great plain.

6.2 Bessere Kohärenz von Texten durch grammatische und lexikalische Kohäsionsmerkmale

Die vielfältigen Möglichkeiten, außersprachliche **Kohärenz** mit sprachlichen Mitteln im Englischen herzustellen, gliedern Halliday/Hasan (1976) in fünf Haupttypen von **Kohäsion**, vier grammatische (a bis d) und eine lexikalische (e):

a) **Referenz** (*reference*), d.h. sprachliche Einheiten sind nicht als unabhängige Einheiten zu interpretieren, sondern verweisen auf andere, auch außersprachliche, Einheiten. Personale Referenz (nicht nur auf Personen!) wird durch Personalpronomina (z.B. *they*), Possessivdeterminatoren (z.B. *my*) und Possessivpronomina (z.B. *mine*) hergestellt; demonstrative Referenz durch Demonstrativpronomina (z.B. *this*), -adverbien (z.B. *then*) oder den bestimmten Artikel (*the*); komparative Referenz durch Adjektive oder Adverbien der Gleichheit (z.B. *same*), der Ähnlichkeit (z.B. *similar*) und der Unterschiedlichkeit (z.B. *otherwise*).
b) **Substitution** (*substitution*), d.h. sprachliche Kurzformen ersetzen anderswo genannte, semantisch genauer bezeichnete Einheiten. Im Unterschied zur Referenz bezeichnet Substitution rein innersprachliche Beziehungen. So werden nominale Elemente (durch *one, same* usw.), verbale Elemente (durch Hilfsverben oder *do*) oder ganze Sätze oder Teilsätze (durch *so* oder, verneint, *not*) ersetzt.
c) **Ellipse** (*ellipsis*), d.h. das Weglassen von Strukturelementen (ein Extremfall von Substitution, wobei wiederum nominale Ellipse, verbale Ellipse und (Teil-)Satzellipse möglich sind).
d) **Konnexion** (*conjunction*), d.h. die Verknüpfung von (Teil-)Sätzen durch Konjunktionen, wobei additive (z.B. *furthermore*), adversative (z.B. *though*), kausale (z.B. *therefore*) und temporale (z.B. *from now on*) unterschieden werden.
e) **Lexikalische Kohäsion** (*lexical cohesion*), d.h. die Wiederaufnahme von Bedeutungselementen (von einfacher Lexemwiederholung bis zur Reduktion zu Pronomina) umfasst eine Vielzahl lexikalischer Möglichkeiten (vgl. 4.5), wie hier am Beispiel *student* verdeutlicht sei: (Teil-)Synonyme (*learner*), Antonyme (*lecturer*), Hyponyme (*fresher*) und Hyperonyme (bis zu relativ leeren Lexemen wie *man*) können alle semantische Elemente von *student* wieder aufnehmen. Natürlich sind auch partielle Wiederaufnahmen mit anderen Wortarten zu berücksichtigen (wie *study*). In verschiedenen anderen Typologien (z.B. Brinker 1992) werden **Isotopieketten** zur Wiederaufnahme von semantischen Elementen verfolgt, wobei sich aus den dabei dominanten semantischen Elementen das Thema des Textes ergibt. Bei mündlichen Texten können auch mehrere, sich (durch *turns*) abwechselnde Sprecher gemeinsam einen Text erzeugen. Der Zusammenhalt als Text wird dann häufig durch typisch mündliche *discourse markers* wie *now, right, well, you know, I see, I mean* usw. verdeutlicht. Ein **Diskurs** (*discourse*) beinhaltet alle Äußerungen, die eine abgeschlossene Sprechhandlung umfassen, und diese Einheit muss natürlich durch entsprechende strukturelle Signale gekennzeichnet werden. So kann man »patterns of lexis in text« (Hoey 1991) oder »semantic prosody« (Hoey 2001) verfolgen (z.B. hat das Verb *cause* eine starke Tendenz zu »lexical priming« von negativen Kollokationen wie *cancer/dismay/riots*, weniger von positiven wie *delight*).

6.3 Texttypen als Konventionen von Texten im Gebrauch

Die Funktion von Texten im kommunikativen Kontext (s. Abb. 2) wird häufig zur Klassifizierung von Texten genutzt. Ein Modell von **Texttypen**, Textsorten oder

Textkategorien (*text types*) lässt sich aus den Funktionen Jakobsons (s. 1.3) ableiten. Während Genres gesellschaftliche Konventionen widerspiegeln, bezieht sich die Textsorteneinteilung von Werlich (^{2}1983, 39-41) eher auf universelle Texte oder Textteile:

- **Narrative Texte** (*report, story;* in Romanen, Märchen und Zeitungsreportagen) beschreiben nach Werlich Handlungen und Ereignisse in zeitlicher Abfolge. Sie enthalten deshalb dynamische Verben und Zeitadverbien (*first we packed, then we went to the station*).
- **Deskriptive Texte** (*description*) geben die Anordnung von Personen und Dingen im Raum wieder; statische Verben und adverbiale Präpositionalphrasen bilden den Hintergrund für deskriptive Passagen (*London lies in South-East England on the Thames*).
- **Direktive oder instruktive Texte** (*instruction;* in Dienstanleitungen, Regie- und Gebrauchsanweisungen) wollen den Hörer/Leser zu konkreten Handlungen veranlassen: Imperative oder höflichere Formen mit Hilfsverben zeigen dies deutlich (*[would you] hand me the paper[?]*).
- **Expositorische Texte** (*exposition;* in wissenschaftlichen Arbeiten) enthalten gedankliche Abstraktionen wie Definitionen, Erklärungen und Zusammenfassungen; sie sind in ihrer vorsichtigen Ausdrucksweise z.B. durch Modalverben gekennzeichnet (*spoken texts may consist of incomplete sentences*).
- **Argumentative Texte** (*argumentation*) wollen den Hörer/Leser durch logisches Abwägen von Vor- und Nachteilen überzeugen, was an impliziten und expliziten Negationen deutlich wird (*unlike other similar products, ours does not fade off*); sie sind im wissenschaftlichen Diskurs (z.B. in Doktorarbeiten) angemessen.

Allerdings gibt es kaum Texte, die vollständig einer Textsorte zuzuordnen sind; alle Einteilungen sind nur relativ. Werbetexte sind zwar letztendlich vor allem direktiv auf das Kaufen ausgerichtet, haben aber oft deskriptive und argumentative Teile.

Da Texttypen durch bestimmte sprachliche Formen gekennzeichnet sind, kann man die Beschreibung einer Gesamtsprache nicht auf einem Texttyp (z.B. Romanen oder Briefen) aufbauen. Man braucht eine ausgewogene Textsammlung, ein Korpus. Ein solches Korpus kann dann aus vielen verschiedenen gesprochenen und geschriebenen Texten bestehen, wie z.B. das *International Corpus of English* (ICE), das zur Beschreibung aller Varianten des heutigen Englisch erstellt wurde. Die Gewichtung der einzelnen Texte kann in verschiedenen ›anglophonen‹ Sprachgemeinschaften durchaus unterschiedlich sein (vgl. Greenbaum 1996). Für ICE wurden z.B. eher allgemeinsprachliche Texttypen nach der (Kommunikations-)Form (nicht nach der Funktion), wie Brief, Diskussion oder Roman, zur Unterteilung herangezogen. Ein solches nach Kommunikationssituationen (s. 1.3) möglichst breit gefächertes Korpus von verschiedenen Texttypen ist dann die größte mögliche ›korpuslinguistische‹ Beschreibungsbasis des Englischen.

7. Semantik: Bedeutungen

Im Gegensatz zur früheren Sprachwissenschaft, die die Bedeutung aus der Betrachtung ausklammerten (z.B. Bloomfield oder die frühe Transformationsgrammatik), wird sie heute häufig auf allen Ebenen der Sprachbeschreibung als zentral angesehen. Die **Bedeutungslehre** bezeichnet man als **Semantik** (*semantics*); mit ihr beschäftigen sich neben Philosophen, Juristen usw. verschiedene Sprachwissenschaftler (vgl. Lyons 1995; zur Standardliteratur s. Kap. VI.1.3.4). In der Aussprache kann Bedeutung natürlich keine zentrale Rolle spielen, da Phoneme bedeutungsunterscheidende und nicht bedeutungstragende Einheiten sind. Außerdem unterscheidet die Wortbetonung Adjektiv-Verb-Gruppen von Komposita (s. 4.3) und die Satzintonation (s. 3.4) Aussage- von Fragesätzen. In der Lexikologie werden Bedeutungsunterschiede zur Strukturierung des Wortschatzes verwendet (s. 4.5). In der Grammatik und Textlinguistik wurde zwischen formalen und funktionalen Klassifizierungen unterschieden. Somit lassen sich Bedeutungsstrukturen in allen Kernbereichen der Sprachwissenschaft untersuchen, und zwar als Wortsemantik, Satzsemantik und Textsemantik (vgl. die Einteilung bei Lyons in *word-*, *sentence-* and *utterance-meaning*), ja eigentlich geht der Sinn von sprachlichen Äußerungen weit über Wort, Satz und Text hinaus, weil die gesamte Sprechhandlung und der entstehende Text immer im Kontext der Pragmatik und der außersprachlichen Welt gesehen werden müssen.

7.1 Bedeutung und außersprachliche Wirklichkeit

Die Bedeutung sprachlicher Zeichen ist nur ein Teil einer allgemeinen Zeichenlehre oder **Semiotik** (*semiotics*), die sich mit ›natürlichen‹ (z.B. Gesten oder Tischsitten) wie künstlichen Kommunikationssystemen (wie z.B. Verkehrszeichen) beschäftigt (vgl. Tobin 1990 oder Nöth ²2000).

Jedes sprachliche Zeichen ist (nach Saussure) definiert als eine **Kombination von Form und Inhalt**. Eine feste Lautkette oder Buchstabenfolge wird zur außersprachlichen Wirklichkeit in Beziehung gesetzt. Dadurch ergeben sich auch zwei Zugriffsmöglichkeiten auf sprachliche Zeichen. Man kann, wie in einem Wörterbuch, von der Form ausgehen und überlegen, wofür diese verwendet wird. Das englische Lexem *chair* z.B. wird für bestimmte Sitzgelegenheiten (*he sat on a chair*, wie ›Stuhl‹ und z.T. ›Sessel‹ im Deutschen), aber auch abstrakt (*he was in the chair*) für ›Vorsitz‹ und sogar personenbezogen (*he was the chair*) für ›Vorsitzende(r)‹ verwendet. Die zweite Zugriffsmöglichkeit geht vom Inhalt aus und überlegt dann, welche Formen dafür verwendet werden. Für Sitzgelegenheiten wird im Englischen nicht nur *chair*, sondern auch *stool*, *bench*, usw. verwendet, je nachdem, ob diese ohne Rückenlehne oder für mehr als *eine* Person ist, usw.

Die Perspektive Form → Inhalt wird semasiologisch (*semasiological*), die Perspektive Inhalt → Form wird onomasiologisch (*onomasiological*) genannt.

Doch wie man sich diese Form/Inhalts-Beziehung am besten vorstellen soll, ist umstritten. Schon 1923 fanden Ogden/Richards in einer Untersuchung zu *The Meaning of Meaning* zahllose Definitionen von Bedeutung. Besonders bekannt sind das semiotische Dreieck (*semiotic triangle*, Abb. 6) und das Organon-Modell Karl Bühlers (Abb. 7).

Das **semiotische Dreieck** (auf Saussure aufbauend, von Morris 1938 erstellt) verdeutlicht, dass die Bezeichnung (Name, *symbol*) nur indirekt, kognitiv über den Gedanken mit der außersprachlichen Wirklichkeit (Realität, *referent*) zusammenhängt, und nicht direkt. Also hat Humpty Dumpty *nicht* recht, wenn er Alice in seiner unfreundlichen Art belehrt:

> [Alice:] ›My *name* is Alice, but –‹
> ›It's a stupid name enough!‹ Humpty Dumpty interrupted impatiently. ›What does it mean?‹
> ›*Must* a name mean something?‹ Alice asked doubtfully.
> ›Of course it must‹, Humpty Dumpty said with a short laugh: ›*my* name means the shape I am – and a good handsome shape it is, too. With a name like yours, you might be any shape, almost.‹ (Carroll 1977, 268)

Eine direkte Verbindung zwischen sprachlicher Form und ihrem Inhalt besteht nur bei **lautmalerischen** (*onomatopoetic*) **Wörtern** und vielleicht in der Kindersprache. Doch selbst ein *Kikeriki* kräht in Frankreich *cocorico* und in England *cockadoodledoo*. Ob sich der Schrei wirklich anders anhört oder die kognitiven Schemata anders sind? Motiviert, d.h. semantisch durchsichtig, können nur Wortbildungen sein, die auf bekannten Sprachelementen in derselben Sprachgemeinschaft aufbauen. So ist einsichtig, dass *earthly* ein Adjektiv zu *earth* ist, während dies bei *terrestrial* formal nicht erkennbar ist, weil *terra* kein englisches Wort ist. Ein spezielles Problem des Englischen ist, dass diese sekundäre, sprachimmanente Motiviertheit durch zahlreiche Lehnwörter nicht so klar ist wie in anderen Sprachen. Dieses Verfahren, sprachliche Formen mit ähnlichen anderen zu verbinden, selbst wenn er sie erfinden muss, wendet auch Humpty Dumpty an, wenn er das oben (S. 51) zitierte Gedicht (mit lauter nichtenglischen Lexemen) für Alice entschlüsselt:

> ›*Brillig*‹ means four o'clock in the afternoon – the time when you begin *broiling* things for dinner.‹
> ›That'll do very well‹, said Alice: ›and ›*slithy*‹?‹
> ›Well, ›*slithy*‹ means ›lithe and slimy‹. (Carroll 1977, 276)

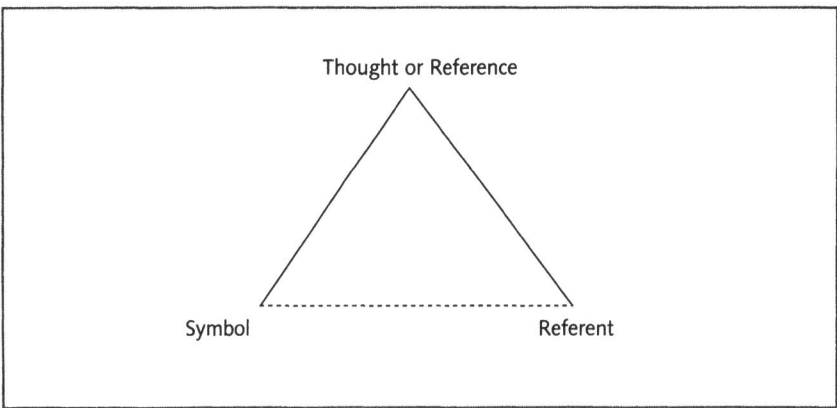

Abb. 6: Das semiotische Dreieck

Ein etwas komplexeres Modell ist das **Organon-Modell** Karl Bühlers (1934). Hier verbindet das sprachliche Zeichen einen Sender und einen Empfänger mit der Realität, und diese drei Elemente entsprechen den drei wichtigsten Funktionen eines komplexen sprachlichen Zeichens: senderorientiert, d.h. expressiv, referenzorientiert, d.h. repräsentierend, oder empfängerorientiert, d.h. appellativ (vgl. 1.3).

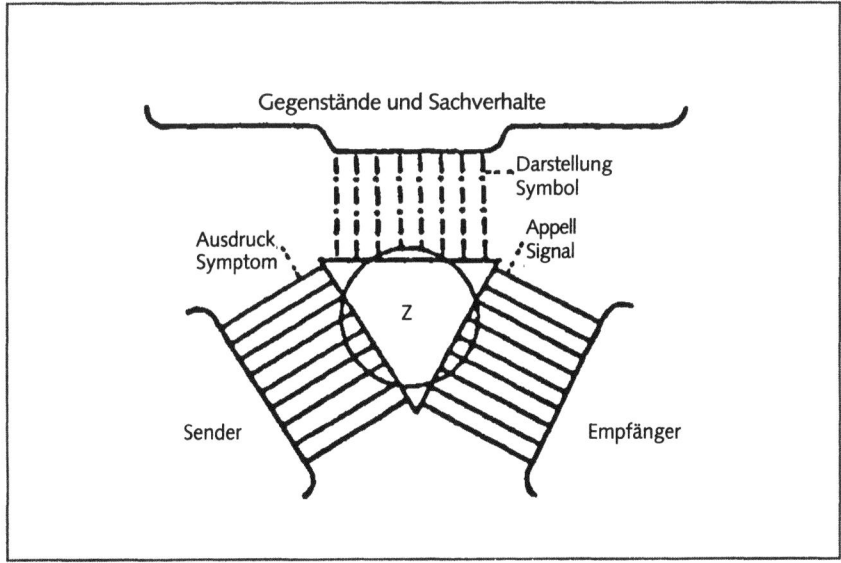

Abb. 7: Das Organon-Modell der Sprache

7.2 Bedeutung und Aussprache

Bei der Aussprache wird von Lernern des Englischen oft unterschätzt, wie stark vor allem bestimmte Intonationen zur Bedeutung beitragen (obwohl dies im Deutschen ähnlich ist). Nach Makkai (1993, 40f.) bedeuten Sätze mit gleich bleibender Intonation prinzipiell »I am registering my attention without committing myself«, solche mit steigender Intonation »Tell me more, I'm listening«, solche mit fallender Intonation »objective affirmative« oder »joyful sudden recognition« und solche mit fallend-steigender Intonation »I think you are kidding me«.

Tragende Bedeutung haben die kleinen Pausen (oder Kommas) vor englischen Relativsätzen, die ›nicht-notwendige‹ von ›notwendigen‹ unterscheiden. Standardbeispiele sind *My father, who lives in Paris, visited me*, denn **My father who lives in Paris* ware nur sinnvoll, wenn der Relativsatz den Vater in Paris von dem Vater in London, etc. unterscheiden helfen müsste.

Schließlich nutzt das Englische den Akzent in Komposita und Wortgruppen um zu unterscheiden zwischen *black bird* (ein schwarzer Vogel allgemein) und *blackbird* (eine »Amsel«), *'content* (als Nomen: »Inhalt«) und *con'tent* (als Adjektiv »zufrieden«) und zwischen *an 'English'teacher* (= *for English*) und *an ‚English'teacher* (= with English nationality).

7.3 Bedeutung und Lexeme

Trotz aller Variation sind die bisher genannten Modelle mentalistisch, d.h. man macht sich eine Vorstellung, ein Bild im Kopf und dies ist verbunden mit den entsprechend passenden Zeichen. Eine andere, analytische Möglichkeit, Bedeutung zu erfassen, ist die **Komponentenanalyse** (vgl. Leech 1981, 89-91). Diese beruht auf der Theorie, dass alle Lexeme (und damit letztlich alle Reihen von Lexemen im Text) Bündel von semantischen Komponenten, Merkmalen oder Semen (*semantic components/features, semes*) sind. So wäre etwa *girl* = + HUMAN + FEMALE + YOUNG. Die Merkmale lassen sich durch Kontrastierung in Wortfeldern (s. 4.5) empirisch erschließen. Diese Grundidee fand vor allem zu Beginn des Computerzeitalters Anklang, denn im Endeffekt wären alle Lexeme durch eine begrenzte Anzahl von Merkmalen eindeutig zu bestimmen. Allgemeine Lexeme mit weiterer Anwendung hätten dann relativ wenige, spezielle Lexeme relativ viele Merkmale. Allerdings bleibt unklar, welche Merkmale atomar, d.h. nicht weiter unterteilbar, sind, ob für alle Sprachen dieselben gelten oder ob es Merkmale gibt, die für nur ein Lexem spezifisch sind. Auch sind wohl nicht alle Merkmale für ein Lexem gleich wichtig. Dies macht sich die moderne **Prototypentheorie** zunutze, die Elemente als mehr oder weniger zentral oder prototypisch ansieht, d.h. der prototypische Vogel z.B. kann fliegen, also ist ein Specht ein prototypischerer Vogel als der Vogel Strauß.

Immerhin ist die Komponentenanalyse nützlich in der Anwendung, z.B. bei prägnanten Worterklärungen, damit man nicht zu umständlichen Umschreibungen greifen muss, wie Humpty Dumpty (Carroll 1977, 275):

›Impenetrability! That's what *I* say!‹
›Would you tell me, please‹, said Alice, ›what that means?‹
›Now you talk like a reasonable child‹, said Humpty Dumpty, looking very much pleased. ›I meant by ›impenetrability‹ that we've had enough of that subject, and it would be just as well if you'd mention what you mean to do next, as I suppose you don't mean to stop here all the rest of your life.‹
›That's a great deal to make one word mean‹, Alice said in a thoughtful tone.
›When I make a word do a lot of work like that‹, said Humpty Dumpty, ›I always pay it extra.‹

Leider macht Humpty Dumpty hier wieder den Fehler, zu glauben, dass er die Bedeutung eines Lexems einfach selbst festlegen kann. So weit geht die Willkürlichkeit des sprachlichen Zeichens nicht. ›Impenetrability‹ müsste zunächst ein Substantiv sein wegen der Endung, dann wohl eine Verneinung enthalten wegen der Vorsilbe und schließlich mit der Bedeutung von *penetrate* zusammengebracht werden. Aber vor allem müsste sich Humpty Dumpty daran halten, was für eine Bedeutung andere Sprecher der Sprache diesen Elementen zuordnen, und dies geht über die reinen semantischen Komponenten hinaus; jedes Lexem trägt eine Geschichte seiner Verwendung und seiner Verwender mit sich. Neben einer grundlegenden Referenzbedeutung werden andere Bedeutungselemente mitverstanden. Leech (^{2}1990, 23) listet **sieben Arten der Bedeutung** auf (Tab. 6), wobei neben der zentralen denotativen (bei Leech *conceptional* genannten) Bedeutung vor allem die konnotative bzw. assoziative Bedeutung mit einer fünffachen Unterteilung heraussticht.

Bezeichnung		Erklärung	Beispiel
1. CONCEPTUAL MEANING or *Sense*		Logical, cognitive, or denotative content.	*woman*= +human-male+adult
ASSOCIATIVE MEANING	2. CONNOTATIVE MEANING	What is communicated by virtue of what language refers to.	+gentle+emotional+frail
	3. SOCIAL MEANING	What is communicated of the social circumstances of language use.	*cast – throw – chuck*
	4. AFFECTIVE MEANING	What is communicated of the feelings and attitudes of the speaker/writer.	1) *I wonder if you would be so kind as to lower your voices a little.* 2) *Will you belt up.*
	5. REFLECTED MEANING	What is communicated through association with another sense of the same expression.	*intercourse* [sex]

	6. COLLOCA-TIVE MEANING	What is communicated through association with words which tend to occur in the environment of another word.	*pretty woman* *handsome man*
7. THEMATIC MEANING		What is communicated by the way in which the message is organized in terms of order and emphasis.	textual AKTIV-PASSIV: *Mrs Smith donated the 1st prize.* *The 1st prize was donated by Mrs Smith.*

Tab. 6: Sieben Arten der Bedeutung

Der Sprachverwender muss sich solcher Unterschiede in den assoziativen Bedeutungen bewusst sein, besonders wenn er Englisch als Fremdsprache gelernt hat. Deshalb ist es auch nicht genug, wenn Wörterbücher lange Listen von Lexemen zur Auswahl anbieten; sie müssen die Auswahlkriterien in Form von Markierungen nach speziellen Bedeutungen und Bedeutungsunterschieden dazuliefern. Ein Gesamtmodell der Einteilung des englischen Wortschatzes nach dem Registermodell (s. 8.1) liegt dem *Oxford English Dictionary* (OED, s. Kap. V.3) zugrunde (Abb. 8).

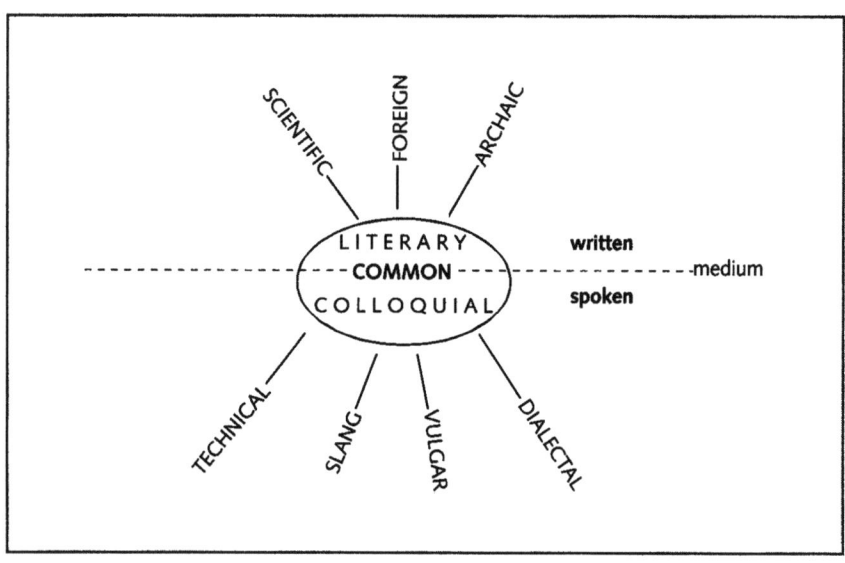

Abb. 8: Die Schichtung des englischen Wortschatzes im OED.

7.4 Bedeutung und Grammatik

Für Chomsky (1957) ist der berühmte Satz

*Colourless green ideas sleep furiously.

grammatisch korrekt, weil er an der Bedeutung nicht interessiert war; heute steht die Semantik viel mehr im Mittelpunkt der Sprachwissenschaft. Manche moderne Grammatik basiert auf semantischen Prinzipien (vgl. Jackson 1990). Selbst die traditionelle Grammatik (Quirk u.a. 1985) nimmt **semantische Rollen** (*semantic roles*) in ihr System auf und teilt adverbiale Nebensätze nach ihrer Semantik ein. Mit solchen semantischen Rollen lässt sich auch die Tatsache erklären, dass englische Verben mehr Typen von Subjekten tolerieren als die entsprechenden deutschen Verben (s. 5.5).

Ein Beispiel, das die Rolle der grammatischen Form für die Grundbedeutung eines Lexems anschaulich zeigt, ist der englische Aspekt (s. 5.3). So können die beiden Bedeutungen von *I think* und *I am thinking* im Deutschen nicht einfach mit *ich denke* und *ich bin gerade am Denken* wiedergegeben werden. Sie müssen mit völlig verschiedenen Lexemen übersetzt werden, nämlich mit *ich meine* und *ich denke* (*gerade*). *Think* ist also polysem, und nur ein Teil der Bedeutungen kann die Verlaufsform bilden.

Aber selbst die englische Verlaufsform hat neben der bekannten temporalen (*I'm phoning her tonight*) **verschiedene Aspektbedeutungen**, wie

- die progressive (*he was reading*),
- die imperfektive (*she has been studying*),
- die iterative (*they were nodding*),
- die temporäre (*he is cycling to work since his car is in the garage*) oder
- die emotional-dynamische (*you are making more and more/fewer and fewer mistakes*).

Auch die Valenz eines Verbums (s. 5.5) kann einen Bedeutungsunterschied signalisieren. So hat *consider* als zweivalentes Verb (*He considered the plan*) eine andere Bedeutung denn als dreivalentes (*He considered the plan excellent*), was auch die unterschiedlichen Übersetzungen ins Deutsche bestätigen (*Er wägte den Plan ab – Er hielt den Plan für ausgezeichnet*). Übrigens hat die zweite Bedeutung von *consider* keine Verlaufsform (**He was considering the plan excellent*).

Auch die Mehrdeutigkeit von grammatischen Morphemen kann Schwierigkeiten bereiten, wobei natürlich Humpty Dumpty (*Through the Looking Glass*) wieder einmal bewusst Kommunikationsprobleme provoziert:

> ›So here's a question for you. How old did you say you were?‹
> Alice made a short calculation, and said ›Seven years and six months.‹
> ›Wrong!‹ Humpty Dumpty exclaimed triumphantly. ›You never said a word like it!‹
> ›I thought you meant »How old *are* you?«‹ Alice explained.
> ›If I'd meant that, I'd have said it‹, said Humpty Dumpty. (Carroll 1977, 271)

Das Problem wird dadurch hervorgerufen, dass *past tense* im Englischen nicht nur Vergangenheit ausdrückt, sondern auch andere ›Distanzierungen‹ als die zeitliche, z.B. Höflichkeit. Humpty Dumpty nimmt die Vergangenheitsform ›wörtlich‹, Alice dagegen fasst sie als Höflichkeitsform auf.

7.5 Bedeutung und sprachliches Handeln: Pragmatik

In manchen Äußerungen umfasst die (so genannte pragmatische) Bedeutung (vgl. Thomas 1995) eigentlich viel mehr, als die Worte an sich ausdrücken. Deshalb entwickelten Austin (1962) und später Searle (1979) das Konzept der so genannten **Sprechakte** (*speech acts*), bei denen eine Äußerung als sprachliche Handlung gesehen und die davon ausgehende Wirkung analysiert wird. Dies wird besonders deutlich bei Sprechakten mit **performativen Verben** (z.B. *warn, promise, swear*), bei denen genau durch die Äußerung des Satzes eine außersprachliche Handlung vollzogen wird und der bewusste (oder feierliche) Akt wichtige Konsequenzen beinhaltet. Standardbeispiele sind Ehegelübde, Einweihungsfeiern, Testamente und Wetten. In allen diesen Sprechakten verpflichtet sich der Sprecher oder Schreiber, deshalb stehen sie typischerweise in der 1. Person:

> I do (take this woman to be my lawful wedded wife).
> I name this ship the Queen Elizabeth.
> I give and bequeath my watch to my brother.
> I bet you a pound it will rain tomorrow.

Diese Handlungen sind nicht nur normale Sprechhandlungen, sondern zeichnen sich als besondere Absichtserklärungen des Sprechers oder wegen ihrer besonderen Wirkung auf den Hörer aus. Dies wird mündlich durch die Intonation und schriftlich manchmal an Adverbien wie dem juristischen *hereby* deutlich:

> I (hereby) have to inform you that you have exceeded your credit margin.

Generell hat eine Äußerung wie *There is a bull in the field* je nach pragmatischem Kontext verschiedene Bedeutungen (Austin 1962, 108):
- als lokutionärer (*locutionary*) Sprechakt (d.h. bezogen auf die Wirklichkeit) ist es eine einfache (normale) Beschreibung einer Situation,
- als illokutionärer (*illocutionary*) Sprechakt (d.h. bezogen auf die Sprecherintention) ist es z.B. eine Warnung,
- als perlokutionärer (*perlocutionary*) Sprechakt (d.h. bezogen auf den Hörer) ist es eine Handlungsanweisung (wenn er überzeugt); man will bewirken, dass er sich fernhält oder vorsichtig ist.

Die **Pragmatik** (*pragmatics*) beschäftigt sich besonders mit Äußerungen, die neben der Vermittlung von Informationen den Hörer zum Handeln bewegen wollen. Hierfür gelten oft schon für die Form besondere (kulturspezifische) Konventionen. Aussagesätze wie *I need water* oder Fragesätze wie *Can you pass the salt?* haben eigentlich dieselbe direktive Bedeutung (wenn auch einen etwas höflicheren, weil indirekten Stil) wie Imperativsätze vom Typ *Give me some water* und *Pass me the salt*. Der Sprecher erwartet darauf keine verbale Antwort (*Very interesting* und

Yes, I can ohne Handlung als ›Antwort‹ wären Beispiele einer missverstandenen Kommunikation), sondern eine nichtverbale Reaktion, nämlich dass ihm Wasser oder Salz gereicht wird. Auch eine Aussage wie *There is a draft in here* ist ›eigentlich‹ eine Frage wie *Shouldn't we close the window?* oder eine Bitte wie *Please close the window*. In einem normalen pragmatischen Kontext ist die ›Bedeutung‹ jeweils eine Handlungsaufforderung des Sprechers an den Hörer.

Der angemessenen Reaktion auf eine sprachliche Äußerung liegt auch das **Kooperationsprinzip** zugrunde, das von Grice (1975, 45f.) in seinen **Konversationsmaximen** (*conversational maxims*) entwickelt wurde. Jede effiziente Kommunikation beruht auf rationalem, vernünftigem und kooperativem Zusammenspiel von Sprecher und Hörer nach den folgenden Grundregeln:

Cooperation Principle:
Make your contribution such as required, at the stage at which it occurs, by the accepted purpose or direction of the talk exchange in which you are engaged.

4 Maxims:
Quantity: Make your contribution as informative as is required (for the current purposes of the exchange).
Do not make your contribution more informative than is required.
Quality: Do not say what you believe to be false.
Do not say that for which you lack adequate evidence.
Relation: Be relevant.
Manner: Avoid obscurity of expression.
Avoid ambiguity.
Be brief (avoid unnecessary prolixity).
Be orderly.

Wenn ein Hörer annimmt, dass sein Kommunikationspartner mit ihm kooperieren will, dann kann er auch die richtigen Schlussfolgerungen ziehen, wenn das, was ›wörtlich‹ gesagt wird, nicht mit dem, was ›eigentlich‹ gemeint ist, übereinstimmt. Wenn jemand auf die Frage *Is there a bus from here to Oxford?* antwortet *Most buses from London to Oxford stop here*, so ist dies zwar eine oberflächliche Verletzung des Quantitätsprinzips, denn die Antwort enthält Information, nach der gar nicht gefragt ist, aber nach dem Relevanzprinzip ist sie korrekt. Sie enthält nämlich *Yes, there is*, aber auch *There is more than one* und *Most of these buses come from London*. Solche Schlussfolgerungen nehmen nicht die wörtliche Bedeutung als Antwort, sondern **etwas Mitverstandenes** (*implicature*), das nur durch einen komplexen, typisch menschlichen Verstehensprozess herausgefiltert wird.

Besonders typisch für ›mitverstandene Bedeutungen‹ (Präsuppositionen; *presuppositions*) sind implikative Verben, wie *manage, begin, continue* und (verneint) *fail*. Der Satz *He managed to complete his essay* schließt den Satz *He completed his essay* ein. Ähnlich sind faktive Verben, wie *regret, forgive* und (verneint) *pretend*, die eine Aussage als Tatsache darstellen. Hier ist in dem Satz *He pretended to like linguistics* die Aussage *He does not like linguistics* enthalten. Der Unterschied zwischen implikativen und faktiven Verben ist nur, dass bei der Verneinung von faktiven Verben (*pretend*) die Aussage weiterhin wahr ist, bei implikativen nicht (*manage*). Solche

Aussagen über den Wahrheitsgehalt einer Äußerung leiten von der Sprachwissenschaft zur Logik über (vgl. Seuren 1985).

8. Was ist Englisch?

Eine der wichtigsten Wiederentdeckungen der neueren Sprachwissenschaft wie auch der Sprachpraxis ist die **Variation der Sprache** allgemein und des Englischen im Besonderen. Diese Hinwendung zu *real English*, Englisch wie es tatsächlich von Englischsprechern verwendet wird, eröffnet einen besonders interessanten Aspekt des Studiums der englischen Sprache. Heute sind durch neue Medien wie Videofilme und Computer die Dimensionen der Sprachvariation viel einfacher zugänglich als früher (s. Kap. VI.4.2). Die überraschenden und anfangs oft unverständlichen Formen, auf die man in diesen Varianten stößt, können als Einstieg in die Beschäftigung mit der englischen Sprache dienen. Wir wollen an einigen Beispielen die faszinierende Variation der englischen Sprache zeigen:

- nach der Kommunikationssituation (s. Stilistik in 8.1),
- nach der Zeit (s. historische Sprachwissenschaft in 8.2) und
- nach der sozialen und regionalen Herkunft der Sprecher/Schreiber (s. Soziolinguistik/Dialektologie in 8.3).

Durch ihre Distanz zum ›normalen‹, d.h. gewohnten britischen Standardenglisch ergibt sich eine Verfremdung, die auch sprachwissenschaftlich neugierig machen kann.

8.1 Sprachstile: Englisch für jede Gelegenheit

Wir haben bereits gesehen, dass jede Sprachform vom Sender in einer Kommunikationssituation bestimmt wird. Sie richtet sich nach verschiedenen Variablen, wie dem Sender-Empfänger-Verhältnis, der Situation, dem Thema, dem Medium usw. (s. Abb. 2).

8.1.1 Gesprochene – geschriebene Sprache

Wir wählen **Medium** (*medium, mode*) als Beispiel, weil es alltäglich ist, und geschriebene und gesprochene Formen des Englischen sehr unterschiedlich sein können. Ein Fall (aus Brown/Yule 1983, 18), bei dem eigentlich derselbe Sachverhalt, ein Regenbogen, mit völlig unterschiedlichen Worten und Sätzen wiedergegeben wird, zuerst in einem Roman, dann in mündlicher Konversation, macht dies deutlich:

> And then, in the blowing clouds, she saw a band of faint iridescence colouring in faint shadows a portion of the hill. And forgetting, startled, she looked for the hovering colour and saw a rainbow forming itself. In one place it gleamed fiercely, and, her heart anguished

with hope, she sought the shadow of iris where the bow should be. Steadily the colour gathered, mysteriously, from nowhere, it took presence upon itself, there was a faint, vast rainbow. (D.H. Lawrence: *The Rainbow*, ch. 16)

normally after + very heavy rain + or something like that + and + you're driving along the road + and + far away + you see + well + er + a series + of + stripes + + formed like a bow + an arch + + very very far away + ah + seven colours but + + I guess you hardly ever see seven it's just a + a series of + colours which + they seem to be separate but if you try to look for the separate – colours they always seem + very hard + to separate + if you see what I mean + + (Postgraduate student speaking informally)

Gesprochene Sprache ist häufig durch unvollständige Sätze, nur kurze, mit vielen Pausen (in dieser Transkription als + gekennzeichnet) aneinandergereihte Nominalphrasen und viele interaktive ›Füllwörter‹ (*well, aha, you/I see*) gekennzeichnet, mit denen der Sprecher den Hörer immer wieder ›fragt‹: »Kannst Du mir noch folgen?« und der Hörer immer wieder signalisiert: »Ich höre immer noch interessiert zu«.

Im Unterschied dazu hat **geschriebene Sprache** stärker modifizierte, komplexe Nominalphrasen, mehr untergeordnete Sätze und mehr Passivkonstruktionen (Brown/Yule 1983, 4–19). Diese Merkmale ergeben sich aus dem unterschiedlichen Produktions- und Rezeptionsprozess. Geschriebene Sprache ist überlegt und isoliert; sie muss alle Situationsparameter bewusst machen, nichts wird ›mitverstanden‹. Gesprochene Sprache ist tendenziell spontan, interaktiv und klar in eine Situation eingebettet. Der Sprecher kann und muss sofort formulieren, der Hörer kann und muss sofort reagieren – und sei es durch Nachfragen, wenn er etwas nicht versteht. Ein Sprecher kann auch zusätzliche Mittel der Aussprache und Gestik/Mimik zur Unterstützung seiner Botschaft einsetzen, ein Schreiber muss auf all dies verzichten. Der Schreiber kann überlegter formulieren, hat Gelegenheit zum Überdenken und Verbessern, der Leser kann langsamer lesen, nachdenken und sogar zurückblättern, um die Botschaft besser zu verstehen. Manche Sprachwissenschaftler meinen sogar, gesprochenes und geschriebenes Englisch stellen zwei unterschiedliche Sprachsysteme dar, die eigentlich nicht ineinander überführt werden können, obwohl es überlappende Formen wie *spoken to be written* (z.B. für Schriftsätze) und *written to be spoken* (u.a. für Nachrichtentexte) gibt.

Natürlich sind die beiden Beispieltexte nicht nur hinsichtlich des Mediums unterschiedlich, sie sind auch als literarische Sprache (s. Kap. II.1.2) bzw. als informelle Sprache gekennzeichnet. Informelle Sprache ist nur eine Möglichkeit im **Spektrum der Sprachvariation** nach dem Gebrauch (*variation according to use*), die in Stilwörterbüchern oft Register (*register*) genannt wird. Je nach den Kommunikationspartnern und -situationen zieht man im Englischen ein *intimate, informal, neutral, formal* oder *frozen register*. Dieses unterscheidet sich allerdings nicht nur in der Wortwahl, sondern auch in der Grammatik (z.B. der Modalität), der Aussprache oder der Stimmqualität. In eine umfassende **Stilistik** (*stylistics*) werden alle Sprachbeschreibungsebenen einbezogen, selbst wenn sie bei verschiedenen Textsorten unterschiedlich wichtig sind.

8.1.2 Fachsprachen

Fachsprachen (*special languages*) (vgl. Sager/Dungworth/McDonald 1980) wurden von bestimmten Kommunikationsgruppen entwickelt, die sich regelmäßig über bestimmte Themen in bestimmten Kommunikationssituationen unter Beibehaltung bestimmter Konventionen austauschen. So gibt es etwa eine politische Rhetorik, die die Aufmerksamkeit der Zuschauer halten und sie in ihrer Meinung ›überzeugen‹ oder beeinflussen will, damit sie ihre Zustimmung erst in Applaus und dann im Abstimmungsverhalten bei Wahlen zeigen. In der mündlichen Rede werden (z.B. durch Konjunktionen, Adverbien, Betonungen und Gesten) oft Kontraste zur ›Opposition‹ hervorgehoben. Auch die religiöse Rhetorik hat bestimmte Konventionen, wie die Verwendung von Sprichwörtern und Bibelzitaten, von Bildern und Metaphern, z.B. in ihrem wichtigsten Genre, der Predigt. Als bedeutende Fachsprachen des *English for Specific Purposes* (*ESP*) haben sich heute Varianten der Wirtschaft (*Business English*), der Technik (*English for Science and Technology* = *EST*) und der Wissenschaft (*English for Academic Purposes* = *EAP*) herausgebildet, die sich nicht nur in ihrem Wortschatz (einschließlich zahlreicher Abkürzungen), sondern auch in ihrer Grammatik (z.B. hinsichtlich des Gebrauchs von Passiv und Modalverben) stark vom Alltagsenglisch (*everyday talk*) unterscheiden.

8.2 Sprachgeschichte: Englische Texte im Wandel der Zeiten

8.2.1 Die historischen Sprachstufen des Englischen

Ein anderer Einstieg in die Variation des Englischen sind seine historischen Sprachstufen (s. parallel auch Kap. II.2; zu Literaturhinweisen s. Kap. VI.1.4.1). Dieselben Bibeltexte wurden im Englischen in verschiedenen Epochen in ganz anderer Form wiedergegeben. Dieser **Sprachwandel** durch die Jahrhunderte, für die englische Aufzeichnungen überliefert sind, zeigt sich an allen Beschreibungsebenen der Sprache, der Rechtschreibung als (teilweiser) Widerspiegelung der Aussprache, der Wortwahl und der Grammatik. Er lässt sich besonders gut an der Bibel verfolgen, da sie – als Grundtext der Kultur – immer wieder an die veränderte Sprache angepasst wurde. So können wir für jede Epoche des Englischen ein Beispiel des Gleichnisses vom *Verlorenen Sohn* geben (Texte 1–8; vgl. Görlach 1994, 199–210). Für die älteren Sprachstufen ist dabei zu bedenken, dass für die frühesten Belege des Altenglischen eine Runenschrift (Futhorc) und für Manuskripte nur schwer lesbare karolingische und insulare Schrifttypen verwendet wurden, die bis ins Neuenglische in Handschriften ihre Fortsetzung finden und durch moderne Computerschrifttypen (*italic*) teilweise eine Renaissance erfahren (vgl. Graddol ²2002).

Die westsächsische Version (Text 1 von ca. 1000) ist ein Beispiel für das **Altenglische** (*Old English*; *Anglo-Saxon*; vgl. Mitchell 1995 oder Mitchell/Robinson ⁶2001). So nennt man die Periode von der Einwanderung der germanischen Stämme (ab der Mitte des 5. Jahrhunderts) bis zur normannischen Eroberung (ab 1066). Ähnlich wie im Deutschen hat das Altenglische ausgeprägte Flexionsendungen bei Substantiven, Pronomina und Adjektiven (Genus, Kasus und Numerus) und bei

Verben (Tempus, Modus, Person und Numerus). Außerdem hat es noch Zeichen aus dem germanischen Runenalphabet bewahrt (<ð> eth/crossed <d>, <θ> thorn und <y> wynn). Der Wortschatz ist dem deutschen weitgehend ähnlich (wegen der gemeinsamen Herkunft aus dem Westgermanischen), Lehnwörter kommen aus dem Lateinischen oder (später im Norden) dem Nordgermanischen. Die Wortstellung im zweiten bis fünften Satz zeigt noch die Umstellung von Subjekt und Prädikat nach satzeinleitendem Adverb, wie im Deutschen.

Der Ausschnitt aus der berühmten Bibelübersetzung von Wycliff (Text 2 von 1390) steht für das **Mittelenglische** (*Middle English*; vgl. Burrow/Turville-Petre 1992). So wird die Periode von der normannischen Eroberung bis zur Einführung des Buchdrucks in England durch Caxton (1476) bezeichnet. Im Mittelenglischen ist das Flexionssystem bereits stark vereinfacht; Vokale in unbetonten Endungen fallen zusammen, Genus als grammatische Kategorie und die Kasusopposition zwischen Dativ und Akkusativ gehen verloren. In der Schreibung wird die anglonormannische Tradition übernommen, neue Lehnwörter kommen erst aus dem Anglonormannischen, dann aus dem Französischen. In der Grammatik werden z.B. (im dritten Satz) neben dem *simple past* weitere Vergangenheitstempora mit Formen von *to be* (*is come*) und *have* (*hath slayn*) gebildet.

Auffällig an unserer **Periodisierung der Sprachgeschichte** (vgl. Görlach 1994, Kap. 2.7) ist vielleicht, dass sie nicht nach sprachlichen, sondern nach außersprachlichen Kriterien vorgenommen wurde, selbst wenn die Normannische Eroberung und die Einführung des Buchdrucks natürlich umfassende sprachliche Konsequenzen hatten: die Einführung des Anglonormannischen als offizielle Sprache bzw. die Verbreitung einer neuen Standardsprache. Aber da sich Sprache kontinuierlich entwickelt, ist ihre Periodisierung eher willkürlich. Man unterscheidet Altenglisch 450–1100 – obwohl die schriftliche Überlieferung erst ab 700 beginnt – und Mittelenglisch 1100–1500. Als sprachliche Kriterien werden der weitgehende Verfall der Flexionsendungen um 1100 und die Vereinheitlichung der Orthographie um 1500 genannt.

Da auch im Neuenglischen zahlreiche Sprachveränderungen stattfanden, grenzt man das **Frühneuenglische** (*Early Modern English*) (vgl. Görlach 1991) bis 1700 oder 1750 vom heutigen Englisch ab. Dafür stehen die Bibelausschnitte von Tyndale (Text 3 von 1534) und aus der *Authorized Version* (*King James Bible*, Text 4 von 1611). Beide zeigen interessante Variationen vor allem in der Schreibung, aber auch im Wortschatz (*minstrelcy* für *musicke* und *lovers* für *friends*) und in der Grammatik (*gavest thou me never* für *thou never gauest me*). Diese Texte sind für den heutigen Leser mit etwas Übung bereits gut lesbar, wenn sie auch offensichtlich einige Abweichungen aufweisen, wie das berühmte *our father which art in heaven*, das noch bis vor kurzem in der Kirche verwendet wurde anstelle von *our father, who is in heaven*. Ein Vergleich der *Authorized Version* mit der *New English Bible* (Text 5 von 1961) verdeutlicht die älteren Formen in der Schreibung (z.B. End-*e* in *sonne* oder *musicke* in Satz 1), in der Wortwahl (z.B. *make merry* anstelle von *feast* bzw. *celebrate* und *would not* anstelle von *do not want/refuse* in Satz 4), in der Grammatik (z.B. *is come* und *hath killed* in Satz 3) und in den Konventionen der Kennzeichnung der direkten Rede. So können auch geringe orthographische, lexikalische und grammatische Unterschiede interessante Einblicke in die Verschiebung und

Variationsmöglichkeiten von Sprachsystemen geben. Natürlich ist all dies immer noch nicht ›normales Englisch‹; es handelt sich nicht nur um historische Sprache, sondern auch um religiöse Gruppensprache (s. 8.1).

Ausschnitt aus dem »Verlorenen Sohn« nach Lukas (vgl. Görlach [3]1994, 199-210).

Text 1: Westsächsisch
1 Sōðlice hys ẏldra sunu wæs on æcere; and he cōm, and pā hē pām hūse genēalæhte, he gehȳrde pone swēg and pæt weryd. 2 Pā clypode hē ānne pēow, and āxode hine hwæt pæt wære. 3 Dā cwæð hē, Pīn brodor cōm; and pīn fæder ofslōh an fæt celf, for pām pe hē hyne hālne onfēng. 4 Da bealh hē hine, and nolde in gān. Pā ēode his fæder ūt, and ongan hine biddan. 5 Dā cwæp hē his fæder andswaringende, Efne swā fela gēara ic pē pēowude, and ic næfre pīn bebod ne forgȳmde; and ne sealdest pū mē næfre an ticcen pæt ic mid minum frēondum gewistfullude;

Text 2: Mittelenglisch (Wycliffe, ca. 1382)
1 Forsoth his eldere sone was in the feeld; and whanne he cam, and neiJede to the hous, he herde a symphonye and a crowde. 2 And he clepide oon of the seruauntis, and axide, what thingis thes weren. 3 And he seide to him, Thi brodir is comen, and thi fadir hath slayn a fat calf, for he receyuede him saf. 4 Forsoth he was wroth, and wolde not entre. Therfore his fadir gon out, bigan to preie him. 5 And he answeringe to his fadir, seide, Lo! so manye Jeeris I serue to thee, and I brak neuere thi comaundement; thou hast neuere Jouun a kyde to me, that I schulde ete largely with my frendis.

Text 3: Frühneuenglisch 2 (Tyndale 1534)
1 The elder brother was in the felde, and when he cam and drewe nye to the housse, he herde minstrelcy and daunsynge, 2 and called one of his servauntes, and axed what thoose thinges meante. 3 And he sayd vnto him: thy brother is come, and thy father had kylled the fatted caulfe, because he hath receaved him safe and sounde. 4 And he was angry, and wolde not goo in. Then came his father out, and entreated him. 5 He answered and sayde to his father: Loo these many yeares have I done the service, nether brake at eny tyme thy commaundment, and yet gavest thou me never soo moche as a kyd to make mery with my lovers:

Text 4: Frühneuenglisch 1 (*Authorized Version* 1611)
1 Now his elder sonne was in the field, and as he came and drew nigh to the house, he heard musicke & dauncing, 2 And he called one of the seruants, and asked what these things meant. 3 And he said vnto him, Thy brother is come, and thy father hath killed the fatted calfe, because he hath receiued him safe and sound. 4 And he was angry, and would not goe in: therefore came his father out, and intreated him. 5 And he answering said to his father, Loe, these many yeeres doe I serue thee, neither transgressed I at any time thy commandement, and yet thou neuer gauest mee a kid, that I might make merry with my friends:

Text 5: Heutiges Englisch (*New English Bible* 1961)
1 Now the elder son was out on the farm; and on his way back, as he approached the house, he heard music and dancing. 2 He called one of the servants and asked what it meant. 3 The servant told him, »Your brother has come home, and your father has killed the fatted calf because he has him back safe and sound.« 4 But he was angry and refused

to go in. 5 His father came out and pleaded with him; but he retorted, »You know how I have slaved for you all these years; I never once disobeyed your orders; and you never gave me so much as a kid, for a feast with my friends«.

Text 6: *Middle Scots* (Nesbit 1520)
1 Bot his eldar sonn was in the feeld, and quhen he com and nerit to the hous, he herde a symphony and a croude. 2 And he callit aan of the seruandis, and askit quhat thir thingis war. 3 And he said to him, Thy bruther is cummin; and thi fadere has slayn a fat calf, for he resauet him saaf. 4 And he was wrathe, and wald nocht cum in. Tharfor his fadere yede furthe, and began to pray him. 5 And he ansuerd to his fadere, and said, Lo, sa mony yeris I serue thee, and I brak neuir thi comandment; and thou neuir gaue to me a kidde, that I with my freendis suld haue eten.

Text 7: *Heutiges Scots* (Smith 1901)
1 But his auld brither was i' the field: and, as he cam in, he drew nar the hoose, and heard music and dancin. 2 And, beckonin till him ane o' the fee'd folk, he speir't what aiblins a' this micht mean? 3 And he said till him, »Yere brither has come back again; and yere faither has kill't the stall'd cauf, for that he gat him hame again a' safe and soun.« 4 But he was fu' o' ang'er, and wadna gang in. His faither, tho', cam oot, and was entreatin him. 5 But he, answerin him, said till his faither, »See! a' thir years hae I ser't ye; and never did I gang ayont yere commauns; and at nae time did ye gie me e'en a kid, that I micht mak a feast for my freends«;

8.2.2 Die Entwicklung des Standards

Allerdings ist die Abfolge der Englischversionen keineswegs geradlinig auf die heutige Standardvariante (vgl. Bähr 1974) gerichtet. Im Altenglischen gab es neben dem Westsächsischen andere regionale Formen (z.B. Anglisch mit den Unterdialekten Merzisch oder Nordhumbrisch), und Mittelenglisch war gerade durch seine Vielfalt ohne nationalen **Standard** gekennzeichnet. Da ein Standard eher ein politisches als ein sprachliches Phänomen ist, sagt Weinreich (1953) etwas pointiert, »a language is a dialect with an army and a navy« – und Armee und Marine sprachen im Hochmittelalter in England Französisch bzw. Anglonormannisch. Das heutige Standardenglisch hat zwar einen gewissen regionalen Mischcharakter, weil vor allem (ost-)mittelländische Einflüsse die Sprache des Handelszentrums London prägten, es ist aber aus der engen sozialen Bindung an den Hof über die Bildungsinstitutionen (*public schools* und Oxford/Cambridge) und schließlich die frühen Medien (BBC) von einem **Dialekt** (der regionale Zugehörigkeit widerspiegelt; *dialect*) zu einem **Soziolekt** geworden (der soziale Zugehörigkeit widerspiegelt; *sociolect*). Allerdings wird heute die regionale Färbung der Sprache wieder mehr toleriert und gewinnt in England und darüber hinaus stark an Boden.

Für das Frühneuenglische lässt sich die Variation des Standards auch für das Schottische zeigen (s. Kap. II.1.3 und III.3.3), das sich vor der *Union of the Crowns* (1603) am Hof in Edinburgh zu einer Nationalsprache in Literatur, Recht und Bildung (aber nicht der Kirche) entwickelt hatte. Es hätte sich, wie das Niederländische vom Deutschen, vom Englischen abspalten und eine eigene Sprache werden können und nicht nur ein extremer Dialekt des Englischen, als der es heute meist angesehen wird. Dass das **schottische Englisch**, damals wie heute, zumindest eine gewisse Selbständigkeit besitzt, zeigt sich beim Vergleich der Version von Nisbet (Text 6 von 1520) mit der von Tyndale (1534) und der in Scots (Text 7 von 1901) mit der *New English Bible* (1961).

Doch auch in den letzten Jahrhunderten, ja in den letzten Jahrzehnten, hat sich die englische Sprache fortwährend verändert (z.B. in der Aussprache der Vokale in *boat* und *time* als /bəʊt/ und /tɒɪm/), nicht nur in seinen Formen, sondern auch in deren Assoziationen und Beurteilungen. So hat sich seit Ende des 19. Jahrhunderts eine überregionale Prestigeform herausgebildet, die nicht nur die schriftliche Sprache betraf, die ja schon seit der Erfindung des Buchdrucks, der modernen Massenkommunikation und der allgemeinen Schulpflicht (1876) vereinheitlicht wurde, sondern auch die Aussprache. Durch die Erziehung in *public schools* und die Anstellung im Staatsdienst (z.B. im *colonial service*) oder im entstehenden Rundfunk (BBC) entwickelte sich ein sozialer Dialekt auf südwestenglischer Basis, das RP, eine *Received Pronunciation* im Sinne von ›allgemein anerkannte Aussprache‹. Selbst wenn heute aufgrund neuerer Regionalisierungsbestrebungen, z.B. in Schottland, diese traditionelle Prestigeform stark an Bedeutung eingebüßt hat und durch regional gefärbtes *modified* RP ersetzt wurde, wird sie immer noch als Aussprachenorm in Büchern für den Fremdsprachenunterricht verwendet.

8.3 Soziolinguistik und Dialektologie: Englisch weltweit

8.3.1 Referenzvarietäten: Britisches und amerikanisches Englisch

Obwohl im nationalen Rahmen z.B. das schottische Englisch heute durchaus als gleichberechtigt angesehen werden kann, ist das so genannte britische (BrE), eigentlich das gebildete südostenglische Englisch (deshalb wird es oben S. 24 und 21 pointiert ›englisches Englisch‹ genannt), in Europa als **übernationale Standardvariante** anerkannt. Das gilt weltweit jedoch nicht mehr unangefochten. Das amerikanische Englisch (AmE) wird heute als *reference variety* in weiten Teilen Ostasiens (nicht nur in den ehemals politisch abhängigen Gebieten im Pazifik und auf den Philippinen) und in der arabischen Welt verwendet. Selbst traditionell am britischen Standard orientierte Gebiete wie Australien und Kanada, ja sogar das ›Mutterland‹ werden durch den großen Bruder USA auch sprachlich nachhaltig beeinflusst. Andererseits ist gerade australisches Englisch durch neue nationale Wörterbücher und Grammatiken so gut beschrieben, dass es ebenfalls als *reference variety* in Betracht kommt. Vielleicht als neutraler Kompromiss?

Allerdings sollten die Unterschiede zwischen den beiden heutigen Standardvarianten (vgl. Gramley/Pätzold ²2004, 336–366) auch nicht überbetont werden. Im Mündlichen unterscheiden sich natürlich beide Varietäten, aber selbst hier ist z.B. das Stereotyp der Aussprache (für *car* z.B. BrE /kɑː/ – AmE /kɑːr/), nicht zu halten; es gibt nur regionale und soziale Tendenzen dazu. Das Phonemeninventar der Konsonanten ist sowieso identisch (24), das der Vokale unterscheidet sich zwar

(BrE 20, AmE 16), aber vor allem durch die im AmE fehlenden (zentrierenden) Diphthonge in *lear, lair* und *lure*, die wegen des nachfolgenden /r/ ›nicht nötig‹ sind. Der einzige Problemfall ist damit das offene /ɔ/, das zu Missverständnissen führen kann (wenn z.B. US *God* wie *guard* klingt):

> American (to Englishman): Say, what's your job?
> Englishman: I'm a clerk.
> American (astonished): You mean you go ›tick-tock, tick-tock‹?
> (Strevens 1972, 68)
> [BrE /klɑːk/ *clerk* = AmE /klɑːk/ *clock*]

Natürlich gibt es darüber hinaus **Unterschiede in der Wortbetonung und Schreibung**, aber diese wirken in der geschriebenen Sprache nicht sehr störend. In der Grammatik sind ›amerikanische Besonderheiten‹ meist nur tendenziell ausgeprägt, vor allem in den Bereichen *past tense*-Formen (regelmäßigeres *burned* statt *burnt*), *have* (*Do you have?* statt *Have you got?*; s. S. 50), *gotten* (statt *got*), (modale) Hilfsverben (*I will* statt *I shall*) und Konjunktiv (*I suggest that the meeting be postponed* statt ... *should be postponed*).

Damit sind die **Unterschiede im Wortschatz** die auffälligsten. Neben einigen bekannten historischen Sonderfällen, in denen das amerikanische Englisch alte Bezeichnungen beibehielt, die in England nur in Dialekten verwendet werden (AmE *fall* für BrE *autumn*), und einigen umweltbedingten Kontrastpaaren (AmE *prairie*; BrE *moor*) beziehen sich unterschiedliche Bezeichnungen oft auf Erfindungen und Entwicklungen, die erst nach der amerikanischen Unabhängigkeit in die Sprache Eingang fanden. In diesen Bereich gehören z.B die unterschiedlichen Namen für Autoteile (Abb. 9). Allerdings kommen die bekannten Kontrastpaare wie BrE *luggage* – AmE *baggage*, BrE *railway* – AmE *railroad* nicht absolut auf eine Variante beschränkt vor (BrE *left luggage* aber *baggage claim*).

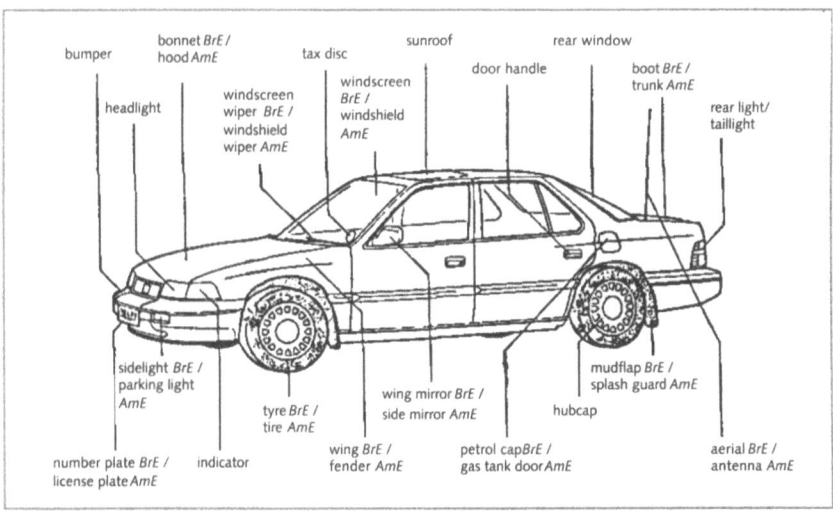

Abb. 9: Bezeichnungen für Autoteile im britischen und amerikanischen Englisch (aus dem *Longman Dictionary of English Language and Culture* 1992, 137)

8.3.2 Pidgin- und Kreolsprachen

Wenngleich wir die Unterschiede zwischen den beiden hauptsächlichen Standardvarietäten des Englischen, vor allem wegen der zahlreichen modernen Austauschbeziehungen in den Medien Film, Fernsehen, Video und Internet nicht überbetonen wollen, so hat doch die beispiellose Ausbreitung des Englischen seit Shakespeare zu einer Vielfalt der Formen geführt, die extreme Ausmaße annehmen kann. Dies geschieht insbesondere bei den so genannten Pidgin- und Kreolsprachen, obwohl die Bezeichnung ›Englisch‹ hier bis über die Grenzen gedehnt wird. Dies ist sicher kein Englisch mehr, selbst wenn viele Wörter aus dem Englischen übernommen wurden.

Pidginsprachen (*pidgins*) entstanden bei nur oberflächlichen Sprachkontakten ohne gemeinsame *lingua franca* (Verkehrssprache), z.B. in der Handels- und Sklaven-Herren-Kommunikation. Sie sind nur auf bestimmte Funktionen beschränkt und durch radikale Vereinfachung der Grammatik und des Wortschatzes gekennzeichnet. Sie haben z.B. kaum Flexionsendungen.

Im Gegensatz zur Pidginisierung ist **Kreolisierung** eine Ausweitung des Sprachsystems, die nötig ist, wenn eine Pidginsprache zur Muttersprache wird und ihre Funktionsbereiche ausdehnt. Viele Sprachwissenschaftler sind von Kreolisierungsprozessen fasziniert, weil sie glauben, diese könnten nur durch angeborene Sprachmechanismen erfolgen. Damit ließen uns **Kreolsprachen** (*creoles*) direkt Einblick nehmen in die Arbeitsweise und den Erfindungsreichtum des menschlichen Gehirns. Obwohl solche Sprachen vor allem in ihrem Wortschatz auf dem Englischen aufbauen, sind sie normalerweise für den Englischsprechenden nicht verständlich. Allerdings kann man mit einer Übersetzung viele systematische Veränderungen bei einem solch extremen Fall von Sprachwandel erkennen und verstehen.

Mit dem Englischen verwandte Pidgin- und Kreolsprachen finden sich vor allem im westafrikanisch-karibischen und im pazifischen Raum. Nachdem wir Spuren des *Caribbean Creole* schon in Merle Collins' Gedicht (S. 4) gesehen haben, betrachten wir nun ein Beispiel aus dem pazifischen Bereich. Hier ist das Tok Pisin, im Gegensatz zu seinem Namen (er ist abgeleitet von *Talk Pidgin*), heute die wichtigste Kreolsprache für viele Einwohner von *Papua Niugini* (= New Guinea) und wird als offizielle Sprache nicht nur in Schulen, sondern auch im Parlament oder in Behörden verwendet. Als Beispiel dienen uns die Anweisungen einer Versicherung in Tok Pisin, wie man sich nach einem Verkehrsunfall verhalten sollte:

> Sapos yu kisim bagarap kisim namba bilong narapela draiva, sapos yu ken, kisim naim bilong em na adres tu, na tokim polis long en. Noken paitim em o tok nogut long em.
> If you have an accident, get the other driver's number, if possible his name and address and report it to the police. Do not fight him, or abuse him. (Crystal ²2002, 13)

Selbst wenn man sich an die konsequente phonemische Schreibweise gewöhnt (*namba* = number, *draiva* = driver), kann man manchmal die englischen Ursprünge nur mit Mühe erkennen, weil sie entweder anders ausgesprochen (*paitim* von *fighting*) oder anders verwendet werden (*sapos* von *suppose* für *if*, *tok nogut* von *talk no good* für *abuse*). Als grammatische Morpheme erkennt man *bilong* (vom Verbum *belong*) zur Kennzeichnung von Possessiven (und anderen Beziehungen im Satz) und *-pela* (von Nomen *fellow*) als Endung für Adjektive.

Obwohl diese Überlegungen vielleicht mehr den Sprachwissenschaftler als den Anglisten faszinieren, muss man heute selbst als Großbritannienspezialist auf solch extreme Varietäten vorbereitet sein. Durch die Einwanderung aus karibischen, afrikanischen und asiatischen Ländern findet man sie heute im Tante-Emma-Laden (oder müsste er *Uncle Singh shop* heißen?) und in der preisgekrönten Literatur im Sinne von *the Empire writes back – in her English* (vgl. unser einleitendes Gedicht von Merle Collins). Diese Vielfalt der englischen Ausdrucksformen kann durchaus eine sprachkünstlerische Herausforderung sein, wie die Übertragung der Geschichten von Max und Moritz in eine Vielzahl von englischen Dialekten und Kreolvarianten belegt (Görlach 1986). Das Bewusstsein um die Variationsbreite des Englischen (Literaturhinweise dazu s. Kap. VI.1.4.3) macht ein Verständnis für Prozesse des Zusammenspiels von Sprachelementen und ihre Variation heute notwendiger denn je.

II. Literaturwissenschaft

1. Anglistische Literaturwissenschaft und ›Englische‹ Literatur

1.1 Was ist Literaturwissenschaft?

Gegenstand der Literaturwissenschaft ist Literatur. Dieser Gegenstand ist nicht so einfach zu bestimmen, wie man auf den ersten Blick vermuten mag. Da man Literatur jedoch nicht nur wissenschaftlich begegnet, werden alle Leser dieses Kapitels eine (vorwissenschaftliche) Vorstellung davon haben, was man unter Literatur verstehen kann und warum man sie liest oder lesen sollte. Wieso braucht man überhaupt Literatur*wissenschaft*? Vielleicht kann man als Essenz der vielen Meinungen hierzu eine knappe Begründung geben: Literatur ist eine besondere Form des Ausdrucks, ein besonderes Zeichensystem, in dem Menschen seit Jahrtausenden und in den verschiedensten Kulturen ausgedrückt haben, was sie denken und fühlen, wie sie die Welt sinnhaft verstehen und welche alternativen Welt- und Sinnentwürfe für sie denkbar wären.

Durch ihre ›ästhetische‹ Schreibweise sind literarische Texte deutlich als gestaltet erkennbar und machen so besonders darauf aufmerksam, dass jede Wahrnehmung von Welt ein ›Konstrukt‹ ist, vermittelt durch bestimmte rationale und emotionale, individuelle wie kulturelle Schemata. Literatur lässt ihre Leser an einer großen Vielfalt dieser Konstrukte teilhaben. Literaturen sind unter diesem Blickwinkel gewissermaßen ein Teil kultureller Archive, die gegebenenfalls als (nationales) Kulturerbe auch besonders gepflegt und geschätzt werden.

Mit dem **Instrumentarium der Literaturwissenschaft** lernt man, Literatur genauer zu lesen und zu verstehen, als dies in Lesesituationen des Alltags üblicherweise geschieht – und nicht nur Literatur: Viele Fragestellungen der Literaturwissenschaft lassen sich auf andere Texte bzw. andere Medien wie den Spielfilm übertragen. Das literaturwissenschaftliche Studium eröffnet einen tieferen Einblick in die geschichtlichen Dimensionen von Literatur sowie die theoretischen und methodischen Voraussetzungen, unter denen man den Gegenstand Literatur bestimmen und sich ihm nähern kann.

Der **wissenschaftliche Umgang mit Literatur** setzt sich, wie jede wissenschaftliche Betätigung, bestimmte Erkenntnisziele und nähert sich diesen unter Rückgriff auf Erkenntnismethoden und möglichst klare Analysebegriffe, also unter Benutzung einer **Fachsprache**, die es zu beherrschen gilt. Ein wichtiges Ziel literaturwissenschaftlichen Arbeitens ist es, das Bedeutungsangebot eines Textes möglichst differenziert auszuschöpfen, die dafür verwendeten sprachlichen Mittel genau zu beschreiben und die gewonnenen Erkenntnisse präzise und für andere nachvollziehbar zu formulieren. Die Resultate einer wissenschaftlichen Auseinandersetzung mit Literatur müssen kommunizierbar und überprüfbar sein, auch wenn das Verstehen literarischer Texte als typisch geisteswissenschaftliches Verfahren (s.a. S. 109) nicht so ›objektiv‹ sein kann wie Erkenntnisse in den Naturwissenschaften. Umso wichtiger ist es, das eigene Verständnis eines Textes belegen und zu anderen Verstehensweisen mit Hilfe der literaturwissenschaftlichen Fachsprache in Bezug setzen zu können.

In der alltäglichen Leseerfahrung tritt man literarischen Texten nicht selten wertend gegenüber: Ein Roman ist spannend oder langweilig, seine Figuren erscheinen mehr oder weniger klischeehaft, sein Stil mehr oder weniger originell. Das Zu- bzw. Absprechen von Qualitäten ist von persönlichen Neigungen, vom individuellen Geschmack beeinflusst. Eine literaturwissenschaftliche Ausbildung kann dazu verhelfen, dass man weniger intuitiv urteilt und seine Urteile vor allem auch begründen kann. Der wertende Umgang mit Literatur, wie ihn Rezensenten und Kritiker professionell betreiben, wird im Deutschen als **Literaturkritik** bezeichnet; im Englischen wird der Begriff *literary criticism* dagegen auch für die literatur›wissenschaftliche‹ Auseinandersetzung mit Texten verwendet. Fragen der Wertung literarischer Texte werden in der folgenden Darstellung weitgehend ausgeblendet. Im Mittelpunkt stehen die Aspekte der *Literaturgeschichtsschreibung*, der *Literaturtheorie* sowie der *Textanalyse und -interpretation* als zentrale literaturwissenschaftliche Arbeitsfelder oder Teildisziplinen.

Literaturwissenschaft, auch in der Anglistik, wird seit dem 19. Jahrhundert betrieben. Ihre wechselvolle Geschichte kann im Rahmen dieses Bandes nicht dargestellt werden; im Überblick über literaturtheoretische Ansätze werden einige wissenschaftsgeschichtliche Stationen und Wendepunkte jedoch angedeutet.

Die Literaturwissenschaft innerhalb der Anglistik hat weite Überschneidungsflächen mit der Literaturbetrachtung, wie sie im Rahmen anderer Studienfächer (Germanistik, Romanistik, Allgemeine und Vergleichende Literaturwissenschaft usw.) betrieben wird. Im Besonderen befasst sich anglistische Literaturwissenschaft jedoch mit der Literatur, die in den verschiedenen Räumen der englischsprachigen Welt entstanden ist bzw. entsteht. Dieses Kapitel konzentriert sich auf Aspekte des literaturwissenschaftlichen Arbeitens, die in der Anglistik (wie sie an deutschsprachigen Hochschulen betrieben wird) momentan besondere Relevanz haben bzw. sich als besonders einflussreich erwiesen haben.

1.2 Was ist Literatur?

1.2.1 Literaturbegriffe

Über das Wesen von Literatur ist seit der Antike viel geschrieben worden, ohne dass man zu einer ›verbindlichen‹ Bestimmung gekommen wäre. Literarische Texte sind in ihrer spezifischen Textualität (s. Kap. I.6.1) offensichtlich nicht eindeutig festgelegt. Die Frage, woran ein Leser Literatur erkennt (Grabes 1977), ist also nicht einfach zu beantworten. Dies liegt unter anderem daran, dass der Bereich von Texten, die man als Literatur ansehen kann, sich ständig wandelt, z.B. weil veränderte Mediensysteme die Textlandschaft verändern. So hat der Film zum Entstehen des

Drehbuchs (*screenplay*) geführt, das heute nicht mehr nur als Gebrauchstext für Filmemacher, sondern als literarische Kunstform anerkannt wird. Der Dramatiker Harold Pinter etwa hat neben seinen Theaterstücken zahlreiche Drehbücher verfasst und als Teil seines Gesamtwerks veröffentlicht. Ein anderer wichtiger Vertreter des britischen Dramas der Gegenwart, Tom Stoppard, hat am Drehbuch für den Erfolgsfilm *Shakespeare in Love* mitgewirkt.

Auch die **Neuen Medien** haben seit den 1990er Jahren immer nachhaltiger ihre Spuren in der Literatur hinterlassen. Die Literaturwissenschaft hat auch hier bereits ein Betätigungsfeld gefunden und sich neuen Literaturformen wie der *hyperfiction* gewidmet, d.h. computerbasierten Texten im Internet oder auf CD-ROM, die in der Regel nicht-linear rezipiert werden, den Lesern eine aktive Rolle zuweisen (weil diese entscheiden, welche der vorgegebenen Links sie anklicken und damit einen bestimmten Lesepfad beschreiten), und die auch multimedial vernetzt sein können (vgl. Landow 1997, Heibach 2003, Rommel/Schnierer 2004). Ein häufig angeführtes Beispiel ist Geoff Rymans Internetroman *253* (zuerst 1996), in dem Lesern die Portraits und Geschichten verschiedener Benutzer der Londoner U-Bahn angeboten werden. Welche dieser Angebote in welcher Reihenfolge rezipiert werden, entscheidet der Leser per Mausklick.

Historisch variabel ist aber nicht nur das, was potentiell als Literatur begriffen werden kann, sondern vor allem die **Bestimmung des Begriffs ›Literatur‹** selbst. Was aufgrund welcher Kriterien jeweils als Literatur aufgefasst wird, hängt ab von dem kulturellen System, innerhalb dessen sich ein bestimmter Umgang mit Literatur, ein Literatursystem, als gesellschaftlicher Handlungsbereich entwickelt (vgl. Schmidt 1991).

Literatur ist, in vielfältiger Weise, **extensiv** (weit) oder **intensiv** (eng) definiert worden. Im Extremfall gilt jeder Text als Gegenstand der Literaturwissenschaft; dabei wird der Textbegriff heute gelegentlich so weit gefasst, dass er alle kulturellen Systeme und ihre Produkte einschließt, die für Menschen bedeutsam sein können: alle Arten schriftlicher und mündlicher Sprachverwendung, aber auch Filme und Gemälde, Architektur oder Landschaftsgestaltung. Engere Literaturbegriffe können **deskriptiv** (beschreibend) oder **normativ** (wertend und vorschreibend) gefasst sein.

Das in der Einleitung betrachtete Gedicht von Merle Collins, »No Dialects Please«, hinterfragt ein Literaturkonzept, das »poetry of worth« an einer bestimmten Varietät der englischen Sprache und an einem bestimmten kulturellen Kontext festmacht. Explizit wertend sind auch Auffassungen, die ›triviale‹ oder ›populäre‹ Texte wie Kriminalromane, Kinderliteratur und Popsongs der ästhetisch anspruchsvollen, ›schönen‹ Literatur gegenüberstellen und nur letztere als ›wahre‹ Literatur akzeptieren. Hier soll nicht abgestritten werden, dass die Frage nach der Ästhetik und den künstlerischen Mitteln eines Textes in der Literaturwissenschaft wichtig ist. Literatur ist »eine ästhetische Teilmenge des allgemeinen Vorkommens von Text« (Plett 1979, 15). Allerdings tritt die besondere Ästhetik eines Textes mitunter erst hervor, wenn man ihn in Bezug auf die gesamte Textproduktion einer Zeit betrachtet.

Vor allem eine **kulturwissenschaftlich orientierte Literaturwissenschaft** wird sich künstlerisch weniger anspruchsvollen Texten nicht verschließen, denn gerade Produkte für den Massengeschmack lassen kulturelle Phänomene oft markant hervortreten. So kann man die literarische Auseinandersetzung mit dem britischen Imperialismus nicht nur anhand ästhetisch komplexer Texte wie Joseph Conrads Erzählung »Heart of Darkness« (1902) oder E.M. Forsters Roman *A Passage to India* (1924) studieren. Besonders deutlich offenbart sich die Ideologie des *British Empire* in den populären Bestsellern des späteren 19. Jahrhunderts, wie Henry Rider Haggards Abenteuerroman über Afrika, *King Solomon's Mines* (1886).

Eingeschränkt ist auch ein Literaturbegriff, der sich auf Schriftliteratur konzentriert und mündlich überlieferte Literatur übersieht oder als ›minderwertige‹ Form von ›Volksliteratur‹ abtut. Wortgeschichtlich geht ›Literatur‹ zwar auf das lateinische *littera*: Buchstabe zurück, ein großer Teil der uns heute bekannten älteren Literatur wurde jedoch lange Zeit ausschließlich mündlich überliefert, insbesondere Texte des Mittelalters. Noch in Geoffrey Chaucers *Canterbury Tales* (um 1400) sind – obwohl dieser Text ursprünglich in schriftlicher Fassung erstellt wurde – Spuren des mündlichen Erzählens deutlich: unter anderem werden die Geschichten, die hier wiedergegeben sind, innerhalb der Rahmenhandlung, einer Pilgerreise nach Canterbury, mündlich erzählt.

Die Frage nach **Mündlichkeit und Schriftlichkeit** von Literatur ist nicht nur als historisches Phänomen relevant. Die einheimische Bevölkerung in den ehemaligen britischen Kolonialgebieten hat vielfach auch heute noch eine lebendige Tradition der mündlichen Literatur; dies gilt für die Texte der Indianer und Inuit in Nordamerika ebenso wie für die der Aborigines in Australien, der Maori in Neuseeland oder die einheimischen Literaturtraditionen Afrikas. Wo Autoren dieser Bevölkerungsgruppen heute einen Beitrag zur englischsprachigen Schriftliteratur leisten, tragen ihre Texte nicht selten noch Spuren der Mündlichkeit (s.a. Kap. I.8.1.1). Die schwarzen *dub poets* in der Karibik und im heutigen Großbritannien, wie Linton Kwesi Johnson oder Benjamin Zephaniah, arbeiten ihre zu Reggae-Rhythmen vorgetragenen Gedichte meist erst mündlich aus und verbreiten sie über Tonträger, bevor sie die Texte im Nachhinein auch in eine schriftliche Form bringen. Diese Gedichte sind also ebenso *orature* (von *oral* lite*rature*) wie *literature*.

Auch in der europäisch verwurzelten Kultur haben gerade Gedichte noch eine enge Affinität zum gesprochenen Wort, und viele zeitgenössische Dichter gehen auf Lesetour, um ihre Gedichte einem Publikum selbst zu Gehör zu bringen. Das **Mediensystem** an der Wende zum 21. Jahrhundert hat in verschiedener Hinsicht in das Verhältnis von Mündlichkeit und Schriftlichkeit eingegriffen. Während das Internet die Schriftlichkeit und Visualität allgemein zu stärken scheint, hat die große Verbreitung des Mediums Hörbuch zumindest eine neue Kultur des Literaturhörens hervorgebracht, auch wenn *audiobooks* in der Regel eine schriftlich verfasste Literatur zu Gehör bringen.

Was als ›Literatur‹ jeweils erkannt, anerkannt und als solche behandelt wird, variiert je nach gesellschaftlichem und kulturellem Kontext. Hierbei spielen Bildungseinrichtungen, die öffentlichen Medien und die akademische Literaturwissenschaft eine wichtige Rolle. Literatur ist nicht einfach ›da‹, sondern sie wird konstruiert. Sie ist ein offenes System, dem Texte nach bestimmten historischen Kriterien zugerechnet werden oder nicht, wie auch der Literaturtheoretiker Terry Eagleton betont:

> Some texts are born literary, some achieve literariness, and some have literariness thrust upon them. Breeding in this respect may count for a good deal more than birth. What matters may not be where you came from but how people treat you. If they decide that you are literature then it seems that you are, irrespective of what you thought you were.
> In this sense, one can think of literature less as some inherent quality or set of qualities displayed by certain kinds of writing all the way from *Beowulf* to Virginia Woolf, than as a number of ways in which people *relate themselves* to writing. [...] There is no ›essence‹ of literature whatsoever. (Eagleton 1996, 7f.)

Betrachten wir hierzu ein Beispiel aus der so genannten *found poetry*. Das folgende Gedicht wurde von dem Kanadier Ronald Gross ›gefunden‹:

> All too often, humans who sit and stand
> Pay the price of vertical posture. Sitting
> And standing combine with the force of gravity,
> Exerting extra pressure on veins and tissues
> In and around the rectal area.
> Painful, burning hemorrhoids result.
> The first thought of many sufferers
> Is to relieve their pain and their discomfort.
> Products, however, often used for this
> Contain no anesthetic drug at all, or one
> Too weak to give the needed pain relief,
> Or only lubricate. But now, at last
> There is a formulation which provides
> Pain-killing power, prolonged relief, on contact.

Bei dieser Art von Literatur werden Gebrauchstexte des Alltags, die nicht ›als Literatur geboren‹ wurden, allein durch typographische Veränderung in einen Text verwandelt, den man aufgrund einer bestimmten Rezeptionssituation und bestimmter Konventionen als ästhetisches Gebilde identifiziert und rezipiert. Die Textlinguistik macht Textarten unter anderem an einer bestimmten Situationalität und Intentionalität fest (s. Kap. I., S. 55–58). Bei einem *found poem* ändern sich sowohl die Situation, in der der Text gelesen und interpretiert wird, als auch die Kommunikationsabsichten, die man ihm unterstellt. Der obige Text wurde offensichtlich einer Werbung oder einem Beipackzettel für ein Hämorrhoiden-Medikament entnommen. Allein der Textgegenstand, den viele sicher als ›trivial‹ empfinden, widerspricht traditionellen Vorstellungen von Lyrik als gefühlsbetonter und subjektiver Literatur. Trotzdem dürfte jeder Leser den Text in der oben wiedergegebenen Form zunächst als Gedicht lesen – allein aufgrund des für Gedichte konventionellen Druckbildes, bei dem der Text in separate Kurzzeilen aufgeteilt ist, die nicht randbündig gesetzt sind. Hierdurch wird ein rhythmisches Lesen provoziert, wie es bei Gedichtversen üblich ist. Literarisch vorgebildete Leser werden die Zeilen vielleicht auch zählen und aufgrund der ermittelten Zahl vierzehn das Gedicht als ein Sonett identifizieren (s. 4.3.4).

Das *found poem* macht einerseits die Konstrukthaftigkeit unserer Literaturbegriffe bewusst. Es verdeutlicht andererseits, dass es bei aller Unbestimmtheit und Geschichtlichkeit von Literaturbegriffen innerhalb des für uns heute maßgeblichen kulturellen Systems doch den Kern eines Literaturverständnisses gibt – und zwar bei Autoren wie bei Lesern. Bei aller Notwendigkeit, Literaturbegriffe zu historisieren und zu kontextualisieren, muss man also Kriterien benennen können, mit Hilfe derer man über die **Literaturhaftigkeit** (*literariness*) von Literatur nachdenken kann. Orientierung hierbei bietet die Frage nach den Besonderheiten der *literarischen* Kommunikation.

1.2.2 Besonderheiten der literarischen Kommunikation

Das folgende **Modell literarischer Kommunikation** ist an das idealisierte allgemeine Kommunikationsmodell angelehnt (s. Abb. 2, S. 12). Die für literarische Kommunikation erforderlichen Modifikationen und Spezifikationen werden nach Jakobson (1960) und Kahrmann u.a. (1996) wiedergegeben.

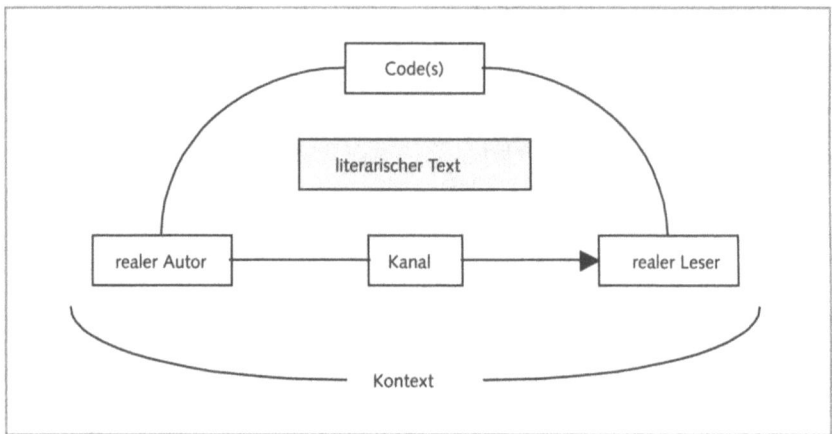

Abb. 10: Das Modell der literarischen Kommunikation

Die an der literarischen Kommunikation beteiligten Instanzen sind der **reale Autor** (*real author*) als Sender des Textes, der literarische Text als übermittelte Botschaft und, als deren Empfänger, der **reale Leser** (*real reader*). Kontexte sind die soziokulturellen Kontexte, in denen der Text entstanden ist bzw. rezipiert wird. Unter **Codes** (d.h. den Zeichenrepertoires und Regeln, mit denen man die Botschaft versteht) sind Sprach- und andere allgemeine Kulturcodes (wie etwa Verhaltensregeln der mittelalterlichen höfischen Gesellschaft) zu verstehen, aber auch spezifisch literarische Codes: das jeweilige Wissen von Autoren und Lesern über Literatur, ihre Traditionen und Konventionen, Gattungen, übliche Publikationsformen und

Ausdrucksmittel. Dieses Wissen wird in Analogie zum Sprachkompetenzbegriff der Linguistik auch als **literarische** oder **poetische Kompetenz** bezeichnet (vgl. Culler 2002, 131–152; R. Fowler 1996, 273f.). Teil der literarischen Kompetenz, die es erlaubt, das obige *found poem* als Gedicht zu gestalten bzw. es als solches zu lesen, ist etwa das Wissen, dass Gedichte normalerweise in separaten Kurzzeilen gedruckt werden oder dass ein Sonett aus vierzehn Zeilen besteht.

Der **Kanal**, über den die Botschaft übertragen wird, ist bei der Betrachtung von Literatur ebenfalls nicht unwesentlich, wie sich oben bereits bei der Unterscheidung von mündlicher und schriftlicher Literatur gezeigt hat. Ob man ein Gedicht hört (samt Intonation, dialektaler Färbung, Stimmqualität des Sprechers sowie gegebenenfalls begleitender Mimik und Gestik) oder es in gedruckter Form liest (mit Möglichkeiten des Mehrfachlesens), hat deutlichen Einfluss auf die Rezeption (s. S. 102). Manche Gedichte beziehen ausdrücklich die visuelle Qualität des Schriftbildes mit ein. Schon ein englischer Dichter des 17. Jahrhunderts, George Herbert, schrieb einige seiner religiösen Gedichte (»The Altar«, »Easter Wings«) als **Figurengedichte** (*shaped verses* oder *pattern poems*), bei denen das Druckbild den Inhalt der jeweiligen Texte widerspiegelt, wie im Folgenden die erste Strophe des Ostergedichts, das durch das typographische Bild von Flügeln das thematische Motiv des Fliegens aufgreift:

>
> Lord, who createdst man in wealth and store,
> Though foolishly he lost the same,
> Decaying more and more
> Till he became
> Most poor:
> With thee
> O let me rise
> As larks, harmoniously,
> And sing this day thy victories:
> Then shall the fall further the flight in me.
>

Im 20. Jahrhundert will die **konkrete Poesie** (*concrete poetry*) jedem Gedicht auch eine individuelle Druckgestalt verleihen bzw. integriert graphische Elemente in das Gedicht. Aber auch in Erzähltexten wird mit Elementen des verwendeten Kanals gespielt. In Lewis Carrols *Alice's Adventures in Wonderland* (1865) erzählt im dritten Kapitel eine Maus ihre Geschichte, wobei der Text mit den im Englischen homophonen (gleich lautenden) Wörtern *tale* und *tail* spielt: »›Mine is a long and sad tale!‹ said the Mouse [...], ›It *is* a long tail, certainly,‹ said Alice, looking down with wonder at the Mouse's tail [...].« Dieses Wortspiel wird dann auch typographisch weitergeführt, wenn die Geschichte der Maus (die gar nicht so lang ist), in Form eines Mäuseschwanzes gedruckt wird.

Besonders **postmodernistische Literatur** im späteren 20. Jahrhundert geht charakteristischerweise selbstreflexiv auf ihre Verfahren der Textgestaltung ein und bezieht auch die Dimensionen des Kanals in diese Meta-Ebene ein. So haben einige Romanschriftsteller mit dem Medium ›Buch‹ experimentiert und versucht, seine Linearität zu umgehen, die darin besteht, dass man ein gebundenes Buch normalerweise von der ersten bis zur letzten Seite liest. Der britische Autor B.S. Johnson veröffentlichte in den 1960er und 1970er Jahren Romane, die leere und durchlöcherte Seiten haben oder gänzlich ungebunden sind, so dass die Leser die Reihenfolge der Seiten selbst bestimmen können.

Vor allem dort, wo sich die Literatur zu **anderen Medien** öffnet, zu Theater, Film, Fernsehen oder Radio, ist die Frage nach den benutzten Kanälen wichtig, abgesehen davon, dass diese Medien natürlich auch eigene Codes einbringen (s. 5.). Das Grundmedium des literarischen Textes ist aber die Sprache, und in allen folgenden Beispielen vor allem die schriftlich fixierte Sprache, die bei allen medialen Umbrüchen der Gegenwart noch immer den Literaturbegriff wesentlich prägt.

Charakteristisch für die Kommunikation des literarischen Schrifttextes ist, dass sie einseitig gerichtet ist, nämlich vom Autor an den Leser, ohne dass diese Rollen getauscht werden könnten. Ausnahmen bietet ›interaktive‹ Literatur in elektronischer Form, auf CD-ROM oder im Internet, wobei die Möglichkeiten der Leserkreativität meist aber auf die Entscheidung zwischen vorgegebenen Optionen beschränkt sind. Sender und Empfänger befinden sich bei literarischen Schrifttexten (selbst bei Hypertexten) zudem in der Regel nicht in derselben Kommunikationssituation, teilen also nicht unbedingt die gleichen Kontexte und Codes. Besonders deutlich ist dies bei Texten, die lange nach ihrer Entstehung und unabhängig von deren besonderen Umständen rezipiert werden.

1.2.3 Der kommunikative ›Zweck‹ von Literatur

Die situative Distanz zwischen Autor und Leser hat zu der Aussage geführt, literarische Texte hätten im Gegensatz zu vielen Sprachverwendungen des Alltags keine pragmatische Funktion, d.h. sie seien nicht unmittelbar zweckgerichtet (wie z.B. ein Beipackzettel), sondern hätten eine zweckfreie, interesselose, rein ästhetische Funktion. Prononciert wurde dieser Gedanke im späten 19. Jahrhundert in der Formel des *l'art pour l'art*, der ›Kunst nur um der Kunst willen‹, formuliert. So schrieb Oscar Wilde im programmatischen Vorwort seines Romans *The Picture of Dorian Gray* (1891): »All art is quite useless.« Die Gegenposition, dass Literatur sich nicht in der Vermittlung zweckfreien Vergnügens erschöpfe, wurde allerdings schon in der Antike ausgesprochen. Horaz (65-8 v. Chr.) betonte in seiner *Ars poetica*, dass Literatur nicht nur dem ästhetischen Vergnügen dienen (*delectare*), sondern auch einen Nutzen haben solle (*prodesse*). Vor allem literarische Texte mit einem politischen Anliegen sind in sehr offenkundiger Weise nicht zweckfrei. Merle Collins' Gedicht »No Dialects Please« z.B. hat, wie wir in der Einleitung gesehen haben, eine explizite und anklagende kulturpolitische Aussage. Bei diesem Gedicht ist offensichtlich, dass es sich auf Wirklichkeiten bezieht, die außerhalb der Literatur bestehen bzw. historisch bestanden haben. Die **Beziehung zur Wirklichkeit** ist ein weiterer Aspekt, an dem die Literaturhaftigkeit von Literatur diskutiert worden ist.

1.2.4 Fiktionalität von Literatur

Auf die *Poetik* des Aristoteles (384-322 v. Chr.) geht die Aussage zurück, dass Literatur **mimetisch** ist, wenn sie Erfahrungswirklichkeit nachahmt. Eine solche ›**Nachahmung**‹ kann jedoch in sehr unterschiedlicher Weise und vor allem in unterschiedlichster Distanz zur empirisch erfahrbaren Wirklichkeit erfolgen. Märchenhafte und fantastische Literatur, wie Lewis Carrolls *Alice's Adventures in Wonderland*, J.R.R. Tolkiens *The Lord of the Rings* oder Joanne Rowlings *Harry Potter*-Romane, enthält Elemente, die sich mit empirisch erfahrbarer Wirklichkeit auf den ersten Blick kaum in Einklang bringen lassen. Aber auch solche Texte haben Rückbezüge auf die soziokulturellen Kontexte, in denen sie entstanden sind. In *Alice* ist dies das England der Königin Viktoria. Dessen aufgrund fortgeschrittener Industrialisierung beschleunigtes Zeitempfinden wird mit der Figur des weißen Kaninchens thematisiert, das es immer eilig hat und deshalb eine Taschenuhr mit sich trägt. In *Harry Potter* sind Bezüge auf ›wirkliche‹ Kontexte noch deutlicher – nicht nur, wenn sich der Held in der Welt der »Muggles« befindet, sondern auch im Zaubererinternat Hogwarts, das unverkennbare Züge englischer *public schools* trägt. Für Sciencefiction und Utopie ist es genrebestimmend, dass ihre Zukunftsentwürfe, so phantastisch sie auch sein mögen, an die technologischen und sozialen Gegebenheiten ihres Entstehungskontextes rückgebunden sind.

Andere literarische Texte weisen jedoch einen sehr viel engeren Rückbezug an bestimmte **historische und zeitgenössische Lebenswirklichkeiten** auf, wie z.B. Shakespeares Geschichtsdramen (die mittelalterliche englische Geschichte aus der Sicht der elisabethanischen Zeit darstellen) oder die historischen Romane Sir Walter Scotts aus dem früheren 19. Jahrhundert. Auf ihre eigene Gegenwart bezogen und bemüht, diese mit einem hohen Grad an Authentizität und Realitätseffekt darzustellen, sind viele Romane von Charles Dickens oder die *condition-of-England novels* Margaret Drabbles aus dem späteren 20. Jahrhundert. Aber auch Literatur, die sich explizit auf Bereiche der Erfahrungswirklichkeit bezieht, ist immer auch imaginiert und kreativ. Walter Scotts *The Heart of Midlothian* (1818) etwa nimmt ausdrücklich auf eine Phase der schottischen Geschichte im 18. Jahrhundert Bezug; die faktische Referenz des Romans auf Orte, Daten, Ereignisse und historische Personen lässt sich dokumentarisch belegen. Als Figuren der Romanwelt aber führen die historischen Personen erfundene Dialoge mit rein imaginierten Figuren.

Auch wenn sie sich auf außerliterarische Wirklichkeiten beziehen, weisen literarische Texte also ein besonderes Verhältnis zur Wirklichkeit auf, das mit dem Begriff der **Fiktionalität** (abgeleitet vom lateinischen *fingere*: bilden, erdichten) bezeichnet wird. (Die deutschen Adjektive **fiktional** und **fiktiv** unterscheiden sich in ihrer literaturwissenschaftlichen Verwendung in der Regel darin, dass ›fiktional‹ sich auf literarische Texte »im ganzen« bezieht, ›fiktiv‹ dagegen auf »Bestandteile von fiktionalen Texten«; vgl. Kahrmann u.a. 1996, 25). Literatur *entwirft* oder *erzeugt* Wirklichkeiten, die nicht der Notwendigkeit der Überprüfbarkeit unterliegen und die einen Raum des Als-Ob bilden, in dem z.B. Alternativen zur Erfahrungswirklichkeit erprobt werden können. Ein Bezug auf außerliterarische Wirklichkeiten und die spezielle Art dieses Bezugs kann für einige Arten von Literatur, wie historische und ›realistische‹ Romane, zwar besonders wichtig sein, aber auch hier wird durch **dichterische Freiheiten** (*poetic licence*) gegenüber der außerliterarischen Realität der Text nicht zur Lüge oder Fälschung. Vielmehr sind auch empirisch belegbare Fakten als Bestandteile des literarischen Textes Teil eines fiktionalen Wirklichkeitsentwurfs.

So genannte *nonfiction* scheint sich unmittelbar auf Erfahrungswirklichkeiten zu beziehen und hat oft auch einen auf bestimmte Adressaten gerichteten Zweck, wie Essay, Predigt, Reportage, (Auto-)Biographie, Geschichtsschreibung, Reisebericht usw. Aber auch solche Texte können unter Umständen ein fiktionales Element aufweisen und sind in jedem Fall Formen von *poiesis*, d.h. kreativer Textgestaltung. So hat z.B. der amerikanische Historiker Hayden White (1973) darauf hingewiesen, dass die Geschichtsschreibung historische Wirklichkeiten nicht einfach vorfindet, sondern sie im Rückgriff auf Fakten als eine bestimmte Erzählung von historischen Ereignissen entwirft; dennoch werden historiographische Texte als nichtfiktional rezipiert.

Einem Text an sich ist nicht immer anzusehen, ob er als fiktionaler oder nichtfiktionaler Text zu rezipieren ist. Als Orson Welles' Hörspiel *The War of the Worlds* 1938 erstmals ausgestrahlt wurde, gerieten in den USA viele Hörer in Panik, weil sie die Fiktionalität des Textes nicht erkannten und ihn für eine echte Radioreportage über eine Invasion vom Mars hielten. Ob man einen Text z.B. als Reise*roman* oder als Reise*bericht* liest, ob als Ich-Roman oder Autobiographie, ist abhängig von einem ›Vertrag‹ oder ›Pakt‹, den man als Leser mit dem Text aufgrund bestimmter Vorkenntnisse, aufgrund der allgemeinen Kenntnis über gängige Merkmale von Literatur und bestimmte Textmerkmale schließt.

1.2.5 Literatur als Verfremdung

Verschiedene Ansätze haben versucht, das Literaturhafte von Literatur als **Verfremdung** (*defamiliarisation*) und Entautomatisierung des Alltäglichen zu fassen. Wesentlich für diese Verfremdung ist dabei weniger das Kriterium der Fiktionalität als das der ästhetischen Sprachverwendung und Strukturierung von Literatur. Die besondere Qualität von Literatursprache besteht in ihrer **Devianz oder Abweichung** (*deviation*) von alltäglicher Sprachverwendung. So schreibt Viktor Šklovskij in seinem vielzitierten Aufsatz »Art as Technique« (1917, 20): »The technique of art is to make objects ›unfamiliar‹, to make forms difficult, to increase the difficulty and length of perception because the process of perception is an aesthetic end in itself and must be prolonged.« Ähnlich besteht für Roman Jakobson (1960) das Literaturhafte der Literatur in einem Akzent auf der ›**poetischen**‹ Funktion (*poetic function*) der Sprache, d.h. jener Funktion, die sich auf die sprachliche Gestalt einer Botschaft richtet und nicht auf ihren Kontext-, Autor- oder Adressatenbezug (s. Kap. I., S. 12f.).

Literarische Texte können sich in ihrer Sprachgebung tatsächlich sehr deutlich von alltäglichen Formen der Sprachverwendung ihrer Zeit und Gesellschaft abheben. Unmittelbar deutlich ist dies bei Texten, die in Verssprache (s. 4.3.2) abgefasst sind, also einer Sprache mit einer überformten rhythmischen Struktur, die in der Alltagskommunikation normalerweise nicht eingesetzt wird. Insbesondere die Figurenrede im modernen Drama wirkt durch Verse ›künstlich‹; wenn in Caryl

Churchills *Serious Money* (1987) sogar heutige Londoner Börsenmakler in Reimen sprechen, ist für jeden Leser oder Zuschauer eine Abweichung von üblicher Sprachverwendung offensichtlich.

Allerdings ist das **Kriterium der sprachlichen Abweichung** kaum hinlänglich, um literarische Texte als Literatur zu identifizieren und zu definieren – allein deshalb, weil man Devianz allenfalls in ihren extremen Erscheinungen klar erkennen und benennen kann. Da die situativen, dialektalen und sozialen Varietäten der Alltagssprache äußerst vielfältig sind (s. Kap. I.8), ist es schwierig, Standards zu bestimmen, die als verlässlicher Ausgangspunkt für die Feststellung von ›Abweichungen‹ dienen könnten. »One person's norm may be another's deviation«, betont auch Terry Eagleton. »Even the most ›prosaic‹ text of the fifteenth century may sound ›poetic‹ to us today because of its archaism« (Eagleton 1996, 4). William Wordsworth wies in seinem »Preface to *Lyrical Ballads*« (1800), einem programmatischen Text der englischen Romantik, die hoch stilisierte *poetic diction* von Dichtern des 18. Jahrhunderts als künstlich zurück. Stattdessen propagierte er als Sprache der Dichtung »a language really used by men«. Betrachtet man aber Wordsworths eigene Gedichte, wie »Composed upon Westminster Bridge« (entstanden 1802), erscheint auch deren Sprache in vielen Merkmalen (Umstellungen im Satzbau oder veraltete grammatische Formen wie *doth* statt *does*) als ›abweichend‹: »Earth has not any thing to show more fair: / Dull would he be of soul who could pass by / A sight so touching in its majesty: / This City now doth, like a garment, wear / The beauty of the morning [...].«

Weiterhin ist zu bedenken, dass in der **Verwendung von Sprachvarietäten**, die auf den ersten Blick wenig ›künstlerisch‹ wirken, ein wesentlicher Aussage- und Wirkungsaspekt literarischer Texte bestehen kann. Der 1995 hingerichtete nigerianische Schriftsteller Ken Saro-Wiwa hat seinen Roman über den Bürgerkrieg in seiner Heimat, *Sozaboy* (1985), in einem Englisch verfasst, das bereits der Untertitel als ›schlecht‹ bezeichnet: *A Novel in Rotten English*. In einer »Author's Note« beschreibt Saro-Wiwa dieses Englisch und die damit verfolgte Wirkungsabsicht:

> Sozaboy's language is what I call ›rotten English‹, a mixture of Nigerian pidgin English, broken English and occasional flashes of good, even idiomatic English. This language is disordered and disorderly. Born of a mediocre education and severely limited opportunities, it borrows words, patterns and images freely from the mother-tongue and finds expression in a very limited English vocabulary. To its speakers, it has the advantage of having no rules and no syntax. It thrives on lawlessness, and is part of the dislocated and discordant society in which Sozaboy must live, move and have not his being.

Auch viele Romane und Dramen setzen, z.B. zu sozialrealistischen Zwecken, in der wörtlichen Rede ihrer Figuren regionale und soziale Sprachvarietäten ein und nutzen sprachliche Vielfalt und Kontraste bewusst aus. Ein bekanntes Beispiel ist George Bernard Shaws Drama *Pygmalion* (1914), in dem das Cockney sprechende Blumenmädchen Eliza durch den Phonetik-Professor Higgins dialektal so umerzogen wird, dass sie danach der Sprache ihrer gesellschaftlichen Klasse völlig entfremdet ist: »I have forgotten my own language, and can speak nothing but yours.« Allein angesichts der wenigen genannten Beispiele sollte deutlich sein, dass man von einer genau bestimmbaren ›literarischen‹ Sprache nicht ausgehen kann.

Zwar kann man, so haben die betrachteten Kriterien gezeigt, Literatur nicht definitiv bestimmen, aber Tendenzen für den Literaturbegriff des heute geltenden Literatursystems lassen sich trotzdem festhalten: Literarische Texte werden gelesen als Texte, deren besondere sprachliche und strukturelle Gestaltung und fiktionaler Status mit Wirkungsabsichten assoziiert sind, die nicht in eindeutigen pragmatischen Funktionen aufgehen. Literarische Texte sind typischerweise polyfunktional, bedeutungsoffen und mehrdeutig.

1.3 Was ist ›englische‹ Literatur?

Das sprachwissenschaftliche Kapitel hat verdeutlicht, in welcher Vielfalt sich die englische Sprache weltweit realisiert. Die Frage ›Was ist Englisch?‹ hat ihr literaturwissenschaftliches Pendant in der Frage, wie man historisch und gegenwärtig ›englische‹ Literatur bestimmen kann.

Englische Literatur ist, in einem weiten Verständnis, zunächst als Literatur in englischer Sprache zu definieren, also Literatur, wie sie heute in Großbritannien und Irland, den USA, Kanada, Australien etc. verfasst wird und zuerst in der Sprachstufe des Altenglischen verfasst wurde. Diese Feststellung mag selbstverständlicher scheinen, als sie ist, denn ein beträchtlicher Teil der im Mittelalter in England entstandenen Literatur wurde noch in lateinischer Sprache und, nach dem *Norman Conquest* (1066), in französischer Sprache verfasst. In Irland, Schottland und Wales, dem so genannten *Celtic Fringe* (s. Kap. I., S. 33), entstand und entsteht Literatur nicht nur in Englisch, sondern auch in den noch erhaltenen keltischen Sprachen (Gälisch und Walisisch). Auch wenn man solche fremdsprachlichen Literaturproduktionen im englischsprachigen Raum außer Acht lässt, erweist sich eine Bestimmung von ›englischer‹ Literatur noch als ein weites Feld.

Der viktorianische Dichter und Kulturkritiker Matthew Arnold ging vor etwa hundert Jahren noch von der Vorstellung *einer* englischen Literatur aus. In seinem Essay über »General Grant« bezeichnete er die Vorstellung einer separaten amerikanischen, kanadischen, australischen oder schottischen Literatur als absurd:

> I see advertised *The Primer of American Literature*. [...] Are we to have a Primer of Canadian Literature too, and a Primer of Australian? We are all contributories to one great literature – English Literature. The contribution of Scotland to this literature is far more serious and important than that of America has yet had time to be; yet a ›Primer of Scotch Literature‹ would be an absurdity. (Arnold 1978, 177)

Vertrat Arnold das Konzept einer relativ homogenen englischen Literatur, gab es jedoch auch schon zu seiner Zeit (und teils noch früher) die Vorstellung, dass sich die Literaturen in englischer Sprache voneinander unterscheiden. Trotz politischer Vorherrschaft oder Kolonisierung durch England bzw. Britannien konnten der *Celtic Fringe* und die britischen Überseekolonien nämlich auch in englischer Sprache das Bewusstsein kultureller Eigenständigkeit bewahren oder entwickeln.

1.3.1 ›Englische‹ Literatur im *Celtic Fringe*

Kulturelle Abhängigkeiten sind innerhalb der Britischen Inseln nicht nur aufgrund der geographischen Nähe besonders intensiv. Eine Kolonisierung Irlands durch die Engländer setzte bereits im späten Mittelalter ein; erst im 20. Jahrhundert wurde die heutige Republik Irland (ohne Nordirland) von Großbritannien wieder unabhängig; Wales und Schottland wurden schon 1536 bzw. 1603/1707 mit England vereinigt und sind trotz immer wieder aufflammender Forderungen nach kultureller und teils auch politischer Unabhängigkeit (*Devolution*) weiterhin ein Teil Großbritanniens. Die Frage nach kultureller Eigenständigkeit innerhalb der Literaturen der Britischen Inseln ist daher komplex.

Zu den ›Klassikern‹ der ›englischen‹ Literatur zählen etwa die gebürtigen Iren Jonathan Swift, William Congreve, Oliver Goldsmith, Oscar Wilde, George Bernard Shaw, Samuel Beckett oder James Joyce, die Schotten Robert Burns, Walter Scott oder Robert Louis Stevenson und die Waliser R.S. Thomas oder Dylan Thomas. Viele Texte irischer, schottischer und walisischer Autoren, etwa die meisten Dramen Shaws oder viele Gedichte von Dylan Thomas, sind für die Herkunftsgebiete ihrer Verfasser auf den ersten Blick kaum distinktiv. Bei anderen Autoren dagegen weisen Inhalte und/oder Sprachvarietät ihrer Werke deutlich auf einen nicht-englischen Hintergrund hin. Die Kurzgeschichten in Joyces *Dubliners* (1914) sind, wie bereits der Titel besagt, in seiner Heimatstadt angesiedelt und widmen sich Themen mit besonderer Relevanz für Irland, wie dem Streben nach politischer Unabhängigkeit oder der Emigration nach Amerika. Im späten 18. Jahrhundert verfasste Robert Burns seine Gedichte vorwiegend im schottischen Dialekt des Englischen, dem *Scots*, das bis zur *Union of the Crowns* (1603) eine große Tradition als Literatursprache hatte. Einige Jahrzehnte später widmete sich Walter Scott in vielen seiner Romane speziell der schottischen Geschichte.

In **Irland und Schottland** gab es markante kulturnationalistische Phasen. Während der so genannten *Irish Renaissance* an der Wende vom 19. zum 20. Jahrhundert wurde bewusst die gälische Sprache wieder belebt, aber auch in englischer Sprache irisches Kulturerbe und irisches Nationalbewusstsein ausgedrückt, wie in Gedichten und Dramen des Nobelpreisträgers William Butler Yeats. Nach dem Ersten Weltkrieg kam es auch zu einer *Scottish Renaissance*. Eine Zentralfigur dieser Bewegung war der Dichter Charles Murray Grieve, der sogar seinen Namen zum stärker keltisch klingenden Hugh MacDiarmid änderte. Seine Gedichte, wie »A Drunk Man Looks at the Thistle« (1936), verfasste er in einem eigens synthetisierten, literarischen *Scots* und griff in ihnen ausdrücklich die Frage einer eigenen schottischen Identität auf; die Distel z.B. ist ein schottisches Nationalemblem. Auch gegenwärtig vertreten gerade schottische Autoren, wie die Romanautoren Alasdair Gray und James Kelman, sehr selbstbewusst den Anspruch einer kulturellen Eigen-Art ihres Herkunftsgebietes.

Bei allem Anspruch auf kulturelle Diversität sind die Literaturräume der Britischen Inseln aber allein aus historischen Gründen (sowie aus Gründen des Buchmarktes) eng miteinander verflochten. So sieht etwa der englischsprachige Nobelpreisträger des Jahres 1995, der Ire Seamus Heaney, das **Problem regionaler bzw. nationaler Kulturidentität** differenziert und beansprucht für sich, eine Vielzahl von Literaturtraditionen ›beerben‹ zu dürfen. Auch er protestierte allerdings in einem

»Open Letter« in Gedichtform, als er wegen seiner *nord*irischen Abstammung – er lebt heute in der Republik Irland – in einer Sammlung zur *britischen* Lyrik, dem *Penguin Book of Contemporary British Poetry*, abgedruckt wurde: »British, no, the name's not right.«

1.3.2 Die ›Neuen‹ Englischsprachigen Literaturen

Ähnlich wie im *Celtic Fringe* stellt sich die Frage kultureller Zugehörigkeit und literarischer Eigenständigkeit für Schriftsteller in den ehemaligen britischen Überseekolonien. Die englischsprachigen Literaturen dieser Gebiete (außer den USA) werden heute meist unter den Begriffen Neue Englischsprachige Literaturen (*New English Literatures*), oder Postkoloniale Literaturen (*Postcolonial Literatures*) zusammengefasst.

Der eigenständige Charakter **US-amerikanischer Literatur** steht schon lange nicht mehr zur Diskussion, wie allein zahlreiche separate Literaturgeschichten belegen. Konnten sich die Vereinigten Staaten bereits früh vom Einfluss ihres ehemaligen Mutterlandes befreien, blieben andere Bereiche des *British Empire* bzw. später des *Commonwealth* wesentlich länger, teilweise bis weit in das 20. Jahrhundert, mit dem Kultursystem Britanniens eng verflochten. In **Kanada und Australien** suchte man bereits im 19. Jahrhundert nach unterscheidenden Qualitäten der lokalen Literatur – und fand sie, wie in den Vereinigten Staaten, in den Themen der ›eigenen‹ Geschichte, der außereuropäischen Landschaften und der Ureinwohner der jeweiligen Welten. Im Wesentlichen konnte aber erst seit dem Zweiten Weltkrieg, der den endgültigen politischen Niedergang des britischen Weltreichs mit sich brachte, auch die kulturelle **Entkolonisierung** (*decolonisation*) vollzogen werden – dann allerdings mit ständig wachsender internationaler Resonanz.

Salman Rushdie prägte 1982, in einem Artikel in der *Times*, für den durchschlagenden Erfolg der **Neuen Englischsprachigen Literaturen** einen viel zitierten Slogan: »The Empire Writes Back with a Vengeance«. Unter den Trägern renommierter Literaturpreise findet man in den letzten Jahren Autoren wie den in Bombay geborenen Rushdie selbst, Arundhati Roy (Indien), J.M. Coetzee (Südafrika), Keri Hulme (Neuseeland), Peter Carey (Australien), Ben Okri (Nigeria) oder Michael Ondaatje und Margaret Atwood (Kanada) für den *Booker Prize* sowie Patrick White (Australien), Nadine Gordimer (Südafrika), Wole Soyinka (Nigeria), Derek Walcott (Karibik), V.S. Naipaul (Karibik und England) und wiederum Coetzee für den Nobelpreis.

Man darf die *New English Literatures* allerdings nicht als eine homogene Literatur ansehen. Sie alle haben aufgrund verschiedener kolonialgeschichtlicher Hintergründe und indigener Kulturen spezifische kulturelle und sprachliche Voraussetzungen. In den so genannten ehemaligen Siedlerkolonien Kanada, Australien und Neuseeland wurden die Kulturen der Ureinwohner weitgehend verdrängt. Heute sind diese Länder multiethnische Einwandererkulturen, in denen man sich, wie in den USA, auch über eine multikulturelle Identität definiert. Der indische Subkontinent hatte vor der britischen Kolonisierung bereits eine Jahrtausende alte Schriftliteratur in einheimischen Sprachen, die in der Kolonial- und Postkolonialzeit parallel zur englischsprachigen Literatur weitergeführt wurde. Die Situation schwarzafrikanischer Literaturen kennzeichnet unter anderem die große Bedeutung mündlicher Traditionen sowie die Diskussion um die Annahme bzw. Zurückweisung europäischer literarischer Konventionen und Sprachen.

In Großbritannien selbst hat sich in den letzten Jahren eine **Black and Asian British Literature** herausgebildet, bedingt durch die Zuwanderung von Autoren aus ehemaligen Kolonien (Karibik, indischer Subkontinent, Afrika). Seit den 1990er Jahren definiert sich auch Großbritannien in seiner Politik und Kulturpolitik explizit als multiethnische Gesellschaft, was für die Literatur und andere Kulturprodukte der *Blacks* und *Asians* (Film, Fernsehen, bildende Kunst) positive Voraussetzungen geschaffen hat. Die in der Einleitung zitierte Merle Collins ist eine Wanderin zwischen der Karibik und Großbritannien, wie auch der Roman- und Reiseschriftsteller V.S. Naipaul oder der Dramatiker und Romanautor Caryl Phillips. Der heute prominenteste literarische Einwanderer nach Britannien dürfte Salman Rushdie sein, der in vielen seiner Texte das Phänomen der Migration explizit behandelt, in den *Satanic Verses* (1988) ebenso wie in der für den Einstieg in sein Werk besonders geeigneten Kurzgeschichtensammlung *East, West* (1994).

Der unter anderem als Drehbuchautor bekannt gewordene Hanif Kureishi (*My Beautiful Laundrette*) ist der in London geborene Sohn eines pakistanischen Einwanderers und einer Engländerin. Er thematisiert die besondere interkulturelle Situation der in Britannien geborenen Kinder von Migranten (der so genannten ›Zweiten‹ Generation) in seinem Roman *The Buddha of Suburbia* (1990), der mit den folgenden Sätzen beginnt: »My name is Karim Amir, and I am an Englishman born and bred, almost. I am often considered to be a funny kind of Englishman, a new breed as it were, having emerged from two old histories.«

Auch Schriftstellerinnen der zweiten und zum Teil schon dritten Generation konnten in den vergangenen Jahren große Erfolge bei einem breiten Publikum in Britannien (und international) erzielen, wie Meera Syal mit ihrem Roman *Anita and Me* (1996) oder Zadie Smith mit ihrem Roman *White Teeth* (2000). Im ehemaligen Zentrum des *British Empire* entsteht heute also eine **ethnisch vielfältige Literatur** (vgl. Lee 1995), wie sie sich in den traditionellen Einwandererländern der englischsprachigen Welt, vor allem den USA, Kanada und Australien, noch markanter entwickelt hat.

Auch wenn es angesichts dieser Entwicklungen angemessen ist, dass Anglisten sich der ethnischen Elemente in englischsprachiger Literatur bewusst werden, dürfen Autoren nicht auf Belange ihrer Ethnie oder Nationalkultur reduziert werden. Salman Rushdie hat sich in seinem Essay »›Commonwealth Literature‹ Does Not Exist« ausdrücklich dagegen verwahrt, als Autor eines bestimmten Kontextes vereinnahmt zu werden (Rushdie 1991). Derek Walcott verarbeitet keineswegs nur karibische Materialien, sondern greift in seinem erzählenden Gedicht *Omeros* (1990) auch auf die klassische griechische Antike zurück. Der Australier Thomas Keneally widmet sich in *The Playmaker* (1987) zwar einer Episode der australischen Vergangenheit als Strafkolonie, aber sein international bekanntestes und erfolgreich verfilmtes Werk ist *Schindler's Ark* (1982), ein Roman über die europäische Geschichte des Holocaust.

Die Vielfalt, die sich dank regionaler, nationaler und ethnischer Differenzen in englischsprachiger Literatur manifestiert, macht einen besonderen Reiz dieser

Literatur aus. Dabei müssen die Varianten englischsprachiger Literatur aber auch in ihren wechselseitigen Bezügen sowie **weltweiten Vernetzungen** gesehen werden (vgl. B. Korte 1994). In einer zunehmend globalisierten Welt am Ende des 20. Jahrhunderts sind diese Beziehungen besonders intensiv, so dass heute immer öfter von einer neuen ›internationalen‹ Literatur in englischer Sprache die Rede ist (vgl. King 1991). Eine Einarbeitung in die Vielfalt, aber auch die zahlreichen Wechselbeziehungen der englischsprachigen Literaturen sollte ein Bestandteil jedes zeitgemäßen Anglistikstudiums sein.

1.4 Was sollen Anglisten lesen?

Angesichts der Vielfalt der Literaturen in englischer Sprache türmt sich vor Lesewilligen ein Bücherberg auf, oder, um es positiver zu formulieren, ein großer Reichtum an lesenswerten Texten. In Lehrveranstaltungen kann hiervon nur ein kleiner Teil vorgestellt werden. Die meisten Prüfungsordnungen sehen aber vor, dass im Studium eine breite Kenntnis der englischsprachigen Literaturen erworben wird, die man sich in selbständiger, studienbegleitender Lektüre erlesen muss – und zwar möglichst so, dass Texte aller Zeit- und Kulturräume sowie der verschiedenen Gattungen berücksichtigt werden. Als Hilfestellung geben viele Institute Lektüreempfehlungen heraus; auch Anthologien und Literaturgeschichten bieten Hinweise für wichtige Texte.

1.4.1 Das Kanon-Problem

Im Zusammenhang mit dem Lektürepensum des Studiums ist auf den **Begriff des ›Kanons‹** (*canon*; vom griechischen Wort für ›Maßstab‹) einzugehen. In Bezug auf Literatur versteht man hierunter ein Verzeichnis der Texte, die für eine Kultur als die ›prägenden‹, ›normsetzenden‹, ›klassischen‹ oder ›besten‹ angesehen werden oder die zum verbreiteten ›Bildungsgut‹ einer Kultur gehören. In den letzten Jahrzehnten ist die Vorstellung eines Literaturkanons wegen seines oft ausgrenzenden Charakters kritisiert worden, hat an der Wende zum 21. Jahrhundert, im Kontext einer intensivierten Diskussion um Bildung und Wissenskulturen, aber wieder neue Aufmerksamkeit erfahren. Verfechter eines Kanons vertreten heute in der Regel die Auffassung, dass dieser für neue Entwicklungen offen und revidierbar sein muss.

Kritik und Anregung für eine **Kanonrevision** ist aus verschiedenen Richtungen erfolgt. Die feministische Literaturwissenschaft konnte nachweisen, dass im ›klassischen‹ Kanon der meisten Literaturen das **literarische Schaffen von Frauen** keine angemessene Berücksichtigung gefunden hat. 1929 veröffentlichte Virginia Woolf einen Essay, »A Room of One's Own«, mit dem sie der übersehenen und unterdrückten Literatur von Schriftstellerinnen den Weg ebnen wollte. Trotz solcher Vorkämpferinnen war das allgemeine Bild der englischsprachigen Literaturen, mit einigen Ausnahmen wie Jane Austen, den Brontë-Schwestern, George Eliot, Emily Dickinson oder Harriet Beecher-Stowe bis zu den 1970er Jahren weitgehend durch männliche Autoren bestimmt. Seit auch in der Literaturwissenschaft feministisches

Denken Fuß fassen konnte, hat sich dieses Bild deutlich gewandelt. Beachtung finden heute nicht nur die vielen Schriftstellerinnen, die gegenwärtig die Literaturen in englischer Sprache mitprägen, wie A.S. Byatt, Margaret Drabble, Doris Lessing, Nadine Gordimer, Margaret Atwood, Maxine Hong Kingston oder Toni Morrison, um nur einige zu nennen.

Eine umfassende literarische ›Archäologie‹ hat dazu geführt, dass auch **vergessene Autorinnen früherer Epochen** wie die Dramatikerin Aphra Behn (1640-89) wieder entdeckt und vor allem wieder veröffentlicht wurden. Im englischsprachigen Raum wurde und wird Kritik an einem auf weiße britische und US-amerikanische Autoren aufgebauten Kanon zudem von den Vertretern der *New English Literatures* sowie der Literaturen so genannter ethnischer Minderheiten geübt. Für letztere kam der afroamerikanischen Literatur der Vereinigten Staaten eine wichtige Vorreiterrolle zu.

Zur Kanonrevision hat des Weiteren beigetragen, dass heute im Sinn eines **weiten Literaturbegriffs** (s. 1.2.1) solche Teilbereiche der englischen Literatur stärkere Beachtung finden, die – wie Sciencefiction, Kriminal- oder Kinderliteratur – früher als *minor genres* oder als ästhetisch weniger anspruchsvolle Textarten der *popular culture* weitgehend ignoriert wurden.

Allerdings darf man bei aller Offenheit und allem Pluralismus das Argument nicht außer Acht lassen, dass es literarische Texte gibt, die sich in der Geschichte einer Literatur und Kultur aus verschiedenen Gründen als besonders einflussreich erwiesen haben und deshalb für das Studium der betreffenden Literatur tatsächlich unerlässlich scheinen. Shakespeare ist ein kanonischer Autor *par excellence*, der in der Schule gelesen wird und aus den Spielplänen der internationalen und vor allem natürlich der britischen Theater nicht wegzudenken ist. Seine Stücke werden für ein Massenpublikum verfilmt (s. Kenneth Branaghs *Henry V* oder Baz Luhrmanns *Romeo and Juliet*) und auch sonst in popularisierter Form verbreitet, wie in einer erfolgreichen Zeichentrickserie der BBC (*Shakespeare: The Animated Tales*). Jedes Nachschlagewerk ›geflügelter Worte‹ enthält seitenweise Shakespeare-Zitate. Ende 1995 veröffentlichte der britische Thronfolger eine persönliche Auswahl aus Shakespeares Werken, *The Prince's Choice*; der Band enthält Texte, die laut Prince Charles nicht nur für ihn selbst, sondern für jedermann eine besondere Bedeutung haben (s. auch Kap. III.3.3 zur Bedeutung Shakespeares im nationalen Kontext Englands bzw. Großbritanniens). Das kulturelle Gewicht Shakespeares und anderer Autoren und Werke der englischen Literatur erweist sich nicht zuletzt darin, in welchem Maß andere literarische Texte zu ihnen in intertextuellen Bezug treten.

1.4.2 Intertextualität als Lektüre-Argument

Der Begriff **Intertextualität** (*intertextuality*) bezeichnet grundsätzlich jede Beziehung, die ein Text zu anderen Texten eingeht. Besonders interessant in literaturwissenschaftlicher Hinsicht sind dabei die vielfältigen Bezüge, die ein literarischer Text zu anderen literarischen Texten eingehen kann (vgl. Broich/Pfister 1985 sowie zu Intertextualität als Interkulturalität Kap. III., S. 178). So bearbeiten manche Texte einen gemeinsamen **Stoff** (*subject matter*), d.h. tradierte Erzählungen wie die um

König Artus und die Ritter seiner Tafelrunde. Andere Texte haben **Motive** (*motifs*) gemeinsam, d.h. überkommene Elemente von Handlungen oder Situationen, wie das Motiv der ›verfeindeten Brüder‹, das unter anderem Shakespeare in *King Lear* (entstanden ca. 1604/5) aufgreift. Andere Formen der literarischen Intertextualität sind Zitat und Anspielung, aber auch ganztextliche Bezüge, z.B. wenn ein Autor einen ›Klassiker‹ aus neuer Perspektive umschreibt. Stoffe und Motive lassen sich in speziellen Lexika nachschlagen (s. Kap. VI.2.1.1). Die meisten anderen Formen der Intertextualität erschließen sich jedoch nur Lesern, die intertextuelle Bezüge bei der Lektüre erkennen. Eine möglichst umfassende Belesenheit in (englischsprachiger) Literatur, insbesondere auch die Kenntnis älterer Werke, ist eine wichtige Voraussetzung, um intertextuelle Bezüge erkennen und damit das Bedeutungsangebot eines Textes ausschöpfen zu können.

Das Werk T.S. Eliots, eines wichtigen Dichters der Moderne, ist berüchtigt dafür, dass man in ihm zahlreiche Anspielungen auf und Zitate aus anderen Texten findet, denen man teils nur mit Hilfe umfangreicher Erläuterungen auf die Spur kommt. Wer aber den Anfang von Chaucers *Canterbury Tales* kennt, wird zumindest mit der Intertextualität zu Beginn von Eliots »The Waste Land« (1922) keine Probleme haben: »April is the cruelest month, breeding / Lilacs out of the dead land, mixing / Memory and desire, stirring / Dull roots with spring rain«. Diese Zeilen Eliots verweisen auf den Anfang von Chaucers »General Prologue«: »Whan that April with his showres soote / The droughte of March hath perced to the roote, / And bathed every veine in swich licour, / Of which vertu engendred is the flowr«. Gerade im Kontrast zu der Freude über die neue Fruchtbarkeit des Frühlings, die im späten Mittelalter bei Chaucer zum Ausdruck kommt, gewinnt die Aussage bei Eliot an Prägnanz, denn in der Dürre seines ›wüsten Landes‹ der modernen Welt ist der April, den Chaucer feiert, ein ›grausamer‹ Monat, weil er Erinnerungen an und Sehnsüchte nach einer besseren Welt weckt.

Es dürfte nicht überraschen, dass bei intertextuellen Bezügen innerhalb der englischsprachigen Literaturen **Shakespeare** eine besondere Rolle zukommt. Viele Dramatiker und Schriftsteller haben sich kreativ mit Shakespeare auseinander gesetzt, indem sie z.B. Figuren aus seinen Dramen zum Mittelpunkt eigener Stücke machen, wie Tom Stoppard in *Rosencrantz and Guildenstern are Dead* (1966) oder Edward Bond in *Lear* (1971). Provoziert und inspiriert hat Shakespeare als Zentrum eines traditionellen Kanons englischer Literatur zudem viele Vertreter der Neuen Englischsprachigen Literaturen. Dabei fühlen sich die Autoren aus ehemaligen britischen Kolonien besonders durch ein bestimmtes Stück Shakespeares herausgefordert, nämlich *The Tempest* (entstanden 1610/11). Dieses Stück, in dem der Magier Prospero auf einer Insel den ›Wilden‹ Caliban beherrscht, ist als Parabel für den britischen Kolonialismus aufgefasst worden und hat verschiedene *revisionist writings* aus einer postkolonialen Sehweise provoziert, z.B. in Romanen des Kanadiers Robertson Davies (*Tempest-Tost*, 1951) und des aus der Karibik stammenden George Lamming (*Water with Berries*, 1971).

2. Literatur-Geschichten: Probleme der Periodisierung von (englischer) Literatur

Dass Literatur eine Geschichte hat, bedarf keines Kommentars. Weniger bewusst ist Studienanfängern normalerweise jedoch, dass auch die Literaturgeschichtsschreibung ein historisches Phänomen ist: Literaturgeschichten beschreiben die Entwicklung einer Literatur immer aus den Voraussetzungen ihrer eigenen Zeit heraus. Gerade wegen dieser Historizität war die Literaturgeschichtsschreibung in den letzten Jahrzehnten einer kritischen Diskussion ausgesetzt – bis hin zur Frage, ob sie überhaupt noch möglich und sinnvoll ist.

Neuere Darstellungen zur **Literaturgeschichtsschreibung** betonen, dass diese wie jede Historiographie in gewisser Weise kreativ ist: Sie konstruiert, aus einer bestimmten Perspektive, aus Fakten und Daten eine ›Geschichte‹, die in Episoden mit unterschiedlichen Strukturzusammenhängen eingeteilt ist, unterschiedliche Akzente setzt und die man – in gewissen Grenzen – auch anders erzählen könnte. In welchem Maß z.B. weibliche Autoren oder Vertreter von Minderheitenliteraturen berücksichtigt sind, ist ein Aspekt, in dem sich Literaturgeschichten neueren Datums deutlich von älteren Literaturgeschichten unterscheiden. Vergleicht man Geschichten der Literatur Britanniens mit Literaturgeschichten der USA oder Kanadas, fällt auf, dass für die Darstellung zum Teil ganz andere Kriterien herangezogen werden. So werden für die Literaturen Nordamerikas in der Regel die europäische Besiedlung oder die Phase der Konstituierung einer eigenen Nationalidentität als Epochen bildende Merkmale angesehen.

Aber auch für ein und dieselbe Literatur unterscheiden sich Literaturgeschichten erheblich in der Art, wie sie Grenzen zwischen einzelnen Zeiträumen – den **Perioden oder Epochen** (*periods*) – setzen oder in dem Maß, in dem Literatur als Teil gesamtkultureller und soziopolitischer Zusammenhänge präsentiert wird. Die jeweilige Perspektive einer literaturhistorischen Darstellung wird keinesfalls immer so deutlich herausgestellt wie im Vorwort der von Hans Ulrich Seeber herausgegebenen *Englischen Literaturgeschichte*:

> Ein Leitmotiv des Zusammenhangs, den die vorliegende Darstellung erzählend und argumentierend zu stiften versucht, ist [...] die Modernisierungstheorie. Es wird also zum Beispiel danach gefragt, was es für die englische Literatur bedeutet, daß sie vor allem seit der Renaissance im Zeichen rascher Modernisierungsschübe – Rationalisierung, Säkularisierung, Nationalstaatsbildung, industrielle Revolution, Demokratisierung, funktionale Ausdifferenzierung von Gesellschaft und Kultur, Individualisierung – steht. Dabei erlaubt der Bezug auf den Begriff der Modernisierung eine Auflockerung der starren Gegenüberstellung Sozialgeschichte vs. Geistesgeschichte. [...] Der Zwang zur Beschränkung und die Erfahrung, daß viele frühe englische Texte nicht in gleicher Weise in einem lebendigen, auf die Gegenwart bezogenen Traditionszusammenhang stehen wie etwa die Werke von Shakespeare oder Morus, führte dazu, den Anteil der Literatur vor 1500 drastisch zu kürzen. (Seeber 1999, ixf.)

Im Folgenden sind zur Verdeutlichung **unterschiedlicher Periodisierungen** die Grobeinteilungen von drei Geschichten der englischen Literatur einander gegenübergestellt. Es handelt sich um eine ältere und eine neuere deutsche Publikation sowie eine neuere britische Veröffentlichung:

Die altenglische Zeit
Die mittelenglische Zeit
Die Zeit der Renaissance
Die Zeit des Barocks
Der Klassizismus
Die Romantik
Das neunzehnte Jahrhundert
Das zwanzigste Jahrhundert   (Schirmer/Esch 1977)

Altenglische Literatur
Mittelenglische Literatur
Die Frühe Neuzeit: Von Morus bis Milton
Von der Restauration zur Vorromantik
Romantik und viktorianische Zeit
Vormoderne und Moderne
Die Zeit nach 1945
Die neuen englischsprachigen Literaturen   (Seeber 1999)

Old English Literature
Medieval Literature 1066–1510
Renaissance and Reformation: Literature 1510–1620
Revolution and Restoration: Literature 1620–1690
Eighteenth-Century Literature 1690–1780
The Literature of the Romantic Period 1780–1830
High Victorian Literature 1830–1880
Late Victorian and Edwardian Literature 1880–1920
Modernism and its Alternatives: Literature 1920–1945
Post-War and Post-Modern Literature   (Sanders 2000)

Bei einem Vergleich dieser drei Literaturgeschichten ist unmittelbar deutlich, dass einige der **Epochengrenzen** recht unterschiedlich gezogen werden; die Epochen werden zudem mit Bezeichnungen verschiedenster Herkunft benannt: nach Jahrhunderten, nach Stufen der englischen Sprachgeschichte (alt- und mittelenglisch), mit Begriffen aus der Kunstgeschichte (Barock), mit geistes- und ideengeschichtlichen Begriffen (Romantik), nach Königsdynastien (viktorianische Zeit) oder, im englischen Sprachraum besonders häufig, mit politischen Begriffen (Revolution und Restauration). Da dynastische bzw. politische und Literaturgeschichte nicht streng parallel verlaufen, werden solche Begriffe unter Umständen jedoch recht frei verwendet.

Kritisiert worden sind für die Literatur Britanniens vor allem **Epochenbegriffe**, die nach kontinentaleuropäischem Muster aus der Kunstgeschichte entlehnt wurden;

die Entwicklung der Künste in den Britischen Inseln verlief mit der Entwicklung auf dem Kontinent nämlich nicht immer synchron. Die Renaissance in England z.B. hat mit Verspätung erst um 1600 ihren Höhepunkt erlebt; ein Baustil des Barock, der kontinentaleuropäischen Erscheinungen entsprechen würde, hat sich in England nicht manifestiert, so dass seine Übertragung auf die englische Literatur problematisch erscheint (Gelfert 1997, 99 spricht allerdings von »Anglo-Barock«). Dass man Epochenbegriffe nach den besonderen Entwicklungen einer Kultur ausrichten muss, ist auch daraus ersichtlich, dass die englische Literatur zwar einen ›(Neo-)Klassizismus‹ kennt, aber keine ›Klassik‹, die der der deutschen Literatur entsprechen würde.

Epochenbegriffe sind **als grobes literaturgeschichtliches Gerüst** zwar leicht zu merken, sie suggerieren als globale Begriffe aber auch Einheitlichkeit oder verschleiern Zusammenhänge. Betrachtet man eine Periode wie z.B. die ›Romantik‹ genauer, offenbart sich recht schnell, wie grob derartige Benennungen sind, so dass man sie nur als eine erste Orientierung verwenden sollte. Keine Periode ist nämlich nur durch *ein* Prinzip, *eine* Strömung charakterisiert. Als Markierung für Epochengrenzen dienen oft Erscheinungsdaten von Werken, die – meist erst im Nachhinein – als charakteristische Schlüsselwerke identifiziert werden. Ein solches Werk für die englische Romantik sind die *Lyrical Ballads*, ein gemeinsamer Gedichtband von William Wordsworth und Samuel Taylor Coleridge, der 1798 erstmals erschien und für dessen zweite Auflage (1800) Wordsworth sein später berühmt gewordenes »Preface« verfasste, in dem er ein neues dichterisches Programm von jenem des Neoklassizismus abhob. ›Romantische‹ Elemente, wie die Hinwendung zur Natur, lassen sich in der englischen Literatur jedoch schon wesentlich früher festmachen – eine Tatsache, der manche Literaturgeschichten mit der Annahme einer ›Vorromantik‹ oder ›Frühromantik‹ gerecht zu werden versuchen, die dann aber als Parallelepochen zum ›Neoklassizismus‹ angenommen werden müssen.

Epochenbegriffe sind auch nicht immer für alle Gattungen einer Zeit in gleicher Weise anwendbar. Man kann mit einigem Recht behaupten, dass zwischen dem Ende des 18. Jahrhunderts und etwa 1820 die romantische Strömung in England die Lyrikproduktion wesentlich bestimmte. Betrachtet man aber die Erzählprosa dieses Zeitraums, erweist sich, dass romantische Elemente hier nicht in gleicher Weise prägend waren. Zwar finden sie sich in den historischen Romanen von Walter Scott mit ihrem Interesse am Mittelalter, an Landschaft sowie an einer marginalisierten schottischen Bevölkerung und Kultur, nicht aber bei einer bedeutenden Romanautorin der Zeit, Jane Austen. Ihre Romane, wie *Sense and Sensibility* (1811) und *Pride and Prejudice* (1813), schildern die zeitgenössische englische Landgesellschaft und insbesondere die Entwicklung junger Frauen in dieser Gesellschaft; sie entziehen sich romantischen Schemata und setzen eine andere Traditionslinie aus dem 18. Jahrhundert fort, den Gesellschafts- und Sittenroman. So betont auch Sanders in seiner Literaturgeschichte, die Austen im Kapitel »Literature of the Romantic Period« behandelt, dass diese Autorin in hohem Maß einer unromantischen Tradition englischer Literatur verpflichtet ist:

> Jane Austen (1775–1817) was [...] an admirer of Johnson in prose, Crabbe in verse, and Cowper in both; she ›thoroughly enjoyed‹ Crabbe's work and would sometimes say ›in jest‹

that if ever she married at all ›she could fancy being Mrs Crabbe‹. Such conservative tastes in matrimony and literature should not be viewed as inconsistent either with Austen's own work or with the opinions of many of her original readers. (Sanders 2000, 369f.)

Allein die hier angerissenen Probleme machen deutlich, dass Literaturgeschichten kritisch gelesen und auf ihre jeweiligen Voraussetzungen überprüft werden müssen. Lesen sollte man sie in einem literaturwissenschaftlichen Anglistikstudium jedoch auf jeden Fall, denn die Kompetenz, Texte in ihren literaturgeschichtlichen Kontext einordnen und zu anderen Texten ihrer Zeit in Bezug setzen zu können, ist für das umfassende Textverständnis eine wesentliche Voraussetzung.

Gewarnt sei allerdings vor der Auffassung, man beherrsche mit dem Auswendiglernen eines chronologischen Abrisses und einiger Schlagworte zu Epochen bereits die ›englische Literaturgeschichte‹. Aus diesem Grund wird hier bewusst darauf verzichtet, einen Schnelldurchgang durch die Geschichte der englischsprachigen Literaturen zu unternehmen. Stattdessen sei auf die ausführliche und damit wesentlich sinnvollere Darstellung in empfehlenswerten Literaturgeschichten verwiesen (s. Kap. VI.2.2).

3. Literatur-Theorien

In allen Wissenschaften werden in Theorien Kategorien und Strukturen für die Erkundung und Beschreibung der jeweiligen Gegenstandsbereiche bereitgestellt. Literaturtheorien schaffen gewissermaßen die Perspektiven, unter denen man literarische Texte wissenschaftlich betrachtet. Sie fragen nach der Literaturhaftigkeit von Literatur und den Spezifika literarischer Kommunikation (s. 1.2.2); sie bestimmen, mit welchem besonderen **Ansatz** (*approach*) und mit welchen Methoden und begrifflichem Instrumentarium man sich literarischen Texten nähert.

Die Literaturtheorie ist ein anspruchsvolles und komplexes Gebiet. Eine Vertrautheit mit Theorien ist im Literaturstudium aber nicht nur für die eigene Arbeit wichtig; man benötigt eine theoretische Grundkompetenz auch, um die literaturwissenschaftliche Sekundärliteratur mit ihrem jeweiligen Blickwinkel einordnen zu können. Allerdings waren die letzten Jahrzehnte in der Literaturwissenschaft ausgesprochen theoriefreudig, so dass man sich einem auf den ersten Blick fast unüberschaubaren Dickicht der Ansätze und Begriffe gegenüber sieht. Eine Orientierungshilfe bieten: spezielle Überblicksdarstellungen wie T. Eagleton (1996), Selden/Widdowson/Brooker (1997), Zapf (1996), Bogdal (1997), Bertens (2001), Wolfreys (2001), Barry (2002) und Schneider (2004); der letzte Band richtet sich ausdrücklich auch an (deutsche) Studienanfänger der Anglistik; Sammlungen wichtiger theoretischer Texte wie Lodge (1972; 2000), Selden (1988) und Rivkin/Ryan (2004); Nachschlagewerke wie Hawthorn (2000), Lentricchia/McLaughlin (1995), Nünning (2004) sowie andere in Kap. VI.2.1.2 verzeichnete Bände.

Literaturtheoretische Überlegungen sind im westlichen Kulturkreis seit der Antike überliefert. Schon die **Poetiken** (d.h. Lehren von der Dichtkunst, auch in Form normativer Anweisungen) von Aristoteles oder Horaz fragten nach dem Wesen von Literatur, ihrer Funktion und Wirkung oder widmeten sich den typischen Elementen einzelner Gattungen. Frühe englische literaturtheoretische Überlegungen stammen unter anderem von Sir Philip Sidney (*The Defence of Poesy*, 1595), Alexander Pope (»An Essay on Criticism«, 1711) oder William Wordsworth (»Preface to *Lyrical Ballads*«, 1800).

Nicht nur für solche älteren Ansätze ist das Moment der Historizität zu bedenken. Theorien entstehen immer in spezifischen kulturgeschichtlichen und gesellschaftlichen Zusammenhängen (wie der Frauenbewegung oder der Entkolonisierungsbewegung), wissenschaftstheoretischen und philosophischen Kontexten (etwa dem Aufkommen des Strukturalismus oder der postmodernen Philosophie), sowie teilweise auch im expliziten Zusammenhang mit politischen Ideologien (wie dem Marxismus). Theorieansätze kommen in und aus der Mode, sie verschwinden ganz oder tauchen nach einigen Jahrzehnten in neuem Gewand wieder auf.

Die folgenden knappen Ausführungen können nur einen ersten Wegweiser für die Einarbeitung in die Literaturtheorie bieten. Sie sollten keinesfalls als Zusammenfassung der verschiedenen Theorierichtungen gelesen werden. Aus der Vielfalt der theoretischen Richtungen erfolgt eine Konzentration auf solche Ansätze, die die momentane Betrachtung englischsprachiger Literaturen wesentlich bestimmen bzw. die sich in der Geschichte der anglistisch-amerikanistischen Literaturwissenschaft als besonders prägend erwiesen haben.

Als grobe Orientierung dient – wie auch in anderen Darstellungen zur Literaturtheorie (z.B. Scholes 1982) – das Modell der literarischen Kommunikation (s. S. 84). Theorieansätze lassen sich wenigstens in einem ersten Schritt danach bestimmen, welches Element der literarischen Kommunikation in ihnen besonders akzentuiert wird: Autor, Leser, Kontext, Text oder Code. Dabei ist aber zu bedenken, dass manche Theorien, z.B. die feministische, sich je nach Ausrichtung des jeweiligen Ansatzes auf mehrere Elemente der literarischen Kommunikation beziehen.

Biographischer Ansatz (*Biographical Approach*)
Die Betrachtung eines literarischen Textes vor dem Hintergrund der Biographie des Autors wurde bereits im 19. Jahrhundert praktiziert. Im Text sucht man nach Lebensspuren des Autors oder nach dem Reflex, den das soziokulturelle Umfeld, die Erziehung oder auch Kontakte zu Zeitgenossen hinterlassen haben. Ein solcher Zugang hat nicht unbedingt für jeden Text Erkenntniswert. Für manche Literaturtheoretiker ist die Frage nach dem Autor sogar grundsätzlich irrelevant, da sich jeder Text erst in der individuellen Lektüre aktualisiere und damit der Leser der eigentliche Autor des Textes sei; Roland Barthes (1968) hat diese Ansicht unter dem Schlagwort vom ›Tod des Autors‹ vertreten.

Bei einer weniger radikalen Sehweise gibt es jedoch durchaus Texte, bei denen die Kenntnis der Lebensumstände des Autors zum Verständnis beitragen kann. So zeichnet William Wordsworths autobiographische Verserzählung »The Prelude« (entstanden 1798-1839) die Entwicklung seiner dichterischen Fähigkeiten nach. D.H. Lawrence verfasste seinen Roman *Sons and Lovers* (1913) unter Rückgriff auf seine eigene Familiengeschichte – wobei es aber auch von Interesse ist, wo er im Text von Bezügen auf die eigene Lebenswirklichkeit abweicht.

Psychologische und psychoanalytische Ansätze (*Psychological/Psychoanalytical Approaches*)
Beim Autor kann auch eine psychologische oder psychoanalytische Betrachtung ansetzen. In den 1930er Jahren versuchte sich an einem solchen Zugang z.B. Marie Bonaparte, eine Schülerin Sigmund Freuds, für den amerikanischen Autor Edgar Allan Poe. Andere psychologische Ansätze wenden sich Aspekten des Textes selbst zu, etwa der Tiefenpsychologie seiner fiktiven Figuren (wie der Frage, ob Hamlet unter einem Ödipus-Komplex leide) oder den im Text nachweisbaren Archetypen des kollektiven Unbewussten im Sinne C.G. Jungs. Auch der Lesevorgang wird psychologischen Analysen unterzogen. In jüngerer Zeit ist die psychoanalytische Betrachtung von Literatur vor allem in poststrukturalistische (Jacques Lacan) und feministische Ansätze (Julia Kristeva) integriert. Eine Übersicht über psychologische und besonders psychoanalytische Zugänge zu Literatur bietet Wright (1984).

Leserzentrierte Ansätze
Zu den wichtigsten leserzentrierten Ansätzen zählt die **Rezeptionstheorie** (*reception theory*), auch als **Rezeptionsästhetik** (*reception aesthetics*) bezeichnet. Obwohl auch im angelsächsischen Bereich eine *reader response theory* entstanden ist, zu deren bekanntesten Vertretern Norman Holland und Stanley Fish zählen, wurden die einflussreichsten leserzentrierten Ansätze von deutschsprachigen Theoretikern, insbesondere Hans Robert Jauß und Wolfgang Iser, entwickelt.

Gefragt wird in diesen Ansätzen nach Vorgängen, die sich im Bewusstsein des Lesers während des Leseaktes abspielen. Unter welchen individuellen und/oder überindividuellen Erwartungen und Voraussetzungen (Bildungsgrad, Alter, Geschlecht, soziale Gruppenzugehörigkeit, kulturelle Zugehörigkeit, literarische Kompetenz usw.) nutzen Leser das Bedeutungsangebot literarischer Texte, d.h. was ist ihr **Erwartungshorizont** (*horizon of expectations*)? Wie reagieren sie emotional auf Literatur? Wie füllen sie **Leerstellen** (*blanks, gaps*) des Textes und wirken damit an der Bedeutungskonstitution aktiv mit?

In jüngerer Zeit ist die Rezeptionsforschung durch kognitionspsychologische Ansätze bereichert worden, die sich den mentalen Vorgängen beim Textverstehen mit empirischen psychologischen Methoden nähern und z.B. fragen, welche **kognitiven Schemata** (*frames*) in den Bereichen des allgemeinen Weltwissens, des literarischen Wissens und der Emotionen beim Lesen eines literarischen Textes aktiviert werden.

Die Rezeptionsforschung wendet sich aber nicht nur psychologischen, kognitiven und soziologischen Aspekten des Lesens zu, sondern auch historischen Rezeptionserfahrungen; sie wird dann als **Rezeptionsgeschichte** (*history of reception*) bezeichnet. Hier wird z.B. untersucht, ob und warum ein Text zu seiner Entstehungszeit anders gelesen, verstanden und bewertet worden ist als zu späteren Zeiten. So ist etwa für Shakespeares Dramen in Betracht zu ziehen, dass sie ursprünglich für ein Publikum aller Schichten verfasst wurden, während sie als Teil der Theaterkultur heute eher als ›höheres‹ Kulturgut gelten. Ein ›deutscher‹ Shakespeare unterscheidet sich von der Rezeption in anderen Ländern. Auch das Maß, in dem Autoren popularisiert und in andere Medien übersetzt werden, ist ein Aspekt der Rezeptionsgeschichte. Umfassende Überblicke zu leserzentrierten Ansätzen bieten die Textsammlung von Bennett (1995) sowie Grimm (1975), Holub (1984), Freund (1987) und Warning (1994).

Werkimmanenter Ansatz und *New Criticism*
Ansätze, die sich auf den einzelnen Text und seine Ausdrucksmittel richten, sind zum Teil in bewusster Reaktion gegen Theorien entstanden, die die textextrinsischen Aspekte der literarischen Kommunikation (Autor, Leser und Kontext) akzentuieren, und verstehen sich explizit als ahistorisch. Betont wird stattdessen der autonome Status eines literarischen Textes als sprachliches Kunstwerk. Im deutschsprachigen Raum ist ein solchermaßen **werkimmanenter Zugang** mit den Arbeiten Wolfgang Kaysers und Emil Staigers aus den 1940er und 1950er Jahren verbunden.

In den englischsprachigen Ländern, vor allem in den USA, war zwischen den 1920er und 1960er Jahren der so genannte *New Criticism* von nachhaltigem Einfluss. Wegweisende Arbeiten wie die von Cleanth Brooks und Robert Penn Warren (1938) propagierten die Methode des *close reading*, wobei der literarische Text in einer genauen Lektüre als ein in sich geschlossenes, durchkomponiertes Gebilde analysiert wird. Man sucht nach den einheitsstiftenden Prinzipien, denen – idealerweise – alle Elemente des Textes unterstellt sind, und nach Sprachstrukturen und inhaltlichen Elementen, die innerhalb des Textes Beziehungen und Zusammenhänge herstellen. Eine andere zentrale Frage betrifft die Prinzipien, durch die es in literarischen Texten zu besonderer Bedeutungsfülle kommt, zu Mehrdeutigkeiten, wie etwa durch Bildersprache oder Ironie. Da textzentrierte Ansätze sich stark auf literarische Ausdrucksmittel konzentrieren, implizieren sie einen codezentrierten Zugang.

Strukturalistische und semiotische Ansätze (*Structuralist/Semiotic Approaches*)
Codezentrierte Ansätze richten ihre Aufmerksamkeit auf die Repertoires literarischer Gestaltungsmittel, die zu einer bestimmten Zeit oder generell zur Verfügung stehen. Sowohl die klassische Rhetorik (s. 4.3.1) als auch die traditionelle Gattungstypologie (s. 4.1) sind in diesem Sinne auf Codes ausgerichtet. Werden einzelne Texte auf die in ihnen genutzten Codes hin analysiert, ist das Verfahren schwerpunktmäßig textzentriert. Die codezentrierte Literaturbetrachtung im engen Sinn sieht dagegen vom Einzeltext ab und konzentriert sich auf Ausdrucksmittel, wie sie einer Vielzahl von Texten oder Literatur im Allgemeinen zugrunde liegen.

Einen Aufschwung erlebte diese Art der Literaturbetrachtung unter dem Einfluss der strukturalistischen Sprachwissenschaft in den 1920er und 1930er Jahren (s. Kap. I., S. 16), so dass man auch vom **Strukturalismus** (*structuralism*) in der Literaturwissenschaft spricht. Federführend war zunächst eine Gruppe von Theoretikern, die man unter der Bezeichnung **Russischer Formalismus** (*Russian Formalism*) zusammengefasst hat; hierzu gehörten unter anderem die in Zusammenhang mit ihrer Devianzästhetik genannten Roman Jakobson und Viktor Šklovskij (s. 1.2.5). Prägend war der strukturalistische Ansatz auch für die **Erzählforschung** (*narratology*) der 1960er und frühen 1970er Jahre in Frankreich (Roland Barthes, Tzvetan Todorov, A.J. Greimas, Gérard Genette) und in den USA sowie Großbritannien (Robert Scholes, Jonathan Culler, Seymour Chatman). Eine Einführung in Prinzipien der strukturalistischen Literaturbetrachtung bietet Scholes (1974).

Die in einer strukturalistischen Analyse herausgearbeiteten Elemente und Strukturen literarischer Texte können als eine Art ›Grammatik‹ aufgefasst werden, die individuellen Texten zugrunde liegt. So lassen sich etwa die Handlungen von Romanen und Dramen auf grundlegende Muster reduzieren oder ihre Figuren auf bestimmte Funktionsrollen (wie Held, Helfer, Gegenspieler) zurückführen.

Eng verbunden mit dem Strukturalismus ist, allein durch ihre gemeinsame Formulierung in Ferdinand de Saussures *Cours de linguistique générale*, die **Zeichentheorie** oder **Semiotik** (*semiotics*) (s.a. Kap. I.7.1). Die Semiotik untersucht die Struktur der Zeichen selbst und der verschiedenen Zeichensysteme sowie die Prozesse, in denen Zeichen Bedeutung zugewiesen wird (**Semiose**, *semiosis*). In Bezug auf literarische Texte fragt ein semiotischer Ansatz z.B. nach den in einem Text auftretenden Zeichenrepertoires. So können für den Wirklichkeitsentwurf eines Romans so verschiedene Zeichensysteme eingesetzt sein wie die mündliche Sprache und die Körpersprache der Figuren oder die Semiotik von Räumen (Landschaften und Gebäuden).

Strukturalismus und Semiotik sind Ansätze, über die die Literaturwissenschaft in besonderer Weise interdisziplinäre Bezüge herstellen kann – nicht nur zur Sprachwissenschaft, sondern zu allen kulturwissenschaftlichen Disziplinen. Alle Wirklichkeitsbereiche, die Menschen als bedeutungshaft erfahren, also alle Kulturphänomene, lassen sich nämlich strukturalistisch und zeichentheoretisch analysieren. Claude Lévi-Strauss z.B. hat strukturalistische Analysen in der Anthropologie durchgeführt. Wo die anglistische Literaturwissenschaft sich (auch) als Kulturwissenschaft versteht, geschieht dies häufig auf einer semiotischen Grundlage.

Poststrukturalismus (*Poststructuralism*)
Ausgehend von strukturalistischen und semiotischen Ansätzen, und stark beeinflusst durch das **postmoderne Denken**, haben sich im Verlauf der 1970er Jahre verschiedene, oft unter der Bezeichnung ›Poststrukturalismus‹ zusammengefasste Ansätze herausgebildet. Es ist ein Charakteristikum des postmodernen Denkens, dass es die Pluralität und Relativität von Wirklichkeitssichten betont und scheinbar verbindlichen ordnungs- und sinnstiftenden Prinzipien eine Absage erteilt.

Insbesondere erweist sich dies in einem Zeichenbegriff, der die strukturalistische Konzeption des sprachlichen Zeichens und Zeichensystems radikalisiert. Hier hat sich vor allem das Werk des französischen Philosophen Jacques Derrida, des führenden Vertreters des **Dekonstruktivismus** (*deconstructionism*), als einflussreich erwiesen. Einen gut lesbaren, aber auch kritischen Einblick in die Grundprinzipien des Dekonstruktivismus bietet Abrams (1977).

In der Zeichentheorie kommt der Beziehung eines Zeichens zur Wirklichkeit besondere Aufmerksamkeit zu (s. Kap. I.7.1). Ausgangspunkt für den dekonstruktivistischen Ansatz ist die These Ferdinand de Saussures, dass ein sprachliches Zeichen seine Bedeutung allein durch Differenzbeziehungen (Oppositionen) zu anderen Zeichen innerhalb des Systems der Sprache erhält – und nicht durch den Referenten in der außersprachlichen Wirklichkeit, den es bezeichnet. Die Beziehung zwischen Zeichen und Bezeichnetem ist willkürlich (s.a. Kap. I., S. 14). Die systeminhärente Bedeutung der Sprache wird auf die außersprachliche Wirklichkeit lediglich projiziert, so dass alles, was für den Menschen bedeutungshaft ist, dies nur durch Sprache ist. Es gibt keine ›transzendentale‹ Bedeutung jenseits der Sprache.

Der Dekonstruktivismus setzt bei dieser Auffassung Saussures an, radikalisiert sie aber insofern, als auch innerhalb des Sprachsystems keine verbindlichen Bedeutungen angenommen werden. Für Saussure waren Form- und Inhaltsseite des Zeichens (**Signifikant/Signifikat**, *signifier/signified*) wie die beiden Seiten eines Blattes Papier untrennbar miteinander verbunden: Jeder Signifikant hat somit ein Signifikat. Die dekonstruktivistische Vorstellung des Zeichens löst diese untrennbare Verbindung auf: Im System der sprachlichen Oppositionen verweist jeder Signifikant immer nur auf andere Signifikanten, nicht unmittelbar auf ein bestimmtes Signifikat. Veranschaulichen kann man sich diese Annahme mit dem Eintrag für ein Wort (bzw. einen Signifikanten) in einem Wörterbuch. Will man hier die Bedeutung eines Wortes nachschlagen, wird einem diese nur über andere Wörter gegeben, also durch Signifikanten, deren Bedeutung man wiederum nachschlagen kann und wiederum nur in Wörtern erhält, die man nachschlagen könnte usw. Wenn nach Auffassung des Dekonstruktivismus jeder Signifikant immer nur auf andere Signifikanten verweist, kommt es letztlich also zu einem unendlichen Hinausschieben der Bedeutungen. Derrida prägt für diese unendliche Verweisungskette, unter Rückbezug auf die bedeutungsstiftende Differenz bei Saussure, den Begriff *différance*, in dem sich der Begriff **Differenz** (franz. *différence*) mit der Verlaufsform des französischen Verbs *différer* (= aufschieben) vermischt. Wenn aber Bedeutungen durch Signifikanten immer nur hinausgeschoben werden, wenn jeder Signifikant immer auf andere Signifikanten verweist, schwingen in jedem gerade in einem Text anwesenden Signifikanten immer auch abwesende Signifikanten mit. Jede Bedeutung, die ein Text auf den ersten Blick zu haben scheint, lässt sich in Hinblick auf diese mitschwingenden Signifikanten dekonstruieren.

Als Methode der Textanalyse ist die Dekonstruktion kaum systematisch erlernbar. Sie hat aber dazu geführt, dass die Diskussion um die Möglichkeit, literarische Texte zu verstehen, in radikaler Weise neu belebt worden ist. Wenn ein Text ein **unendliches Spiel von Signifikanten** ist, kann man einen Text dann falsch verstehen? Gibt es überhaupt noch ›den Text‹ als solchen, und nicht bloß unendlich viele Lesarten durch unendlich viele Leser?

Der Dekonstruktivismus ist eine code- und textgerichtete Spielart des Poststrukturalismus. Auch in kontextzentrierten Ansätzen, die Relationen zwischen literarischen Texten und ihrer soziokulturellen Einbettung betrachten, hat sich das poststrukturalistische Augenmerk auf Relativität und Pluralismus jedoch niedergeschlagen. Dabei unterscheiden sich die neueren, für kulturelle Pluralität sensiblen Theorieansätze des späteren 20. Jahrhunderts wesentlich von kontextualisierenden Zugängen eines älteren Typs, die Gesellschaft und Kultur als bloßen ›Hintergrund‹ für das Verstehen literarischer Texte betrachteten.

Kontextzentrierte Ansätze (*contextual approaches*)
Zugänge, die den literarischen Text in seinen soziokulturellen Kontexten verorten, reichen in das 19. und frühe 20. Jahrhundert zurück. Sie fragen traditionell z.B. nach dem Verwurzeltsein eines Textes im historischen, politischen, soziologischen, wirtschaftlichen, ideengeschichtlichen, religiösen, philosophischen, naturwissen-

schaftlichen, literarhistorischen oder künstlerischen Umfeld seiner Entstehungszeit. Inwieweit spiegelt sich etwa im altenglischen Epos *Beowulf* der Ehrenkodex einer germanischen Gesellschaft? Inwieweit reflektieren Shakespeares Dramen ein ›elisabethanisches Weltbild‹ (Tillyard 1943), oder ist das elisabethanische Zeitalter »der historische Kontext und Erklärungshintergrund jener großen Gruppe von Werken der Literatur und Kunst, die das Zeitalter überdauert haben« (Suerbaum 1989, 11f.)? Wie ist Daniel Defoes Roman *Robinson Crusoe* im Aufstieg des Bürgertums im 18. Jahrhundert und dem Puritanismus verwurzelt (Watt 1957)? Was ist an Wordsworths Gedichten ›romantisch‹, wie stehen sie in Bezug zu anderer Literatur der Zeit oder zur zeitgenössischen Landschaftsmalerei? Wie hat sich Charles Darwins Evolutionstheorie in der Literatur des späteren 19. Jahrhunderts niedergeschlagen?

Schon vor dem Zweiten Weltkrieg bildete sich eine **marxistische Literaturbetrachtung** (*Marxist Criticism*) heraus, die ihr besonderes Augenmerk auf die Beziehung eines Textes zur materiellen, sozio-ökonomischen Basis seiner Entstehungszeit legt und die in den 1960er und 70er Jahren eine Wiederbelebung erfuhr (vgl. die Textsammlung von Eagleton/Milne 1996). In dieser Zeit erfreute sich die **Literatursoziologie** (*literary sociology*) allgemein verstärkter Beachtung, d.h. alle Ansätze, die sich im weitesten Sinne dem Verhältnis von Literatur und Gesellschaft widmen (von der ideologischen bis zur materiellen Dimension) und dabei auf Ansätze und Methoden der Soziologie zurückgreifen. Die neuere Literatursoziologie gewinnt gegenüber den neueren kulturwissenschaftlichen Ansätzen (s.u.) dort ein besonderes Profil, wo sie nach den gesellschaftlichen Bedingungen der Produktion, Distribution und Rezeption von Literatur innerhalb bestimmter Literatursysteme fragt: von den Konsequenzen materieller und institutioneller Voraussetzungen (z.B. Zusammenhänge zwischen dem Buchdruck und der Entwicklung der Erzählprosa, Auswirkungen der Leihbüchereien in Britannien auf Umfang, Strukturen und Inhalte des viktorianischen Romans, Zusammenhänge zwischen der Ausweitung des Zeitschriftenwesens und der Entwicklung des Genres der Kurzgeschichte, Folgen des Zensurwesens für die Entwicklung des Dramas) bis zu Fragen nach Literaturmärkten und Literaturkonsum durch verschiedene Publika. Als besonders einflussreicher Theorieansatz hat sich in jüngerer Zeit Pierre Bourdieus **Theorie des literarischen Feldes** erwiesen (Bourdieu 1999); Einblicke in die Sozialgeschichte der englischen Literatur im 19. Jahrhundert vermitteln die Standardwerke von Altick (1957) und Sutherland (1976).

Während einer vorwiegend text- und codezentrierten Literaturwissenschaft nach dem Zweiten Weltkrieg kamen solche *contextual approaches* zunächst aus der Mode bzw. wurden, wie vor allem marxistisch fundierte Ansätze, als zu ›ideologisch‹ betrachtet. Seit den 1980er Jahren erlebt die Betrachtung von Literatur in gesamtkulturellen Zusammenhängen in verschiedenen Strömungen der Literaturtheorie jedoch eine Renaissance und hat zu einer Entwicklung geführt, die als ›**kulturwissenschaftliche Wende**‹ **der Literaturwissenschaft** bezeichnet worden ist. Diese kulturwissenschaftliche Literaturwissenschaft leistet einen Beitrag zur Erforschung von Mentalitätsgeschichte, d.h. der Erforschung bestimmter kultureller Denkweisen, zum kulturellen Gedächtnis, zu anthropologischen Fragestellungen, zur Erforschung der Bilder des Eigenen und des Fremden, um nur einige wenige

Bereiche zu nennen. Im Gegensatz zu kontextzentrierten Ansätzen des traditionellen Typs wird Literatur hier nicht mehr ›vor Hintergründen‹ betrachtet, sondern als Komponente gesamtkultureller Systeme, die mit anderen kulturellen Bedeutungssystemen in vielfältiger Weise vernetzt ist. Es kommt damit zu einer Überlappung von literatur- und kulturwissenschaftlichen Verfahren, bzw. Literaturwissenschaft wird *als* Kulturwissenschaft betrieben (s. auch Kap. III.3).

In der neueren kulturwissenschaftlichen Literaturbetrachtung haben sich britische und amerikanische Theoretiker wie Raymond Williams und Stephen Greenblatt als besonders einflussreich erwiesen (s.u.). Wegweisend waren für sie aber die Arbeiten von Michail M. Bachtin und insbesondere Michel Foucault, der das Verfahren der historischen **Diskursanalyse** (*discourse analysis*) entwickelte. Diskurse sind Ensembles von Aussagen, also praktischer Sprachverwendung, die kulturell und gesellschaftlich durch Institutionalisierung und Konventionalisierung geregelt sind (s.a. Kap. III.2.2.2). Foucault hat dies z.B. für die Diskursbereiche der Sexualität oder der Medizin aufgezeigt (vgl. During 1992). Im Verlauf seines umfangreichen und komplexen Werks fasst Foucault den Diskursbegriff zunehmend machtpolitisch: Diskurse werden durch jene geregelt, die in einer Gesellschaft Macht ausüben; Regeln des Diskurses führen dazu, dass man nicht immer und überall sagen kann, was man will – es sei denn, man bedient sich eines **Gegendiskurses** (*counter discourse*). Es liegt nahe, dass die Diskursanalyse insbesondere in Strömungen der Literaturtheorie aufgegriffen wird, die sich mit dem Literaturschaffen ›marginalisierter‹ Gruppen auseinandersetzen, wie der Literatur von/über Frauen oder der Literatur in postkolonialen Kulturen.

Feministische Ansätze und *Gender Studies*
Seit die feministische Literaturtheorie mit der Frauenbewegung Ende der 1960er Jahre ihren Aufschwung erlebte, hat sie sich in verschiedenen Phasen und Richtungen entwickelt. Überblicke und Einführungen bieten z.B. Greene/Kahn (1985), Humm (1994), M. Eagleton (1996), Moi (2002) und Lindhoff (2003); s.a. Kap. III.2.2.2.

Die feministische Literaturbetrachtung war zunächst eine Reaktion auf eine dominant maskuline bzw. ›patriarchale‹ Betrachtungsweise, die einen Großteil weiblicher Literaturproduktion übersehen und an stereotypen Frauenbildern und -darstellungen in der Literatur kaum Kritik geübt hatte. Der feministischen Literaturbetrachtung kommt unter anderem das Verdienst zu, der Literatur von Frauen einen angemessenen Platz in der Literaturgeschichtsschreibung gesichert und Autorinnen wieder entdeckt sowie die Aufmerksamkeit auf Differenzqualitäten weiblichen Schreibens (in Bezug auf Inhalte, Strukturen und Sprachgebung) gerichtet zu haben.

Die neuere Forschung geht in Richtung der *Gender Studies*, einer allgemein auf Geschlechterrollen und die Wechselbeziehungen der Geschlechter orientierten Betrachtungsweise, in der die Untersuchung von Männlichkeitskonstrukten ebenso breiten Raum einnimmt wie die neuer Weiblichkeitskonstrukte (vgl. Kroll 2002). In jüngster Zeit findet auch die Literatur zum Thema Homosexualität in der so genannten *queer theory* (vgl. Hall 2002) oder den *gay and lesbian studies* breitere Beachtung.

Postkoloniale Theorie (*Postcolonial Theory*)
Ansätze dieser Richtung befassen sich mit besonderen Aspekten der *New English Literatures* und ihrer Kulturräume, die aus Zuständen der Kolonisierung mit ihren spezifischen Formen der Machtausübung und Unterdrückung (besonders indigener Bevölkerungen) hervorgegangen sind. Zu ihren einflussreichsten Vertretern zählen Edward Said, Gayatri Chakravorty Spivak und Homi Bhabha. Grundlegende Fragestellungen betreffen unter anderem die Konstruktion kultureller Identität(en) und Alterität(en), die Entstehung von kultureller **Hybridität und Multikulturalität**, die Folgen von Migrationsprozessen oder die Konsequenzen von **Kulturglobalisierung**. Zur ersten Orientierung eignen sich Ashcroft/Griffiths/Tiffin (2000), Schwarz/Ray (2000) und Young (2001); eine Pionierpublikation war Ashcroft/Griffiths/Tiffin (1989). Umfangreiche Sammlungen wichtiger Texte der *postcolonial theory* bieten Ashcroft/Griffiths/Tiffin (1995) und Mongia (1996); s.a. Kap. III.2.2.3.

In der postkolonialen Theorie wie auch schon früher in den Amerikastudien spielt die **Auseinandersetzung mit Minderheitenkulturen** eine wichtige Rolle, also Kulturen, die aufgrund der diversen Kolonisations-, Siedlungs- und Migrationsprozesse in der englischsprachigen Welt in besonderem Maße vertreten sind und die sich nach dem Zweiten Weltkrieg mit wachsender Intensität und Beachtung auch literarisch artikuliert haben. In Bezug auf diese Literaturen sowie die Darstellung von Minoritäten in ›weißer‹ Literatur sind Theorieansätze aufgekommen, die ihr Augenmerk auf die Darstellung von gesellschaftlicher Unterdrückung und Rassismus richten und Begriffe wie *race* und *ethnicity* zu zentralen Analysekategorien machen. Einflussreiche Vertreter dieser Richtung in den USA sind Henry Louis Gates bzw. Werner Sollors; insbesondere die Literatur und literarische Darstellung der *African Americans* hat hier die Diskussion stark gefördert (vgl. die Einträge zu ›Race‹ und ›Ethnicity‹ in Lentricchia/McLaughlin 1995). In Großbritannien und für die britische Kultur war Stuart Hall wegweisend.

Cultural Materialism **und** *New Historicism*
Zu den aktivsten Bereichen einer kulturwissenschaftlich eingebetteten Beschäftigung mit Literatur zählen der britische *Cultural Materialism* und der amerikanische *New Historicism*. Als ›Vater‹ des mit seinem Augenmerk auf kulturmateriale Aspekte deutlich marxistisch geprägten *Cultural Materialism* gilt der Literatur- und Kulturwissenschaftler Raymond Williams; weitere einflussreiche Vertreter sind Jonathan Dollimore, Alan Sinfield und Catherine Belsey. Literatur wird im *Cultural Materialism* insbesondere in Hinblick auf politische Signifikanzen und Machtimplikationen analysiert, wobei literarische Texte ›gleichberechtigt‹ neben anderen kulturellen Äußerungsformen wie Werbung, Fernsehen, Film, Comic oder Popmusik stehen.

Stärker auf die Vergangenheit gerichtet ist der *New Historicism*, zu dessen bekanntesten Vertretern Stephen Greenblatt zählt. Hauptbetätigungsfelder dieser theoretischen Richtung sind bislang die Frühe Neuzeit und das Mittelalter. Auch für die *New Historicists* ist Literatur lediglich ein Bereich im Geflecht aller Texte einer Kultur (neben Reiseberichten, historischen Dokumenten, religiösen Traktaten, aber auch Gemälden, Riten und anderen Texten in einem weiteren Sinn), in denen sich diese Kultur ständig äußert, erzeugt und selbst interpretiert (s. detaillierter Kap. III.3.1 und 3.2.).

In der recht vehement geführten Diskussion darüber, in welchem Maß Literaturwissenschaft in der Kulturwissenschaft aufgehen soll oder darf, kommt unter anderem das Argument auf, dass kein Wissenschaftler wirklich in dem Sinn interdisziplinär arbeiten könne, dass er Spezialist in mehreren Disziplinen ist. Wenn Literaturwissenschaftler ›Anleihen‹ bei anderen Disziplinen wie Geschichtswissenschaft, Anthropologie oder Kunstgeschichte machen, hat dies sicher mit der gebotenen Vorsicht und Sorgfalt zu geschehen. Dennoch ist es auch für eine im engeren Sinn literaturwissenschaftliche Betrachtung immer anregend, Erkenntnisse benachbarter Disziplinen einzubeziehen.

Man sollte bei allem kulturwissenschaftlichen und interdisziplinären Interesse allerdings nicht vergessen, dass literarische Texte ihre Aussagen als ästhetische Texte machen, also mit künstlerischen Mitteln, und dass es ein wichtiger Teil des literaturwissenschaftlichen Textzugangs bleiben muss, Literatur (auch) mit einer speziell literarischen Kompetenz zu lesen.

Die im Folgenden betrachteten Begrifflichkeiten für die Textanalyse sind aus grundlegenden text- und codezentrierten, insbesondere strukturalistischen Ansätzen hervorgegangen. Grundsätzlich ist aber ein Bewusstsein für die Vielfalt möglicher Ansätze, die einander ergänzen oder auch widersprechen, eine Bereicherung für die Auseinandersetzung mit jedem literarischen Text, denn sie eröffnet nicht zuletzt die Möglichkeit, Texte immer wieder neu lesen zu können.

4. Textinterpretation und Textanalyse

Ein typisches Erkenntnisverfahren der Geisteswissenschaften besteht in Akten des **Verstehens**, also der Sinn- und Bedeutungserfassung. In Bezug auf Texte wird dieses Verstehen auch als **Interpretation** bezeichnet. Eine literaturwissenschaftlich geleitete Interpretation erfolgt auf der Grundlage einer genauen Analyse, d.h. einer präzisen Erfassung und Beschreibung, von Inhaltselementen sowie formalen und sprachlichen Ausdrucksmitteln eines Textes. Bevor diese Analyse ansetzt, ist zunächst jedoch ein möglichst genaues Textverständnis nötig, d.h. müssen eventuelle sprachliche und kulturelle Verständnisbarrieren ausgeräumt werden. Eine wichtige Hilfestellung kann hier eine zuverlässige und annotierte Textausgabe bieten (s. Kap. VII.2.1.2). Verständnisprobleme können bei Texten neueren Datums ebenso bestehen wie bei der Literatur des Mittelalters oder der Shakespeare-Zeit. Moderne Dialekte des Englischen werfen womöglich ebenso große sprachliche Probleme auf wie ältere Sprachstufen, und deutsche Leser können mit Bezügen auf den Thatcherismus oder den Falklandkrieg vielleicht ebenso wenig anfangen wie mit dem Ehrenkodex in altenglischen Heldenepen. Wie wir in der Einleitung gesehen haben, erfordert ein adäquates Verständnis von Merle Collins' Gedicht »No Dialects Please« nicht nur ein Erkennen der verwendeten britischen und karibischen Varietäten des Englischen, sondern auch ein Wissen über den britischen Kolonialismus und den Sklavenhandel.

Eine Theorie des Verstehens und speziell der Interpretation literarischer Texte liefert die **Hermeneutik** (vgl. etwa Gadamer 1960). Sie fragt, inwieweit und unter welchen Voraussetzungen man einen (literarischen) Text verstehen kann. Neuere kognitive Theorien erklären Prozesse des Textverstehens über Bewusstseinsschemata, die durch Texte aktiviert werden. Im Wesentlichen hat sich heute – gefördert auch durch die Denkrichtungen des Konstruktivismus und Kognitivismus – die Erkenntnis durchgesetzt, dass Bedeutung immer ein Konstrukt ist. Auch der literarische Text hat keine verbindliche, einzig ›richtige‹ Bedeutung, und vom Autor ›intendierte‹ Sinnzuweisungen – sofern es sie auf Seiten des Autors überhaupt je gegeben hat – lassen sich häufig nicht oder allenfalls indirekt nachweisen. Literarische Texte machen vielmehr Bedeutungs*angebote*, die durch einzelne Leser abhängig von ihren jeweiligen Verstehensvoraussetzungen, ihrem **Verstehenshorizont** (bzw. einer bestimmten Konstellation kognitiver Schemata), aktualisiert werden. Es gibt also nicht ›die‹ richtige Interpretation, wohl aber – im Gegensatz zu radikalen dekonstruktivistischen Ansichten – Interpretationen, die dem Bedeutungsangebot eines Textes mehr oder weniger gerecht werden.

Damit man seine eigene Interpretation belegen und sich darüber mit anderen verständigen kann, muss man sie nachvollziehbar präsentieren. Eine wesentliche Grundlage hierfür ist eine methodisch reflektierte und begrifflich genaue **Textanalyse**. Für viele literaturwissenschaftliche Begriffe gibt es unterschiedliche Definitionen, weil sie unter verschiedenen theoretischen Ansätzen und als Teil verschiedener Beschreibungsmodelle entwickelt worden sind. Es ist deshalb wichtig, Begriffe unterschiedlicher Herkunft nicht miteinander zu vermischen und immer deutlich zu machen, welchem Modell sie entstammen.

Die Einarbeitung in die Bereiche der Textanalyse verlangt nicht nur eine Lektüre der einschlägigen Monographien, die **das begriffliche Handwerkszeug** der Literaturwissenschaft bereitstellen. Dieses Handwerkszeug muss auch immer wieder an literarischen Texten erprobt werden. Erst wenn man literaturwissenschaftliche Begriffe anwendet – durchaus auch mit Kritik gegenüber diesen Begriffen – werden sie zu einer Sehhilfe, die bei jeder Lektüre hilft, das Bedeutungsangebot und die künstlerische Qualität eines Textes möglichst scharf zu erkennen.

Bei der Textanalyse gibt es Fragestellungen und Kategorien, die auf alle Arten von Literatur zutreffen. Andere Kategorien sind jedoch gattungsspezifisch oder für bestimmte Gattungen von besonderer Relevanz.

4.1 Gattungen und Untergattungen

Der Begriff ›**Gattung**‹ (*genre*) wurde oben bereits unkommentiert verwendet, denn die Vorstellung, dass es auch bei literarischen Texten verschiedene Texttypen oder Textsorten (s. Kap. I.6.3) gibt, ist Teil der literarischen Alltagskompetenz. Drei seit der Antike unterschiedene Gattungsbereiche sind **Dramatik** (*drama*), **Lyrik** (*poetry*) und **Epik** bzw. **Erzählliteratur** (*narrative literature, prose fiction*).

Für jeden dieser Bereiche werden zahlreiche weitere Unterteilungen oder **Untergattungen** (*subgenres*) angenommen:

- beim **Drama** z.B. die Komödie (*comedy*) und Tragödie (*tragedy*) sowie ihre jeweiligen Misch- und Spielarten (Tragikomödie, absurdes Theater usw.);

- bei der **Lyrik** unter anderem Ballade (*ballad*), Ode (*ode*), Elegie (*elegy*) oder Sonett (*sonnet*);
- bei der **erzählenden Literatur** das Epos (*epic*), die Kurzgeschichte (*short story*) oder der Roman (*novel*) mit zahlreichen Spielarten wie Schelmenroman, Gesellschaftsroman, Bildungs- und Entwicklungsroman, historischer Roman, Briefroman usw.

Neben Literatur, die sich unter solchen Gattungsbegriffen subsumieren lässt, gibt es allerdings noch

> eine Fülle von Textsorten im literarischen (oder noch-literarischen bzw. noch nicht-literarischen) Bereich, die sich mit dem traditionellen und groben Raster ›Epik-Lyrik-Dramatik‹ nicht adäquat erfassen lassen. Welchem dieser drei Gattungsbereiche etwa wäre denn der Witz, das Rätsel, der Brief, das Sprichwort zuzuordnen (um nur einige Beispiele zu nennen)? Diese methodische Verlegenheit führte dazu, daß man derlei Textarten unter je eigenen Sammelbezeichnungen rubrizierte: ›Einfache Formen‹, ›Ahistorische Stile‹, ›Literarische Kleinprosa‹, ›Epische Kurzformen‹, ›Genres mineurs‹ u.a. (Bürgel 1983, 11)

Schon aus den obigen Auflistungen ist ersichtlich, dass für die Bestimmung von Gattungen und Untergattungen die unterschiedlichsten inhaltlichen und formalen Kriterien herangezogen werden und dass es kein perfektes und in sich geschlossenes Klassifikationssystem für literarische Textsorten gibt. **Gattungsbegriffe sind keinesfalls natürlich, sondern konstruiert und kulturspezifisch.** Selbst scheinbar grundlegende Gattungsbegriffe wurden keinesfalls zu allen Zeiten gleich definiert und sind gegenüber anderen Gattungen und Untergattungen nie absolut sauber abgegrenzt.

So fußt der Begriff *comedy* bei Shakespeare noch nicht auf einer klar umrissenen Gattungskonzeption, sondern ist »zunächst einmal ein Oberbegriff für alle Stücke, die nicht unter die Kategorien Tragödie oder Historie fallen. Die Komödie ist also eine Sammelgattung« (Suerbaum 2001, 197). Shakespeares Komödien enthalten oft ›tragische‹ Elemente, und in den Tragödien finden sich komische Figuren und Handlungselemente sowie Sprachspiele. Ein (oft) freier Umgang mit Gattungskonventionen und eine Vermischung von Gattungen kennzeichnen die Literatur der Shakespearezeit im Allgemeinen. Zwar hat es auch im 16. und 17. Jahrhundert, vor allem auf dem europäischen Kontinent, Versuche gegeben, in ›**Regelpoetiken**‹ die Konventionen der Gattungen nach antiken Vorgaben verbindlich festzulegen, aber Shakespeares Dramen ›verletzen‹ zahlreiche der in zeitgenössischen französischen und italienischen Poetiken aufgestellten Regeln, wie etwa die der ›drei Einheiten‹ (*three unities*) von Raum, Zeit und Handlung.

So ist auch für ältere englische Ausführungen zur Poetik charakteristisch, dass sie neben einer gewissen Regelhaftigkeit auch das Durchbrechen von Regeln als Prinzip literarischer Kunst anerkennen, wie etwa Alexander Pope in seinem »Essay on Criticism« (1711): »If, where the rules not far enough extend / (Since rules were made but to promote their end) / Some lucky license answers to the full / The intent proposed, that license is a rule« (Z. 146-149).

Eine **Fixierung von Gattungsbegriffen** fand im großen Stil erst im 19. Jahrhundert statt, und im 20. Jahrhundert kam es erneut zu Mischformen und Auflösungstendenzen etablierter Gattungsbegriffe. Viele zeitgenössische Dramatiker bezeichnen ihre Stücke unter Vermeidung traditioneller Begriffe für dramatische Untergattungen nur noch als *plays*. Das *prose poem* findet sich in Anthologien von Lyrik ebenso wie in Sammlungen von Kurzgeschichten. Immer häufiger begegnet man auch Texten, die verschiedene Gattungen in sich aufnehmen und deren spezifisches Aussage- und Wirkungspotential ausnutzen oder mit diesem spielen. Ein Roman von Adam Thorpe, *Ulverton* (1992), erzählt z.B. die Geschichte eines englischen Dorfes vom 17. Jahrhundert bis in die Gegenwart. Je nach geschilderter historischer Epoche wählt der Autor für seine Kapitel zeittypische Textsorten von der Predigt über das Tagebuch und den Brief bis zum Drehbuch, die zusammen aber einen ›Roman‹ ergeben.

Trotz solcher Erscheinungen ist die Annahme verschiedener Literatursorten in systematischer wie historischer Hinsicht eine **nützliche Ordnungskategorie** (vgl. A. Fowler 1982 und für einen Überblick über die Gattungstheorie Duff 2000). Wenn man sie auch nicht präzise definieren kann, lässt sich für die literarischen Gattungen zumindest ein Kern von charakteristischen formalen und/oder inhaltlichen Kriterien benennen. Diese gehören zu einer bestimmten Zeit zur literarischen Kompetenz von Autoren und Lesern:

> Der Autor schafft ein Werk, das von vornherein in einem Gruppenzusammenhang steht, und nimmt – sich anpassend oder abweichend – auf Regeln, Konventionen und Erwartungen Bezug. Für den Leser oder Kritiker bilden die Kenntnis anderer Werke der Gruppe und die Vorstellungen über die Eigenarten und Anforderungen der Gattung die Grundlage für das Verständnis und die Beurteilung des Einzelwerks. (Suerbaum 1998, 83f.)

Man muss sich allerdings der Tatsache bewusst sein, dass Gattungsbegriffe kulturell und historisch gebunden sind, allein weil die Literatur ständig im Wandel begriffen ist. **Neu aufkommende Textsorten** erweitern immer wieder das Gattungsspektrum der englischen Literatur, wie etwa der seit dem 16. Jahrhundert wichtige Essay oder im 20. Jahrhundert das Hörspiel und das Drehbuch oder an der Wende zum 21. Jahrhundert die *hyperfiction*. Andere Gattungen haben einen ›internen‹ Wandel durchgemacht, wie das Sonett, das im 16. Jahrhundert neben seiner formalen Struktur noch weitgehend durch das Thema Liebe (oft im Sinne eines konventionellen höfischen Liebesrituals) definiert war, ab dem 17. Jahrhundert aber einer breiten Spanne von Themen Ausdruck verleihen kann, bis hin zum Krieg in der Lyrik des Ersten Weltkriegs (Rupert Brooke: »The Soldier« oder Wilfried Owen: »Anthem for Doomed Youth«).

Manche Gattungen wurden lange Zeit hoch geschätzt, gingen dann aber unter, wie das Versepos um eine Heldenfigur, das in England mit John Miltons *Paradise Lost* (1667) seine letzte bedeutende Ausprägung erfuhr. Heute sind Roman und Kurzgeschichte die dominierenden Formen der erzählenden Literatur. ›Epische‹ Literatur wird also in der Regel nicht mehr in Versen, sondern in Prosa geschrieben, seit diese Form der Sprachgebung zunehmend ›literaturfähig‹ wurde (s. S. 118). Bereits im 16. Jahrhundert gab es längere Prosaerzählungen, die heute als Vorformen des Romans gelten; als Gattung geschätzt wurde der Roman, wie wir ihn heute kennen, in England aber erst seit dem 18. Jahrhundert, und selbst zu dieser Zeit hatte sich für die Gattung noch kein verbindlicher Name endgültig etabliert. Zwar verwandte William Congreve für seine Prosaerzählung *Incognita* (1692) den Begriff *novel* (und betonte im gleichen Atemzug, dass der Text ebenso kunstvoll strukturiert sei wie das zu dieser Zeit noch höher geschätzte Drama), aber Henry Fielding bezeichnet im Vorwort zu *Joseph Andrews* (1742) seinen Roman, in Anlehnung an ältere Formen der Erzählliteratur, noch als »a comic epic poem in prose«.

Ein literaturhistorischer Einblick in die Entwicklung der Gattungen und Untergattungen kann im begrenzten Umfang dieses Bandes nicht versucht werden (vgl. hierzu aber Fabian 1997). Stattdessen konzentrieren sich die folgenden Ausführungen auf **grundlegende Analysekategorien** für Gedichte, Erzähltexte und Dramen, die mit Beispielen aus verschiedenen Perioden illustriert werden.

4.2 Gattungsübergreifende Fragestellungen der Textanalyse

4.2.1 Sprach- und Strukturanalyse

Der Sprachanalyse kommt bei einer Kunstform im Medium der mündlichen und/oder schriftlichen Sprache ein besonderer Stellenwert zu. Literatur macht ihre ›Mitteilung‹ in einer für bestimmte Zwecke bewusst gewählten Sprache und Textualität, und nicht selten ist die Sprache selbst Gegenstand literarischer Texte, wie sich im sprachwissenschaftlichen Kapitel an Beispielen aus Lewis Carrolls *Through the Looking Glass*, der Fortsetzung von *Alice's Adventures in Wonderland*, gezeigt hat.

Allgemein bezeichnet man eine charakteristische Form der Sprachverwendung auch als **Stil** (*style*) (s.a. Kap. I.8.1). Ein bestimmter Stil kann sich z.B. durch Merkmale des Satzbaus (lange, verschachtelte im Gegensatz zu kurzen Sätzen) oder des Wortschatzes auszeichnen. Stil ist eine Kategorie, die seit dem 19. Jahrhundert die Analyse literarischer Sprachgestaltung wesentlich bestimmt hat. So sind z.B. Gesetzmäßigkeiten von Autoren-, Zeit- und Gattungsstilen identifiziert worden, aber auch Stile, die nur für den Einzeltext oder Teile desselben, etwa die Sprache einer bestimmten Figur, charakteristisch sind. Neuere Modelle zur literarischen Stilanalyse finden sich bei Leech/Short (1980), Blake (1990) oder Carter/Nash (1990).

Im Unterkapitel zur Gedichtanalyse werden wir weiteren traditionellen Termini für die Sprachanalyse literarischer Texte (rhetorische Mittel, Vers und Reim) begegnen. Neben dieser seit langem etablierten Begrifflichkeit bietet die Sprachwissenschaft ein reiches und differenziertes Begriffsrepertoire, auf das Literaturwissenschaftler zurückgreifen können (s. Kap. I.3–7).

Linguisten wie Geoffrey Leech (1969) haben demonstriert, dass die **Sprache literarischer Texte** sich grundsätzlich nach den gleichen Beschreibungsebenen analysieren lässt wie die nicht-literarischer Texte: Phonologie, Wortschatz, Morphologie und Syntax, Pragmatik und Semantik sowie für Schriftliteratur auch das Schriftbild eines Textes (Graphemik). Auch in der Soziolinguistik und Dialektologie stellt die moderne Sprachwissenschaft Kategorien bereit, die für die Literaturanalyse relevant sind, etwa zur Identifikation von regionalen, sozialen und individuellen Sprachvarietäten. Ähnlich relevant für die Literaturwissenschaft ist die Begrifflichkeit der Textlinguistik, die besonders für Fragen der Textstruktur und des Textzusammenhangs traditionelle Termini der Literaturwissenschaft ergänzt.

Unabhängig davon, welcher Gattung ein Text angehört, stellt sich die Frage nach seiner **Struktur** (*structure*), d.h. einerseits der Gliederung in äußere Einheiten und andererseits dem inneren Textaufbau und -zusammenhang. Äußere Struktureinheiten sind z.b. Strophen beim Gedicht, Kapitel beim Roman oder Akte und Szenen beim Drama. Bei der äußeren Strukturierung kann der Text relativ festen Vorgaben folgen (s. etwa 4.3.4 zum Sonett) oder frei vorgehen. In jedem Fall ist eine Analyse der äußeren Gliederung nur dann sinnvoll, wenn sie in Bezug zur inneren Struktur des Textzusammenhangs gesetzt wird. Ein wichtiger Aspekt dieses inhaltlichen Zusammenhangs ist das **Thema** (*theme*), d.h. die wesentlichen Grundkonzepte und Leitgedanken eines Textes. Kohärenz und Kohäsion, etwa durch Isotopieketten, Schlüsselwörter und Wortfelder (s. Kap. I.6.1 und 6.2) sind weitere zentrale Untersuchungsaspekte der inhaltlichen Textstruktur.

4.2.2 Der literarische Wirklichkeitsentwurf

Literarische Texte entwerfen Wirklichkeitsmodelle. Eine wichtige Frage bei der Textanalyse betrifft daher die Komponenten dieses Wirklichkeitsentwurfs: die spezifische Ausprägung von Handlung, Figuren und raum-zeitlicher Situation. Diese Aspekte sind je nach Gattung von unterschiedlicher Relevanz.

Grundsätzlich lassen sich literarische Texte grob danach einteilen, ob sie ein zeitliches **Geschehen** wiedergeben oder ob nur **Zustände** (Situationen, Stimmungen usw.) und Gegenständliches präsentiert werden. Ein Geschehen liegt Erzähltexten sowie Dramen zugrunde, kann aber auch in einem Gedicht präsentiert werden. Typische ›Erzählgedichte‹ sind z.B. Balladen, aber auch außerhalb dieser speziellen Untergattung liegt manchen Gedichten ein Geschehen zugrunde. So wird in einem Kriegsgedicht aus dem Ersten Weltkrieg, Wilfried Owens »Dulce Et Decorum Est« (entstanden 1917/18), ein Gasangriff auf eine Soldatengruppe an der Westfront in seiner zeitlichen Dynamik geschildert:

> Gas! GAS! Quick, boys! – An ecstasy of fumbling,
> Fitting the clumsy helmets just in time;
> But someone still was yelling out and stumbling,
> And flound'ring like a man in fire or lime ...

Ein Geschehen findet in Zeit (*time*) und Raum (*space*) statt; die Frage nach dem zeitlichen und räumlichen **Schauplatz** (*setting*), in dem eine Handlung stattfindet, ist daher eine nahe liegende Frage bei erzählenden und dramatischen Texten. Räume sind nicht nur Handlungsräume; sie können auch existentielle Situationen oder Stimmungen unterstreichen. Das folgende Beispiel stammt aus Bram Stokers Schauerroman *Dracula* (1897). Die Figuren befinden sich um Mitternacht auf einem Friedhof, wo sie den Sarg eines Vampirs untersuchen wollen. Die Atmosphäre des dunklen Friedhofs unterstreicht das Unheimliche der Situation und trägt zum Spannungsaufbau bei:

> It was just a quarter before twelve o'clock when we got into the churchyard over the low wall. The night was dark with occasional gleams of moonlight between the rents of the heavy clouds that scudded across the sky. We all kept somehow close together, with Van Helsing slightly in front as he led the way. (Anfang Kapitel 16)

Zeit und Raum als Situations- und Stimmungsmomente sind auch bei der Analyse von Lyrik zentrale Kategorien, etwa in den seit dem 18. Jahrhundert häufigen Natur- und Landschaftsgedichten. Ein wichtiges Gedicht der englischen Romantik, Wordsworths »Lines Composed a Few Miles above Tintern Abbey« (1798), ist nicht nur bei der Beschreibung der vom Betrachter wahrgenommenen Landschaft genau, sondern lokalisiert präzise auch den Standpunkt, von dem aus die Landschaftsschau erfolgt: »The day is come when I again repose / Here, under this dark sycamore, and view / These plots of cottage-ground, these orchard-tufts [...].« Da dieses Gedicht eine vergangene und eine gegenwärtige Erfahrung miteinander in Bezug setzt, ist auch die zeitliche Situierung wichtig, die gleich zu Beginn des Textes erfolgt: »Five years have passed; five summers, with the length / Of five long winters! and again I hear / These waters, rolling from their mountain-springs / With a soft inland murmur.«

4.3 Gedichtanalyse

Gedichte sind oft literarische Kurzformen und weisen dadurch eine besondere Dichte der Aussage, auch durch Elemente der Textkohärenz und Textkohäsion (wie Isotopieketten, s. Kap. I.6.2) aus. Zur Bedeutungskonzentration in Gedichten trägt zudem ihre besondere Neigung zur Verwendung bildlicher Sprache bei. **Bilder** (*images*) sind sprachliche Ausdrücke, die in besonderer Weise geeignet sind, Visualisierungen hervorzurufen. Diese Visualisierungen können dann eine Zusatzsemantisierung, etwa durch geweckte Emotionen bewirken.

Bildliche Vorstellungen, die auf Bedeutungen außerhalb ihrer selbst verweisen, bezeichnet man als **Symbole** (*symbols*), wobei diese Symbole eine mehr oder weniger konventionalisierte Bedeutung haben können. Das Bild der untergehenden Sonne etwa konnotiert die Bedeutung von Sterben und Tod, z.B. in Alfred Lord Tennysons »Crossing the Bar« (1889): »Sunset and evening star, / And one clear call for me! / And may here be no moaning of the bar, / When I put out to sea.« Symbole, die in früheren Epochen mit konventionellen Bedeutungen verwendet wurden, sind heutigen Lesern unter Umständen nicht mehr unmittelbar zugänglich, so dass sich hier die Konsultation eines Nachschlagewerks empfiehlt (Ferber 1999). **Tropen** (s.u.) sind ein anderer Bereich konventionalisierter Bildlichkeit.

Neben ihrer besonderen Bedeutungsdichte lenken Gedichte die Aufmerksamkeit in besonderer Weise auf ihre sprachliche Gestaltung, auf den Text als Text. Die **poetische Funktion von Sprache** nach Jakobson ist hier also noch stärker akzentuiert, als sie es in literarischen Texten ohnehin ist. Sprachkünstlerische Effekte sind in Gedichten besonders häufig anzutreffen und grenzen die Texte deutlich von alltäglicheren Formen der Sprachverwendung ab. Nicht zuletzt die Kürze und

Konzentriertheit vieler Gedichte trägt dazu bei, dass Spracheffekte und sprachliche Überstrukturiertheit in der Lyrik besonders prägnant zum Tragen kommen. Gedichte erscheinen damit als ›ideale‹ Gattung, um Kategorien der sprachkünstlerischen Analyse literarischer Texte vorzustellen, die grundsätzlich jedoch auf Texte aller Gattungen anwendbar sind.

Zur vertieften Einführung in die Gedichtanalyse sind die folgenden Veröffentlichungen empfehlenswert, auf die auch die Darstellung dieses Unterkapitels zurückgreift: Leech (1969), Ludwig (1994), Bode (2001) sowie Burdorf (1997) und Frank (2003), wobei die beiden letzteren jedoch nur deutschsprachige Beispiele besprechen. Aus der Sicht eines prominenten Vertreters der britischen Gegenwartslyrik ist die Einführung von James Fenton (2002) verfasst.

4.3.1 Rhetorische Figuren und Tropen

Seit der Antike hat die **Rhetorik** (*rhetoric*) als Lehre vom kunst- und wirkungsvollen Sprechen Klassifikationssysteme für die Analyse menschlicher Rede bereitgestellt. In jüngerer Zeit sind verschiedene Versuche unternommen worden, diese Systeme mit Erkenntnissen der neueren Sprachwissenschaft zu verbinden (vgl. Plett 1979 und 2000). Die traditionellen Termini werden aber noch immer verwendet, und man sollte sie deshalb zumindest kennen. Eine übersichtliche Zusammenstellung bietet das Standardwerk von Lausberg (1990) sowie Ottmers (1996).

Ein Bereich der Rhetorik mit besonderer Relevanz für die Literaturbetrachtung ist die Identifizierung konventionalisierter sprachlicher Effekte: der so genannten rhetorischen Figuren und Tropen. Bei den **rhetorischen Figuren** (*rhetorical figures, rhetorical schemes, figures of speech*) kann man phonologische, lexikalische und syntaktische Schemata des Arrangements unterscheiden. Die folgenden Beispiele für einige besonders häufig anzutreffende Figuren sind nicht nur Gedichten, sondern auch Dramen und einem Erzähltext (Joyces Kurzgeschichte »The Dead«) entnommen:

Phonologische Figuren (Lauteffekte):

- **Alliteration** (*alliteration*): Häufung gleicher Anfangslaute: »His *s*oul *s*wooned *s*lowly as he heard the *s*now *f*alling *f*aintly through the universe« (Joyce: »The Dead«).
- **Assonanz** (*assonance*): Häufung gleicher oder ähnlicher Vokalklänge: »Br*ea*thing like one that hath a w*ea*ry dr*ea*m« (Tennyson: »The Lotos-Eaters«).
- **Lautmalerei** (*onomatopoeia*): »The *moan* of doves in *immemorial* elms / And *murmuring* of *innumerable* bees« (Tennyson: »The Princess«).

Lexikalische Figuren (Wiederholung von Wörtern oder Morphemen):

- **Anapher** (*anaphora*): Wortwiederholung am Anfang von Sätzen, Satzteilen oder Versen: »*So long* as men can breathe or eyes can see, / *So long* lives this, and this gives life to thee« (Shakespeare: Sonnet 18).
- **Figura etymologica**: Wiederholung eines Stamm-Morphems in verschiedenen grammatischen Formen: »So long *lives* this, and this gives *life* to thee« (Shakespeare: Sonnet 18).

Syntaktische Figuren (Anordnung von Satzteilen):

- **Ellipse** (*ellipsis*): Auslassung von Satzteilen: »Beauty is truth, truth _ Beauty« (Keats: »Ode on a Grecian Urn«).
- **Chiasmus** (*chiasmus*): spiegelbildliche Anordnung von Satzteilen: »It was [...] *falling softly* upon the Bog of Allen and, farther westward, *softly falling* into the dark mutinous Shannon waves« (Joyce: »The Dead«).
- **Parallelismus** (*parallelism*): Wiederholung syntaktischer Einheiten: »Cannon to right of them / Cannon to left of them« (Tennyson: »Charge of the Light Brigade«).
- **Inversion** (*inversion*): Umstellung der nach der Alltagsnorm normalen Reihenfolge der Satzteile: »Dull would he be of soul who could pass by« (Wordsworth: »Composed upon Westminster Bridge«).

Tropen (*tropes*) sind Formen des **Uneigentlichen Ausdrucks** (*figurative language*); es handelt sich also um Formen der Bedeutungsverschiebung (s. Kap. I.4.4).

- **Vergleich** (*simile*): »This City now doth, like a garment, wear, / The beauty of the morning« (Wordsworth: »Composed upon Westminster Bridge«).
- **Metapher** (*metaphor*): so genannter indirekter Vergleich; Übertragung der Eigenschaften von einem semantischen Bereich auf einen anderen ohne Vergleichswort: »Sometime too hot the eye of heaven [= the sun] shines« (Shakespeare: Sonnet 18).
- **Metonymie** (*metonymy*): Substitution eines Wortes durch ein anderes, das zu ihm in einer kausalen, assoziativen oder anderen engen Beziehung steht (wie im folgenden die Kleidungsstücke, die für Mann und Frau stehen): »doublet and hose ought to show itself courageous to petticoat« (Shakespeare: *As You Like It*).
- **Paradoxon** (*paradox*): scheinbar widersinnige Aussage: »The child is father of the man« (Wordsworth: »My Heart Leaps Up«).
- **Antithese** (*antithesis*): Verbindung von Gegensätzen: »My words fly up, my thoughts remain below« (Shakespeare: *Hamlet*).
- **Ironie** (*irony*): Ausdruck von etwas, das der eigentlich gemeinten Aussage widerspricht: etwa die Rede des Marc Anthony in Shakespeares *Julius Caesar*, wo Brutus als »honourable man« bezeichnet wird, der Sprecher aber gerade das nicht meint.
- **Paronomasie** (*pun*): Wortspiel, das auf Gleichklang basiert: Der sterbende Mercutio in Shakespeares *Romeo and Juliet* bezeichnet sich als »grave man«.
- **Personifikation** (*personification*): Zuschreibung menschlicher Eigenschaften an ein Ding oder ein Abstraktum: »Thou still unravished bride of quietness« (Keats: »Ode on a Grecian Urn«).
- **Apostrophe** (*apostrophe*): Anrufung einer abwesenden Person, eines Gegenstandes oder eines Abstraktums: »With how sad steps, O Moon, thou climb'st the skies« (Sidney: Sonnet 31).

4.3.2 Verslehre

Wortgeschichtlich leitet sich ›Vers‹ von lateinisch *versus*: Wendung, Wiederkehr ab. Die bestimmende wiederkehrende Struktur des Verses ist das **Metrum** oder **Versmaß** (*metre*), ein regelmäßiges Muster von **Betonungen** (*stress*), das über den natürlichen **Rhythmus** (*rhythm*) der Sprache gelegt ist. Dieser natürliche Rhythmus ergibt sich durch den Wechsel von betonten und unbetonten Silben, d.h. von Wort- und Satzakzenten, sowie von Pausen (s. Kap. I.3.3). Aus der alltäglichen Sprachverwendung ist vertraut, dass man ›normale‹ Akzente für eine besondere Betonung verstärken oder ausdrucksstarke Pausen setzen kann. Über solche Mittel hinaus kann in literarischer Sprache ein Rhythmus überformt sein, indem er durch eine regelmäßige Struktur überlagert wird. Die Sprache bekommt durch eine solche doppelte Organisation, wie im Übrigen auch durch Klangmittel (Reim und phonologische Figuren), eine zusätzliche musikalische Qualität.

Die Unterscheidung zwischen **Vers-** und **Prosasprache** (*verse, prose*) ist nicht gattungsgebunden. In älterer Literatur finden sich viele Dramen und Erzählungen in Versform. Die Epen der altenglischen Literatur sind ebenso in Versen abgefasst wie noch die meisten von Chaucers *Canterbury Tales*. Mit dem Buchdruck und einer allgemeinen Aufwertung der Prosa als Literatursprache setzte sich die Prosa in der Neuzeit aber als primäre Sprachform für Erzählliteratur durch – unter anderem weil der Vers (wie auch der Reim) in seiner Funktion als Gedächtnisstütze für mündlich überlieferte, d.h. auswendig zu lernende Erzählungen nicht mehr notwendig war. In den Dramen der Shakespeare-Zeit ist der Vers noch die sprachliche Grundform, auch wenn es einige Dramen in Prosa gab und in Versdramen für bestimmte Wirkungsabsichten in die Prosa gewechselt wurde (Suerbaum 2001, 80–82). Im Verlauf des 18. Jahrhunderts begann die Prosasprache auch im Drama zur geläufigen Sprachform zu werden. Nach dem gängigen modernen Gattungsverständnis ist nur die Lyrik, auch wenn es ›Prosagedichte‹ gibt, noch immer eng mit dem Vers verbunden, kann der Vers sogar als das verbindlichste Definitionskriterium für die große Bandbreite lyrischer Texte angesehen werden: »Das einzige eindeutig feststellbare Merkmal, das den größten Teil der heute als Gedichte bezeichneten Texte auszeichnet, ist die Versstruktur« (Burdorf 1997, 11).

Die **Regularität eines Metrums** ergibt sich daraus, dass in einer Zeile eine festgelegte Zahl von Betonungen bei wechselnder Zahl von Silben (*accentual metre*), eine festgelegte Zahl von Silben mit wechselnder Betonung (*syllabic metre*) oder aber ein festgelegtes Muster von betonten und unbetonten Silben *und* Akzenten (*accentual-syllabic metre*) anzutreffen ist. Letzteres ist bis in das 19. Jahrhundert hinein die häufigste Form des Verses in englischer Literatur.

Die **Grundeinheit** eines solchen Metrums ist der so genannte **Versfuß** (*poetic foot, verse foot*), d.h. eine gleich bleibende Gruppe von betonten und unbetonten Silben. Die in englischer Literatur gängigsten Versfüße werden noch immer mit Begriffen bezeichnet, die schon die antike Verslehre entwickelte. Davon ist der Jambus der in der englischen Sprache am häufigsten verwendete Versfuß, da er dem natürlichen Rhythmus des Englischen am nächsten kommt. In der folgenden Übersicht steht x für unbetonte, x́ für betonte Silben:

Jambus (*iamb*)	xx́	To bé, or nót to bé; that ís the quéstion
		(Shakespeare: *Hamlet*)
Trochäus (*trochee*)	x́x	Thóugh the níght was máde for lóving
		(Byron: »So We'll Go No More A Roving«)
Daktylus (*dactyl*)	x́xx	Cánnon to ríght of them
		(Tennyson: »Charge of the Light Brigade«)
Anapäst (*anapest*)	xxx́	The Assýrian came dówn like a wólf on the fóld
		(Byron: »The Destruction of Sennacherib«)

Verszeilen setzen sich jeweils aus mehreren **Versfüßen** (*verse feet*) zusammen. Je nach Zahl der Versfüße pro Zeile unterscheidet man bei Verszeilentypen z.B. den **Pentameter** (fünf Füße pro Vers) oder **Hexameter** (sechs Füße pro Vers). Die folgende Zeile aus Sonett 31 von Sir Philip Sidney ist ein aus Jamben bestehender Pentameter: »With how sad steps, O Moon, thou climb'st the skies«. Der **jambische Pentameter** (*iambic pentametre*) ist auch die Grundversform in den meisten Dramen der Shakespeare-Zeit. Wenn sich, wie meist in diesen Dramen, aber auch in Gedichten wie Wordsworths »Tintern Abbey«, die fünfhebigen Jamben nicht reimen, werden sie als **Blankverse** (*blank verse*) bezeichnet.

Abweichungen von einem ansonsten regelmäßigen Versmaß können für besondere Effekte genutzt werden. Eine **Zäsur** (*caesura*) durch eine Satzpause im Vers setzt eine ausdrucksstarke rhythmische Pause. Wenn das Versende und das Ende einer syntaktischen Einheit nicht zusammenfallen, spricht man von einem **Zeilensprung** oder **Enjambement** (*run-on-line*). Hierdurch kommt es (im Gegensatz zu Sätzen und Satzteilen, die mit der Zeile enden, *end-stopped lines*) zu einer Spannung von Satz- und Versstruktur, durch die einzelne Wörter eine besondere Betonung erlangen. Zäsuren und Zeilensprünge finden sich in der oben bereits zitierten Passage aus »Tintern Abbey«:

> Five years have passed; five summers, with the length
> Of five long winters! and again I hear
> These waters, rolling from their mountain-springs
> With a soft inland murmur. [...]

Handelt es sich hier um Effekte, bei denen das grundsätzliche metrische Prinzip nicht aufgegeben wird, ist zur Moderne hin eine Tendenz zum **freien Vers** (*free verse*) festzustellen, d.h. eine Abkehr vom durch ein Metrum geregelten Vers. In solchen Gedichten ist die Zeile, also eine allein vom Schriftbild her zu ermittelnde Einheit, das prägende Strukturprinzip. Der Großteil heute entstehender Gedichte ist metrisch mehr oder weniger frei.

Aus anderen Gründen als in der Moderne wird eine Abkehr von traditionellen europäischen Metren in der Lyrik einiger *New English Literatures* geübt. Texte von Dichtern karibischen Ursprungs, wie Merle Collins' »No Dialects Please«, sind oft betont multirhythmisch und greifen (auch) auf außereuropäische rhythmische Traditionen wie den Calypso oder den Reggae zurück. Der Dichter und Kulturwissenschaftler Edward Kamau Brathwaite begründet die Abwendung der karibischen

Lyrik vom traditionellen englischen Versmaß mit der Unangemessenheit dieses Maßes für die dichterische Wiedergabe bestimmter Erfahrungen seiner Heimat:

> What English has given us as a model for poetry [...] is the pentameter [...]. The hurricane does not roar in pentameter. And that's the problem: how do you get a rhythm that approximates the natural experience, the environmental experience? We have been trying to break out of the entire pentametric model in the Caribbean and to move into a system that more closely and intimately approaches our own experience. (Brathwaite 1981, 19f.)

Einen vertieften Einblick in die Verslehre, mit Beispielen aus englischsprachiger Literatur, vermitteln Diller (1978), Hobsbaum (1996) und Hollander (2001), auf die die obigen Ausführungen weitgehend aufbauen. Speziell zur Analyse von Rhythmik vgl. auch Attridge (1995).

4.3.3 Reim

Ein über die normalen Strukturen der Alltagssprache gelegtes Muster findet sich auch auf der Ebene der Laute. Der **Reim** (*rhyme*), eine regelmäßige Klangwiederholung, wird heute ebenfalls besonders mit dem Gedicht assoziiert, tritt aber auch in Versdramen und -erzählungen auf. Wie beim Vers ist in Gedichten – zumindest der europäischen Tradition – zur Moderne hin auch für den Reim eine Tendenz zur ›freien‹ Handhabung zu beobachten.

Man unterscheidet abgesehen von der Klangqualität der Reime verschiedene Grundmöglichkeiten des Reims: Bei dem uns heute besonders vertrauten **Endreim** (*end rhyme*) reimen sich Gleichlaute (vom letzten betonten Vokal an) am Schluss einer Zeile. Von einem **Binnenreim** (*internal rhyme*) spricht man, wenn sich innerhalb einer Zeile zwei oder mehr Wörter vom letzten betonten Vokal an reimen. In Percy Bysshe Shelleys »The Cloud« (1820) sind End- und Binnenreime kombiniert:

> I bring fresh sh<u>owers</u> for the thirsting fl<u>owers</u>,
>   From the seas and st<u>reams</u>;
> I bear light sh<u>ade</u> for the leaves when l<u>aid</u>
>   In their noon-day dr<u>eams</u>.

Ein alliterierender oder **Stabreim** (*alliterative rhyme*) liegt vor, wenn sich innerhalb einer Zeile gleiche Konsonanten zu Beginn betonter Silben wiederholen. Letztere Reimform ist in altenglischer Zeit, zum Teil aber auch noch in mittelenglischer Literatur wichtig. Die folgenden Zeilen sind dem Beginn einer Verserzählung aus dem späten 14. Jahrhundert, *Sir Gawain and the Green Knight*, entnommen:

> *S*ithen the *s*ege and the a*s*sault was *s*esed at Troye,
> The *b*orgh *b*rittened and *b*rent to *b*rondes and askes,
> The *t*ulk that the *t*rammes of *t*resoun ther wroght
> Was *t*ried for his *t*richerie, the *t*rewest on erthe.

Traditionelle Muster der Abfolge von endreimenden Versen werden als **Reimschema** (*rhyme pattern*) bezeichnet. Dabei werden die Gleichklänge jeweils mit Kleinbuchstaben in alphabetischer Folge notiert; gängige Reimschemata sind z.B.:

Paarreim (*rhyming couplet*)	aa
Kreuzreim (*alternate rhyme*)	abab
umarmender Reim (*embracing rhyme*)	abba

Es ist eine Hauptfunktion von Reimschemata, innerhalb eines Textes strukturelle Einheiten zu markieren; die Ermittlung des Reims ist daher bei der Analyse der Strophenform wichtig.

4.3.4 Gedicht- und Strophenform am Beispiel des Sonetts

Strophen (*stanzas*) sind eine Struktureinheit des Gedichts; sie sind definiert als Gruppen von Versen mit einer bestimmten Zeilenzahl sowie in der Regel auch gleichem Metrum und Reimschema und finden sich oft auch in einer im Schriftbild abgegrenzten Form (etwa einer Leerzeile zwischen den einzelnen Strophen). Sind die Verse eines Gedichts nicht in Strophen angeordnet, sondern folgen mit gleicher Länge und gleichem Metrum ohne Unterbrechung aufeinander, spricht man von einer **stichischen** Reihung der Verse (*stichic verse*). Dies ist besonders häufig bei Erzählgedichten, während lyrische Dichtung, die dem Lied nahe steht (Lyrik ist abgeleitet von gr. *lyra* und bezog sich ursprünglich auf ein zur Leier gesungenes Lied), oft in Strophen gegliedert ist.

Feste Strophen- und Gedichtformen werden zur Moderne hin seltener, im Rahmen der allgemeinen Tendenz zur freieren Handhabung dichterischer Formen. Zu den konventionellen Gedichtformen, die sich bis heute gehalten haben, zählt das in seiner traditionellen Form vierzehnzeilige Sonett. Moderne Dichter, die sich des Sonetts bedienen, halten sich allerdings vielfach nicht mehr an diese Zeilenzahl und auch nicht an die traditionellen Strophengliederungen, mit denen diese Untergattung der Lyrik im 16. Jahrhundert aus Italien in die englische Literatur ›importiert‹ wurde.

Dieser Import fand im Kontext eines intensiven Interesses an Italien und seiner als vorbildlich erachteten Kultur statt. Sir Thomas Wyatt (1503–1542) wurde während eines Italienaufenthalts dazu angeregt, Gedichte, vor allem Sonette, des italienischen Dichters Francesco Petrarca (1304–1374) ins Englische zu übertragen. Nach Wyatt machte sich Henry Howard, der Earl of Surrey (1517–1547), um die Sonettform in England verdient, bevor sie im späten 16. Jahrhundert in großen Sonettzyklen bei Sidney, Spenser und Shakespeare zu einer Hauptgattung der zeitgenössischen Lyrik wurde. Wie in den italienischen Vorbildern wird in den englischen Sonetten des 16. Jahrhunderts das Thema höfischer Liebe behandelt, meist nach konventionellem Muster mit einem Sprecher, der um Liebe wirbt. Handelt es sich bei dem Objekt dieser Liebe um eine Frau, ist diese häufig durch einen konventionellen Katalog von Schönheits- und Tugendattributen charakterisiert.

Das Sonett tritt im 16. Jahrhundert in England in zwei Haupterscheinungsformen auf. An diesen ist zu erkennen, in welchem Maß eine bestimmte Strophengliederung mit der inhaltlichen Strukturierung eines Gedichts einhergeht. Die mit Petrarca verbundene, so genannte **italienische Form** besteht aus zwei Strophen zu je vier Zeilen, d.h. **Quartetten** (*quatrains, quartets*), und zwei Strophen à drei Zeilen, d.h. **Terzetten** (*triplets, tercets*), oder zusammengerechnet: aus einem **Oktett** (*octave, octet*) und einem **Sextett** (*sestet*). Als **englische Form**, die unter anderem Shakespeare verwendet, findet sich dagegen die Aufteilung in drei Quartette und ein **Reimpaar** (*couplet*): »Statt These und Antithese, Problemstellung und Lösung, stehen sich nunmehr ein breit ausgeführter Gedanke und eine knappe Schlusspointe gegenüber« (Diller 1978, 140f.).

Die folgenden Sonette von Sidney und Shakespeare behandeln beide das von Petrarca übernommene Thema Liebe, unterscheiden sich aber deutlich in ihrer Strophenstruktur, die im ersten Fall weitestgehend am italienischen Muster orientiert ist, im zweiten die englische Form verwendet:

> With how sad steps, O Moon, thou climb'st the skies,   a
> How silently, and with how wan a face!   b
> What, may it be that even in heavenly place   b
> That busy archer his sharp arrows tries?   a
> Sure, if that long-with-love-acquainted eyes   a
> Can judge of Love, thou feel'st a Lover's case;   b
> I read it in thy looks: thy languished grace,   b
> To me that feel the like, thy state descries.   a
> Then even of fellowship, O Moon, tell me   c
> Is constant *love* deemed there but want of wit?   d
> Are beauties there as proud as here they be?   c
> Do they above love to be loved, and yet   d
> Those lovers scorn whom that *love* doth possess?   e
> Do they call *virtue* there ungratefulness?   e
> (Sir Philip Sidney, *Astrophil and Stella*, Sonnet 31)

> Shall I compare thee to a summer's day?   a
> Thou art more lovely and more temperate.   b
> Rough winds do shake the darling buds of May,   a
> And summer's lease hath all too short a date.   b
> Sometime too hot the eye of heaven shines,   c
> And often is his gold complexion dimmed,   d
> And every fair from fair sometime declines,   c
> By chance or nature's changing course untrimmed;   d
> But thy eternal summer shall not fade   e
> Nor lose possession of that fair thou ow'st,   f
> Nor shall death brag thou wander'st in his shade   e
> When in eternal lines to time thou grow'st.   f
> So long as men can breathe or eyes can see,   g
> So long lives this, and this gives life to thee.   g
> (William Shakespeare, Sonnet 18)

Sidneys Sonett endet zwar mit einem Reimpaar, behält aber die Zweiteilung der italienischen Form bei: Das Reimschema mit den Reimen a und b grenzt ein Oktett klar von den anders reimenden letzten sechs Zeilen ab; im Sextett ist das abschließende Reimpaar syntaktisch zudem durch einen Zeilensprung mit der vorangehenden Zeile verbunden. Nachdem im Oktett die Parallele zwischen dem liebeskranken Sprecher und dem bleichen Mond entwickelt wurde, erfolgt eine gedanklich-emotionale Wendung (*volta, turn*), und das Sextett formuliert in rhetorischen Fragen eine Klage über die Frauen, die die männlichen Liebesqualen verursacht haben.

Eine klare englische Struktur hat dagegen Shakespeares Sonett 18. Das abschließende Reimpaar bildet eine auch syntaktisch separate Einheit, die durch den Punkt vom letzten Quartett klar abgetrennt ist. Es zieht eine pointierte Schlussfolgerung aus dem zuvor Gesagten: Das Gedicht, in dem die Schönheit der geliebten Person beschrieben ist, wird diese Schönheit unsterblich machen.

4.3.5 Subjektivität als Gattungsmerkmal der Lyrik?

Lyrik wird häufig als die ›subjektivste‹ der literarischen Textsorten bezeichnet. Gefühle, Gedanken, Reflexionen, Erlebnisse und Bekenntnisse eines Ich scheinen unmittelbar zur Sprache zu kommen; mit dem Begriff Roman Jakobsons ist also die expressive Funktion der Sprache stark betont (s. Kap. I, S. 12f.). Tatsächlich trifft diese Bestimmung auf viele Gedichte zu; z.B. auf die Sonette Sidneys und Shakespeares oder Wordsworths »Tintern Abbey«, die auf das Ich des Gedichts jeweils durch Pronomina in der 1. Person explizit hinweisen.

Daneben gibt es jedoch, wie wir bereits gesehen haben, **erzählende Gedichte**, in denen ein Geschehen im Mittelpunkt steht. Andere Gedichte sind vorwiegend deskriptiv: Sie beschreiben Gegenstände, Tiere, Menschen oder Landschaften, ohne dabei gleichzeitig auch die Subjektivität der Sprechinstanz in den Vordergrund zu stellen. Wieder andere Gedichte machen eine ausgesprochen *inter*subjektive Aussage, und es dominiert nach Jakobson die appellative Sprachfunktion. So klagt ein Gedicht des Romantikers Percy Bysshe Shelley, »Men of England« (entstanden 1819), explizit soziales Unrecht an und verleiht der Hoffnung auf eine proletarische Revolution Ausdruck. Das Gedicht, das seine primären Adressaten unmittelbar anredet, ist zu einer Hymne der britischen Arbeiterbewegung geworden:

> Men of England, wherefore plough
> For the lords who lay ye low?
> Wherefore weave with toil and care
> The rich robes your tyrants wear?

Im so genannten **dramatischen Monolog** (*dramatic monologue*) äußert sich ein Sprecher in einer bestimmten Rolle und in einer genau definierten Situation, also wie die Figur in einem Theaterstück; dabei hat ein gegebenenfalls angeredeter Kommunikationspartner in der Regel keine eigenen Redeanteile. Ein wesentlicher

Effekt dieser Gedichtart ist, dass der Sprecher sich (unter Umständen unabsichtlich) in seinem Temperament und Charakter offenbart. Für diese Form des Rollengedichts wurde besonders der viktorianische Dichter Robert Browning berühmt. Einer seiner dramatischen Monologe ist »My Last Duchess« (1842), ein im Italien der Renaissance angesiedeltes Gedicht, in dem der Sprecher, der Duke of Ferrara, dem angeredeten Du, einem Vermittler für eine neue Braut, den Eifersuchtsmord an der im Titel bezeichneten ersten Ehefrau enthüllt:

> That's my last Duchess painted on the wall,
> Looking as if she were alive. I call
> That piece a wonder, now: Frà Pandolf's hands
> Worked busily a day, and there she stands.
> Will't please you sit and look at her? I said
> ›Frà Pandolf‹ by design, for never read
> Strangers like you that pictured countenance[.]

Bereits diese Beispiele lassen erkennen, dass unmittelbare ›Subjektivität‹ keinesfalls alle Gedichte charakterisiert und dass die Sprechsituation von Gedichten, d.h. ihre besondere Variante der literarischen Kommunikation, einer differenzierten Betrachtung bedarf.

4.3.6 Die Sprechsituation lyrischer Texte

In Zusammenhang mit der Subjektivität der Lyrik ist das **lyrische Ich** (*lyrical I*) als typische Sprechinstanz von Gedichten bezeichnet worden: Der Sprecher macht in der Ich-Form Aussagen über seine eigene Befindlichkeit, wobei auch bei eventuellen autobiographischen Bezügen eines Gedichts eine grundsätzliche Unterscheidung zwischen dem textinternen Ich und dem realen Dichter zu treffen ist. Im dramatischen Monolog jedoch ist der Sprecher kein anonymes Ich, sondern eine bestimmte fiktive Rolle; man hat diese Art von Sprecher deshalb auch als **Rollenmaske** (*persona*) bezeichnet. In vielen beschreibenden und erzählenden Gedichten tritt der Sprecher überhaupt nicht als greifbare ›Person‹ hervor. Es empfiehlt sich also, für die sprechende Instanz eines Gedichts als Grundbegriff einen **Sprecher** (*speaker, voice*) anzunehmen und diesen Sprecher dann in seiner Rolle, Funktion, Intention und situativen Umgebung genauer zu bestimmen.

Die Sprechsituation des Gedichts ist mit der Identifizierung des Sprechers noch nicht vollständig erfasst, denn gerade für Gedichte ist es charakteristisch, dass der Sprecher sich oft (wenn auch nicht immer) an einen textinternen Adressaten richtet, der in der Regel selbst nicht spricht. Auch dieser Adressat kann sehr unterschiedlich beschaffen sein. In Brownings »My Last Duchess« steht der Adressat als *persona* dem Sprecher tatsächlich gegenüber. In Sidneys Sonnet 31 richtet sich die Anrede an den Mond, der kein ›echter‹ Kommunikationspartner sein kann; die rhetorische Anrede an diesen Adressaten ist also eigentlich eine Selbstansprache des Ich. In Shakespeares Sonett 18 wird die geliebte Person angesprochen, also ein potentiell echter Kommunikationspartner. Liegt bei diesen beiden Sonetten eine private Kommunikationssituation vor, so richtet sich Shelley in »Men of England« an einen kollektiven Adressaten, und seine Äußerung bekommt hierdurch einen öffentlichen Charakter.

In Kapitel 1.2.2 wurde ein allgemeines Modell literarischer Kommunikation vorgestellt. Wir haben jetzt gesehen, dass Kommunikation nicht nur zwischen realem Autor und Leser stattfindet, sondern auch innerhalb des literarischen Textes selbst. Die **interne Kommunikationssituation des literarischen Textes** lässt sich für Gedichte wie folgt annehmen:

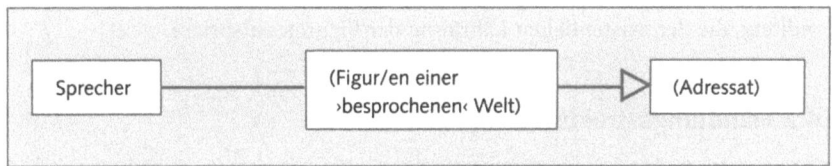

Abb. 11: Textinterne Kommunikationssituation im Gedicht

Enthalten sind in dieser Darstellung Positionen für alle Sprechsituationen, die potentiell in Gedichten auftreten können. Dabei ist nur der Sprecher als Stimme des Textes eine Instanz, die vorkommen muss, jedoch unterschiedlich explizit und selbstbezogen ausfallen kann. Die anderen Positionen sind fakultativ und stehen deshalb in Klammern.

Wir werden sehen (s. 4.6.1 und 4.7.1), dass Erzähltext und Drama ebenfalls charakteristische interne Kommunikationssituationen aufweisen, durch die sie sich nicht nur von der Lyrik, sondern auch voneinander signifikant unterscheiden. Gemeinsam ist erzählenden und dramatischen Texten, dass sie in der Regel ein Geschehen vermitteln.

4.4 Handlungsanalyse in erzählenden und dramatischen Texten

Ein Geschehen wird in Erzähltext und Drama (sowie im Film) in Form einer **Handlung** (*action*), d.h. eines bestimmten Zusammenhangs von **Ereignissen** (*events*), präsentiert. Für die vertiefte Einführung in die Handlungsanalyse sind Schwarze (1998) und Pfister (2001) zu empfehlen.

4.4.1 Handlungsdynamik

Eine Handlung kann mehr oder weniger dynamisch sein. Eine dynamische Handlung besteht z.B. aus vielen Ereignissen und/oder ist konfliktreich. In vielen Komödien Shakespeares etwa kommt es zu zahlreichen Verwechslungen und Intrigen, die für viel ›Aktion‹ sorgen. Ähnliches gilt für einen Roman wie Charles Dickens'

Oliver Twist (1837-39), wo zudem durch das Geheimnis um die Herkunft des Waisenjungen Oliver **Spannung** (*suspense*) aufgebaut wird.

Für moderne Dramen und Romane ist dagegen eine Tendenz zum Rückgang an Handlungsdynamik beobachtet worden. An die Stelle von konflikthafter und spannender Aktion tritt ein Ausloten von Situationen, existentiellen und psychologischen Zuständen. Programmatisch kommt dies bereits im Titel von Samuel Becketts Drama *Waiting for Godot* (englische Uraufführung 1955) zum Ausdruck. Das äußere Geschehen in diesem Stück ist minimal; statt selbst etwas an ihrem Zustand zu ändern, warten die zentralen Figuren Vladimir und Estragon lediglich auf das Erscheinen von Godot, der allerdings nie eintrifft. Die Tatsache, dass der zweite Akt des Dramas den ersten weitgehend wiederholt, unterstreicht die Stagnation der Handlung, die der existentiellen Lähmung der Figuren entspricht.

4.4.2 Handlungsstruktur: Story und Plot

Für die Analyse von Handlungsstrukturen hat sich in der Literaturwissenschaft die Annahme zweier Ebenen etabliert, für die es allerdings unterschiedliche Begrifflichkeiten gibt.

Eine dieser Ebenen, englisch meist als *story* (deutsch **Geschichte**, franz. *histoire*) bezeichnet, hat man sich als eine Abstraktion vom konkreten Text vorzustellen. Hier werden die Ereignisse einer Handlung in eine chronologische Reihenfolge gebracht, wie sie in der Erfahrungswirklichkeit plausibel sein könnte.

Dagegen werden auf der zweiten Ebene die Ereignisse betrachtet, wie sie tatsächlich im Text anzutreffen sind. Der traditionelle Begriff für diese Ebene ist *plot* (deutsch auch **Fabel**).

Als Beispiel sei hier der Anfang von Joanne Rowlings *Harry Potter and the Philosopher's Stone* (1997) angeführt. Die ersten Handlungselemente des Romans bestehen aus der Schilderung des Alltags von Mr Dursley, dessen Familie in der kommenden Nacht den kleinen Harry Potter aufnehmen wird, der aber alle Anzeichen, die auf diese besondere Begebenheit hindeuten, übersieht. Im Konstrukt der Story für diesen Roman gehen den Ereignissen, die den Beginn des Plots bilden, jedoch andere wichtige Ereignisse voraus, nämlich die gesamte Vorgeschichte um Harry und den bösen Zauberer Lord Voldemort, der Harrys Eltern tötet, dem einjährigen Kind aber nichts anhaben kann. Erst sukzessive erhält der Leser (und auch Harry selbst) Informationen, die ihm helfen, Harrys Vorgeschichte zu rekonstruieren. In neuerer Forschungsliteratur wird der Ebene der *story* auch der Begriff *discourse* (**Diskurs**) gegenüber gestellt. Dieser Begriff bezieht sich jedoch nicht allein auf die Handlungsstruktur, sondern den Text in der Gesamtheit seiner Gestaltung und darf nicht mit anderen Verwendungsweisen des Begriffs in der neueren Literaturtheorie (s. S. 107) verwechselt werden.

Im *plot* sind die Ereignisse einer Handlung in unterschiedlicher Weise gewichtet (Haupt-/Nebenereignisse) und nach bestimmten Prinzipien miteinander verknüpft. So gibt es Dramen und Romane, die nur einen **Handlungsstrang** (*single plot line*) haben, während sich in anderen die Ereignisse auf mehrere Handlungsstränge (*multiple plot lines*) verteilen, die entweder gleichgewichtig sind oder sich als **Haupt- und Nebenhandlung** (*main plot/subplot*) manifestieren.

Ein *plot* kann unterschiedlich streng konstruiert sein. Die klassische Tragödie, wie sie Aristoteles definiert und der Dramentheoretiker Gustav Freytag später schematisiert hat, sollte eine Dreiecksstruktur aufweisen: mit steigender Handlung (*rising action*) von der Exposition (*exposition*) zur Peripetie (*peripety*), dem Handlungsumschwung, und einer danach wieder fallenden Handlung (*falling action*), die in der Katastrophe (*catastrophe*) endet (**Freytagsches Dramendreieck**):

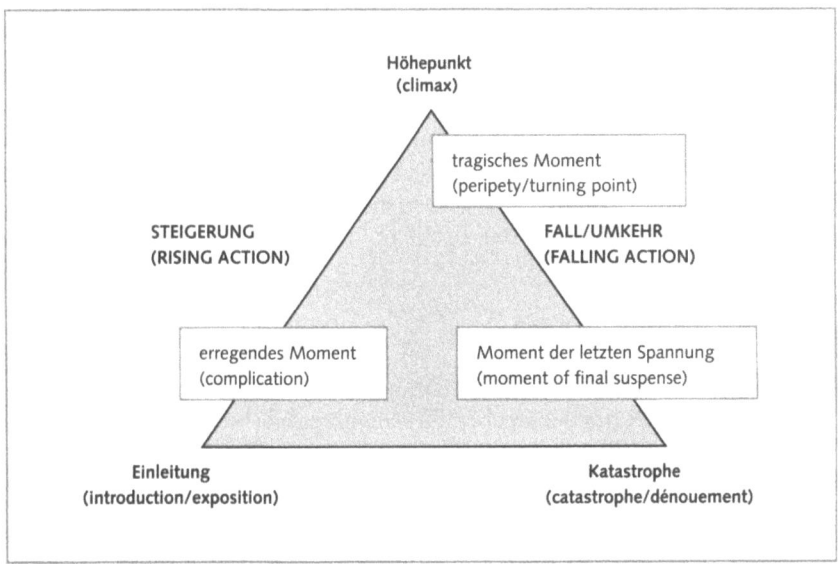

Abb. 12: Freytagsches Dramendreieck

Andere literarische Texte weisen eine lockere oder gar erratische Struktur auf. Gerade in Romanen kann die Präsentation der Handlung in extremer Weise durch Abschweifungen unterbrochen sein. So kommentiert der Erzähler in Laurence Sternes *Tristram Shandy* (1759–1767) selbst, wie er immer wieder von seiner ›eigentlichen‹ Handlung abkommt; die resultierende wirre Handlungsstruktur illustriert er sogar graphisch:

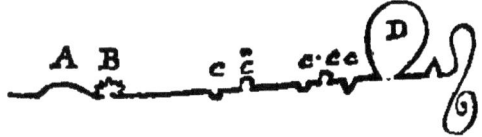

Der Eindruck des Abschweifens von einer linearen Handlung kommt vielfach durch eine Umstellung der Handlungschronologie zustande.

4.4.3 Umstellungen in der Handlungschronologie

Bei der **Anordnung** (*order*) von Ereignissen im *plot* sind neben einer chronologischen Reihung die **Rückwendung** oder, mit einem Begriff von Genette (1972), **Analepse** (*analepsis, flashback*), und die **Vorausdeutung** oder **Prolepse** (*prolepsis, foreshadowing*) möglich. Der Text präsentiert dann ein Ereignis später bzw. früher, als es gemessen an einer ›natürlichen‹ Chronologie der *story* stattfinden würde. Klassische Detektivgeschichten z.B., etwa die Sherlock Holmes-Erzählungen von Arthur Conan Doyle, nehmen zum Schluss typischerweise eine Rückwendung vor, in der die Tat rekonstruiert und damit die Lösung des Falls präsentiert wird.

Grundsätzlich sind Zeitumstellungen auch im Drama möglich. Das analytische Drama (wie z.B. Peter Shaffers *Equus*, 1973) beginnt typischerweise mit dem Ende der Handlung und präsentiert den Verlauf der Handlung in umgekehrter Reihenfolge. In Caryl Churchills *Top Girls* (1982) ist die letzte Szene gegenüber den früheren Szenen ein Rückschritt um ein Jahr in die Vergangenheit. Da Manipulationen der Chronologie auf der Theaterbühne aber leichter verwirren als im Erzähltext, trifft man sie in Dramen nicht so häufig an wie in Erzähltexten.

4.4.4 Informationsvergabe

Literarische Texte unterscheiden sich darin, wie und in welchem Maß sie an ihre Leser/Zuschauer Informationen über die Handlung vergeben. Wird die Handlung von Anfang an (*ab ovo*), einschließlich ihrer Vorgeschichte, präsentiert? Beginnt der Roman bzw. das Drama direkt mit der Haupthandlung (*in medias res*)? Oder setzt der Text mit dem Schluss der Handlung ein und rollt das Geschehen ›von hinten‹ auf (*in ultimas res*)? Wird die für das Verständnis der Handlung erforderliche Hintergrundinformation zu den Figuren und der vorangegangenen Handlung, die **Exposition** (*exposition*), gegeben, und wo findet sich diese Exposition? Gleich zu Beginn des Textes (*preliminary*) oder nachgeholt (*delayed*), konzentriert (*concentrated*) oder über einen längeren Teil des Textes verteilt (*distributed*)?

Lässt der Text seine Leser absichtlich über Aspekte der Handlung im Dunkeln, wie etwa in einer klassischen Detektivgeschichte, die erst am Schluss die Lösung des Verbrechens präsentiert? Oder wissen die Leser/Zuschauer mehr über den weiteren Verlauf einer Handlung, etwa ein tragisches Verhängnis, als eine handelnde Figur, wodurch es zum Effekt der so genannten **dramatischen Ironie** (*dramatic irony*) kommt?

Endet die Handlung mit einer Lösung aller Fragen, oder bleiben Fragen ungeklärt, ist das Handlungsende also **geschlossen** oder **offen** (*open/closed ending*)? In Dickens' *Oliver Twist* liegt ein geschlossenes Ende vor: Den guten Figuren ist Gerechtigkeit widerfahren, die bösen sind bestraft worden, und das weitere Schicksal der Figuren wird angedeutet. Dagegen ist der Schluss von Becketts *Waiting for Godot* offen; die Charaktere können sich aus ihrer Situation des Wartens nicht befreien, keine Lösung ihres Problems finden. »They do not move« ist die bezeichnende letzte Regieanweisung des Stücks.

4.5 Figurenanalyse in Erzähltext und Drama

In der deutschen Begrifflichkeit ist für Personen, die als Teile fiktionaler Texte (und Filme) auftreten, der Terminus ›**Figur**‹ üblich, um zu betonen, dass es sich um fiktive Konstrukte handelt. Von ›Personen‹ ist nur in Bezug auf die außerliterarische Wirklichkeit die Rede. Im Englischen ist der Terminus *character* für Figur der gebräuchlichste.

Die Ausführungen dieses Abschnitts folgen der ausführlichen Darstellung bei Pfister (2001) für das Drama, wobei sich alle Kategorien auf Figuren in Erzähltexten übertragen lassen.

4.5.1 Figurenkonzeption

Figuren können **ein- oder mehrdimensional** (*mono-/multidimensional*; alternativ: **rund/flach**: *round/flat*) konzipiert sein, d.h. mehr oder weniger Eigenschaften aufweisen. Ein Extremfall sind allegorische Figuren, die eine einzige Eigenschaft verkörpern; sie sind z.B. für einen aus dem Mittelalter überkommenen Typ des Dramas, das *morality play*, charakteristisch. In *Everyman* (die heute bekannte Textversion stammt aus dem frühen 16. Jahrhundert) treten die folgenden Personifikationen von Tugenden auf: Good Deeds, Beauty, Strength und Knowledge. Abgesehen von solchen allegorischen Figuren entfaltet sich die Figurenkonzeption in Drama und Erzähltext in einem Spektrum, das von dem durch einen Satz weniger Merkmale bestimmten **Typ** (*type, stock character*) bis zum komplexen **Individuum** (*individual*) reicht.

Figuren können sich zudem entwickeln oder die gesamte Handlung hindurch gleich bleiben. Sie werden entsprechend in **dynamische und statische** Figuren (*dynamic, static characters*) unterschieden. In Shakespeares *King Lear* etwa gewinnt Lear im Verlauf der Handlung wichtige Erkenntnisse über sich selbst, seine Töchter und die Pflichten des Königs; er stirbt am Ende des Stücks als ein gegenüber dem Anfang gewandelter Mensch. Viele Figuren in den Romanen von Dickens dagegen stehen dem Typ nahe und machen keine Entwicklung durch. In *Oliver Twist* etwa ist Oliver durchgängig ein ›gutes‹ Kind, und die Frauenfiguren bei Dickens sind bekannt dafür, dass sie oft einseitig auf die Rolle eines ›guten Engels‹ festgelegt sind.

4.5.2 Charakterisierungstechniken

Unter Charakterisierung versteht man die Art, in der ein Text über die Eigenschaften seiner Figuren informiert. Diese Information kann durch eine Figur der Handlung selbst oder andere Figuren vergeben werden (**figurale Charakterisierung**; *figural characterisation*) oder durch Regieanweisungen im Drama bzw. durch einen Erzähler im Erzähltext (**auktoriale Charakterisierung**; *authorial characterisation*, wobei man für Erzähltexte treffender von Charakterisierung durch den Erzähler bzw. *narratorial characterisation* sprechen sollte).

Die Charakterisierung erfolgt des Weiteren **explizit** (*explicit*) oder **implizit** (*implicit*). Im ersten Fall werden Eigenschaften einer Figur direkt genannt, im zweiten Fall wird indirekt auf sie verwiesen, etwa durch Aussehen, Kleidung, Sprechweise oder Verhalten der Figur. Darüber hinaus werden Figuren implizit auch durch ihre Beziehung zu anderen Figuren (**Figurenkonstellationen**, *character constellations*), sowie durch Kontraste und Korrespondenzen zu Eigenschaften anderer Figuren charakterisiert. Besonders prägnant treten solche Relationen in bestimmten **Figurenkonfigurationen** hervor, d.h. den in einem Stück ständig wechselnden Gruppierungen, in denen Figuren miteinander auf der Bühne erscheinen.

Der folgende Auszug stammt aus Peter Shaffers Drama *Amadeus* (1979), das den Tod Mozarts und die Rolle seines Konkurrenten Salieri bei diesem Tod thematisiert; das Stück ist nicht zuletzt durch seine Verfilmung bekannt geworden. Für die Entwicklung des dramatischen Konflikts in diesem Drama ist es wesentlich, dass Mozart einerseits als gottbegnadeter Künstler erscheint, andererseits aber – im krassen Gegensatz zu dem frommen und strengen Salieri – als kindlicher, kindischer und recht ordinärer Mensch. Bei Mozarts erstem Auftritt (er verfolgt gerade seine Ehefrau Konstanze) kommen diese Züge vor allem durch sein Verhalten und seine Sprache (implizit-figural) zum Ausdruck; dazu kommt in den Regieanweisungen ein explizit-auktorialer Hinweis auf seine Rastlosigkeit und Infantilität:

> [*Suddenly a small, pallid, large-eyed man in a showy wig and a showy set of clothes runs in after her and freezes – center – as a cat would freeze, hunting a mouse. This is* WOLFGANG AMADEUS MOZART.
> *As we get to know him through his next scenes, we discover several things about him: he is an extremely restless man, his hands and feet in almost continuous motion; his voice is light and high; and he is possessed of an unforgettable giggle – piercing and infantile.*]
> MOZART: Miaouw!
> CONSTANZE: [*Betraying where she is*]. Squeak!
> MOZART: Miaouw! ... Miaouw! ... Miaouw!
> [*The composer drops on all fours and, wrinkling his face, begins spitting and stalking his prey. ...*]
> I'm going to pounce-bounce! I'm going to scrunch-munch! I'm going to chew-poo my little mouse-wouse! I'm going to tear her to bits with my paws-claws! (Akt I, Szene v)

4.6 Spezifika der Erzähltextanalyse

Die Literatur zur Erzählforschung ist mittlerweile fast unüberschaubar. Es ist daher empfehlenswert, sich zunächst in die gängigsten Beschreibungsmodelle einzuarbeiten, die im Folgenden dargestellt werden, und sich erst dann alternativen Modellen zuzuwenden. Zur weiterführenden Einarbeitung sind empfehlenswert: Rimmon-Kenan (2002) sowie Toolan (2001), Martinez/Scheffel (2003) und Jahn (2003).

4.6.1 Die Erzählsituation

Wie bei der Lyrik ist für den Erzähltext die besondere interne Kommunikationssituation ein zentraler Aspekt der Textanalyse. Während viele Gedichte eine unmittelbare Sprechsituation haben, ist die ›Mittelbarkeit‹ der dargestellten Welt, ihr Erzählt-Sein, das zentrale »Gattungsmerkmal der Erzählung« (Stanzel 2001, 15).

Die **Erzählsituation** (*narrative situation*) ist die Kommunikationssituation, aus der heraus die erzählte Welt im Text vermittelt wird. In dieser Situation kommt der Instanz des **Erzählers** (*narrator*) besondere Bedeutung zu. Ein Erzähler ist eine textinterne Instanz und daher grundsätzlich nicht mit dem realen Autor des Textes gleichzusetzen.

Ein Erzähler, der seine Geschichte in sehr offensichtlicher Weise vermittelt, nicht zuletzt weil er sich explizit auf sich selbst und seinen Akt des Erzählens bezieht, findet sich in Henry Fieldings Roman *Tom Jones* (1749):

> I have told my reader, in the preceding chapter, that Mr Allworthy inherited a large fortune; that he had a good heart, and no family. Hence, doubtless, it will be concluded by many, that he lived like an honest man, owed no one a shilling, took nothing but what was his own, kept a good house, entertained his neighbours with a hearty welcome at his table, and was charitable to the poor, *i.e.* to those who had rather beg than work, by giving them the offals from it; that he dy'd immensely rich, and built a hospital.
> And true it is, that he did many of these things; but, had he done nothing more, I should have left him to have recorded his own merit on some fair free-stone over the door of that hospital. Matters of a much more extraordinary kind are to be the subject of this history, or I should grossly misspend my time in writing so voluminous a work; and you, my sagacious friend, might, with equal profit and pleasure, travel through some pages, which certain droll authors have been facetiously pleased to call *The History of England*. (Beginn des 3. Kapitels)

In dieser Passage wird mehrfach und explizit ein Leser angesprochen. Ein solcher textinterner Leser ist, analog zum Erzähler, grundsätzlich nicht mit dem realen Leser identisch und wird deshalb auch als **fiktiver Leser** (*narratee*) bezeichnet.

Für Erzähltexte lässt sich das folgende **textinterne Kommunikationsmodell** annehmen (vgl. alternativ und teils komplexer auch Kahrmann u.a. 1996 sowie Chatman 1978).

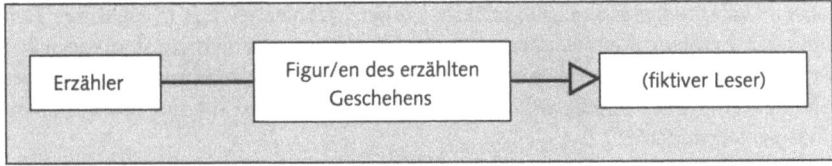

Abb. 13: Textinterne Kommunikationssituation im Erzähltext

Um der gattungsspezifischen Mittelbarkeit des Erzählens gerecht zu werden, ist die Instanz des Erzählers in diesem Modell als obligatorisch gesetzt. Erzählinstanzen unterscheiden sich jedoch erheblich darin, wie wahrnehmbar sie sind, d.h. wie prägnant sie selbst im Text manifest sind bzw. ob sie **explizit** (*overt*) oder **neutral** (*covert*) sind (vgl. Chatman 1978).

Ein Erzähler kann sich, wie in der zitierten Stelle aus *Tom Jones*, durch Selbstverweise und Kommentare deutlich in Szene setzen und als eigenständige ›Persönlichkeit‹ manifest werden. Die Erzählinstanz kann aber auch weitgehend zurücktreten und sich auf eine ›neutrale‹ Wiedergabe der Handlung, der Figurenrede oder des Schauplatzes beschränken. Generell zeichnen sich viele Romane des 18. und des 19. Jahrhunderts durch eine starke Erzählerpräsenz und ein ausgeprägtes Selbstbewusstsein dieser Erzähler aus. Historisch ist zur Moderne hin eine Tendenz zu zurückhaltenderen Erzählinstanzen zu beobachten. Aber auch innerhalb eines Textes kann die Erzählerdeutlichkeit variieren. So übt der Erzähler in *Tom Jones* stellenweise eine starke Zurückhaltung und lässt Handlung und Figuren für sich selbst sprechen, z.B. wenn sein Titelheld im vorletzten Kapitel endlich zum Heiratsantrag kommt:

> At this instant, Western, who had stood some time listening, burst into the room, and with his hunting voice and phrase, cried out, ›To her boy, to her, go to her. – That's it, little honeys, O that's it.‹ [...] ›What would my papa have me do?‹ cries Sophia. ›What would I have thee do?‹ says he, ›why gi' un thy hand this moment.‹ – ›Well, sir,‹ said Sophia, ›I will obey you. – There is my hand, Mr Jones.‹ [...] Jones then fell upon his knees, and kissed her hand in an agony of joy, while Western began to caper and dance about the room [...].

Je deutlicher der Erzähler wahrnehmbar ist, umso stärker ist der Effekt des *telling*, des Vermitteltseins der erzählten Welt, während es bei einem weitgehenden Zurücktreten des Erzählers zum Eindruck des relativ unmittelbaren *showing* wie auf einer Theaterbühne kommt.

4.6.2 Homo- und heterodiegetische Erzählinstanzen

Unabhängig von ihrer Prägnanz können Erzähler außerhalb des von ihnen erzählten Geschehens stehen und werden dann mit einem ursprünglich von Genette (1972) geprägten und von Rimmon-Kenan übernommenen Begriff als **heterodiegetisch** (*heterodiegetic*) bezeichnet; ein solcher Erzählertyp liegt in Fieldings *Tom Jones* vor. Erzähler können aber auch ein Geschehen erzählen, an dem sie selbst als Figur beteiligt sind, und werden dann als **homodiegetisch** (*homodiegetic*) bezeichnet; eine traditionelle Bezeichnung für diesen Fall ist die des Ich-Erzählers (*first-person narrator*).

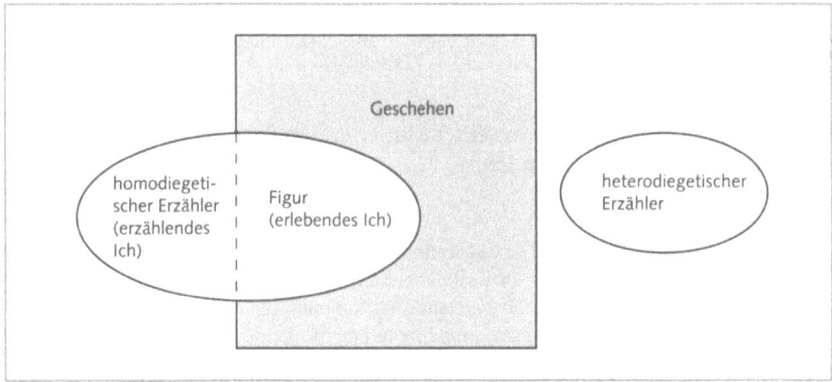

Abb. 14: Homo- versus heterodiegetische Erzählinstanzen

Man kann Typen der Ich-Erzählung danach unterscheiden, ob das Ich im Geschehen die zentrale Rolle einnimmt (*I as protagonist* auch: autodiegetischer Erzähler, **autodiegetic narrator**), oder ob es das Geschehen aus einer Beobachterposition wahrnimmt (*I as witness*). Ein Beispiel für ersteres ist David Copperfield in Charles Dickens' gleichnamigem Roman (1850); ein berühmter *I as witness*-Erzähler ist dagegen Dr. Watson in Sir Arthur Conan Doyles Sherlock Holmes-Erzählungen, der die Aktionen des von ihm bewunderten großen Detektivs meist nur als Begleiter erlebt und vermittelt:

> Mr. Sherlock Holmes, who was usually very late in the mornings, save upon those not infrequent occasions when he was up all night, was seated at the breakfast table. I stood upon the hearth-rug and picked up the stick which our visitor had left behind him the night before. [...]
> ›Well, Watson, what do you make of it?‹
> Holmes was sitting with his back to me, and I had given him no sign of my occupation.
> (Anfang von *The Hound of the Baskervilles*, 1902)

Bei Ich-Erzählern kann es weiterhin wichtig sein zu unterscheiden, ob die Vermittlung des Geschehens das Moment des Erlebens akzentuiert (man spricht dann vom *experiencing I*), oder ob die Sicht des Ich im Moment des Erzählens (*narrating I*) im Vordergrund steht, wobei das erzählende Ich vom erlebenden Ich zeitlich und in Hinblick auf seine Entwicklung deutlich in Distanz stehen kann. Letzteres ist der Fall am Anfang von *David Copperfield*, wo ein offensichtlich erwachsener und sich seines Erzählaktes sehr bewusster David Copperfield als erzählendes Ich den Moment seiner Geburt schildert, also ein Ereignis, das er nicht bewusst erlebt haben kann:

> Whether I shall turn out to be the hero of my own life, or whether that station will be held by anybody else, these pages must show. To begin my life with the beginning of my life, I

record that I was born (as I have been informed and believe) on a Friday, at twelve o'clock at night. It was remarked that the clock began to strike, and I began to cry, simultaneously.

Die Schilderung des Begräbnisses seiner Mutter erfolgt dagegen aus Sicht von David als unmittelbar erlebendem Ich:

> We stand around the grave. The day seems different to me from every other day, and the light not of the same colour – of a sadder colour. Now there is a solemn hush, which we have brought from home with what is resting in the mould; and while we stand bare-headed, I hear the voice of the clergyman, sounding remote in the open air, and yet distinct and plain, saying: ›I am the Resurrection and the Life, saith the Lord!‹ Then I hear sobs; and, standing apart among the lookers-on, I see that good and faithful servant, whom of all the people upon earth I love the best, and unto whom my childish heart is certain the Lord will some day say: ›Well done.‹ (Kap. 9)

In diesem Beispiel unterstreicht der Wechsel in das Tempus des Präsens das unmittelbare Erleben durch die Figur, aber auch in der oben zitierten Sherlock-Holmes-Geschichte ist die Sicht die von Watson als erlebendem Ich im Geschehen, auch wenn die Passage im Vergangenheitstempus erzählt ist.

Mit der Frage nach der Sicht auf das Geschehen durch ein erzählendes oder erlebendes Ich ist bereits ein weiterer zentraler Aspekt angesprochen: der der Perspektivierung oder Fokalisierung.

4.6.3 Perspektive – Fokalisierung

Der Begriff der **Perspektive** (*perspective*) wird mit ›Erzählsituation‹ gelegentlich synonym verwendet, obwohl er streng genommen nur einen Aspekt dieser Situation ausmacht, nämlich die Art, in der ein erzähltes Geschehen wahrgenommen erscheint. Eine klare Trennung zwischen dem Erzählakt und der Perspektivierung nimmt unter den gängigen erzähltheoretischen Modellen jenes Modell vor, das auf einer Konzeption von Genette (1972) basiert; es ist vor allem in seiner partiellen Umformulierung durch Rimmon-Kenan (2002) verbreitet und wird hier in dieser Form wiedergegeben. Danach ist für die **Bestimmung der Vermittlungssituation** narrativer Texte eine Grundunterscheidung wesentlich: ›Wer *erzählt* das Geschehen?‹ ist eine andere Frage als ›Wer *sieht* das Geschehen?‹ Die erste Frage betrifft den ›Sprecher‹ oder die ›Stimme‹, die man im Text als Erzählinstanz vernimmt. Die zweite betrifft das die dargestellte Welt jeweils wahrnehmende Bewusstsein und seine besondere Perspektivierung oder **Fokalisierung** (*focalisation*). Für die genaue Analyse der Perspektivierung hat man das jeweils wahrnehmende Bewusstsein auf dessen besondere Qualitäten zu untersuchen: Welche Eigenschaften eines Bewusstseins prägen oder färben die Wahrnehmung? Eine grundsätzliche Frage ist die nach der Positionierung des Bewusstseins gegenüber dem erzählten Geschehen, und hier unterscheidet man **interne** und **externe Fokalisierung** (*internal, external focalisation*).

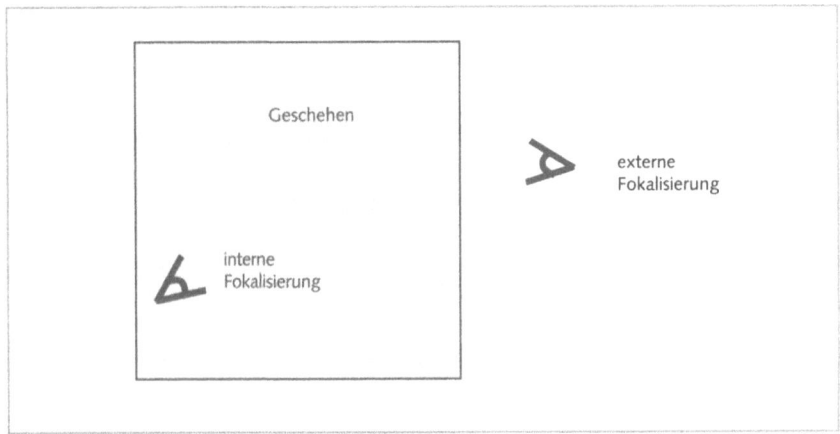

Abb. 15: Interne versus externe Fokalisierung

Bei externer Fokalisierung liegt die Wahrnehmung *außerhalb* des erzählten Geschehens, und dies bedeutet, dass es sich nicht um die Wahrnehmung einer Figur im Geschehen selbst, sondern die des heterodiegetischen Erzählers oder des erzählenden Ichs handelt; man spricht daher auch vom **narrator-focaliser**. Bei interner Fokalisierung erfolgt die Wahrnehmung des Geschehens aus der Sicht einer am Geschehen beteiligten Figur (daher auch **character-focaliser**), entweder durch ein erlebendes Ich oder eine Figur, auf die in der dritten Person verwiesen wird. Ein Beispiel für letzteres findet sich in James Joyces Kurzgeschichte »The Dead« aus den *Dubliners* (1914). Dieser Text endet mit den Wahrnehmungen und Gedanken der Figur Gabriel Conroy. Es ist Gabriel, nicht der ›sprechende‹ Erzähler (welcher auf Gabriel in der 3. Person Bezug nimmt), an dessen realer und imaginierter Sicht auf Irland die Leser am Ende der Geschichte teilhaben:

> A few light taps upon the pane made him turn to the window. It had begun to snow again. He watched sleepily the flakes, silver and dark, falling obliquely against the lamplight. The time had come for him to set out on his journey westward. Yes, the newspapers were right: snow was general all over Ireland. It was falling on every part of the dark central plain, on the treeless hills, falling softly upon the Bog of Allen and, farther westward, softly falling into the dark mutinous Shannon waves. It was falling, too, upon every part of the lonely churchyard on the hill where Michael Furey lay buried. It lay thickly drifted on the crooked crosses and headstones, on the spears of the little gate, on the barren thorns. His soul swooned slowly as he heard the snow falling faintly through the universe and faintly falling, like the descent of their last end, upon all the living and the dead.

Wie hier bei Joyce ist bei vielen Schriftstellern der Moderne im Zuge eines Zurücktretens der Erzählinstanz eine Tendenz zur Verwendung der internen statt der externen Fokalisierung festzustellen.

4.6.4 Begrenzte Fokalisierung und Zuverlässigkeit von Erzählinstanzen

Liegt die Fokalisierung bei einer Figur im Geschehen, ist das, was man als Leser über ein erzähltes Geschehen wissen kann, begrenzt auf das, was diese Figur innerhalb der Situation wahrnimmt oder bereits erfahren hat. Es ist der Figur nicht möglich, in die Zukunft zu sehen oder die Gedanken anderer Figuren zu lesen. Ein grundsätzlich begrenzter Zugang zur erzählten Welt liegt auch dann vor, wenn die Fokalisierung bei einem Ich-Erzähler liegt, denn auch ein erzählendes Ich kann glaubhaft nur das berichten, was es als Figur in der geschilderten Situation wahrgenommen hat oder was es im Nachhinein noch in Erfahrung bringen konnte (wie die Informationen, die David Copperfield über die Umstände seiner Geburt vermittelt).

Potentiell unbegrenzt sind Wahrnehmung und Wissen, wenn die Fokalisierung bei einem heterodiegetischen Erzähler liegt, also extern ist. Ein solcher *narrator-focaliser* kann zwar sein Wissen über die erzählte Welt zurückhalten, etwa um den Lesern ein Geheimnis nicht vorzeitig zu verraten. Er kann aber, wie oft z.B. bei Fielding, auch ›allwissend‹ (*omniscient*) sein und scheinbar gottgleich Vergangenheit und Zukunft der erzählten Welt sowie alle Gedanken der beteiligten Figuren kennen.

In Bezug auf Erzählinstanzen ist auch die Frage nach deren **Zuverlässigkeit** (*reliability*) bzw. Unzuverlässigkeit zu stellen (vgl. Nünning 1998). Ein Erzähler erscheint Lesern dann als unzuverlässig, wenn er Fakten behauptet, die Leser aufgrund ihrer Lebenserfahrung und ihres Weltwissens als falsch erkennen oder wenn er sich abweichend von üblichen Werten und Normen verhält. Es kann auch sein, dass der Text explizite Hinweise gibt, dass ein Erzähler das von ihm geschilderte Geschehen nicht genau versteht oder falsch deutet. Ein häufig angeführtes Beispiel ist Ford Madox Fords Roman *The Good Soldier* (1915), dessen Ich-Erzähler erst allmählich den Betrug und die Intrigen durchschaut, die sich zwischen ihm, seiner Frau und einem befreundeten Paar hinter einer Fassade der Respektabilität abspielen. In seltenen Fällen werden Leser durch Erzähler auch wissentlich in die Irre führt, wie in Agatha Christies Kriminalroman *The Murder of Roger Ackroyd* (1920), wo sich am Ende der Ich-Erzähler überraschend als Täter entpuppt.

4.6.5 Alternativmodell: Die typischen Erzählsituationen nach F. K. Stanzel

Das von Franz K. Stanzel zuerst in den 1960er Jahren (Stanzel 1964) und später weiter entwickelte Analysemodell für die Erzählsituation ist in der Anglistik deutscher Hochschulen weit verbreitet und zum Teil auch in den Schulunterricht eingedrungen. Hier ist die Unterscheidung zwischen Erzählakt und Fokalisierung zwar ebenfalls impliziert, schlägt sich terminologisch aber nicht so deutlich nieder wie im Modell, das auf Genette zurückgeht. Bei einem Vergleich der beiden Begriffssysteme wird also deutlich, wie verschiedene Modelle für den gleichen Beschreibungsbereich unterschiedliche Akzente setzen können.

Stanzel unterscheidet die

- **Ich-Erzählsituation** (*first-person narrative situation*), die
- **auktoriale Erzählsituation** (*authorial narrative situation*) mit einem Erzähler, der nicht wie ein Ich-Erzähler Teil der erzählten Welt ist, sowie die
- **personale Erzählsituation** (*figural narrative situation*), in der die Wahrnehmung des Geschehens bei einer **Reflektorfigur** (*reflector*) innerhalb der Handlung liegt.

Der Erzähler in *Tom Jones* ist nach dieser Terminologie ein auktorialer Erzähler, Gabriel Conroy in »The Dead« eine Reflektorfigur. In einer neueren Fassung des Stanzelschen Modells (Stanzel 2001, zuerst 1979) erlaubt ein ›Typenkreis‹ eine differenziertere Analyse der Erzählsituation, als hier kurz resümiert werden konnte.

4.6.6 Erzählerische Manipulation der Zeitdauer

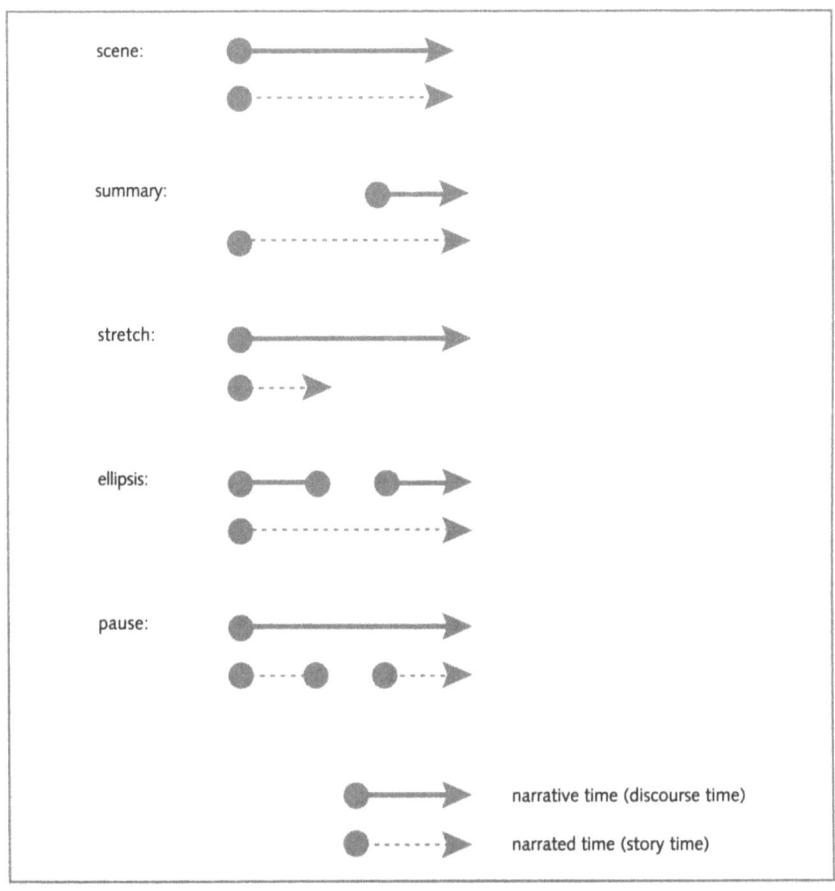

Abb. 16: Manipulation der Zeitdauer im Erzähltext

Aus den charakteristischen Vermittlungsstrukturen erzählender Literatur ergeben sich gegenüber anderen Gattungen besondere Möglichkeiten. So haben Erzähltexte dank ihres Vermitteltseins besonders viele Möglichkeiten, die Zeitstrukturen des Textes zu manipulieren, nicht nur was ihre Anordnung im *plot* (s. S. 126f.) betrifft, sondern auch in ihrer **Dauer** (*duration*) (vgl. Rimmon-Kenan 2002, 51–56).

Der Effekt variierender Zeitdauer kommt in einem Text durch das Verhältnis von Erzählzeit (*narrative time*, auch *discourse time*) und erzählter Zeit (*narrated time*, auch *story time*) zustande; die deutschen Begriffe wurden ursprünglich von Günther Müller (1947) geprägt. Die erzählte Zeit ist die Zeitspanne, die die geschilderten Ereignisse bei einer natürlichen Chronologie einnehmen würden, also eine Stunde, ein Tag, eine Woche oder ein Jahr. Die Erzählzeit ist die Zeit, die der Text auf die Schilderung der Ereignisse verwendet.

Texte können Ereignisse in annähernder **Zeitdeckung** (*scene*) wiedergeben, was am vollkommensten bei wörtlicher Figurenrede geschieht. Sie können sich aber auch der **Zeitraffung** (*summary*) bedienen, bei der eine längere Strecke der erzählten Zeit in kurzer Erzählzeit präsentiert wird. Während solche Raffungen sehr häufig zu beobachten sind, tritt der umgekehrte Fall, die **Zeitdehnung** (*stretch*), eine Art Zeitlupeneffekt, seltener auf und findet sich besonders in Momenten der Bewusstseinsdarstellung, etwa wenn ein Gedanke, der in objektiver Zeitmessung nur wenige Sekunden in Anspruch nehmen würde, in einer längeren Textpassage wiedergegeben wird.

Dazu kommen der **Zeitsprung**, das ›Auslassen‹ von Ereignissen des erzählten Geschehens im Text (*ellipsis*), und die **Pause** (*pause*), bei der der Text keine zeitlichen Ereignisse wiedergibt, die erzählte Zeit also stillzustehen scheint, während der Text Beschreibungen von Personen und Landschaften oder Kommentare eines Erzählers präsentiert.

Diese Möglichkeiten treten in unterschiedlicher Kombination auf und führen so zu einem wechselnden zeitlichen Rhythmus des Erzähltextes. Im letzten Kapitel von Dickens' *Oliver Twist* z.B. wird nach dem Abschluss der Hauptereignisse das weitere Schicksal der Figuren – nach einem Zeitsprung von drei Monaten – in starker Raffung resümiert:

> Before three months had passed, Rose Fleming and Harry Maylie were married in the village church which was henceforth to be the scene of the young clergyman's labours; on the same day they entered into possession of their new and happy home.
> Mrs Maylie took up her abode with her son and daughter-in-law, to enjoy, during the tranquil remainder of her days, the greatest felicity that age and worth can know [...].
> Monks, still bearing that assumed name, retired with his portion to a distant part of the New World; where, having quickly squandered it, he once more fell into his old courses, and, after undergoing a long confinement for some fresh act of fraud and knavery, at length sunk under an attack of his old disorder, and died in prison.

Eine weitere Kategorie für die Analyse der Zeitstruktur ist die Frage, wie häufig ein Ereignis aus der *story* erzählt wird (**frequency**): einmalig (*singulative*), mehrmals (*repetitive*), etwa wenn das gleiche Ereignis aus der Fokalisierung verschiedener

Charaktere geschildert wird, oder iterativ (*iterative*), wenn einmalig erzählt wird, was sich oft abgespielt hat.

4.6.7 Erzählweisen – Modi der Bewusstseinsdarstellung

Bereits aus der bisherigen Darstellung ergibt sich, dass Erzähltexte aus verschiedenen Redeformen – auch als **Erzählweisen** oder **Erzählmodi** (*narrative modes*) bezeichnet (Lämmert 1955 bzw. Bonheim 1982) – zusammengesetzt sind. Textpassagen, in denen der Erzähler spricht, mischen sich mit Passagen, in denen die Figuren im Geschehen selbst zu Wort kommen (**Figurenrede**, *speech*). In der Erzählrede erfolgen der **Bericht** (*report*) von Ereignissen, aber auch die **Beschreibung** (*description*) von Personen, Räumen und Gegenständen oder ein **Kommentar** (*comment*).

Eine Besonderheit des Erzähltextes ist, dass Figurenrede und Erzählrede sich nicht nur abwechseln, sondern auch miteinander vermischt und einander überlagernd auftreten. Von besonderer Relevanz ist dies, wo nicht laut gesprochene Rede, sondern die ›innere‹ Rede der Figuren, also Bewusstseinsinhalte (Gedanken, Gefühle, Wahrnehmungen oder Erinnerungen) wiedergegeben werden.

Bewusstseinsinhalte von Figuren sind zu allen Zeiten in der Erzählliteratur wiedergegeben worden. Die Möglichkeiten reichen vom direkten Gedankenzitat bis zur resümierenden Darstellung von Bewusstseinsinhalten durch einen Erzähler (*psychonarration* nach Dorrit Cohn, 1978). Die Darstellung ›innerer‹ Vorgänge – und damit der Stellenwert von Techniken zur Gedankendarstellung – gewinnt zur Moderne hin jedoch immer stärker an Bedeutung und gerade der Modernismus hat vielfältige Möglichkeiten der Bewusstseinsdarstellung ausgeschöpft (der folgende Überblick orientiert sich besonders an Rimmon-Kenan 2002).

Ein Großteil der Bewusstseinsdarstellung im Erzähltext lässt sich in Analogie zur tatsächlich gesprochenen Figurenrede fassen. Figurenrede und -gedanken treten in **direkter Form** auf (*direct speech/thought, quoted monologue*), aber auch in stärker vermittelten Formen – so wie auch in der Alltagskommunikation Rede ›indirekt‹ wiedergegeben werden kann. Bei direkter Wiedergabe steht eine Äußerung/ein Gedanke im Tempus der Gegenwart, und die deiktischen (Zeit- und Orts-)Pronomina haben die Orientierung des Hier und Jetzt. In **indirekter Form** (*indirect speech/thought*) werden die Zeitformen der Gegenwart in die der Vergangenheit umgewandelt, die 1. Person der direkten Rede in die 3. Person, und die deiktischen Pronomina sind die des Nicht-Gegenwärtigen:

direkt:
(He says/thinks:) »I live in Jerusalem now.«
indirekt:
He said/thought that he lived in Jerusalem then.
(nach Rimmon-Kenan 2002, 113f.)

In einer typisch literarischen Form können Rede bzw. Gedanken einer Figur aber auch in anderer Weise indirekt wiedergegeben werden. Die Floskel, die indirekte

Rede/Gedanken normalerweise einleitet (he said/thought that) wird weggelassen, und die indirekte Form somit frei verwendet. Die deiktischen Pronomina und andere Merkmale der direkten Rede wie z.B. Ausrufe oder Dialekt bleiben in der Regel erhalten:

>He lived in Jerusalem now.

Werden in dieser Form unausgesprochene Bewusstseinsinhalte mitgeteilt, spricht man im Deutschen meist, mit einem etwas irreführenden Begriff, von **erlebter Rede** (englisch *narrated monologue* oder auch *free indirect discourse*). Ein Beispiel für erlebte Rede ist das bereits betrachtete Ende von Joyces »The Dead«. Ein anderes Beispiel, in dem erlebte Rede mit direkter Gedankenwiedergabe sowie Erzählrede vermischt ist, findet sich in einer weiteren Kurzgeschichte der Moderne, D.H. Lawrences »Odour of Chrysanthemums« (1911). Die hier wiedergegebenen Gedanken sind die einer Frau, deren Mann, ein Bergarbeiter, soeben tot in sein Haus gebracht wurde. Bei der Totenwache überdenkt sie ihre Ehe:

> Life with its smoky burning gone from him, had left him apart and utterly alien to her. And she knew what a stranger he was to her. In her womb was ice of fear, because of this separate stranger with whom she had been living as one flesh. Was this what it all meant – utter, intact separateness, obscured by heat of living? [...] For as she looked at the dead man, her mind, cold and detached, said clearly: ›Who am I? What have I been doing? I have been fighting a husband who did not exist. *He* existed all the time. What wrong have I done? What was that I have been living with? There lies the reality, this man.‹ [...] She had denied him what he was – she saw it now. She had refused him as himself. And this had been her life, and his life. She was grateful to death, which restored the truth. And she knew she was not dead.

Werden Gedanken von Figuren direkt vermittelt, spricht man, wenn die Gedankendarstellung zusammenhängend und über längere Zeit (als z.B. im obigen Zitat) erfolgt, vom **inneren Monolog** (*interior monologue*). Erlebte Rede und innerer Monolog werden gelegentlich mit dem Begriff **Bewusstseinsstrom** (*stream of consciousness*) gleichgesetzt, den der amerikanische Psychologe William James geprägt hat. Dieser Begriff bezieht sich allerdings nicht auf die Redeform, in der Bewusstseinsinhalte wiedergegeben werden, sondern auf die Art der Verknüpfung der Bewusstseinsinhalte: eine assoziative, oft unlogische Verbindung von Gedanken und Wahrnehmungen, die den tatsächlichen Verknüpfungsformen unseres Bewusstseins entsprechen soll. Ein viel zitiertes Beispiel ist der lange innere Monolog der Molly Bloom, mit dem Joyces *Ulysses* (1922) schließt und von dem hier nur die letzten Zeilen wiedergegeben werden; das Fehlen von Satzzeichen, abgesehen vom abschließenden Punkt, unterstreicht das Fließen des Bewusstseins:

> [...] and how he kissed me under the Moorish wall and I thought well as well him as another and then I asked him with my eyes to ask again yes and then he asked me would I yes to say yes my mountain flower and first I put my arms around him yes and drew him down to me so he could feel my breasts all perfume yes and his heart was going like mad and yes I said yes I will Yes.

4.7 Spezifika der Dramenanalyse

Zur weiteren Einführung in die Dramenanalyse werden die folgenden Veröffentlichungen empfohlen, auf die die Darstellung dieses Unterkapitels zurückgreift: Elam (2002), Esslin (1989), Goetsch (1992), Asmuth (2004) und Pfister (2001).

4.7.1 Die Vermittlungssituation im Drama

Wie Lyrik und Erzähltext zeichnet sich das Drama durch eine besondere textinterne Kommunikationssituation aus:

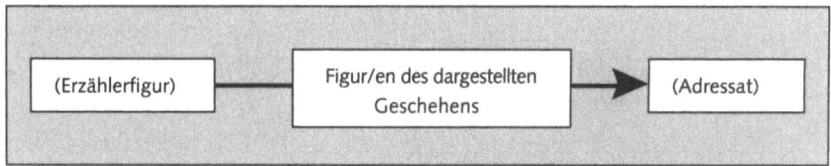

Abb. 17: Textinterne Kommunikationssituation im Drama

Anders als im Erzähltext sind Erzählerfiguren für das Drama keine gattungsbestimmende Vermittlungsinstanz; im Gegenteil ist ihr Auftreten eher die Ausnahme. Das im Normalfall für die Aufführung im Theater verfasste Drama (von griechisch ›Handlung‹) stellt Geschehen charakteristischerweise unmittelbar dar, ›szenisch‹, durch die (Inter-)Aktionen und die Rede der handelnden Figuren. Es hat damit – im Gegensatz zum meist rückschauend schildernden Erzähltext – ein starkes Gegenwartsmoment.

Es gibt aber Fälle, in denen Erzählerfiguren auch im Drama eingesetzt werden und dann ein ›episches‹ Element einführen. Im ›epischen‹ **Theater** (*epic theatre*) Bertolt Brechts etwa können Vermittlerfiguren (neben anderen Elementen wie Songs oder Schrifttafeln) zum von Brecht beabsichtigten Effekt der ›Verfremdung‹ (*alienation*) beitragen, d.h. zur Verhinderung der Identifikation der Zuschauer mit der Handlung und den Figuren auf der Bühne. Die Mittel der Episierung finden sich aber schon in wesentlich älteren Formen des Dramas und Theaters.

So hat etwa der **Chor** im antiken Drama eine erzählende und kommentierende Funktion, die Shakespeare beispielsweise mit dem *Chorus* in seinem Geschichtsdrama *Henry V* (1599 entstanden) aufgreift. Mit einem Terminus der Erzähltextanalyse kann man den Chor dieses Stücks als eine heterodiegetische (nicht der Welt der übrigen Figuren angehörende) Instanz bezeichnen. Eine besonders wichtige Funktion dieser Chorfigur besteht darin, für das Publikum historische Hintergründe aufzuklären, die vielen Schauplätze des Stücks in England und Frankreich miteinander zu verbinden und Zeitsprünge zu überbrücken: »and the scene / Is now transported, gentles, to Southampton / There is the playhouse now, there must you sit, / And thence to France shall we convey you safe, / And bring you back« (Anfang Akt II).

Die Vermittlung von Geschehen, das auf der Bühne nicht dargestellt werden kann, wird auch durch die **Mauerschau** (*teichoscopy*) und den **Botenbericht** (*messenger's report*) ermöglicht. Bei der Mauerschau schildern Figuren, meist von einem erhöhten Blickpunkt, Handlungen, die off-stage geschehen, aber von den sprechenden Figuren beobachtet werden können. Im letzten Akt von Shakespeares *Julius Caesar* verfolgt Cassius den Verlauf der entscheidenden Schlacht von einem Hügel (Akt V, Szene iii). Bei einem Botenbericht wird dagegen über Geschehen berichtet, das abseits der Bühne bereits stattgefunden hat. So berichtet im letzten Akt von *Macbeth* ein Bote das Herannahen der getarnten Streitkräfte, mit denen sich eine Prophezeiung erfüllt und die die entscheidende Schlacht gegen Macbeth führen werden:

> MESSENGER: Gracious my lord,
> I should report that which I say I saw,
> But know not how to do't.
> […]
> As I did stand my watch upon the hill
> I looked toward Birnam, and anon methought
> The wood began to move. (Akt V, Szene v)

Erzählerfiguren finden sich auch in modernen Dramen, wobei Peter Shaffers Handhabung eines ›homodiegetischen‹ Erzählers in *Amadeus* besondere Beachtung gefunden hat. In diesem Stück tritt der angebliche Mozart-Mörder Salieri nicht nur als Figur in der szenisch dargestellten Handlung auf, sondern auch als gealterter und dem Tode naher Ich-Erzähler, der zwischen den direkt dargestellten Szenen rückblickend seinen Konkurrenzkampf mit Mozart kommentiert und dabei auch ein (fiktives) Publikum immer wieder anspricht:

> SALIERI: [...] The same year I left Lombardy, a young prodigy was touring Europe. A miraculous virtuoso aged ten years. Wolfgang Amadeus Mozart.
> [*Pause. He smiles at the audience.*]
> And now, gracious ladies! obliging gentlemen! I present to you – for one performance only – my last composition, entitled *The Death of Mozart; or, Did I Do It?* ... Dedicated to posterity on this, the last night of my life! (Akt I, Ende Szene ii)

4.7.2 Redeformen des Dramas

Die charakteristische Kommunikationsform des Dramas ist die direkte Rede der Figuren, die deshalb auch (mit einem ursprünglich von Roman Ingarden geprägten Begriff) als **Haupttext** (*primary text*) des Dramas bezeichnet wird. Diese Figurenrede ist für Leser/Zuschauer unmittelbar zugänglich. Unter **Nebentext** (*secondary text*) versteht man dagegen jene Elemente des Textes, die auf der Bühne nicht gesprochen werden, insbesondere die **Regieanweisungen** (*stage directions*), z.B. zu Aussehen, Sprechweise und Verhalten der Figuren. Regieanweisungen können in ihrer Ausführlichkeit sehr unterschiedlich ausfallen. Ein immer wieder genannter Extremfall der Ausführlichkeit ist George Bernard Shaw; bei Shakespeare finden sich nur spärliche Anweisungen, zum Teil weil er für seine eigene Theatertruppe schrieb, die langer schriftlicher Anweisungen nicht bedurfte, vor allem aber auch deshalb, weil der Haupttext selbst bei Shakespeare fast alles enthält, »was es zu sehen gibt und was geschieht« (Suerbaum 2001, 16).

Eine wichtige Unterscheidung für den Haupttext ist die zwischen dialogischem und monologischem Sprechen. Am **Dialog** (*dialogue*), der Wechselrede, können unterschiedlich viele Figuren beteiligt sein. Die einzelnen Redeanteile der Figuren, die so genannten **Repliken** (*turns*), fallen unterschiedlich lang bzw. kurz aus und sorgen damit für einen schnelleren oder langsameren Rhythmus des Dialogs.

Der **Monolog** (*monologue*), eine längere zusammenhängende Äußerung einer Figur, ist eine gemessen an der Alltagskommunikation eher ungewöhnliche Äußerungsform. Das längere Solosprechen ist im Alltag besonderen Kommunikationssituationen wie der Rede oder dem Vortrag vorbehalten. Der Monolog zählt daher zu jenen Redeformen des Dramas bzw. Theaters, deren Glaubhaftigkeit für Leser bzw. Publikum nur auf einer gattungsspezifischen ›Verabredung‹ beruht, nämlich »daß die Versprachlichung von im Alltagsleben meist Unausgesprochenem akzeptiert wird« (Platz-Waury 1999, 63). Eine Figur im Drama kann sogar im Beisein anderer Figuren monologisieren, ohne dass der Monolog notwendig von diesen ›mitgehört‹ wird. Spricht eine Figur einen Monolog ganz allein auf der Bühne, wird der Begriff des **Selbstgesprächs** (*soliloquy*) verwendet.

Eine wichtige Funktion des monologischen Sprechens ist die **Informationsvergabe an das Publikum**. Vor allem in älteren Stücken trifft man lange Monologe an, in denen z.B. erforderliche Hintergrundinformation zum Verständnis der auf der Bühne dargestellten Handlung geliefert wird. So stiftet der Chorus in *Henry V*, wie erwähnt, durch seine Monologe immer wieder Zusammenhänge zwischen den schnell wechselnden Schauplätzen. Monologe werden auch häufig genutzt, um Expositionsinformation zu liefern. Ein oft genanntes Beispiel ist die lange Rede des König Claudius in der zweiten Szene von *Hamlet*, die die Vorgeschichte der folgenden Entwicklungen erklärt, insbesondere den Tod von Hamlets Vater und die Heirat seiner Mutter mit Claudius, dem Bruder des alten Königs. Den Figuren in der dramatischen Situation selbst sind alle diese Hintergründe bekannt; der Monolog dient ausschließlich der Zuschauerinformation.

Wegen seiner relativen Wirklichkeitsferne wird monologisches Sprechen im modernen Drama, sofern dieses auf eine Illusionswirkung abzielt, oft ›realistisch‹ motiviert. So spricht in Caryl Churchills *Top Girls* (Akt II, Szene iii) eine Figur, Win, über längere Zeit in Solorede über ihre persönliche Situation, ohne durch ihr Gegenüber, das Mädchen Angie, unterbrochen zu werden. Angie ist nämlich eingeschlafen: »ANGIE *has fallen asleep*. NELL *comes in*. NELL. You're talking to yourself, sunshine.«

Ein solcher Trick zur Motivation des monologischen Sprechens deutet an, dass Monologe für Theaterstücke nicht gänzlich verzichtbar sind. Sie haben nämlich vor allem die wichtige Funktion, Bewusstseinsinhalte der Figuren mitzuteilen. Aus dieser zentralen Funktion des Monologs im Drama erklärt sich übrigens die später erfolgte Übertragung des Begriffs auf die Gedankenwiedergabe im Erzähltext als ›innerer Monolog‹. Im Gegensatz zum Erzähltext lassen sich Bewusstseinsinhalte im Theater nicht in ›innerer‹ Rede vermitteln – es sei denn, man benutzt, wie etwa Harold Pinter in seinem Stück *Mountain Language* (1988), das aus dem Film entlehnte Mittel eines *voice over*. Im zweiten Akt des Stücks werden zum dargestellten Schweigen von Figuren, denen in einem Gefängnis das Sprechen verboten ist, die Gedankenstimmen über eine Tonbandaufzeichnung eingeblendet:

> *Voices over:*
> ELDERLY WOMAN'S VOICE
> The baby is waiting for you.
> PRISONER'S VOICE
> Your hand has been bitten.

4.8 Drama und Theater

4.8.1 Vom Text zur Bühne: Plurimediale Umsetzung

Der Normalfall für ein Drama ist, dass es für die Umsetzung auf der Theaterbühne verfasst wird. So werden die meisten Dramen bereits mit Blick auf die Möglichkeiten des Theaters geschrieben oder anders formuliert: Die jeweiligen Gegebenheiten des Theaters wirken sich auf die Ausdrucksformen des dramatischen Textes aus – jedenfalls sofern dieser Text tatsächlich spielbar sein soll. Auch wenn keine spezifischen Inszenierungen eines Stücks analysiert werden, benötigt man für die Dramenanalyse also ein Bewusstsein für die plurimediale Umsetzung, die dramatische Texte im Theater erfahren. Eine empfehlenswerte Einführung in die speziellen **Zeichenrepertoires und Codes des Theaters** (Sprache, Körpersprache, Maske und Kostüm des Schauspielers, Bühnenraum, Dekoration, Requisiten, Licht, Geräusche und Musik) bietet Fischer-Lichte (1998). (Für Darstellungen zur Geschichte des Theaters, speziell auch des englischen Theaters, s. Kap. VI.2.3; eine Einführung in die Theaterwissenschaft bietet Balme 2003).

Nicht nur die Plurimedialität der Theateraufführung bewirkt, dass sich das Lesen eines Dramas wesentlich von der Rezeption eines Stücks im Theater unterscheidet. Im Theater ist die Rezeption eines Stücks kollektiv; sie erfolgt im Beisein anderer Zuschauer, deren Reaktionen die eigene Aufnahme des Stücks beeinflussen. Dagegen erfolgt die Lektüre eines Dramentextes privat, was andererseits erlaubt, dass man sich eine ›Inszenierung‹ individuell ausmalen kann und nicht wie im Theater eine bestimmte Interpretation des Stücks durch Regisseur, Schauspieler, Bühnen- und Kostümbildner ›vorgesetzt‹ bekommt.

4.8.2 Drama und Theatergeschichte am Beispiel Shakespeares

Dramen stehen in Zusammenhang mit der Aufführungspraxis und gängigen Bühnenform ihrer Entstehungszeit und -kultur. Was das englische Drama betrifft, muss man sich gerade für das Drama der Shakespeare-Zeit der Tatsache bewusst sein, dass diese Stücke für eine völlig andere Bühne verfasst wurden als die heute aus den meisten Schauspielhäusern noch vertraute **Proszeniumbühne** (*proscenium stage*), auch bezeichnet als **Guckkastenbühne** (*picture-frame stage*), bei der das Publikum das Geschehen auf der Bühne aus der Distanz, getrennt durch Prozeniumsbogen, Orchestergraben sowie eine Hell-Dunkel-Schranke zwischen Bühne und Zuschauerraum, wahrnimmt.

Das Theater der Shakespeare-Zeit, wenigstens in seiner öffentlichen Form, war ein offener, nur bei Tageslicht bespielbarer Rundbau, den der Chorus in *Henry V* als ›hölzernes O‹ (»this wooden O«, Prolog) bezeichnet. Im Innenraum war eine **Bühnenplattform** (*platform stage, apron stage*) auf drei Seiten eng von zahlreichen Zuschauern umgeben (für einen ausführlichen Überblick vgl. Suerbaum 2001, 23-68).

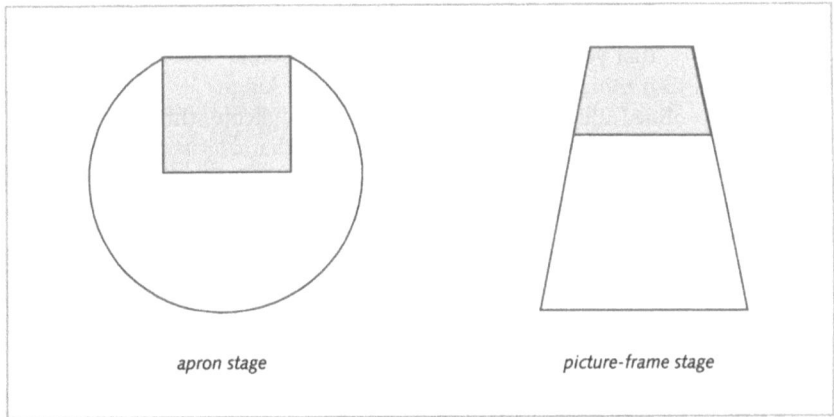

Abb. 18: Bühnengrundrisse: Shakespearebühne und moderne Guckkastenbühne

Der durch die Bühnenform und das Tageslicht bedingte ständige und intensive Kontakt zwischen Bühne und Publikum führt in Dramen der Shakespeare-Zeit zu einer besonderen Häufigkeit von Redeformen, die sich *ad spectatores*, direkt an die Zuschauer richten (wie etwa in den Reden des Chorus in *Henry V*). Derartige Äußerungen durchbrechen das ›innere Kommunikationssystem‹ der dramatischen Handlung und dringen in das ›äußere Kommunikationssystem‹ zwischen Text und Leser bzw. Aufführung und Zuschauer ein. Hierdurch wird der Spielcharakter des Theaterstücks betont; in Dramen, die auf Illusionseffekte abzielen, findet man Zuschaueransprachen charakteristischerweise nicht.

Ohne dass notwendig eine direkte Ansprache erfolgt, richtet sich im Drama/Theater Shakespeares auch eine andere Redeform allein an das Publikum: Beim so genannten **Beiseitesprechen** (*aside*) äußert eine Figur (bzw. äußern im Fall des *dialogic aside* mehrere Figuren) auf der Bühne Worte, die per Konvention nur vom Publikum, nicht von den anderen Figuren der Handlung gehört werden. In solchen Redeteilen wird z.b. die Handlung der anderen Figuren in deren Beisein kommentiert, werden andere Figuren charakterisiert, oder die sprechende Figur enthüllt ihre geheimen Absichten. In Shakespeares Geschichtsdrama *Richard III* (entstanden 1592/3) z.b. machen die *asides* des ›Schurken‹ Richard für das Publikum immer wieder seine intriganten Pläne deutlich: »(*Aside*) I must be married to my brother's daughter, / Or else my kingdom stands on brittle glass. / Murder her brothers, and then marry her?« (Akt IV, Szene ii).

Auch in anderer Hinsicht haben die besonderen Theaterbedingungen der Shakespeare-Zeit Spuren im zeitgenössischen Dramenschaffen hinterlassen. Da in den öffentlichen Theatern ohne Bühnenbilder, nur mit beweglichen Requisiten gearbeitet wurde, ist das sprachliche Evozieren von Schauplätzen im Dramentext, die so genannte **Wortkulisse** (*word-scenery*) von besonderer Bedeutung. Dass im ›hölzernen O‹ des Theaters die Schlachtfelder Frankreichs von *Henry V* erstehen konnten, hing zu einem großen Teil von der Fähigkeit der Zuschauer ab, die mit Worten entworfenen Schauplätze in ihrer Phantasie in Bilder umzusetzen. Dies wird durch den Chorus in seinem Prolog deutlich hervorgehoben: »Think, when we talk of horses, that you see them / Printing their proud hoofs i' th' receiving earth; / For 'tis your thoughts that now must deck our kings.«

Eine **Bühne ohne Kulissen und ohne Vorhang** ermöglichte schnelle Übergänge zwischen Szenen, wie sie für die Stücke Shakespeares charakteristisch sind. Andererseits bedingt die vorhanglose und nicht abdunkelbare (öffentliche) Bühne eine bestimmte Szenenstruktur: Die Spielfläche musste zu Anfang und Ende jeder Szene leer sein,

> da das die einzige Möglichkeit ist, einen Übergang zu einem anderen Ort und eine Unterbrechung des Zeitkontinuums zu symbolisieren. [...] Die Mitspielenden werden nach und nach auf die Bühne gebracht. Vor dem Ende der Szene ist entsprechend ein gradueller Abbau der Spielgesellschaft erforderlich, wobei jede Person ein ausdrücklich genanntes oder implizites Motiv für das Verlassen des Spielraums braucht. (Suerbaum 2001, 59)

So erklärt sich auch die bei Shakespeare auffällige Tatsache, dass die vielen Toten seiner Tragödien immer als Teil der Handlung von der Bühne geschafft werden müssen; *Hamlet*, *Anthony and Cleopatra* oder *Coriolanus* enden mit der ausdrücklichen Aufforderung einer der überlebenden Figuren, die Toten fort zu tragen.

Eine **Bühne mit Vorhang** kann diesen nutzen, um Akte als Struktureinheiten voneinander zu trennen. In manchen Dramentexten des 19. und 20. Jahrhunderts, z.B. Oscar Wildes *The Importance of Being Earnest* (1895), wird der Vorhang im Nebentext ausdrücklich als strukturierendes Element erwähnt. Im Shakespeare-Theater dagegen wurden wichtige Handlungsabschnitte rein sprachlich markiert, nämlich durch Reimpaare, die die ungereimten Blankverse (die Grundsprachform der Stücke) beschließen. So endet etwa der erste Akt von *Henry V* mit den folgenden Zeilen, von denen sich nur die vier letzten reimen:

> Therefore let our proportions for these wars
> Be soon collected, and all things thought upon
> That may with reasonable swiftness add
> More feathers to our wings; for, God before,   a
> We'll chide this Dauphin at his father's door.   a
> Therefore let every man now task his thought,   b
> That this fair action may on foot be brought.   b

Auch was die **Schauspieler** betraf, gab es im englischen Theater der Shakespeare-Zeit wesentliche Unterschiede zu späterer Theaterpraxis. Da Frauen nicht als Schauspielerinnen tätig sein durften, wurden Frauenrollen mit männlichen Darstellern besetzt. In vielen Komödien nutzt Shakespeare diese Tatsache, um das komische Handlungsmoment der Verwirrungen und Verirrungen auch auf der Ebene der Geschlechterrollen auszuspielen. So verkleiden sich in zahlreichen Komödien, z.B. in *The Merchant of Venice* (entstanden um 1598), die weiblichen Figuren als Männer – mit allen daraus resultierenden Komplikationen für die zwischengeschlechtlichen Beziehungen. Für das ursprüngliche Publikum der Shakespearestücke war dieses Spiel mit Geschlechterrollen, mit Sein und Schein, noch komplizierter als für ein heutiges Publikum, das an die Besetzung weiblicher Rollen mit Schauspielerinnen gewöhnt ist. Was Shakespeares Zeitgenossen nämlich sahen, war nicht nur eine Frau, die sich als Mann verkleidet, sondern eine Frau, die von einem Mann gespielt wurde und sich als Mann verkleidete.

5. Literatur und Medien

5.1 Literatur intermedial

Oben wurden bereits mehrfach die Beziehungen von Literatur und Medien angesprochen. Literatur wird immer innerhalb bestimmter soziokultureller Mediensysteme (vgl. Schmidt 2000) realisiert und steht zu den Medien ihrer Zeit in vielfältigen Beziehungen. Ein **Basiswissen über alte und neue Medien** gehört daher zur Grundkompetenz von Literaturwissenschaftlern, abgesehen davon, dass sich aus einer solchen Medienkompetenz auch Berufsperspektiven ergeben können. Kompakte Information zur Mediengeschichte, Medientheorie sowie Einzelmedien, von der Flugschrift bis zum Computer, bietet Faulstich (2004). Ludes/Hörisch (2003) und Hickethier (2003) sind Einführungen in die Medienwissenschaft; ein Nachschlagewerk zur Medienwissenschaft ist Schanze (2002).

Änderungen im Mediensystem einer Kultur schlagen sich im Literatursystem nieder, z.B. indem Literatur sich in neuen Genres entfaltet, die durch neue Medien ermöglicht werden. Wir haben gesehen, wie bestimmte Bedingungen des Theaters Auswirkungen auf die Gestaltung des dramatischen Textes haben. Die Verbreitung des Buchdrucks seit der Frühen Neuzeit hatte erhebliche Auswirkungen auf die

Entwicklung der Erzählprosa. Im 20. Jahrhundert kamen mit dem Film das Drehbuch, mit dem Radio das Hörspiel, mit dem Fernsehen das Fernsehspiel und mit dem Computer und Internet die *hyperfiction* auf (vgl. 1.2). Einführende Informationen zum britischen Hörspiel und Fernsehspiel und ihren besonderen medialen Gegebenheiten finden sich bei Drakakis (1981) und Brandt (1981, 1993). Zum Spielfilmdrehbuch vgl. Brunow (2000), Schwarz (1992) und Sternberg (1997).

In all diesen Fällen orientiert sich das literarische Schaffen an den Voraussetzungen und den besonderen künstlerischen Möglichkeiten, die ein bestimmtes Medium bietet. So wie Dramatiker für spezifische Möglichkeiten des Theaters ihrer Zeit schreiben, werden Drehbücher und Fernsehspiele mit Augenmerk auf die Audiovisualität der Medien Film und Fernsehen verfasst, während bei einem Hörspiel, wie etwa Dylan Thomas' *Under Milk Wood*, zu beachten ist, dass die Kommunikation nur über den auditiven Kanal, also Sprache, Musik und Geräusche erfolgen kann. Diese wesentlichen Unterschiede, die durch die Medien Film/Fernsehen und Rundfunk bedingt werden, schlagen sich z.B. in den Nebentexten nieder, die man in Drehbüchern und Hörspielen antrifft.

Bei den beiden folgenden Beispielen handelt es sich um die jeweiligen Anfänge von *Under Milk Wood: A Play for Voices* (Erstausstrahlung BBC 1954) bzw. Marc Norman und Tom Stoppards Drehbuch zu *Shakespeare in Love* (1999). Im ersten Fall wird der Raum durch eine Erzählerstimme nur beschrieben (und muss von den angesprochenen fiktiven Hörern imaginiert werden); zudem erwähnt der Text explizit Höreindrücke:

> [*Silence*]
> FIRST VOICE (*Very softly*)
> To begin at the beginning:
> It is spring, moonless night in the small town, starless and bible-black, the cobblestreets silent and the hunched, courters'-and-rabbits' wood limping invisible down to the sloeblack, slow, black, crowblack, fishingboat-bobbing sea. [...] And all the people of the lulled and dumbfounded town are sleeping now.
> Hush, the babies are sleeping, the farmers, the fishers, the tradesmen and pensioners, cobbler, school-teacher, postman and publican, the undertaker and the fancy woman, drunkard, dressmaker, preacher, policeman, the webfoot cocklewoman and the tidy wives. [...]
> You can hear the dew falling, and the hushed town breathing. [...]
> Listen. It is night moving in the streets [...]
> Listen. It is night in the chill, squat chapel [...]

Im zweiten Fall liegt ein starker Akzent auf den Möglichkeiten der visuellen Informationsvergabe, nicht nur bei der Darstellung des Geschehens, sondern auch über eingeblendete Schrifttafeln:

> INT. THE ROSE THEATRE. DAY.
> SKY. *Over which a title »LONDON – Summer 1593« appears.*
> *Title card: In the glory days of the Elizabethan theatre two playhouses were fighting it out for writers and audiences. North of the city was the Curtain Theatre, home to England's most*

famous actor, Richard Burbage. Across the river was the competition, built by Philip Henslowe, a businessman with a cash flow problem ...
... The Rose ...
Gradually a building is revealed. The Rose Theatre, three-tiered, open to the elements and empty. On the floor, roughly printed, a poster – torn, soiled, out of date. It says:
Sept. 7th & 8th at noon
Mr. Edward Alleyn and the Admiral's Men at the Rose Theatre, Bankside
The Lamentable Tragedie of the Moneylender Reveng'd
OVER THIS the screams of a man under torture
The screams are coming from the curtained stage.
VOICE (O.S.)
You Mongrel! Why do you howl
When it is I who am bitten?

INT. THE ROSE THEATRE. STAGE. DAY.
The theatre owner, PHILIP HENSLOWE, is the man screaming. HENSLOWE'S boots are on fire. He is pinioned in a chair, with his feet stuck out over the hot coals of a fire burning in a brazier. He is being held in that position by LAMBERT, who is a thug employed by FENNYMAN, who is the owner of the VOICE. The fourth man, FREES, is FENNYMAN'S bookkeeper.

Handelt es sich bei diesen Beispielen um literarische Texte, die original für das Radio bzw. den Film geschrieben wurden, ist ein anderer wichtiger Bereich der Literatur-Medienbeziehung die **Adaption** (*adaptation*), d.h. die Übertragung eines literarischen Textes von seinem ursprünglichen in ein anderes Medium. Dabei sind die häufigsten Fälle die Adaption von Theaterstücken (etwa von Shakespeares Dramen) und Romanen (etwa von Jane Austen) in Form von Spielfilmen oder Fernsehspielen (vgl. McFarlane 1996). Hierbei ist nicht nur zu untersuchen, wie der jeweilige Medienwechsel zu Kürzungen, Änderungen oder der Nutzung bestimmter Darstellungstechniken führt, sondern auch, welche mediensoziologischen Aspekte – besonders die Frage unterschiedlicher Adressatengruppen – impliziert sind. Führt zum Beispiel die Verfilmung eines Shakespeare-Stücks automatisch zu einer Popularisierung? Verfilmungen sind ein wichtiges Element der Literaturvermittlung; Jane Austen und Shakespeare haben über Adaptionen zum Teil andere Adressaten erreicht als über die zugrunde liegenden Romane oder Theaterstücke. Empfehlenswerte Überblicke über die vielfältigen Beziehungen zwischen Literatur und Film, einschließlich der Adaption, bieten Paech (1997), Corrigan (1999) und Stam/Raengo (2004).

5.2 Filmanalyse

Im Rahmen dieses Kapitels kann kein Überblick über die Analyse aller Medienprodukte geboten werden. Wenigstens der Filmanalyse soll aber Platz eingeräumt werden, da sie nicht nur in der neueren Literaturwissenschaft eine festen Platz gefunden hat, sondern auch in den *Cultural Studies* eine wichtige Rolle spielt. Der Film als populäres Medium spielt in den Konstruktionen und Verhandlungen kultureller Identität eine wichtige Rolle.

Film und Fernsehen weisen viele mediale Gemeinsamkeiten, aber auch Unterschiede auf. In der Einführung von Hickethier (2001) sind die Spezifika von Film- *und* Fernsehanalyse berücksichtigt. Einen Überblick speziell in den Bereich der *television studies* vermittelt Miller (2002). Für die Analyse von (Spiel-)Filmen sind folgende einführende Darstellungen geeignet: Phillips (1999), Monaco (2000), H. Korte (2001), Prince (2001), Faulstich (2002), Giannetti (2002) und Bordwell/ Thompson (2004). Wichtige Ansätze der Filmtheorie sind bei Hill/Gibson (1998) und Stam (2000) dargestellt.

Der Spielfilm teilt mit den literarischen Gattungen Roman und Drama, dass er ein Geschehen darstellt. Viele der Analysekategorien, die oben für Erzähl- und dramatische Texte angeführt wurden (Figurenanalyse, Handlungsanalyse, Zeitstrukturen) lassen sich auch bei der Filmanalyse einsetzen. Ebenso hat der Film Gattungen (wie Western, Sciencefiction, Melodram, Komödie) und kennt auch die Sprache des Films Symbole, Metaphern und Metonyme. Die Elemente, die der Spielfilm mit dem Drama und der Erzählliteratur gemeinsam hat, sind bereits dem oben angeführten Auszug aus dem Drehbuch für *Shakespeare in Love* zu entnehmen: Der Spielfilm vermittelt wie das Drama Geschehen durch Handlungen und direkte Rede seiner Figuren. Und wie im Theater wird auch im Film Geschehen plurimedial aufgeführt, wobei diese *performance* im Gegensatz zur Theateraufführung jedoch fixiert ist und das Publikum die Aufführung nicht *live* verfolgt.

Mit dem Erzähltext teilt der Film die Dimension der Mittelbarkeit, der erzählerischen Vermittlung (vgl. Bordwell 1985). Diese Vermittlung kann durch Erzählerfiguren, die im Geschehen auftreten, durch Erzählerstimmen im *voice over* oder über Schrifteinblendungen (wie oben in *Shakespeare in Love*) realisiert werden. Vor allem aber wird die Vermitteltheit des Geschehens im Film, und damit die Kontrolle über die Perspektive der Zuschauer, durch die visuellen Elemente der Kamera und des Schnitts erreicht, denen deshalb in der Filmanalyse besondere Aufmerksamkeit zukommt.

Die **Einstellung** (*take, shot*) ist in der Filmanalyse diejenige Struktureinheit, die kontinuierlich belichtet ist und deren Beginn und Ende jeweils durch einen **Schnitt** (*cut*) begrenzt ist; sie reicht vom Einzelbild (*frame*) bis zu mehreren Minuten Länge. Einstellungen werden in **Sequenzen** zu größeren inhaltlich zusammenhängenden Einheiten zusammengestellt.

Wichtige **Kategorien bei der Analyse des Film***bildes* (neben Aspekten wie Belichtung des Materials, Effekten der Beleuchtung, die beim Drehen eingesetzt wurde, Bildschärfe, Farbe, der räumlichen Bildkomposition) sind Einstellungsgröße, Kamerabewegung, Kameraperspektive und Einstellungsverbindung:

1. Einstellungsgröße (*camera position*): Unter diesem Begriff wird die Nähe/Distanz-Relation zwischen der Kamera und dem gefilmten Objekt bezeichnet und damit die Größe, in der das gefilmte Objekt auf der Leinwand (oder dem Bildschirm) erscheint. Sie bewirkt auf Seiten der Zuschauer eine Steuerung der Aufmerksamkeit und kann die affektiven Reaktionen des Zuschauers beeinflussen. Die Großaufnahme eines Gesichts zum Beispiel kann die Empathie des Zuschauers mit einer Figur befördern.

Bei der **Einstellungsgröße** werden im Allgemeinen folgende Kategorien unterschieden, die von der Detailaufnahme (z.B. ein Auge im Gesicht eines Menschen) bis zum weiten Landschaftspanorama in der Weitaufnahme reichen:

- Detailaufnahme (*extreme close-up, detail*),
- Großaufnahme (*close-up*: z.B. ein ganzes Gesicht),
- Nahaufnahme (*medium shot*: bei Personen Kopf und Teil des Oberkörpers),
- amerikanische Einstellung (*American shot*: ein Mensch wird vom Kopf bis zu den Oberschenkeln gezeigt, z.B. um ihn beim Ziehen eines Colts im Western zeigen zu können),
- Halbtotale (*full shot*: Darstellung z.B. einer Figur mit ihrem ganzen Körper),
- Totale (*long shot*: z.B. Übersicht über die Personen in einem Raum), Weitaufnahme (*extreme long shot*).

Abb. 19: Kameraeinstellungen

2. Kamerabewegung (*camera movement*): Die Kamera kann unter anderem an Objekte heran- oder von ihnen wegfahren oder sich parallel zu ihnen bewegen (*trecking, pulling*). Der Effekt einer Ran- und Wegfahrt kann auch durch das Ändern der Brennweite des Kameraobjektivs erzielt werden, d.h. durch einen *Zoom*.

Bewegungen der Kamera über ihre eigenen Achsen (horizontal, vertikal) bezeichnet man als Schwenk (*pan*) bzw. Neigen (*tilt*).

3. Kameraperspektive (*camera angle*): Mit diesem Begriff bezeichnet man den Winkel, von dem aus das gefilmte Objekt wahrgenommen wird. Es ist ein wesentliches Mittel zur Steuerung der Zuschauerwahrnehmung, die mit bestimmten emotionalen Wirkungen verbunden sein kann. Der unmarkierte Normalfall ist die Aufnahme, bei der die Kamera auf der gleichen Höhe ist wie das gefilmte Objekt. Wird aber etwa aus der Aufsicht (*high angle*) gefilmt, erscheint ein Objekt klein und unter Umständen hilflos; wird aus der Untersicht (*low angle*) gefilmt, kann das gefilmte Objekt eine bedrohliche Dimension annehmen. Bei der so genannten subjektiven Kamera (*point-of-view shot*) nimmt die Kamera den Blickwinkel einer Figur im Geschehen ein. Es handelt sich hier also um ein filmisches Mittel, mit dem ein Effekt interner Fokalisierung erzielt werden kann.

4. Einstellungsverbindung (auch: Einstellungskonjunktion, *editing*): Mit Begriffen dieser Kategorie wird beschrieben, wie Einstellungen über Schnitt und Blenden begonnen und beendet sowie miteinander verbunden werden. Die Art der Verbindung von Einstellungen trägt zur Perspektivierung bei und bestimmt das Tempo und den zeitlichen Rhythmus eines Films (ein schneller Wechsel von Einstellungen kann einen Film dynamisch wirken lassen). Insbesondere hat sie auch wesentlichen Einfluss auf den Eindruck von Realismus, den ein Film seinen Zuschauern vermittelt. Die Art der Verbindung, die sich in der Geschichte des Kinos per Konvention als der unmarkierte Normalfall für eine realistische Darstellung herausgebildet hat, ist der so genannte unsichtbare Schnitt (*continuity editing*): »continuity editing is a style of cutting that emphasizes smooth and continuously flowing action from shot to shot. Instead of noticing the abruptness of a cut in a popular movie, the viewer pays attention to story information and character relationships. Shots are joined so that the action flows smoothly over the cut« (Prince 2001, 185).

Ein Beispiel ist der so genannte Schuss-Gegenschuss (*shot-reverse-shot*), der in Dialogsequenzen den Blick von einem Gesprächspartner zum anderen lenkt und sich als Normalfall für die Darstellung von Gesprächen zwischen zwei Figuren etabliert hat. Dies ist eine Konvention, die Teil der heutigen Sehgewohnheiten für Filme (also einer allgemeinen Filmkompetenz) geworden ist und Kinozuschauern völlig natürlich erscheint.

Alternativen zum *continuity editing* sind markierte, also auffällige Formen der Einstellungsverbindung: etwa ein harter Schnitt, bei dem Bilder der laufenden Handlung ausgelassen werden (*jump cut*), Auf- und Abblenden (*fade in, fade out*), Überblenden (*dissolve*), Wischblenden (*wipe*) etc.

Der Begriff ›**Montage**‹ wird heute üblicherweise verwendet für eine gezielte, betont expressive und signifikante Kombination von Einstellungen: »Montage editing builds a scene out of many brief shots, each of which typically presents a fragmentary view of action and locale. The shots are often edited to a very rapid pace, subjecting the viewer to a barrage of visual information« (Prince 2001, 201-3).

In der Filmgeschichte berühmt für seine Montagen ist der russische Regisseur Eisenstein. Als Beispiele aus der angloamerikanischen Filmgeschichte nennt

Prince (2001, 201) die Duschmordszene aus Alfred Hitchcocks *Psycho*, in der eine rapide Montage die Brutalität des Mordes unterstreicht, und die Anfangsszene aus Charlie Chaplins *Modern Times*, die Bilder einer Schafherde und der Masse von Fabrikarbeitern konzeptuell miteinander in Verbindung bringt.

Die Bildanalyse ist zu ergänzen durch eine **Analyse des Tons** (*sound*): Sprache und Geräusche im dargestellten Geschehen (diegetischer Ton, *diegetic sound*) werden unter Umständen ergänzt durch Geräusche und insbesondere durch Musik, die nicht dem dargestellten Geschehen entstammen, sondern diesem von außen hinzugefügt sind (nicht-diegetischer Ton, *non-diegetic sound*). **Filmmusik** ist ein wichtiges Mittel, um die Dramatik zu steigern und emotionale Effekte zu erzielen. Nicht-diegetischer Ton ist nicht zu verwechseln mit Ton aus dem *off*. Off-screen-Ton hat eine Quelle im dargestellten Geschehen, er ist also diegetisch, auch wenn man die Quelle des Tons nicht im Bild sieht. Ein Beispiel ist wiederum die oben nach dem Drehbuch zitierte Szene aus *Shakespeare in Love*, wo man die Stimme der Figur Fennyman zuerst off-screen hört (im Drehbuch markiert als »VOICE (O.S.)«, bevor Fennyman wenig später im Bild erscheint.

Das letztendliche Ziel einer Filmanalyse ist, wie bei der Analyse literarischer Texte und anderer Medienprodukte, danach zu fragen, wie sich alle Elemente des Films in ihrem Aussage- und Wirkungspotential ergänzen.

III. Kulturwissenschaft

Kulturwissenschaft in der Anglistik ist ein relativ neuer Bereich, der erst in den letzten drei Jahrzehnten entstanden ist und zum Teil immer noch kontrovers diskutiert wird. Das vorliegende Kapitel will Studierende mit den wesentlichen Konzepten, Inhalten, Methoden und Zielen dieses Fachgebiets vertraut machen, kann aber nicht, wie die Sprach- und Literaturwissenschaft sowie die Fachdidaktik, auf eine relativ allgemein akzeptierte und seit langem anerkannte Tradition zurückgreifen. Zwar hat es Kulturstudien in verschiedensten Formen immer schon gegeben, aber erst seit einigen Jahren beginnt sich **Kulturwissenschaft als Teilbereich der Anglistik** zu etablieren, wobei die traditionelle Landeskunde in diesen neuen Bereich integriert wird (zur Landeskunde s. 1.3 und Kap. IV.2.4.3).

Wegen der Aktualität der Diskussion, die mit der Hochkonjunktur des Begriffs ›Kultur‹ eng zusammenhängt, und wegen der Notwendigkeit, Kulturwissenschaft adäquat in der Anglistik zu platzieren, ist es erforderlich, größere Zusammenhänge zu beschreiben, in denen sich eine anglistische Kulturwissenschaft definiert. Dabei wird, gemäß dem allgemeinen Konzept dieser Einführung, eine auf der Basis von Texten mit der Sprach- und Literaturwissenschaft vernetzte Kulturwissenschaft entwickelt, die sich von einer überwiegend empirisch beschreibend ausgerichteten Landeskunde unterscheidet. Die im Folgenden dargestellte Kulturwissenschaft verbindet empirisch wissenschaftliches (szientistisches) Arbeiten mit dem (hermeneutischen) Bemühen, fremde Kulturen zu verstehen. Sie arbeitet daher eng mit Soziologie, Ethnologie und Anthropologie zusammen und versucht, natur- und geisteswissenschaftliche Methoden für die Analyse und Beschreibung von Kulturen zu verbinden.

1. Kultur und Kulturwissenschaft

1.1 Die Begriffe ›Kultur‹, ›Natur‹, ›Zivilisation‹ und ›Gesellschaft‹

Die Vorstellungen davon, was **Kultur** (*culture*) eigentlich sei, gehen weit auseinander. Ein **enger Kulturbegriff** beschränkt Kultur auf das, was im Feuilletonteil der Zeitungen thematisiert wird, also auf Literatur, Theater, Ballett, Musik, Malerei usw. Kultur wird hier mehr oder weniger mit Kunst gleichgesetzt und hat dann schnell nur noch wenig mit dem normalen und ›realen‹ Leben zu tun. Ein solch enges Kulturverständnis, bei dem Kultur nur ein Randdasein in einer Gesellschaft einnimmt, ist für eine wissenschaftliche Betrachtung von Kultur wenig angemessen und entstammt einer Perspektive, die vor allem vom Bildungsbürgertum geprägt ist. So spricht etwa Bollenbeck (1994, 310f.) von der »Kompensationstheorie« der Kultur und dem »›Bildungsphilister‹«, der Kultur in diesem engen Sinne verstand: »Der richtete sich in der ›Kultur‹ ein, trennte sie von der ›Kälte‹ des Alltags, vergoldete mit ihr, sich unterhaltend und entlastend, den Feierabend. [...] Für die Kompensationstheorie ist die ›Kultur‹ nicht mehr Medium einer emanzipatorischen ›Bildung‹, sondern Garant nötiger Gesellschaftsstabilisierung.« In der Kulturwissenschaft wird heute ein solch enger Kulturbegriff nicht mehr vertreten.

In deutlichem Unterschied zu einer derart engen Definition von ›Kultur‹ steht der **weite Kulturbegriff** mit der Ansicht, dass Kultur alles ist, was von Menschen geschaffen wurde. **Kultur als Ergebnis menschlichen Handelns** steht dabei in einigen Kulturtheorien der Natur gegenüber und ist der Versuch, Natur zu bändigen, zu verbessern oder für den Menschen zu nutzen. In anderen Theorien wird keine solch starke Natur-Kultur-Antithese aufgebaut, sondern menschliche Kultur erscheint als notwendig mit (menschlicher) Natur verbunden. Exemplarisch für eine solche Position (die im vorliegenden Beitrag geteilt wird) sagt etwa Arnold Gehlen (1986, 80), dass der Mensch »von Natur ein Kulturwesen« ist.

Das **Verhältnis Kultur – Natur** ist bei Sigmund Freud in einer für die Moderne repräsentativen Form problematisiert worden. Es wurde immer schwieriger zu entscheiden, was in der von Menschen dominierten und dabei ständig durch Sprache klassifizierten Welt eigentlich noch als Natur (*nature*) zu bezeichnen ist. Die enge und letztlich untrennbare Verbindung von Kultur und Natur löste bei Freud ein spezifisches ›Unbehagen an der Kultur‹ aus, das vor allem damit zusammenhing, dass Kultur oft als Fortschritt gegenüber der Natur verstanden wurde, sich aber letztlich als ebenso von Triebstrukturen, menschlichen Ängsten wie Hoffnungen geformt erwies wie so genanntes ›natürliches‹ Verhalten auch (vgl. Freud 1972 und Koch 1989). Kultur ist in der Tat Teil menschlicher Natur, und Kulturwissenschaft muss u.a. auch das untersuchen, was in einer Kultur jeweils als ›natürlich‹ angesehen wird, weil sich das Verständnis von Natur in verschiedenen Kulturen wandelt (s. auch 2.2.1).

Kultur als Überwindung von Natur wurde häufig – vor allem im 19. Jahrhundert – gleichgesetzt mit **Zivilisation** (*civilization*). Schon der ›Stammvater‹ der modernen Kulturwissenschaft, die damals noch ›Völkerkunde‹ (*ethnology*) hieß, der Engländer Edward Burnett Tylor, benutzte 1871 in seinem Buch *Primitive Culture* die Begriffe ›culture‹ und ›civilization‹ als Synonyme. Die Vorstellung, Natur durch Kultur zu ›zivilisieren‹, also ›zivil‹, d.h. bürgerlich, damit ›ordentlich‹, ›adrett‹, ›gesittet‹ und letztlich auch ›handhabbar‹ zu machen, gehört mit in den Kontext der Aufklärungsbegeisterung des 18. und der wirtschaftlichen wie imperialistischen Expansion des 19. Jahrhunderts. ›Zivilisation‹ wurde hier gleichgesetzt mit einem bestimmten, normierten Verhalten, das gelernt werden musste.

Als bestimmte Gesittung und Verhaltensnorm einer dominanten Klasse geriet dieses Verständnis von ›Zivilisation‹ in die Kritik und wurde mit der Idee einer höher und positiver zu bewertenden ›Kultur‹ konfrontiert. Die klassenspezifische und normierende Zivilisation sollte letztlich durch eine Kultur ersetzt werden, die nicht durch eine bestimmte Gesellschaftsschicht oder Nation geprägt ist, sondern durch besondere, allen Menschen eigene Qualitäten des Geistes. Auf diese Weise entsteht eine deutliche ›Kultur-Zivilisation-Antithese‹, in der Kultur das übergreifende, höherwertige und weniger zeitspezifisch geprägte Konzept ist (vgl. Pflaum

1961). Cohn (1914) sieht den Unterschied zwischen ›Kultur‹ und ›Zivilisation‹ vor allem darin, dass Kultur eine zusammenfassende Einheit liefert, die ihren »Ursprung in dem von Werten geleiteten menschlichen Tun hat«, während Zivilisation »ein bloßes Nebeneinander von einzelnen zweckdienlichen Einrichtungen« sein kann (vgl. ähnlich Williams 1958, xvf.).

Der Begriff ›Zivilisation‹ enthält also einen höheren **Grad an Normierung** als der der ›Kultur‹. Normative, d.h. Wert setzende Elemente sind aber bei keinem Konzept von ›Kultur‹ ausgeschlossen; sie kennzeichnen im Gegenteil jede Kultur in spezifischer Weise. Es finden sich daher auch heute noch vielfach Gleichsetzungen von ›Kultur‹ und ›Zivilisation‹ (vgl. Oakland 2002; 2003), und *Webster's New World College Dictionary* (2000) etwa definiert »civilization« u.a. als »the total culture of a particular people, nation, period, etc.«, während »culture« u.a. mit »civilization« gleichgesetzt wird und beide bestimmt werden als »the ideas, customs, skills, arts, etc. of a particular people or group in a particular period«. In diesem Sinne sind etwa Ackerbau und Viehzucht, Architektur und Verkehrswesen, Industrie und Wirtschaft das Ergebnis von und ein Indiz für menschliche Kultur und Zivilisation. ›Kultur‹ ist dabei jedoch der heute dominante, häufiger gebrauchte und als weniger normativ empfundene Begriff, während ›Zivilisation‹ aufgrund seiner Etymologie und Bedeutungsgeschichte für viele eine unangemessene Kontrastierung mit ›Barbarei‹ und ›Wildnis‹ impliziert. Das Wort wird als eurozentrisch und teleologisch angesehen, d.h. als von einer europäischen Mentalität geprägt, die ›minderwertigen‹ anderen Ländern ›Besserung‹ bringen will. Das Fremde und Andere, das früher schnell als barbarisch und unzivilisiert betrachtet wurde, wird heute (idealerweise) als eine andere Kultur verstanden, die nicht sofort negativ mit der eigenen ›Zivilisiertheit‹ verglichen werden sollte.

Da Kulturen immer eine bestimmte Form der **Wertsetzung** (*evaluation*) implizieren, sind sie auch ständig mit Politik verbunden und werden häufig kontrovers erlebt und diskutiert. Ein einfaches Beispiel dafür ist die Entwicklung des Begriffs der **Gegenkultur** (*counter culture*), der u.a. in den 1960er und 1970er Jahren für Jugend- und Subkulturen benutzt wurde, die den Normen und Werten der herrschenden Kultur nicht entsprachen (s. 2.2.3 und vgl. Lankshear 1996; Musgrove 1974; Roszak 1971).

Gesellschaft (*society*) ist als Verwirklichung von Kultur anzusehen, sie ist ein kulturelles Produkt. Tenbruck (1990, 15f.) etwa begreift Gesellschaft als ein Resultat des »**Menschen als Kulturwesen**«, als eine »Kulturerscheinung, die aus dem sinnhaften Handeln von Menschen entsteht und auf sinnhaften Bedeutungen beruht«. Er betont, dass es so wenig kulturlose Gesellschaften wie Kulturen ohne Gesellschaften gibt. Es besteht also keine Opposition von Kultur gegenüber Gesellschaft, sondern in jeder Gesellschaft vollzieht sich ein bestimmter Prozess »gemäß dem Programm Kultur im Format von kollektiven wie individuellen Sinnkonstruktionen« (Schmidt 1992, 78). Kultur liefert also ein Programm, ein Muster für kollektive und individuelle Sinnkonstruktionen, das sich dann in einer Gesellschaft verwirklicht, institutionalisiert und weiterentwickelt.

Gesellschaft wird in der Ethnologie, der Anthropologie und vor allem in der Soziologie wissenschaftlich untersucht. Die gegenwärtige Soziologie bietet insbesondere zwei unterschiedlich akzentuierte Perspektiven für die Betrachtung von

Gesellschaft an: Einmal wird **Gesellschaft als ein** *System* gesehen, das sich selbst steuert und in dem die Menschen bloße Funktionsträger und dem Systemprozess unterworfene Individuen sind (Luhmann 1975; 1999; 2001). Zum anderen wird Gesellschaft durch die **Art und Weise** definiert, **in der Menschen in ihr handeln**, und dabei wird die wichtigste Form des Handelns zentral gesehen, nämlich das *Sprechen* bzw. *Kommunizieren*. So definiert Habermas (1988, II, 209) Gesellschaft als »die legitimen Ordnungen, über die die Kommunikationsteilnehmer ihre Zugehörigkeit zu sozialen Gruppen regeln und damit Solidarität sichern«. Kultur ist dabei der gesamte »Wissensvorrat, aus dem sich die Kommunikationsteilnehmer, indem sie sich über etwas in einer Welt verständigen, mit Interpretationen versorgen« (ebd.).

Ein solches Verständnis von Kultur fasst Überlegungen zusammen, die im 20. Jahrhundert entwickelt wurden, vor allem in Talcott Parsons Soziologie (1976; 1976a), die **Kultur als das Regel- und Normensystem des menschlichen Verhaltens** und Handelns betrachtet, das zentral ist für alle Gesellschaften: »Sinn und Intention von Handlungen werden durch symbolische Systeme ausgedrückt [...]. Ihren Mittelpunkt bildet die Sprache als universelles Phänomen aller menschlichen Gesellschaften« (Parsons 1976, 121). Bedeutende Vorarbeiten hierzu finden sich in Ernst Cassirers (1962, 24; ursprünglich 1944) Konzeption von Kultur als »*symbolisches System*«, in Max Webers (1968, 180; ursprünglich 1904) Betonung der »Kulturbedeutung« in allen sozialen Erscheinungen, wo Kultur ein »mit Sinn und Bedeutung bedachter endlicher Ausschnitt aus der sinnlosen Unendlichkeit des Weltgeschehens« ist, so dass der »Begriff der Kultur [...] ein *Wertbegriff*« ist (Weber 1968, 175), und in Heinrich Rickerts Unterscheidung von *Kulturwissenschaft und Naturwissenschaft* (1926, entwickelt ab 1896), die die Bedeutung der Werte für die Kulturwissenschaften herausstellt.

Habermas (1988, I, 82ff.) unterteilt die moderne Welt in eine objektive Außenwelt, eine soziale Welt geltender Normen (die Gesellschaft) sowie eine Innenwelt oder Welt der Subjektivität. Diese drei Welten bilden »die *strukturellen Komponenten* der Lebenswelt Kultur, Gesellschaft und Person« (Habermas 1988, II, 209). Habermas' Trennung von Kultur, Gesellschaft und Person wird also mit dem **Begriff der Lebenswelt** wieder aufgehoben. In der Lebenswelt verbinden sich die drei unterschiedenen Weltaspekte zu einer Einheit, die als Ganzes zu betrachten ist und keine einseitige Auswahl nur eines Elements erlaubt (Habermas 1988, II, 211). Die Lebenswelt hat für die Kulturwissenschaft eine zentrale Bedeutung und wird daher unten in Kapitel 3 ausführlicher und mit spezifisch anglistischem Bezug thematisiert. An dieser Stelle genügt es, sie zu definieren als »ein sozialer, empirisch aufweisbarer sinnhafter Lebenszusammenhang«, der die Voraussetzung für mitmenschliche Kommunikation mit sich bringt (Grathoff 1995, 422f.).

Die **Bedeutung der Kommunikation** (*communication*) in der Beurteilung einer Gesellschaft hat zu einer sprachtheoretischen Wende der Gesellschaftstheorie geführt, die Gesellschaft auf ihre Verwendung von Sprache bzw. Symbolik oder Zeichen hin untersucht (Taylor 1986). Dies ist der Grund dafür, dass heute Gesellschaft meist als ein »Verbund von Symbolen« verstanden wird, in dem man »die zentrale Dimension der Gesellschaft« sieht (Grathoff 1995, 413, Anm. 58). In einem solchen Konzept der **Gesellschaft als Symbol- oder Zeichensystem** (*sign sys-*

tem) verbinden sich die zwei soziologischen Perspektiven von Gesellschaft als sich selbst steuerndem System und als Ergebnis menschlichen Handelns, insbesondere menschlichen Kommunizierens. Es ist ein Gesellschaftskonzept, das Menschen einerseits prägt und beeinflusst, ihnen andererseits aber auch Raum für Selbstentfaltung und Veränderung lässt.

Kultur, die der konkreten Ausbildung einer Gesellschaft zugrunde liegt, lässt sich ebenfalls als ein Zeichensystem analysieren und beschreiben. Die wesentlichen Charakteristika einer so verstandenen Kultur fasst der folgende Abschnitt zusammen. (Zu ›Kultur als Kommunikation‹ und ›Kommunikation als Kultur‹ vgl. auch Hall 1959; 1976 und Carey 1989).

1.2 Grundlegende Charakteristika von Kultur

1. Jede Definition von Kultur, unabhängig davon, ob es sich um eine enge oder weite Begriffsbestimmung handelt, kennzeichnet **Kultur** als **ein menschliches Konstrukt** (*construct, construction*). Das ist eine im Grunde banale, aber ausgesprochen wichtige Charakterisierung. Kultur ist in ihrer Abhängigkeit vom Menschen veränderbar, und sie enthält keine Eigenschaften, die nicht auch dem Menschen selbst zukommen.

2. Als menschliches Konstrukt ist Kultur auch sichtbar. Sie zeigt sich immer in bestimmten Formen, manchmal sehr deutlich etwa in der Bauweise von Häusern, aber auch in Verhaltens- und Denkweisen von Menschen, in Formen der Begrüßung und des Abschiednehmens, in Feiern und Ritualen, beim Sport, in der beruflichen Ausbildung, der Gründung einer Familie oder einer Firma. Ein zweites wesentliches Charakteristikum von Kultur neben ihrer Konstruiertheit durch Menschen ist daher ihre Gebundenheit an bestimmte wahrnehmbare Formen, das heißt an Zeichen: **Kultur ist immer durch Zeichen vermittelt.**

Ein Zeichen (*sign*) ist in der traditionellen Weise (s. Kap. I.1.4 und vgl. Saussure 1976, 97ff.) definiert als **eine Einheit, die aus einer materiellen, formalen Komponente sowie einer ideellen, geistigen oder Bedeutungskomponente besteht.** Der Ehering zum Beispiel hat eine bestimmte, aus Silber, Gold, Platin usw. hergestellte Form und bedeutet, dass zwei Menschen eine ganz spezifische Beziehung miteinander eingegangen sind. Die konkrete Art der Beziehung ist von sehr individuellen und von allgemeinen gesellschaftlichen Komponenten abhängig, die u.a. festlegen, ob der Ehering an der rechten oder linken Hand getragen und nicht etwa durch die Nase gezogen wird, ob die Entscheidung für die Beziehung auf rein sozialer, weltlicher, persönlicher oder einer religiösen Grundlage beruht usw.

3. Der Ehering als kulturelles Zeichen verweist auch auf ein drittes Charakteristikum von Kultur: auf ihre Abhängigkeit von menschlichen Gemeinschaften. **Kultur ist ein gesellschaftliches Phänomen** (*social phenomenon*), d.h. eine Kultur entwickelt sich erst, wenn eine größere Zahl von Menschen gewisse Verhaltensweisen zeigt und bestimmte Produkte erstellt. Kultur basiert als soziales Phänomen auf dem stillschweigenden oder expliziten Konsens mehrerer Menschen bezüglich konkreter Verhaltensweisen, Äußerlichkeiten, Normen oder Wertvorstellungen.

4. Kultur als gesellschaftliches Phänomen ist damit **Ausdruck eines Identitäts- und Wir-Gefühls** (*feeling/sense of identity*), das nicht nur auf gleichartigem äußerlichen Verhalten oder bestimmten materiellen Formen beruht, sondern viel mehr noch darauf, dass sich mit diesem Verhalten und den äußerlichen Formen ganz bestimmte Bedeutungen (*meanings*) verbinden, die für die Kulturgemeinschaft identisch sind und von den Mitgliedern dieser Gemeinschaft als allgemein gültig angesehen werden. Die Akzeptanz dieser Bedeutungen kann bewusst vollzogen werden; in den meisten Fällen geschieht sie aber unbewusst durch das Aufwachsen und Leben in einer Gemeinschaft.

5. Kultur wird nicht genetisch vermittelt, sondern ist **immer erlernt** und ein Produkt der Lebensumstände und Erziehung. Gewöhnlich betrachten die Mitglieder einer Kulturgemeinschaft sowohl die äußerlichen Formen als auch die inhaltliche Zuschreibung bestimmter Bedeutungen für diese Formen als ganz natürlich, normal und selbstverständlich.

6. Kultur ist in diesem Sinne die ganz normale **alltägliche Lebensweise** (*everyday way of living*), die gerade dadurch, dass sie mit anderen geteilt wird, als sinnvolle Lebensgestaltung erfahren wird.

Erst im **Vergleich verschiedener Kulturen** (*comparing cultures*) wird deutlich, dass jedes Element auch eine andere Bedeutung und eine unterschiedliche Bewertung erhalten kann, je nachdem in welcher Kultur es auftritt. So sind etwa Pfeil und Bogen heute eher Gegenstände, die in den Bereich Spiel, Sport oder Freizeit gehören; zur Zeit des Dichters Geoffrey Chaucer (1343–1400) waren es dagegen Attribute eines wehrhaften Mannes und Kennzeichen einer neuen, effektiven Kampfführung; in Indianerkulturen haben Pfeil und Bogen wieder ganz andere Bedeutungen, etwa als Mittel zur Nahrungsbeschaffung. Kulturvergleiche machen auf solche Unterschiede und auf den Wandel in Kulturen aufmerksam. Das Beispiel belegt erneut, dass es weniger um Veränderungen und Unterschiede im Material (Pfeil und Bogen) geht als vielmehr um einen Wandel von Funktion und Bedeutung. Entsprechend zeigen Kulturvergleiche immer, dass es ganz unterschiedliche Möglichkeiten gibt, menschlichem Leben Sinn und Bedeutung zu verleihen. Neben der Beschreibung der allgemeinen und der spezifischen Charakteristika einer Kultur sind Kulturvergleiche ein wesentlicher Bestandteil der Kulturwissenschaft.

1.3 Aufgaben und Methoden der Kulturwissenschaft

Kulturwissenschaft (*cultural studies/cultural anthropology*) kann sich nicht damit begnügen, nur die materiellen Gegebenheiten einer Kultur, bestimmte Lebens- und Produktionsformen oder spezifische Institutionen zu beschreiben. Sie ist vielmehr darauf angewiesen, auch den hinter den konkreten Erscheinungen liegenden Sinn- und Bedeutungszusammenhang aufzuzeigen. Daher ist eine ihrer wichtigsten Methoden die **Analyse von Zeichen**, die **Semiotik** (*semiotics*). Wie jedes Zeichen (s. Kap. I., S. 31) besteht auch die Kultur bzw. jedes kulturelle Phänomen aus einer untrennbaren **Einheit von einer materiellen Form** (dem Signifikanten/Bezeichnenden/*signifier*) **und der ideellen oder mentalen Bedeutung** (dem Signifikat/Bezeichneten/*signified*). Wenn man Kultur so versteht, genügt es z.B. nicht, England etwa durch die Monarchie oder den Parlamentarismus zu charakterisieren, sondern man ist gezwungen, jeweils konkrete Bedeutungen der Monarchie und des Parlaments mit einer solchen Aussage zu verbinden. Es ist klar, dass die Bedeutungen stark abhängen von den gesellschaftlichen Gruppen, die man befragt, und von den historischen Epochen, für die man die Relevanz untersucht. Im englischen Bürgerkrieg hatte die Monarchie für Royalisten eine ganz andere Bedeutung als für Republikaner; während der Weltkriege im 20. Jahrhundert war sie wieder ganz anders bewertet als etwa heute in der englischen Mittelklasse usw.

Das Beispiel zeigt, dass **historische Betrachtungen** bei einem solchen Kulturverständnis keineswegs überflüssig werden, sondern großes Gewicht haben. Es belegt auch, wie differenziert Kultur auf diese Weise untersucht werden muss, wenn sie nicht nur als Ansammlung von Fakten, sondern immer gleichzeitig auch als Hort von Bedeutungen zu verstehen ist. Die bisland überzeugendste **Definition von Kultur** sieht Kultur als diese **Einheit von materiellen Fakten (Signifikanten) und ideellen Fiktionen bzw.** (neutraler ausgedrückt) **Bedeutungen (Signifikaten)**. Entsprechend beschreibt Stuart Hall (1996, 38; ursprünglich 1980) mit Bezug auf Raymond Williams und E.P. Thompson Kultur »as *both* the meanings and values which arise amongst distinctive social groups and classes [...] *and* as the lived traditions and practices through which those ›understandings‹ are expressed and in which they are embodied«. Wie für jedes Zeichen ist auch für Kultur diese Einheit und Differenzierbarkeit von materiellen, konkreten Signifikanten und ideellen, mentalen Signifikaten kennzeichnend und beachtenswert. Nur so ergibt sich die besondere Charakteristik von Kultur als Zeichensystem. (Zur Bedeutung der Semiotik für Kulturanalysen vgl. Bernard 1993; Eschbach/Koch 1987; Lotman 1990; Posner 1991; 2003; Posner/Robering/Seboek 1997–2003).

In dieser Charakteristik liegt der wesentliche Unterschied der Kulturwissenschaft gegenüber der herkömmlichen, in Universitäten und Schulen betriebenen **Landeskunde** (*background/regional/area studies*), die sich auf Sammlung und Vermittlung von Faktenwissen konzentrieren kann und dies oft genug aufgrund der zu behandelnden Thematik oder des Alters der Schüler auch muss. Kulturwissenschaft untersucht demgegenüber gesellschaftliche Institutionen und menschliches Verhalten immer mit Blick auf die den Institutionen wie dem Verhalten zugrunde liegenden Absichten, Werte oder Sinnstrukturen. Entsprechend definiert etwa Oswald Schwemmer (1976, 35) Kulturwissenschaft als Summe jener »Wissenschaften, die zur Überwindung der praktischen Schwierigkeiten (konfliktrelevante) Normen feststellen, kritisch beurteilen und (als zu befolgende) begründen sollen«. Sein Begriff der Kulturwissenschaften ist ein »Sammelterminus für die Geistes- und Sozialwissenschaften, einschließlich der historischen Wissenschaften« (Schwemmer 1981, 87; so auch 1997, 174).

Dies mag man als eine zu normative Aufgabenbeschreibung für die Kulturwissenschaft ansehen und demgegenüber betonen, dass Kulturwissenschaft zunächst Kulturen beschreiben und miteinander vergleichen sollte. Die Analyse der Kräfte, die an der Konstruktion von Kulturen beteiligt sind, und der verschiedensten semiotischen Formen, die dazu verwendet werden, ist zunächst sicherlich eine ausreichend große und schwierige Aufgabe in der Kulturwissenschaft. Das ändert jedoch nichts daran, dass der **Kern kulturwissenschaftlicher Arbeit** das Feststellen und **Beschreiben der Werte und Sinnstrukturen** ist, die gesellschaftlichen Institutionen wie menschlichen Handlungen ihre Bedeutung geben.

Kultur liefert damit nicht nur ein *Modell von Verhalten*, sondern gleichzeitig ein *Modell für Verhalten*. Sie ist gleichermaßen eine **Struktur** (*structure*) wie ein **Prozess** (*process*). Boesch (1991, 29) definiert sie als ein Aktionsfeld, in dem der Mensch im Laufe seines Heranwachsens bestimmte Verhaltensmuster in verschiedenen Institutionen (Familie, Kindergarten, Schule usw.) erlernt, aber gleichzeitig auch die Möglichkeit erwirbt, Verhaltens- und Denkschemata zu verändern und Neues zu entwickeln. Kultur besteht somit »aus den Konzepten und Modellen, über die Menschen mental verfügen, um ihre Erfahrungen zu organisieren und zu interpretieren« (Singer 1968, 538). Entsprechend bestimmt Neidhardt (1986, 11) Kultur als »das System kollektiver Sinnkonstruktionen, mit denen Menschen die Wirklichkeit definieren – jener Komplex von allgemeinen Vorstellungen, mit denen sie zwischen wichtig und unwichtig, wahr und falsch, gut und böse sowie schön und hässlich unterscheiden«. (Vgl. ähnlich Durham 1990, 188, und Namenwirth/Weber 1987, die alle auf ihre Weise die oben genannte Tradition von Heinrich Rickert, Max Weber, Ernst Cassirer und Talcott Parsons fortsetzen).

Kernaufgabe der Kulturwissenschaft ist es daher, **Kultur als ein System von Bedeutungen** zu analysieren. Einzelne menschliche Handlungen oder bestimmte gesellschaftliche Institutionen sind innerhalb eines solchen Bedeutungssystems zu definieren. Eine derartige Kulturwissenschaft, für die die spezifische Funktion von Kultur darin besteht, das Handeln des einzelnen Menschen zu organisieren, zu orientieren und mit Bedeutung zu versehen, ist **stark pragmatisch ausgerichtet**. Nur so ist sie in der Lage, Kultur nicht allein als etwas Gegebenes, als eine definite Struktur zu betrachten, sondern auch als Prozess, als etwas, das ständiger Veränderung unterworfen und abhängig von menschlichen Handlungen und Intentionen ist.

Kulturwissenschaft muss daher das ganze subtile und extrem komplexe **Wechselspiel zwischen Individuum, Gesellschaft und Natur** im Blick haben. Weder ist der Mensch bloßes Objekt, Substrat oder gar Opfer kultureller Prozesse, noch ist er absolutes und autonomes Subjekt oder Herrscher über sie. Vielmehr steht er als Teilhaber an der Kultur immer zwischen den Extremen von Freiheit und Notwendigkeit, von Selbstbestimmung und Fremdbestimmung. Tenbrucks (1990, 46) Aussage, dass der Mensch als »das sinnhaft handelnde Wesen [...] der Schöpfer aller Kultur« ist, darf daher nicht als Ausdruck für vollkommene menschliche Freiheit gewertet werden. Der Mensch ist zwar insgesamt gesehen in der Tat Schöpfer aller Kultur, die konkrete einzelne Person aber steht immer auch unter dem Zwang des Kultursystems, in das sie hineingeboren ist. Eine realistische Einschätzung des menschlichen Verhältnisses zur Kultur muss diesen beiden Polen – dem Zwang durch die vorhandene Kultur und der menschlichen Freiheit, sie zu verändern – gleichermaßen Rechnung tragen.

Einen solchen realistischen mittleren Weg zwischen den Extremen betont ein Ansatz, der in neuesten Forschungen zur Kulturwissenschaft stark hervortritt und die menschliche Freiheit zum aktiven Aufbau, zur praktischen Konstruktion von Kultur ebenso sieht wie die Abhängigkeit des Menschen von seinen biologischen, damit den natürlichen und auch den gesellschaftlichen Bedingungen. Dies ist die

Position des **Konstruktivismus** (*constructionism*) bzw. **Kognitivismus** (*cognitive science*). Sie untersucht die biologischen, vor allem auch die gehirnspezifischen und neuronalen Bedingungen für menschliche Erkenntnis und Sinnkonstruktion ebenso wie die erkenntnistheoretischen, semiotischen und gesellschaftlichen. Trotz all dieser Bedingungen und damit Einschränkungen menschlicher Freiheit und Selbstbestimmung wird der Mensch als aktiv und produktiv am Prozess der Kulturkonstruktion beteiligt angesehen. Besonders aufschlussreich sind hier Erkenntnisse der Neurobiologie, die belegen, dass Menschen nicht nur Bedeutungen konstruieren, was relativ leicht akzeptiert wird, sondern auch Farben, Gerüche etc. (vgl. Maturana/Varela 1987).

Neuro-Biologen, wie Maturana, Varela oder Roth (1996; 2001), untersuchen in diesem Kontext das menschliche Wahrnehmungsvermögen und die Funktionsweisen von Gehirn, Nervensträngen und neuronalen Verknüpfungen und kommen zu Erkenntnissen, die die Geistes- und Sozialwissenschaften erheblich beeinflussen, weil sie auch aus der naturwissenschaftlichen Sicht darlegen, dass Menschen Teil dessen sind, was als Realität wahrgenommen, beschrieben und verstanden wird. Es gibt keine Möglichkeit für den Menschen, sich neutral von außen zu beobachten, man ist immer involviert. Dies gilt umso mehr als die Realität, die gesamte Wirklichkeit, immer ›der verkörperte Geist‹ des Menschen ist, wie es Varela/Thompson/Rosch 1991 in der englischen Version ihres Buches ausdrücken: Wirklichkeit ist »*The Embodied Mind*«. Daher fordert der Konstruktivismus in ihrer Version, die hier übernommen wird, dass »*Der Mittlere Weg der Erkenntnis*« (Varela/Thompson/Rosch 1992) gewählt wird, der die einseitigen Extreme des Idealismus und des Materialismus vermeidet, es also gleichermaßen ablehnt, Menschen als autonome Konstrukteure der Realität oder als völlig von äußeren Bedingungen determiniert zu sehen. Dies ist eine Position, die schon einen großen Einfluss auf die Kulturwissenschaft ausgeübt hat und sich zur Bewältigung der immensen Aufgaben in diesem Bereich am stärksten anbietet. (Als ein- und weiterführende Darstellungen von Konstruktivismus und Kognitivismus sind besonders empfehlenswert Maturana/Varela 1987; Pörksen 2001; Schmidt 1992; 1994; Varela 1993; Varela/Thompson/Rosch 1991 oder 1992. Zum Konstruktivismus in der Soziologie vgl. Berger/Luckmann 1966; Delanty 1997; Grundmann 1999; Holstein/Miller 1993 sowie unten 2.2.4 und 3. In denselben Kontext gehören britische Forschungen zu *social constructionism*, wie Shotter 1993; 1993a, *social anthropology*, Cohen 1986; 1994; 2000, und *social psychology*, Eiser 1986. Vgl. zu Theorie und Anwendung auch Müller 1995a; 1996a; 1999; 2000; 2001).

Kulturwissenschaft hat in diesem Zusammenhang ein ungeheuer großes und noch längst nicht eindeutig abgestecktes Aufgabenfeld vor sich. Sie lässt sich nicht einfach auf die **Geistes- und Sozialwissenschaften** »einschließlich der historischen Wissenschaften« beschränken, wie Schwemmer (1981, 87) es vorschlug. Ohne die **Naturwissenschaften**, ihre Erkenntnisse, ihre Untersuchungsobjekte und ihre Methoden kann es keine umfassende Kulturwissenschaft geben. Auf der anderen Seite ist C.P. Snows Klage von 1959, dass sich die Geistes- und Naturwissenschaften so weit voneinander entfernt hätten, dass sie zwei völlig getrennte Kulturen bildeten, noch längst nicht überholt, auch wenn man sie gelegentlich als ›Snow von gestern‹ bezeichnet. Aber es sieht so aus, als ob es gerade durch Konstruktivismus und Kognitionswissenschaft neue und intensive Verbindungen zwischen den Natur- und Geisteswissenschaften gibt. Die von Wolf Lepenies (1985) bereits als dritte Kultur den zwei anderen hinzugefügten Sozialwissenschaften würden in diesem Kontext ebenso eine Rolle spielen wie die von John Brockman ebenfalls als *Third Culture* (1995) beschriebenen modernen Naturwissenschaften.

Ob sich wirklich eine **neue Einheit in der Betrachtung und Analyse menschlicher Realitäten** nach der erst Ende des 19. Jahrhunderts entstandenen und sich im 20. Jahrhundert dann rasant weiter entwickelnden Aufspaltung in einzelne Wissens- und Forschungsbereiche (repräsentiert durch die Fachbereiche und Fächer der Universität) ergeben wird, bleibt abzuwarten. Die Physik arbeitet an einer solchen ›**unified theory**‹, sie ist auf der *Suche nach der Weltformel* (Barrow 1994; Greene 2000), die keineswegs nur alle physikalischen Phänomene erklären soll, sondern auch die wesentlichen Grundlagen alltäglichen Lebens, wie Raum und Zeit, und eventuell sogar alles in der menschlichen Realität überhaupt. (Vgl. Barrow 1991; Deutsch 1996; Ferris 1997; Guth 1997; Hawking 1993, 42ff; Kaku 1996; Smolin 1999; 2000).

Die Kulturwissenschaft tut gut daran, sich als kompetenter Teilnehmer an der **Erforschung menschlicher Realitäten** zu etablieren, und es ist deutlich zu erkennen, dass die zahlreichen Diskussionen über ihre Stellung innerhalb der Wissenschaften es fast immer vermeiden, ihr eine übergeordnete Position zuschreiben zu wollen. (Vgl. Böhme/Matussek/Müller 2000; Fuery/Mansfield 1997; Hartmann/Janich 1998; Henningsen/Schröder 1997; Kramer 1997; Oexle 1998). Vereinheitlichende Tendenzen erscheinen angesichts einer schier endlosen Menge von Kulturen, in der der Begriff des ›**Multikulturalismus**‹ fast schon ein leeres Schlagwort geworden ist, völlig unangebracht. Andererseits gibt es das Phänomen der **Globalisierung**, Versuche der Etablierung von **Menschenrechten in allen Kulturen** und ähnliche Entwicklungen, die eine **Suche nach Universalien** implizieren. Das Feld möglicher Aufgaben einer Kulturwissenschaft ist also unermesslich groß.

In Anbetracht dieser ungeheuren Breite von Kultur ist ein Konzept sehr hilfreich, das in jüngster Zeit in verschiedenen wissenschaftlichen Ansätzen hervorgehoben wird, unter anderem auch im Kognitivismus bei Varela/Thompson/Rosch (1991) bzw. in der Kognitionswissenschaft allgemein (Münch 1992), weil es sich besonders eignet, einer endlos und völlig unübersichtlich erscheinenden Menge gezielt Struktur zu verleihen: das **Konzept des Netzwerks** (*network*), das aus diesem Grund auch im vorliegenden Band eine wichtige Rolle spielt. Sieht man Kultur als das riesige **Netzwerk menschlicher Konstrukte**, das in seiner Gesamtheit für keinen Menschen mehr zu erfassen ist, so ergibt sich mit dem Konzept des Netzwerks die Möglichkeit, kleinere Bereiche dieses komplexen Ganzen auszuwählen und gezielt zu untersuchen. Diese kleineren Bereiche lassen sich als **Module** (*modules*) bezeichnen, die eine Einheit für sich bilden und gleichzeitig bestimmte Funktionen in größeren Einheiten erfüllen. Module können selbst wieder als kleinere Netzwerke aufgefasst werden, bis man eventuell zu nicht mehr ›spaltbaren‹ Einheiten, ›atomaren‹ Elementen einer Kultur gelangt. Danach sieht es im Augenblick aber nicht aus. Vielmehr erscheint jeder Teil einer Kultur als so eng mit vielen anderen verbunden und die Gesamtheit der Kultur als so unüberschaubar, dass jede Kulturwissenschaft gezwungen ist, ihr Untersuchungsobjekt einzugrenzen.

Während so das Aufgabenfeld, der **Objektbereich der Kulturwissenschaft** (*contents/subject matter*) gezielt und explizit immer erst zu definieren ist, ist ihr Ziel (*objective/aim*) in jedem Fall die Aufdeckung des Bedeutungszusammenhangs, der menschlichem Handeln in seinen verschiedensten Ausprägungen Sinn verleiht. Kulturen definieren sich durch ihre Bedeutungssysteme, die die Kulturwissenschaft sowohl sachlich beschreiben muss (entsprechend des naturwissenschaftlichen Wahr-Falsch-Kriteriums) wie auch hermeneutisch zu verstehen hat (also mit dem geisteswissenschaftlichen Kriterium der Angemessenheit bzw. Unangemessenheit beurteilen muss). In ihren **Methoden** (*methods/approaches*) verbinden sich also signifikanterweise die Natur- und Geisteswissenschaften.

In Anbetracht der skizzierten Situation erscheint es nicht unmittelbar erstrebenswert (wenn überhaupt realisierbar), eine übergreifende Kulturwissenschaft zu etablieren. Man müsste befürchten, dass sie völlig überfordert wäre oder sich selbst wieder in eine ganze Reihe von Arbeitsgebieten aufteilt, die in vielem heutigen Studienfächern entsprächen. (Vgl. demgegenüber Kramer 1995 für eine Perspektive, die die Transformation der Anglistik in eine umfassendere Kulturwissenschaft vorzieht). Da bietet sich ein anderer Weg als praktischer und Erfolg versprechender an, nämlich Kulturstudien in ganz spezifischen Bereichen zu betreiben. Die Philologien und besonders die Fremdsprachen eignen sich hierfür in exemplarischer Weise. Derartige Kulturstudien in einem bestimmten Fach lassen sich dann z.B. als **Anglistische Kulturwissenschaft** definieren.

2. Kulturwissenschaft im Netzwerk Anglistik

Kulturstudien in einem bestimmten Fach müssen die Inhalte dieses Fachs in ihrer Gesamtheit zur Kenntnis nehmen und sich daran ebenso orientieren wie an den Erfordernissen der allgemeinen Kulturwissenschaft. Die in der Anglistik häufig verwendeten Begriffe ›**Kulturstudien**‹ und *Cultural Studies* machen schon durch ihre Pluralformen deutlich, dass sie sich auf ein höchst komplexes Forschungsgebiet beziehen, in dem sehr unterschiedliche Gegenstände mit ganz verschiedenen Methoden untersucht werden. Es wird aus diesem Grund noch nicht allgemein von einer ›Anglistischen Kulturwissenschaft‹ gesprochen. Die in diesem Kapitel thematisierten Elemente fachspezifischer Kulturstudien sind aber wesentliche Bestandteile einer als Netzwerk zu konzipierenden Anglistischen Kulturwissenschaft, die sich in verschiedenen Formen in der Anglistik deutscher Universitäten etabliert hat. Wenn im Folgenden die Bezeichnung ›Kulturwissenschaft‹ benutzt wird, ist die spezifisch anglistische Variante gemeint; sonst wird der Ausdruck ›allgemeine Kulturwissenschaft‹ verwendet. (Zu den Aufgaben einer (anglistischen) Kulturwissenschaft vgl. auch Böhme/Matussek/Müller 2000; Grabes 1996; Hansen 2003; Kramer 1995; 1999; Lenz 1995; Nünning 1995; Nünning/Nünning 2003; Oexle 1998; Schlaeger 1998).

2.1 Positionen der Kulturwissenschaft in der Anglistik

Die **Untersuchungsgegenstände** der anglistischen Kulturwissenschaft definieren sich u.a. nach den verschiedenen Regionen, in denen Englisch gesprochen wird: England, Irland, Südafrika, Australien, USA usw. Weitere kulturwissenschaftliche Inhalte ergeben sich aus ganz spezifischen Aspekten innerhalb der Regionen, wo etwa Jugendkulturen, die Kulturen der Arbeiterklasse, der Frauen oder bestimmter ethnischer Gruppen zum Untersuchungsgegenstand gemacht werden können.

Studierende der Anglistik werden in ihrem Studium mit dem Wort ›Kulturwissenschaft‹, ›Kulturstudien‹, ›Landeskunde‹ oder englischsprachigen Varianten wie ›*Cultural Studies*‹, ›*British Studies*‹, ›*American Studies*‹, ›*Australian Studies*‹, ›*Canadian Studies*‹, ›*Area Studies*‹ usw. konfrontiert. Sie müssen dann vor Ort, am jeweiligen anglistischen Institut bzw. bei den Dozenten selbst herausfinden, was sich hinter den Bezeichnungen genau verbirgt, denn es gibt in Bezug auf Inhalte, Methoden oder Ziele dieses Bereichs keine an allen deutschen Universitäten einvernehmliche Meinung.

Kulturwissenschaft wird im Anglistikstudium entweder **explizit**, dann auch gewöhnlich mit eigenen Professuren, oder **implizit** angeboten. Traditionellerweise gehört zu einem fremdsprachlichen Studium ein gewisser Anteil an ›Landeskunde‹, der oft von Muttersprachlern vermittelt wird. Dieser Anteil sollte früher möglichst ›nebenbei‹ unterrichtet und von Studierenden erworben werden, idealerweise während Auslandsaufenthalten im Land bzw. in den Ländern der gelernten Sprache. Im Zusammenhang mit der wachsenden Bedeutung der Sprachpraxis und der zunehmenden Erkenntnis über die Relevanz von **kultureller Kompetenz** (*cultural competence*), d.h. dem Wissen um Kulturspezifika und der Fähigkeit, sie situationsgerecht zu beurteilen und kommunikativ zu nutzen (s. Kap. IV.2.4.1 und 2.4.3), erlangte diese Fachkomponente aber immer mehr Eigenständigkeit. Seit einigen Jahren gibt es innerhalb der Anglistik/Amerikanistik-Professuren für ›Kultur- und Landeskunde‹, ›Großbritannienstudien‹ und ›Nordamerikastudien‹ bzw. ›Kulturstudien‹; in Berlin existiert seit 1994 ein Großbritannien-Institut, das interdisziplinär Großbritannienstudien durchführt. Schon seit längerem werden in der Amerikanistik ›Amerikastudien‹ betrieben, für die u.a. das Kennedy-Institut in Berlin, die Amerikanistik in Frankfurt und München sowie das Nordamerikaprogramm der Universität Bonn besonders bekannt sind. (Vgl. Broich 1994; Ickstadt 1995; Hönnighausen 1995).

Die Bedeutung der Kulturwissenschaft innerhalb der Anglistik/Amerikanistik hat also erheblich zugenommen. Während dies immer mehr anerkannt wird, ist die Frage, wie sie am besten in das Studienfach einzufügen ist und welche Position ihr darin gegeben werden soll, weiterhin relativ offen. **Das additive Modell**, in dem Kulturwissenschaft den schon bestehenden Fachbereichen hinzugefügt wird, sollte auf jeden Fall durch **ein integratives Konzept** ergänzt werden. Danach würden Denk- und Arbeitsweisen der Kulturwissenschaft auch von der Sprachwissenschaft, Literaturwissenschaft und Didaktik des Fachs übernommen, soweit es vom jeweiligen Gegenstand her möglich ist (s. Kap. II., S. 105f. und IV.2.4.3). Ein wesentlicher Gewinn für das Fach wäre dabei, dass sich bei aller Verschiedenheit der Teildisziplinen Gemeinsamkeiten zeigen, die sich aus der kulturspezifischen

Frage nach dem Sinnzusammenhang ergeben. (Vgl. hierzu die Positionen, die in Korte u.a. 1996 und in Seeber u.a. 1996 vertreten werden).

In der Praxis wird schon auf solche Weise **integrativ und interdisziplinär** gearbeitet. Diese Tendenz wird sich sicherlich noch erheblich verstärken. So lässt sich das Modul ›Anglistische Kulturwissenschaft‹ z.B. in einen Wirtschaftsstudiengang (etwa als Komponente ›Interkulturelle Kommunikation‹) ebenso einbauen wie in einen Anglistikstudiengang. Es ist aber klar, dass dieses Modul in dem einen Studiengang andere Inhalte und Frageperspektiven erhält als in dem anderen. Der Kontext für Kulturwissenschaft in der Anglistik ist zur Zeit dadurch bestimmt, dass das Fach einerseits den gesellschaftlichen Auftrag hat, Lehrer sowie Magister auszubilden, und andererseits BA- und MA-Studiengänge konzipiert werden, die sowohl diese alten Bereiche abdecken wie auch Neues leisten sollen. Hier wird sich das modulare Prinzip sowie das Denken und Arbeiten in Netzwerken noch verstärken. In der Praxis kommt es vor allem darauf an, Sprachbeherrschung und Wissen über Kultur, Literatur und Sprache sowie wissenschaftliche und anwendungsbezogene Formen des Umgangs mit den wesentlichen Elementen des fremden Kulturraums zu vermitteln. Studierende der Anglistik müssen in diesem Zusammenhang ein hohes Maß an kommunikativer und damit kultureller sowie interkultureller Kompetenz erwerben (s. Kap. I.2.3, IV.2.4.3 und 3). Dieser gesellschaftliche Kontext bestimmt zusammen mit dem Untersuchungsgegenstand (englische, schottische, irische, südafrikanische, australische usw. Kultur) wesentlich die Inhalte und Methoden der anglistischen Kulturwissenschaft.

2.2 Inhalte und Methoden

Wie im vorigen Abschnitt angedeutet, hat der Begriff *Cultural Studies* in Großbritannien und den USA schon eine längere Tradition, während sich Kulturstudien an deutschen Universitäten erst seit den 1980er Jahren und Konzeptionen einer anglistischen Kulturwissenschaft sogar erst in den 1990er Jahren entwickeln. Die folgende Darstellung stellt Inhalte und Methoden vor, die die anglo-amerikanische Tradition kennzeichnen und die wesentlich die Entwicklung in Deutschland beeinflusst haben. Sie werden ergänzt durch Konzepte, die in Deutschland und in der gegenwärtigen Diskussion allgemein relevant sind. Auf diese Weise ergibt sich neben einer aktuellen Inhalts- und Methodendiskussion zusätzlich ein kurzer Abriss der Geschichte der anglistischen Kulturwissenschaft bzw. ihrer Vorläufer, der Kulturstudien im deutschsprachigen Raum und der *Cultural Studies* im englischen Sprachbereich. (Zur Geschichte der *Cultural Studies* und ihrer grundlegenden Darstellung vgl. vor allem Hartley 2003; Lee 2003; Lewis 2002; Steele 1997; Turner 2003; dann Brantlinger 1990; Denzin 1992; Hoggart 1969).

Die folgenden Abschnitte sind durch ein extrem hohes Maß an inhaltlicher, methodischer und begrifflicher Verbindung untereinander gekennzeichnet. Dies hängt mit der großen Vielschichtigkeit der Gegenwartskulturen und der entsprechenden kulturwissenschaftlichen Arbeitsweise zusammen. Deshalb sind in diesen Abschnitten solche Inhalte und Methoden in Verbindung miteinander dargestellt, die sich besonders gut ergänzen: Alltagskultur und Ideologiekritik, Feminismus als kritische Diskursanalyse sowie die neuen Stile und Geschichten der Subkulturen, der postkolonialen Kulturen, der Jugendkulturen und der Regionalkulturen. Gleichzeitig ist natürlich der Feminismus oder eine Jugendkultur auch ideologiekritisch, eine Sub- oder Regionalkultur ist über Diskursanalysen beschreibbar, eine postkoloniale Kultur kann als Alltagskultur erscheinen usw. Es kommt daher bei der Lektüre der folgenden Abschnitte darauf an, die variable Vernetzbarkeit der Inhalte und Methoden, die der vielschichtigen Vernetzung der Gegenwartskulturen entspricht, nicht aus den Augen zu verlieren.

2.2.1 Alltagskultur und Ideologiekritik

Cultural Studies entwickelten sich in England seit den 1950er Jahren und verbinden sich vor allem mit den Namen Raymond Williams, Richard Hoggart und Stuart Hall sowie mit dem *Birmingham Centre for Contemporary Cultural Studies*, das 1964 gegründet wurde und dessen erster Leiter Hoggart war. Untersuchungsobjekt waren zunächst vor allem *popular culture*, die Massenmedien und grundsätzlich immer die unbefragten, für selbstverständlich gehaltenen Grundlagen des alltäglichen Lebens. Diese sollten bewusst gemacht und in ihrer historischen Konstruiertheit erkannt werden. Paul Willis formuliert die wesentliche Erkenntnis dieser Untersuchungsperspektive als entscheidendes Paradox menschlicher Existenz:

> it is one of the fundamental paradoxes of our social life that when we are at our most natural, our most *everyday*, we are also at our most cultural; that when we are in roles that look the most obvious and given, we are actually in roles that are constructed, learned and far from inevitable. (Willis 1978, 184)

Cultural Studies in diesem Sinne streben Aufklärung an und sind ideologiekritisch orientiert, d.h. sie wollen aufzeigen, welches politische Bewusstsein und welche Ideologie dahintersteckt, wenn menschliches Verhalten, das gesellschaftlich und historisch konstruiert ist, als ›natürliches‹, normales und unveränderliches Verhalten dargestellt wird. **Ideologiekritik** (*critique of ideology/redescription of ideology*) zeigt also – ganz im Sinne der oben beschriebenen Kernaufgabe der Kulturwissenschaft – das Wertsystem auf, das hinter einem kulturellen Phänomen liegt. Als solche ist sie auch Bestandteil einer anglistischen Kulturwissenschaft. Der Begriff ›Ideologie‹ wird immer wieder im Kontext von *Cultural Studies* diskutiert (vgl. Barker 2000; Cohen 1998; Turner 2003). ›Ideologiekritik‹ ist ein feststehender Begriff vor allem im deutschsprachigen Raum (aus der Tradition von Karl Marx) und ergibt sich in englischsprachigen Ländern aus allen Analysen von Ideologien, auch wenn sie dort in der Praxis mit verschiedenen Begriffen ausgedrückt wird.

Diejenige Ideologie, die gesellschaftliche und kulturelle Gegebenheiten als naturgegeben, unveränderlich und ewig gültig hinstellt und nicht als veränderbare menschliche Konstrukte, produziert **Mythen** (*myths*): »myth consists in overturning culture into nature or, at least, the social, the cultural, the ideological, the historical into the ›natural‹« (Barthes 1977, 165). Ideologie bedient sich häufig Mythen, um sich zu kaschieren. Während der Begriff ›Ideologie‹ meist gebraucht wird, um das konkrete politische Bewusstsein von Menschen zu bezeichnen, benutzt man den Begriff ›Mythos‹ mehr für unbewusste Sinnkonstruktionen. Beide Begriffe ergänzen sich in diesem Sinne. Besonders seit den Arbeiten von Louis Althusser (1971) und Antonio Gramsci (1971; 1978; 1985) ist grundsätzlich anerkannt, dass sowohl eine Ideologie wie auch ein Mythos ein notwendiges Verstehensraster bereitstellt, das Menschen ständig benutzen, um ihre Alltagserfahrungen zu beschreiben und mit Sinn zu füllen. Ideologie (wie Mythos) ist dann mit den Worten von Stuart Hall (1980, 33) »[that] through which men interpret, make sense of, experience and ›live‹ the material conditions in which they find themselves«. Die Funktion von Ideologie oder Mythos in diesem Sinne ist es, die Welt für den Menschen erklärbar, verstehbar und sinnvoll zu machen. (Vgl. Eagleton 1991; Eliade 1963; Frank 1982; Hall 1982).

Ideologiekritik ist daher auch **Mythenkritik** (*critique of myths/de-mythification*). Beide decken zugrunde liegende Bedeutungsstrukturen auf und arbeiten semiotisch. Gleichzeitig ist aber heute auch deutlich, dass kein Mensch ohne die Konstruktion solcher Bedeutungsstrukturen leben kann. So lässt sich pointiert, aber aufschlussreich sagen: Nicht nur Kinder brauchen Märchen (Bettelheim 1980), auch Erwachsene benötigen Ideologien oder Mythen, also bestimmte **Erzählungen** (*narratives*) oder **Geschichten** (*stories*), die ihrem Leben Sinn geben. Solche Geschichten werden immer kulturell hergestellt, also zugleich individuell und gesellschaftlich konstruiert. Das heißt, Ideologien und Mythen existieren in jeder Gesellschaft; sie charakterisieren signifikant die jeweilige Kultur. Aufgabe der Ideologiekritik in der Kulturwissenschaft ist es u.a. zu erforschen, wie lebensbedrohende, destruktive Mythen von konstruktiven zu unterscheiden sind und welche Gesellschaftsgruppen an dem Prozess der Herstellung und Verbreitung von Mythen in welcher Weise beteiligt sind.

In der Tradition der britischen *Cultural Studies* geht Ideologiekritik nahtlos in die **Analyse von Herrschaftsstrukturen** (*power structures*) über, da jedes Bedeutungssystem ein Wertsystem impliziert und damit auch ein bestimmtes Verständnis von Herrschaftsstrukturen. Die Herrschenden definieren die dominanten Werte einer Kultur. So besteht die Analyse einer Kultur für Raymond Williams (1975, 57) aus »the clarification of the meanings and values implicit and explicit in a particular way of life, a particular culture.« Ideologiekritik ist daher immer auch politisch interessiert.

Ein Slogan, der während der Studentenrevolte 1968 auf den Wänden der Pariser Universität Sorbonne stand, bringt eine wichtige Perspektive zum Ausdruck, die sich in *Cultural Studies* bis heute fortgesetzt und auf andere Wissenschaften, wie Soziologie und Geschichte, aber eben auch Kulturwissenschaft übertragen hat: »›Art is dead. Let us create everyday life‹« (Turner 2003, 61). Nicht die als ›künstlich‹ angesehene Welt einer hohen und elitären Kultur soll im Zentrum der Untersuchungen stehen, sondern die **Alltagswelt** (*everyday life*) mit allen für sie wichtigen Komponenten. Daraus erklärt sich das Interesse an *popular culture* ebenso wie die **Erforschung von Massenmedien** (*mass media*). Die Untersuchung dieser Kulturphänomene wird institutionalisiert, und so entsteht z.B. 1966 in Leeds ein Zentrum für *Television Research*, im gleichen Jahr wird an der Universität Leicester ein Zentrum für die Erforschung von Massenkommunikation gegründet und 1967 an der Universität London die erste Professur für Filmstudien eingerichtet. 1977 bietet die *Open University* einen Kurs über *Mass Communication and Society* an, seit 1982 einen Abschluss in *Popular Culture* (vgl. Fiske 1989; McRobbie 1994).

In der Arbeitsweise verbinden sich immer wieder empirische Methoden (etwa der Soziologie) mit hermeneutisch-interpretativen Verfahren, die für die Bedeutungsanalyse notwendig sind. So entstehen in Großbritannien (wie auch in Deutschland, Frankreich und den USA) z.B. eine ganze Reihe von Untersuchungen über Nachrichtensendungen im Fernsehen, die aufzeigen, wie hier Realität nicht etwa einfach abgebildet, sondern aktiv konstruiert wird, und wie die Darstellung von Realität bestimmte Ideologien bzw. Mythen transportiert. (Vgl. Schlesinger 1978; Glasgow Media Group 1976; 1980; 1982 bzw. Eldridge 1995. Neuere Darstellungen, wie Hepp 1999; Hepp/Winter 1999; Stokes 2002, setzen diese Tradition fort).

Abb. 20: Our Allies the Colonies

Dieses Plakat (Abb. 20), das während des Zweiten Weltkriegs erschien, lässt sich ganz im oben zitierten Sinn von Roland Barthes (1977, 165) ideologiekritisch lesen, weil etwas als normal und ›natürlich‹ hingestellt wird, das in Wirklichkeit keineswegs dieser Darstellung entspricht. Das Bild erweckt bewusst den Eindruck einer Bündnisgemeinschaft gleichberechtigter Partner im Kampf gegen Nazideutschland. Das britische Empire erscheint als eine Einheit, in der auch Schwarze die Verbündeten sind, die zusammen mit den anderen Alliierten der Vereinten Nationen gegen die faschistischen Achsenmächte Deutschland, Italien und Japan kämpfen. Dies wurde aber, wie z.b. das britische *Institute of Race Relations* (1986) feststellt, keineswegs von allen Beteiligten so gesehen und erscheint besonders im historischen Rückblick als ein Mythos, der der Realität in vielfacher Hinsicht nicht entspricht. Die wirtschaftliche und politische Ungleichbehandlung der Kolonien tritt in diesem Kontext gar nicht auf, sie spielt in der Kriegssituation für die Kolonialmacht verständlicherweise keine Rolle. Was hier als ›natürlich‹ und ›normal‹ erscheint (oder so erscheinen soll), ist aber keineswegs naturgegeben, sondern ein aus der bestimmten historischen Situation erklärbares Konstrukt, das die Wirklichkeit einseitig darstellt und damit zu einem Mythos verklärt.

Merle Collins' Gedicht (S. 4) beschreibt ebenfalls die koloniale Situation während des Krieges (»Fight for your country, folks! / You're British«, Z. 55f.), stellt sie aber in den historischen Kontext des Lebens in Trinidad in den 1930er Jahren (Z. 48–56) und macht damit zweierlei deutlich: erstens, dass sich die Lage in Trinidad anders darstellte als in England und auf obigem Plakat, weil es in der Realität keine Gleichberechtigung gab, sondern Ausübung hoheitlicher Gewalt, hier dokumentiert durch die Gefangennahme des Gewerkschafters (Z. 49–51). Zweitens zeigt Collins, dass die Ideologie »We're all British!« (Z. 44), die beim Aufruf zum gemeinsamen Kampf gegen den Feind verwendet wurde, nur eine von mehreren situationsbedingten und damit historisch wandelbaren Ideologien war. Im historischen Vergleich erscheint dieser Mythos allein darauf ausgerichtet, die koloniale Macht zu sichern und zu nutzen. Collins macht deutlich, wie sich diese Ideologie notwendigerweise einer bestimmten Sprache bedient, um die Macht zu dokumentieren oder zu erhalten: »so frighten o we power / dat dey have to hide behind a language« (Z. 63f.). Das Gedicht »No Dialects Please« ist also selbst höchst ideologiekritisch und thematisiert die Ideologien des Kolonialismus, Nationalismus und des *British Empire*, die auch heute noch in vielfältigen Formen Kulturbewusstsein prägen.

Ideologiekritik war ein äußerst wichtiges Element der maßgeblich marxistisch geprägten englischen *Cultural Studies*. Die zum Teil immer noch feststellbare Abneigung gegen solch eine Position ist vor allem dann verständlich, wenn wissenschaftliche Texte zeigen, dass Ideologiekritik der einzige Bestandteil ihrer Kulturuntersuchung ist und dabei eine einseitige Position vertreten wird. Wenn man allerdings mit Apel (1999) sieht, dass Ideologiekritik das notwendige dritte Element einer umfassenden Wissenschaftslehre (nach Szientistik, dem empirisch (natur-)wissenschaftlichen Arbeiten und Hermeneutik (der verstehenden Interpretation)) ist, wird man sie hoffentlich bereitwilliger akzeptieren. Surber (1998) sieht Kultur grundsätzlich in Verbindung mit Kritik. Jedenfalls stehen Ideologiekritik und Untersuchung der Alltagskultur nicht nur historisch am Beginn der *Cultural Studies* und gehören weiterhin zur aktuellen Kulturwissenschaft dazu, sondern sie sind oft schon ein selbstverständlicher und gar nicht weiter thematisierter Bestandteil kulturwissenschaftlicher Untersuchungen geworden. (Vgl. Bennett 1998; Bennett/Emmison/Frow 1999; Chaney 2002; Highmore 2002; Miller/McHoul 1998; Storey 1999).

2.2.2 Feminismus und Diskursanalyse

In demselben Kontext der Aufdeckung verborgener Ideologien und Machtverhältnisse im alltäglichen Leben steht die Entwicklung des **Feminismus** (*feminism*), der die Befreiung von Frauen aus untergeordneten Positionen und ein neues weibliches Selbst-Verständnis fordert. Auch hier geht es darum, zugrunde liegende und oft bewusst verborgen gehaltene Bedeutungs- und Machtstrukturen aufzudecken und diese dann radikal zu verändern. Die kritische Untersuchung von Zeichensystemen ist die eine Seite dieses wichtigen Prozesses. Hinzu kommt notwendigerweise der Versuch, sich von solchen diskriminierenden Zeichensystemen zu befreien und eine eigene Schreibweise, eine *écriture féminine* oder weibliche Textur, zu entwickeln, die unabdingbar ist für die Bestimmung des eigenen Standortes, für die konstruktive Gestaltung einer neuen, von Weiblichkeit geprägten Bedeutungsstruktur und damit einer weiblichen Kultur.

Der Begriff *écriture féminine* stammt von Hélène Cixous, die die Bedeutung des Schreibens für die Schaffung einer weiblichen Identität immer wieder betont: »It is in writing [...] that woman will affirm woman somewhere other than in silence, the place reserved for her in and through the Symbolic. May she get out of booby-trapped silence! And not have the margin or the harem foisted on her as her domain!« (Cixous/Clément 1986, 92f.; vgl. auch Cixous 1981; 1989). Das Schreiben ist das Schaffen eines neuen Textes, einer eigenen Symbolik und Kultur, in der sich gleichzeitig die neue weibliche Identität entwickelt (Waniek 1993, 67ff., spricht von »weiblicher Textur« und »Weiblichkeit« in der Schrift. Vgl. auch Berressem/Buchwald/Volkening 2001; Bußmann/Hof 1995; Hooks 1984; Shiach 1999. McRobbie 1997 und 1997a fordert explizit eine intensivere Beschäftigung mit ›lived experience‹ im Feminismus, also noch mehr Untersuchungen der Alltagskultur und konkreter Lebenswelten mit feministischer Perspektive. Sullivan 1999 liefert genau dies mit ihrer Studie über Frauen in Nordirland).

Vor der kreativen und konstruktiven Gestaltung der weiblichen Textur liegt die Analyse und Dekonstruktion der männlichen Herrschaftsdiskurse. **Diskurs** (*discourse*) bezeichnet in diesem Kontext mehr als nur einen geschriebenen oder gesprochenen Text, eine Abhandlung zu einem Thema, was das Wort grundsätzlich auch bedeuten kann. Es meint hier aber spezifischer ›Sprache im Gebrauch in einer bestimmten Kultur‹ mit besonderen sozialen Bedingungen, Klassen- und speziell Herrschaftsstrukturen, wo der Sprachgebrauch bestimmte Regeln, Konventionen und Systeme der Schreib-, Sprech- und Denkweise konstituiert.

Eine **Diskursanalyse** (*discourse analysis*) untersucht linguistische und soziokulturelle Aspekte von (schriftlichen oder mündlichen) Texten. Ihr Ziel ist es, Redemuster, Denk- und vor allem auch wieder Machtstrukturen in Texten aufzudecken: die (soziale) Position der Sprechenden und der angesprochenen Personen mit ihren jeweiligen Wertvorstellungen, die thematisierte Welt mit den dafür verwendeten sprachlichen Mitteln und die Regelmäßigkeiten, die in einem Text auftreten. Aufschlussreich ist dabei nicht nur die Antwort auf die Frage ›wer übt welche Macht aus?‹, sondern ebenso die Analyse der Form, in der über bestimmte Themen gesprochen wird, speziell auch die Bildersprache, die Verwendung findet, oder auch, worüber gar nicht geredet wird, was erst gar nicht zur Sprache kommt.

Auf diese Weise zeigt eine Diskursanalyse, **wie ein Text Wirklichkeit gestaltet und reflektiert** (vgl. Foucault 1974, 191: »[discursive practices are] practices that systematically form the objects of which they speak«). Der Diskurs ist der Ort und Prozess, in dem Intersubjektivität ermöglicht, Wissensobjekte hergestellt und Werte sowie Macht bestimmt werden. Die Verbindung zwischen Wissen und Macht ist eine wechselseitige, und sie geht auf sehr aufschlussreiche Weise mit Wissens- und Machtkonstitution zusammen: »there is no power relation without the correlative constitution of a field of knowledge, nor any knowledge that does not presuppose and constitute at the same time power relations.« (Foucault 1977, 27). Auch in Diskursanalysen werden die Grenzen einzelner Disziplinen (Sprachwissenschaft, Textwissenschaft, Soziologie usw.) überschritten, weil Sprache immer in bestimmten kulturellen Kontexten untersucht wird, die über Disziplingrenzen hinausgehen. Man ist aus diesem Grunde heute der Meinung, dass eine Diskurstheorie eine Gesellschaftstheorie impliziert. Außerdem wird Sprache bei Diskursanalysen immer zugleich als Struktur und Ereignis, als Wissen und Handlung, System und Prozess, als konkrete, Zwang ausübende Realität und als Potential für Freiheit gesehen. (Vgl. Coulthard 1979; Ezzaher 2003; Fischer/Maarten 1999; Fohrmann/Müller 1988; Surber 1998).

Somit ergibt ein Diskurs ein bestimmtes **System des Denkens und Argumentierens, das eine Lebenswelt charakterisiert.** Es kann sich um den Diskurs eines einzelnen Autors, einer Gruppe, Gesellschaftsschicht oder Zeit handeln. Typische Beispiele wären etwa der ›koloniale‹, der ›postkoloniale‹, der ›patriarchale‹ oder der ›juristische‹ Diskurs, wobei diese wenigen Exempel endlos zu ergänzen sind. Kultur entsteht durch verschiedenste »wirklichkeitsbildende wie -störende« Diskurse (Fluck 1991, 11). Entsprechend definiert Greenblatt (1989) Kultur als ›Bereich von Diskursformationen‹, als Netzwerk unterschiedlichster, nicht hierarchisch gegliederter, in mannigfacher Form miteinander in Beziehung stehender Diskurse.

Zur Diskursanalyse gehören z.B. auch **Untersuchungen der dominanten Metaphern** in einem Text. Hier ist leicht einzusehen, wie Linguisten und Literaturwissenschaftler zusammenarbeiten können. Metaphorik ist nicht eine bloß schmückende rhetorische Komponente eines Textes (s. Kap. II.4.3.1), sondern ist untrennbar mit den Kategorien verbunden, mit denen die schreibende oder sprechende Person die Welt betrachtet, einteilt und damit konstituiert. Metaphern können nicht nur Diskurse, sondern das ganze Denken eines Menschen signifikant prägen. Deshalb stellt sie George Lakoff (1999) bewusst und explizit in den Kontext des Konstruktivismus von Varela/Thomson/Rosch (1991), wie er oben in Kapitel 1.3 und in IV.2.2 skizziert wird, und beschreibt sie mit deren Worten als Teil des ›*Embodied Mind*‹ bzw. in seiner Sprache als »Philosophy in the Flesh«. Kernpunkt bei Lakoff, beim Konstruktivismus und bei der Diskursanalyse ist, dass die Art und Weise, in der über etwas gesprochen wird, nicht zu trennen ist von dem Weltverständnis, das man hat, ja von der Welt, wie sie für die sprechende Person existiert: **die Realität ist immer so, wie sie sich sprachlich darstellt** (weil man ohne Sprache keine Vorstellung von ihr hat). (Vgl. Bono 1990; Forceville 1995; Link/Wülfing 1984; Lakoff 1987; Lakoff/Johnson 1980; Lakoff/Turner 1997).

Die feministische Kritik hat genau dies festgestellt und mit großem Erfolg korrigiert: Personen, die keine Stimme haben, werden nicht registriert, übersehen, haben keine Bedeutung oder gelten gar als nicht wirklich existent. Diese Erkenntnis ist ein wesentlicher Bestandteil der *écriture féminine*. In dem wechselseitigen Prozess der Analyse von Diskursen und der Suche nach einer eigenen, unabhängigeren Schreib-, Rede- und Denkweise befinden sich natürlich nicht nur die Frauen, sondern alle Menschen, die sich nicht blind dem Herrschaftsdenken anpassen. Allerdings sind gerade die Ergebnisse feministischer Untersuchungen äußerst aufschlussreich, weil sie in ganz erheblichem Maße aufgedeckt haben, wie sehr durch Sprache Dinge als normal und natürlich erscheinen, die keineswegs so sind. Sprache erweist sich besonders in feministischen (Diskurs-)Analysen als Konstrukt einer bestimmten Kultur und als Ausdruck darin herrschender Machtstrukturen.

So haben etwa Untersuchungen ergeben, dass die englische Sprache mehr Wörter zur Bezeichnung von männlichen Personen besitzt als für weibliche und dass diese **Wörter** grundsätzlich positivere Bedeutungen oder Konnotationen haben (Schulz 1975; Stanley 1977a). Viele Wörter für Frauen beinhalten negative sexuelle Anspielungen. Stanley (1977) findet 220 Wörter für Frauen, die häufig ihren Sexualpartner wechseln, aber nur 20 für gleichartige Männer. Vornamen für Männer, wie etwa Shirley, Leslie, Beverly, Evelyn oder Sidney, verlieren ihre Attraktivität, wenn sie auch für Frauen benutzt werden (Miller/Swift 1976). Der gleiche gesellschaftliche Sachverhalt, wie etwa das Nicht-Verheiratet-Sein eines Menschen, wird mit zwei verschiedenen Ausdrücken bezeichnet, *bachelor* und *spinster*, wobei der für die Frau deutlich negative Implikationen trägt. Als Beispiele für ungleiche Bedeutungsentwicklung von ursprünglich gleichwertigen Wörtern nennt Robin Lakoff (1975): *Lord* und *Lady*, *Baronet* und *Dame*, *governor* und *governess*, *courtier* und *courtesan*, *Sir* und *Madam*, *Master* und *Mistress*. Die Wörter für Frauen sind alle in einem Maße sexuell und abwertend konnotiert, wie es bei denen für Männer nicht der Fall ist. Die Schlussfolgerung, die Dale Spender (1985, 19) daraus zieht, lautet:

> The only way to ›make meaning‹ of these discrepancies in meaning is to posit the existence of a semantic rule which determines that *any* symbol which is associated with the female must assume negative (and frequently sexual – which is also significant) connotations. Even with words such as *tramp*, for example, there is a shift to negative and sexual meanings when it is applied to females.

Dabei sind es keineswegs nur einzelne Wörter und deren Semantik, die als einseitig geprägt auffallen, sondern auch **die Syntax und das Sprachsystem** insgesamt. Die männliche Form wird als die normale aufgefasst, die auch Frauen einschließt, während die umgekehrte Situation als befremdend, merkwürdig und unnatürlich empfunden wird:»One may be saddened but not surprised at the statement ›man is the only primate that commits rape‹.Although as commonly understood it can apply to only half the human population, it is nevertheless semantically acceptable. But ›man being a mammal breastfeeds his young‹ is taken as a joke« (Miller/Swift 1976, 25f.). Wieder zieht Spender für dieses und viele weitere Beispiele ein treffendes und beachtenswertes Fazit:

> The joke is the incongruity which is inherent in *man* performing a specifically female task. There would be no joke at all if *man* were a genuine generic and included the female instead of being a pseudo-generic. Unfortunately, the ›joke‹ is on women who have been systematically eliminated from language, and consequently from thought and reality. I would suggest that if it were ordinarily possible to make statements such as ›man has been engaged in a constant search to control his fertility‹, we would have a very different language and a very different reality. We would have one where females were visible – and audible – and we would not be able to divide the sexes into dominant/muted groups. (Spender 1985, 156f.)

Die Wirkung einer solchen von Männern und deren Weltsicht dominierten Sprache, dieser »*he/man* language« (Spender 1985, 147ff.), ist, dass die Wirklichkeit nur in dieser eingeschränkten Sicht als natürlich und normal erscheint, wahrgenommen und akzeptiert wird. Es herrschen ganz bestimmte **Machtverhältnisse, die sich in der Sprache zeigen** und die durch Diskursanalysen aufgedeckt werden. Sprache bildet Realität nicht einfach ab, sondern gestaltet sie und lässt sie in der jeweils konstruierten Form erscheinen. Alles, was dabei entweder gar nicht oder nur verzerrt wahrgenommen wird, muss sich vor allem erst einmal Gehör verschaffen. Erneut wird hier die elementare Bedeutung von Sprache erkennbar: Ohne Sprache ist nichts Menschliches und Kulturelles vorhanden. Entsprechend lautet ein weiteres wichtiges Fazit von Spender (1985, 162): »For women to become visible, it is necessary that they become linguistically visible.«

Das Sichtbar- und Erkennbar-Werden durch Sprache ist ein anhaltender Prozess, in dem sich nicht nur Frauen befinden, sondern der im Grunde das Leben jedes einzelnen Menschen wie auch das von ganzen Gesellschaften und Kulturen prägt. Entsprechend ist der engere Feminismus inzwischen weitgehend durch *Gender Studies* abgelöst worden (Braun/Stephan 2000; Cranny-Francis 2003; Kaplan/Glover 2000). Verschiedene Kulturen unterstützen den ständigen Prozess der Sprach- und Identitätskonstruktion in unterschiedlichen Gesellschaftsgruppen mehr oder weniger stark, je nachdem, wie sehr sie auf eine Anpassung an die herrschende Sprach-, Denk- und Wahrnehmungsnorm achten oder bereit sind, Alternativen dazu zuzulassen. Wie das Sichtbar-Werden durch eine eigene Sprache möglich ist, beschreibt die in diesem Abschnitt zitierte Sekundärliteratur, speziell auch Spender (1985, 191–233) und Morris (1993, 113–191). (Vgl. Dicker 2003; Hendricks/Oliver 1999; Holland 1998; McRobbie/McCabe 1981; Walter 1999).

Das Entstehen, Hervortreten und Sich-Behaupten einer unterdrückten Identität zeigt sich exemplarisch auch in dem Gedicht von Merle Collins, das in der Sprache einer bestimmten Varietät des Englischen geschrieben ist und sich deutlich gegen den Diskurs der Herrschenden wendet. Das Gedicht thematisiert die Opposition gegen einen spezifischen Herrschaftsdiskurs, dokumentiert aber gleichzeitig, wie sich auf diese Weise auch schon eine eigene ethnisch, nicht spezifisch weiblich geprägte Schreib- und Sprechweise, also ein neuer Diskurs entwickelt, der in seiner Opposition gegen die alte Kolonialmacht vor allem als postkolonialer Diskurs beschreibbar ist.

2.2.3 Sub-Kulturen, postkoloniale Kulturen, Jugendkulturen und regionale Kulturen

Sub-Kulturen
Dominante Kulturen befinden sich seit je im Widerstreit mit solchen, die nicht als Teil der herrschenden Kultur angesehen werden. Nichtdominante Kulturen treten in den letzten Jahrzehnten jedoch immer mehr in Erscheinung, betonen ihren Eigenwert und fordern die Akzeptanz ihrer Daseinsberechtigung. Entsprechend entwickelte sich in den 1960er und 1970er Jahren eine Untersuchung so genannter **Subkulturen** (*subcultures*), z.B. der »Hipsters, Beats and Teddy Boys«, der »Punks«, »Hippies«, »Mods«, »Skinheads« oder »Hell's Angels« (Hebdige 1979). Untersucht wurde dabei vor allem der Grad der Opposition und der Subversion gegenüber der herrschenden Kultur. Inzwischen hat sich die Einschätzung des Verhältnisses einer dominanten Kultur zu weniger starken und daher als marginal (randständig) erscheinenden Kulturen sehr verändert. Der Begriff ›Subkultur‹ wurde weniger gebräuchlich und findet heute vor allem dann Verwendung, wenn es explizit um das Dominanzverhältnis geht. Eine Gesellschaft, die Multikulturalität als ein Faktum des Alltags und vielleicht sogar als ein positives Element ihres Selbstverständnisses auffasst, vermeidet gewöhnlich das Wort ›Subkultur‹, weil es zu schnell diskriminierend wirkt.

Thornton (1995, x) meint mit Redhead (1997) sagen zu können, dass der Ausdruck ›subculture‹ inzwischen durch ›**clubculture**‹ ersetzt worden sei: »If the moment of ›subculture‹ was the punk spirit of 1976, the moment of clubcultures was probably 1988 – the second ›summer of love‹.« Aber ›clubculture‹ ist nur eine bestimmte Kultur, nämlich die *Rave*-Kultur der späten 1980er und frühen 1990er, und gehört in eine Periode, die Redhead (1995, xi) zu Recht mit einem Begriff von Marquand/Seldon (1996) als durch ›hedonistischen Individualismus‹ geprägt bezeichnet. Ein solch enger Begriff kann kein so umfassendes Phänomen beschreiben wie das der Subkultur, die natürlich keineswegs nur die kurze Phase beschreibt, die Redhead im Kopf hat. Das Wort ›Subkultur‹ bezeichnet grundsätzlich eine sozial, ethnisch oder religiös geprägte Kultur, die keine zentrale Stellung innerhalb einer dominanten Kultur einnimmt. Ob sie eine Gegenbewegung darstellt oder nur eine Randgruppe, und worin ihr eigentlicher Unterschied liegt, muss im Einzelfall untersucht werden. (Vgl. Bennett 2003; Bennett/Harris 2004; Hall/Jefferson 1976; McRobbie 1981; 1982; Redhead 1997; Schwendter 1993; Spivak 1988; 1990).

Hebdige, der die Bedeutung von **Stil** (*style*) **in der Subkultur** untersucht, betont dabei die Suche nach der grundlegenden kulturspezifischen Bedeutungsstruktur, die durch semiotische und ideologiekritische Analyse zu entdecken ist:

> Style in subculture is, then, pregnant with significance. Its transformations go ›against nature‹, interrupting the process of ›normalization‹. As such, they are gestures, movements towards a speech which offends the ›silent majority‹, which challenges the principle of unity

and cohesion, which contradicts the myth of consensus. Our task becomes [...] to discern the hidden messages inscribed in code on the glossy surfaces of style, to trace them out as ›maps of meaning‹ which obscurely re-present the very contradictions they are designed to resolve or conceal. (1979, 18)

Das Wort ›Stil‹, das Hebdige zur Charakterisierung bestimmter Subkulturen verwendet, passt sehr gut in den Kontext einer **Kultursemiotik**, da es auf bestimmte Zeichen (in der Sprache, aber auch der Kleidung, allen materiellen Gegebenheiten und dem Verhalten von Menschen) in einer Kultur verweist, die auf ihre Bedeutung hin untersucht werden. Jede Kultur hat ihren eigenen Stil.

Postkoloniale Kulturen
Ständig wachsen und entstehen neue Kulturen, bzw. neue Kulturen und neuartige Aspekte bestehender Kulturen kommen in den Blick. Mit dem Zerfall des *British Empire* entwickelten sich postkoloniale Kulturen in den früheren Kolonialgebieten, aber auch in England selbst. Wiederum manifestierte sich dies in Zeichen, in simpler Form etwa in den Fahnen der unabhängig werdenden Staaten Indien (1947), Ghana (1957) oder Nigeria (1960), komplexer in den Gesellschaftssystemen und Regierungsformen, die nach der Unabhängigkeit entstanden, oder in den Varietäten des Englischen, die in diesen Regionen gesprochen werden (s. Kap. I.8.3.2). Der Prozess der Dekolonisierung lässt sich besonders deutlich an schriftlichen Texten ablesen, denen man zunächst vor allem die Opposition zu den imperialistischen Bedeutungsstrukturen entnimmt. Eine Grundcharakterisierung der postkolonialen Schreibweise lautet daher: »The Empire Writes Back with a Vengeance« (Rushdie 1982; vgl. auch Centre 1982 sowie Kap. II.1.3.2).

Durch die **neuen Perspektiven des postkolonialen Diskurses** entsteht eine neue Geschichte: Neue Kulturen schieben sich in den Vordergrund, die nicht nur neue Stile produzieren, sondern auch ganz neue Erzählungen und Geschichten zur Sprache bringen. Es zeigt sich, dass gewöhnlich einer Phase des starken Widerstands gegenüber der (ehemaligen) Kolonialmacht eine Selbstbesinnung folgt, in der die eigene kulturelle Identität nicht mehr nur in Opposition zur herrschenden Macht, sondern in Rückbesinnung auf die Tradition sowie vor allem als andauernde Aufgabe für die Gegenwart und Zukunft erlebt wird. Ob in expliziter Gegenstellung zur Herrschaftskultur oder nach deren Überwindung, auf jeden Fall bieten postkoloniale Kulturen neue Geschichten und damit immer Alternativen an. (Vgl. Adam/Tiffin 1990; Ashcroft/Griffiths/Tiffin 1989; Bery/Murray 2000; Brydon 2000; Ezzaher 2003; Gilroy 2004; McClintock 1992).

Forschung im Bereich des Postkolonialismus untersucht die **Kulturen der ehemaligen Kolonien Europas** und deren Verhältnis zu anderen Kulturen. Dabei treten nach oft langer Zeit der Unterdrückung und Nichtbeachtung die Kulturen der Ureinwohner hervor. Eine entscheidende Fragestellung ist in diesem Kontext, wie in kolonialer und postkolonialer Zeit die eigene **Identität** bewahrt, wiederhergestellt oder ganz neu geschaffen werden kann. Das oben im Zusammenhang mit der Kultur (s. S. 162) schon als äußerst problematisch vorgestellte Verhältnis zwischen menschlicher Freiheit und gesellschaftlichen, politischen wie auch natürlichen Zwängen tritt hier erneut in den Vordergrund. Wiederum erscheint der schwierige mittlere Weg zwischen Freiheit und Zwang als der angebrachteste, der die eigene Kultur als ständig gefährdete und immer wieder neu zu gestaltende Kreation von Menschen betrachtet. Anglistische Kulturwissenschaft untersucht, wie einzelne englischsprachige Kulturen dies leisten und wie sie sich im Verhältnis zu anderen Kulturen, etwa als Subkultur, dominante Kultur oder postkoloniale Kultur, definieren. (Vgl. Benitez-Rojo 1992; Goldie 1989; Narogin 1990; Slemon 1987; Young 1990).

Merle Collins' Gedicht »No Dialects Please« ist typisch für die Aussage »The Empire Writes Back with a Vengeance« und für die Entwicklung postkolonialer Kulturen: Der Standardsprache des ehemaligen ›Mutterlandes‹ wird ein neues Kulturbewusstsein – formuliert in einer Variante des Englischen – entgegengesetzt. Collins illustriert damit auch, zu welch aufschlussreichen **Ausformungen interkultureller Kontakte** (*cross-cultural contacts*) die Auseinandersetzung der ehemaligen britischen Kolonien mit der Kolonialmacht England geführt hat. Neben expliziter Opposition sind dabei vor allem drei Phänomene in das Blickfeld der Kulturwissenschaft gerückt:

1. das Aufgreifen und Verändern von Kulturelementen der Kolonialmacht in der (ehemaligen) Kolonie – wie etwa die Sprache;
2. das Rückwirken kolonialer Kulturen auf die englische Kultur;
3. die Entwicklung eines neuen Selbstverständnisses postkolonialer Kulturen.

1. Ein Beispiel für Punkt 1 ist die **Aufnahme und Veränderung von Klassikern der englischen Literatur** durch postkoloniale Autoren: Einige Bearbeitungen von Shakespeares Drama *The Tempest* (1611), in dem vor allem in Prosperos Verhalten gegenüber Caliban eine Metapher für koloniale Unterdrückung gesehen wird, werden in Kapitel II.1.4 genannt. Hier ist zu betonen, dass solche **literarischen Revisionen** (*revisionist writing*) von Shakespeares Werk besonders in ehemaligen Kolonien auftreten: in Kanada (durch Robertson Davies' *Tempest Tost*, 1951), in der Karibik (durch George Lammings *The Pleasures of Exile*, 1960 und *Waters with Berries*, 1971 sowie Edmund Kamau Brathwaites *The Arrivants*, 1973) oder in Westafrika (durch John Pepper Clarks *The Example of Shakespeare*, 1970). Andere Umformungen in demselben Kontext erfuhr Daniel Defoes *Robinson Crusoe* (1719) durch den Südafrikaner J.M. Coetzee (*Foe*, 1986), den Australier A.D. Hope (*Poems*, 1960), den Neuseeländer Peter Bland (*The Crusoe Factor*, 1985) oder durch Derek Walcott (*Pantomime*, 1980) aus der Karibik.

Das Konstruktionsprinzip dieser Neufassungen ist leicht zu beschreiben: Teile eines bekannten Textes (in diesem Fall bestimmte Figuren, Stoffe und Motive aus ›Klassikern‹ der englischen Literatur) werden von anderen Autoren übernommen. Dabei erhalten diese Fragmente andere Bedeutungen, indem sie in neue Diskurse, Wertsysteme, Kontexte und damit insgesamt in andere Kulturen übertragen werden. Genau in diesem Sinne ist das literaturwissenschaftliche Phänomen der Intertextualität (s. Kap. I.1.3 und II.1.3) auch ein spezifisch interkulturelles Phänomen.

2. **Textrevisionen als Neuschreibungen von Kulturen** finden sich auch in England selbst. Ein Beispiel ist Marina Warners Roman *Indigo* (1992). Das Werk greift ebenfalls auf Shakespeares *Tempest* zurück und thematisiert die Kolonialschuld der Engländer im 17. Jahrhundert, aber auch die heutige Situation karibischer Rückwanderer ins ehemalige Mutterland. Es ist damit ein gutes Beispiel für Punkt 2, das Rückwirken kolonialer Kulturen auf die englische Kultur. Im Straßenbild der grö-

ßeren englischen Städte, im Angebot der Restaurants und der Lebensmittelläden, aber etwa auch in der Popmusik (man denke an *Reggae* oder *Dub*) ist dieser Einfluss seit langem deutlich (vgl. Hall 2000; 2001). Wenn in Kapitel II.1.3 festgestellt wird, dass der renommierteste englische Literaturpreis, der *Booker Prize*, in den letzten Jahren an englischsprachige Autoren aus indisch, pakistanisch, maorisch, südafrikanisch und nigerianisch geprägten Kulturkreisen vergeben wurde, so gehört auch dies in den Kontext der Rückwirkung kolonialer Kulturen auf England.

3. England ist nicht zuletzt wegen seines Empire eine unübersehbar **multikulturelle Nation** geworden. Man könnte sogar sagen, dass das Land sich ähnlich wie die ehemaligen Kolonien in einer Art **postkolonialem Status** befindet und daher gleichermaßen seine Identität neu definieren muss (s. 3.3). Die Entwicklung eines neuen Selbstverständnisses postkolonialer Kulturen in den ehemaligen Kolonien ist verständlicherweise noch längst nicht abgeschlossen. Beispiele für diesen dritten Punkt finden sich etwa zu Australien bei Fuery (1993); zu Kanada in Müller (1987); zur Karibik in Taylor (1989) und Hulme (1991); zu Südafrika in Coetzee (1988), Adam/Moodley (1993) und Ndebele (1994). In England selbst entwickelt sich ein neues **postkoloniales Selbstverständnis** in einem ständigen Austausch zwischen verschiedenen Kulturen. Dabei hat sich seit den 1950er Jahren eine signifikante Entwicklung vollzogen, die mit einem Streben nach Anpassung an die dominante Kultur auf Seiten der Immigranten begann und zu einer immer stärkeren Besinnung auf die eigenen Kulturmerkmale geführt hat.

So ließ z.B. Sam Selvon in seinem Roman *The Lonely Londoners* über das Leben von Einwanderern aus der Karibik in London im Jahre 1956 seine Figur Galahad bedauern, dass er schwarz ist:

> Galahad watch the colour of his hand, and talk to it, saying, ›Colour, is you that causing all this, you know. Why the hell you can't be blue, or red or green, if you can't be white? You know is you that cause a lot of misery in the world. Is not me, you know, is you! I ain't do anything to infuriate the people and them, is you! Look at you, you so black and innocent, and this time so you causing misery all over the world!‹ (Selvon 1994, 88)

Selvon karikiert hier sowohl die Weißen, die Schwarze allein wegen ihrer Hautfarbe als *troublemakers* betrachten, wie auch die Schwarzen, die dieses Vorurteil übernehmen und sich der herrschenden Kultur schon äußerlich anpassen wollen. Seine Darstellung ist ironisch übertrieben, aber keineswegs unrealistisch (zum historischen Kontext vgl. Davison 1962). Der Soziologe Les Back (1996, 127) dokumentiert rund vier Jahrzehnte später eine ganz andere, wiederum für die Zeit typische Haltung. Er beschreibt, wie sich ein dreizehnjähriges Mädchen namens Cinta, Tochter einer weißen Mutter und eines schwarzen Vaters, gegenüber zwei vierzehnjährigen Jungen verteidigt, die beide Kinder rein schwarzer Eltern sind und das Mädchen im Streit als »Half-caste bitch!« beschimpfen. Cintas Reaktion darauf ist bemerkenswert: »Cinta [turns, faces the two boys and says with anger]: Black bitch!«

Backs im Folgenden zitierte Analyse dieser Antwort ist sowohl inhaltlich wie methodisch äußerst aufschlussreich. Methodisch belegt sie anschaulich das zugleich hermeneutisch verstehende und sozialwissenschaftlich beschreibende Verfahren der Kulturwissenschaft. Les Back bindet den kleinen Einzelfall beispielhaft in die maßgeblichen gesellschaftlichen Kontexte ein und zeigt dabei wesentliche Elemente der *black culture* auf, die sogar als »black identity within urban communities« in Süd-London lokalisiert sind:

> The dispute [between the children] results in Joel directing an insult at Cinta. The purpose of the abuse is to hurt her. The content of the name-calling has both a race and a gender component and in both cases the names are intended to be derogatory. However, Cinta resists these definitions and modifies the ›race‹ characterization ›half caste‹ in favour of the term ›black‹.
> Cinta identifies closely with black cultural symbols and this is encouraged by her mother and father. Her hair is cane-rowed, which is a black style, and she listens to ›black‹ forms of music, identifies herself closely with the black style and has an appreciation of black history. Cinta is identifying with the wider processes of self-affirmation and political organization being conducted around black identity within urban communities [...]. She is, with the encouragement of her parents, placing herself outside of a ›racial fraction‹ (i.e. half caste or mixed blood), which is itself a fixed notion of identity, and inside the cultural politics of blackness. Cinta's comment would be meaningless if there were not a movement for black self-affirmation occurring in South London. Cinta is placing herself within an inclusive notion of blackness. (Back 1996, 127)

Bedeutung erhält Cintas Antwort über den kulturellen Kontext, der für Back in erster Linie durch die politische Bewegung geprägt ist, die »black self-affirmation« propagiert. Kultur ist in diesem Zusammenhang wieder eminent politisch. Da es um Identität und damit um Wertsetzungen geht, ist dies keineswegs verwunderlich. (Zu *cultural politics* allgemein vgl. Burgess 1997; Gilroy 1987; Jordan/Weedon 1995; Shotter 1993a; zu *politics of black cultures* und Identitätssuche in Ethnien vgl. Gilroy 1993 und 1993a).

Jugendkulturen
Um **Wertsetzungen und Identitätssuche** geht es ebenfalls in den nicht durch Hautfarbe oder ethnische Kategorien bestimmten Kulturen, die, gerade auch wenn sie als Subkulturen bezeichnet werden, immer politisch relevant sind. Abbildung 21 ist die Zeichnung eines achtzehnjährigen Weißen namens Danny, der Vertreter von drei Subkulturen karikiert, die typisch für die englische Gegenwartsgesellschaft sind. Wie es sich für eine Karikatur gehört, hebt die Zeichnung die Stilmerkmale der Subkulturen besonders hervor:

> Danny's drawing represents three ›urban stylers‹. Significantly, all these examples of working-class experience are male. Far left is a skinhead fully equipped with ›bovver boots‹, swastika/National Front tattoos, shaved head and ripped Jeans. Next to the ›Skin‹ is a dreadlocked ›Rasta‹. Lastly, there is a posturing ›Teddy Boy‹ with elbows quarter bent and wrists pointing down to the floor. His hair is styled in a DA (duck's arse) art, he's wearing a drape jacket, bootlace neck tie and ›brothel creeper‹ shoes and he is smoking a cigarette. [...] These three characters are examples of masculine ›urban cool‹ idealized in caricature. (Back 1996, 87)

Backs Analyse steht im Rahmen der Erforschung verschiedenster Formen von **Jugendkultur** (*youth culture*). (Vgl. dazu Alexander 1996; Baacke 1999; Bennett

Abb. 21: Three ›Urban Stylers‹ (Les Back 1996, 86)

2000; 2003; Bennett/Harris 2003; Brake 1985; Clarke 1982; Jones 1988; Maase 2003; McRobbie 2000; Moser 2000; Ross/Rose 1994; Stratmann/Tönnies/Viol 2000). Gleichzeitig sind die drei Figuren ganz unterschiedliche Vertreter der englischen Arbeiterklasse. Hier zeigt sich, dass die traditionelle sozialwissenschaftliche **Kategorie der Klasse** (*class*) zur Beschreibung einer Gesellschaft modifiziert bzw. ergänzt werden muss durch eine Perspektive, die größere Differenzierungen bereitstellt und die bemerkenswerte Vielfalt in der Gegenwartsgesellschaft erfassen kann. Der Kulturbegriff, wie er hier skizziert wird, bietet sich dafür an, ohne den Klassenbegriff, der für die britische Gesellschaft besonders wichtig ist, zu vernachlässigen. (Vgl. die aktuelle Diskussion zu ›Klasse‹ und ›Kultur‹ in Bourke 1994; Day 2001; Frow 1995; Giles 2004; Kumar 1997; Munt 2000; Walker 2002; Wright 1989).

Jugendkultur ist ein relevantes Phänomen und ein wichtiger Begriff der Kulturwissenschaft; in der heutigen Bedeutung existiert er erst seit dem Ende der 1950er, speziell seit den 1960er Jahren. Ihre Analyse hat sich seitdem deutlich von einer engen sozialwissenschaftlichen zu einer kulturwissenschaftlichen entwickelt, die in die Soziologie selbst Eingang gefunden hat. Augenfälligste Belege dafür sind die an den ›*Urban Stylers*‹ schon gezeigten Beschreibungskriterien, die ›Stil‹-Analysen von Hebdige bzw. allgemeiner die Untersuchung von Kultur als einem Zeichensystem oder einem ›Text‹, die in Kapitel 2.2.4 noch etwas näher dargestellt wird. Einem solchen Verständnis von Kultur entsprechend wird Jugendkultur dann etwa auch im Kontext der neuen Medien untersucht (Sefton-Green 2003) und nicht nur mit aktuellen Musikformen, sondern auch mit allen möglichen anderen Aspekten der Lebenswirklichkeit verbunden (vgl. exemplarisch Bachmann 2002 mit ihrem Buch *Gothic, Metal, Rap, and Rave – Youth Culture and Its Educational Dimensions*).

Dabei ist Erziehung kein zufälliges Thema im Zusammenhang mit Jugendkulturen (Weaver/Anijar/Daspit 2004), sondern eng verbunden mit einem zentralen Problem der Gesellschaften des Westens generell, nämlich der **Frage nach der Identität** (vgl. Epstein 2002). Identität ergibt sich fast von alleine, wenn man als Individuum und als Gruppe bedroht ist und Widerstand leisten muss (wie es etwa Gillespie/Lovett/Garner 1992 für Jugendliche aus der Arbeiterklasse in West-Belfast beschreiben), ist aber gerade dann ein Problem, wenn man theoretisch fast alles werden und sein kann, gleichzeitig aber immer weniger Rückhalt erhält aus der Familie, einem Klassenbewusstsein oder Nationalgefühl. Diese gleichzeitige **Pluralisierung und Fragmentierung von Identitäten** ist ein besonderes Problem der Gegenwart, weil sie sich mit zahlreichen anderen Einflüssen verbindet, allen voran erstens mit der seit dem Beginn der Moderne ständig gewachsenen Verantwortung des Individuums für sich selbst und sein Selbstverständnis, zweitens den zur Moderne und Postmoderne gehörenden Zweifeln an Wert- und Identitätsmaßstäben generell sowie drittens dem politisch immer weiter fortschreitenden Zusammenwachsen Europas, das gleichzeitig die Bedeutung der Regionen erhöht. In diesem komplexen Kontext ist eine Kategorie für die Identitätsfindung genauso wichtig geworden wie für die Kulturanalyse, nämlich die der **Lebenswelt**. Sie wird in Kapitel 3 näher erläutert und liefert ein auf der persönlichen Lebenserfahrung, der alltäglichen Praxis und der überschaubaren Beziehung zu Menschen, Orten und Handlungen vermitteltes ganzheitliches Selbstverständnis.

Sub-Kulturen, postkoloniale Kulturen, Jugendkulturen und regionale Kulturen machen besonders deutlich, dass jede Kultur nicht nur eine Identität verleiht, sondern dass sowohl **Kulturen wie Identitäten** ebenso **relational geprägt** sind wie die Sprache auch: Kultur (wie Identität) definiert sich immer aus ihren Elementen, durch deren spezifische Verbindungen und konkreten Relationen zueinander sie etabliert wird. Eine eingerissene Jeans ergibt nur zusammen mit den anderen Kennzeichen das Bild eines Skinheads (s. Abb. 21); für sich genommen bzw. in anderen Kontexten kann sie ganz andere Bedeutungen haben. So ergibt sich die Identität eines Skinheads durch eine bestimmte Reihe äußerlicher Merkmale und ist mit ähnlich signifikanten Kennzeichen der geistigen Einstellung verbunden. Identität ist also auch in Jugendkulturen ein relationales Phänomen. (Zur Konstruktion jugendlicher Identitäten durch Diskurse vgl. Androutsopoulos/Georgakopoulou 2003).

Regionale Kulturen
Bedeutung (etwa die einer eingerissenen Jeans) **entsteht immer durch Kontexte**; neue Bedeutung durch neue Kontexte bzw. veränderte Relationen der Elemente einer gegebenen Situation. Die in diesem wie in den letzten beiden Kapiteln thematisierten Kulturen zeigen deutlich, wie sich zu dominanten Kulturen leicht Alternativen aus neuen Kontexten und veränderten Perspektiven ergeben und zu einer Bereicherung des Lebens führen. Die in Anbetracht eines immer größer, unübersichtlicher, abstrakter und bürokratischer werdenden Europa enorm gestiegene **Bedeutung von regionalen Kulturen** gehört in denselben Zusammenhang. Dabei wird auch hier durch einen bewussten Bezug auf die konkrete Lebenswelt die Unsicherheit oder Angst gegenüber dem abstrakten Anderen, Fremden und Neuen überwunden. Die Relevanz der konkreten Lebenswelt ist ebenso augenfällig wie

die neuer Kontexte und Relationen: in der regionalen Kultur erhält Europa einen deutlich geringeren Stellenwert als die Region, und auch die Nation, die für viele Menschen über Jahrzehnte maßgeblich ihre Identität und ihr Selbstverständnis bestimmt hat, wird nicht mehr so hoch bewertet. Deutlich ist hier ebenfalls, wie Bedeutungen konstruiert und neu gestaltet werden in Abhängigkeit von eigenen Interessen, Wünschen, Bedürfnissen und Interpretationen der Wirklichkeit, d.h. vom eigenen Welt- und Selbstbild.

Der englische Norden kann so z.B. gleichgesetzt werden mit der Industrieregion und wird entsprechend positiv oder negativ beurteilt; oder er erscheint als ›wahrer Norden‹ (Morton 1927, 207) in idealisierter Form in Verbindung mit alten Städten, wie Chester, Durham, York, und unberührter Landschaft. Für Taylor (2001) sind dies Darstellungen und Konstruktionen des Nordens aus der Sicht Südenglands, die mit dem Leben und der Erfahrung der Bewohner des Nordens wenig zu tun haben. Für ihn muss eine akzeptable Darstellung des Nordens mit den großen Städten beginnen, die aber kein einheitliches Bild abgeben, sondern »a world of ›multiple norths‹« (2001, 137), wo klar wird, dass Liverpool sich stark von Manchester unterscheidet und dass Großstädte keineswegs homogene Regionen darstellen, sondern unterschiedlichste Funktionen erfüllen und von Menschen verschiedenster Klassen und Arten bewohnt werden. Fragen nach dem Verhältnis des englischen Nordens zum schottischen Süden, nach seiner Stellung innerhalb Englands, Großbritanniens, Europas und der Welt oder nach den Beziehungen zwischen Städten und Landschaften etc. sind dabei noch gar nicht gestellt, geschweige denn ausreichend beantwortet worden (Matless 1998; Shields 1991). Insbesondere die Bedeutung der Regionen innerhalb des vor allem im Wirtschafts- und Kommunikationsbereich rasant voranschreitenden Globalisierungsprozesses ist noch lange nicht geklärt. Je nach Fragestellung und je nach Art der Kontextualisierung werden die Antworten immer anders lauten. Darin liegt aber kein Grund zu Sorge oder Angst, sondern dies ist ein ganz normaler Bestandteil menschlichen Lebens und menschlicher Re-Konstruktionen von Lebens- und Alltagswelten in immer neuen Relationen. (Vgl. die Diskussion über regionale Kulturen bei Dalrymple 2003; Deacon 2003; Haseler 1996; Herr 1997; Keating/Loughlin 1997; Mühler 2004; Postles 2002; Taylor 1994; 1999).

2.2.4 Eine grundlegende Methode: Das Lesen, Interpretieren und Schreiben von Kultur als Text

Kultur als ein Zeichensystem offenbart sich immer in Texten. Der Text ist jeweils der Ort, an dem kulturelle Bedeutung sichtbar und zugänglich wird, wo Wert- und Herrschaftsstrukturen sich manifestieren. Dabei geht der kulturwissenschaftliche Begriff Text (*text*) weit über den engen Rahmen des Schrifttextes hinaus und umfasst **alle kulturellen Erscheinungsformen**, seien sie materieller oder ideeller Art. Auch der Text ist natürlich ein Zeichensystem mit allen Charakteristiken von Zeichen und weiteren Spezifika, etwa denen der Gattungen und der sozialen Normierung von Textsorten. Sprach- und literaturwissenschaftliche Methoden der Textanalyse eignen sich zu einem großen Teil auch dazu, Kultur als Text zu beschreiben. Deshalb forderte etwa schon Robert Scholes (1985, 17): »textual studies must be pushed beyond the discrete boundaries of the page and the book into the institutional practices and social structures«.

In Anbetracht der anhaltenden Diskussionen über kulturwissenschaftliche Methoden ist es erstaunlich zu sehen, dass einerseits die semiotische Betrachtung von Kultur weitestgehend akzeptiert wird und sogar vorherrschend ist, andererseits der Textbegriff immer wieder skeptisch oder sogar einseitig gesehen wird. Exemplarisch dafür sind etwa die Darstellungen bei Nünning/Nünning (2003a, 7) und Ort (2003, 25), wo u.a. gesagt wird, dass bei einer Betrachtung von Kultur als Text »die Textbenutzer – mithin die mentale und soziale Seite der Kultur – nicht gebührend akzentuiert« würden, wo der Textbegriff auf die schriftliche Variante reduziert und schließlich sogar als statisch und als Gegensatz zum ›prozesshaft-funktionalen Verständnis von Kultur in der Sozialtheorie‹ gesehen wird. Ein solcher Textbegriff nimmt wesentliche Charakteristika allgemeiner Textdefinitionen (s. Kap. I.6) nicht zur Kenntnis. Dazu gehören vor allem die vielfältigen Aspekte der **Pragmatik**, die bei Untersuchungen von Texten eine ebenso große Rolle spielen wie bei Sprache und Semiotik generell. Alle pragmatischen Perspektiven sind per Definition schon nicht statisch, sondern prozesshaft und kommen ohne detaillierte Beschreibungen der Textbenutzer, inklusive ihrer sozialen Stellung, Intentionen etc., gar nicht aus (vgl. Fetzer 2004; Müller 2001a). Wenn man dies berücksichtigt, liefert der Textbegriff eine äußerst hilfreiche Zugangsweise zur Kultur und bietet sich gerade dann an, wenn man Kultur als Zeichensystem betrachtet und sie innerhalb der Anglistik untersucht. Gleichzeitig muss betont werden, was u.a. Umberto Eco (1972, 36; 1995, 41) schon deutlich genug gesagt hat: Mit einem solchen Ansatz wird keineswegs behauptet, Kultur *ist* ein Zeichensystem oder gar Kultur *ist* ein Text. Es ist allerdings sehr aufschlussreich und ein nützlicher Zugang zur Kultur, sie als ein Zeichen- und Textsystem zu betrachten.

Der Kulturanthropologe Clifford Geertz charakterisierte schon 1973 Kultur als ein solches symbolisches System, als eine Menge von Texten, ein **Gewebe von Bedeutungen**, das *interpretierend* zu *lesen* sei: »The culture of a people is an ensemble of texts, themselves ensembles, which the anthropologist strains to read over the shoulders of those to whom they properly belong« (1973, 452). Der Mensch ist Teil eines solchen Bedeutungsgewebes, das er selbst gesponnen hat. Geertz' Position beschreibt damit ebenfalls einen mittleren Weg zwischen menschlicher Freiheit zur Sinngebung und Abhängigkeit von vorgegebenen Bedeutungsstrukturen. Kulturanalyse ist nicht ein Aufdecken von naturwissenschaftlichen Gesetzen, sondern eine interpretative Wissenschaft auf der Suche nach Bedeutung:

> The concept of culture I espouse [...] is essentially a semiotic one. Believing, with Max Weber, that man is an animal suspended in webs of significance he himself has spun, I take culture to be those webs, and the analysis of it to be therefore not an experimental science in search of law but an interpretive one in search of meaning. (Geertz 1973, 5)

Geertz' Kulturanalyse beurteilt menschliches Handeln und nicht abstrakte Einheiten. Sie will **Handeln verstehen**, und sie sieht *Verstehen* ebenfalls als Handlung. Sie basiert darauf, dass erstens menschlichen Handlungen eine Bedeutung zugeschrieben wird und zweitens daraus eine Diagnose über die Gesellschaft erfolgt, in der diese Handlungen auftreten. Die Bedeutungszuschreibung spezifiziert Geertz als **dichte Beschreibung** (*thick description*). Sie beginnt mit der Darstellung eines äußerlichen kulturellen Ereignisses (wie etwa bei Geertz 1973, 412ff., dem balinesischen Hahnenkampf), dessen Begrifflichkeiten, soziale Institutionen, lokale Konventionen und individuelle Elemente aufgeführt werden. Vielfältige und keineswegs zufällige Kontextualisierungen des einzelnen Ereignisses führen zu einer ›dichten Beschreibung‹, die schließlich die angemessenste und wahrscheinlichste Bedeutung ergibt. Sie ist damit die **Darstellung einer konkreten Lebenswelt**.

Geertz betont, dass trotz aller analytischen Sorgfalt jede kulturelle Interpretation immer angreifbar ist, weil sie nie vollständig sein kann. Da Bedeutung von Kontexten abhängt und sich mit unterschiedlichen Kontexten notwendigerweise ändert, ist sie nie endgültig, nie abgeschlossen und nie absolut gültig. »Meaning, that elusive and ill-defined pseudoentity« (Geertz 1973, 29), bleibt deshalb ein ständiger Forschungsgegenstand in der Kulturwissenschaft.

1973 legte Geertz den Hauptakzent seiner Perspektive noch darauf, dass es auf die richtige *Lesart* bei der Lektüre einer Kultur ankomme, auf die richtige Form des Interpretierens: »societies, like lives, contain their own interpretations. One has only to learn how to gain access to them« (1973, 453). Später wird bei ihm (Geertz 1988), wie auch in der Ethnographie, Anthropologie und Kulturwissenschaft, das *Schreiben* **von Kulturen** genauso wichtig wie das Lesen. Man hat erkannt, dass man nicht nur teilnehmender Beobachter einer Kultur ist, sondern dass man im Beobachtungs- und Verstehensprozess, speziell auch beim Abfassen eines Berichts über die Kultur, diese sprechend und schreibend mitgestaltet: »We begin, not with participant-observation or with cultural texts (suitable for interpretation), but with writing, the making of texts« (Clifford 1986, 2).

Diese erst vor einigen Jahren ins Zentrum getretene Perspektive verstärkt die Erkenntnis über die notwendige Konstruiertheit und Wandelbarkeit jedes Kulturverständnisses: »[This] focus on text making and rhetoric serves to highlight the constructed, artificial nature of cultural accounts« (ebd.). Wieder beginnen die Untersuchungen bei konkreten Texten, um über sie hinaus zu den grundlegenden Bedeutungsstrukturen zu gelangen, und erneut sind Texte keineswegs nur zu Papier gebrachte schriftliche Produkte, sondern alle menschlichen Handlungen, Institutionen usw., die sich in Zeichen ausdrücken und dadurch erkennen, beschreiben und verstehen lassen: »while focusing on textual practices, [cultural descriptions] reach beyond texts to contexts of power, resistance, institutional constraint, and innovation« (ebd.).

Das Ziel bleibt auch mit dieser Perspektive, »to bring us into touch with the lives of strangers« (Geertz 1973, 16). Dabei macht allerdings gerade dieser neue Aspekt der konstruktiven Beteiligung jedes Kulturbeobachters an seinem Beobachtungsgegenstand deutlich, dass auch das Fremde von uns mitgestaltet ist. Im Fremden spiegeln sich häufig unsere eigenen Ängste und Wünsche, immer unsere Vorurteile und Erwartungshaltungen. Kulturwissenschaft führt uns daher nicht nur mit dem Fremden als dem Anderen zusammen, sie bringt uns immer wieder auch zu uns selbst zurück, indem sie uns darauf aufmerksam macht, wie wir (häufig unbewusst) *aktiv* Kultur schreiben, denken sowie interpretierend und lesend gestalten.

Kulturwissenschaft arbeitet damit ganz wesentlich **interkulturell und selbstreflexiv**. Sie gibt **Auskunft über das Fremde und das Eigene**. Dabei verlangt die hier als grundlegend beschriebene Methode der anglistischen Kulturwissenschaft – das Lesen, Interpretieren und Schreiben von Kultur als Text – wieder die Einheit aus den drei Teilen Szientistik, Hermeneutik und Ideologiekritik: Kultur als Text ist wissenschaftlich (szientistisch) zu beschreiben, (hermeneutisch) zu verstehen und (ideologie-)kritisch zu bewerten.

So lässt sich z.B. eine Fahrkarte der Londoner U-Bahn sehr aufschlussreich als Text konstruieren, was wahrscheinlich zunächst überraschend erscheinen mag: eine Fahrkarte ist doch eine Fahrkarte, oder? Ja, aber eine Bedeutung, die über die grundsätzliche der Berechtigung zur Nutzung eines (öffentlichen) Verkehrsmittels hinausgeht, erhält sie erst, wenn man sie z.B. im Rahmen einer persönlichen Geschichte mit der Fahrt vom *Tower* zum *Royal Court Theatre*, den Stationen *Tower Hill* und *Sloane Square* sowie den eigenen Aktivitäten an diesen Orten und auf der Fahrt verbindet. Man kann sie aber auch mit der aktuellen oder historischen Situation der Transportmittel in London in Zusammenhang bringen, mit deren Besitzern, Betreibern und Nutzern, der ökonomischen, politischen oder sozialen Bedeutung der U-Bahn usw. Auf diese Weise ergeben sich für das konkrete Phänomen einer Fahrkarte ganz unterschiedliche Texte mit sehr verschiedenen Bestandteilen, die die spezifische Qualität und kulturwissenschaftliche Aussagekraft der Texte bestimmen.

Studierende können anhand solcher Artefakte das Lesen, Interpretieren und Schreiben von Kultur als Text auf allen Niveaus üben. (Thwaites/Davis/Mules 2002, 77ff. stellen die Vorteile der Analyse von ›Kultur als Text‹ deutlich heraus, vernachlässigen allerdings völlig die wichtigen Elemente der Textdefinitionen durch gesellschaftliche Normen. Sie zeigen aber deutlich, dass die oben genannten Einwände gegen den Textbegriff unbegründet sind. Ebenso geschieht dies bei Bennett/Woollacott 2002 in ihrer Darstellung von Filmen als Texten und der zentralen Frage nach den Beziehungen zwischen Texten und ihren Rezipienten. Dennoch ist im Bereich der theoretischen Fundierung des Textbegriffs für die Kulturwissenschaft noch ebenso viel zu arbeiten wie bei seiner praktischen Anwendung. Auch hier ist die narrative Komponente von großer Relevanz vgl. etwa Barker 2000, 260ff, zu »Television As Text«).

2.3 Übergreifende Charakteristika der Anglistischen Kulturwissenschaft

Aus der Darstellung wesentlicher Inhalte und Methoden der anglistischen Kulturwissenschaft ergeben sich die folgenden **fünf grundlegenden Charakteristika** dieses Fachbereichs:

1. **Interdisziplinarität** (*interdisciplinarity*). In der anglistischen Kulturwissenschaft kommen verschiedene Perspektiven, unterschiedliche Untersuchungsobjekte und mehrere Methoden zusammen, insbesondere die der Sprach- und Literaturwissenschaft, der Semiotik, der Soziologie, Geschichte, Politikwissenschaft,

der Medienwissenschaft, Anthropologie und Ethnologie. Sprache ist für die Kultur ein Zeichensystem von elementarer Bedeutung: Vor allem durch sie gelingt es einer Kultur und jedem Menschen, Realität zu organisieren, zu konstruieren und damit einen Zugang zur Wirklichkeit zu finden. Das ist der Hauptgrund, warum im vorliegenden Band die Sprachwissenschaft den Anfang bildet. Die anglistische Kulturwissenschaft fordert und fördert eine *interdisziplinäre Kompetenz* der Dozenten und der Studierenden. Die Entwicklung dieser Kompetenz beginnt idealerweise durch eine enge Zusammenarbeit im Fach selbst und erweitert sich dann auf Inhalte und Methoden anderer Fächer.

2. **Handlungsorientierung** (*pragmatism*). Der anglistischen Kulturwissenschaft geht es um die Analyse, das Verstehen und die Bewertung menschlicher Handlungen, einschließlich der Ergebnisse solcher Handlungen, wie etwa staatliche Institutionen, Regierungs- oder Gesellschaftsformen. Kulturwissenschaft beschreibt Modelle sinnvollen und kulturell akzeptierten menschlichen Handelns, reflektiert deren historische und soziale Hintergründe und vergleicht die Handlungsmodelle kritisch mit anderen Beispielen, speziell solchen aus der Welt der Kulturbeobachter, also etwa der Studierenden selbst. Die Handlungsorientierung bringt eine starke Ausrichtung der anglistischen Kulturwissenschaft an der für die Fremdkultur wie auch für die Kultur der Studierenden relevanten *Lebenspraxis* und *Lebenswelt* mit sich.

3. **Ganzheitlichkeit** (*holism*). Die ganzheitliche Perspektive hängt mit den ersten beiden Charakteristika zusammen und ergibt sich aus dem Vermögen jeder Kultur, den sich zu ihr zählenden Menschen die Vorstellung einer zumindest relativen Identität, Zielgerichtetheit und Sinnhaftigkeit in ihrem Leben zu vermitteln. Jede Kultur erzählt eine bestimmte Geschichte, die es dem Individuum ermöglicht, alle Erscheinungen und Erfahrungen des Lebens zu integrieren und den Eindruck einer organischen Einheit in der Erlebniswelt zu empfinden. Holismus ist nicht zu verwechseln mit Universalismus oder gar Absolutismus. Gleichzeitig ist es aber natürlich die holistische Qualität, die viele Menschen dazu verleitet, ihre eigene Kultur als die einzig mögliche oder richtige anzusehen. Hier leistet die Kulturwissenschaft wichtige Aufklärungsarbeit, die die Relativität und Abhängigkeit aller Kulturen von historisch und individuell bestimmten Kontexten verdeutlichen muss, ohne die ganzheitliche Komponente zu zerstören. Die holistische Perspektive bedingt, dass man nicht nur analytisch und deskriptiv (›objektiv wissenschaftlich‹) arbeiten kann, sondern auch emotionale und wertende Aspekte beachten muss und damit möglichst viele der relevanten Kulturkomponenten in die Beobachtung einbezieht.

4. **Komparatistik** (*comparative approach*). Wertungen erfordern immer Vergleiche. Daraus ergibt sich das vierte Charakteristikum der anglistischen Kulturwissenschaft. Es führt zu Vergleichen der englischen mit der deutschen Kultur, der englischen mit der US-amerikanischen, irischen, australischen usw., aber auch zu der in der Kulturwissenschaft absolut notwendigen historischen Perspektive, wenn etwa das Leben von Frauen in England im Mittelalter mit dem im 16. Jahrhundert oder dem heutigen verglichen wird.

5. **Semiotik** (*semiotics*). Nie hat die Kulturwissenschaft es mit *der* Kultur oder *der* Realität an sich zu tun, sondern immer ›nur‹ mit Zeichen, die auf Realität und

Kultur verweisen, sie repräsentieren oder reflektieren. Diese **Zeichenvermitteltheit der Kultur** ist das fünfte grundlegende Charakteristikum. Im Unterschied zur traditionellen Landeskunde, die immer auf so etwas wie ›Realien‹ zurückgeht und diese als lernenswerte Fakten darbietet, macht die semiotisch arbeitende Kulturwissenschaft deutlich, dass es ›Fakten‹ an sich nicht gibt, sondern dass sie immer erst in einem Bedeutungsgeflecht entstehen und auch erst in einem solchen Netzwerk wahrnehmbar sind (vgl. ergänzend Müller 1995a und 1996).

3. Die Poetik der Lebenswelt als sinnstiftende Erzählung

In Anbetracht des großen Problems der Quantität (der reinen Stoffmenge) und der Qualität (der engen Verquickung der Gegenstandsbereiche miteinander) bei allen kulturwissenschaftlichen Untersuchungsobjekten erscheint die Konzentration auf Untersuchungen maßgeblicher englischsprachiger Lebenswelten als eine viel versprechende Alternative zu allen Versuchen, englische Kultur allgemein zu vermitteln. Die **Untersuchung der Lebenswelt** setzt beim Individuum an und zeigt, wie die einzelne Person sich in einem bestimmten Raum zu einer bestimmten Zeit konstituiert, wie sie sich sieht, versteht und welche Ziele und Werte sie innerhalb und gemeinsam mit einer bestimmten Gruppe vertritt. Eine Lebenswelt liefert – wie eine Kultur, aber in einem kleineren, überschaubareren Rahmen – »einen ganzheitlichen Lebenszusammenhang« (Fluck 1991, 7). Im Englischen gibt es zwar das Wort ›*life world*‹ als Übersetzung für Lebenswelt, vor allem in der verstehenden Soziologie und Anthropologie (Embree 1972; Schütz/Luckmann 1974; Wagner 1983), aber gebräuchlichere Ausdrücke, die Vergleichbares meinen, sind etwa »common-sense world«, »practical world«, »everyday life«, »everyday world«, »local community« oder »nearest appropriate constituency« (Chaney 2002; Douglas 1971; Green 1982, 89; Highmore 2002; McRobbie 1994, 41; Miller/McHoul 1998; Shotter 1993; Storey 1999).

Die Lebenswelt ist der immer notwendige **Erkenntnis- und Verstehenshorizont** von Menschen, der ihnen häufig gar nicht bewusst wird, in dem sie aber ganzheitlich, sowohl rational wie emotional, agieren. Hier werden ihre Erfahrungen gebündelt, gespeichert und geordnet; hier wird über diese Erfahrungen gesprochen, und hier bilden sich die Begriffe für die erlebte Welt. Dies ist – in der wissenschaftlichen Terminologie nach Schmidt (1994, 208) – **der Bereich der** »**Semiose**« als »intellektuelle wie emotionale Konzeptualisierung von Erfahrungen«, die in der »Kultursemiotik« untersucht wird (zur Lebenswelt vgl. auch Assmann/Harth 1991; Husserl 1962; Schwemmer 1987, 268–287, und Schütz/Luckmann 1979).

Die Erforschung von Lebenswelten betont **praktische Erfahrung und Subjektivität** ebenso wie das Eingebundensein des Individuums in Ideologien, Institutionen, *peer groups*, bestimmte Mentalitäten und Milieus. Der Begriff **Mentalität** (*mentality/frame of mind*) umfasst Kollektivvorstellungen, Denkstrukturen, Gefühle und Weltbilder, die sich wieder in einer bestimmten »Menge von Kodes« fassen lässt (Posner 1991, 53; vgl. auch Raulf 1987). Es treten also auch hier spezifische Diskurse und Stile auf, die bewusste und unbewusste Formen der Selbst- und Fremddarstellung von Menschen ergeben.

Jeder einzelne Mensch nimmt an mehreren Lebenswelten teil, in denen er höchst unterschiedliche Rollen spielen kann. Studierende etwa haben Anteil an der Lebenswelt der Universität, an der ihrer Familie (als Kind oder als Elternteil), ihres Geschlechts, ihrer sozialen Klasse usw. Im Unterschied zu herkömmlichen Analysen dieser traditionellen Gesellschaftsbereiche setzt die Untersuchung der Lebenswelt nicht bei übergeordneten Kategorien an, sondern fragt nach den Sinnzusammenhängen, auf denen das Handeln der konkreten Menschen innerhalb ihrer Lebenswelt beruht. Auf diese Weise kommt immer »ein Ausschnitt der Lebenswelt als eine kulturelle Selbstverständlichkeit in den Blick, die auf Interpretationen beruht und nun, da sie thematisiert werden kann, diesen Modus des fraglos Gegebenen« verliert (Habermas 1988, II, 201f.).

Die Lebenswelt ist nicht nur **der Beobachtung zugänglich**, sie vermittelt sich einem Außenstehenden auch ganz fundamental durch die Möglichkeit der Angehörigen einer bestimmten Kultur, **von ihrer Lebenswelt zu** *erzählen*. In ihren Erzählungen offenbaren Menschen bewusst und unbewusst die für sie relevanten Sinnstrukturen, die Bedeutungen, die ihrem Handeln Sinn verleihen. Auf diese Weise verschafft eine »Analyse der Form von Erzähltexten [...] einen methodisch aussichtsreichen Zugang zur Klärung des Laienkonzepts der Lebenswelt, das sich auf die Gesamtheit soziokultureller Tatsachen bezieht und daher für die Gesellschaftstheorie einen Anknüpfungspunkt bietet« (Habermas 1988, II, 207). Jede angemessene Interpretation einer Erzählung macht es notwendig, ihr »ein Alltagskonzept von Lebenswelt als *kognitives Bezugssystem* zugrunde zu legen« (ebd.).

Hier findet sich (unabhängig von Habermas' Intention) eine **Poetik von Kultur** (*poetics of culture*) bzw. eine Poetik von soziokultureller Lebenswelt, die wiederum Texten, speziell narrativen Texten, eine zentrale Rolle zuweist. Eine solche Poetik fügt sich nahtlos in das oben (s. bes. 2.2.1–2.2.3) über Erzählungen und Geschichten Gesagte ein und gehört in den Kontext der andauernden Diskussionen über die Bedeutung des Narrativen als entscheidendes Mittel für Sinn-, Ordnungs- und Kulturkonstitution (vgl. Nash 1990). Sie passt ebenso in den Kontext der Kognitionswissenschaft, die etwa bei Varela (1993, 110) ›Kognition‹ als ›wirksames Handeln‹ definiert, das eine Welt hervorbringt bzw. erzeugt und diese Welt auch in Erzählungen zum Ausdruck bringt.

Eine **Poetik** (*poetics*) ist traditionellerweise definiert als »*Dichtungstheorie*, d.h. als theoret. Auseinandersetzung mit dem Wesen der Dichtung und der poet. Gattungen, ihren Funktionen, ihren spezif. Ausdrucksmitteln« (Schweikle 1990, 353; s. auch Kap. II.3). Wo Kultur als Symbolsystem bzw. als von Menschen konstruierter Text verstanden wird, eignet sich der Begriff ›Poetik‹ also gut für die Wissenschaft, die die Formen und Funktionen kultureller Elemente beschreiben will. Es verwundert daher nicht, dass in der gegenwärtigen Diskussion von einer ›Poetik der Kultur‹ gesprochen wird, insbesondere im *New Historicism* (s. 3.2). Dabei handelt es sich grundsätzlich nicht um eine normative, d.h. Regel setzende und Vorschriften formulierende, sondern um eine deskriptive, also beschreibende Poetik.

Die **Poetik einer Lebenswelt** (*poetics of an everyday world*) untersucht, durch welche Formen (Stile, Diskurse, Ideologien usw.) sich eine bestimmte Lebenswelt konstituiert und den Menschen als sinnstiftende Erzählung dient. Eine solche Poetik umfasst zum einen empirische, sozialwissenschaftliche Erkenntnisse aufgrund von Untersuchungen des konkreten Milieus, d.h. der das Milieu konstituierenden Personen und Machtverhältnisse, der jeweiligen Sprache, der Räumlichkeiten, Institutionen usw. (vgl. Grathoff 1995, 433–438). Zum anderen enthält sie hermeneutische Analysen, die das Verstehen der menschlichen Handlungen und deren Einordnung in ein kulturelles Selbstverständnis, in ein bestimmtes Sinn- und Wertesystem ermöglichen. Durch die zentrale Bedeutung, die narrative Texte in diesem Zusammenhang haben, sind hier keineswegs nur nichtfiktionale Texte relevant, sondern auch fiktionale. Denn diese vermitteln ebenfalls ein Alltagskonzept von Lebenswelt. In diesem Rahmen entwickelt sich eine Kulturwissenschaft als Textwissenschaft, die sich mit den Worten Wolfgang Isers (1991) und Winfried Flucks (1991, 13) »mit der Produktion bestimmter Formen von Sinn wie auch der Notwendigkeit seines Bedarfs beschäftigt«.

Aufgabe der anglistischen Kulturwissenschaft ist es, konkrete historisch, regional wie sozial **verschiedene Formen von Sinnkonstruktionen aufzuzeigen und** gleichzeitig die historischen, sozialen, psychischen usw. **Ursprünge und Funktionen dieser Sinnformen zu verdeutlichen.** Der Ansatz bei der Lebenswelt und ihren sinnstiftenden Erzählungen erscheint dabei als besonders ergiebig und praktikabel. Hier liegt ein unmittelbares Aufgabenfeld für die anglistische Kulturwissenschaft, das noch weiter erprobt und konkretisiert werden muss. Wenn es in der Diskussion um die anglistische Kulturwissenschaft gelegentlich darum geht, eine Art ›Kanon‹ obligatorischer Themenbereiche festzulegen (Stinshoff 1995, 87), so sind bei einer solchen Auswahl die jeweiligen Lebenswelten der Lernenden und die repräsentativen Lebenswelten der Fremdkultur immer entscheidende Ausgangspunkte.

Für Studierende der Anglistik ist es z.B. sicherlich wichtig, das **Bildungssystem** der Fremdkultur kennen zu lernen, also die Organisation und Praxis an Schulen und Hochschulen. Das **Familienleben** mit der entsprechenden Wohn- und Esskultur ist ebenso relevant wie die **Arbeitswelt**, die **Freizeitgestaltung**, die Bedeutung der **Medien** und die **politische Organisation** des Lebens auf kommunaler, regionaler, nationaler und internationaler Ebene. Eher fremd oder gar exotisch anmutende Lebenswelten, wie etwa die der Maori oder der englischen Königsfamilie, weisen dann auf spezifische Eigenarten der Fremdkultur hin, auf die Kultur der Ureinwohner in Neuseeland oder die Monarchie als Teil der englischen Kultur. So wird Verständnis für das Andersartige erreicht, gleichzeitig werden im Fremden aber auch bekannte Probleme erkennbar, wie etwa Fragen der Machtverhältnisse, der Generationenproblematik oder aktueller Familienkonflikte, die auch bei den Maoris und in der englischen Monarchie feststellbar sind.

Zwei unterschiedliche methodische Ansätze, der *Cultural Materialism* und der *New Historicism*, die jeweils für sich keineswegs als eine einheitliche Schule zu verstehen sind, haben für die Analyse von Lebenswelten substantielle Erkenntnisse geliefert. Die Inhalte, die untersuchten Lebenswelten und die spezifischen Verfahren dieser Ansätze werden daher exemplarisch kurz vorgestellt, bevor in Kapitel 3.3 die Nation und das Fremde als jeweils zugleich vorgegebene und konstruierte

Lebenswelten und als entsprechende Untersuchungsobjekte der anglistischen Kulturwissenschaft dargestellt werden.

3.1 Der Lebensraum als materielle und Wert setzende Welt im *Cultural Materialism*

Der *Cultural Materialism* entwickelte sich in England im Anschluss an die Theorien von Raymond Williams (1977) in den späten 1970er Jahren und wurde in den 1980ern u.a. von Jonathan Dollimore und Alan Sinfield weitergeführt. Er gründet auf dem Marxismus und untersucht entsprechend kulturelle Produkte (wie z.B. Literatur) in Beziehung zu ihren historischen, gesellschaftlichen und ökonomischen (›materiellen‹) Entstehungs- wie Wirkungsbedingungen. Die materielle Basis wird jedoch als Prozess und nicht als eine feststehende Einheit betrachtet, die in simpler Form den Überbau, also die kulturelle Produktion determiniert. Man geht also von Wechselbeziehungen auf allen Gesellschaftsebenen aus.

Dollimore und Sinfield (1994) wenden sich gegen eine idealistische Vorstellung, die Kulturprodukte als jenseits und unabhängig von Gesellschaft und Geschichte betrachtet. Sie sind aber auch gegen eine marxistische Position, die solche Produkte als zweitrangig gegenüber Politik und Ökonomie ansieht. Literatur etwa ist für sie Darstellung konkreter materieller Wirklichkeit. Sie kann in akzeptierte gesellschaftliche Praktiken und Glaubensvorstellungen aktiv eingreifen und so eine Interaktion zwischen Kulturmitgliedern bewirken (s. etwa das Collins-Gedicht). Literatur ist sogar in der Lage, politische Subversion nicht nur zum Ausdruck zu bringen, sondern Menschen zu subversivem Handeln zu führen. Diese **aktive Rolle von Literatur** wird mit den politischen Zielen des *Cultural Materialism* verbunden, nämlich mit der Absicht, die sozialen Gegebenheiten, durch die Menschen aufgrund von Rasse, Geschlecht oder Klassenzugehörigkeit benachteiligt oder ausgebeutet werden, zu verändern. *Cultural Materialism* beinhaltet für Dollimore und Sinfield (1994, viii) explizit »historical context, theoretical method, political commitment and textual analysis«.

Der *Cultural Materialism* verbindet sich in vielen Punkten mit der Theorie und Praxis von Geschichte, Soziologie, Feminismus, Marxismus und Poststrukturalismus. Entsprechend gehört die Aufdeckung von verborgener Ideologie, von Machtstrukturen und ihren historischen, wirtschaftlichen wie sozialen Bedingungen zu seinen Elementen. Jeder Lebensbereich ist dabei relevant, und immer sind die **Extreme von Idealismus und traditionellem Marxismus zu vermeiden**, wenn etwa Sinfield die Quelle von politischem Bewusstsein nicht im autonomen Subjekt, nicht in der Klassenzugehörigkeit, aber auch nicht in der Geschlechtsspezifik ansiedelt, sondern sagt: »Political awareness does not arise out of an essential, individual, self-consciousness of class, race, nation, gender, or sexual orientation; but from involvement in *a milieu, a subculture*« (1992, 37).

Nicht der subjektiv geprägte Einzelne und auch nicht die umfassende, überindividuell prägende Klasse, Rasse, Nation oder das Geschlecht sind hier relevant, sondern **die kulturell definierte Gruppe**, die Sinfield als ›Milieu‹ oder ›Subkultur‹ bezeichnet und die im Wesentlichen mit der ›**Lebenswelt**‹ identisch ist. Auf dieser

Ebene der lebensweltlichen Gruppe entwickelt sich ein politisches Bewusstsein, und hier entsteht ein umfassendes Lebensgefühl, das emotionale Sicherheit und Vertrautheit ebenso umfasst wie Intersubjektivität, kollektives Verstehen und als sinnvoll erlebtes Handeln. Dies ist der Rahmen, in dem die einzelne Person eine Lebensgeschichte entwickeln kann, die ›funktioniert‹ und die Widerspruch zur globalen nationalen oder klassenspezifisch orientierten Geschichte (und Ideologie), aber auch Übereinstimmung mit dieser erlaubt:

> Subcultures constitute consciousness, in principle, in the same way that dominant ideologies do – but in partly dissident forms. In that bit of the world where the subculture runs, you can feel confident, as we used to say, that Black is beautiful, gay is good: there, those stories work, they build their own kinds of interactive plausibility. Validating the individual may seem attractive because it appears to empower him or her, but actually it undervalues potential resources of collective understanding and resistance. (Sinfield 1992, 37)

Die Lebensgeschichte einer einzelnen Person benötigt den Kontext einer konkreten Lebenswelt ebenso wie jeder andere **Text** einen **materiellen Kontext** zur Bestimmung seiner Aussage braucht (s. auch die Kommunikationsmodelle in Abb. 2 und 11). Im *Cultural Materialism* ist die materielle Seite so wichtig, dass ein Text ohne sie nicht wirklich bedeutungsvoll sein kann. **Autonomie eines Textes ist** hier **unmöglich**: »meaning is not adequately deducible from the text-on-the-page. The text is always a site of cultural contest, but it is never a self-sufficient site« (Sinfield 1992, 49).

So wie jeder einzelne **Text Ort kulturellen Widerstreits** ist, besteht auch die gesamte Kultur aus Texten, aus Erzählungen, die miteinander um Vorherrschaft und Anerkennung streiten. Hier setzt sich die klassenkämpferische Perspektive des Marxismus fort, die Gesellschaft als Ort eines permanenten Machtkampfes betrachtet. Sinfield (1992, 50) spricht daher von »the perpetual contest of stories that constitutes culture«.

Weil aber die Erzählungen, die unendlich vielen Texte, auch endlos viele Lesemöglichkeiten anbieten, bedarf es einer konkreten **Analyse der verschiedenen Ursachen dieser Texte und ihrer Wirkungen** auf die Realität. Hier zeigt sich erneut die grundlegende Perspektive des *Cultural Materialism* auf die konkreten Lebensbedingungen, woraus sich der fundamentale Unterschied zu anderen poststrukturalistischen Positionen, insbesondere dekonstruktivistischen (s. Kap. II., S. 104) ergibt: Es genügt nicht, verschiedene Texte und unterschiedliche Lesarten bloß zur Kenntnis zu nehmen, es müssen auch Kriterien für die Beurteilung der Texte und für die Auswahl der Lesarten gefunden werden, so dass sich eine klare Wertsetzung ergibt: »the range of feasible readings depends not only on the text but on the conceptual framework within which we address it. [...] We need not just to produce different readings but to shift the criteria of plausibility« (Sinfield 1992, 51). Die **Kriterien für die Wertsetzung**, die Kontexte, die Bedeutungen in Texten bestimmen, finden sich in dem konkreten Lebensgefühl der Menschen, in ihrer materiellen politischen, sozialen und wirtschaftlichen Lage, also in ihrer Lebenswelt und in den Möglichkeiten zu deren Verbesserung, die der *Cultural Materialism* immer anstrebt.

Das Streben nach Verbesserung konkreter Lebenswelt impliziert die **Möglichkeit für Veränderungen**, und besonders in diesem Punkt befindet sich der *Cultural*

Materialism immer auf einem mittleren Weg zwischen den Extremen menschlicher Unfreiheit angesichts einer vorgegebenen Gesellschafts-, Sprach- und Denkstruktur und völliger menschlicher Freiheit. Die Shakespeare-Interpretationen von Dollimore und Sinfield belegen dies sehr nachdrücklich (vgl. auch Jardine 1996). Sie wenden sich z.B. explizit gegen die bekannte Auslegung von E.M.W. Tillyard (1943; 1944), der in Shakespeares Historien eine universell gültige Weltsicht der Elisabethaner zum Ausdruck gebracht sah, und ebenso gegen Jan Kotts (1967) Interpretation, die in diesen Dramen die Sinnlosigkeit jeglichen menschlichen Handelns dargestellt findet. Auch die Analyse von Wilbur Sanders (1968) wird abgelehnt, die die Integrität und Freiheit des Individuums angesichts der Bedrohung durch Politik und Staat betont. Dollimore und Sinfield (1985) sehen bei Shakespeare demgegenüber keine solch einheitliche Weltsicht zum Ausdruck gebracht, sondern eine, die immer wieder Möglichkeiten zur Veränderung impliziert und auch mehr oder weniger offen darstellt. Gerade in dieser Hinsicht ist ihr Shakespeare immer politisch und enthält Elemente der Subversion gegenüber der dominanten Ideologie der in der Shakespearezeit herrschenden Tudors. So erscheint für sie in Shakespeares Geschichtsdrama *Henry V* der Appell an die Nation, sich in Anbetracht der äußeren Bedrohung durch Frankreich zu vereinen, vor allem als Ausdruck des spezifischen Interesses der herrschenden Klasse zur Entstehungszeit des Stücks und nicht als für alle Gesellschaftsbereiche in England gültig:

> It is easy for us to assume, reading *Henry V*, that foreign war was a straightforward ground upon which to establish and celebrate national unity. In one sense this is so and it is the basic concern of the play. But in practice foreign war was the site of competing interests, material and ideological, and the assumption that the nation must unite against a common foe was shot through with conflict and contradiction. This was equally true for the hegemonic class fraction, though it was they who needed, urgently, to deny divisions and insist that everyone's purpose was the same. (Dollimore/Sinfield 1985, 215)

Shakespeares Drama macht diesen Konflikt und die Schwierigkeit, nationale Einheit zu finden und zu rechtfertigen, deutlich, und es spiegelt auf seine Weise die realhistorische Situation erheblich besser, als es etwa den Chroniken der elisabethanischen Zeit gelingt. Diese einzigartige Fähigkeit von Literatur, Vielschichtigkeit und komplexe Zusammenhänge zum Ausdruck zu bringen, ist ein elementar wichtiger Grund für die **Nutzung fiktionaler Texte in der Kulturwissenschaft**. Scott Wilson bringt dies deutlich zum Ausdruck und definiert dabei Geschichtsdramen als eigenständige Form der Geschichtsschreibung:

> As Graham Holderness, among others, insists, Shakespeare's history plays represent a type of Renaissance historiography that both drew and diverged from the Chronicles of Halle, Holinshed and other Tudor historians who themselves made historical sense of the past in a very partial and ideological way (see Holderness, 1992, p. 1). Unlike the Chronicles, however, history plays could literally give voice to dissenting opinions, constructing, in a quasi-historical figure like Sir John Falstaff, a thoroughly subversive voice who could draw the whole of the Tudor legitimatory prehistory into his orbit of ridicule, and for whom the contemporary audience clamoured. (Wilson 1995, 125)

Cultural Materialism fordert und fördert die **Beachtung dissidenter, unterdrückter** und oft nicht gehörter **Stimmen**, die sich häufig in der Literatur eher finden als in Textformen, die aufgrund von Regierungseinfluss oder durch andere, etwa wissenschaftliche Perspektiven ein einheitlicheres Bild der Gesellschaft präsentieren (vgl. Colebrook 1997; Dollimore 1991). **Kulturelle Vielschichtigkeit**, historisch bedingte Ambiguitäten und damit immer auch Möglichkeiten zur Veränderung einer bestimmten gesellschaftlichen Situation werden auf diese Weise offen gelegt. Gleichzeitig werden auch Vergleiche mit der eigenen oder einer anderen Lebenssituation möglich. So lässt etwa die oben zitierte Interpretation von Dollimore und Sinfield der in Shakespeares *Henry V* thematisierten Problematik an die in Kapitel 2.2.1 besprochene Abbildung 20 (*Our Allies the Colonies*) denken, die ein ganz ähnliches Problem im 20. Jahrhundert zum Ausdruck bringt: die Notwendigkeit, eine Einheit zu präsentieren, wo in Wirklichkeit Ungleichheit existiert. So wird die Wiederholung der Geschichte, allgemein menschlicher Probleme bzw. immer wieder auftretender (Herrschafts-)Ideologien erkennbar: Was bei Shakespeare ein nationales (und zugleich immer auch individuelles) Problem war, ist in unserer Zeit eine internationale Schwierigkeit, die Individuen verschiedenster Herkunft und Hautfarbe betrifft. Gleichzeitig ist es aber weiterhin als Konflikt widerstreitender Ideologien und entsprechender unterschiedlicher Lebenswelten zu verstehen.

3.2 Lebenswelt als narrative Selektion: Die Poetik der Kultur im *New Historicism*

Ähnlich wie der *Cultural Materialism* betont auch der *New Historicism* die Erkenntnis, dass **Texte keine autonomen Gebilde** sind, die für sich allein betrachtet werden könnten. Für *New Historicists* stehen Texte immer in dem großen Netzwerk einer umfassenden Kultur und sind als Bestandteile dieser Kultur am angemessensten zu verstehen. Literarischen Texten wird eine Sonderstellung abgesprochen, und ihre Elemente werden mit denen in ganz anderen Texten sowie mit politischen, sozialen und ökonomischen Perspektiven verglichen. Zusätzlich geht man (ebenfalls wie im *Cultural Materialism*; vgl. Felperin 1990) von der Annahme aus, dass eine bestimmte Epoche keineswegs ein einheitliches, kohärentes Weltbild abgibt, das von der Mehrheit der Bevölkerung geteilt wird.

Stephen Greenblatt beschreibt auf diese Weise den *New Historicism*, der ein neues Geschichtsverständnis mit einer entsprechend veränderten Textanalyse verbindet. Für die von *New Historicists* besonders intensiv untersuchte Zeit der Renaissance werden auf diese Weise **ganz unterschiedliche Wertstrukturen** bloßgelegt, **verschiedenste Codes, Sprech- und Schreibformen** untersucht und ein ständig vorhandenes, **prekäres Verhältnis von konformer und subversiver Rede** analysiert. Nach der Meinung der *New Historicists* ist in den Diskursen einer jeden, insbesondere aber einer autoritären Kultur **Subversion** immer schon potentiell enthalten (*contained* im Sinne von *included*), aber grundsätzlich so, dass sie in Schranken gehalten wird und höchstens unterschwellig erscheint (erneut *contained*, aber im Sinne von *controlled*). (Vgl. Greenblatt 1980 bis 2001).

Kritik am *New Historicism* wendet sich zum einen gegen diese **Theorie des containment**, die Subversion zu wenig effektiv werden lasse (Dollimore 2004) und damit gesellschaftlicher Veränderung nicht ausreichend Rechnung trage. Zum anderen richtet sich Kritik gegen die vernachlässigte diachrone Perspektive in den Untersuchungen der *New Historicists* (Reichardt 1995). Beide Kritikpunkte hängen miteinander zusammen. Der *New Historicism* betont in der Tat Synchronie und hebt dabei **Heterogenität, Pluralität** und das Wechselspiel zwischen ganz unterschiedlichen Teilnehmern einer Kultur hervor. Mit dieser Perspektive gelingt es ihm, lange Zeit unberücksichtigte und unterdrückte Gruppen und Lebenswelten, lokale Eigenarten mit ihren gelegentlich skurrilen Ausdrucksformen und Stilen ins Zentrum zu stellen. Dabei werden **Episteme** (*epistemes*) aufgedeckt, d.h. Denk- und Wahrnehmungsmuster, die für eine bestimmte Kultur typisch und nicht einfach auf andere Zeiten und Gesellschaften übertragbar sind.

Greenblatts **Betonung von »local knowledge« und dem Anekdotischen** (1991) ist ein gutes Beispiel für solch eine kultur- und zeitspezifische Untersuchung. Die zufällig und marginal erscheinende Anekdote, die ein minimaler Text ist, wird zum Indiz für grundlegende Episteme. Aber auch bestimmte gesellschaftliche Institutionen werden ähnlich umfassend interpretiert. So versteht Greenblatt (1988) die elisabethanische Bühne (s. auch Kap. II.4.8.2) als Schlüsselmetapher für die Gesellschaft insgesamt. Sie ist nicht nur der Ort, wo Dramen aufgeführt werden, sondern wo sich die Gesellschaft selbst ökonomisch, politisch und psychisch produziert, reproduziert und in Frage stellt. Die komplexe Beziehung aller gesellschaftlichen Bereiche miteinander macht es unmöglich, eine klare Trennlinie zwischen literarischen und anderen Textformen zu ziehen. Die Untersuchungen des *New Historicism* belegen auf diese Weise die Komplexität und Vielschichtigkeit der Kultur. (Vgl. auch Baßler 2003; Brannigan 1998; Ferguson/Quilligan/Vickers 1985; Gallagher/Greenblatt 2000; Healy 1992; Newman 1991; Porter 1993; Veeser 1994).

Die Vernachlässigung der diachronen Perspektive bringt es jedoch mit sich, dass Möglichkeiten und Gründe für Veränderungen in einer Gesellschaft zu wenig berücksichtigt werden. Eine Verbindung von diachroner und synchroner Sicht ist also notwendig. Sie ist vom *New Historicism* noch nicht überzeugend geleistet worden, wobei zu berücksichtigen ist, dass er sich ohnehin nie als eine kohärente Bewegung mit expliziter Theorie und eindeutiger Lehrmeinung verstanden hat, dies zum Teil sogar ausdrücklich abgelehnt hat. (Vgl. Greenblatt 1989; Veeser 1989; Baßler 2001. In diesen Zusammenhang gehören auch Greenblatts Überlegungen zur Literaturgeschichte (2001)).

Sehr aufschlussreich sind Greenblatts und Montroses Ausführungen zu einer **»Poetics of Culture«** (1989). Greenblatt beschreibt den *New Historicism* dabei als eine Ansammlung von ›Lesepraktiken‹. Sein Objekt sind alle Fragen, die auftreten, wenn man Texte als Formen untersucht, in denen sich gesellschaftliche Verhaltensmuster und Bedeutungssysteme sowohl widerspiegeln als auch überhaupt erst einmal bilden oder verändern. Dazu ist das Verhältnis von einem Text zu dem kulturellen System, in dem er entstanden ist, aufzuzeigen. Das kulturelle System ist das »Netzwerk von Institutionen, Praktiken und Anschauungen, die die Kultur als ganze konstituieren« (Greenblatt 2001a, 33). Der Leser wird durch den Text in dieses Netzwerk kultureller Praktiken und Bedeutungssysteme eingeführt. Für Montrose ist der Leser dabei gleichermaßen Subjekt wie Objekt: Der Leser ist den kulturellen Codes unterworfen und an sie gebunden, er wird aber auch durch die jeweilige Kultur und ihr Zeichensystem mit Handlungsfähigkeit ausgestattet. Für Montrose wie für Greenblatt hat der einzelne Mensch nie eine abgeschlossene Identität, sondern ist eine sich ständig wandelnde, formende und immer verletzbare Konstruktion. Greenblatts (1980) Ausdruck des *self-fashioning* gilt sowohl für das Individuum wie für die komplexe Kultur: Beide sind immer im Prozess der Gestaltung befindlich und erreichen im Grunde nie die Rigidität einer unveränderlichen Struktur.

Greenblatt gibt Beispiele für **spezifisch kulturbezogene Fragen an Texte**, wobei diese Fragen immer wieder das konkrete Handeln des Lesers betreffen und dessen Verstehen wie Urteilen mit einbeziehen:

> Welchen Verhaltensweisen und welchen Handlungsmodellen scheint dieses Werk Geltung zu verschaffen? – Warum finden Leser zu einer bestimmten Zeit und an einem bestimmten Ort dieses Werk wohl überzeugend? – Gibt es Unterschiede zwischen meinen Werten und den impliziten Werten des Werkes, das ich lese? – Auf welchen gesellschaftlichen Selbstverständlichkeiten beruht das Werk? – Wessen Gedanken- oder Bewegungsfreiheit könnte implizit oder explizit durch dieses Werk beschränkt werden? – Mit welchen umfassenderen gesellschaftlichen Strukturen könnten diese spezifischen Akte des Lobens oder Tadelns in Beziehung stehen? (Greenblatt 2001b, 50)

Diese Fragen sieht Greenblatt (2001b, 50f.) in engem Zusammenhang mit einer **intensiven Lektüre des Textes**, die für ihn von eminenter Bedeutung ist, weil Texte und insbesondere Literatur »nicht bloß dadurch auf Kultur bezogen [sind], dass sie auf die Welt jenseits ihrer selbst referieren; sie sind kulturbezogen vermöge der sozialen Werte und Kontexte, die sie selbst erfolgreich in sich aufgenommen haben«. Erst nach einer sorgfältigen Formanalyse und der Beantwortung kulturbezogener Fragen werden die Grenzen des Textes verlassen und »Verbindungen zwischen dem Text und den Werten, Institutionen und Praktiken an anderen kulturellen Orten« hergestellt. Eine rigide »Unterscheidung zwischen dem, was innerhalb und was außerhalb eines Textes liegt«, lehnt Greenblatt prinzipiell ab. Vielmehr wird alles Verfügbare genutzt, »um eine **Sicht jenes ›komplexen Ganzen‹** zu konstruieren«, **das Kultur heißt**. Mit einem solchen Ansatz liest man also nicht Literatur für sich und verweist dann auf das kulturelle Umfeld, die historischen und gesellschaftlichen Gegebenheiten, die den Text geprägt haben oder sich in ihm widerspiegeln, sondern man findet die relevanten Elemente der Kultur, speziell die »sozialen Werte und Kontexte« im literarischen Text selbst. Auf diese Weise ist es im Grunde unmöglich, Literatur (oder auch andere Texte) ohne Bezug zur Kultur zu lesen. Die traditionelle Aufteilung in Vordergrund (Literatur) und Hintergrund (Kultur) lässt sich nicht aufrechterhalten: **Kultur ist überall, wo Zeichen sind.** Literatur ist dabei nur einer der komplexesten Kulturträger überhaupt.

Das Ziel von Greenblatts Textwissenschaft ist es daher, eine ›**Poetik der Kultur**‹ zu erstellen, die die Formen untersucht, in denen sich gesellschaftliche Verhaltensmuster und Bedeutungssysteme bilden und ausdrücken. Dieses Ziel wird erreicht durch Interpretationen, und Greenblatt (2001c, 40) fordert, dass sich jede Poetik der Kultur »ihren Status als Interpretation bewusst macht«. Dieser Status macht es unmöglich, eine Kultur vollständig zu rekonstruieren; er verhindert ebenso, die eigene historische Situation und Kultur, die persönliche Lebenswelt, zurückzulassen, aus der heraus der jeweilige Interpret ansetzt. Greenblatt (2001c, 41) betont auf diese Weise die ständige Verbundenheit des Interpreten mit seiner eigenen Kultur und seiner Stellung darin, die es auch für einen Wissenschaftler unmöglich macht, Dinge objektiv und neutral zu betrachten: »die Fragen, die ich an mein Material stelle, ja die Natur dieses Materials selbst [sind] von den Fragen geprägt [...], die ich mir über mich selbst stelle.« Das Wissen um die **Unmöglichkeit, die eigene historische und kulturelle Situation zurückzulassen**, ist ein wesentliches Element des *New Historicism*.

Die neohistorische Poetik der Kultur fragt nach den Teilnehmern, Inhalten und Funktionen der Kultur, wobei Kultur immer als Text bzw. als Menge zahlreicher, ganz verschiedener, aber miteinander in Relation stehender Texte verstanden wird. **Kultur** ist hier also ebenfalls **ein relationales System**, und Kultur ist auch im *New Historicism* ständig konstruiert und unterliegt damit notwendigerweise historischem Wandel. In gleicher Weise wie Kultur ist auch Geschichte immer an Texte gebunden. Deshalb spricht Montrose (1989, 20) von »the historicity of texts and the textuality of history«.

Die **Textgebundenheit jeder menschlichen Erkenntnis**, die sich schon daraus ergibt, dass es keine Erkenntnis ohne Sprache geben kann, ist untrennbar mit der Einsicht verbunden, dass wir als denkende und sprechende Menschen, die immer Teil einer bestimmten Kultur sind, niemals mit ›der Welt an sich‹ in Kontakt kommen. Diese primäre, kulturelle und sprachliche »Vermitteltheit allen Weltzugangs« (Gadamer 1984, 33) wird im *New Historicism* und seinem Verständnis von Text und Geschichte besonders betont. Sie basiert jedoch auf einer Erkenntnis, die in der Gegenwart vielfach in den Vordergrund tritt und ganz wichtige Einflüsse auf die Konzeption der Kulturwissenschaft hat: Die Realität, die Welt, die Wirklichkeit, die eigene Identität und Geschichte ist den Menschen nicht einfach gegeben, sondern sie ist immer konstruiert bzw. in bestimmter Weise interpretiert. Die Welt ist damit gerade auch im *New Historicism* eine »narrative Selektion« (Greenblatt 2001c, 42) und eine von Menschen gestaltete Lebenswelt.

3.3 Die eigene Nation und das Fremde: Vorgegebene und konstruierte Lebenswelten

Ein wichtiger übergeordneter Faktor bei der Gestaltung und Beschreibung von Lebenswelten ist seit dem Beginn der Moderne und heute meist immer noch die Nation. Kulturen wurden und werden oft mit nationalen Grenzen gleichgesetzt, so dass man von englischer, irischer, schottischer, walisischer, deutscher usw. Kultur spricht. Wenn man die vier Nationen der britischen Inseln als zwei Staaten betrachtet, wovon der eine die Republik Irland ist und der andere die Gemeinschaft, die sich selbst als *The United Kingdom of Great Britain and Northern Ireland* bezeichnet, spricht man in Bezug auf dieses zweite Gebilde von der britischen Kultur. Allerdings verliert die lange anhaltende Dominanz der Nationalstaatlichkeit zunehmend an Bedeutung durch Globalisierung einerseits und Regionalisierung andererseits. Die

Nation (*nation*) wird inzwischen weniger als ein gegebenes Faktum und mehr als ein von Menschen konzipiertes gesellschaftliches Konstrukt gesehen, das wiederum sehr gut als eine bestimmte Erzählung zu erfassen ist. Exemplarisch für eine solche Auffassung ist der Titel der Textsammlung von Homi Bhabha (1990), *Nation and Narration*. Bleicher (1990, 342) führt einen wichtigen Grund dafür an, »*Scottishness* als ein [gesellschaftlich konstruiertes] *Symbol* zu betrachten«:

> Man könnte dann feststellen, dass *Scottishness* integrativ wirkt – und zwar nicht, weil die Ideen und Ideale, die es beinhaltet, in der Bevölkerung in etwa gleicher Weise verbreitet wären, sondern weil es, als Symbol, ein Zeichen ist, das eben mit *unterschiedlichem* Inhalt gefüllt werden kann, je nach der Interessenlage der jeweiligen Interpretationsgemeinsc haft. [...] Kulturelle ›Homogenität‹ ist deshalb eine gedachte oder, besser: konstruierte. Sie ist eine brauchbare und wirksame Fabel mit einem gewissen Realitätsgehalt, der von Interessengruppen weiterverarbeitet wird. Es besteht kein Grund, warum Soziologen sie als etwas anderes ansehen sollten.

Kulturwissenschaftlern ist mit einer solchen Perspektive sehr gedient. Die **Frage nach globaler, nationaler, regionaler oder lokaler Ausprägung von Identitäten** wird seit langem in der Kulturwissenschaft intensiv und besonders häufig diskutiert, insbesondere auch mit Bezug auf englischsprachige Kulturräume. Neben der Identitätsproblematik in den kolonialen und postkolonialen Kulturen findet sich dasselbe Problem innerhalb der britischen Inseln, wobei die Unabhängigkeitsbestrebungen im Celtic Fringe besonders hervortreten (s. Kap. I.4.2 und II.1.3) und ›devolution‹ (Hazel 1998), die Abgabe von Machtbefugnissen einer Zentralgewalt an dezentrale Institutionen vor Ort und in der Region, mit der Wiedereinsetzung des schottischen Parlaments und seiner Wahl 1999 eine für Großbritannien neue Dimension erreicht hat, deren Entwicklung noch längst nicht abgeschlossen ist. Inzwischen sind *Regional Development Agencies* entstanden, die mit lokalen Behörden die Entwicklung der Regionen vorantreiben sollen. (Darstellungen zum Verhältnis zwischen *global* und *local* oder *national culture* liefern Bird u.a. 1993; Buell 1994; Friedman 1994 und Robertson 1992. Vgl. auch die am Ende von Kapitel 2.2.3 zu regionalen Kulturen genannte Literatur. Carter/Donald/Squires 1993 betonen, wie viele andere auch, die Bedeutung des konkreten Lebensraumes für die Entwicklung einer Identität. Cohen 1985 thematisiert die Konstruktion von Sozialgemeinschaften durch Symbole. Das Symbolsystem, also die Kultur, schafft jeweils bestimmte Lebenswelten und damit das Gefühl der Identität und des *belonging* (Cohen 1982). Probleme der Grenzziehung und Identitätsfindung beschreibt Cohen 2000a am Beispiel Schottlands, wobei er die konkrete Lebenswelt als entscheidenden Punkt für die Konstruktion persönlicher wie regionaler und nationaler Identität ansieht).

3.3.1 Großbritanniens und Englands Suche nach Identität, dem Fremden und dem Eigenen

Großbritannien, von dem Dean Acheson schon 1962 in einer Rede an der Militärakademie in Westpoint sagte, »[that she] has lost an Empire and has not yet found a role«, ist in besonderem Maße von dem **Verlust eines traditionellen Nationalbe-**

wusstseins betroffen. Ursachen dafür sind neben dem Verfall des Weltreichs vor allem die Multikulturalität und die Unabhängigkeitsbestrebungen in Großbritannien. So stellt Sagger (1992, 173) fest: »Contemporary British politics is home to an important debate about what constitutes ›Britishness‹.« Die große Fülle verschiedenster Versuche, *Britishness* oder (für den engeren nationalen Bereich) *Englishness* zu definieren, belegen exemplarisch Alibhai-Brown (2000); Crick (1991); Diller u.a. (1992); Jacobs 1997; Leonard 1997; Lucas (1990); Marr 1999; Morley/Robbins (2001); Nairn (2000); Parekh (2000); Parr (2000); Porter (1993); Powell 2002; Samuel (1998); Scruton (2000) und Storry/Childs (2002).

Die von dem Karikaturisten Pont 1938 skizzierte Eigenschaft der »Importance Of Not Being An Alien« (Abb. 22 nach Laidler 1982, 40) im Kontext britischer Identität hat dabei bisher nichts von ihrer Bedeutung verloren. Eine sich selbst vertraute Gesellschaft betrachtet in dieser Karikatur eine recht unscheinbare und nicht sonderlich auffällige Person als ›fremd‹, nur weil diese auf eine kaum näher zu spezifizierende Weise einfach irgendwie ›anders‹ ist. Die Andersartigkeit basiert nicht so sehr auf einer besonderen, auffälligen Eigenschaft des Fremden. Sie ergibt sich vielmehr daraus, dass sich die Gesellschaft darin einig ist, diese Person als Fremdling zu betrachten. Fremdheit wird in dieser Karikatur, ebenso wie in der Realität, also deutlich konstruiert und keineswegs nur ›objektiv‹ einfach festgestellt.

Abb. 22: *Importance of Not Being An Alien*

Humoristisch ist dieser Charakterzug noch einmal 1946 von dem ungarischen Einwanderer George Mikes beschrieben worden, der in *How To Be An Alien* (Mikes

1966) Hinweise für alle gab, die englische Eigenarten kennen lernen wollten. Inzwischen sind solche als national- und kulturspezifisch erachteten Merkmale als zum Teil nützliche, im gewissen Rahmen sogar notwendige, zum Teil aber auch schädliche **Stereotype** (*stereotypes*) klassifiziert worden. Blaicher (1987; 1992) und Husemann (1984; 1987; 1994) thematisieren die Problematik der Stereotypenbildung und liefern zahlreiche Beispiele.

Neben humoristischen gibt es seit den 1980er Jahren in England auch verstärkt **ernsthafte Versuche der Bewahrung oder Neuetablierung einer nationalen Identität** und der Betonung der englischen Besonderheiten. Diese Bemühungen waren zum Teil stark von der konservativen Regierung geprägt (den so genannten *Tories*, die von 1979 bis 1990 von Margaret Thatcher geführt wurden und bis 1997 regierten) und beeinflussten alle Bereiche der englischen Kultur. Ein typisches Beispiel dafür ist etwa das Buch *English Our English: The New Orthodoxy Examined* von John Marenbon (1987) aus dem ›Tory think-tank‹ des *Centre for Policy Studies* in London. Marenbon fordert die Vorrangstellung des Englischen (»proper English«) als notwendigen sprachlichen Standard und die Tradierung dieses Standards durch den entsprechenden Literaturunterricht an englischen Schulen (»the literary heritage of the language«) gegenüber ›zweitrangigen‹ bzw. ›minderwertigen‹ Dialekten und Kreolsprachen, die durch Einwanderer aus den ehemaligen Kolonien nach England gebracht worden sind. Marenbon konstruiert das Bild einer Sprache, die für Engländer natürlicherweise die richtige und einzig akzeptable sei, wobei er die historische Entwicklung dieser Sprache, ihre Mischung aus Komponenten verschiedenster ethnischer Gruppen und Nationen sowie ihre Veränderbarkeit und Wandlung in der Geschichte grob mißachtet, um das so genannte Standardenglisch als absolut gültig zu präsentieren. Er mythologisiert das Englische also ganz im Barthes'schen Sinne, indem er das historisch und gesellschaftlich Gewachsene als etwas natürlich Gegebenes und ewig Gültiges darstellt.

Unter der 1997 an die Macht gekommenen **Labour-Regierung** verringerte sich der Einfluss dieses Denkens erwartungsgemäß, ist aber keineswegs zu seinem Ende gekommen. Multikulturalismus hat ein größeres Gewicht und mehr offizielle Anerkennung erhalten, aber die Diskussionen über englische und britische Identitäten und den Wandel der englischen Sprache gehen unvermittelt weiter. Ähnlich wie in Deutschland ist regionale Aussprache auch in Großbritannien und in England inzwischen erheblich weniger diffamiert, wird oft sogar als schick, angenehm und förderungswürdig betrachtet, und erscheint auf jeden Fall als »Social Symbol« (Mugglestone 1997), als ein Indikator nicht nur von sozialer Stellung, sondern auch von regional konstruierter Identität. **Sprache** ist **als (Symbol-)System** grundsätzlich pluralistisch, und jede Einschränkung auf einen nationalen Standard ist eine Konstruktion, die auf zahlreichen politischen, ideologischen und wertenden Entscheidungen basiert. (Zur Diskussion um die Gültigkeit, Nützlichkeit, Fragwürdigkeit und kulturelle Konstruiertheit des Standardenglischen vgl. Carter 1995; Crowley 1989; 1991; Honey 1997; Joseph 1987; Milroy/Milroy 1995; Schmied 1992 und s. Kap. I.8.2.2).

Das national geprägte Denken der Tory-Regierung hatte auch großen Einfluss auf den englischen Lehrplan, in dem seit den 1980er Jahren das konservative Streben deutlich war, Schülern eine **einheitliche Sprach-, Geschichts- und Kulturvision** als die richtige, maßgebliche und allein akzeptable zu vermitteln. Das Fremde und Multikulturelle wurde in diesem Kontext implizit oder explizit als »betrayal« oder »alien wedge« diskriminiert (Powell 1969), das die kulturelle Einheit Englands und die Homogenität der Nation zerstöre. Der *Education Reform Act* von 1988 führte zum ersten Mal einen einheitlichen Lehrplan für das ganze Land, ein *National Curriculum*, ein. Beachtenswerterweise etablierte sich bald darauf auch eine Elterninitiative namens PACE (»the Parental Alliance for Choice in Education«), in der weiße Christen und schwarze Muslime sich gemeinsam gegen »the ›mishmash‹ of a multi-faith religious curriculum« wandten (Saggar 1992, 192). Diese Allianz belegt, dass sich hier zwei unterschiedliche fundamentalistische Gruppen, also zwei starke Ideologien, gegen das Konzept einer multikulturellen Gesellschaft verbündet haben. Die Ideologie prägt und konstruiert dabei in erheblichem Maße das Bild der Kultur, die als englisch angesehen wird.

Dieses **Kultur- und Nationalkonstrukt** hat starken Einfluss auf die Erziehung, für die es einen verbindlichen Lehrkanon aufstellt. Das Konstrukt ist natürlich politisch geprägt, und es schließt alles, was nicht in dieses Bild passt, als *alien*, als fremd aus. Es ist daher nicht verwunderlich, dass eine solche Kulturvision zumindest implizit auch rassistische Züge enthält (vgl. hierzu Saggar 1992, 172–196; Husemann 1993 und Flude/Hammer 1990).

Im konservativen politischen Kontext der 1980er und 1990er Jahre wird das spezifisch Englische in jedem gesellschaftlichen Bereich gesehen und betont. Daher wurde 1992 ein ministerielles *Department of National Heritage* gegründet, das sich um die Pflege des nationalen Kulturguts in jeglicher Form kümmern sollte. Dieser Gründung ging die Einrichtung des *National Heritage Memorial Fund* 1980 voraus, der Regierungsgelder für die Finanzierung von Museen und historisch bedeutsamen Kulturgütern bereitstellt. Was 1895 mit dem *National Trust for Places of Historic Interest and National Beauty* als private und direkt von der Bevölkerung unterstützte Einrichtung begann und weiterhin funktioniert (Gaze 1988), wurde also zu einer Regierungsinstitution, die das Volk scherzhaft, aber auch sehr aufschlussreich als *Ministry of Fun* bezeichnete. Im Juli 1997 gab die neue Labour-Regierung der Institution einen anderen Namen, *Department of Culture, Media and Sport*, der die neue Labour-Perspektive zum Ausdruck bringen sollte, dass man in die Zukunft und nicht so sehr in die Vergangenheit schauen wolle. An der Politik hat sich aber nicht viel geändert (Bayley 1999; Worpole 2001).

Auffällig am ›**Neuen Großbritannien**‹ der ›**Neuen Labourpartei**‹ (*die* Schlagworte im Wahlkampf 1997, vgl. Blair 1996) ist die Übernahme vorhandener institutioneller Strukturen, die eventuell neu beschrieben werden, etwa im neu benannten *Department of Culture, Media and Sport*, aber auf eher alten Inhalten und Konzepten basieren. Das ›Neue Großbritannien‹ sollte explizit als ›britische Erfolgsstory‹ und als Kunst der Vermarktung Großbritanniens präsentiert werden. Diese Idee war schon Bestandteil der im Jahrzehnt davor aufblühenden *heritage industry* gewesen. Mit ihrem Konzept der Millenium-Ausstellung in Greenwich zum Jahrtausendwechsel verband Labour schließlich sogar Gedanken und konkrete Darstellungsformen, die schon fünfzig Jahre vorher beim *Festival of Britain* zur Demonstration eines neuen, modernen, fortschrittlichen und erfolgreichen Landes unter Labour benutzt wurden (Banham/Hillier 1976). So erscheint der Millenium-Dome Iain Sinclair (1999) und vielen Menschen als Symptom des vorläufigen Scheiterns der notwendigerweise anhaltenden Versuche, England und Großbritannien durch die Politik neue Identitäten zu vermitteln. (Eine positive Einschätzung der Labour-Regierung vertritt Smith 1998 vgl. auch Driver/Martell 1998; Giddens 1998).

3.3.2 *Heritage Industry*

Die Idee, ein überzeugendes und vor allem auch ökonomisch effektives Selbstbild zu gestalten, entwickelte sich besonders stark in den 1980er Jahren und führte zu einer regelrechten **heritage industry**, die versucht, nationale Kulturgüter der Vergangenheit in neue nutzbare und repräsentable Produkte der Gegenwart zu verwandeln: Alte Landhäuser werden renoviert, Hafenanlagen in Wohnraum umgewandelt oder Industriegebäude in sozialgeschichtliche Museen transformiert. Diese Entwicklung ist Teil des kulturgeschichtlichen Wandels Englands von einer Industrienation in eine postindustrielle Dienstleistungs- und Informationsgesellschaft.

Kritik an der spezifischen Form dieses weltweiten Wandels wird vor allem dann laut, wenn er den davon betroffenen Menschen nicht hilft, in dieser neuen Welt einen Platz zu finden und das Neue als Ergebnis eigener Kultur anzunehmen. So beschreibt etwa Jonathan Raban (1986, 188–244) diesen Prozess der Vermarktung traditioneller Kulturgüter, inklusive touristischer Vorführungen traditionellen Brauchtums in passender Kostümierung bei lokalen *pageants,* ironisierend als »**The Merrying of England**«. Hierbei werde Menschen eine heile Welt vorgegaukelt; die Anwohner, die vor Ort an den Festivitäten beteiligt sind, erhielten aber keine Beteiligung am erzielten Gewinn. Rabans Fazit lautet daher: »As industries go, the merrying business was a steal. It was like chain letters or picking money off trees. It brought in the yen and the marks and the dollars, but no wages bill was involved. People made their costumes at home and fought, danced and paraded for the love of it« (Raban 1986, 195). Für Raban wird somit ein Mythos konstruiert, der mit der Realität im 20. Jahrhundert wenig zu tun hat.

Das Bild des ›*Merry Old England*‹, des legendären, romantisierten England zur Zeit von Elisabeth I., in dem das Leben angeblich nur angenehm und sorgenfrei war, ist schon immer ein Mythos gewesen. Seine Übertragung auf das 20. oder gar 21. Jahrhundert verstärkt nur noch den Eindruck der ideologischen Verzerrung der Realität. Neben der falschen, d.h. oft einseitigen und **idealisierenden Betrachtung der Vergangenheit** wird der *heritage industry* außerdem eine **Vernachlässigung der Gegenwart und Zukunft** vorgeworfen. Auch hier ist eine Balance noch nicht erkennbar; ebenso wenig ein Ersatz alter Mythen durch neue oder gar schlechter durch gute. Gerade in Verbindung mit der *heritage industry* zeigt sich vielmehr die Dominanz alter, oft schädlicher Mythen, die besonders wirkungsvoll durch die Medien Film und Fernsehen verbreitet werden. (Vgl. in diesem Kontext zu den Medien Ashby/Higson 2000; Bennett 1996; Caughie 1998; Friedman 1993; Higson 2001; 2003; Hill 1999; Murphy 2000; Wollen 1991; zur *heritage industry* allgemein Corner/Harvey 1991; Davids/Stinshoff 1996; Harper 1994; Hewison 1987; Higson 1995; Isaacs/Monk 1986; Merriman 1991; Walsh 1992. Kultur-Rekonstruktion in Museen untersuchen Hooper-Greenhill 1995 und Simpson 1996).

3.3.3 Konstruktionen, Dekonstruktionen und Re-Konstruktionen des Mythos England / Großbritannien

Jede Nation ist auf Mythen angewiesen, und das **Konzept der Nation als Erzählung** betont dieses Faktum noch einmal besonders. Dabei wird keineswegs der Mythos generell abgewertet, aber es wird die Konstruktion von Mythen deutlich, die gesellschaftlichen Hintergründe werden bewusst gemacht, und es wird klar erkennbar, welche gesellschaftlichen Gruppen welche Mythen pflegen und warum. So erscheinen auch immer wieder Alternativen zu dominanten Mythen, und jeder akzeptierte Mythos muss seine Gültigkeit rechtfertigen.

Die Geschichte Englands ist – wie die jeder anderen Nation – voller Mythen. Repräsentativ lässt Shakespeare z.B. in seinem Geschichtsdrama *Richard II* den Herzog von Lancaster, John of Gaunt, einen solchen Mythos zum Ausdruck bringen. Auf dem Sterbebett beschreibt Gaunt England als eine von Gott durch die Natur geschützte Festung, als eine Welt für sich, als Königin der Meere, als Mutter und Lebensraum ruhmreicher, tugendhafter Könige, die auf dem ganzen Globus bekannt und gefürchtet seien:

> This precious stone set in the silver seas, / Which serves it in the office of a wall, / Or as a moat defensive to a house, / Against the envy of less happier lands; / This blessed plot, this earth, this realm, this England, / This nurse, this teeming womb of royal kings, / Fear'd by their breed, and famous by their birth, / Renowned for their deeds as far from home, / For Christian service and true chivalry, / As is the sepulchre in stubborn Jewry / Of the world's ransom, blessed Mary's son; [...]. (Akt II, Szene i, Z. 46ff.)

In Wirklichkeit war der historische Herzog von Lancaster (1340-1399) alles andere als ein patriotischer Mensch. Aber Shakespeares Text reflektiert die Versuche seiner eigenen, der elisabethanischen Zeit, ein nationales Selbstbild zu entwickeln. In dem größeren Kontext dieser Entwicklung Englands zur Nation stehen auch die überseeischen Handels- und Entdeckungsfahrten, deren Berichte z.B. Richard Hakluyt in seinen *Voyages and Discoveries [...] of the English Nation* (1589) sammelte, die geographischen und historischen Beschreibungen Großbritanniens, wie William Camdens *Britannia: Chorographica descriptio* (1586) oder John Speeds *The Theatre of the Empire of Great Britain* (1612), in dem Speed genaue Karten von England, Irland, Schottland, Wales und den 44 englischen Grafschaften veröffentlichte. Die **Entstehung des Nationalbewusstseins** verbindet sich also deutlich mit dem **Aufschreiben und Kartographieren**, dem *writing* und *mapping*, der eigenen geographischen, historischen und politischen Lage. Konkrete Realität wird dabei mit bestimmten Namen, Wörtern und Geschichten verbunden und durch sprachliche und andere Zeichen im Grunde erst konstruiert. (Vgl. Anderson 1991; Hadfield 1994; Harvey 1994; Helgerson 1992; Tyacke 1983).

Die bekannte nationalbewusste **Rede von Elisabeth I. in Tilbury** (an der Themsemündung) am Vorabend der Schlacht gegen die spanische Armada im Jahr 1588, in der sie sich als schwache Jungfrau, aber als starke Königin Englands präsentiert, um ihre Soldaten anzuspornen und für den Kampf zu begeistern, gehört ebenfalls in den Bereich des »historical myth« (Scholz 1995, 5). Die Rede wurde in Wirklichkeit zu einem Zeitpunkt gehalten, »als die spanische Flotte bereits seit zehn Tagen auf der Flucht war« (Suerbaum 1989, 225).

Shakespeares *Henry V* schließlich ist ein weiteres Beispiel für die mythische Konstruktion repräsentativer und danach allgemein verbindlicher Vorstellungen von der Nation und deren Herrschern. Shakespeare versucht, die privaten und politisch-öffentlichen Tugenden des Herrschers in Heinrich miteinander zu verbinden und zeigt, wie aus der Vielheit der Regionen und Klassen zur Verteidigung und Ehre der Nation eine Einheit entsteht: Iren, Schotten und Waliser kämpfen zusammen mit den Engländern (Akt III, Szene iii), Adlige und Gemeine werden Brüder (Akt IV, Szene iii). Es ist nicht verwunderlich, dass ein solch betont patriotisches Stück besonders in politischen Krisenzeiten immer wieder aufgegriffen und inszeniert wurde. Die Filmversion von Laurence Olivier aus dem Jahr 1944 appellierte etwa an die Einheit der Nation im Kampf gegen Hitler-Deutschland. Aber es gibt auch englische Gewerkschaftsführer, die gerne aus *Henry V* zitieren, um ein starkes Wir-Gefühl bei ihren Mitgliedern zu erreichen.

Die Tradition der bewussten Gestaltung und Ausnutzung eines Nationalbewusstseins setzt sich bis heute fort – signifikanterweise auch unter Verwendung älterer ›Konstruktionsversuche‹. An ein traditionelles Nationalbewusstsein appellierte im **Falkland-Krieg** zwischen Großbritannien und Argentinien die Premierministerin Margaret Thatcher. Ihr Appell in einer Rede zu Beginn des Krieges, die »ancient liberties of an island race« zu verteidigen, erinnert stark an die Rede des John of Gaunt in *Richard II*. Stephen Berkoffs Drama *Sink the Belgrano!* (1987) wiederum greift für dieselbe politische Situation auf Shakespeares *Henry V* zurück, verwendet kritisch Stereotype der Glorifizierung der Nation und betont u.a. ein Motiv, das schon bei Shakespeare (Akt I, Szene ii) vorhanden war und im Jahr 1982 gut auf Thatchers politische Lage passte: der Krieg als ein Mittel, um von innenpolitischen Problemen abzulenken. Bei Berkoff wird diese lange Tradition bloßgestellt und karikiert, die Aufrichtigkeit der beteiligten Personen in Zweifel gezogen und als bloße Pose, als Lüge und Teil der Mythologisierung der persönlichen Machtinteressen präsentiert. Die zeitgenössischen Medien spielen bei dieser Irreführung der Bevölkerung ebenso eine Rolle wie (im intertextuellen Hintergrund) die Hexenszene aus Shakespeares *Macbeth*, die das Verhalten von Premierministerin Maggot Scratcher zusätzlich bewerten hilft:

> MAGGOT: I'll make a Spanish omelette! / At first I'll crack some Argy eggs / Throw in some tasty British herbs / Well flavoured with strong English earth / Then, round and round the cauldron go / In the poisoned entrails throw / Hate and good old Tory guile / Plots to cover up our sins / Lies and slander to beguile / Then throw massive outrage in, / Synthetic will do just as well. / To make the mixture rise and swell / Then add more than one thousand dead / Tears of children's salty brine / Broken hearts and widows pining / Mothers mourning for their lost boys, / Collect those dewdrops to make the paste / Soldiers' howls as they lay burning, / Throw in the lot and keep it turning / Olé, your Spanish omelette!
> PIMP: But who will eat this foul stew?
> MAGGOT: The entire British press, you fool! (Berkoff 1986, 16)

Während und nach dem Falkland-Krieg wurde die nationalistische Komponente in der Strategie der Konservativen von Kritikern ähnlich scharf verurteilt wie hier bei Berkoff. Die Presse allerdings nutzte den Nationalismus für ihre Aufmacher und zur Erhöhung der Auflagenzahlen weidlich aus. Peter Higgins' (1982, 240) Darstellung der Presseresonanz auf den Krieg 1982 bestätigt im Grunde Berkoffs Satire ohne Einschränkung: »the daily newspapers vied for the final word in patriotic superlatives. The switch from bingo to jingo was immediate and enthusiastic.« (Vgl. auch Aulich 1992).

Ganz anders, zum großen Teil aufrichtig, teilweise auch spielerisch amüsiert, wird dagegen die Nation und das sich mit ihr verbindende Wir-Gefühl der Menschen alljährlich am letzten Tag der *Proms* gefeiert, jener *Promenade Concerts* in der Londoner *Royal Albert Hall*, die interessanterweise im gleichen Jahr eröffnet wurden, in dem auch die Gründung des *National Trust* stattfand: 1895. *The Last Night of the Proms* besteht zur Hälfte aus bekannten Liedern, die von allen Zuhörern mitgesungen werden, und endet immer mit dem patriotischen Lied *Land of Hope and Glory*, zu dem die Menschen begeistert den britischen *Union Jack*, die englische und andere Fahnen schwenken. Die Popularität dieser Veranstaltung hat in den letzten Jahren eher noch zugenommen. Große offizielle Feiern der Nation, wie 1851 zur Eröffnung der *Great Exhibition* im Londoner Chrystal Palace oder 1951 aus Anlass des *Festival of Britain* sind dagegen seltener geworden, obwohl die Labour-Regierung beim Jahrtausendwechsel 1999/2000 mit dem *Millenium Festival* versuchte, an diese Tradition anzuknüpfen.

Stark gestiegen ist dagegen die Zahl der Filme, in denen die Rolle Englands im 19. und zu Beginn des 20. Jahrhunderts thematisiert und zum Teil recht nostalgisch dargestellt wird. Dazu gehören etwa Verfilmungen der Romane von Jane Austen (*Pride and Prejudice*, 1995; *Sense and Sensibility*, 1995), George Eliot (*Middlemarch*, 1995), Thomas Hardy (*Jude*, 1996; *The Woodlanders*; sowie Fernsehserien von *Far from the Madding Crowd* und *Tess of the d'Urbervilles*, 1998), E.M. Forster (*Room with a View*, 1985; *A Passage to India*, 1984; *Maurice*, 1987; *Howards End*, 1992) oder Evelyn Waugh (*Brideshead Revisited*, 1981). Friedman (1993) verwendet in diesem Kontext den Begriff »heritage film« und verweist u.a. noch auf *Another Country* (1984) und *Chariots of Fire* (1981). Das nationale Kulturgut wird hier konserviert, medialisiert und dabei erneut mythologisiert. Die Nation verflüchtigt sich in die Vergangenheit und in das konstruierte Bild des gegenwärtigen Mediums; das Bild korrespondiert aber in keiner Weise mehr mit der Realität der erlebbaren Gegenwart, nicht nur dort, wo eine aristokratische, ländliche und technikfreie Welt präsentiert wird. (Vgl. auch Crane 1992 zu *Culture Media*).

Eckhard Breitinger beschreibt eine besondere Form dieser Diskrepanz zwischen dem Dargestellten (dem spezifischen Bild einer Nation und ihrer Kultur) und der Wirklichkeit der Darstellungsinszenierung:

> The films made of the E.M. Forster novels [...] which look at first sight excessively British, are an exclusively non-British enterprise. The director, James Ivory, is American; the producer, Ismail Merchant, is Indian; and the script-writer is the Booker Prize winner of 1975, Ruth Prawer Jhabvala, with a Polish-Jewish and Pakistani background. Together they transform Forster's perceptions of the English self and others into an international

media event. James Ivory's latest film, *Remains of the Day*, also presents us with an immaculate tableau of English life-style and social values. This time, the literary model is Kazuo Ishiguro's prize-winning novel. Japanese-born and British-reared, Ishiguro won the 1991 Booker Prize for his view of the English ideal of ›service.‹ Knowing that what appears in *Remains of the Day*, as a piece of British self-revelation, is in reality a piece of outside ascription by a bunch of Black Brits casts a completely different light on the ›Englishness‹ presented in that movie. It is thus obvious that the cultural practice of the Eighties has disengaged the classics of the Great Tradition historically, ie they have been topicalized and modernized, but they have also been disengaged culturally, ethnically and geographically, ie internationalized. (Breitinger 1996, xxi)

Andrew Higson stellt dasselbe Phänomen auch bei den Filmen *Howards End* und *Sense and Sensibility* fest, sieht es grundsätzlich im Kontext globaler ökonomischer Strukturen und der Dominanz des US-amerikanischen Marktes und vor allem als deutlichen Beleg für die Konstruiertheit nationaler Identitätsvorstellungen. Solche Konstruktionen nutzen idealisierte (Wunsch-)Vorstellungen nicht zuletzt deshalb, weil sie einen hohen finanziellen Gewinn einbringen. Die Verbindung zwischen nationalen, übernationalen und ökonomischen Interessen ist gerade bei Darstellungen von vermeintlich rein nationalen Werten und Identitäten beachtenswert und aufschlussreich: »what may seem to be a national representation is in reality an international mythology – that is, a story and characters that are assumed to have meaning, significance, and poignancy for international audiences« (Higson 2001, 253).

Zur hier angesprochenen Internationalisierung des Konzepts und der Darstellung von *Englishness* gesellt sich gleichzeitig und in zunehmendem Maße das der **Entwicklung lokaler Identitäten in bestimmten Regionen und** *communities* Englands und Großbritanniens. Filme und Literatur zu Schottland, Wales und Nordirland nehmen in ebensolchem Maße zu wie ethnisch geprägte Filme und Fernsehsendungen. Die populären Seriendauerbrenner *Coronation Street* (ab 1960 bei ITV) und *East Enders* (ab 1985 bei der BBC) waren zunächst eher traditionell klassenspezifisch konzipiert und stellen das Leben der Arbeiterklasse in Liverpool bzw. London vor. Diese Perspektive ist jedoch inzwischen deutlich erweitert worden und bezieht auch andere Ethnien ein. Die englischen Serien haben dabei ein starkes Element sozialen Realismus' (den vergleichbare amerikanische Serien, wie *Dallas* oder *Dynasty*, nicht aufweisen), und sie repräsentieren damit eine typische nationale Version von »›community‹« (Corner 2001, 267). Michael Abbensetts *Empire Road* (1978/9) dagegen war eine Fernsehserie, die sich von Anfang an auf schwarze Einwanderer in England konzentrierte. Sie gilt als erste Produktion, die von einem schwarzen Autor für schwarze Darsteller geschrieben wurde.

In diesen **Kontext der multikulturellen Erweiterung britischer Kultur** und damit des britischen Identitäts- und Nationalverständnisses gehören auch die Fernsehspiele und Filme von Hanif Kureishi, *The Buddha of Suburbia* (1993) und *My Beautiful Laundrette* (1985), Caryl Phillips und Vijay Amarnanis *Playing Away* (1986), die sehr erfolgreiche, von Indern in London konzipierte Serie *Goodness Gracious Me*, die 1998 von der BBC ausgestrahlt wurde und nationale und ethnische Stereotype effektiv mit dem Witz der *Sitcom* verband, um englische Vorstellungen über Indien wie auch indische über England zu persiflieren, Fernsehsendungen des indischen *Comedian* Paul Chowdhry auf Channel 4, wo im Jahr 2003 auch Neil Biswas' Fernsehspiel *Second Generation* über indische Einwanderer in England lief, sowie eine Vielzahl anderer Produkte ethnischer Kulturen, deren Anteil an den Medien Fernsehen und Film in den 1990ern und 2000ern erheblich zugenommen hat. Besonders Einwanderer vom indischen Subkontinent sind hier sehr erfolgreich vertreten. Nicht zuletzt deshalb hat die BBC ein ›Asiannetwork‹ eingerichtet, das die Bedürfnisse dieser Einwanderer speziell bedient. (http://www.bbc.co.uk/asiannetwork/. Vgl. Higson 1996; Hill 1999; Korte/Sternberg 2004; Murphy 2000; Tulloch 1990).

Kureishi, Sohn eines pakistanischen Vaters und einer englischen Mutter, wuchs in Kent auf und bezeichnet sich ohne Umschweife als Brite: »People think I'm caught between two cultures, but I'm not. I'm British; I can make it in England. It's my father who's caught« (zitiert in Lee 1995, 69). Dies gilt nicht in gleicher Weise für alle Immigranten, und die **Akzeptanz der Britishness** hängt wohl nur zum Teil davon ab, wie sehr es Einwanderern und ihren Nachkommen gelingt, in England erfolgreich zu sein, um sich nicht als Fremde zu fühlen. In zunehmendem Maße wollen sich ethnische Gruppen aber nicht einfach als Briten bezeichnen lassen oder möchten zumindest ihre ethnische und geographische Herkunft nicht leugnen. *Britishness* definiert sich dann z.B. innerhalb einer *African, Caribbean* oder *Asian community*, also einer ganz bestimmten **ethnisch, geographisch und historisch geprägten Lebenswelt**, in der das Englische oder Britische nur von sekundärer Bedeutung ist. (Vgl. Adi 1995; Gillespie 1995; Imran/Smith/Walker 1994; Visram 1995; Wardak 2000).

Lebenswelten sind auf allen Ebenen, seien sie persönlich, sozial, regional, national oder international geprägt, stark durch bestimmte **Medien** bzw. deren Gebrauch beeinflußt. Das Aufkommen der neuen Medien hat dieses Phänomen besonders bewusst und Identität (wiederum auf allen Ebenen) gerade auch in diesem Kontext zu einem großen Thema gemacht (Castells 1997; Couldry 2000; Leonard 1997). Ein eigentlich sehr altes Medium, **Musik**, das von Beginn der (Jugend-)Kulturen und der *Cultural Studies* an ein wichtiger Untersuchungsbereich war (vgl. nur Frith 2004), erscheint dabei, wie zu allen Zeiten, als ein gern genutztes **Mittel zum Ausdruck ethnisch**, aber ebenso **auch national geprägter Kulturen**. Auch populäre Musik ist erheblich mehr als nur eine Form der Unterhaltung. Sie ist Medium der Gestaltung, Behauptung und Präsentation individueller und sozialer Identität (Born/Hesmondhalgh 2000; Frith 1996). Dabei zeigen etwa die Diskussionen über ›Britpop‹ ab 1994 dasselbe, was schon im Kontext von *heritage films* deutlich wurde, nämlich die Konstruiertheit dieses Phänomens und die aufschlussreiche Mischung von regionalen, nationalen bis nationalistischen, politischen und ökonomischen Interessen, so dass etwa die Gruppe *Oasis* als Ausdruck Nordenglands präsentiert wurde, die Gruppe *Blur* ein ironischeres Südengland darstellen sollte. (Vgl. Hesmondhalgh 2001, 276, der die konservativen Elemente von ›Britpop‹ hervorhebt; bei Redhead 1997, 105-107, hat der nationale Aspekt keinerlei Relevanz, und es werden ganz andere Interpretationen von *Oasis* erörtert, die von ihrer lokalen Bindung an Manchester bis zur Wahrnehmung der Gruppe als Ikone globaler Popkultur reichen).

Im Unterschied zu dieser von lokalen und nationalen Elementen geprägten Musik wird die **Musik der ›Rave‹- oder ›Acid House‹-Kultur** (Collin 1998) grundsätzlich als in einem internationalen Kontext stehend wahrgenommen. Außerdem wird eine engere Verbindung zu Europa als zu den USA hervorgehoben. Die mit dieser Kultur einhergehende Vorstellung eines universellen Hedonismus sprengt ohnehin nationale Bande und fördert idealisierte Vorstellungen von Demokratie (Reynolds 1998; Toynbee 2000, 150).

Die **Musik verschiedener Ethnien in England** überwindet verständlicherweise ebenfalls nationale und regionale Grenzen und ist oft ein intelligenter, witziger, auch ironischer Ausdruck der Hybridität und Konstruiertheit jeder Identität. Die aus Nachkommen der Immigranten vom indischen Subkontinent bestehende **Londoner Gruppe** *Cornershop* etwa spielt schon in ihrem Namen, der auf die ›Tante-Emma-Läden‹ der Inder und Pakistani in England verweist, mit Stereotypen aus der Alltagswelt und verbindet in ihrer Musik kreativ Elemente verschiedener Kulturen, vor allem asiatische Klänge und Indie-Rock. »Breaking Every Rule Language English« (ein Titel auf ihrem ersten Album ›Hold On It Hurts‹ von 1995), ist dabei weniger die Grundregel als vielmehr die erfolgreiche Mischung von allen möglichen Musikelementen und -stilen: ›stampfende Beats, anmutige Kinderchöre, daftpunkenden House, rockende Gitarren, eigenwilligen Reggae oder schamlosen Disco-Sound‹ zählen etwa die Besprechungen des Albums ›Handcream for a Generation‹ aus dem Jahr 2003 auf. Bei der im selben Jahr erschienenen CD ›When I Was Born For the 7th Time‹ wird immer wieder der ›superbe Mix aus indischen Harmonien und europäischen Clubgrooves, aus Popmelodien und Dubsounds, Drumcomputer und Sitar, Hall und Harmonium, Tamboura und Scratchings‹ gelobt. ›Jungle‹ oder ›drum and bass‹ ist eine in den 1990er Jahren entstandene signifikante Mischung aus Hip Hop, Techno und karibischer Musik, die ebenfalls bewusst Rassen- und nationale Grenzen überwinden will. (Zu ›Jungle/drum and bass‹ vgl. Hesmondhalgh 2001, 282ff; zu asiatischer Musik und deren politische Kontexte vgl. Sharma/Hutnyk/Sharma 1996).

Dieselbe Konstruiertheit des Nationalkonzepts, die im Zusammenhang mit Musik deutlich wird, ist in Verbindung mit **Präsentationen britischer Kunst** ebenfalls festzustellen (vgl. Betterton 2001; Collings 1997; McCorquodale/Siderlin/Stallabrass 1998; Stallabrass 2000; Steyn 1997). Nachdem schon der Feminismus sehr schnell die Konstruiertheit jeglicher geschlechtsspezifischer Identität deutlich hervorgehoben hat, wird auch **Männlichkeit als gesellschaftliches Konstrukt** gezeigt, das durch soziale, ökonomische, modische und konsumspezifische Elemente erheblich mehr geprägt ist als durch nationale Aspekte, von biologischen ganz zu schweigen. (Vgl. Barker/Galasinkski 2001, 86-121; Chapman/Rutherford 1988; Nixon 1996; 2001; Segal 1990; zu neueren Untersuchungen weiblicher Identität Brooks 1997; Hollows 2000). Schließlich hat sich auch das Feld der **Untersuchungen nationaler Identitäten** erheblich erweitert und weist eine beeindruckende Menge relevanter Aspekte auf, die von den schon genannten geographischen und ethnischen Elementen über Fragen des Freizeitverhaltens, des Konsums, des Sports bis zu Analysen des alltäglichen Lebensstils reichen. Demgegenüber treten nationale Aspekte auffallend oft zurück. (Vgl. Alexander 1996; Chaney 2002; Highmore 2002; Holt 1990; Mackay 1997; Miller/McHoule 1998; Tomlinson 1990; 2001).

Wie alle diese Beispiele verdeutlichen, sind *Britishness* und *Englishness* etwas äußerst Komplexes, sie sind immer schwierig und vielfältig zu definieren und können nicht als homogen aufgefasst werden. England war nie und ist auch heute nicht, wie etwa Norman Davies (2000) mit Bezug auf die europäischen Bindungen betont, eine Insel. Einsinnige Definitionen und absolut gesetzte Charakteristika waren immer schon Mythen, und heute sind **Heterogenität und Hybridität** grundlegende Qualitäten jeder Definition des Englischen und Britischen. **Das Nationale ist vom Fremden nicht zu trennen,** und beide sind auf vielfältigen Motivationen und konkreten Gründen basierende Konstruktionen.

Der realen Mannigfaltigkeit trägt die anglistische Kulturwissenschaft Rechnung, indem sie die Vielfalt beschreibt, ohne die Dominanz bestimmter Gesellschaftsgruppen außer Acht zu lassen. Analysen des national, ethnisch oder regional geprägten Selbstverständnisses müssen die zugrunde gelegten Mythen aufdecken, sie müssen also in dem schon bekannten Sinne **ideologiekritisch sein.** Sie müssen auch klar die **Bedeutung und Funktion des** jeweils untersuchten **Mediums herausstellen,** da die manchmal schon fast vergessene Aussage von Marshall McLuhan, »The Medium is the Message« (1967), weiterhin in starkem Maße zutrifft und in der sich expandierenden Medienwelt eine genaue Medienanalyse immer wichtiger wird, weil die (mediale) Form entscheidend die Inhalte, die Bedeutungen und die Wirkungen der Darstellungen beeinflusst. Wo die Nation aufhört, ein wichtiger und lange unbefragter Identitätsstifter zu sein, kann Kulturwissenschaft Alternativen aus verschiedensten Lebenswelten zum kritischen Vergleich anbieten. Solange die Nation weiter existiert, kann Kulturwissenschaft helfen, Identität zu definieren, ohne Fremdes auszugrenzen und zu diffamieren.

4. Ziele einer Anglistischen Kulturwissenschaft

Anglistische Kulturwissenschaft macht mit Kulturen vertraut, in denen Englisch die Muttersprache oder zumindest eine wichtige Verkehrssprache ist. Sie vermittelt Studierenden Wissen über die wesentlichen Komponenten der Zielkulturen und fördert ihre Fähigkeiten, ihr Wissen selbständig zu erweitern und die Kulturen wissenschaftlich zu analysieren, zu verstehen und kritisch zu beurteilen. Es wird eine praktische **kommunikative und kulturelle Kompetenz** angestrebt, die es Studierenden ermöglichen soll, an den wichtigsten Diskursen der Zielkultur rezeptiv und produktiv teilzunehmen und diese Kulturen auch in ihrem eigenen Land anderen zu vermitteln.

Dabei ist während des Studiums näher zu zeigen, wie sich englischsprachige Kulturen selbst verstehen, wie sie sich über bestimmte Zeichensysteme darstellen und wie in diesem Verstehensrahmen einzelne Dinge, Ereignisse und Personen eine konkrete Stellung, Funktion und Bedeutung haben. Dieses **Aufzeigen der Arbeitsweise und Wirkmechanismen der fremden Kultur** verweist aber nicht nur auf die anderen, sondern gleichzeitig immer auf den Betrachter selbst. Kulturwissenschaft konfrontiert deshalb Studierende auch mit ihrer eigenen Kultur und vermittelt Bewusstsein darüber, wie in der persönlichen Lebenswelt Werte gesetzt und Bedeutungen konstruiert werden. Sie macht damit, wie es Clifford Geertz schon feststellte, gleichzeitig mit dem Fremden in uns selbst vertraut. Dabei konfrontiert sie uns immer wieder besonders mit dem, was wir als ganz normal, natürlich und selbstverständlich erachten und lässt die individuellen sowie die gesellschaftlichen und historischen Hintergründe für das nur vermeintlich Selbstverständliche erkennen.

Es kann nicht in der Absicht von Kulturwissenschaft liegen, alles Fremde als bekannt und identisch mit dem Eigenen anzusehen. Das Ziel muss vielmehr sein, Fremdes verstehen und als Fremdes akzeptieren zu können. In einer multikulturellen Gesellschaft ist diese Form der **Toleranz** Voraussetzung für ein gewaltloseres Miteinander. Da Gewalt allzu oft aus Unverständnis und Angst resultiert, kann Kulturwissenschaft helfen, diese beiden uralten Ursachen von Gewalt zu verringern.

Kulturwissenschaft bietet auch die Möglichkeit, trotz aller äußerlichen **Unterschiede** in verschiedenen Kulturen **Gemeinsamkeiten** in der jeweiligen Bedeutungsstruktur zu sehen, die den spezifischen kulturellen Ausprägungen, den vielfältigen Stilen der Kulturen zugrunde liegt. Es scheint in der Tat so zu sein, dass es für das Erkennen und Verstehen von Fremdem absolut notwendig ist, im Unbekannten Bekanntes wieder zu finden. Goethes Aussage, »man sieht nur, was man kennt«, thematisiert dieses Problem ebenso wie neueste Untersuchungen zu den biologischen und neuronalen Bedingungen menschlicher Erkenntnis. Sie legen ebenfalls nahe, dass Menschen (verständlicherweise) nur das wahrnehmen, wofür sie in sich selbst ein materielles und geistiges Sensorium entwickelt haben (vgl. Dennett 1991; Müller 1995).

Das Vertrautwerden mit dem Fremden und die Erkenntnis über die Konstruiertheit und damit die Veränderbarkeit der eigenen Kultur führen dazu, dass das Fremde als Alternative zum Eigenen erscheint. Die anglistische Kulturwissenschaft bietet daher eine **Perspektivenvielfalt** an, sie vermittelt Einblicke in andere und neue Möglichkeiten, Leben sinnvoll zu gestalten.

Ziel der Kulturwissenschaft ist es schließlich, Studierenden ein Bewusstsein über die Möglichkeiten zu vermitteln, sich aktiv am **Aufbau von Kulturen** zu beteiligen. Dazu gehört die praktische Kompetenz einer kritischen Beurteilung von Kulturen ebenso wie das Kennen lernen von repräsentativen Beispielen kreativer Neu- oder Umgestaltungen von Kultur. Auch hier liefert die konkrete Lebenswelt die besten Ansatzpunkte für eine ganzheitliche Beteiligung der Studierenden an diesem Lernprozess.

In einer Welt, in der kulturelle Vielfalt Menschen verunsichert und wo es immer schwieriger erscheint, sich in einer beängstigenden Unübersichtlichkeit zurechtzufinden, kann Kulturwissenschaft helfen, in Studierenden die Fähigkeit zu entwickeln, mit diesen für die Gegenwart typischen Problemen umzugehen, ohne einseitig, radikal oder fundamentalistisch zu werden. In diesem Sinne hat Kulturwissenschaft unentbehrliche aufklärerische Ziele.

IV. Fachdidaktik

1. Stellung und Funktion der Fachdidaktik im Anglistikstudium

Im Netzwerk der Anglistik kommt der Fachdidaktik die Funktion zu, Studierende für das Lehramt auszubilden und sie zu befähigen, Englisch als Fremdsprache zu unterrichten. Da zahlreiche Studierende mit einem Magister-, BA- oder MA-Abschluss anschließend Arbeit in Berufen finden (im Verlag, in der Erwachsenenbildung oder im Tourismus), in denen die Fähigkeit, bestimmte Inhalte anderen zu vermitteln, ebenfalls von großer Bedeutung ist, sind grundlegende Qualifikationen solcher Vermittlungs- oder Lehrtätigkeit auch für diesen Kreis der Studierenden von Bedeutung. Nicht zuletzt ist die Didaktik auch für alle Studierenden zur Entwicklung eigener Lern- und Arbeitsstrategien hilfreich.

Die Integration der Fachdidaktik in das Fach Anglistik hat sowohl wissenschaftliche als auch studienorganisatorische Vorteile. Auf diese Weise ist ein wichtiger praxisbezogener Anteil in das Studium eingeschlossen. Es wäre fatal, wenn alle Studierenden mit dem Berufsziel Lehramt erst im Referendariat mit der Praxis in Kontakt kämen und dann eventuell feststellen müssten, dass sie das Falsche studiert haben. Zugleich ist die **Praxisbezogenheit** (*applicability*) ein wichtiges Korrektiv und ein signifikanter Ansporn für die wissenschaftliche Arbeit an Universitäten. (Vgl. die Beiträge in Korte/Müller 1995 und in DLR-Projektträger 2004). Statt also die didaktische Ausbildung von Lehrern in die zweite Phase, in das Referendariat, zu verbannen, ist man gut beraten, sie wie bisher an die fachwissenschaftliche Ausbildung direkt anzubinden. Entsprechend wichtig ist in diesem Kontext auch die Durchführung eines **Praktikums bzw. schulpraktischen Studiums** während dieser Zeit, wie es in vielen Bundesländern in den Studien- bzw. Prüfungsordnungen auch verankert ist. Es lohnt sich, als Lehramtsstudent darauf zu achten, dass man sich eine Universität aussucht, die das Praktikum an Schulen ernst nimmt und entsprechend betreut. (Vgl. Kretschmer/Stary 2002; Schröder 1995).

2. Inhalte des fachdidaktischen Studiums

Die Inhalte des fachdidaktischen Studiums betreffen alle Bereiche des Englischunterrichts, die in diesem Kapitel genannt werden. Zentral sind vor allem die Elemente des Netzwerks ›Englischunterricht‹, das in Kapitel 2.4 beschrieben und in Abb. 24 (S. 219) anschaulich dargestellt wird. Aus diesem Netzwerk und den Bereichen der Fachwissenschaft Anglistik ergeben sich die Kernbereiche der Fachdidaktik Englisch.

Ebenfalls zu den Inhalten des Studiums zählen die Geschichte des Englischunterrichts bzw. der Fachdidaktik, die Wissenschaften im Umfeld der Fachdidaktik und sich historisch, politisch und wissenschaftlich wandelnde Definitionen von (Fach-)Didaktik, die in der Abbildung des Netzwerks ›Englischunterricht‹ aus Gründen der Übersicht fehlen. Sie gehören aber unbedingt in den Kontext der Fachdidaktik hinein und werden daher im Folgenden kurz skizziert. Sie führen uns über die Geschichte und die angrenzenden Wissenschaften zu einer aktuellen Definition von Didaktik und den heute relevanten Kernbereichen der Fachdidaktik Englisch.

2.1 Zur Geschichte der Fachdidaktik Englisch

Im 19. Jahrhundert wurde Englisch als Fremdsprache nach dem Vorbild von Latein gelehrt. Grammatik stand im Vordergrund, und die Übersetzung erschien als beste Methode, Sprachbeherrschung zu üben und zu testen. Sprachbeherrschung hieß zu jener Zeit in erster Linie die Beherrschung der Grammatikregeln und die Fähigkeit, die Regeln analytisch anzuwenden. Entsprechend stand die Schriftsprache im Vordergrund, und an den Universitäten wurde die Fremdsprache mit literarisch anerkannten, ›kanonisierten‹ Texten gelehrt und geübt, wie etwa Lord Byrons *Don Juan*, einem langen romantischen Erzählgedicht, das in einer Sprache verfasst war, die als repräsentative vorbildliche Umgangssprache galt. Mit Wilhelm Viëtors Appell, *Der Sprachunterricht muss umkehren* (1882), meldeten sich die Praktiker zu Wort, die die gesprochene Sprache und ihre Anwendung im alltäglichen, vor allem im beruflichen Gebrauch, im Auge hatten. Sie plädierten für eine ›Direkte Methode‹, die die unmittelbare Anwendung der Sprache forderte, Gebrauchstexte benutzte und Mündlichkeit gegenüber einer schriftlichen Sprachverwendung in den Vordergrund rückte. In der langen Entwicklung von Gymnasium und Realschule hat jeweils eine dieser grundlegenden Methoden vorgeherrscht: im Gymnasium eher die analytisch-grammatische, die Denk- und Abstraktionsfähigkeit betonte, in der Realschule die mehr auf große Sinneinheiten und bestimmte praktische Funktionen ausgerichtete ›Direkte Methode‹.

Auch heute noch finden sich beide Aspekte im Englischunterricht und haben, jeweils in Abhängigkeit von Lerngruppen und Lernzielen, unterschiedliche Gewichtung. So wird im Anfangsunterricht bei jungen Schülern die direkte, auf Imitation angelegte Methode bevorzugt, während bei älteren Lernern öfter ein höheres Maß an bewusster Reflexion, an Regellernen bzw. Finden der abstrahierten Regel angewendet wird. (Zur Geschichte des Fachs vgl. näher Finkenstaedt 1983; Howatt 1984; Klippel 1994; Macht 1986; 1987; Mugdan/Paprotté 1983).

Breuer/Schöwerling (1980, 250) stellen noch 1980 fest, dass die Didaktik als junge Wissenschaft »ihren Platz noch nicht gefunden« habe und ihre Wissenschaftlichkeit noch nicht ausdiskutiert sei. Wissenschaftlichkeit ist in der Fachdidaktik insofern ein Problem, als viele verschiedene Disziplinen an ihr beteiligt sind. Diese Fülle der Bezugswissenschaften ist einer der Aspekte, die die Fachdidaktik mit der Kulturwissenschaft gemeinsam hat. Ihre Orientierung an Lebenswelten sowie an Lebens- und Sprachpraxis stellen weitere Parallelen dar.

2.2 Wissenschaften im Umfeld der Fachdidaktik Englisch

Werner Jank und Hilbert Meyer (1991, 160) haben in einer schematischen Übersicht die **Stellung der Fachdidaktiken** anschaulich skizziert, wobei sie sie in eine Art Netzwerk der Geisteswissenschaften integriert haben. Die Darstellung (Abb. 23) ist leicht modifiziert und auf die Anglistik angepasst wiedergegeben. (In Jank/Meyer 2002, 29, ist die Form variiert und für unsere Zwecke weniger anschaulich, die Aussage aber dieselbe geblieben, weshalb die frühere Version beibehalten wird.)

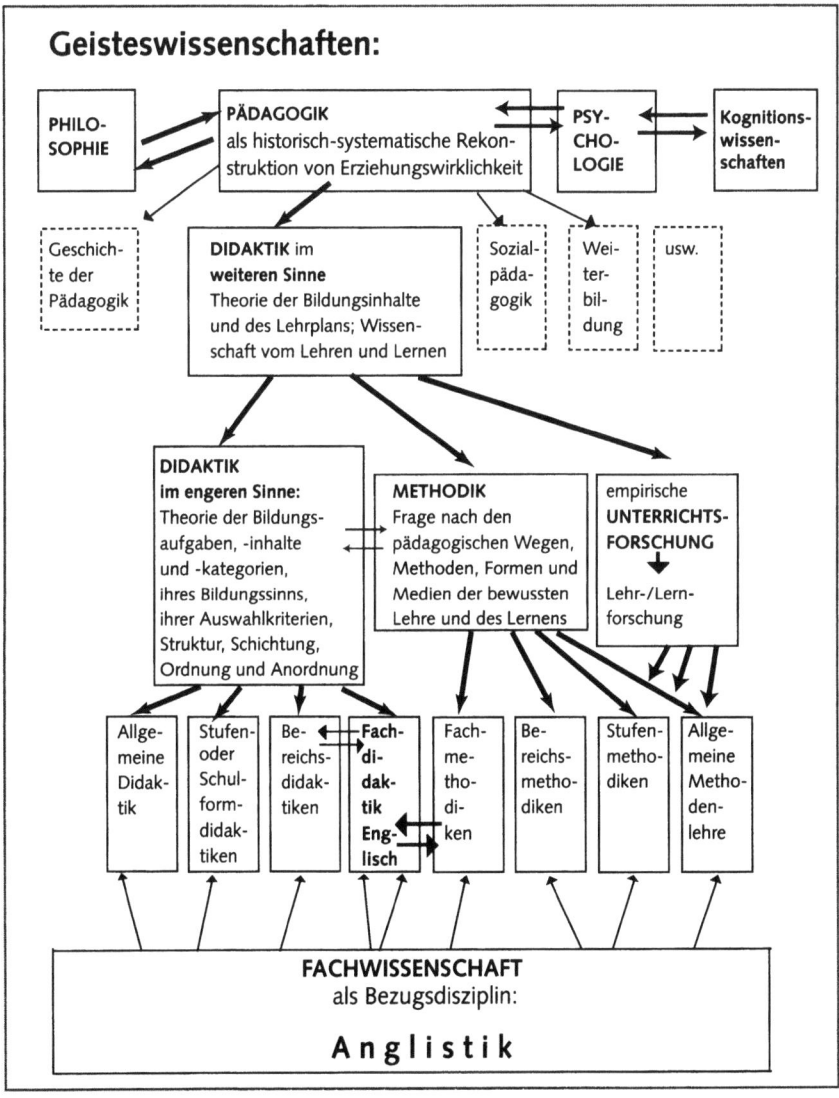

Abb. 23: Das Umfeld der Fachdidaktik

Jede Fachdidaktik steht nach dieser Konzeption im Umfeld der **Pädagogik**, die sich wiederum im Kontext von **Psychologie und Philosophie** sowie im größeren Rahmen der **Geisteswissenschaften** befindet. Die auch in Abbildung 23 integrierten **Kognitionswissenschaften** untersuchen die menschliche Fähigkeit, Dinge wahrzunehmen, zu erkennen, zu behalten, Informationen zu verarbeiten, ein Bewusstsein zu entwickeln und zu agieren. Sie haben eine enge Verbindung zur kognitiven Psychologie und zur philosophischen Erkenntnistheorie, reichen aber durch ihren Bezug zu Neuro- und Biowissenschaften auch in die Naturwissenschaften hinein. Fachdidaktiken speisen sich zum einen von dieser Richtung und andererseits (vgl. Abb. 23) aus den **Fachwissenschaften**, in unserem Fall also aus der Anglistik mit ihren Bereichen der Literaturwissenschaft, der Sprachwissenschaft und der Kulturwissenschaft.

Während allgemeine pädagogische, psychologische und philosophische Aspekte Studierenden im Begleitstudium bzw. im erziehungswissenschaftlichen Studium nahe gebracht werden, muss die Fachdidaktik zumindest die Grundlagen der (kognitionswissenschaftlichen) **Entwicklungspsychologie des Spracherwerbs**, der **Spracherwerbstheorien**, inklusive Sprachlerntheorien und Sprachlehrtheorien, vermitteln (vgl. Butzkamm 2002). Psycholinguistik und Neurolinguistik erforschen zahlreiche wichtige Fragen des Erst-, Zweit- und Fremdsprachenerwerbs, die meist nur indirekt und vermittelt in den Unterricht einfließen. Es ist aber einsichtig, dass Erkenntnisse über den Erwerb einer Sprache für das Lehren und Lernen einer Sprache sehr wichtig sind. Man unterscheidet zwischen **Spracherwerb** (*language acquisition*) als dem nicht durch Lehrer bewusst gesteuerten Aufnehmen einer Sprache, etwa durch das Kleinkind, und **Sprachlernen** (*language learning*) als bewusst gesteuertem und gelenktem Handeln (vgl. Bausch/Königs 1983; Ellis 1994).

In diesem Kontext hat sich seit den 1970er Jahren die **Sprachlehrforschung** (*research into language teaching*) entwickelt, die die Bedingungen und Möglichkeiten des Erwerbs und der Vermittlung von Sprache und Sprachfähigkeit untersucht. Die Sprachlehrforschung befasst sich prinzipiell mit allen Formen und Typen des Spracherwerbs und der Sprachvermittlung, hat aber vor allem »die Spezifik des unterrichtlichen Fremdsprachenlernens stärker in den Mittelpunkt der Forschung« gerückt. (Bausch/Christ/Krumm 2003, 4; für genauere Darstellungen zur Sprachlehrforschung sowie zur Rolle von Psychologie beim Sprachenlernen und zur Spracherwerbstheorie vgl. Bausch/Königs 1986; Börsch 1987; Edmondson/House 2000; Klein 1992; Vollmer 2001).

Ein entscheidender Ansatz der gegenwärtigen Forschungen zum Zweitsprachenerwerb geht davon aus, dass Lernende eine **Interimsprache** (*interlanguage*) konstruieren, die die neuen Sprachkomponenten mit alten, schon bekannten Sprach- und Kommunikationserfahrungen der Lerner verbindet. Lerner greifen beim Sprachenlernen sowie bei der Verwendung einer neuen Sprache auf ein mentales Konstrukt von Regeln zurück, das sie aus Erfahrungen mit der Muttersprache schon besitzen. (Vgl. Ellis 1994; Krashen 1981; 1985; Krashen/Terrell 1983; Selinker 1997; zur *interlanguage*-Pragmatik vgl. Bardovi-Harlig 1999; Kasper/Schmidt 1996). Diese aktive, konstruktivistische Komponente des Zweitsprachenerwerbs gewinnt in der Fachdidaktik immer mehr an Bedeutung und hat seit dem letzten

Jahrzehnt auch Eingang in die Richtlinien gefunden (vgl. exemplarisch Kultusministerium NRW 1993).

Ähnlich wie in der Kulturwissenschaft (s. Kap. III.1.3) zeigt der **Konstruktivismus** auch in der Fachdidaktik zum einen biologische Bedingungen für das Lernen und Wahrnehmen von Sprache auf, weist zum anderen aber auch auf die notwendigerweise stattfindenden Eigenleistungen Lernender hin, die ständig aktiv am Prozess des Spracherwerbs und der kommunikativen Kompetenz beteiligt sind. Der zwischen den Extremen von biologischer (oder auch sozialer) Determination einerseits und völliger Selbstbestimmung andererseits vermittelnde Konstruktivismus in der Version von Varela/Thompson/Rosch (1991) erscheint hier erneut als sehr fruchtbar. Es werden allerdings in der Fachdidaktik, wie in anderen Arbeitsfeldern auch, ganz unterschiedliche Varianten des Konstruktivismus benutzt, und die Erkenntnisse der Kognitionswissenschaften über Spracherwerb und Sprachverwendung keineswegs immer in gleicher Weise interpretiert. Eindeutig ist allerdings der große Einfluss von Konstruktivismus und Kognitionswissenschaften auf die neuesten Entwicklungen in der Fachdidaktik. (Vgl. Bausch/Christ/Königs/ Krumm 1998; Riemer 2000; Skehan 1998 zum Kognitivismus in der Sprachlehr- und -lernforschung; Wolff 2002 und Wendt 1996 zu Versionen des Konstruktivismus innerhalb der Fachdidaktik).

Menschliches Handeln hat im Konstruktivismus eine zentrale Bedeutung: Es ermöglicht essentiell das Überleben, so dass Varela (1993, 110, 121, 111) Kognition als »Wirksames Handeln« definiert und den »Kern aller Kognition« darin sieht, »Bedeutung und Sinn zu erzeugen«, eine »handlungsbezogene Orientierung« innerhalb »des Lebensprozesses« zu gewährleisten (vgl. auch Deacon 1997; Roth 1996; 2001). Diese konstruktivistische Handlungsbetonung verbindet sich natürlich sehr gut mit einem handlungsorientierten Unterricht, und die Ergebnisse der Kognitionswissenschaften führen zu einer verstärkten Betonung des Prozesscharakters von Lehren und Lernen in Gestalt von konnektionistischen Verarbeitungsmodellen, nach denen Lernen als selbstorganisierte Prozesse durch neuronale Verknüpfungen stattfindet. Lernen ist untrennbar verbunden mit dem menschlichen Bemühen, Probleme zu lösen, und Unterricht soll Schüler dazu führen, Problemlösungsmöglichkeiten zu entdecken, zu verstehen und anwenden zu können.

So ergibt sich von einer naturwissenschaftlichen Seite (Varela, Deacon und Roth sind (Neuro-)Biologen und Hirnforscher, die Kognitionswissenschaften meist dominant naturwissenschaftlich ausgerichtet) eine Begründung für die Hervorhebung der **Lerner- und Handlungsorientierung im Unterricht**, die sich aus derselben Richtung mit dem Konzept des Autonomen Lernens verbindet, bei dem die uralte, aber jetzt auch neurowissenschaftlich fundierte Erkenntnis im Vordergrund steht, dass es ohne Motivation auf Seiten der Lernenden zu keinen Lernprozessen kommt. (Zu Konstruktivismus und Kognitionswissenschaften und deren Aufnahme in die Fachdidaktik vgl. neben den schon genannten Texten exemplarisch Bechtel/Abrahamsen 1991; Dam 1995; Deacon 1997; Edelhoff/Weskamp 1999; Ellis/Newton 2000; Mißler/Multhaup 1999; Papert/Harel 1991; Pienemann 1998; Tomasello 2003; Tomasello/Bates 2001; Wendt 2000; Weskamp 2001; 2003; Wolff 1994).

In diesem großen Umfeld, das sehr aufschlussreiche und nützliche Zusammenarbeit der Fachdidaktik mit anderen geisteswissenschaftlichen, aber eben auch mit naturwissenschaftlichen Disziplinen erfordert, liegen bedeutende **Zukunftsperspektiven für die Forschung wie für die Praxis**. Interdisziplinarität, die für die Fachdidaktik immer schon Normalität war, wird dabei notwendigerweise noch intensiver praktiziert. Ebenso wird die Verknüpfung des Lernens der Fremdsprache mit der eigenen Lebenswelt und dem schon vorhandenen Sprachkönnen verstärkt und Lernerautonomie erhöht. Allerdings sind hier weitere wissenschaftliche Forschungen notwendig, die etwa die kognitiven Spracherwerbs- und -lernstrategien von Schülern betreffen, das genaue Verhältnis von Lehren und Lernen noch detaillierter untersuchen und die schwierige Balance zwischen relativer Schülerautonomie und Lernansprüchen der Gesellschaft ausloten. Die enge Bindung der Fachdidaktik an Nachbardisziplinen, die wichtige Aspekte des Englischlernens untersuchen, wird daher nicht nur erhalten bleiben, sondern sich noch weiter verstärken. **Interdisziplinarität** ist gerade in der Fachdidaktik kein leeres Schlagwort. Interdisziplinäres Denken und Arbeiten muss deshalb schon während des Studiums gelernt werden (s. auch Kap. I., S. 19f. und III.2.3). Dies wird erheblich erleichtert, wenn Studierende über den engen Bereich des Fachs hinaussehen und dabei die Verbindungslinien zu ihrem eigenen Fach und zum Aufgabenfeld ›Englischlernen‹ erkennen können.

Aus der **Fachwissenschaft der Anglistik** entnimmt die Fachdidaktik ebenfalls maßgebliche Erkenntnisse und Inhalte für den Englischunterricht. Auch hier gilt, dass diese Inhalte nicht einfach direkt übernommen werden können. Die Fachdidaktik ist keine Abbilddidaktik, die wissenschaftliche Ergebnisse bloß umsetzt und wiedergibt. Vielmehr formen sich die Inhalte erst durch die Intention des Unterrichts, durch die Zielgruppe usw. Fachwissenschaftliches Wissen ist unerlässlich, reicht aber für sich genommen für guten Unterricht nicht aus. Zu dem Fachwissen muss daher Wissen um alters-, geschlechts-, sozialspezifische und mannigfaltige andere Aspekte des Unterrichts kommen. Der Bezug zur Fachwissenschaft gehört aber mit zu den Kernbereichen der Fachdidaktik (s. 2.4). Beispiele für Publikationen, die fachdidaktische und fachwissenschaftliche Perspektiven sehr gut miteinander verbunden haben, bietet die von Peter Freese herausgegebene, inzwischen leider eingestellte Reihe *Texts for English and American Studies* (etwa Freese 1977; 1978), die von Albert-Reiner Glaap edierte Reihe *Theme Author Genre Similarity* (TAGS) (etwa Glaap/Müller 1986) oder der von Glaap (1990) publizierte Band zur Lehrerfortbildung.

Der ausgebildete und im Beruf stehende Englischlehrer muss durch Fortbildung und vor allem durch selbständige Lektüre entsprechender Publikationen versuchen, den Bezug zur Fachwissenschaft und zu den relevanten Nachbardisziplinen auch nach dem Studium zu erhalten. Die Fachzeitschriften (s. Kap. VI.0.4.2) und die Veröffentlichungen von Fachdidaktikern zusammen mit Fachwissenschaftlern geben dazu ausreichende Gelegenheit. Voraussetzung für eine effektive Nutzung solcher Lektüre ist allerdings die im Studium zu erwerbende Fähigkeit, die Aussagen und Ergebnisse der Fachwissenschaft in das konkrete Netzwerk des eigenen Englischunterrichts zu übertragen.

2.3 Definitionen von (Fach-)Didaktik

Die Fachwissenschaft gibt der Fachdidaktik also keineswegs unmittelbar die im Unterricht zu erreichenden Ziele oder Inhalte vor, und die Inhaltsproblematik ist auch nicht mehr die wichtigste Frage für die Fachdidaktik. Viel bedeutender ist gerade heute das Problem der Lernziele, d.h. der durch Unterricht zu vermittelnden Fertigkeiten und Qualifikationen, sowie der Lern- wie Lehrmethoden. Insofern reicht Erich Wenigers inzwischen klassische Definition von Didaktik als »**Theorie der Bildungsinhalte**« nicht aus, auch wenn sie gelegentlich noch als maßgebend zitiert wird (etwa in Breuer/Schöwerling 1980, 251).

Zentral ist im Englischunterricht vielmehr die Vermittlung der **vier Fertigkeiten** (*skills*) **des Hörens, Lesens, Sprechens und Schreibens** der Fremdsprache (s. auch Kap. V.2.1). Die Ausbildung dieser vier Grundfertigkeiten, die auch helfen sollen, eine angemessene Berufs- und Lebenskompetenz zu erwerben, ist in der Tat inzwischen wichtiger als die Vermittlung bestimmter Inhalte, wie z.B. Shakespeares *King Lear*, die Präsidenten der Vereinigten Staaten oder die Parteien in Großbritannien.

Entsprechend bieten Jank/Meyer (2002, 14, 16) eine andere, zeitgemäßere Definition von Didaktik an, wenn sie sagen, Didaktik »ist die **Theorie und Praxis des Lernens und Lehrens**«; sie kümmere sich um die Frage ›wer, was, von wem, wann, mit wem, wo, wie, womit, und wozu lernen soll‹. Diese Frage umfasst in der Tat alle wesentlichen Aspekte der Unterrichtssituation. Auch wenn hier das Lernziel, das ›wozu‹, nicht explizit betont wird, bleibt dennoch die Aussage zutreffend, dass der Unterricht, einschließlich des Fremdsprachenunterrichts, das Gewicht von bestimmten zu lernenden Inhalten auf zu erwerbende Fähigkeiten verlagert hat. Beachtenswert und ebenso zeittypisch ist auch der Umstand, dass in Jank/Meyers Definition nicht allein von ›Theorie‹, sondern ebenso von ›Praxis‹ gesprochen wird. Damit ist die immer notwendige Verbindung zwischen Theorie und Praxis im Unterricht betont und gleichzeitig die Tatsache, dass Praxis im Schulalltag (und in der Theorie) immer mehr in den Vordergrund gestellt wird.

In diesem Kontext hat die **Handlungsorientierung** (*experiential learning*) des Unterrichts – und speziell auch des Englischunterrichts – allergrößte Bedeutung gewonnen. Dabei ist sie nicht als Betonung eines Teilaspekts zu sehen, sondern im Rahmen von vielfältigen Bemühungen um eine **ganzheitliche Konzeption** (*holistic concept*) menschlichen Lebens und entsprechend auch des Fremdsprachenunterrichts (vgl. Bach/Timm 2003; Timm 1995). So ist die Fachdidaktik Englisch zu definieren als die ›Theorie und Praxis des Lernens und Lehrens von Englisch‹. Die Komplexität dieser zunächst sehr formal wirkenden Definition wird in Kapitel IV.2.4 weiter thematisiert und damit augenfälliger.

Der hier skizzierte Wandel in den Definitionen von (Fach-)Didaktik zeigt, dass Begriffsbestimmungen und damit auch Definitionen von Teildisziplinen eines Fachs historischem und gesellschaftlichem Einfluss unterliegen und aus diesem Grunde veränderbar sind. Es ist also nicht zu erwarten, dass die **Handlungsorientierung** immer **Priorität** haben wird. Allerdings fügt sie sich ausgezeichnet in den Kontext gegenwärtiger Tendenzen und Diskussionen in verschiedensten Wissenschafts- und Gesellschaftsbereichen ein, etwa in die Bedeutung der Pragmatik für die Linguistik, der aktiven Verstehens- und Interpretationsleistung der Leser in der Literaturwissenschaft, der Relevanz von Handeln in Kognitivismus und Konstruktivismus sowie in den Kontext der in Kapitel III.2.2 und 3 aufgezeigten Relevanz von Erzählen, Textualisierung und Handlungsorientierung in der Kulturwissenschaft.

Die Fachdidaktik Englisch muss also Studierende der Anglistik, die Englisch für bestimmte Zielgruppen unterrichten wollen, in die Lage versetzen, einen Englischunterricht so zu planen und (bei entsprechender Übung) auch durchzuführen, dass die angestrebten **Lernziele** erreicht werden. Diese Lernziele werden von der Gesellschaft (bei der Schulausbildung) oder den Lernenden selbst (über deren Lernabsichten) mit Hilfe von Fachlehrern festgelegt.

In ihren **Methoden** verbindet die Fachdidaktik, wieder ähnlich der Kulturwissenschaft, aber auch der Sprach- und Literaturwissenschaft, empirisch-naturwissenschaftliche mit geisteswissenschaftlich-hermeneutischen Ansätzen. Einseitige Zugangsweisen (vgl. Lado 1977; Morris 1959) müssen auch hier zurücktreten hinter den Versuch, einen mittleren Weg zu finden bzw. beide Ansätze effektiv und situationsangemessen zu verbinden.

2.4 Das Netzwerk ›Englischunterricht‹ und die Kernbereiche der Fachdidaktik Englisch

Nachdem gezeigt wurde, dass die Fachdidaktik in einem komplexen System von Bezügen innerhalb der Geisteswissenschaften steht und auch Beziehungen zu Naturwissenschaften hat (Abb. 23), soll nun ein weiteres Schaubild **das Netzwerk des Englischunterrichts** verdeutlichen, so wie es sich Lehrern immer wieder darstellt und wie es sich daher auch Studierenden der Fachdidaktik zum Studium anbietet (Abb. 24).

Dieses Netzwerk, das Peter Freese (1981, 14) für den Literaturunterricht konstruiert hat, lässt sich mit entsprechenden Veränderungen auf den Englischunterricht generell übertragen. Freeses grundlegende (und sich nicht von ungefähr im Kreis drehende, da überall zu beginnende und endende) Frage, ›Wer veranlasst wen, was, von wem, wie, wann und wo, auf welchem Wege, zu welchem Zweck, mit welcher Wirkung zu lesen?‹, betrifft nicht nur das Lesen fremdsprachlicher Texte, sondern allgemein **das Lernen einer Fremdsprache**. Es handelt sich hier nur um eine spezifische Variation der oben schon von Jank/Meyer (2002) im Rahmen der allgemeinen Didaktik gestellten Frage, die zudem, wie Freese (1981, 13) selbst deutlich macht, aus der Kommunikationsforschung übernommen wurde.

Freese greift zusätzlich zu der allgemeinen Frage (Wer veranlasst wen, was, wie ... zu lernen?) die wesentlichen Komponenten der so genannten Berliner Schule der Didaktik auf, die die Schulsituation durch zwei Bedingungs- und vier Entscheidungsfelder definiert (Heimann/Otto/Schulz 1979). In den beiden **Bedingungsfeldern** haben Lehrer die **anthropogenen Voraussetzungen** (*anthropogenetic preconditions*), die sie und die Schüler als Menschen mitbringen, und die **soziokulturellen Voraussetzungen** (*socio-cultural preconditions*), die durch den Ort und die Zeit des Unterrichts, die soziale Situation etc. gegeben sind, zur Kenntnis zu nehmen und als grundsätzlich unabänderbare Gegebenheiten in ihre Unterrichtsplanung

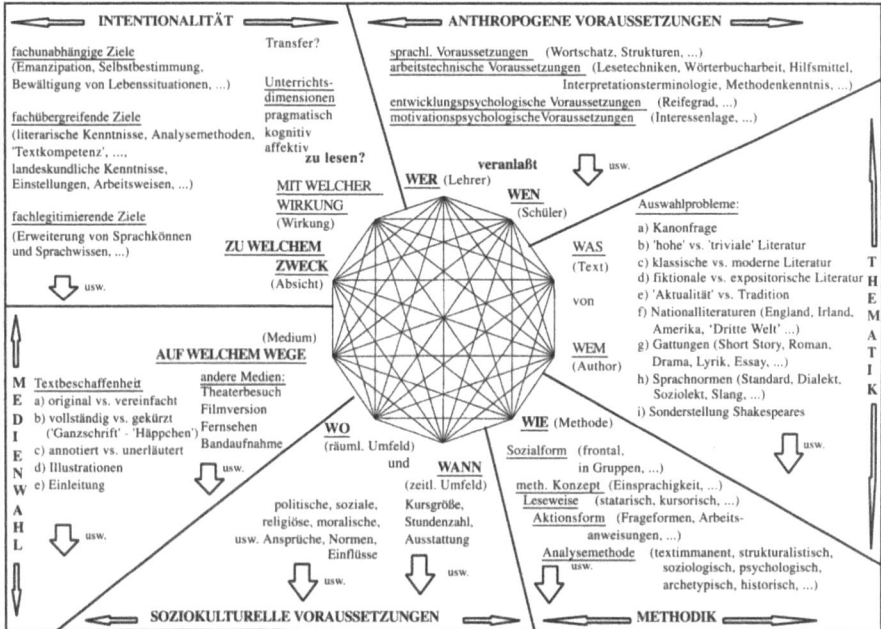

Abb. 24: Das Netzwerk Englischunterricht

einzubringen. Den Voraussetzungen muss Rechnung getragen werden, sie unterliegen aber nicht der direkten Einflussnahme, der unmittelbaren Veränderbarkeit oder gar der freien Entscheidung der Lehrer.

Anders ist die Situation bei den **vier Entscheidungsfeldern**. In Bezug auf

1. das **Thema** (*subject matter*) bzw. den **Inhalt** (*contents*) des Unterrichts,
2. die **Methodik** (*methodology*),
3. die **Medien** (*media*) und
4. die Intentionalität bzw. die **Lernziele** (*teaching/learning objectives*)

ergeben sich für Lehrer relativ große **Entscheidungsspielräume**: Es gibt immer Alternativen und daher Möglichkeiten der Auswahl innerhalb dieser vier entscheidenden Felder der Didaktik.

Auswahl verlangt natürlich – gerade in einem öffentlich kontrollierten Beruf wie dem des Lehrers – eine **begründete Entscheidung**. Hier veranschaulicht das Schaubild, dass jeder Einzelpunkt des Netzwerks mit jedem anderen verknüpft und ursächlich verbunden ist. Die Entscheidung für einen bestimmten Text, wie etwa das in unserer Einleitung vorgestellte Gedicht von Merle Collins, »No Dialects Please«, kann z.B. im Kontext einer Unterrichtsreihe zu Immigranten in England, zu ethnischen Minderheiten oder zu Multikulturalismus fallen. Sie zieht dann die Frage der Methode, des Mediums und des Lernziels nach sich. Dabei stellen sich weitere Fragen, wie etwa: Bekommen die Schüler Vorabinformationen über historische, soziale oder andere Hintergründe? Werden Schüler in ihrer ersten Rezeption des Textes durch Leitfragen gelenkt, oder sollen sie frei auf das Gedicht reagieren? Wann und wie soll eine Tonbandaufnahme, bei der die Autorin das Gedicht selbst spricht, eingesetzt werden? Usw.

In einem anderen Fall kann etwa auf der Unterstufe das **Grammatikthema** *simple past* durch den Lehrplan und das Lehrwerk vorgegeben sein und sich dem Lehrer dann immer noch die Frage stellen, ob er dieses Problem nicht auf eine andere Weise als im Lehrwerk vorgegeben den Schülern nahe bringen soll, um zu variieren oder Schwächen (von Schülern oder Lehrwerk) zu beseitigen. Oder der Lehrer will das **Sozial- und Arbeitsverhalten** der Schüler verbessern, geht also von Entscheidungen im Rahmen der Methodik, etwa in Bezug auf die Aktions- und Sozialformen des Unterrichts, aus und sucht dann nach entsprechenden Inhalten und Medien, die sich für Partner- und Gruppenarbeit anbieten. (Vgl. hierzu exemplarisch Huntemann 1980; Neuner 1983; Ortner 1998 (besonders zu ›unkonventionellen Methoden‹); Rampillon 1996; Rampillon/Zimmermann 1997; Richards/Rodgers 2003; Schratz 1980).

Aus dem Schaubild des Netzwerks ›Englischunterricht‹ geht somit hervor, dass im Grunde jeder einzelne Punkt des Netzwerks eine besondere Gewichtung erhalten kann und sie in der Praxis auch immer wieder bekommt. Die Geschichte der Fachdidaktik zeigt dies deutlich. Eine Didaktik (und eine Gesellschaft), die bestimmte Inhalte für besonders wichtig hält, um damit ein spezielles Bildungsideal zu erzielen, wird das ›was‹ betonen. Freese deutet mit der »Kanonfrage« und der Unterscheidung zwischen ›hoher‹ und ›trivialer‹ Literatur sowie der »Sonderstellung Shakespeares« im Bereich der Thematik bzw. der Inhalte Wertungsprobleme an, die den Schulunterricht zum Teil immer noch prägen. Heute, wo vor allem spezielle Fertigkeiten bei Schülern und konkrete Handlungskompetenzen entwickelt werden sollen, steht die Wirkung, das Lernziel, im Vordergrund, und daneben sind, speziell auch im Kontext der neuen Medien, die Medienwahl und die Methoden ihres Einsatzes zentral. Wenn Lernbehinderte die Schülergruppe bilden, verlagert sich der Akzent wieder, und dieser Punkt beeinflusst alle anderen Elemente des Netzwerks.

Die Bedeutung der Lernziele im Englischunterricht und der wesentlichen Perspektiven dabei veranschaulicht ein weiteres Schaubild, das den nordrhein-westfälischen Rahmenrichtlinien für das Gymnasium entnommen, aber repräsentativ für **fachspezifische Lernziele und Lernbereiche** ist. Interessanterweise stellt es erneut eine Art Netzwerk dar:

Die Abbildung stellt die Zielvorstellungen des Englischunterrichts in der Oberstufe mit ihren komplexen Wechselbeziehungen heraus. Das zentrale fachspezifische Lernziel ist die **Fähigkeit zu Textrezeption und Textproduktion** (im Zentrum des Kreises), das die vier Grundfertigkeiten des Hörens, Lesens, Sprechens und Schreibens natürlich mit einschließt, aber auf ein höheres Niveau stellt.

> Dieses Lernziel realisiert und konkretisiert sich in den drei Lernbereichen Sprachbeherrschung, Wissen und Methodenbeherrschung (mittlerer Ring). Dabei besteht eine Wechselbeziehung in mehrfacher Hinsicht. Die Realisierung von Lernzielen in einem der drei Lernbereiche schließt jeweils auch die Berücksichtigung von Lernzielen aus den anderen Bereichen ein (s. Pfeile). Alle fachspezifischen Lernziele bleiben eingebettet in und zuge-

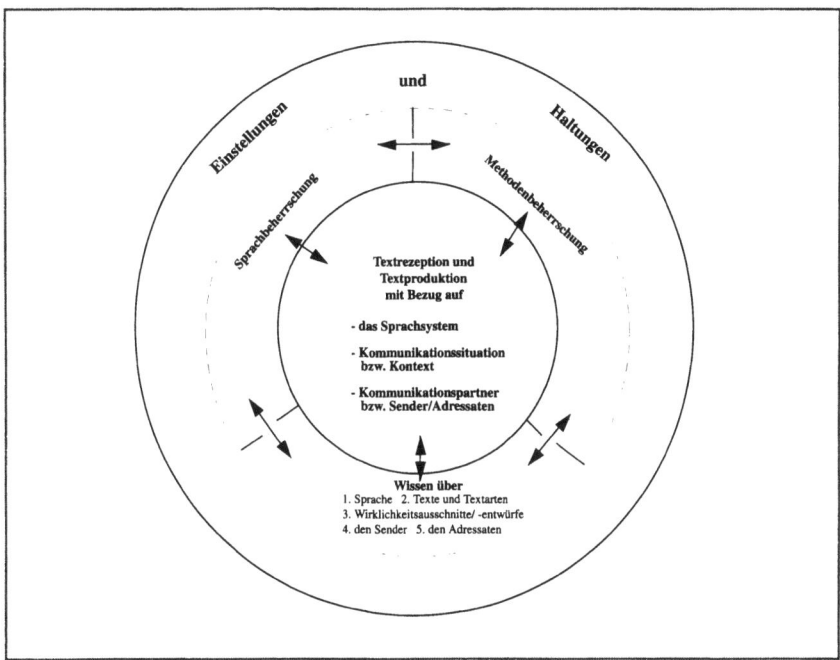

Abb. 25: Lernziele im Englischunterricht

ordnet auf Lernziele mit Bezug auf Einstellungen und Haltungen (äußerer Ring). (Kultusministerium NRW 1981, 27)

Diese Konzeption geht auch in spätere Richtlinien ein, wobei sich nur die Begriffe etwas ändern: In den NRW-Richtlinien der 1990er Jahre ist anstelle von »Textrezeption und Textproduktion« von »Sprachrezeption und -produktion« die Rede (Kultusministerium NRW 1993, 39). Die Richtlinien Englisch für die Sekundarstufe II in NRW von 1999 stellen als Leitziel »**Interkulturelle Handlungsfähigkeit**« heraus, zu dem die Beherrschung entsprechender »sprachlicher Mittel auf allen Ebenen des Sprachsystems«, »kommunikative Fertigkeiten«, Kompetenzen in »Techniken und Methoden« für eigenständiges Sprachenlernen, »Verfügbarkeit von Kenntnissen, Fähigkeiten und Strategien, mit denen die Schülerinnen und Schüler Verantwortung für kommunikatives Handeln über die Grenzen der eigenen kulturellen Einbindung hinweg übernehmen können«, Wissen über »die kulturelle Bedingtheit von Haltungen und Einstellungen« sowie die Fähigkeit »zu einem sachgerechten und kritischen Umgang mit Texten und Medien« gehören (Ministerium 1999, 7f.).

Das Konzept der netzwerkartigen Verbindung von **Sprachbeherrschung, Methodenbeherrschung und Wissen über Sprache, Texte und Wirklichkeitsentwürfe** findet sich auch in den neuesten Kernlehrplänen für die Sekundarstufe I. Diese sprechen in der für alle Schulformen der SI gemeinsamen Darstellung der »Aufgaben und Ziele des Englischunterrichts« (Kernlehrplan 2004, 4) von »funktionale[n] kommunikative[n] Kompetenzen« und Sprachbeherrschung im Alltag »sowie in Situationen der berufsorientierten Kommunikation«, von »methodische[n] Kompetenzen«, u.a. »für das Arbeiten mit Texten und Medien« sowie von »interkulturelle[n] Kompetenzen«. Das Wissen ist hier also nicht mehr besonders ausgewiesen, sondern ein integraler Teil der näher definierten Kompetenzen und direkt verbunden mit Sprach- und Methodenbeherrschung.

In Abbildung 25, die eine anschauliche und grundlegende Darstellung der Lernziele im Englischunterricht allgemein bietet, gliedert sich das Modul ›Intentionalität‹ bzw. ›Lernziel‹ aus dem Netzwerk ›Englischunterricht‹ (Abb. 24) in **fachspezifische, fachübergreifende und fachunabhängige Lernziele** auf. Ein weiteres Element in demselben Kontext ist die Überprüfung des Erreichens der Lernziele durch **Tests** (*testing*), Klausuren und Prüfungen. (Für genauere Darstellungen zum Testen im Englischunterricht, zur Leistungsmessung und zur Fehleranalyse vgl. Bachman/Palmer 1996; Bliesener 1982; Doyé 1990; Gardenghi/O'Connell 1997; James 2003; Timm 1992).

Vergleichbare Untergliederungen gibt es im Grunde an allen Punkten des Netzwerks ›Englischunterricht‹. Hier sei nur auf die **Auffächerung des ›wo‹**, des Unterrichtsortes, hingewiesen, wo alle gesellschaftlichen Institutionen des Englischunterrichts auftreten: die verschiedenen Schulformen und Schulstufen, die es gegenwärtig gibt (Grundschule, Hauptschule, Realschule, Mittelschule, Gymnasium, Gesamtschule, Sekundarstufe I und II). Dazu gehören aber auch Institutionen wie die Volkshochschule, der Englischunterricht im Beruf und in der Freizeit sowie natürlich der Unterricht an Universitäten.

Im Englischunterricht ist **Schwerpunktsetzung** also **möglich und** immer auch **notwendig**. Das Konzept des Netzwerks macht die enge Verbindung zwischen allen seinen Elementen einsichtig. Diese grundsätzliche Verbindung besteht auch zwischen den **Kernbereichen der Fachdidaktik**, der **Sprach-, Text- und Literaturdidaktik** sowie der **Didaktik der Kulturwissenschaft**, die aber aus praktischen Gründen voneinander differenziert im Studium angeboten und hier auch so skizziert werden.

2.4.1 Sprachdidaktik

Entsprechend der grundlegenden Definition von Didaktik als ›Theorie und Praxis des Lernens und Lehrens‹ konzentriert sich die Sprachdidaktik auf alle didaktischen Probleme, die das Lernen und Lehren der Sprache, in unserem Fall der englischen Sprache, betreffen. Dies geschieht im Netzwerk des Englischunterrichts (s. Abb. 24) mit den unterschiedlichsten Lerngruppen, Lernniveaus, verschiedensten Medien usw. Es lassen sich aber die folgenden **Bereiche** abstrahieren, die in jedem Fall Berücksichtigung finden:

- Wortschatz,
- Aussprache,
- Grammatik,
- Textrezeption und -produktion sowie
- die kulturellen Kontexte der Sprachpraxis.

Die Einheit bzw. funktionale Verbindung zwischen diesen Einzelbereichen ist zu beachten, wenn sie im Folgenden getrennt voneinander vorgestellt werden.

Wortschatz
Der Bereich **Wortschatz** (*vocabulary*) kann gut veranschaulichen, wie abhängig die Unterrichtsinhalte jeweils von den Zielgruppen sind, die Englisch lernen sollen (s. auch Kap. V.2.2). Die Sprachwissenschaft kann hier nur gewisse Vorgaben machen, die die unterrichtende Person zur Kenntnis nehmen, dann aber konstruktiv für den Unterricht variieren und umgestalten muss. Die wichtigsten ›**Funktionswörter**‹ des Englischen (also Artikel, Pronomina und Konjunktionen) müssen jeder Lerngruppe vermittelt werden (s. Kap. I.5.3), aber im Bereich der ›**Inhaltswörter**‹ (Substantive, Verben, Adjektive und Adverbien) gibt es natürlich erhebliche Unterschiede, je nachdem ob eine Anfangsschulklasse mit Sechsjährigen unterrichtet wird oder eine Erwachsenengruppe, die Englisch für den Gebrauch im Beruf, speziell etwa in der Finanzwirtschaft, lernt.

Charakteristisch für beide Gruppen und daher ein wichtiges Element in der Konzeption des Unterrichtenden ist die **Anpassung des Wortschatzes an die jeweilige Lebenswelt** der Lernenden. Eine relevante grundsätzliche **Unterscheidung** ist die **zwischen aktivem und passivem Wortschatz**. Der aktive Wortschatz wird von Schülern zur eigenen Sprachproduktion verwendet; der passive Wortschatz ist umfangreicher und umfasst die Wörter, die bei der Rezeption von Sprache, beim Lesen oder Hören, verstanden werden. Neuere lernpsychologische Erkenntnisse belegen die große Bedeutung des Wortschatzes nicht nur für die Sprachproduktion, sondern auch für das Verstehen sprachlicher Formen und das eigenständige Entwickeln von grammatischen Regeln. (Vgl. Bates/Goodman 2001; Pienemann 1998).

Die Richtlinien für den Schulunterricht schrieben gewöhnlich die Menge des pro Schuljahr zu vermittelnden **aktiven Wortschatzes** ziemlich genau vor: etwa 800 in den ersten beiden Jahren, 1400 im dritten und vierten Jahr. Am Ende von Klasse 10 wurden für die Gesamtschule circa 3400 Wörter, für die Realschule 3600 Wörter und für das Gymnasium 4000 Wörter an aktivem Wortschatz gefordert (Kultusministerium NRW 1978, 26; 1980, 29; 1978a, 15, 25, 41). Die neuesten Kernlehrpläne für die SI sowie die für die SII in NRW gültigen Richtlinien geben (wie jüngste Richtlinien aus anderen Bundesländern) interessanterweise keinerlei Zahlen mehr an, sondern verzichten auf diese für Lernende wie Lehrende recht aufschlussreiche Hilfe und nennen stattdessen nur noch Bereiche, für die ein Wortschatz zu erarbeiten ist, etwa »in den Dimensionen der Sprachverwendung (Alltag, Wissenschaft, Beruf, Literatur, Kultur und Gesellschaft)« (Ministerium 1999, 20). Ein Grund für diese nicht immer hilfreiche Scheu davor, genaue Zahlen zu nennen, ist, dass man sich an den vom Europarat 2001 formulierten Kompetenzerwartungen des Gemeinsamen Europäischen Referenzrahmens und den Bildungsstandards der Kultusministerkonferenz orientiert (vgl. Europarat 2001; Bildungsstandards KMK 2003 und Kap.3 unten).

Durch die Koppelung des Unterrichts mit Lehrwerken in der Anfangs- und Mittelstufe ist nicht nur die Quantität, sondern auch die ›Qualität‹ des zu lernenden Wortschatzes ziemlich genau vorgegeben. Die **Prinzipien für die Auswahl des** zu lernenden Wortschatzes sind dabei – neben der Bezogenheit auf die Lebenswelt der Lernenden:

- die **Häufigkeit** (*frequency*), mit der das Wort im Englischen benutzt wird,
- die **Bedeutungs- und Verwendungsbreite** (*range*),
- die **Verfügbarkeit** (*availability*) beim Lerner, die mit der Wahrscheinlichkeit wiederholter Anwendung des Wortes zu tun hat,
- die **Verwendbarkeit** (*coverage*) und schließlich
- die **Lernbarkeit** (*learnability*) des Wortes. (Vgl. Coady/Huckin 1997; Doyé 1982; Gairns/Redman 1990; Hinz 1985; Löschmann 1993; Wallace 1982; Willis 1981).

Der englische **Mindestwortschatz** liegt bei **circa 2000 Wörtern**, wobei allerdings großes Geschick im Umschreiben von komplexeren Wörtern notwendig ist, wenn man eine flüssige Konversation führen will. 1930 legte Charles K. Ogden 850 Wörter als *Basic English* fest. Unter 2000 Wörter werden auch von modernen englischen Lernerwörterbüchern als *defining vocabulary* verwendet (s. Kap. V.3). Der für die Sekundarstufe I bzw. den Abschluss an Haupt-, Mittel- und Realschule, Gesamtschule und Gymnasium geforderte Wortschatz befindet sich also noch relativ deutlich über diesen Grenzen. Die Richtlinien vom Kultusministerium NRW 1993 forderten sogar rund 4200 Wörter bis zum Ende der Klasse 10 und verwiesen explizit (ebd., 60) auf die erhebliche Bedeutung eines ausreichenden Wortschatzes. In den letzten Jahren ist, besonders im Rahmen der von der Wirtschaft vorgebrachten Klagen über die abnehmenden Kompetenzen von Schulabgängern, wiederholt die Reduzierung der an Schulen vermittelten Wortschatzmenge beklagt worden, die in Anbetracht der Bedeutung, die Wörter für den angemessenen Gebrauch einer Sprache und damit für die kommunikative Kompetenz haben, nicht zufrieden stellen kann. Da das Lamentieren über derartige Lernrückschritte (bzw. ministerielle Planungsmängel) kaum hilft, lohnt es sich, auf den Erfolg hinzuweisen, den auch in diesem Bereich das autonome, von Schülern also weitgehend selbstgesteuerte und von ihren eigenen Interessen getragene Lernen erbringt, wobei auch der Vokabelerwerb deutlich höher zu sein scheint als beim traditionellen Englischunterricht (vgl. Legenhausen 1994). Allerdings sind auch hier die konkreten Bedingungen für besseres Vokabellernen und -lehren noch genauer zu erforschen.

In den Kontext des autonomen Lernens und dessen, was im Schaubild der Lernziele (Abb. 25) ›Methodenbeherrschung‹ genannt wird, gehört zum Lehren und Lernen des Wortschatzes natürlich die Vermittlung bzw. der Erwerb der Fähigkeit, **Wörterbücher zu nutzen**, um den Wortschatz zu erweitern und dann Texte auch selbständig zu erschließen (vgl. Scholfield 1982 und s. Kap. V.3).

Wichtiges Lern- und Lehrprinzip ist die **Einbindung der Lexik in Wortfelder, Sprechabsichten und** dazugehörende **Kommunikationssituationen** (s. Kap. I.4). Wörter werden natürlich nicht isoliert gelernt und gelehrt, sondern in sinnfälligen Kontexten. Dabei entwickeln Schüler implizit oder explizit – wie in der folgenden Übung für das 9. Schuljahr aus dem Lehrwerk *English G* (1989, 33) – Netzwerke, die Wörter miteinander und mit relevanten Kontexten verbinden:

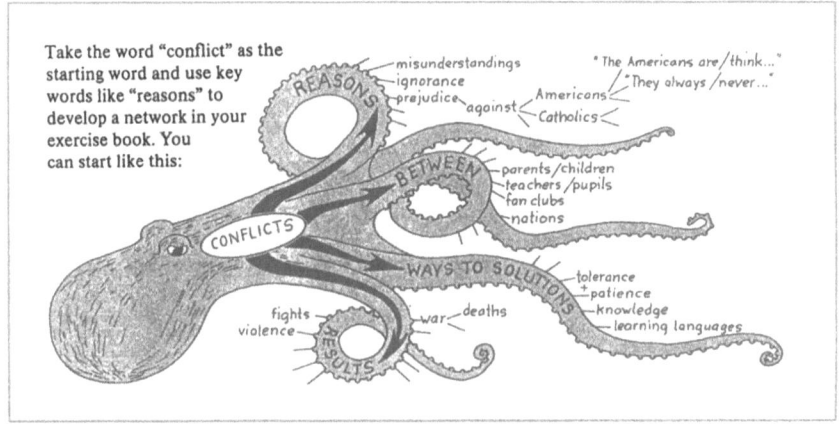

Abb. 26: Mind-Mapping: Wortschatz- und Denknetzwerke

Eine solche **Konstruktion von Zusammenhängen** dokumentiert an einem kleinen Beispiel handlungsorientiertes Englischlernen in ständiger Verbindung mit situations- und kulturbezogenem Lernen. (Die Übung zum Ausgangswort *conflict* steht im Lehrwerk im Kontext des Landeskundethemas »Ireland«.) Wortschatznetzwerke verbinden sich auf diese Weise mit kognitiven Verstehensnetzwerken, den so genannten *mind-maps*, die das Behalten von Wörtern in erheblichem Maße fördern. (Vgl. exemplarisch Aitchison 2003; Holtwisch 1992 sowie die Texte und Literaturangaben in Rampillon/Reisener 1995).

Aussprache
Das Üben der **Aussprache** (*pronunciation*) ist ein wesentliches Element des Anfangsunterrichts. Da die richtige Aussprache immer auch eine Frage der **Intonation** und des **Rhythmus** ist, eignen sich hier zur Übung besonders gut Sprüche, Reime und Verse. Das Hauptgewicht muss natürlich zum einen auf den **speziellen Lauten** liegen, die im Englischen anders als im Deutschen gesprochen werden, also vor allem auf der Aussprache des [ð,θ], des [w], [r], *dark* [ɫ], des [æ], des stimmhaften [s] und des stimmhaften [b], [d], und [g]. Zum anderen müssen die unterschiedlichen Intonationen der Aussage- und Fragesätze geübt werden. Es gilt also, phonologische, phonotaktische und prosodische Aspekte gleichermaßen zu beachten (s. Kap. I.3 und V.2.1). Hierzu bietet sich der Einsatz auditiver Medien und des Sprachlabors an. Als **Übungsformen** eignen sich Übungen mit der gesamten Klasse, wie etwa das Chorsprechen, ebenso wie Partnerarbeit oder auch Einzelarbeit mit Hörtexten im Sprachlabor, die das Hören durch Sprechübungen ergänzen. Hör- und Videomaterial, das in Rollenspielen und Dialogen nachgeahmt wird, kommt ebenso zur Anwendung.
    Wesentliches Lern- und Lehrprinzip ist, wie schon beim Wortschatz, die kontextuelle **Bindung** der Aussprache **an größere Zusammenhänge**. So wie sich die Aussprache einzelner Laute durch andere Lautumgebungen ändern kann, so wird

auch die Prosodie durch Redeabsicht, Gesprächspartner und Gefühlslagen beeinflusst. Im Englischunterricht kommt es darauf an, Schülern die für ihr Alter und ihre Lernsituation typischen **Aussprachemuster des Englischen** vor Augen und Ohren zu führen. Die Schüler sollen direkt und praktisch erleben, welche Laute im Englischen bedeutungsunterscheidend sind (s. Kap. I.3.2) und worauf es bei der Aussprache ankommt. (Vgl. Celce-Murcia 1996; Germer 1980; Gimson 1989; Lennon 1984).

Am Ende des Anfangsunterrichts (in der Schule spätestens im zweiten Unterrichtsjahr) sollen die Schüler die grundlegenden **Ausspracheregeln** weitgehend beherrschen. Gerade während der vorwiegend imitativ ausgerichteten Übungsphase des Sprachenlernens wird mit der richtigen Aussprache eine wichtige Grundlage für die weitere Entwicklung der Sprachkompetenz gelegt. Jüngere Schüler sind hier noch eher beeinflussbar als ältere. Die Aussprache muss Schülern immer wieder während des langen Sprachlernprozesses bewusst gemacht und mit gezielten Übungen verbessert werden. Übung, Verbesserung und Variation der Aussprache (etwa mit englischen und US-amerikanischen Varianten) ist natürlich auch noch ein wichtiger Bestandteil des Anglistikstudiums (s. Kap. V.2).

Schüler sollen die **phonetische Umschrift** (*phonetic transcription*) zumindest passiv beherrschen, um aus dem Lehrwerk bzw. einem Wörterbuch die richtige Aussprache zu entnehmen. ›Richtig‹ ist im Englischunterricht grundsätzlich die *Received Pronunciation* (RP) (s. Kap. I.3 und I.8.2), die dann im Laufe der Schulzeit durch Ausspracheunterschiede in Soziolekten, Dialekten und Varietäten des Englischen ergänzt wird.

Grammatik
Eine pädagogische oder **Lern-Grammatik** verwendet die Ergebnisse wissenschaftlicher Grammatiken mit Blick auf eine bestimmte Zielgruppe und ein spezielles Lernniveau. Es wird also keineswegs ein umfassendes Bild der **Grammatik** (*grammar*) des Englischen vermittelt, sondern ein spezifisch ausgewähltes. In der Regel werden dabei Elemente verschiedener wissenschaftlicher Grammatiken (s. Kap. I.5.1) kombiniert. Beispiele für Lern-Grammatiken sind Fleischhack u.a. (1990); Werlich (1978 und 1978a), die Grammatiken zu bestimmten Lehrwerken anbieten, sowie Ungerer u.a. (1984) für eine Oberstufengrammatik. (Vgl. auch Düwell/Gnutzmann/Königs 2000; Odlin 1994; Mindt 1995; 2000). Ziel ist es, Schülern Hilfen zu geben, wie sie eigene und damit (relativ) neue Sätze mit Hilfe von bekannten Mustern und daraus ablesbaren Regeln bilden, Regelmäßigkeiten einer Sprache erkennen sowie die Satzelemente benennen können. Hier ergänzen sich muttersprachlicher und fremdsprachlicher Unterricht, und es werden Gemeinsamkeiten, aber auch Unterschiede in den beiden Sprachen erkennbar.

Ein augenfälliges Beispiel ist etwa der Unterschied zwischen dem deutschen Perfekt und dem englischen *present perfect*, der erkennen lässt, dass verschiedene Sprachen mit den grammatischen **Zeit- und Aspektformen** ihrer Verben (*tenses and aspects of verbs*) unterschiedliche Sichtweisen auf **konkrete erlebte Zeit** (*time*) verbinden (s. Kap. I.5.3). Andererseits sind etwa die Art und Weise, wie Personen gesehen und bezeichnet werden, im System der Personalpronomina beider Sprachen weitgehend kompatibel. **Grammatikunterricht** kann auf diese Weise schon in einem frühen Stadium als **Unterricht über sich in Sprache ausdrückende Zugangsweisen zur Welt** betrieben werden und verliert dann die negative Charakterisierung einer rein auf Form- und Regellernen abzielenden Prozedur. Grammatik erscheint als Mittel, sprachliche Formen zu beschreiben, mit denen die Welt dargestellt und wiedergegeben wird. Grammatik ist daher immer bedeutungsvoll und funktional. Eine solch ›**funktionale Grammatik**‹ verknüpft sprachliche Formen implizit oder explizit ständig mit dem kulturellen Kontext. Hallidays Entwurf einer »functional grammar« betont, dass auf diese Weise jeder mündliche oder schriftliche Text immer bezogen ist auf »the non-linguistic universe of its situational and cultural environment« (Halliday 1985, xvii).

Dies ist genau der Rahmen, in dem Grammatikunterricht – idealerweise – stattfinden soll. Entscheidendes Kriterium für die Grammatikarbeit ist nach einer solchen Konzeption nicht mehr eindeutige, normative Richtigkeit, sondern Angemessenheit und vor allem die Vermeidung einer Sprachverwendung, die die Kommunikation in einer bestimmten Situation stört. **Drei kurze Beispiele sollen Möglichkeiten für einen kommunikativ und funktional orientierten Grammatikunterricht** auf ganz unterschiedlichen Schulstufen andeuten.

1. Frank/Rinvolucri (1983, 66) schlagen für das **Üben des *simple past* und *past continuous*** auf der Elementarstufe vor, dass der Lehrer den Schülern ein Bild von sich selbst aus der Vergangenheit zeigt und über sich aus jener Zeit erzählt. Nach diesem Vorbild bringen dann die Schüler ältere Bilder von sich mit und berichten über sich in der Vergangenheit, bei punktuellen Handlungen im *simple past*, bei progressiven im *past continuous*. Die didaktische Absicht ist klar: Es sollen Tempus und Aspekt geübt werden. Die Übung wird aber in eine konkrete und realistische Situation eingebaut, für die der Gebrauch des Tempus unumgänglich ist, d.h. die grammatische Form wird in praktischer Funktion eingeübt. Der Unterricht ist **deutlich handlungsorientiert**: die Sprache anwenden *können*, ist wichtiger als Sprachformen explizit zu *kennen*.

2. Mit zunehmendem Alter der Schüler wächst die Forderung an sie, Sprachformen auch bewusst zu kennen und über ihre Verwendung zu reflektieren. Daher ist Colyer/McDermotts (1994) Vorschlag ein repräsentatives Beispiel für **Grammatikarbeit am Ende der Sekundarstufe I**: Der Kontext hier ist die Lektüre von Texten und die Reflexion über wichtige Textkonstituenten, etwa die Tempora. Nach einer Reihe interaktiver Übungen zur Erhöhung der Wahrnehmung und Erwartungshaltung der Schüler in Bezug auf das Thema des Textes schlagen die Autoren als letzte Übung eine Diskussion über die im Text verwendeten Tempora vor, die schließlich mit einem Lückentext endet, in dem die Verben in der richtigen Form eingefügt und Begründungen für die Wahl gegeben werden müssen.

3. Ein Beispiel für **Grammatikunterricht in der Oberstufe** ergibt sich aus der Diskussion des Gedichts von Merle Collins, »No Dialects Please« (S. XIV). Hier bietet der Vergleich der verwendeten karibischen Varietät mit der Norm des *Standard English* Möglichkeiten zu expliziter oder impliziter Grammatikwiederholung. Ein solch **komparatistisches Arbeiten** ist zugleich aufschlussreich für soziale und ethnische Besonderheiten und könnte z.B. Anlass geben, über die gesellschaftliche **Bedeutung von Sprachnormen** und übliche **Reaktionen auf abweichenden Sprachgebrauch** zu reden.

Der Text von Merle Collins belegt, wie wichtig eine spezielle, als ›normal‹ akzeptierte Sprachform für das Erkennen von Abweichungen davon bzw. von spezifischen ›Sprachmarkierungen‹ (s. Kap. I.2.3) ist. Zusätzlich zeigt er auf, dass solche Normen immer von bestimmten gesellschaftlichen Gruppierungen festgelegt werden, und zwar von den Gesellschaftsgruppen, die die nötige Macht für eine solche Normierung besitzen. Für alle Lerngruppen ist es wesentlich, sich an solchen Normen zu orientieren – entweder, um ihnen genau zu folgen (und damit etwa im Geschäftsleben erfolgreich zu sein) oder um von ihnen abzuweichen, etwa in sprachspielerischer Form als Dichter oder zum Ausdruck einer gruppenspezifischen Besonderheit.

Sprache erscheint damit als gesellschaftlich determiniert und gleichzeitig auch als den Sprecher maßgeblich prägend. ›Richtiges‹, ›falsches‹, ›gutes‹ oder ›schlechtes‹ Englisch werden als Maßstäbe erkennbar, die keineswegs absolute, sondern immer eine sozial bestimmte und damit veränderbare Gültigkeit haben. **Grammatische Norm für den Englischunterricht** ist grundsätzlich der vom Lehrer, Lehrwerk, der didaktischen Grammatik und letztlich den großen Grammatiken der englischen Gegenwartssprache zugrunde gelegte Standard (s. Kap. I.8.3), der (ähnlich wie bei der Aussprache) im Lauf der Schulzeit durch die Begegnung mit grammatischen Abweichungen in Dialekten, Soziolekten und Varietäten des Englischen ergänzt wird.

Letztlich erleichtert eine Abstraktion auf eine überschaubare Menge von sprachlichen ›Grundtendenzen‹ (wie etwa ›S-P-O‹), also eine Grammatik, das Erlernen und Verstehen dieser Sprache in erheblichem Maße (s. auch Kap. I.5.3). Praktische Sprachbeherrschung und insbesondere die Fähigkeit zu flüssiger mündlicher Kommunikation (*fluency*) sind damit natürlich nicht direkt verbunden. Sie hängen in erster Linie von ausreichender Anwendung und Übung ab.

Gerade bei der Grammatik gilt das für alles Lernen immer wieder grundlegende Prinzip der **Progression** (*progression*) **vom Einfachen zum Komplexen**. Dazu kommt die gleichfalls immer notwendige Berücksichtigung des entwicklungspsychologischen Standes der Lernenden. So beginnt der schulische Englischunterricht keineswegs mit grammatischen Erläuterungen, sondern mit der **Imitation** vorgesprochener Wörter und Sätze. Erst allmählich lässt der Gebrauch der Sprache Regelmäßigkeiten erkennen, die der Lehrer die Schüler möglichst selbst finden lassen sollte. Das eigene **Entdecken von sprachlichen Regelmäßigkeiten** gehört in den Kontext des autonomen Lernens. Entsprechend fordern neuere Richtlinien bewusst und explizit die Ausbildung der »Fähigkeit zum Hypothesenbilden und Hypothesentesten« sowie zur »Regelbildung« (im Sinne der *language awareness*; vgl. James/Garrett 1992), die auf der »Fähigkeit zum Entdecken von Ähnlichkeiten und Verschiedenheiten«, zum »Klassifizieren, Generalisieren und Abstrahieren« sowie zum »Anknüpfen an Vorwissen« beruht. Grammatikunterricht dient dabei der angestrebten »Fähigkeit zur Kommunikation über Sprache« (Kultusministerium NRW 1993, 118f.) und hat von Anfang an eine helfende, Orientierung gebende Funktion.

. Diese, die Sprachverwendung unterstützende, Funktion der Grammatik wird von den Rahmenrichtlinien immer wieder hervorgehoben. Repräsentativ sei der explizite Bezug zum Grammatikunterricht aus dem *Lehrplan Gymnasium. Englisch* des Sächsischen Staatsministeriums für Kultus (1992, 14) zitiert:

> Grammatische Strukturen sind für die Kommunikation und das Verstehen einer Sprache unbedingt nötig. Bis Klasse 8 sind die wichtigsten grammatischen Erscheinungen eingeführt, bedürfen aber einer ständigen Wiederholung und Systematisierung, damit sie für den Schüler auch verfügbar sind. Grammatische Kenntnisse werden so erarbeitet, daß dem Schüler Bedeutung, Funktion und Form als Einheit bewußt werden. [...] Trotz notwendiger Regelkenntnisse bleibt oberstes Prinzip: Sprachverwendung vor Sprachsystemkenntnis.

Grundsätzlich gilt, dass der Grammatikunterricht mit dem Lehrbuch (also spätestens in Klasse 10) abgeschlossen ist und dann (in der Oberstufe, aber auch schon am Ende der Mittelstufe bzw. Sekundarstufe I) punktuell und gezielt Schwächen korrigiert und Problembereiche überarbeitet werden. Zusammen mit den Richtlinien geben die Lehrwerke die grammatische Progression im Englischunterricht vor.

Im Rahmen eines kommunikativ orientierten Englischunterrichts, wie er sich in den 1960er und 1970er Jahren entwickelte, erscheint Grammatik zunächst als unerheblich, als zweit- oder gar drittrangig gegenüber der Entwicklung der Fähigkeit zu kommunizieren und seine Wünsche, Bedürfnisse, Gedanken und Intentionen (*notions*) sprachlich zum Ausdruck zu bringen (vgl. exemplarisch für diese Position Piepho 1974, 35f., und Krashen 1985, 2). Es ist in der Tat zu beachten, dass grundsätzlich im Englischunterricht der Gegenwart die *Funktion* der Sprache wesentlich wichtiger ist als die sprachliche *Form*. (Allerdings hat die funktionale Grammatik noch nicht eine so etablierte Terminologie in der Didaktik entwickelt wie die traditionelle formale Grammatik.) Trotz dieses Primats der Funktion gegenüber der Form betonen jedoch nicht nur die Richtlinien für den Schulunterricht die Bedeutung der Grammatik, sondern auch Vertreter des kommunikativen Fremdsprachenunterrichts, des Kognitivismus, der Pragmatik und der Lernpsychologie. (Vgl. etwa Börner/Vogel 2002; Brumfit 1984; Fetzer 2004; Littlewood 1994; Pienemann 1998; Wilkins 1976).

Zusammenfassend lässt sich daher feststellen, dass **Grammatikunterricht kommunikative und kulturelle Kompetenz** fördert, wenn er die ständige Beziehung zwischen grammatischer Form und sprachlicher wie auch kultureller Funktion berücksichtigt. Er bietet insbesondere die folgenden Hilfen an:

- Er vermittelt Schülern eine bestimmte Ordnung im Sprachsystem.
- Er hilft damit Schülern, ökonomischer und effektiver die fremde Sprache zu lernen.
- Er vermittelt Erklärungen für sprachliche Phänomene.
- Er definiert Normen, die es ermöglichen, sprachliche Leistungen als angemessen oder unangemessen zu beurteilen. (Das ist nicht nur für Lehrer eine Beurteilungshilfe, sondern auch für Schüler.)
- Er erhöht das Bewusstsein und Wissen der Schüler über das Funktionieren einer Sprache und ihren Gebrauch in einer Gesellschaft.
- Er hilft, soziale Akzeptanz zu erreichen. Schülern ist aus ihrer eigenen Erfahrung schon bekannt, dass man die Sprache der Gruppe sprechen muss, zu der man gehören will. Gleiches gilt in erhöhtem Maße für die Fremdsprache. Selbst wenn man als Ausländer vielleicht nie ganz in einer ›fremden‹ Gruppe akzeptiert wird, trifft Littlewoods Aussage (1994, 27) einen wesentlichen Punkt des

Sprachenlernens: »appropriate control of the grammar [...] makes the forms of the communication socially acceptable.« (s. auch Kap. V.).
- Schließlich lässt sich gerade auch ein kreativer Gebrauch von Sprache erst im Vergleich zur Norm beurteilen. Das Gedicht von Merle Collins macht das sehr deutlich.

Im kreativen Umgang mit der Norm ergibt sich auch die Möglichkeit für eine ganze Reihe nützlicher wie amüsanter **Sprachspiele** im Englischunterricht. Wenn Schüler etwa in syntagmatischen Strukturen paradigmatische Ersetzungen vornehmen, erleben sie bald, dass aus der ernsthaften Normativität solcher Ersetzungsübungen schnell etwas spaßig Neues entstehen kann. So beschreiben sie schon einen mittleren Weg zwischen dem Zwang zur Norm und der Freiheit zur Normveränderung. Sie erleben, dass man Sprache in der Tat, wie es der Begründer der Transformationsgrammatik, Noam Chomsky, macht, als »rule-governed creativity« definieren kann. Dass Chomsky ›Kreativität‹ in einem speziellen Sinn als die menschliche Fähigkeit versteht, aus einer endlichen Reihe von Basisregeln eine unendliche Abfolge von Sätzen zu transformieren, die für den Hörer ganz neu sein können, aber dennoch direkt verstanden werden (Chomsky 1966, 11f.), lernen Studierende der Anglistik in entsprechenden Veranstaltungen zur Linguistik. In der Fachdidaktik erfahren sie, ein solches Konzept von Kreativität durch andere zu ergänzen, die Schülern helfen, Englisch nicht nur zu verstehen, sondern auch spielerisch kreativ mit der Sprache umzugehen und sie so zu lernen. (Vgl. zu Sprachspielen im Unterricht Bloom/Blaich/Löffler 1988; Frank/Rinvolucri 1983; Klippel 1980; 1996; 2000; Kuty 1992; Oberbeil 1992).

Sprachpraxis in kulturellen und interkulturellen Kontexten
Englische Sprachdidaktik beschäftigt sich mit der Vermittlung (dem Lernen und Lehren) der sprachlichen Grundlagen des Englischen, zu denen in erster Linie Wortschatz, Aussprache und Grammatik gehören. Diese sprachlichen Grundlagen sind aber im Grunde erst bedeutungsvoll in ihrem kulturellen Kontext bzw. in ihrem praktischen Gebrauch (s. auch Kap. I.4.5). Deshalb sind Wörter und grammatische Strukturen immer zusammen mit ihren **Gebrauchskontexten** zu erlernen. Halliday, der seine funktionale Grammatik zum Zweck der Textanalyse geschrieben hat, betont, dass für die Beurteilung der Angemessenheit sprachlicher Laute und Formen die Sprachverwendung in bestimmten Situationen und Kontexten unerlässlich ist: »Language, defined by descriptive linguistics, is patterned, social activity of human beings, displaying patterns of substance (phonic and, at least potentially, graphic), form (grammar and lexis) and context« (Halliday/McIntosh/Strevens 1964, 223).

Die wesentlichen Aspekte des Kontexts werden innerhalb der Linguistik im Bereich der **Pragmatik** behandelt (s. Kap. I.2.2). Für die Sprachdidaktik hat etwa Egon Werlich den Versuch unternommen, grammatische Formen direkt mit der kultur- und sprachspezifisch geprägten Produktion von Texten zu verbinden (vgl. Werlich 1976; 1976a; 1977; 1980). Es ist unmittelbar einsichtig, dass Sprachbeherrschung mit der Fähigkeit zur Textrezeption und -produktion untrennbar verbunden ist. Das obige Schaubild der fachspezifischen Lernziele (Abb. 25) veranschaulicht dies ebenfalls. Insofern gehört zur Sprachdidaktik grundsätzlich ebenso das Lehren und

Lernen des Umgangs mit Texten, was immer auch auf die **kulturellen Kontexte** (*cultural contexts*) verweist.

Die im Englischunterricht angestrebte kommunikative Kompetenz ist ohne kulturelle Kontexte und entsprechende kulturelle Kompetenz des Sprachlerners nicht realisierbar. Da das Englischlernen an deutschen Schulen immer das Erlernen einer Fremdsprache ist, entwickelte sich in diesem Bewusstsein das **interkulturelle Lernen** (*intercultural learning*) zu einem »Schlüsselbegriff des Fremdsprachenlernens« (Buttjes 1991, 2). Manche Richtlinien für den Englischunterricht führen dementsprechend interkulturelles Lernen noch vor dem Hörverstehen, Sprechen, Leseverstehen, Schreiben, Wortschatz und den grammatischen Strukturen als ersten wesentlichen Bereich des Englischunterrichts auf (vgl. Kultusministerium NRW 1993, 41-66 und 67ff.). Kulturelle bzw. interkulturelle Kompetenz wird in allen Richtlinien gefordert und ist ein inzwischen selbstverständlicher Bestandteil des Fremdsprachenunterrichts. Englischunterricht versucht dabei, Schülern zusammen mit der Sprachvermittlung ein Verständnis für die fremde Kultur zu geben, so dass sie »angemessen mit der Erfahrung der Fremdheit« umzugehen lernen und auf diese Weise »sowohl dem gegenseitigen Verständnis als auch der Erweiterung der eigenen sozialen und kulturellen Handlungsfähigkeit« gedient wird. (Kultusministerium NRW 1993, 41; ebenso bzw. noch verstärkt in Ministerium 1999, 7ff.; ähnlich im Kernlehrplan 2004, 4; vgl. zum interkulturellen Lernen Bausch/Christ/Krumm 1994; Bredella/Delanoy 1999; Buttjes/Byram 1991; Byram 1997; Chambers/Baoill 1999; Doyé 1999; Edelhoff 1987; Knapp/Knapp-Potthoff 1990; Knapp-Potthoff/ Liedke 1997; Rampillon 1990; Rampillon/Reisener 1992).

In den Kontext des interkulturellen Lernens gehört auch die Entwicklung des **Bilingualen Englischunterrichts** (*bilingual English teaching*). Hierbei wird die Fremdsprache in einem Sachfach, wie Erdkunde, Politik oder Geschichte, zusammen mit der Muttersprache der Schüler verwendet. Die Sprachverwendung ist also vornehmlich sachbezogen, und Ziel dieses Unterrichts ist es, Schüler in die Lage zu versetzen, sich in der Fremdsprache zu Sachproblemen zu äußern, sich dann später an internationaler fachlicher Kommunikation zu beteiligen und über die Sprach- und Sachkompetenz auch eine **Bikulturelle Kompetenz** (*bicultural competence*) zu erlangen. Auf den bilingualen Unterricht werden die Schüler in den Jahrgangsstufen 5 und 6 durch einen erweiterten Fremdsprachenunterricht vorbereitet, bis der Unterricht im Sachfach in Klasse 7 beginnt. (Vgl. Bach/Niemeier 2002; Bredenbröker 2000; Breidbach 2002; Weller/Wolff 1993; Zydatiß 2000).

Die absolute Notwendigkeit, Sprachvermittlung immer mit Kulturvermittlung zu verbinden, ist in allen hier aufgeführten Bereichen der Sprachdidaktik deutlich geworden. Erst kulturelle Kontexte geben den Inhalten dieser Bereiche Sinn und Bedeutung. Dies gilt genauso für den Bereich der Text- und Literaturdidaktik.

2.4.2 Text- und Literaturdidaktik

Im Fremdsprachenunterricht sind Schüler ständig und von Beginn an mit Texten konfrontiert (zur Definition von ›Text‹ s. Kap. I.6 und III.2.2.4). Nach der vor allem auf Mündlichkeit basierenden Anfangsphase stellt auf der Grund- und Mittelstufe in erster Linie das Lehrwerk die Textbasis für den Unterricht bereit. Ziel ist dabei zunächst das sinnerfassende Lesen, die Informationsentnahme bzw. das Erschließen des Textinhalts. Über die Reproduktion von Textinhalten und Textformen geht es allmählich zu freierer Textproduktion. Das Hören und Sprechen sind wie das Lesen und Schreiben einander ergänzende Fertigkeiten, an denen immer Texte beteiligt sind (s. auch Kap. V.2).

Obwohl die neuen audio-visuellen Medien ständig an Einfluss gewinnen, ist die Bedeutung der Schrift im herkömmlichen Verständnis weiterhin unbestritten, und entsprechend ist die Entwicklung der **Lesefähigkeit** (*reading skill*) als rezeptiver und produktiver Umgang mit Texten von großer Relevanz. Nachdem Schüler gelernt haben, Texte

1. intensiv (**statarisch**) zu **lesen** (*intensive reading*) und dabei alle Informationen aufzunehmen, müssen sie
2. vor allem für längere Texte auch **das extensive (kursorische) Lesen** (*extensive reading*) lernen, bei dem sie nicht mehr alle Einzelheiten beachten, sondern entweder herausfinden,
   - wovon der Text überhaupt und vor allem handelt (*reading for gist* oder *scanning*), oder
   - was der Text zu einem bestimmten Problem oder Thema zu sagen hat (*reading for information* oder *skimming*).

Diese unterschiedlichen **Formen des informationsentnehmenden Lesens** sind insbesondere für eine spätere berufliche Verwendung der Lesekompetenz von großer Bedeutung (vgl. Day/Bamford 1998; Ehlers 1998; Giera 1980; Nuttall 1996; Rivers/Dell'Orto 1977; zur Lesefertigkeit von Studierenden Montgomery 2000).

Die **Textproduktion** in der Unter- und Mittelstufe umfasst eine große Zahl ganz unterschiedlicher Texttypen: (Nach-)Erzählung, Bericht, Brief, Essay, Zusammenfassung usw. Vor allem in der Oberstufe kommen dann noch (oft durch Leitfragen gelenkte) Interpretationen von literarischen Texten dazu. Allerdings ist zu beachten, dass es in der deutschen Fachdidaktik im Gegensatz zum englischsprachigen Raum kaum theoretische Arbeiten zur Entwicklung der **Schreibfähigkeit** (*writing skill*) gibt. Heuer/Klippel (1987, 97f.) stellen die Situation in der Fachdidaktik zutreffend dar, wenn sie feststellen, dass die Untersuchungen zur Schreibkompetenz nicht sehr zahlreich sind und sich vor allem auf die Orthographie beziehen: »In unserer Zeit des kommunikativen Didaktikansatzes ist auch keine weiterführende Erforschung der Schreibfertigkeit zu erwarten, wie sie z.B. für die Fertigkeit des Hörverstehens erfolgt.« Entsprechend findet sich im Register der aktuellen Richtlinien Englisch für die SII in NRW das Stichwort ›Schreiben‹ überhaupt nicht, es gibt nur zwei Einträge unter ›Sprache, geschriebene‹, mehrere unter ›Sprechen‹ (Ministerium 1999, 162).

Das Pendel wird aber auch hier wieder in die andere Richtung gehen, zumal **Schreibkompetenz** sowohl **im Studium wie im Beruf** weiterhin von großer Bedeutung ist. Es ist eindeutig Zeit für ein Umdenken, das sowohl muttersprachliche Fähigkeiten, Erkenntnisse aus England und den USA (etwa mit *creative writing*-Kursen, aber auch mit der Erstellung nichtfiktionaler Texte), berufliche Erfordernisse und auch wieder die konstruktivistische Komponente des kreativen und autonomen Lernens mit einschließt. Die neuesten Medien (Computer, Telekommunikation, Internet) verlangen und fördern ebenfalls nicht nur die visuelle und rezeptive Textbearbeitung sondern auch die Textproduktion. So ist es dringend erforderlich, Schüler nicht nur zur Rezeption einer ständig anwachsenden, riesigen Textmenge zu befähigen, sondern auch dazu, selbst bessere Texte zu produzieren. (Vgl. exemplarisch Arendt 1993; Christ/Glaap 1987; Genzlinger 1985; Kästner 1997; Knapp 1997; Kupetz 1997; Müller 1987; Nissen 1993; Rice 2004; Rüschoff 1995; Tribble 1996).

Literaturdidaktik (*the teaching of literature*) beinhaltete traditionellerweise das Lehren und Lernen des Umgangs mit Texten, die als qualitativ ›besser‹, eben als angesehene Literatur betrachtet wurden. Eine solche wertende Sicht auf Literatur gehörte zu einer Didaktik, die den Hauptakzent auf bestimmte ausgewählte Bildungsinhalte legte. Inzwischen hat eine derartige Werthaltung wesentlich an Bedeutung verloren (s. auch Kap. III.1.1), und Literatur wird als das Medium angesehen, in dem Schüler in authentischer Weise dazu geführt werden, über Sinn- und Bedeutungskonstruktion zu sprechen.

Diese *negotiation of meaning*, die eine Form der aktiven Beteiligung am **Prozess der Sinnfindung** (*sense-making process*) darstellt und von Sixt (1985) für den (fremdsprachlichen) Verstehensprozess allgemein, von Buttjes (1989, 77f.) speziell für die Kulturstudien im Englischunterricht hervorgehoben wird, findet bei Literatur immer und in exemplarischer Weise statt. Literatur verlangt nämlich grundsätzlich die Interpretation des Textes auf seine Bedeutung hin, die sie nicht in diskursiver und eindeutiger Weise zum Ausdruck bringt, sondern immer vermittelt über Bilder, Handlungen, Charakterisierungen der Figuren usw. Literatur zwingt daher Schüler zur Reflexion über die Art und Weise, wie eine bestimmte Welt im Text gestaltet ist und was sie bedeutet.

In einem wesentlich geringeren Maße als nichtfiktionale Texte verlangt Literatur einen unmittelbaren Bezug zur außertextlichen Realität. Schüler sind daher zunächst gefordert, den literarischen Text in sich und aus sich heraus zu verstehen. Überlegungen, wie die Welt des Textes mit einer bestimmten realen Alltagswelt zusammenhängt, lassen sich daran anschließen. Der literarische Text wird sich dann stets als künstlerische Reflexion der Wirklichkeit erweisen, die er auf eine bestimmte Weise wiedergibt oder zu der er einen Gegenentwurf, eine imaginierte Alternative präsentiert. In jedem Fall fordert und fördert Literatur die Imagination und die konstruktiven Fertigkeiten der Schüler auf so exemplarische Weise, dass ihr eine essentielle Stellung im Englischunterricht zukommt. (Zur Übertragung dieser und weiterer Qualitäten von Literatur auf den Englischunterricht vgl. Bredella 1976; 1980; 2002; Freese 1981; Müller 1992; Weskamp 2001).

Gerade die Komplexität von Literatur macht eine genaue **Analyse literarischer Texte** notwendig. Es sind nicht allein Imagination und Kreativität gefordert, sondern diese müssen auf Sachkompetenz, d.h. der Fähigkeit zur Textanalyse und dem Erkennen sprachlicher Funktionen basieren. Deshalb verlangt Literatur eine entsprechende Vorbereitung in den unteren Klassen. (Vgl. Hermes 1979; Hellwig 2000; Hunfeld 1982).

Für die Entwicklung einer solchen Sachkompetenz ist es wichtig, Literaturdidaktik mit der allgemeineren fremdsprachlichen Textdidaktik und der Sprachdidaktik zusammenzusehen, nicht nur mit der Literaturwissenschaft. Alle Versuche, literaturwissenschaftliche Analysemethoden (s. Kap. II.4) einfach im Literaturunterricht zu übernehmen, sind kläglich gescheitert. Wichtiger, als eine bestimmte wissenschaftliche Methode zu lernen, ist es für Schüler, grundlegende **Kriterien der Textkonstitution** zu kennen, die dann auch auf Literatur übertragbar sind:

- etwa die **Charakterisierung von Figuren**, die an ganz unterschiedlichen Stellen eines literarischen Textes durch die Figur selbst oder andere Personen in direkter oder indirekter Weise erfolgen kann und für deren Auslegung,
- das (anfangs zumindest implizite) Wissen um **Textkohäsion** notwendig ist (zur ›Kohäsion‹ s. auch Kap. I.6.2),
- die **Entwicklung einer Handlung** zu sehen und beschreiben zu können; gegebenenfalls auch zu erkennen, wie der Text Handlung nicht nur chronologisch präsentiert, also als *story*, sondern die Chronologie eventuell verändert, also einen *plot* produziert, und damit ganz andere Wirkungen erzielt,
- die **Bedeutung von Ort und Zeit**,
- von **Bildersprache, Metaphorik** etc. zu erkennen sowie
- die **Unterscheidung zwischen** solchen Textstellen oder -elementen vorzunehmen, auf denen der **Hauptakzent** der Textperspektive liegt (*foregrounding*), mit Aufdeckung der Schlüsselwörter, der Fokussierung, d.h. der Rede- und Sehperspektive im Text usw., **und** anderen Passagen, die weniger wichtig sind und eher den kontextuellen **Hintergrund** liefern (*background/backdrop/foil*).

Freese (1979) schlägt exemplarisch einen umfassenden und hilfreichen Fragenkatalog für die Analyse von Kurzgeschichten vor. Er macht aber gleichzeitig deutlich, dass ein solcher Katalog zunächst vor allem als Hilfe für Schüler gedacht ist, die eine derartige formale Orientierung (besonders zu Beginn des Literaturunterrichts) benötigen, dass es dann aber keineswegs um ein checklistenartiges Abhaken der einzelnen Kriterien geht, sondern um eine Anwendung, die text- und situationsangemessen ist. Gerade bei der Literaturinterpretation kommt es darauf an, dass der Lehrer einen mittleren Weg zwischen ›objektiver‹ **Lese-, Analyse- und Verstehenslenkung** einerseits und spontaner, **subjektiver Schülerreaktion** andererseits findet, damit sich unterrichtlicher Anspruch auf Weiterbildung und das Bedürfnis der Schüler nach Einbringung ihrer persönlichen Erfahrungen konstruktiv ergänzen.

Literatur ist exemplarischer Sprach- und Textgebrauch und liefert immer einen spezifischen Einblick in eine fremde Kultur (nicht nur eines bestimmten Autors, sondern auch der Welt, die dieser darstellt, und der Zeit, über die und aus der heraus er schreibt). Im Englischunterricht lernen Schüler, durch Literatur mit komplexen Sinnkonstruktionen umzugehen, die Reflexionen der Realität sind und deren Behandlung auch hilft, zur Komplexität und Widersprüchlichkeit der erlebten Realität eine gewisse sprachliche und spielerische Distanz zu entwickeln. Literaturdidaktik knüpft somit nicht nur an Text- und Sprachdidaktik an, sondern auch wieder an Lernpsychologie und Pädagogik sowie an alle Elemente des Netzwerks ›Englischunterricht‹. Dabei müssen die kurzfristigen Ziele des Unterrichts (Sprach- und Textkompetenz, Vorbereitung auf Klausuren und Abschlussprüfungen) ebenso wie die langfristigen Ziele der Qualifizierung für den Beruf sowie des nachschulischen Lesens umfangreicher und komplexer Texte berücksichtigt werden

So ist die **Auswahl der Literatur für den Englischunterricht** (in der Reihenfolge des Freeseschen Schaubildes, Abb. 24, S. 219) abhängig davon, ob

a) der Lehrer (wie natürlich auch der Schüler) einen **persönlichen Bezug** zu einem bestimmten literarischen Text hat (und nicht nur eine ausreichende Zahl von Interpretations- und Unterrichtshilfen), so dass er ihn angemessen (und nicht nur formal) vermitteln kann,
b) der Text dem **Alter und Sprachvermögen der Schüler** entspricht,
c) der **Text repräsentativ** für die literarische Gattung, die Literatur des Landes und der Zeit ist,
d) er **unterrichtsmethodisch behandelbar** ist,
e) ein **angemessener zeitlicher Rahmen** für die Behandlung vorliegt,
f) der literarische Text **schriftlich oder** etwa **auch als Film, Hörspiel usw.** verfügbar ist,
g) er sich schließlich auch für **die angestrebten Unterrichtsziele** eignet.

Es ist offensichtlich, dass damit wiederum **keine bestimmten Inhalte vorgegeben** sind. Auch die Richtlinien für den Schulunterricht schreiben nicht konkrete literarische Texte vor. So verlangen sie zwar manchmal noch die Behandlung eines Shakespeare-Dramas im Oberstufenunterricht, sagen aber nicht, welches Drama gewählt werden muss. Die Richtlinien nennen auch eine unterschiedlich lange und mehr oder weniger überzeugende Auswahl möglicher Kurzgeschichten, Romane oder Gedichte, verstehen dies aber nur als Empfehlung. **Die Auswahl bleibt den Lehrern überlassen.** Sie hängt in der Praxis leider zu häufig von den Schul- und Studienerfahrungen der Lehrer oder von der Verfügbarkeit gängiger Schulausgaben und kommerzieller Interpretationshilfen ab. Hier sind Studierende erneut besonders gefordert, sich während ihres Studiums eine Sachkompetenz anzueignen, die es ihnen ermöglicht, zahlreiche und umfangreiche Texte schnell zu lesen und gleichzeitig auf ihre didaktische Eignung zu prüfen, damit sie nicht später selbst vor allem von den Verlagsvorgaben oder der Studienlektüre abhängig sind. Freeses Urteil (1981, 23), »daß es über die ›richtigen‹ Inhalte des fremdsprachlichen Literaturunterrichts keinen Konsens gibt«, gilt weiterhin, ist aber heute wie damals kein Grund zur Sorge, sondern allein Anlass zu reflektierter und begründeter Auswahl von Literatur anhand der das Netzwerk ›Englischunterricht‹ konstituierenden Elemente.

Wenn ein Lehrer Werlichs **Texttypologie und Textgrammatik** (1976; 1976a; 1977; 1980; s. auch Kap. I.6.3) schon in den Unterricht eingeführt hat, wird er auch literarische Texte mit diesen Kriterien auswählen und beschreiben lassen. Werlichs Typologie betont die wichtige entwicklungspsychologische Komponente, indem sie darauf hinweist, dass es eine natürliche Progression in der Wahrnehmungs- und Aufnahmefähigkeit von Menschen zu geben scheint, die sich in einer entsprechenden Progression der Texttypen spiegelt. Daher findet sich in Werlichs Texttypologie eine Entwicklung von erzählenden über beschreibende zu handlungsanweisenden Texten (Gebrauchsanleitung usw.), schließlich zu expositorischen (z.B. Lexikoneinträge) und argumentativen Texten. Literatur als vielfältige und kreative Mischung solcher und anderer Texttypen setzt dann die Kenntnis dieser Grundformen und deren Bauelemente voraus. Eine andere in Schulen einflussreiche Texttypologie für den englischsprachigen Literatur- und Textunterricht stellen Rotter/Bendl (1983; 2000) vor.

In der neueren Literaturdidaktik wird **Literatur vielfach als Anlass zu Gesprächen**, als Initiation von Kommunikation und eben als Ausgangspunkt für Diskussionen und Lernerfahrungen im Hinblick auf sprachliche und kulturelle Bedeutungen (*negotiation of meaning*) genommen. Die Rezeptionsästhetik (s. Kap. II., S. 102) mit ihrer Betonung des hohen Anteils des Lesers an der Text- und Bedeutungskonstitution macht hier ihren Einfluss deutlich. Literaturunterricht ist damit von der literaturwissenschaftlichen wie auch von der lernzielorientierten unterrichtsbezogenen Seite stark **leserorientiert** und betont, »daß beim Verstehen literarischer Texte die sinnbildenden Fähigkeiten des Lesers zur Entfaltung kommen und er dabei lernt, sich selbst und den Text besser zu verstehen« (Bredella 1990, 197).

Ohne dass das Wort immer fällt, mehren sich daher auch im Bereich der Literaturdidaktik die Perspektiven, die notwendigerweise konstruktivistische Elemente mit sich bringen. Es ist daher nicht verwunderlich, dass **Schüleraktivierung und Handlungsorientierung** auch in der Literaturdidaktik im Vordergrund stehen. Gerade in jüngster Zeit werden im Zusammenhang mit dem Konstruktivismus und Kognitivismus die Formen und Möglichkeiten untersucht, die ein Mensch besitzt, um in einer komplexen Welt – und exemplarisch eben in einem mehrschichtigen literarischen Text – **Sinnkohärenz** zu finden bzw. zu konstruieren. Ein wichtiges Ergebnis ist dabei, dass die Ausbildung des Textverständnisses »an die Aktivierung von kulturell geprägten Inhaltsschemata gebunden« ist (Donnerstag 1992, 153). Hier findet sich dann auch in der Literaturdidaktik wieder die oben schon bei Halliday für die Sprache (und speziell auch die funktionale Grammatik) betonte **Beziehung zum kulturellen Kontext** als unausweichlichem Element der Fremdsprachendidaktik.

Robert Scholes (1985) hat dasselbe Phänomen für die Literaturwissenschaft und das Unterrichten von Englisch beschrieben: (Literarische) Texte werden verstanden, weil und indem sie mit Inhalts-, Bedeutungs- oder Gedankenschemata verbunden werden, die dem Leser durch seine eigene Kultur vermittelt sind. Das Verstehen fremdsprachlicher Literatur erfordert daher auch die **Vermittlung** solch kulturell geprägter ›fremder‹ Denk-, Rede- und Schreibschemata.

Dabei sind die Verstehensschemata nicht der Literatur von außen aufgesetzt und brauchen daher auch nicht getrennt von ihr gelehrt zu werden; sie sind vielmehr Literatur immer immanent. Gerade in dieser Hinsicht ist **Literatur ein ganzheitliches Zeichensystem**, das die Mittel zum Verstehen grundsätzlich in sich enthält. Umberto Ecos Beschreibung von Literatur als »epistemologische Metapher« (Eco 1977, 46) ist besonders auch in diesem Sinne gültig. Diese Tatsache, dass Literatur die Mittel zu ihrem Verstehen immer schon in sich trägt, ist ein weiterer Grund dafür, dass sie sich zum Gebrauch im Englischunterricht ausgezeichnet eignet. Indem Schüler zum Erkennen und Gebrauch dieser Mittel gebracht werden, werden sie gleichzeitig zum Verstehen der sinnstiftenden Prinzipien in der fremden und der eigenen Kultur geführt. (Zu diesem Aspekt des Literaturunterrichts vgl. auch Bredella 1992; 2002; Bredella/Christ 1996; Jarfe 1997; Müller 1992; Nissen 1992; Vipond/Hunt 1984).

Schon in der **Grund- und Mittelstufe** bieten sich adaptierte, d.h. sprachlich vereinfachte und verkürzte, aber auch authentische literarische Texte für Erholungsphasen an, in denen die Schüler nicht mehr Neues lernen, sondern Erlerntes in neuen Kontexten anwenden, auf neue Bereiche und damit auch neue Textformen übertragen (vgl. Burwitz-Melzer 2003; Hesse 2002; Müller 1985; Nissen 1983). Verständlicherweise sind **Kurzgeschichten** eine besonders beliebte literarische Gattung im Englischunterricht (vgl. Freese 1986; Freese/Groene/Hermes 1979; Glaap 1995; Nischik 1985).

Gedichte und Romane scheinen eher schwierig behandelbar zu sein, doch bieten gerade auch diese Gattungen so vielfältige Übungs- und Lernmöglichkeiten, dass sie auf jeden Fall in den Englischunterricht gehören. Der Wert von Gedichten für Ausspracheübungen im Anfangsunterricht ist schon genannt worden; darüber hinaus helfen sie, Gefühl für und Einblick in besonders komplexe, sprachkünstlerisch anspruchsvolle Texte zu vermitteln. (Vgl. Arendt 1993; Schütze 1980).

Der **Roman** erfordert allein aufgrund seiner Länge Lesetechniken, die auch im Fremdsprachenunterricht zu fördern sind, um die Angst vor umfangreichen Texten abzubauen und dabei effektives kursorisches Lesen zu üben. Zusätzlich ist der Roman die für die Moderne und die Gegenwart exemplarische literarische Gattung. Schülern ist daher ein Einblick in diese Form zu geben, speziell auch dann, wenn ihre **Übertragung in andere Medien** (wie den Film oder das Fernsehen) sowie in neue Formen untersucht wird, die romanhafte Elemente übernehmen, aber in Gattungen der Gegenwart transferieren (wie etwa die Fernsehserie, *soap opera*, *sitcom* usw.). Die Bedeutung des Romans als »Leitgattung der modernen Literatur für den Literaturunterricht« (Glaap 1991, 124) ist nach wie vor nicht zu leugnen. (Vgl. auch Freese/Hermes 1981; Nissen/Brusch 1989).

Schließlich eignen sich auch **Dramen** in allen möglichen Formen zur Verwendung im Englischunterricht, sei es als Sprech- und Spielvorlagen, als »Identifikationsangebote und Gesprächsanlässe« (Glaap 1982) oder als Beispiele für typische Gegenwartsliteratur, »aktuelle Gesellschaftsprobleme und historisches Kulturverständnis« (Müller 1987a). Dem Einsatz literarischer Texte im Englischunterricht sind aufgrund ihrer Vielfältigkeit und Aussagekraft kaum Grenzen gesetzt.

2.4.3 Didaktik der Kulturwissenschaft (Landeskunde)

Hauptprinzip kann auch in der Didaktik und im Unterricht der Kulturwissenschaft – gerade in Anbetracht der in Kapitel III dargelegten Stoffmenge – wiederum nur die Verwendung des Exemplarischen und Kategorialen sein. Der grobe Orientierungsrahmen ist erneut durch das Netzwerk ›Englischunterricht‹ vorgegeben, in dem grundsätzlich in der gegenwärtigen Didaktik der Erfahrungs- und Erlebnishorizont der Schüler von besonderer Bedeutung ist.

So wie sich Kulturwissenschaft in der Anglistik erst in den 1990er Jahren zu etablieren beginnt, ist es bisher auch eher unüblich, von einer Didaktik der Kulturwissenschaft für den Englischunterricht zu sprechen. Da die Bedeutung der Kulturwissenschaft im Englischunterricht im Zusammenhang mit der Ergänzung der kommunikativen (*communicative*) durch die **kulturelle Kompetenz** (*cultural competence/ cultural awareness/ cultural literacy*) steht, spricht man vielmehr vom »Lernziel Kulturkompetenz« (Buttjes 1989) und vom »Kulturellen Lernen im Englischunterricht« (Markmann 1992). Erst seit den 1980er Jahren gibt es deutschsprachige Textsammlungen oder Monographien mit dem Begriff *Cultural Studies* im Titel. Auffallend ist dabei die Verbindung der *Cultural Studies*-Perspektive mit der Projekt- und Handlungsorientierung. **Handlungsorientierter Unterricht und kulturwissenschaftliches Lernen** ergänzen sich offensichtlich perfekt, weil das Erlernen fremder Kulturen immer ein Lernen handlungsrelevanter Kontexte ist. (Vgl. etwa Knauf 1996; Kramer 1983; 1990; Lange/Lehberger 1984; aus dem englischsprachigen Raum auch Byram 1989; 1997; Giroux/Shannon 1997; Kramsch 1993).

Eine erheblich längere Tradition hat dagegen die **Landeskundedidaktik** (*the teaching of background/ regional/ area studies*; vgl. Raddatz 1989). Heuer (1979, 68) unterscheidet zwischen pragmatischer, sprachbezogener sowie sozial- und politikwissenschaftlicher Landeskunde. Die pragmatische Landeskunde bezieht sich auf das Grund- und Orientierungswissen, das für das Verständnis von Land und Leuten notwendig ist (Schrey 1967). Eine sprachbezogene Landeskunde hat dienende Funktion für den Sprachunterricht (Hüllen 1969). Die sozial- und politikwissenschaftlich ausgerichtete Landeskunde wiederum will zur Völkerverständigung beitragen; sie politisiert Inhalte und bezieht sie auf Standpunkte (Langer/Schurig 1972). Nach Heuer (1979, 158) entwickelte sich in den 1960er und 1970er Jahren die pragmatische Landeskunde und dann die kritisch-emanzipative Landes- und Sozialkunde. Bis in die 1980er Jahre hinein war der Begriff ›Landeskunde‹ in diesen Kontexten gebräuchlich, und er findet zum Teil weiterhin in diesem Sinne Verwendung. (Vgl. Buttjes 1980; 1986/87; Diller 1978; Erdmenger 1996; Kiffe 1998; Melde 1987; Stinshoff 1989).

Doyé (1992) plädiert für eine Beibehaltung des gebräuchlichen Begriffs ›Landeskunde‹, der dabei allerdings dreifach neu definiert werden soll als

- ›Interkulturelle Erziehung‹ (*intercultural education*),
- ›Politische Bildung‹ (*political literacy*) und
- ›Tertiäre Sozialisation‹ (*tertiary socialisation*).

An diesem Konzept zeigt sich der notwendigerweise hohe Anspruch an den Englischunterricht, der im vorliegenden Band geteilt wird. Allerdings ziehen wir den Ausdruck ›**Kulturwissenschaft**‹ vor, der sich einfacher in die hier und in Kapitel III. relevanten Kontexte der semiotisch orientierten allgemeinen Kulturwissenschaft, des Kognitivismus und des Konstruktivismus einfügt als der traditionell geprägte oder neu zu definierende Begriff der Landeskunde.

Kulturwissenschaft will das kognitiv geprägte und bewusst wie unbewusst konstruierte **Zeichensystem** beschreiben, das für eine bestimmte (und keineswegs nur national definierte) Kultur Sinn und Bedeutung schafft und zum Ausdruck bringt. In eine solche semiotische Perspektive ist der Englischunterricht ebenfalls eingebunden. Das Sprachsystem bleibt weitgehend unverständlich ohne Bezug auf seine Verwendung und damit auf die kulturellen Kontexte. Ein Englischunterricht, der handlungsorientierte Sprachanwendung betont, kann nicht ohne implizite und explizite Bezugnahme auf die fremde Kultur existieren. Er kann aber auch nicht einfach im traditionellen landeskundlichen Sinne auf Institutionen, Sitten oder Gebräuche der englischsprachigen Kulturen verweisen. Byram (1989, 84) bringt zum Ausdruck, was oben schon zur Kulturwissenschaft gesagt wurde (s. Kap. III.1.2 und III.1.3) und was entsprechend auch für Kulturwissenschaft im Englischunterricht gilt:

> In the context of foreign language teaching, therefore, to describe the behaviours, the artefacts, the institutions of a foreign culture is inadequate. It is to remain stuck in the behaviourism of pre-1957. It is necessary to give an account of the significance of behaviours, artefacts and institutions in terms of the culturally agreed meanings which they embody, of which they are realisations.

Auch Kulturstudien im Englischunterricht müssen also **Sinn und Bedeutung der kulturspezifischen Verhaltensweisen und Institutionen** darlegen. Einige kurze Beispiele sollen ganz verschiedene Möglichkeiten dazu zeigen. Dabei lässt sich eine »Abfolge von Lernschritten beim Erwerb kultureller Kompetenz [...] bisher nur hypothetisch skizzieren« (Buttjes 1989, 85; vgl. auch Byram 1997; Hinkel 1999). Deutlich ist aber, dass an die Stelle der traditionellen kommunikativen Kompetenz und der zeitlichen Abfolge von Sprache – Land – Kultur eine viel engere Verbindung und Vernetzung dieser Bereiche eingetreten ist, die keineswegs mehr **Kultur** erst als letzte und höchste Stufe ansieht, sondern **als integralen Bestandteil von Englischunterricht von Beginn an.**

1. Schon im **Anfangsunterricht** lässt sich ein positives Gefühl und eine Akzeptanz für kulturelle Andersartigkeit entwickeln, wenn eine solche Einstellung nicht schon ohnehin (durch die Attraktion des Andersartigen und ›Fremden‹) vorhanden ist. Erst nach und nach ist das *Gefühl* in ein *Bewusstsein* für kulturelle Vielfalt und in Toleranz für andere Lebensformen weiterzuentwickeln. So schlägt Klippel (1991, 18) die Nutzung oder gar eigene Herstellung von »Spielmaterialien für englische Gesellschafts- oder Sportspiele« vor oder als komplementäre Vermittlung der eigenen Kultur das Entwerfen eines »Würfelspiels in englischer Sprache zur eigenen Stadt«. Erneut ist Handlungsorientierung deutlich erkennbar sowie eine praktische Nutzung fremdkultureller Elemente, die im Anfangsunterricht, d.h. bei jungen Schülern, natürlich keineswegs rational verarbeitet werden müssen. (Für den Anfangsunterricht vgl. auch Felberbauer 1991).

2. Im **Mittelstufenunterricht** spielt das Lehrwerk eine zentrale Rolle. Alle Lehrwerke gehen auf landeskundliche Spezifika ein, beschreiben geographische, geschichtliche, politische und wirtschaftliche Aspekte englischsprachiger Länder. Durch Vergleiche dieser Länder untereinander und mit dem Heimatland der Schüler ist hier vielfältiges kulturspezifisches Arbeiten möglich. Die zunehmende Berücksichtigung anderer als der traditionellen, großen Regionen Großbritannien und USA in den Lehrwerken bietet weitere Vergleichsmöglichkeiten. Exemplarisch schlagen etwa Nold/Stegmaier (1991, 5) die Behandlung von Australien und Neuseeland im Englischunterricht vor, um »landeskundliche Ziele wie ›Verstehen anderer Gesellschaften und Kulturen‹ zu verfolgen«.

Kulturelles Lernen soll dabei zum Beispiel dadurch erreicht werden, dass Schüler eine Reiseroute planen, dass sie die Bevölkerungszahlen von Australien und

Neuseeland offiziellen Informationsquellen entnehmen, dabei wichtige Kategorien der Demographie, der soziologischen Gliederung einer Gesellschaft lernen und mit entsprechenden Zahlen in Deutschland vergleichen. Informationen über die australische Bevölkerungspolitik geben Aufschluss über verschiedene politische Konzepte in Bezug auf Nation und Gesellschaft: Bis etwa 1970 galt das Konzept der ›Assimilation‹, das die britische Prägung der australischen Gesellschaft in den Vordergrund stellte. Es wurde dann durch das Prinzip des ›Multikulturalismus‹ ersetzt, das es ethnischen Minderheiten (Ureinwohnern und eingewanderten Gruppen) ermöglichen soll, ihre Identität zu bewahren, und das ein ganz anderes Bild der Gesellschaft konstruiert.

Die Lektüre und Analyse von Lebensdarstellungen deutscher und türkischer Einwanderinnen nach Australien verdeutlicht gleichermaßen die Probleme auf der anderen Seite der Welt wie die im eigenen Lande. Die historischen, politisch bedingten Veränderungen der Konzepte von Gesellschaft führen direkt vor Augen, wie eine Gesellschaft und Kultur durch solch unterschiedliche Konzepte neu konstruiert und gestaltet wird. Der Grad der von Schülern geforderten bewussten Bearbeitung solcher Kulturkonstruktionen kann stark variieren und muss von ihrem Alter usw. (den anthropogenen Voraussetzungen im Netzwerk ›Englischunterricht‹) abhängig gemacht werden. Die Liste der Möglichkeiten kulturellen Lernens im Englischunterricht der Mittelstufe ist aber schier unerschöpflich. (Für weitere Darstellungen zu diesem Bereich vgl. auch Berloge 1990; Kiffe 1998; Klippel 1983; Lowenstein/Loh 1978; Young 1985).

3. Für den **Oberstufenunterricht** schlägt Jens-Ulrich Davids eine Unterrichtseinheit zum Thema »Black British Culture« vor. Er versteht dabei Kultur als »die Dimension der Gesellschaft, in der Werte und Normen hergestellt und Bedeutungen zugemessen werden«. Dies geschieht durch Zeichen »in Sprache, Literatur, Bildern, Gesten, Filmen, Verhaltensweisen u.a.m.« (Davids 1994, 39). Durch verschiedenste Texte (Gedichte, Interviews, Berichte, Sachanalysen usw.) will Davids Schülern einen rationalen wie emotionalen Einblick in die Problemlage geben, um sie über die verschiedenen Formen der Identitätssuche und Kulturgestaltung in der fremden Kultur zu informieren und gleichzeitig auf vergleichbare Formen und Situationen in ihrer eigenen Lebenswelt hinzuweisen.

Auf diese Weise behandelt der Englischunterricht in der Oberstufe zentrale Fragen der aktuellen Lebensbewältigung, die Jürgen Kramer (1994, 11) mit Stuart Hall (1992, 310) als die wesentlichen Fragen des 20. Jahrhunderts bezeichnet und die uns am Anfang des 21. Jahrhunderts ebenso weiter betreffen:

> How do we live with difference between groups and within ourselves in one society? How do we peacefully renounce any hankering for something called ›cultural purity‹ and happily produce cultures of hybridity? How do we learn to inhabit more than one identity, to speak more than one language, to translate and negotiate between them? How do we accept and productively make use of the fact that our identities are always open, unfinished and under construction?

Es geht also um die Entwicklung der Fähigkeit, Unterschiede zu akzeptieren, die eigene Identität und Kultur als konstruiert und immer veränderbar anzuerkennen, ohne in völlige Beliebigkeit, Gleichgültigkeit oder Verzweiflung zu verfallen. Dies ist ein hoher Anspruch, der über fachspezifische Lernziele hinaus in fachübergreifende und allgemeine Lernziele hineinreicht. (Vgl. auch Berger 2004; Edgerton 1997; Hallet 2002; Hammerschmidt 1998; Rice 2004).

2.4.4 Mediendidaktik

Die **Frage nach den angemessensten Medien** (*media*), mit denen Englisch als Fremdsprache gelehrt und gelernt werden kann, ist durch die Entwicklung der neuen, elektronischen Medien in unserer Zeit besonders aktuell. Außerdem schließt die Medienwahl implizit oder explizit auch immer eine wichtige Entscheidung bezüglich der zu verwendenden Methodik mit ein. Dies erhöht die Brisanz der Medienfrage. Als sich etwa in den 1960er Jahren das **Sprachlabor** als wichtiges Medium etablierte, bedeutete dies zugleich einen erheblichen Zuwachs an Hörmaterial, das von Muttersprachlern (und nicht mehr vom Lehrer vor Ort) produziert war. Dies führte (in der Methodik) zu einem Aufbrechen des üblichen Frontalunterrichts. (Vgl. Beile 1979; Jung 1978; Schödel/Stille 1973).

Im Studium tritt der Umfang der Mediendidaktik meist hinter die Sprach-, Literatur- und Kulturdidaktik zurück und hängt vielfach von den Erfahrungen und Interessen der Dozenten sowie der Verfügbarkeit von Technik und Lehrkompetenz vor Ort ab. Die Notwendigkeit der **Vermittlung von Medienkompetenz** (*media literacy*) ist allgemein anerkannt, die finanziellen Mittel aber fehlen oft. (Zu Medien im Englischunterricht allgemein vgl. Decke-Cornill/Reichart-Wallrabenstein 2002; Ehnert/Piepho 1986; Groene/Jung/Schilder 1983 oder Smith 1987).

Die **wichtigsten Medien des Englischunterrichts** sind:

- das **Lehrwerk**, das den Unterricht von den Klassen 5 bis 10 prägt (vgl. Neuner 1979; Piepho 1979; Fery/Raddatz 2000),
- **Wörterbücher** und **Grammatiken** (Bliesener 1986; Kleineidam 1980),
- **Lektüren** (Hermes 1979a) sowie als
- wichtige **visuelle Medien** die **Wandtafel** und der **Overhead-Projektor** (Byrne/Hermitte 1984; Gutschow 1980; Jones 1982),
- **auditive** (Ur 1987) und **audiovisuelle Medien** sowie
- **elektronische Medien**.

Für den Fremdsprachenunterricht eignen sich natürlich besonders solche Medien, die einen **direkten Zugang zur Fremdsprache** bieten und einen unmittelbaren Einblick in den Gebrauch oder gar den Gebrauch selbst ermöglichen. Das sind neben verschiedensten **Druckmedien** (Zeitungen, Bücher usw.) insbesondere **auditive und audiovisuelle Medien**, also Hörkassetten, Hörbücher (*audiobooks*), Filme, Videos, DVDs sowie die elektronischen Medien.

Beim Einsatz aller Medien im Unterricht sind **zwei grundlegende didaktische Prinzipien** immer zu beachten:

1. Einseitigkeit und zu lange Verwendung eines einzigen Mediums ist zu vermeiden;
2. Sinn und Funktion des Medieneinsatzes sind im Netzwerk ›Englischunterricht‹ genau festzulegen.

Ein englischsprachiges Video zu zeigen, nur weil die Schüler zuhause sowieso auch immer Videos sehen, rechtfertigt nicht den Einsatz des Mediums im Unterricht und bewirkt natürlich auch keinen Lerneffekt. Man muss vielmehr **mit konkreten didaktischen Überlegungen vorgehen** und wählt z.B. eine Fernsehserie aus, die im deutschen Programm ebenfalls läuft. Dann spricht man mit den Schülern über ihre Reaktionen auf die deutsche und englische Fassung (Einfluss der Sprache), um danach die Reaktionen überhaupt und die dafür im Film eingesetzten Mittel, speziell Sprache, Handlung, Figurencharakterisierung, Ort, Gesellschaftsschicht, Kameraführung und Kameraeinstellungen usw. zu thematisieren. Dies wäre ein Mediengebrauch, der die Lebenswelt der Schüler einbezieht, die fremde Kultur mit der eigenen vergleicht und nicht nur einen Gedanken- und Erfahrungsaustausch bewirkt, sondern eine Bewusstseins- und damit Lernerfahrung auslöst, die dem Bildungsauftrag des Englischunterrichts entspricht. Auf diese Weise wird **Medienkompetenz** (*media literacy*) geschult, und dies geschieht gerade auch deshalb im Englischunterricht, weil der Einfluss der Medien vor allem aus dem englischsprachigen Raum besonders groß ist. (Zu audiovisuellen Medien im Englischunterricht vgl. Bredella/Lenz 1994; Decke-Cornill 1996; Faber/Eggers 1980; Griffiths 1997; Grindhammer 1993; Liebelt 1998; Lonergan 1987; Meinhof 1998; Thaler 1999).

Elektronische Medien (*electronic media*) sind hochaktuell und daher gleichermaßen faszinierend wie gelegentlich auch verunsichernd. Ihre Stellung und Funktion im Englischunterricht ist noch nicht präzise definiert, aber wegen der Forderung nach Medienkompetenz und der großen Bedeutung der englischen Sprache in diesem Bereich müssen sie eindeutig einen Platz im Englischunterricht finden. Die aktuelle Diskussion bezieht sich vor allem auf drei Bereiche:

1. den **Einsatz von computergestützten Lernprogrammen** für das Sprachenlernen (*Computer Assisted Language Learning*, CALL) (s. auch Kap. V.2.2);
2. die **Nutzung der Telekommunikation** und **der Text- und Datenverarbeitung** zur direkten Kommunikation bzw. zur Verbesserung der kommunikativen Kompetenz;
3. die Erforschung und Erprobung des *E-Learning*.

Der dritte Bereich steht zurzeit eindeutig im Vordergrund der Aufmerksamkeit, nicht zuletzt wegen seiner hohen Bedeutung im politischen Kontext und der entsprechenden finanziellen Förderung. Hier sind aber auch noch besonders viele technische und didaktische Möglichkeiten zu erproben und zu erforschen, da es sich in vielfacher Hinsicht immer noch um Neuland handelt.

1. Bei **CALL-Programmen** können sich Schüler in Einzel- oder Gruppenarbeit mit vorgefertigten kommerziellen oder vom Lehrer individuell erstellten Aufgaben auseinandersetzen, die sie mit Sprachproblemen unterschiedlichster Art konfrontieren: Wortschatz, Grammatik, konkreten Kommunikationssituationen. Es findet eine gewisse Interaktion statt, wenn die Schüler zum Beispiel ein bestimmtes englisches Wort eingeben und der Computer die Richtigkeit oder Angemessenheit des Wortes bestätigt, die Schreibweise moniert oder die Eingabe ganz ablehnt. Auch bei diesen Programmen steigt weiterhin der Anspruch an Handlungsorientierung und an die Bereitstellung von Möglichkeiten für Schüler, nicht nur auf Vorgaben zu reagieren, sondern aktiv und spielerisch gestaltend mit dem Programm umzu-

gehen. Die großen Schulbuchverlage, aber auch Hardware-Firmen und Software-Hersteller sind in diesem Bereich äußerst aktiv. Jonassen (1996) stellt nur die rationale Nutzung von Computern im Klassenzimmer heraus, wenn er sagt, sie seien »Mindtools for Critical Thinking«. Der emotionale Bereich und das unbewusste Lernen sind durch die neuen Medien aber ebenso ansprechbar. Kern/Warschauer (2000, 11) beschreiben die Entwicklung von CALL als einen dynamischen Prozess »from learners' interaction *with* computers to interaction with other humans *via* the computer«.

Es ist wegen der noch im Fluss befindlichen Situation auf diesem Gebiet besonders wichtig, dass Studierende ausreichende Möglichkeiten erhalten, die kommerziellen Programme während des Studiums zu sichten, zu vergleichen und kritisch zu bewerten. Bisher ist es in vielen Fällen noch fraglich, ob die hohen Anschaffungskosten für die notwendige Hard- und Software einen entsprechenden sprachpraktischen Nutzen haben. Aber es ist auf jeden Fall lohnend und wichtig, die Entwicklung auf diesem Markt aufmerksam zu verfolgen und angemessen in die Mediendidaktik der englischen Fachdidaktik zu integrieren. (Vgl. Bayliss 1995; Chapelle 2001; Crook 1994; Jones/Fortescue 1990; Herring 1996; Kallenbach/Ritter 2000; Krüger-Thielmann 1992; Warschauer/Kern 2000; Weible 1987; Winter 2002).

2. Im Bereich der **Telekommunikation** und der Text- und Datenverarbeitung ist konkreter praktischer Nutzen unmittelbar zu erkennen und deutlich vorhanden. So können Schulen, die per Internet und *e-mail* miteinander verbunden sind, einen wesentlich lebendigeren Kontakt ins Ausland pflegen, als es früher mit Klassenpartnerschaften möglich war. Heute kann die Antwort auf eine E-Mail nach Australien innerhalb von Minuten eintreffen. Die Kommunikation ist aber nicht nur schneller, sondern auch direkter und erheblich effektiver. Es können Bilder, Ausschnitte aus Tageszeitungen usw. eingescannt und verschickt werden, so dass die Kommunikation mit der englischsprachigen Klasse leicht über den persönlichen Bezug hinausgeht und der Einsatz des Mediums unmittelbar sinnfällig wird. Auf diese Weise werden schon in der Schule Medieneinsätze geübt, die später in immer stärkerem Ausmaß auch im Beruf anfallen. (Vgl. Donath 1997; Fischer 1998).

Im Unterricht lässt sich mit **Text- und Datenverarbeitungsprogrammen** äußerst anschaulich Wortschatz, Grammatik und Textkonstruktion üben. Die Lerngruppe kann z.B. den von ihr beherrschten **Wortschatz** in vielfältiger Weise bearbeiten, überschauen, sortieren, mit Beispielkontexten oder Quellenangaben versehen. Für das Thema einer bestimmten Hausarbeit, eines Tests oder eines konkreten Klassenprojekts lassen sich sowohl vom Lehrer wie von den Schülern entsprechende Wortschatz-, Ko- und Kontextlisten konstruieren und abrufen.

Übungen zur **Textbearbeitung**, zur Rekonstruktion und völligen **Neukonstruktion von Texten** sind in diesem Rahmen auf vielfältige Weise möglich. Lückentexte, die ergänzt werden müssen, Neusortierung vertauschter Sätze, damit ein sinnvoller Text entsteht (s. Kap. I.6.1), sind dabei Übungsformen, die schon aus den alten Medien bekannt sind und nun noch schneller Anwendung finden. Im neuen Medium ist aber auch die Konstruktion neuer Texte auf der Grundlage eines vorgegebenen Wortschatzes sowie die ständige, variable **Verbindung von Bild und Text** möglich.

Wichtig ist auch, dass das Medium nicht nur für den Einzelunterricht oder die Selbstkontrolle genutzt wird, sondern sich ebenfalls für **Gruppenarbeit und zwischenmenschliche Kommunikation** eignet. Die Fähigkeit, mit Menschen zu kommunizieren, geht also nicht verloren und verbindet sich, speziell durch das Internet und das *E-Learning*, auch immer mehr mit kulturspezifischen Aspekten. Die neuen Medien verwischen keineswegs kulturelle Besonderheiten, sondern machen sie oft leichter verfügbar, anschaulicher und damit auch kommunizierbarer. (Vgl. Blyth 1998; Brunner/Tally 1999; Eck/Legenhausen/Wolff 1994; Eck/Multhaup 1993; Hazemi/Hailes 2002; Jost/Multhaup 1996; Klein 2000; Koch/Neckel 2001; Kötter 2002; Peters 1995; Rautenhaus 1993; Rice 2004; Rüschoff 1988; 1995a; Rüschoff/Schmitz 1996; Rüschoff/Wolff 1991; 1997; 1999; Schröder/Wazel 1998; Tribble 1989).

3. Die Erforschung und Erprobung der elektronischen Medien für das Lernen und Lehren wird jetzt gewöhnlich unter dem Begriff *E-Learning* zusammengefasst, der generell die Nutzung dieser Medien, speziell des Internet, meint. ›Virtuelles Lernen‹ ist ein anderer Ausdruck dafür, und als herausragender Pluspunkt gilt die Möglichkeit, diese Medien zeit- und ortsunabhängig einzusetzen und zu nutzen (vgl. das »Vorwort« der Bundesministerin für Bildung und Forschung, Edelgard Bulmahn, in DLR-Projektträger 2004, 5). Es gibt allerdings auch Stimmen, die eine zu weite Fassung des Begriffs *E-Learning* ablehnen. Für Köllinger (2002a, 15) etwa bezeichnet er allein »die Nutzung Internet-basierter Technologien zur Vermittlung von klar definierten Lerninhalten. E-Learning ist netzbasierte Aus- und Weiterbildung; lauffähig über Internet, Intranet oder Extranet und kann mit einem üblichen Web-Browser wiedergegeben werden«.

Die Europäische Union hat im Jahr 2002 ein eigenes »Programm eLearning« erstellt und 2001 einen »Aktionsplan eLearning« entwickelt, in dem »E-Learning« definiert wird als »die Nutzung der neuen Multimedia- und Internet-Technologien zur Verbesserung der Qualität des Lernens«. Politisches Ziel ist es in diesem Zusammenhang, »die Union zum wettbewerbsfähigsten und dynamischsten wissensbasierten Wirtschaftsraum in der Welt zu machen« (*Amtsblatt der Europäischen Union* vom 19.7.2003, 11). Die Europäische Kommission fördert verschiedene Projekte und hat ein eigenes *E-Learning*-Portal erstellt (http://europa.eu.int/comm/education/programmes/elearning/index_de.html; http://elearningeuropa.info). Es gibt also eine sehr große (bildungs-)politische Unterstützung für das *E-Learning*.

Auf der konkret praktischen Seite ist in Verbindung mit dem *E-Learning* die Bedeutung der **Lernerautonomie** noch einmal stark gestiegen. Ebenso bedeutsam ist ein angemessener und **didaktisch sehr gut geplanter Einsatz dieser Medien**. Gerade diese didaktische Notwendigkeit führt dazu, dass durch die neuen Medien keine menschlichen Lehrkräfte eingespart werden können. Auch werden traditionelle Lehrformen oder andere Medien keineswegs überflüssig. Vielmehr gilt das **Prinzip des ›blended learning‹**, das eine ausgewogene Mischung unterschiedlichster Medien, Lern- und Lehrformen bezeichnet. (Im Deutschen oft durch ›polyvalente Lehrplattformen‹ oder ›hybride Lernarrangements‹‹ ausgedrückt; vgl. Horton 2001; Kandzia/Ottmann 2003; Kerres 1999; 2002; Sauter/Sauter/Bender 2003; Schulmeister 2003).

Dieses Prinzip der Mischformen und Variabilität ist natürlich nicht neu, und die zunehmende inhaltliche und didaktische Diskussion über das *E-Learning* zeigt deutlich, dass Hilfe beim Lernen und Lehren weiterhin nicht allein von neuen Technologien erwartet und auch nicht dominant unter dem Aspekt der Kostenersparnis oder Personalverringerung gesehen werden darf. Menschen sind als Produzenten ausgefeilter und auf die Lerngruppe angepasster Software ebenso unerlässlich wie als Lehrende und Lernende. Nach der anfänglichen Euphorie in Bezug auf neue Medien, die (Dam 2004, 5) zu Recht als »e-Learning Visibility Hype« bezeichnet und die zunächst völlig überzogene Erwartungen weckte, ist das Bewusstsein über die Medieninhalte, -funktionen, -nutzer und die besten Möglichkeiten interaktiver Medienverwendung stark gestiegen. Die Beschäftigung mit *E-Learning* hat die erste überidealisierte Phase inzwischen überwunden und befindet sich nun auf der zweiten realistischeren Stufe, in der *E-Learning* mit größerer Orientierung an den konkreten Bedürfnissen der Nutzer, der jeweiligen Fachbereiche und der beruflichen Praxis vorangetrieben wird. *E-Learning* muss selbst als Teil in dem größeren Netzwerk **Wissenserwerb, Wissensverwaltung und Wissensanwendung** gesehen werden, das die schulische, universitäre und berufliche Ausbildung prägt, und in dem etwa auch wichtige Diskussionen über die heute notwendigen Fähigkeiten und Fertigkeiten stattfinden, die Menschen für die Berufswelt brauchen und die sie für das notwendige **Wissensmanagement** qualifizieren.

Obwohl einerseits traditionelle Unterrichts- und Lernformen weiterhin relevant sein werden, ist dennoch deutlich, dass die **Fähigkeit** wie auch die Möglichkeit zu **selbstgeleitetem Lernen** zunehmen muss. Bildungseinrichtungen, aber auch Firmen, sind gefordert, für Lernende und Mitarbeiter mehr Möglichkeiten dafür zu schaffen. Lernende müssen entsprechende Motivation und Fertigkeiten mitbringen bzw. vermittelt bekommen. Man kann in der Tat jetzt schon sagen, dass die neuen Medien **größere Selbstständigkeit, mehr Eigenverantwortung** und **höhere intellektuelle Kompetenz** erfordern. Gerade die schier endlose Menge an Informationen, die das Netz oft unsortiert bereitstellt, verlangt bewusste und selbstständige Beurteilungen, Auswahl und Wertsetzungen. (Vgl. hierzu aufschlussreich Kandzia/Ottmann 2003; Köllinger 2002, 24; Rheingold 2000, 341; und explizit Schulmeister 2003, 233: »An das Studien- und Lernverhalten von Studierenden in virtuellen Lernumgebungen werden hohe Anforderungen gestellt. Ein hohes Maß an Leistungsmotivation, Lernfähigkeit und vor allem Selbständigkeit im Lernen und Selbstdisziplin wird erwartet und vorausgesetzt«). Es ist deutlich, dass in diesem großen Bereich in ökonomischer, technischer, aber vor allem auch didaktischer Hinsicht noch große Entwicklungen zu erwarten und viele Probleme zu klären sind. Jedenfalls ist der *E-Learning*-Markt weltweit bis zum Jahr 2002 schon auf die Größe von 6,6 Milliarden US-Dollar gestiegen, und es wird mit einer Entwicklung auf 23,7 Milliarden Dollar im Jahr 2006 gerechnet (Dam 2004, 8, 13).

Neueste Forschungsarbeiten und Resultate aus praktischen Erprobungen zeigen, dass *E-Learning* neben den drei Vorzügen der

1. **ständigen Verfügbarkeit für Lerner**, der
2. **Erweiterbarkeit durch ›hyperlinks‹** und der
3. **Kombinierbarkeit von verschiedenen Medien**
4. eine enorme und noch nicht bis ins letzte erprobte **Möglichkeit zu problemlosem Üben** auf unterschiedlichsten Niveaus bietet.

5. Der fünfte und vielleicht größte Vorteil des *E-Learning* hängt essentiell mit seiner **Virtualität** zusammen: *E-Learning* ermöglicht in der virtuellen Welt das Üben von Verhalten, das Ausführen von Handlungen, die Erprobung von Sprechakten und Redesituationen, die sich von der konkreten Wirklichkeit nur wenig oder schon gar nicht mehr unterscheiden. Hier ist allerdings noch weiter zu erproben, wie sich dieses bewährte **Prinzip des** ›*learning by doing*‹ und ›*learning on the job*‹, das u.a. im Bereich der Wirtschaft, aber auch in der Medizin und im Rechtswesen schon sehr erfolgreich eingesetzt wird, auch in anderen Berufsfeldern und Lernbereichen mit den elektronischen Medien verbinden lässt.

Aufschlussreiche Darstellungen des effektiven Einsatzes von *E-Learning* in den USA bieten Dam 2004; Rosenberg 2001; Schank 2002; Sloman 2001 stellt den Effekt von E-Learning auf die Ausbildung in Unternehmen in GB dar. Die Entwicklungen in Deutschland sind auf ganz unterschiedlichen Niveaus. Vgl. etwa die verschiedenen Projekte in DLR-Projektträger 2004; für *E-Learning* in Wirtschaft und Universität Bentlage/Glotz/Hamm/Hummel 2002; Köllinger 2002; zur Rolle virtueller Hochschulen in der aktuellen deutschen Hochschullandschaft in ökonomischer Sicht Uhl 2003; aus mehr mediendidaktischer Sicht Kerres/Voß 2003 und Schulmeister 2001; zu wichtigen Fragen der Evaluation von *E-Learning* Meister/Tergan/Zentel 2004. Vgl. zum *E-Learning* auch Dudeney 2000, der sehr gute praktische Beispiele und ebenso wie Felix 2001 zahlreiche Hinweise auf nützliche Webseiten für den Sprachunterricht bietet; Katz/Oblinger 2000; Littig 2002; Scheffer/Hesse 2002; Seufert/Mayr 2002; Warschauer/Kern 2000 sowie die bei Schulmeister 2003 genannten Webseiten.

In Kapitel VI.4.3 finden sich für die Fachdidaktik und das *E-Learning* hilfreiche Webseiten.

3. Perspektiven und Tendenzen in der Fachdidaktik Englisch

Grundsätzlich befinden sich die **Fachdidaktiken in einer schwierigen Situation:** Von den Fachwissenschaften werden ihnen immer wieder Unwissenschaftlichkeit und zu starke Orientierung an der beruflichen Praxis vorgeworfen, von den Praktikern werden sie wegen Theorielastigkeit und mangelnder Praxiserfahrung kritisiert. Die Politiker bzw. die Ministerien ändern allzu häufig den Ort und die Form der Lehrerausbildung, so dass etwa Otten (1993) auch wegen solcher Konzeptionslosigkeit bzw. ständiger Veränderung der Bildungsplanung von einer »Bildungskatastrophe« spricht. In großen Artikeln zur Lage an den bundesdeutschen Schulen im Jahr 1995 in den Magazinen *Spiegel* und *Focus* tauchte die Didaktik als Wissenschaft entweder gar nicht oder nur als eine Institution auf, die zur Verbesserung der sehr negativ beurteilten Schulsituation nichts beiträgt. Diese Einschätzung wiederholte sich dramatisch im neuen Jahrtausend, als die PISA-Studie mit ihrem *Programme for International Student Assessment* Deutschland ein schlechtes Schulniveau bescheinigte. (Vgl. Balnis 2002; Baumert 2003; Herr 2004; Kerstan 2002; Stanat 2002). Laut diesen Situationseinschätzungen sind Lehrer auf sich selbst gestellt und können bestenfalls als Einzelkämpfer oder, wenn sie viel Glück haben, mit gleich gesinnten Kollegen die schlechten sozial und politisch geprägten Rahmenbedingungen oder die fehlende Unterstützung aus der Fachdidaktik notdürftig verbessern. Dazu sind viel Energie, Kreativität, erhebliche geistige Aktivität und Einfühlungsvermögen notwendig. Selbst wenn die aktuelle Situation nicht so schlecht ist, wie sie in den Medien oft erscheint, sind dies auf jeden Fall Charaktereigenschaften, die Lehrer wie auch Studierende immer gut gebrauchen können.

Die aktuelle Schulsituation macht deutlich, wie schädlich Konzeptionslosigkeit auf allen Ebenen ist. Das bedeutet für das Studium der Fachdidaktik Englisch, dass es nicht ausreicht zu lernen, wie man eine Unterrichtsstunde attraktiv, motivierend und abwechslungsreich gestaltet. Neben einer solchen methodischen Kompetenz muss man vor allem die Fähigkeit entwickeln, die Klassensituation gut einzuschätzen und die von den Richtlinien vorgeschriebenen Lernziele in der verfügbaren Zeit angemessen zu erreichen. Dies geht nur, wenn neben die praktische Erfahrung und das konkrete Üben die fundierte theoretische Reflexion tritt. Unterrichtspraxis ohne Theorie ist konzeptionslos und hilflos dem Tagesgeschehen, vor allem auch der Tagespolitik, ausgeliefert; Theorie ohne Praxisbezug ist realitätsfern und verpasst allzu häufig die Alltagssituation. Wiederum ist ein mittlerer Weg anzustreben, der beide Komponenten verbindet und der in dieser Form schon während des Studiums zu üben ist. Das Konzept des Netzwerks liefert dafür eine gute theoretische Grundlage, die den Bezug zur Praxis unausweichlich mit einbezieht.

Die aktuellen Tendenzen in der Fachdidaktik fördern eine solche Konzeption. Sie betonen Handlungs- und Prozessorientierung, größere Lernautonomie, die Ausbildung von Fertigkeiten zu Problemlösungen und verlangen, die konstruktivistischen Komponenten des Sprachenlernens aufzugreifen und nutzbar zu machen. (Vgl. erneut Bausch/Christ/Königs/Krumm 1998; Ellis/Newton 2000; Skehan 1998; Mißler/Multhaup 1999; Multhaup/Wolff 1992; Pienemann 1998; Tomasello 2003; Wendt 1996; zur Lernautonomie vgl. auch Benson/Voller 1997; Edelhoff/Weskamp 1999). Für die Studierenden bedeutet das vor allem, sich während des Studiums ein möglichst weit reichendes Gesamtbild von den Elementen zu verschaffen, die im Fach maßgeblich sind. Wichtig ist es dabei besonders, die Zusammenhänge zwischen diesen Elementen zu erkennen und sie nicht nur als Einzelteile und für sich zu erleben.

Die **Verbindung von Elementen**, die voneinander getrennt zu sein scheinen, ist ein Charakteristikum, das früher Genies zugeschrieben wurde. Heute erscheint unsere Gesellschaft häufig als in endlos viele Einzelelemente zerfallen, als diffus, verwirrend, zersplittert oder einfach schrecklich unübersichtlich, so dass etwa Habermas (1985, 141) von der »Krise des Wohlfahrtsstaates« und der »Erschöpfung utopischer Energien« spricht. Gleichzeitig tauchen aber immer neue Konzepte und damit auch Utopien auf, die die Unübersichtlichkeit trotz aller Schwierigkeiten und ohne Vernachlässigung der Komplexität in eine relative Ordnung und Ganzheitlichkeit überführen wollen. Ein solches Konzept ist das des Netzwerks. Es verbindet sich gut mit der aktuellen Tendenz in der Fachdidaktik Englisch, Schülern die Möglichkeit zu ganzheitlichem Lernen zu geben, sie also als rationale und emotionale Personen gleichermaßen anzusprechen, zu fordern und zu fördern. Die **Didaktik des ganzheitlichen Lernens** (*holistic learning*) ist noch längst nicht vollständig entwickelt. Es fehlen noch entsprechende Lerntheorien, und es müssen in erheblich größerem Umfang die Möglichkeiten erforscht und entwickelt werden, die Schülern ein ganzheitliches, von konkreter eigener Erfahrung geprägtes Lernen (*experiential learning*) und nicht nur ein rationales Lernen der fremden Sprache und Kultur gewährleisten.

Diese ganzheitliche Perspektive in didaktischer Forschung, Lehre und Entwicklung von Unterrichtsmaterialien wird durch die Berücksichtigung konstruktivistischer Theorien und des Netzwerkcharakters menschlicher Wirklichkeitskonstruktionen erheblich gefördert. Hier liegen die wesentlichen und vielversprechendsten **Zukunftsperspektiven und Tendenzen** in der Fachdidaktik Englisch, an denen Studierende der Anglistik dann am besten teilhaben können, wenn sie sich auf den vielleicht gelegentlich anstrengenden, aber sicher lohnenden Versuch einlassen, die komplexe Wirklichkeit von Studium, Beruf und Alltagspraxis zusammenzusehen.

Das ganzheitliche Lernen wird im Kontext der europäischen Weiterentwicklung und Integration sinnvoll unterstützt und ergänzt durch die aktuellen Versuche, nationale Leistungs- und Beurteilungskriterien, regionale Anforderungen an Schule und Universität, Ausbildung und Weiterbildung durch europäische Normen und **internationale Konzepte der Qualitätssicherung** zu ersetzen. Natürlich bringt das Erlernen einer Fremdsprache immer Vergleichsmöglichkeiten mit anderen Kulturen mit sich und geht notwendigerweise über nationale Grenzen hinaus, aber die bewusste Suche nach einem europäischen Referenzrahmen und möglicherweise sogar globalen Kriterien für das Lernen und Lehren hat inzwischen ein solches Ausmaß erreicht, dass sie einen klaren Ansporn zur Verbesserung des gegenwärtigen Zustandes darstellt. Auch hier sind Einseitigkeiten zu vermeiden und globale Kriterien immer mit lokalen Möglichkeiten und Bedürfnissen in Einklang zu bringen, aber es ist klar, dass **Evaluation** im Augenblick ein Schlüsselbegriff ist und auf allen Niveaus und in allen Gesellschaftsbereichen, speziell auch in der Bildung und der Entwicklung der Lehre Beurteilungen stattfinden und ein allgemeiner Wettbewerb mit dem Ziel der Qualitätsverbesserung zu beobachten ist.

Die Fachdidaktik ist in diese Prozesse, wie alle anderen Bereiche der Anglistik, der Universität, der Schulen und Weiterbildungsinstitute, stark eingebunden, und es sind weitere aufschlussreiche Erkenntnisse mit effektiven Konsequenzen für die Unterrichtspraxis zu erwarten. (Zur Evaluation von multimedialen Lernprogrammen vgl. etwa Schröder 1998 und Meister/Tergan/Zentel 2004 zur Evaluation von *E-Learning*; Keil-Slawik/Kerres 2003 zu Qualität und Wirksamkeit der neuen Medien und des *E-Learning*; und für größere Kontexte Bausch 2003; Bildungsstandards der Kultusministerkonferenz 2003; das Europäische Sprachenportfolio (http://culture.coe.fr/lang/eng/eedu2.5.html); Europarat 2001; Rat der Europäischen Union 2004; Trim/North/Coste 2001; Voss/Stahlheber 2002; Zydatiß 2002).

Das Studium insgesamt erfordert von Studierenden genau die Qualitäten und Fertigkeiten, die hier für den Englischunterricht skizziert worden sind. Kulturelle Kompetenz und autonomes Lernen sind gekennzeichnet durch »eigenverantwortliches und selbst gesteuertes Handeln«, durch ganzheitliches und wirklichkeitsbezogenes Wahrnehmen, Verstehen und Agieren. Von Schülern wird daher ein hohes Maß an Eigenverantwortung verlangt. Sie sind für die (Mit-)Gestaltung der Lernsituation verantwortlich, für die Entwicklung der selbstkritischen Fähigkeit, die eigene Leistung »realistisch einzuschätzen«, »sich über Leistungserwartungen genau zu informieren und sich daraufhin zu orientieren und wirksam vorzubereiten«, sich schließlich auch entsprechende Lern- und Arbeitstechniken anzueignen (Kultusministerium NRW 1993, xx). All dies ist für Studierende gleichermaßen notwendig. Erst wenn sie selbst gelernt haben zu lernen und den Lernprozess angemessen organisieren können, werden sie in der Lage sein, dasselbe Schülern beizubringen. Das Studium der Fachdidaktik Englisch muss dabei helfen, kommt aber ohne die Eigenverantwortung der Studierenden nicht aus.

V. Sprachpraxis

1. Die Stellung der Sprachpraxis im Anglistikstudium

Ein Grundmissverständnis über das Anglistikstudium ist, dass man erst *im* Studium (gut) Englisch lernt. Dabei sind gute Englischkenntnisse aber eine Voraussetzung für das Anglistikstudium. Alle Absolventen eines Anglistikstudiums sollten (idealerweise) Englisch so gut beherrschen, dass sie sich aktiv, entsprechend der jeweiligen kommunikativen Situation fehlerfrei und differenziert in Wort und Schrift ausdrücken können und passiv jeden schriftlichen oder mündlichen Text verstehen und entsprechend der kommunikativen Situation einordnen können. Jedes Sprachpraxisprogramm im Anglistikstudium kann dazu **nur eine Hilfestellung** sein. Normalerweise bauen die Kurse auf Abiturniveau auf und sollen zur *(near-) native speaker*-Kompetenz führen.

Obwohl jeder sprachpraktische Kurs speziell auf die Bedürfnisse der Lernenden abgestimmt sein sollte und deshalb hier nicht allgemein beschrieben werden kann, wollen wir kurz einige **Grundprinzipien der Sprachpraxis** andeuten, bevor wir dann auf die gängigsten sowie mögliche andere Kurse eingehen und schließlich Richtlinien für den wichtigsten ›Sprachpraxiskurs‹, den Auslandsaufenthalt, geben. Es ist jedoch entscheidend zu erkennen, dass der wirkliche und nachhaltige Lernerfolg vor allem von der Eigeninitiative und Selbstverantwortung der Lernenden abhängt, die selbst ein lernförderndes Umfeld schaffen und nutzen müssen (vgl. *Individualization and Autonomy in Language Learning. ELT Documents* 131, 1988). Riley (1982) betont: »learning can not be done to the learner or for the learner, only by the learner«. Deshalb sollten Studierende von Anfang an versuchen, gute Sprachlerner zu werden, unter dem Motto: *Learning to Learn English* (vgl. Ellis/Sinclair 1989). Seit Rubin/Thompson (1982) verbindet man mit »**guten Sprachlernern**« folgende Strategien:

1. sie kommunizieren gerne und unternehmen dafür besondere Anstrengungen,
2. sie haben keine Angst davor, sich zu blamieren,
3. sie raten gern und gewandt,
4. sie achten auf formale Strukturen und sind bemüht, diese überall zu erkennen,
5. sie achten auf die Bedeutung, denn sie wissen, dass zur Kommunikation nicht nur eine angemessene Form gehört,
6. sie beobachten ihre eigene Sprache und die anderer – und die Reaktionen darauf,
7. sie üben selbständig.

Vier Fähigkeiten sind (nach Carroll 1962) eine Voraussetzung für gute Sprachlerner:

- akustische Unterschiede zu hören, nachzuahmen und zu speichern (*phonetic coding*),
- sprachliche Funktionen von Wörtern zu erschließen (*grammatical sensitivity*),
- Sprache automatisch und unhinterfragt zu speichern (*rote learning*) und
- Regelhaftigkeiten zu entdecken und selbst anzuwenden (*inductive language learning ability*).

Manchmal wird auch zwischen grammatischer, soziolinguistischer, diskursspezifischer und strategischer Kompetenz unterschieden. Das große Problem beim Sprachlernen ist offensichtlich, dass man nicht ins Gehirn des Lerners schauen kann, um zu sehen, wie das Lernen am besten abläuft. Im Sprachlernen wird heute oft unterschieden zwischen:

English as a Foreign Language (EFL), wenn in einem »nichtenglischsprachigen« Land gelernt wird, und

English as a Second Language (ESL), wenn in einem »englischsprachigen« Land gelernt wird.

Natürlich ist es in einer englischsprachigen Umgebung leichter, gut Englisch zu lernen, aber heute können Studierende mehr Möglichkeiten (z.B. im Schulaustausch oder im Internet) nutzen als früher.

Die Sprachpraxis der Anglistikstudierenden setzt sich heute aus dem sprachpraktischen Kursprogramm (*EFL programme*), aus dem Selbststudium und aus den Erfahrungen im Studium, Praktikum oder bei der Arbeit im Ausland zusammen. Allerdings gibt es in der Sprachpraxis noch weniger einen »Königsweg« zum großen Ziel *near native-speaker competence* als in anderen Teilgebieten der Anglistik. Die Studierenden müssen ihren eigenen Weg zur adressaten-, medien- und kulturadäquaten Ausdrucksweise entwickeln. Dazu können im Englischstudium nur Hilfsmittel angeboten werden.

2. Grundprinzipien

Zu den Grundprinzipien des modernen sprachpraktischen Unterrichts gehört, dass er lernerzentriert, integriert und interkulturell ist.

1. Ein konsequent **lernerzentrierter Ansatz** (*learner-centred approach*) versucht, den Anglistikstudierenden speziell auf sie ausgerichtete Möglichkeiten des Englischlernens zu geben. Sprachpraxislehrer, so genannte Lektoren, bei denen es sich meist um Muttersprachler (*native speakers*) handelt, können den Studierenden dabei nur helfen. Sie sind heute mehr Berater und Organisatoren des Lernprozesses (*facilitator*) als Drillmeister. Sie können durch Auswahl von Texten und Übungsformen mit besonderen Aufgaben den Lernprozess einleiten und durch Erklärungen und evtl. Korrektur, d.h. durch bewusste Hinweise auf mögliche und tatsächliche Probleme, fördern und sie als ständig konsultierbare ›Datenbank‹ begleiten. Ganz wichtig hier: sie sollten auch auf die wichtigsten und besten Nachschlagewerke hinweisen und

den richtigen Umgang damit fördern. Schließlich ist das übergeordnete Lernziel, dass Studierende laufend ihren passiven und aktiven Sprachgebrauch selbstkritisch betrachten (*language awareness raising*) – ohne allerdings durch dieses ständige *monitoring* ihre Flüssigkeit und Sicherheit im Ausdruck zu gefährden. Noch mehr als in anderen Bereichen des Anglistikstudiums heißt Lernen nicht Ansammlung von Wissen *über* Sprache, sondern Änderung von Verhalten *in* der Sprache.

Dies wird dadurch gewährleistet, dass man die Lerner in ein möglichst **authentisches sprachliches Umfeld** bringt. Sprachliche Reaktions- und Lernprozesse laufen nämlich nur dann mit der hinreichenden Intensität und Verarbeitungstiefe ab, wenn sie in eine echte Motiv- und Zielstruktur eingebettet sind. Daraus folgt die »These, daß erfolgreicher Spracherwerb sich vor allem aus dem aktiven und authentischen Gebrauch der Sprache ergibt« (Eck/Legenhausen/Wolff 1995, 14). Dies ist ein Grund, warum heute auch viele nicht direkt mit der Sprachpraxis befasste Anglistikdozenten ihren Unterricht in Englisch abhalten. Abgesehen davon, dass viele Fachbücher in Englisch erscheinen, hilft der Sprachgebrauch sprach-, literatur- und kulturwissenschaftliches Wissen im authentischen Kontext zu sehen *und* die Studierenden noch stärker *real English* ›auszusetzen‹ – zumal auch viele fachwissenschaftliche Examensleistungen in englischer Sprache abzuleisten sind. In solchen Sprachverwendungssituationen sind die Inhalte betont, nicht die Form, und Studierende können durchaus lernen, auch einmal nicht genau Verstandenes im Kontext mit zu ›verdauen‹ und trotzdem den Informationsgehalt voll zu erfassen.

2. Nach einem modernen Verständnis können sprachliche Formen und sprachliches Verhalten nicht losgelöst erlernt werden, sondern nur **integrativ** (*integrative*). Somit muss ein moderner Sprachunterricht in die entsprechenden sozialen und kulturellen Gebrauchsbedingungen eingebettet sein. Damit reicht Sprachunterricht weit über die ›Sprache an sich‹ hinaus. Diese Erkenntnis ist natürlich nicht neu. Es hat schon immer zu den Lernzielen eines aufgeklärten Fremdsprachenunterrichts gehört, Verständnis für die kulturelle Andersartigkeit der Zielsprachengemeinschaft zu wecken, auf Probleme des interkulturellen Kontaktes vorzubereiten und mögliche Kommunikationsprobleme und Missverständnisse vorwegzunehmen. Leider sind viele gelungene Unterrichtsmaterialien in diesem Bereich nur für den ESP-Markt *Business English* (s. S. 70) ausgearbeitet. Allerdings enthalten viele Materialien, wie die Videoserie von Jones (1993), die *Negotiating Techniques* von O'Connor/Pilbeam/Scott-Barrett (1992) oder den *Intercultural Resource Pack* von Derek Utley (2004) zahlreiche Elemente der allgemeinen Kommunikationspragmatik, die auch für Anglisten interessant sind.

Alle Sprachpraxisprogramme betonen heute **praktisch-kommunikative Ansätze**, d.h. praktische Übungen zur Übermittlung konkreter Botschaften z.B. in der Wissenschaftssprache Englisch stehen im Vordergrund. Dabei kann auch reflexiv-kognitiv über die eigenen Sprachverwendungen (und ihre Wirkungen) diskutiert werden. Berufsorientiert können auch Projekte zur Darstellung von Informationen für bestimmte Adressaten (z.B. Touristen), in bestimmten Kulturen (z.B. Amerikaner) oder spezifischen Medien (z.B. Internet) durchgeführt werden.

3. Während traditionell die Kontakte mit britischen und amerikanischen Sprachgemeinschaften und deren Sprach- und Kontaktnormen im Mittelpunkt des Sprach-

unterrichts standen, wurde der weltweite englische Sprachraum durch die erhöhte touristische sowie wirtschafts- und berufsbedingte Mobilität in den letzten Jahrzehnten zu einem besonders komplexen Mosaik von *native* und *non-native speakers* aus allen Kontinenten. Dadurch wird umso offensichtlicher, dass **interkulturelles** (*intercultural*) Lernen die Auseinandersetzung mit fremd- und eigenkulturellen Normen und Wertesystemen einschließt (s. Kap. III.4; Buttjes/Byram 1991 und Ambos/Werner 1996). Rein sprachpraktisch heißt dies heute, dass auch Merkmale der Weltverkehrssprache (*lingua franca*) Englisch bewusst gemacht werden, einschließlich einer besonderen Sensibilisierung für allgemein-lernersprachliche Eigenschaften sowie das Entstehen von **kommunikativen Missverständnissen**. Zu dieser Sensibilisierung können fälschlich unterstellte Deutungsmuster (wie z.B. Deutsche sind unhöflich, denn sie verwenden Imperative für Bitten), unterschiedliche **Diskursstile** und Höflichkeitskonventionen beitragen. Praktisch gefragt heißt dies etwa: Wie ›persönlich‹ ist eine englische Kassiererin im Supermarkt, wenn sie den deutschen Studierenden mit *love* anspricht? Wie höflich ist ein englischer Manager wirklich, wenn er zur deutschen Praktikantin sagt: *Would you be so kind as to make a note of the results*? Vielleicht muss man sogar den besten *party small talk* mit einem Glas Sherry üben?

Das eigentliche Problem des sprachpraktischen Unterrichts an der Universität scheint manchmal zu sein, dass sich zu viele prüfungsrelevante **Übungskonventionen** herausgebildet haben, während man das adäquate sprachliche Verhalten der Anglistikstudierenden in wirklichen Kommunikationssituationen kaum in Prüfungen testen kann (s. 5.). Natürlich muss man den an vielen Instituten heute üblichen **Einstufungstest** (*placement test*) zu sprachlichen Grundfertigkeiten bestehen, und natürlich muss man wissen, welche idiomatischen Konstruktionen die Korrektoren von Prüfungsarbeiten beeindrucken. Trotzdem sollte der Anglistikstudierende nicht den weiteren Zweck des Sprachlernens aus den Augen verlieren: adäquates Handeln in komplexen realen Kommunikationssituationen.

3. Übungsformen in sprachpraktischen Kursen

Sprachpraktische Kurse sind auf bestimmte **Aufgaben** (*tasks*, vgl. Wilson 1986) wie Vorlesungsmitschrift (*lecture note taking*) und Übersetzung (*translation*) usw. ausgerichtet, an den einzelnen sprachlichen **Fertigkeiten** (*skills*) orientiert oder ineinander integriert. Selbst wenn Studierende schon an der Schule ›Sprachpraxisunterricht‹ hatten, sind auch im Anglistikstudium aufeinander aufbauende sprachpraktische Kurse nötig. Häufig werden erst Wissen und isolierte Fertigkeiten vermittelt und dann Können und integriertes Sprachhandeln eingeübt.

3.1 Fertigkeitenorientierte Kurse

Die vier Grundfertigkeiten Sprechen, Schreiben, Hören und Lesen werden oft nach mündlich/schriftlich und produktiv/rezeptiv unterschieden:

	mündlich	schriftlich
produktiv/«aktiv«	*speaking*/Sprechen	*writing*/Schreiben
rezeptiv/«passiv«	*listening*/Hörverstehen	*reading*/Lesen

1. Dabei heißt **rezeptiv** nicht passiv, wie man z.B. am **Lesen** sieht. Selbst diese scheinbar einfache Fertigkeit (vgl. Williams 1984; Rivers/Temperley 1978, 187 und s. Kap. IV.2.4.2) kommt in vielfältiger Form vor: Im Leben und im Studium liest man nicht nur laut, sondern auch leise, nicht nur ganze zusammenhängende Texte, sondern auch Werbeposter, Formulare und Inhaltsverzeichnisse, nicht nur intensiv, sondern vor allem extensiv. Auch beim leisen und extensiven Lesen muss man aufmerksam und planmäßig vorgehen, wenn man z.B. einen Text effizient ›überfliegen‹ will, um ihn nach seinen grundlegenden Ideen (*scanning, reading for gist*) bzw. nach bestimmten gesuchten Informationen (*skimming*) durchzuschauen. So wird die Kunst des Lesens zur vielleicht wichtigsten Studienfertigkeit, um Informationen zu beschaffen (Leseverstehen; *reading comprehension*) und in mündlicher Form wiederzugeben (wobei natürlich das Ablesen häufig nicht die überzeugendste Darstellungsform ist).

In der Praxis wird die Fertigkeit Lesen eher integriert geübt: Lesen kann z.B. zum Auswendiglernen führen und mit Handlungen als Theater- oder Rollenspiel kombiniert werden; Lesen kann (durch Ableitung der Bedeutung aus dem Kontext) auch zur Erweiterung des Wortschatzes (vgl. Nation/Coady 1988) und zur Vorhersage von sprachlichen Formen (z.B. bei Kollokationen; s. S. 41) oder Funktionen (z.B. zum Überreden) genutzt werden, weil man beim Lesen mehr Zeit zum Überlegen hat als beim Hören. Heute wird der Leser nicht mehr als *empty vessel* gesehen, sondern in einen Gesamtkontext aus Vorwissen und Erfahrung eingebunden (*schema theory*, vgl. schon Bartlett 1932). Deshalb wird auch der kulturelle Kontext nicht mehr vernachlässigt, sondern an authentischen Texten geübt und durch echte inhaltliche Wissenslücken in einem Aufgabenkomplex realistischer gestaltet. Da man heute normalerweise leise liest, gibt es vor allem indirekte Möglichkeiten, Leseverständnis zu testen: die Beantwortung von Fragen, die Änderung der Reihenfolge von Textstücken, die Erschließung indirekter Aussagen und die Bewertung, wie effizient der Schreiber seine Absicht dem Leser vermitteln konnte.

2. Das **Schreiben** ist eine sehr komplexe Angelegenheit (vgl. Hedge 1988). Im Gegensatz zum Sprechen kann es nicht auf expressive Ausdrucksmittel, wie Gesten oder Tonhöhe, und Situationskontexte zur effizienten Kommunikation zurückgreifen. Deshalb muss es den räumlichen und zeitlichen Kontext explizit klar machen. Dafür gewinnt der Schreiber mehr Zeit für die Formulierung als der Sprecher. Schreiben ist also bewusster, abstrahierter und kontrollierter als Sprechen. Der Prozess durchläuft verschiedene Phasen: Der Schreiber muss das Thema genau analysieren, die ersten Gedanken in Schlagworten skizzieren, sie dann in einem ersten Entwurf in einen logischen Zusammenhang bringen, in der Überarbeitung die Textstruktur nochmals besser herausarbeiten und schließlich in der Korrekturphase nochmals Rechtschreibung, Grammatik, Idiomatik und innere Logik überprüfen. **Der Stil variiert** besonders nach Thema, nach Adressaten und nach

Situationskontext sowie Ziel der Kommunikation. Allerdings sollte dann die Notengebung und Korrektur all diese Bereiche (vom Inhalt bis zur äußeren Präsentation) ebenfalls mit berücksichtigen und nicht nur die Zahl der Fehler. Das traditionelle *essay-writing* verbindet verschiedene Fertigkeiten des fremdsprachlichen Ausdrucks mit kulturellem Hintergrundwissen, der gedanklichen Gliederung und der eigenständigen Darstellung in einer Form. Allerdings sind diese sprachpraktischen Essays nicht auf die literarische Textsorte ›Essay‹ oder ›argumentative Besinnungsaufsätze‹ beschränkt.

Schreiben muss man als Anglist im Studium auf vielerlei Art und Weise. Die Variation reicht von der Vorlesungsmitschrift über das Exzerpieren aus wissenschaftlichen Veröffentlichungen (*note taking* bzw. *making*) bis zur Abfassung von schriftlichen Examensarbeiten oder Referaten, wobei dieses *written to be spoken* das Schreiben von Präsentationsmaterialien auf Overheadfolien, Tafelanschriften und die vollständige Ausarbeitung zu einem bestimmten Thema einschließen kann. Falls der Fachunterricht in der Anglistik in der Fremdsprache erfolgt, ergeben sich hier interessante Überschneidungen mit der Sprachpraxis. Traditionelle Schreibkurse (*composition, essay-writing*) können erweitert werden auf das Erstellen von modernen Textsorten (z.B. Tourismustexte), von neuen Textformen (z.B. Untertitel für Videoclips) oder von Anwendungen in neuen Medien (z.B. *home pages* im Internet). Sogar das Edieren von Entwürfen anderer Studierenden macht Schwierigkeiten im Entschlüsselungsprozess und Verbesserungsmöglichkeiten im Verschlüsselungsprozess bewusst. Für alle Aufgaben der Textproduktion erweisen sich heute der *Longman Language Activator* (1992/2002) und das *Oxford Collocations Dictionary* (2002) als unerlässliches Werkzeug, dessen Verwendung Studierende ›im Schlaf‹ beherrschen müssen.

3. Obwohl das **Sprechen** oft die Fertigkeit ist, nach der die Kenntnisse eines Fremdsprachenlerners generell eingeschätzt werden, wird es leider in der Unterrichtspraxis oft vernachlässigt. Da die Reaktion des Sprechers in authentischen Situationen sofort und direkt erfolgen muss, ist es auch schwer zu unterrichten. Auch das Sprechen ist eine komplexe Angelegenheit (vgl. Bygate 1987), die zahlreiche kulturelle Fertigkeiten einschließt. Es ist z.B. kulturspezifisch, wie oft ich meinem Zuhörer die Möglichkeit zu Unterbrechungen gebe bzw. ›das Heft gerade nicht aus der Hand gebe‹, wie ich das Thema wechsle oder unergiebige Diskurspassagen überbrücke. Viele Redeteile enthalten auch typische Sequenzen (*gambits*; vgl. Keller/Warner 1988) zum Gesprächsbeginn und -ende. Ähnlich ritualisiert können funktionale Strategien, wie *convincing* und *persuading*, in begrenztem Maß sogar *swearing*, sein; auch sie sind Teil einer anwendungsoriertierten kultursensiblen Sprachpraxis. Gerade diese Fertigkeit erlaubt viele moderne **Übungsformen**, z.B. das Rollenspiel (ein Fernsehinterview, eine Gerichtsverhandlung), das den Studierenden langfristig und selbständig zur Verbesserung der Ausdrucksfähigkeit verhilft (Byrne 1976 oder im Internet Warner 2004). Studierende können auch üben, wie man ein Geschäft verlässt ohne etwas zu kaufen (*I'm afraid I can't make up my mind*), wie man eine ›Bombennachricht‹ behutsam vorbereitet (*You may be surprised to hear that/you may not believe this but ...*). In vielen Situationen kommt es weniger auf das Was, als auf das Wie des gesamten Sprachhandelns an, wenn man nicht als Außenseiter behandelt werden will.

4. Schließlich sei im Gesamtzusammenhang dieses Buches das **Hören** betont, besonders die Gewöhnung an verschiedene der gerade für das Englische so typischen nationalen und intranationalen Variationen (s. Kap. I.8.3). Das berühmte ›unliebsame Erwachen‹ deutscher Schüler, die nur das Schulenglisch ihrer Lehrer gewöhnt waren und beim ersten Kontakt mit *real English* nichts mehr verstanden, kann heute durch moderne Text- und Tonsammlungen von *accents of English* (s. Standardwerke in Kap. IV.1.4.2) vermieden werden. Allerdings kann auch die Fertigkeit Hören sehr verschieden sein (wie beim Lesen gibt es *listening for gist, for specific information* usw.; vgl. Underwood 1989 und Ur 1987), und sie ist keineswegs passiv. Rost (1990) sieht den Hörer sogar als Ko-Autor, der (auch durch nonverbale Signale) hilft, einen Diskurs zu strukturieren und den Aufnahmeprozess ständig durch Vorwegnahmen und Interpretationen mitgestaltet. Wie wichtig eine Weiterverarbeitung der akustischen Signale ist, wird manchmal erst an Fehlern wie *I lie kit* deutlich, das im Kontext nur als *I like it* einen Sinn ergibt. Neben der phonetischen hat das Hörverstehen eine semantische und eine kontextuelle *listening* Komponente.

Heute erlaubt die Variation zwischen *focused* (bei einem Vortrag) und *casual listening* (bei einer Radiosendung) zahlreiche **Übungsmöglichkeiten des Hörverstehens** (Rixon 1986), wobei meist wiederum authentische oder zumindest natürlich gesprochene Texte verwendet werden. Viele Übungen kombinieren allerdings das Hören mit anderen Fertigkeiten, mit dem (Nach-)Sprechen als traditioneller Ausspracheübung, mit dem Schreiben als traditioneller Diktatübung und mit dem Lesen beim lauten Vortrag.

3.2 Aufgabenorientierte Kurse

In der Praxis haben sich an allen anglistischen Instituten, oft unter verschiedenen Bezeichnungen, bestimmte Übungsformen eingebürgert, die nicht direkt an einzelnen Fertigkeiten orientiert sind, sondern an komplexeren Aufgaben. Zu den ersten Kursen neben dem nur für manche vorgeschriebenen Grundkurs (*foundation course*), der versucht, alle Studierende auf das gleiche Anfangsniveau bringen, gehören normalerweise **Übungen zur Aussprache** (*pronunciation*). Diese werden meist im Sprachlabor durchgeführt. Sie bestehen heute nur z.T. aus stereotypen Drillübungen zur Nachahmung und Automatisierung von authentischer Aussprache im Kontext. Oft sind damit zum einen Beschreibungen der Aussprache kombiniert, damit man sie Lernenden erklären kann, zum anderen Übungen zur Lautschrift (s. Kap. I.3.2), damit man Ausspracheangaben in Wörterbüchern effizient umsetzen kann. Besondere Beachtung finden spezielle Problemfälle für deutsche Englischlerner, von einzelnen ›leicht verwechselbaren‹ Lauten wie /v – w/ und ›unbekannten‹ Lauten wie /θ, ð/ bis zu *linking* und *intonation patterns* (vgl. kontrastive Merkmale in Kap. I.3). Als Aussprachemodell wird meist, auch wegen der allgemeinen Verfügbarkeit in lernerspezifischen Übungs- und Wörterbüchern, *Received Pronunciation* (s. Kap. I.8.2) vorgegeben, seltener *General American*. Zumindest passiv, in Hörverstehensübungen, sollten allerdings auch andere Akzente und Varianten zu ihrem Recht kommen.

Übungen zum Wortschatz gehörten lange zu den vernachlässigten Teilen der Sprachpraxis (Nattinger 1988, Meara 1980). Wortschatzkurse (*vocabulary building*) erweitern und festigen den Wortschatz, indem sie ihn systematisch betrachten, d.h. im syntagmatischen und paradigmatischen Zusammenhang (s. S. 38), oft mit besonderer Berücksichtigung der Verwendung von Wörtern (*vocabulary in use*) im soziostilistischen Kontext (z.B. McCarthy/O'Dell 2002). Sie können mit Wörterbucharbeit kombiniert werden, sie können aber auch einfach mit Spielen unterhaltsam und z.T. lehrerunabhängig gemacht werden. Dazu gibt es verschiedene Programme des *Computer Assisted Language Learning* (CALL).

Kurse zur Grammatik (*grammar*) sind oft an der traditionellen Schulgrammatik ausgerichtet, moderne kreative und sogar interaktive Übungen (vgl. Edmondson/House 1981) können aber auch die variablen Mittel der Grammatik zur geschickten ›Verpackung‹ von Information betonen (vgl. Ur 1988). Besondere Schwerpunkte ergeben sich häufig aus der kontrastiven Perspektive; für deutsche Englischlerner sind dies z.B. *tense/aspect, subordination/reported speech* oder *modality*. Im modernen Grammatikunterricht wird versucht, ein Gleichgewicht zwischen induktivem Arbeiten an Beispielen zur Verbesserung des Sprachbewusstseins und deduktivem Anwenden von Regeln zu finden. Gerade die Möglichkeit des entdeckenden Lernens (*discovery learning*) von Grammatikstrukturen steht ganz im Gegensatz zur alten ›Grammatikmühle‹ (*grammar grind*). In jedem Fall müssen Studierende erkennen lernen, dass die ›einfache Regel‹ »Students need to be given details of grammar rules if they are to learn English successfully« meist *nicht* ›funktioniert‹ (Harmer 1992). Zum Nachschlagen ihrer Hypothesen benötigen die Studierenden eine Nachschlagegrammatik (z.B. Swan 1995), die auch gut mit sprachwissenschaftlichen Grammatiken harmonieren sollte (z.B. der Gebrauchsgrammatik von Greenbaum 1991 oder der umfassenden Nachschlagegrammatik von Quirk/Greenbaum/Leech/Svartvik 1985. Aus kontrastiver Perspektive ist jedoch Sammon 2002 vorzuziehen).

3.3 Integrierte Kurse

Eine traditionelle integrierte Möglichkeit zur Verbesserung der Sprachfertigkeit bieten Übersetzungskurse (vgl. Kornelius 1995). Deutsch-englische **Übersetzungen** (*translations*) testen Wortschatz, Grammatik und Stilistik unter besonderer Berücksichtigung kontrastiver Strukturen, deshalb sind sie in Prüfungen besonders beliebt. Englisch-deutsche Übersetzungen dagegen testen zwar Leseverstehen im Englischen, aber vor allem Stilistik im Deutschen; daher gelten sie als weniger zentral für Anglistikstudierende. Für deutsch-englische Übersetzungen gibt es häufig zwei Typen von Kursen: einen, der in die Techniken einführt und Studierende auf sprachliche Unterschiede zwischen Ausgangs- und Zielsprache aufmerksam macht, und einen für die Examensvorbereitung. Obwohl dabei traditionell zwischen freier und wörtlicher Übersetzung unterschieden wird, werden Übersetzungen oft als Sprachtests ›missbraucht‹. Mit professioneller Übersetzung und Gesprächsdolmetschen haben sie wenig zu tun, weil sie oft zu stark die Übertragung von (Wort-)Strukturen einüben, anstatt die Übertragung der Ideen eines Gesamttextes (*translation* im Gegensatz zu *transfer*). Für eine echte Übersetzung sollte die

Verwendung guter zweisprachiger Wörterbücher selbstverständlich sein, doch ist die lexikographische Entwicklung zum *real English in context* hier (selbst bei den moderneren Wörterbüchern wie denen von Collins und Oxford-Duden) nicht so weit fortgeschritten wie bei den einsprachigen englischen Wörterbüchern (s. 3.). Deshalb ist auch hier ein einsprachiges Wörterbuch zur Überprüfung der Übersetzungshypothesen Studierende unentbehrlich, während die zweisprachigen mit Vorsicht benutzt werden müssen.

Mit dem allgemeinen Lernziel der Sprachpraxis, vor allem **kommunikative Kompetenz** (*communicative competence*) zu entwickeln, ist die Übersetzung in der Anglistenausbildung (außer in den schriftlichen Prüfungen) etwas in den Hintergrund getreten. Allerdings hat Übersetzen auch eine sehr moderne **interkulturelle Komponente** – sie wird leider in der Praxis häufig nicht genügend berücksichtigt. Sehr häufig werden sogar die kulturelle Komponente und der genaue Adressat außer Acht gelassen, obwohl in einer Übersetzung gerade mit ihrer Variation neue interessante Formen der Textproduktion entstehen können. So lassen sich beispielsweise populäre Fassungen von englischen Wissenschaftstexten entwerfen oder nach dem Modell von Cornwall und Peak District Fremdenverkehrsprospekte für Rügen und den Schwarzwald anfertigen. Die Imitation solcher textsorten- und kulturspezifischer Texte (*shadowing*) oder ihre freie Übertragung in einen anderen Kulturkontext (*covert translation*) und andere innovative Projekte können besonderen Spaß am Lernen vermitteln – selbst wenn man keinen Schein dafür bekommt und es nicht in der Abschlussprüfung verlangt wird.

Bedauerlicherweise werden in der Praxis im Hinblick auf die Prüfung häufig nur examensähnliche Texte ausgeteilt, übersetzt, korrigiert, zurückgegeben und besprochen, wobei der Lernfortschritt häufig für Studierende und Lektoren unbefriedigend ist. Dies spiegelt sich auch in der Literatur wider: Es gibt kaum Kompromisse zwischen den sehr praktischen Handbüchern mit kommentierten Übersetzungsvarianten und den eher theoretischen Abhandlungen über Übersetzungswissenschaft. Fundierte Arbeitsbücher, wie etwa Smith/Klein-Braley (1989), sind die Ausnahme. Dieses Arbeitsbuch behandelt sowohl die handwerkliche Seite, Grundtechniken des Umgangs mit Wörterbüchern (s.u.) als auch die angewandtlinguistische, d.h. Grundkonzepte der kontrastiven und Textlinguistik, bevor die praktischen Probleme von Übungs- und Examensübersetzungen an verschiedenen Beispieltexten vorgeführt werden.

Moderne integrierte Arbeitsformen sind nach Nunan (1989) gekennzeichnet durch Authentizität und realistische Anbindung an das wirkliche Leben, eine logische Verknüpfung verschiedener Aufgaben, eine Konzentration auf die Sprache und das bewusste Lernen sowie eine praktische Problemorientierung. Komplexe, moderne **Simulationsaufgaben** (*simulation tasks*) erfordern oft umfangreiche Kursmaterialien: Anleitungen für den Lehrer, Informationsmaterialien für die Schüler und Arbeitsmaterialien wie Stadtpläne, Grundrisse und Konstruktionsschemata, damit alle *real life*-Kommunikation auf eine sachliche Grundlage gestellt wird. So schließt Kommunikation mehr ein als rein sprachliche Richtigkeit, sondern darüber hinaus flüssige Angemessenheit, einschließlich der gesamten Körpersprache und der jeweiligen kulturellen Konventionen des Unterbrechens, Zustimmens und (dezenten) Ablehnens bis hin zum gemeinsamen Schweigen.

Um eine **realistische Kommunikationssituation** zu schaffen, konfrontiert man z.B. einige Lernende mit einem Informationsdefizit (*information gap*), das sie in der Übung beheben müssen (z.B. die Beschreibung eines Grundrisses am Telefon geben), oder lässt sie konkurrierende Interessen vertreten (z.B. verschiedene Verkehrskonzepte werden von unterschiedlich Betroffenen anders eingeschätzt). So kann Kurslernen zumindest exemplarisch auch für das Leben ›danach‹ relevant gemacht werden. Kontroverse Themen aus dem politischen oder dem wirtschaftlichen Bereich erhöhen die kommunikative Brisanz der Diskussion: Wenn ein ›Kinderpsychologe‹, eine ›Fabrikbesitzerin‹, ein ›Politiker‹ und eine ›Mutter‹ über Kinderarbeit diskutieren, kann es keinen Kompromiss geben, aber jeder versucht, seine Kommunikationspartner von seinem Standpunkt zu überzeugen und selbst das Gesicht zu wahren. Wenn eine ›Gewerkschaftssprecherin‹, ein ›Straßenbauvertreter‹, ein ›Landesplaner‹, eine ›Psychologin‹ und eine ›Lokalpolitikerin‹ alternative Entwicklungskonzepte für eine Region diskutieren, werden landeskundliches und gesprächsstrategisches Wissen gleichzeitig relevant. Von den sprachlichen Fertigkeiten wird in einem solchen Kurs zunächst bei der Materialerarbeitung das Leseverstehen geübt, dann das Hörverstehen bei den Präsentationen der Partner, die Vorbereitung von Vortragsstichworten und Diagrammen sowie der mündliche Vortrag, die Diskussion mit den Partnern und schließlich die schriftliche Ausarbeitung eines Protokolls oder eines Gesamtkonzepts für verschiedene Zielgruppen.

Eine in der Vorgehensweise oft ähnliche Kombination von noch stärker kulturwissenschaftlichem mit sprachpraktischem Lernen (s. Kap. III.2.1) erlaubt ein Kurs in *Integrated Area Studies*, häufig getrennt in eine britische und eine amerikanische Option. Durch den Einsatz von sprachbewussten *native speakers* mit kulturellen *insider*-Kenntnissen ergibt sich eine interessante kulturkontrastive Perspektive. Eine weitere integrierte Form sind Kurse wie *Working with Literary/Scientific/Legal etc. Texts*, die sich für B.A.- und M.A.-Studierende der Anglistik als Spezialisierung anbieten. Obwohl der Seminarraum nicht das wirkliche Leben ist, können integrierte Kurse zumindest *real life situations* simulieren und verbessern damit die Handlungsmöglichkeit der Studierenden in wirklichen Sprachhandlungen.

Schließlich sollte sich jeder Anglistikstudierende bewusst sein, dass sich sprachpraktische Kurse und Englischlernen nur zum Teil überlappen. Einerseits vermitteln auch sprachpraktische Kurse über das Englischlernen hinaus allgemeine *study skills*, etwa die überzeugende und nachvollziehbare Darstellung von Gedanken in schriftlicher und mündlicher Form. Andererseits gibt es an vielen Universitäten **englischsprachige Aktivitäten**, die entscheidend mithelfen können, das Englisch der Studierenden zu verbessern, z.B. *theatre workshops*, *film groups* oder *student journals*, bei denen nicht nur das Endprodukt, sondern die Arbeitssprache Englisch sein sollte. Gerade solche Aktivitäten verbinden alle Bereiche der Anglistik in sehr unterhaltsamer Weise – und gerade solche Zusatzleistungen können, auch bei Bewerbungen um einen Praktikumsplatz, einmal den Ausschlag geben.

Sicherlich werden solche, weit über die in Prüfungsordnungen geforderten Kurse hinausgehenden, mehr selbstverantwortlichen Aktivitäten in Zukunft noch viel wichtiger werden. Durch neuere technische Entwicklungen, wie die Bereitstellung gezielter und unterhaltsamer CALL-Programme und E-Mail-Verbindungen in neuen *self-access centres* (vgl. Sheerin 1989 oder Gardner/Miller 1999), wird das selbständige Lernen und die eigenverantwortliche Kommunikation mit englischsprachigen Partnern im Internet immer wichtiger werden.

4. Ausschöpfen von Hilfsmitteln

4.1 Das (traditionelle) Wörterbuch

Zur sprachpraktischen Kompetenz gehört auch die gewandte Handhabung traditioneller Hilfsmittel der Sprachpraxis, von Wörterbüchern und Grammatiken. Da vor allem Wörterbücher heute einerseits vielfältige Informationen bieten, andererseits chronisch untergenutzt sind, sollen sie im Folgenden als Beispiel dienen, wie Studierende über diese Datenbanken (vgl. Heath/Herbst/Kucharek 1989) ihre passive und aktive Englischkompetenz selbständig verbessern können (vgl. Summers 1988).

Zunächst gilt es zu überlegen, welches **Wörterbuch** (*dictionary*) heranzuziehen ist. Dies ist natürlich vom Benutzer, vom Zweck der Benutzung und von der Verfügbarkeit abhängig. Am besten verfügbar sind heute die Computerwörterbücher der gängigen (amerikanischen) Textverarbeitungsprogramme, allerdings können sie prinzipiell nur sehr beschränkt, meist nur zur Rechtschreibprüfung (*spell checker*) und Wortfindung (*thesaurus*) genutzt werden. Immerhin sind englische Versionen bei den meisten Programmen automatisch enthalten, und man kann sogar zwischen *English (UK), English (US), English (AU)*, usw. wählen.

Das größte englische Wörterbuch ist immer noch das *Oxford English Dictionary* (OED), obwohl es in seinen Ursprüngen als *New English Dictionary on Historical Principles* schon über einhundert Jahre alt ist. Dies zeigt sich auch an seiner Betonung der historischen Perspektive; die Etymologie und die Beispiele aus dem großen historischen, vor allem literarischen Erbe sind dafür kennzeichnend. Obwohl das OED eine unerschöpfliche Fundgrube für sprachwissenschaftlich Interessierte ist, ist es wegen seines Umfangs nicht direkt für die Sprachpraxis nutzbar. Auch die handlichere Version, das *Concise Oxford English Dictionary* (COED), ist eher für Muttersprachler zum Nachschlagen schwieriger (Fremd-)Wörter konzipiert als für die Bedürfnisse des Fremdsprachenlerners. Dafür wurde seit 1948 das *Oxford Advanced Learner's Dictionary* (ALD) entwickelt. Ihm folgten 1974 das *Longman Dictionary of Contemporary English* (DCE), 1986 das COBUILD (*Collins Birmingham University International Language Database*) und schließlich 1995 das *Cambridge International Dictionary of English* (CIDE). Die neuesten Ausgaben (normalerweise mit CD-Rom) enthalten eine Fülle von Informationen, die man mit einer gewissen Wörterbuchkompetenz für die Verschlüsselung wie für die Entschlüsselung von Englisch heranziehen kann (vgl. Battenberg 1991).

Natürlich kann man ein Wörterbuch nicht von vorn bis hinten durchlesen, aber man muss sich bewusst sein, dass man mit einem solchen Nachschlagewerk arbeiten und viele Fragen selbständig und zuverlässig beantworten kann – wenn man damit umzugehen weiß (vgl. Ilson 1985). Die Aufzählung der reichhaltigen Informationen vor allem zur semantischen und stilistischen Differenzierung und zur grammatischen Satzeinbindung lässt auch erkennen, warum Muttersprachenwörterbücher, aber auch zweisprachige Wörterbücher, bis heute in keiner Weise mit den auf Datenbanken basierenden Lernerwörterbüchern konkurrieren können – abgesehen davon, dass zweisprachige Wörterbücher bei der Sprachproduktion zur direkten Übernahme eines wörtlichen Äquivalents verleiten und bei der Auswahl aus einer angebotenen Liste nicht genügend Kriterien bereitstellen (vgl. die Diskussion in Ducroquet 1994).

Für die passive Sprachkompetenz und das Verständnis anglistischer Primär- und Sekundärliteratur benötigt man in einem Wörterbuch insbesondere die Angaben zur Bedeutung und zum stilistischen Wert; da die Form vorgegeben ist, kann man sie direkt alphabetisch nachschlagen. Das Grundproblem von einsprachigen Wörterbüchern für die aktive Sprachkompetenz ist, dass der Benutzer erst einmal eine Idee haben muss, wie man einen Sachverhalt ausdrücken könnte, dann kann er nachprüfen, ob dies im englischen Kontext akzeptabel wäre. Aber ein Eintrag in einem modernen einsprachigen Wörterbuch bietet weit mehr, als Ausdrucksalternativen ausfindig zu machen. Wir können damit herausfinden,

a) wie ein Wort ausgesprochen bzw. geschrieben oder getrennt wird (**phonetische bzw. orthographische Information**),
b) ob ein Wort die **Bedeutung** hat, die wir ausdrücken wollen, und ob es in einem bestimmten Kommunikationskontext gebraucht wird (**semantische/stilistische Information**) und schließlich
c) wie ein Wort im Satz mit anderen Wörtern verwendet wird (**grammatische/ syntaktische Information, Beispielsätze,** *usage notes*).

Orthographische Information wird schon im Eintrag (Lemma; *headword*) und in Form der Trennpunkte darin gegeben:

- Die **Angaben zur Aussprache** (meist für britisches und amerikanisches Englisch als den *reference standards*; s. Kap. I.8.3), zumindest soweit sie unterschiedlich sind, sind nach dem Lemma dahinter in Schrägstrichen enthalten, normalerweise in der IPA-Umschrift (s. Kap. I.3.4).
- **Semantische Informationen** sind zunächst in den **Definitionen** gegeben. Manchmal lässt sich ein Gegenstand am besten durch eine Abbildung oder eine Reihe von Abbildungen für ähnliche Begriffe aus dem gleichen Wortfeld verdeutlichen. Schließlich machen *usage notes* auf mögliche Verwechslungen bei so genannten *false friends* aufmerksam, d.h. bei Wörtern, die im Englischen und der Muttersprache der Lernenden der Form nach ähnlich sind. Auch Häufigkeitsangaben finden sich heute in guten Wörterbüchern, das *Macmillan English Dictionary for Advanced Learners* (2002) hat z.B. *** Sterne für die häufigsten 2500 Wörter.
- **Grammatische Informationen** sind Flexionsendungen von Substantiven (U für *uncountable* zeigt an, dass keine Pluralform existiert), Verben (*past tense* von unregelmäßigen Verben) und Adjektiven (Steigerung) sowie *verb patterns* (Tt für transitiv + *to*-Infinitiv oder V + O/*to*-INF/*-ing*). Lernerwörterbücher verwenden heute kaum mehr obskure Kürzel (wie z.B. VP19B im alten ALD), sondern Kurzformen (wie *find sb doing sth*), die man sofort erkennen kann, manchmal sogar zur besseren Übersicht abgesetzt am Rand.

- Weitere **syntaktische Informationen** bieten die Angaben für **Kollokationen** und idiomatische Wendungen (s. Kap. I.7.3). So findet man bei *decision* z.B. *final, big, difficult/hard/tough* als Adjektive, *make/take, reach/come to* als Verben und *about* als Präposition danach; DCE4 (2003) zeigt sogar *collocation boxes* und Diagramme der Häufigkeitsverteilung dieser Kollokationen an. Manchmal sind bestimmte Kollokationen nur mit bestimmten Bedeutungen verbunden; bei *distinction* z.B. zeigt das Verbum an, welche Bedeutung gemeint ist, *make/draw* ist mit *distinction1* = *difference*, *have* mit *distinction3* = *excellence*, *got* mit *distinction4* = *decoration* (*grade*) verbunden. Ein spezielles Wörterbuch dazu ist nun das *Oxford Collocations Dictionary for Students of English* (2002). Bei idiomatischen Wendungen ist nicht immer eindeutig, unter welchem Lemma sie zu finden sind. In manchen Wörterbüchern stehen sie eher unter dem Substantiv als unter dem Verb, so ist etwa *beat about the bush* unter *bush*, nicht unter *beat* zu finden; manche haben allerdings gute Querverweise.
- Semantische wie grammatische Informationen kann man indirekt auch aus den **Beispielen** entnehmen. Manchmal ist allerdings nicht leicht zu erkennen, wie stark man Beispiele verallgemeinern kann bzw. *wie* typisch sie sind. Deshalb ist ihre Herkunft und Qualität entscheidend. COBUILD1 war das erste Wörterbuch, das sich auf seine riesigen Datenbanken berief (*The Bank of English*) und das dort gespeicherte *real English* gezielt in der Vermarktung betonte (vgl. Sinclair 1987). Heute können alle Wörterbuchverlage auf reichhaltiges authentisches Material zugreifen, auch wenn sie Originalbeispiele manchmal aus didaktischen Gründen vereinfachen und aus Platzgründen kürzen.

Die relativ strikte Orientierung an *real English* mit vielen Beispielen aus einer soliden und breiten Datenbasis erlaubt auch eine genauere Bestimmung der soziostilistischen **Verwendungsweisen** der Lexeme (s. Kap. I.8). Besonders typische oder ausschließliche Verwender und Situationen müssen durch Markierungen (*labels*) angezeigt werden. **Moderne Wörterbücher zeigen an:**

- die Nationalvariante, oft nicht nur das traditionelle BrE vs. AmE, sondern auch Aus, Can, SAfr etc. und Unterteilungen wie *dial(ectal)* oder *NonSt(andard)*, *antiq(uated)* oder *dated*,
- das Medium (*chiefly*) *spoken – written*,
- fachsprachliche Spezialbedeutungen (explizit *in physics*...),
- die Registermarkierungen *frozen – formal* und *casual/informal – intimate* und *slang* (*bullshit*) bis *taboo* sowie
- einige weitere Bedeutungsmarkierungen, wie *approv(ing)/disapproving* (z.B. bei *masterly*), *derog(atory)/insulting* (abwertend wie bei *gaga* statt *senile*), *euph(emistic)* (beschönigend wie bei *pass away* für *die*), *humorous* or *jocular* (z.B. *pot* for *stomach* in *With a pot like this, do I look as though I get any exercise?*) und *fig(urative)* (übertragen wie bei *it makes my heart ache* für *it makes me sad*).

Das Prinzip bleibt beim traditionellen Wörterbuch das gleiche wie beim modernen Internet: Man muss vorhandene Ressourcen selbständig optimal ausnutzen können, um im richtigen Moment individuell die Sprachfertigkeiten zu erweitern.

4.2 Das Internet

Wie in allen Wissenschaftsbereichen ist das Internet heute auch in der Anglistik zu einem **zentralen Hilfsmittel** geworden. Es dient zur Information, zur Publikation, zur Kommunikation und schließlich als komplexe Lernumgebung (vgl. Ogbue 2001). Obwohl sich Internetadressen (URLs) leider sehr schnell ändern können, lässt sich mit den heutigen schnellen Suchmaschinen (fast) jede Information (und Fehlinformation) finden.

Zunächst dient das Internet deshalb als (aktuelle) **Informationsquelle**, weil heute nicht nur Universitäten Informationen für ihre Studierenden bereitstellen, sondern sogar einzelne Kurse (wie diese Anglistikeinführung) weitergehende Arbeitsmaterialien anbieten. Außerdem bieten *link*-Sammlungen schnellen Zugriff auf empfohlene Informationsquellen, wie Zeitungen, Radiostationen oder sogar Bilder und Filme. Für Anglisten ist z.B. die BBC eine Fundquelle nicht nur für Hintergrundmaterialien zu aktuellen Fernseh- und Radiosendungen, sondern mit ihren speziellen Seiten zu *learningenglish* und *teachingenglish* auch für Grammatikübungen und Empfehlungen für den Englischunterricht. Für das Studium der Sprach-, Literatur- und Kulturwissenschaft werden z.B. aktuelle Beispiele für das schottische Englisch heruntergeladen, *travelogues/travelogs* (Reisebeschreibungen) werden zu neuen Medienformen, wie *weblogs* (häufig erweiterte persönliche Internetseiten, die neben Text auch Bilder und sogar Filmclips enthalten können), und die Verhandlungen des britischen *House of Lords* sind nun schnell schriftlich und manchmal sogar mündlich zugänglich und können ausgewertet werden. Natürlich ist dabei das Copyright-Problem nicht nur für Seminararbeiten, sondern immer zu beachten.

Für die Sprachpraxis gibt es nicht nur zahlreiche **Übungsseiten**, die Englischlehrbücher ergänzen, sondern auch viele Möglichkeiten des *Web-Enhanced Learning* (WELL), der *on-line*-Variante des CALL (*Computer-Assisted Language Learning*). Interaktive Einsetzübungen können Hörverstehen testen, Datensammlungen können über Suchprogramme als Ausgangspunkt für Überlegungen zur Sprachverwendung werden.

Die einfache Verarbeitung von Sprachdaten im Computer und die vergleichende Verfügbarkeit von Daten zum Muttersprachenenglisch sowie zum Lernerenglisch haben Corpusanwendungen in der Sprachwissenschaft wie im Sprachunterricht in den letzten Jahren prominent werden lassen. Einführungen dazu gibt es z.T. sogar on-line (McEnery/Wilson ^{2}2001). **Datensammlungen** von Lerner-Englisch aus verschiedenen Erstsprachen machen heute Vergleiche für Studierende und Lehrende einfach. Als Forschungsprojekt gibt es z.B. das *International Corpus of Learner English* (ICLE) mit englischen Essays von Universitätsstudierenden (Granger 1998). Verschiedene Großverlage haben einen *Learner Corpus* als Grundlage für die Übungsbücher. Dies ist wiederum Teil eines sich entwickelnden *corpus networks*, das als große Vergleichskorpora das *British National Corpus* und in Zukunft auch das *American National Corpus* verwendet. Konkordanzen mit *key words in context* (KWIC) zeigen dem damit vertrauten Lerner z.B. die unterschiedlichen Verwendungsweisen von sinnverwandten oder ähnlichen Wörtern (wie *cloths* and *clothes*). Vom unterhaltsamen Quiz bis zur umfassenden Testbatterie als

Aufnahmeprüfung (s. 5.), vom einfachen *Vocabulary Trainer* zur komplexen *Internet Grammar* reicht das Angebot.

Trotz der Multimedia-Möglichkeiten des Internet sollte die »einfache« E-Mail nicht vergessen werden, die auch dem **Tandemlernen** von zwei (im Lernfortschritt und Interessen möglichst ähnlichen) Partnern aus verschiedenen Ländern, die einander jeweils in ihrer Muttersprache weiterhelfen, einen neuen Aufschwung verschafft hat.

Wörterbücher und Thesauri sind heute nicht nur in Textverarbeitungsprogramme eingebaut, sondern über das Internet sogar frei verfügbar. Ergänzend sind *style guides* nicht nur für britisches und US-amerikanisches, sondern auch für australisches Englisch und andere. Schließlich kann sogar das Internet selbst als Mega-Wörterbuch verwendet werden. Allerdings ist natürlich nicht jede Information aus dem Internet als ›korrekt‹ anzusehen; heute ist es geradezu eine zentrale *study skill*, Informationen zu bewerten. Dies gilt besonders für sprachliche Daten. Natürlich gibt es für fast alle sprachlichen Formen Belege aus dem Internet, ob sie auch ›geläufiges‹, gutes, richtiges Englisch sind, wird erst durch ihre Häufigkeit bzw. Verteilung in den ›richtigen‹ Texttypen klar. So ist die absolute Anzahl der Vorkommen nicht entscheidend, denn das Internet ist keine repräsentative Corpussammlung des Englischen, doch eine leicht zugängliche, riesige Textsammlung. Dagegen bieten moderne große Korpora wie das *British National Corpus* (BNC) eine Fülle von Beispielmaterial, das zudem stilistisch und soziolinguistisch breit gefächert ist. Indem sie das ›Durchblättern‹ vieler verschiedener Beispiele in einer Konkordanz am Computer ermöglichen, können sie Studierende zu selbständigem Nachdenken über texttypenspezifische Sprachverwendungen anregen, zur Bildung von Hypothesen und deren Überprüfung und ggf. Falsifizierung und Neubildung. Allerdings kommt auch ein guter Lerner nur durch viel Übung zum wirklich spannenden entdeckenden Lernen (s. 3.2).

Real English aus dem Internet kann trotzdem nicht nur den Sprachunterricht aktualisieren und beleben, sondern fast eine Art *immersion programme* für den autonomen Sprachlerner werden. Während früher Zeitungen kostbare Belege für englische Ausdrucksweisen waren und man ins englischsprachige Ausland fahren musste, nur um Englisch zu hören, sind heute Zeitungen, Radio- und sogar Videosendungen im Internet fast immer und überall zugänglich. Obwohl dies natürlich keinen Auslandsaufenthalt ersetzt, ist es so heute für jeden Studierenden einfach, fast in eine virtuelle englischsprachige Welt einzutauchen.

4.3 Auslandsaufenthalt

Trotz aller virtuellen Möglichkeiten und selbst wenn, vor allem durch erfahrene englische Muttersprachler, im sprachpraktischen Unterricht Situationen wie in einer englischsprachigen Umgebung simuliert werden können (*immersion*), sollte jedem Anglistikstudierenden klar sein, dass ein längerer Auslandsaufenthalt durch nichts zu ersetzen ist. Er gehört zu den persönlichen und sprachlichen Höhepunkten jedes Anglistikstudiums.

Weil man sich erst in das Studium eingearbeitet und eine feste Basis erworben haben sollte, wird ein halb- bis ganzjähriger Auslandsaufenthalt in einem englischsprachigen Land meist nach der Zwischenprüfung, d.h. nach etwa zwei Jahren, empfohlen. Allerdings spricht auch nichts gegen einen frühen Startvorteil, d.h. einen Aufenthalt vor dem Studium, oder ein nochmaliges intensives Eintauchen vor dem Examen, zumal es für Auslandsaufenthalte in Großbritannien und Irland (und manchmal darüber hinaus) unterschiedliche Möglichkeiten gibt.

Am bekanntesten sind, neben direkten **Austauschvereinbarungen** zwischen Universitäten, das Anglistenprogramm des Deutschen Akademischen Austauschdienstes (DAAD) und die von der Europäischen Union geförderten Programme (z.B. SOCRATES). Allerdings ist man dabei in der Auswahl der Universitäten relativ beschränkt. Deshalb sind bei besonderen Interessen direkte Bewerbungen bei Universitäten empfehlenswert, auch wenn man seine deutsche Studienförderung einfach ins Ausland mitnehmen will. Bei allen Vereinbarungen sind die Studiengebühren und die Belegbarkeit von Kursen die größten Einstiegshindernisse. Obwohl für Deutsche in Großbritannien und Irland ›nur‹ die einheimischen *tuition fees* gelten, müssen diese, weil es nur sehr selten direkte, reziproke Austauschbeziehungen gibt, trotzdem übernommen werden.

Deshalb ist es unbedingt notwendig, sich schon sehr früh zuverlässige, aktuelle Informationen über eine mögliche Förderung (im Rahmen der staatlichen Ausbildungsförderung oder eines Stipendiums) zu beschaffen; die besten Ansprechpartner für all diese Fragen sind die (Auslands-)Studienberater und das Akademische Auslandsamt der eigenen Universität. Neben den finanziellen Aspekten ist zu beachten, was dem deutschen Studierenden dafür geboten wird. Die *English Departments* an britischen Universitäten sind häufig von ›europäischen‹ Studierenden so überrannt, dass sie ungern jemanden aufnehmen, obwohl das Niveau deutscher Anglistikstudenten in der Regel kaum Schwierigkeiten bereitet, wenn sie sich einmal an die *reading load* gewöhnt haben (drei Dickensromane in 14 Tagen). Manchmal ist man in *Linguistics, Drama, History, Sociology* oder *Cultural Studies Departments* auch als Anglist durchaus gut aufgehoben – und man lernt das Gastland und die Gastuniversität aus einer anderen Perspektive kennen. Schließlich sollte man auch im Unterricht nicht nur mit anderen Deutschen und *international students*, die u.U. noch weniger Englisch können, zusammen sein; dies ist nicht der Sinn des Studiums an einer britischen Universität. Nur mit viel gutem Willen von beiden Seiten lassen sich die im ungewohnten System notwendigerweise auftretenden Probleme vermeiden. Allerdings sind die angewendeten Konfliktlösungsmechanismen bereits ein wichtiger Teil des interkulturellen Erlebnisses Auslandsstudium.

Für **Lehramtstudierende** ergibt sich im Rahmen des pädagogischen Austauschdienstes (PAD) die Möglichkeit, für ein Schuljahr an einer englischen, walisischen, schottischen oder (nord)irischen Schule Unterrichtsstunden zu übernehmen. Dies sollte auf keinen Fall als zweitrangig gegenüber einem Universitätsstudium angesehen werden, zumal eine Integration in eine Schule und *local community* oft ohne andere Ausländer – bei entsprechendem Engagement – sogar interessantere kulturelle und sprachliche Erlebnisse bringen kann.

Eine weitere Möglichkeit ist ein **Praktikum** in einem Betrieb oder an einer Institution. Auch hier sind dem persönlichen Engagement und Ideenreichtum keine, den finanziellen Möglichkeiten aber enge Grenzen gesetzt. Obwohl Vermittlungsorganisationen (z.B. AIESEC, *Job Centres*) und auch Botschaften und Kulturinstitute mit Adressen relevanter Institutionen helfen können, sind persönliche Kontakte zu Kirchen, *councils* und *companies* entscheidend. Natürlich ergeben sich hier, speziell für Deutsche, die meisten Möglichkeiten in Bereichen mit internationalen Kontakten (wie dem Fremdenverkehr) und intensiven Deutschlandbeziehungen.

Dies sollte genügen, um deutlich zu machen, dass der Auslandsaufenthalt ein unumgänglicher, integraler Bestandteil des Anglistikstudiums ist, insbesondere für die Sprachpraxis. Hier sind **language awareness und cultural awareness** Schlüsselbegriffe der Lernerfahrung. Erst sie gewährleisten das Aufnehmen und bewusste Verarbeiten von neuen Ausdrücken und Erfahrungen im Kontext. Nur der ständige Sprach- und Kulturkontakt mit der englischsprachigen Welt ermöglicht es Anglistikstudierenden, ihr Englisch auf das geforderte Niveau eines *near-native speakers* zu bringen und dort zu halten.

5. Sprachkompetenz und Sprachtests

Sprachtests begleiten den Anglistikstudierenden heute vom Anfang bis Ende seines Studiums. Oft werden heute standardisierte Tests zur Feststellung der Sprachkompetenz verwendet. So müssen z.B. (bei amerikanischen, aber auch bei einigen deutschen Universitäten) zu Studienbeginn ca. 580 TOEFL-Punkte im Papiertest oder ca. 240 Punkte im Computertest nachgewiesen werden.

Internationale **Sprachtestorganisationen**, wie *International English Language Testing System* (IELTS), bieten einen internationalen Vergleichsstandard, den immer mehr Universitäten oder Arbeitgeber einfordern. Auch akademische Organisationen, wie die *Association of Language Testers in Europe* (ALTE), bemühen sich um angemessene Vergleichsstandards.

Solche **Sprachstandsmessungen** (*proficiency tests*) erfordern eine gewisse Testübung, die heute auch von Studierenden erworben werden sollte, obwohl im Studium solche umfassenden Fertigkeitstests häufig von kleineren, *skill-* oder kursspezifischen **Lernerfolgskontrollen** (*achievement tests*) verdrängt werden.

In der Anglistik ist ein hohes Sprachniveau natürlich nicht nur in der Sprachpraxis wichtig, sondern in allen Fachgebieten. Die Sprachpraxis kann nur Hilfestellung bieten und durch ihre internen Tests dem Lerner Fortschritte aufzeigen. Das dabei angestrebte Sprachniveau wird meist sehr vage mit *near-native* umschrieben, was natürlich nicht einfach objektiv zu belegen ist. Zunehmend gewinnt deshalb auch das **Europäische Sprachenportfolio** (*European Language Portfolio*) an Bedeutung zur Dokumentation der Sprachkompetenz. Hierbei werden nicht nur Zeugnisse, sondern auch Arbeitsbeispiele in einem Dossier gesammelt, die bei entsprechend kreativen und teilweise sogar berufsrelevanten Themen auch für spätere Arbeitgeber interessant sein könnten.

Natürlich geht der Erfolg einer erfolgreichen sprachpraktischen Ausbildung weit über die formale Sprache hinaus und schließt eine umfassendere **Kulturkompetenz** ein. Erst wer weiß, wie *B&Bs* oder *quangos* funktionieren oder sich gar in mehreren englischsprachigen Kulturen zu bewegen weiß, ist wirklich ein Anglist. Nicht umsonst bieten moderne englische Wörterbücher immer mehr *culture notes* oder Ähnliches. Insofern ist auch ein modernes Anglistikstudium nicht nur berufsorientiert, sondern immer noch allgemein bildend, einschließlich so allgemein gültiger Werte wie Toleranz, Weltoffenheit und kritischer Selbsterkenntnis.

VI. Kommentierte Hilfs- und Arbeitsmittel

0. Fachübergreifende Hilfs- und Arbeitsmittel

0.1 Hinweise zum Studium und zu Arbeitstechniken*

AREAS: Annual Report on English and American Studies. Hrsg. Gerd Stratmann/Joachim Kornelius. Trier 1991ff. – Sollte in jeder Universitäts- oder Fachbibliothek stehen; listet für jedes Semester das Studienangebot in der Anglistik/Amerikanistik der deutschsprachigen Hochschulen auf.

Bünting, Karl-Dieter/Axel Bitterlich/Ulrike Pospiech: *Schreiben im Studium: Mit Erfolg: Ein Leitfaden.* Berlin ³2002; inklusive 1 CD-ROM. – Informative und betont praxisbezogene Einführung in das wissenschaftliche Schreiben (Vorlesungsmitschrift, Exzerpt, schriftliche Hausarbeit usw.), wobei u.a. auch an die Organisation des Arbeitsprozesses herangeführt wird.

Esselborn-Krumbiegel, Helga: *Von der Idee zum Text: Eine Anleitung zum wissenschaftlichen Schreiben im Studium.* Paderborn 2002.

Franck, Norbert: *Fit fürs Studium: Erfolgreich lesen, reden, schreiben.* München ⁶2003.

Gibaldi, Josef: *The MLA Handbook for Writers of Research Papers.* New York ⁶2003. – Setzt internationale Standards für wissenschaftliche Arbeiten und Publikationen (Zitierweisen, Quellenangaben, Literaturverzeichnis usw.); bezieht ausführlich das Arbeiten mit dem Computer sowie Publikationsformen in den Neuen Medien ein.

Hülshoff, Friedhelm/Rüdiger Kaldewey: *Mit Erfolg studieren: Studienorganisation und Arbeitstechniken.* München ³1993. – Viele nützliche Informationen zur Studienorganisation: Stipendien, Lern- und Arbeitstechniken, Bibliotheksbenutzung, Praxis des schriftlichen Arbeitens, des Referats oder der Prüfungsvorbereitung.

Koschorreck, Michael/Frank Suppanz: *Geisteswissenschaften studieren mit dem Computer: Eine praxisorientierte Einführung.* Stuttgart 2003. – Wertvolle praxisorientierte Hilfestellungen zur Nutzung des Computers in den Geisteswissenschaften, wobei sämtliche computerbezogene Tätigkeiten im Studium (Daten recherchieren, schriftliche Arbeiten, Präsentationen und Publikationen) abgedeckt werden. Entsprechende Link-Empfehlungen ergänzen die einzelnen Kapitel bzw. Unterkapitel. Auch als Download-Version erhältlich; unter http://www.reclam. de/stud-comp können zudem Aktualisierungen und Ergänzungen eingesehen werden.

Kranz, Dieter/Paul Tiedemann: *Internet für Anglisten: Eine praxisorientierte Einführung.* Darmstadt 2000. – Trotz teilweise bereits veralteter Internetadressen übersichtliche und informative Einführung in das Medium Internet.

Kruse, Otto: *Keine Angst vor dem leeren Blatt: Ohne Schreibblockaden durchs Studium.* Frankfurt a.M. ⁹2002.

Ludwig, Hans-Werner/Thomas Rommel: *Studium Literaturwissenschaft: Arbeitstechniken und Neue Medien.* Tübingen 2003. – Bietet einen nützlichen Überblick zu Techniken des effektiven Lesens, zum schriftlichen Arbeiten, dem Gebrauch des Computers, zu Kommunikations- und Präsentationstechniken sowie wichtigen, auch elektronischen Informationsressourcen.

Moennighoff, Burkhard/Eckhardt Meyer-Krentler: *Arbeitstechniken Literaturwissenschaft.* München ¹¹2003. – Lesbar geschrieben; Techniken des Arbeitens mit dem Computer sind einbezogen; bei Literaturhinweisen und Hilfsmitteln allerdings mit germanistischem Schwerpunkt.

---

* Mit * gekennzeichnete Titel werden besonders empfohlen.

Poenicke, Klaus: *Wie verfaßt man wissenschaftliche Arbeiten? Ein Leitfaden vom ersten Studiensemester bis zur Promotion.* Mannheim ²1988.

Pyerin, Brigitte: *Kreatives wissenschaftliches Schreiben: Tipps und Tricks gegen Schreibblockaden.* Weinheim ²2003.

0.2 Bibliographien

Bibliographien sind systematische Titelverzeichnisse mit genauen Quellenangaben und das wichtigste Hilfsmittel für die Ermittlung von Primär- und Sekundärliteratur. Primärliteratur (*primary sources*) sind Texte, die Gegenstand einer wissenschaftlichen Untersuchung sind, also etwa literarische Texte. Sekundärliteratur (*secondary sources*) stellt die Ergebnisse wissenschaftlicher Untersuchungen dar, meist in Buch- oder Aufsatzform.

Man unterscheidet verschiedene Arten von Bibliographien. ›Auswahlbibliographien‹ bieten ausgewählte Literatur zu einem Autor oder einem bestimmten Themen- oder Problemkreis. Besonders wichtig ist die Unterscheidung von abgeschlossener = retrospektiver Bibliographie (*retrospective bibliography*) und laufender Bibliographie (*current bibliography*). Eine retrospektive Bibliographie erfasst Titel für einen abgeschlossenen Zeitraum. Laufende Bibliographien erscheinen mindestens einmal jährlich und erfassen die jeweils neuesten Publikationen.

Die Fähigkeit, Bibliographien zu benutzen, zählt zu den elementaren Arbeitstechniken des Studiums. Für die gewinnbringende Nutzung der großen Bibliographien sollte man unbedingt die jeweiligen Benutzerhinweise lesen.

0.2.1 Wichtige allgemeine Bibliographien des Fachs (weitere Hinweise s. unter 0.5 ›Nützliche Internetadressen‹)

Annotated Bibliography for English Studies (ABES). Lisse, seit 1997; Erfassung auch rückwirkend. – Umfangreiche kommentierte bibliographische Datenbank, die Sekundärliteratur zur Anglistik im weitesten Sinn enthält und neben der traditionellen Anglistik interessante Nebengebiete wie Bildende Kunst und Medienwissenschaft abdeckt. *Online* zugänglich.

Annual Bibliography of English Language and Literature (ABELL). Cambridge, seit 1920. – Erfasst als laufende Bibliographie Primär- und Sekundärliteratur; auch als CD-ROM und *online*.

British Books in Print. London, seit 1962; ab 1988 *Whitaker's Books in Print*. – Verzeichnet laufend alle für den Erfassungszeitraum eines Jahres lieferbaren Titel britischer Verlage; Pendants gibt es für andere englischsprachige Länder; auf CD-ROM besonders nützlich in der länderübergreifenden Fassung *Global Books in Print*, die auch *online* zugänglich ist.

Internationale Bibliographie der Rezensionen (IBR). CD-ROM und *online*; 1985ff. – Interdisziplinäre, internationale und vornehmlich die Geistes- und Sozialwissenschaften berücksichtigende Rezensionsbibliographie; derzeit über 900.000 Nachweise von Rezensionen in wissenschaftlichen Zeitschriften zu 560.000 rezensierten Werken.

Internationale Bibliographie der geistes- und sozialwissenschaftlichen Zeitschriftenliteratur (IBZ). CD-ROM und *online*; 1983ff. – Vornehmlich die Geistes- und Sozialwissenschaften berücksichtigende Bibliographie zur wissenschaftlichen Zeitschriftenliteratur; derzeit über 2 Millionen Zeitschriftenaufsätze aus mehr als 10.000 Zeitschriften.

MLA International Bibliography. New York, seit 1921. – Ursprünglich Teil der Zeitschrift PMLA, seit 1969 in separater Form; auch auf CD-ROM sowie *online* und hier besonders benutzerfreundlich (einfache Schlagwortsuche) und aktuell; für die Literaturwissenschaft die wichtigste und aktuellste laufende Bibliographie für die Ermittlung von Sekundärliteratur; auch für die Kulturwissenschaft nützlich.

Verzeichnis lieferbarer Bücher (VLB). München, seit 1971. – Verzeichnet laufend alle für den Erfassungszeitraum eines Jahres lieferbaren Titel deutscher Verlage; auch auf CD-ROM und *online*.

The Year's Work in English Studies. – Bibliographischer Überblick über die jährlich erscheinenden wissenschaftlichen Untersuchungen zur englischen Sprache und zu den englischen Literaturen; auch *online.*

0.2.2 Spezielle Bibliographien

– Sprachwissenschaft:
Bibliographie Linguistique/Linguistic Bibliography (BL): http://www.kb.nl/kb/blonline/ – Wichtigste Sammlung zur Sprachwissenschaft
Reichl, Karl: *Englische Sprachwissenschaft: Eine Bibliographie.* Berlin 1993. – Abgeschlossene, kommentierte Bibliographie zu allen Teilbereichen der Sprachwissenschaft, inkl. Hilfsmitteln, Zeitschriften und Wörterbüchern; detaillierte Untergliederung der einzelnen Teilbereiche.
Bibliographie Linguistischer Literatur (BLL): *Bibliographie zur allgemeinen Linguistik und zur anglistischen, germanistischen und romanistischen Linguistik.* Frankfurt a.M. 1979ff. – Erscheint jährlich, unkommentiert und nach Sachgebieten geordnet; Bde 1–3 veröffentlicht unter dem Titel *Bibliographie unselbständiger Linguistik-Literatur.*
Linguistics Abstracts. Oxford, seit 1985. – Vierteljährlich erscheinende Zeitschrift mit Zusammenfassungen von Aufsätzen aus allen Bereichen der Sprachwissenschaft; auch online.
LLBA. Linguistics & Language Behavior Abstracts. San Diego, seit 1967. – Kommentierte Bibliographie von Aufsätzen zur allgemeinen Sprachwissenschaft; erscheint viermal jährlich; auch online.

– Literaturwissenschaft:
The New Cambridge Bibliography of English Literature 600–1950 (NCBEL). Hrsg. I.R. Willison/George Watson. Cambridge 1969–1977. – Wichtigste abgeschlossene Fachbibliographie der anglistischen Literaturwissenschaft; besonders hilfreich für die Ermittlung von Primärliteratur der Britischen Inseln, vor allem auch von weniger bekannten Autoren; gibt ausgewählte Sekundärliteratur (bis ca. 1965) an; basiert auf der ursprünglichen, von F.W. Bateson herausgegebenen *Cambridge Bibliography of English Literature* (*CBEL*); 4 Bde. Cambridge 1940, ergänzt 1957 durch einen von G. Watson herausgegebenen fünften Band mit Erfassungszeitraum bis 1955. In der *CBEL* war im Gegensatz zur *NCBEL* noch die Literatur der Commonwealth-Länder berücksichtigt; in Teilen aktueller als die *NCBEL* ist die Kurzfassung: *The Shorter New Cambridge Bibliography of English Literature.* Hrsg. G. Watson. Cambridge 1981.

– Kulturwissenschaft:
Bibliographie zur Kulturwissenschaft: http://www.uni-ak.ac.at/culture/biblio/wag00-biblio.html
British Studies Bibliography (im *German Web Portal to British Studies*): http://www.britishcouncil.org/studies/bibliography/index.htm
KulturPoetik: http://www.uni-saarland.de/fak4/fr41/Engel/kulturpoetik/bibliographien.htm – Online lesbare Auswahlbibliographie mit literaturwissenschaftlichem Akzent, aber großer thematischer Breite und daher auf jeden Fall auch für ›reine‹ Kulturwissenschaftler interessant.
McGowan, Kate (Hrsg.): *The Year's Work in Critical and Cultural Theory.* Oxford 2000. – Der siebte Band dieser seit 1994 herausgegebenen Reihe stellt zu wesentlichen Feldern der *Cultural Studies,* wie ›Media Studies‹, ›Popular Culture‹, ›Virtual Cultures‹, ›Feminism‹ etc., relevante Publikationen (in diesem Fall des Jahres 1997) kurz vor.

– Fachdidaktik:
Bibliographie moderner Fremdsprachenunterricht. Hrsg. Informationszentrum für Fremdsprachenforschung. München 1970ff., seit 1993 Erscheinungsort Berlin. – Wichtige laufende Bibliographie, erscheint vierteljährlich; erfasst internationale Bücher und Zeitschriftenaufsätze.
BIB Report: Bibliographischer Index Bildungswissenschaften und Schulwirklichkeit: Monatsberichte. Duisburg 1974ff. – Laufende Auswertung von deutschsprachigen pädagogischen Zeitschriften.

Dokumentation Neusprachlicher Unterricht: Materialien, Forschungsdokumentation, Microfiche-Titel. Hrsg. IFS. München 1976ff. – Laufende Bibliographie; spezialisiert auf schwer zugängliche Materialien und Forschungsprojekte.

Kohl, Norbert/Konrad Schröder: *Bibliographie für das Studium der Anglistik III.* Englische Fachdidaktik. 2 Bde. Frankfurt a.M. 1973. – Abgeschlossen.

Schröder, Konrad/Gertrud Walter: »Auswahlbibliographie zur Didaktik des Englischen«. *Englisch*. Fachdidaktisches Studium in der Lehrerbildung. München 1978, 264–284. – Abgeschlossen.

0.3 Nützliche allgemeine Nachschlagewerke

0.3.1 Handbücher und Lexika

Bartlett's Familiar Quotations: A Collection of Passages, Phrases and Proverbs Traced to Their Sources in Ancient and Modern Literatures. Hrsg. Justin Kaplan. Boston [17]2002.

*Brewer's Dictionary of Phrase and Fable, überarbeitet von Adrian Room. London [16]1999 [zuerst 1870]. – Seit langem bewährte Mischung von Wörterbuch und Universallexikon zum Nachschlagen von Wörtern, Redewendungen, Namen und Begriffen mit ihrer Kultur- und Sprachgeschichte wie ›Bow Street Runners‹, ›Camelot‹ oder ›Toad-in-the-hole‹; auch als elektronische Ressource. Eine nützliche Ergänzung ist das von Adrian Room zusammengestellte *Brewer's Dictionary of Modern Phrase and Fable* (London 2000; aktualisierte Ausgabe 2002); auch als elektronische Ressource.

Calvocoressi, Peter: *Who's Who in the Bible.* Überarbeitete Auflage London 1999 [zuerst 1987].

Farmer, David Hugh: *The Oxford Dictionary of Saints.* Oxford [5]2003; auch als elektronische Ressource.

Hornblower, Simon/Anthony Spawforth (Hrsg.): *The Oxford Classical Dictionary.* 3., überarbeitete Auflage Oxford 2003.

Howatson, M.C. (Hrsg.): *The Oxford Companion to Classical Literature.* Oxford [2]1989; 1990 mit Korrekturen neu gedruckt [Deutsche Übersetzung: Howatson, M.C. (Hrsg.): *Reclams Lexikon der Antike.* Stuttgart 1996].

Knowles, Elizabeth (Hrsg.): *The Oxford Dictionary of Phrase and Fable.* Oxford 2000.

Knowles, Elizabeth (Hrsg.): *The Oxford Dictionary of Quotations.* Oxford [6]2004. – Bewährtes Nachschlagewerk für englischsprachige Zitate. Neuere Zitate sammelt Elizabeth Knowles (Hrsg.): *The Oxford Dictionary of Modern Quotations.* Ergänzte 2. Auflage Oxford 2003; auch als elektronische Ressource.

Metzger, Bruce M./Michael D. Coogan (Hrsg.): *The Oxford Companion to the Bible.* Oxford 1993.

Radice, Betty: *Who's Who in the Ancient World: A Handbook to the Survivors of the Greek and Roman Classics.* Überarbeitete Auflage. London 1973.

Williams, Derek (Hrsg.): *New Concise Bible Dictionary.* Leicester 1989.

Wilson, Frank Percy (Hrsg.): *The Oxford Dictionary of English Proverbs.* Oxford [3]1970.

0.3.2 Enzyklopädien

The Cambridge World Encyclopedias. Cambridge. – Diese Reihe bietet u.a. zu vielen Ländern der englischsprachigen Welt wichtige Informationen, speziell auch landeskundlicher und kulturwissenschaftlicher Art, z.B.: Susan Bambrick (Hrsg.): *The Cambridge Encyclopedia of Australia* (1994); Francis Robinson (Hrsg.): *The Cambridge Encyclopedia of India, Pakistan, Bangladesh, Sri Lanka, Nepal, Bhutan and the Maldives* (1989); Simon Collier/Thomas E. Skidmore/Harold Blakemore (Hrsg.): *The Cambridge Encyclopedia of Latin America and the Caribbean* ([2]1992).

The Canadian Encyclopedia. Hrsg. James H. Marsh. Toronto 2000.
The New Encyclopaedia Britannica. Hrsg. Philip W. Goetz u.a. 32 Bde. Chicago 2003. – Größte Universalenzyklopädie in englischer Sprache; Pendant zur *Brockhaus Enzyklopädie* oder *Meyers Enzyklopädischem Lexikon* im deutschen Sprachraum; für Anglisten wichtiges Nachschlagewerk, spez. auch im Bereich der Landeskunde der englischsprachigen Kulturen.
Haigh, Christopher (Hrsg.): *The Cambridge Historical Encyclopedia of Great Britain and Ireland.* Cambridge 1985.
Jupp, James (Hrsg.): *The Australian People: An Encyclopedia of the Nation, Its People, and Their Origins.* Cambridge 2001.
Myer, Hanna (Hrsg.): *India 2001: Reference Encyclopedia.* Bangalore 1995ff.
Robbins, John E. (Hrsg.): *Encyclopedia Canadiana.* 10 Bde. Toronto 1972.
Sharma, Jagdish S.: *Encyclopaedia India.* 2 Bde. New Delhi ²1981.
Shaw, John (Hrsg.): *Collins Australian Encyclopedia.* Sydney 1984.

0.3.3 Biographische Nachschlagewerke

Dictionary of National Biography (DNB). London bzw. Oxford 1885–1990. – Das ursprünglich von Leslie Stephen und Sidney Lee herausgegebene und über 60-bändige *DNB* (auch als CD-ROM) wird in überarbeiteter Form als *Oxford Dictionary of National Biography* neu erscheinen. Das *Oxford DNB* wird 60 Bände umfassen und auch *online* zugänglich sein.
Macmillan Dictionary of Canadian Biography. Hrsg. W. Stewart Wallace/W.A. McKay. Toronto ⁴1978.
Who's Who: An Annual Biographical Dictionary. London, 1849ff. – Kurze Einträge zu noch lebenden Persönlichkeiten des öffentlichen Lebens; neben der Ausgabe zu Großbritannien in vielen anderen Nationalausgaben erhältlich.

0.4 Auswahl wichtiger Fachzeitschriften

Zeitschriften sind eine wichtige Quelle für Sekundärliteratur und spiegeln den Stand der aktuellen wissenschaftlichen Diskussion. Es ist empfehlenswert, die neuesten Hefte der wichtigsten Zeitschriften regelmäßig in der Bibliothek einzusehen. Zeitschriften sind zunehmend auch bzw. nur *online* zugänglich. Viele *online*-Versionen bieten nur Einblick in ältere Bände, andere sind nur über Subskription einsehbar.

0.4.1 Fachübergreifend

Anglia: Zeitschrift für Englische Philologie: http://docsrv2.digizeitschriften.de/cache/toc/D1.html
anglistik & englischunterricht
Arbeiten aus Anglistik und Amerikanistik
Archiv für das Studium der Neueren Sprachen und Literaturen:
 http://gallica.bnf.fr/Catalogue/noticesInd/FRBNF37572327.htm#listeUC
Erfurt Electronic Studies in English (EESE): http://webdoc.sub.gwdg.de/edoc/ia/eese/eese.html
Modern Language Review:
 http://www.ingenta.com/isis/browsing/AllIssues/ingenta?journal=unc5887.600000
Poetica: Zeitschrift für Sprach- und Literaturwissenschaft
Publications of the Modern Language Association of America (PMLA):
 http://www.jstor.org/journals/00308129.html – für ältere Jahrgänge
 http://www.mla.org/publications/pmla – für jüngere Jahrgänge
Zeitschrift für Anglistik und Amerikanistik

0.4.2 Spezialisiert

- Sprachwissenschaft

Applied Linguistics: http://www3.oup.co.uk/applij/
Behavioral and Brain Sciences: http://titles.cambridge.org/journals/journal_catalogue.asp?historylinks=SUBJ&mnemonic=BBS
Cognitive Linguistics: http://www.degruyter.de/rs/384_386_DEU_h.htm
Cognitive Science: http://www.sciencedirect.com/science/journal/
EnglishToday: http://titles.cambridge.org/journals/journal_catalogue.asp?mnemonic=ENG
English World-Wide: http://www.benjamins.com/cgi-bin/t_seriesview.cgi?series=Eww
International Journal of Corpus Linguistics:
    http://www.benjamins.com/cgi-bin/t_seriesview.cgi?series=Ijcl
Journal of English Linguistics: http://www.umich.edu/~jengl/
Journal of Language and Social Psychology: http://www.sagepub.co.uk/journal.aspx?pid=105662
Journal of Linguistic Anthropology: http://www.aaanet.org/sla/jla/jlamain.htm
Journal of Linguistics: http://journals.cambridge.org/
Journal of Metaphor and Symbolic Activity
Journal of Phonetics: http://www.sciencedirect.com/science/journal/00954470
Journal of Pragmatics: http://www.sciencedirect.com/science/journal/03782166
Journal of Sociolinguistics: http://www.blackwell-synergy.com
Language Teaching: The International Abstracting Journal for Language Teaching and Linguistics:
    http://journals.cambridge.org
Language: Journal of the Linguistic Society of America: http://muse.jhu.edu/journals/language/
Lingua: http://www.sciencedirect.com/science/journal/00243841
Linguistics: An International Review
New Englishes
World Englishes

- Literaturwissenschaft

Ariel: A Review of International English Literature
Critical Inquiry: http://www.journals.uchicago.edu/CI/journal/
Critical Quarterly: http://www.ingenta.com/journals/browse/bpl/criq
Eighteenth-Century Studies: http://www.jstor.org/journals/00132586.html – für ältere Jahrgänge
    http://muse.jhu.edu/journals/eighteenth-century_studies/ – für aktuelle Jahrgänge
ELH: A Journal of English Literary History:
    http://www.jstor.org/journals/00138304.html – für ältere Jahrgänge
    http://muse.jhu.edu/journals/elh/ – für aktuelle Jahrgänge
Hard Times: http://www.erzwiss.uni-hamburg.de/sonstiges/hardtimes/hth.htm
Journal of Commonwealth Literature:
    http://www.ingenta.com/journals/browse/sage/com?mode=direct
Literatur in Wissenschaft und Unterricht
Modern Drama
Modern Fiction Studies: http://muse.jhu.edu/journals/modern_fiction_studies/
Modern Language Notes:
    1886–1961: http://www.jstor.org/journals/01496611.html
    1962–2003: http://www.jstor.org/journals/00267910.html
    1993 und 1995ff.: http://muse.jhu.edu/journals/mln/
Nineteenth-Century Literature:
    http://www.jstor.org/journals/08919356.html – für ältere Jahrgänge
    http://caliber.ucpress.net/loi/ncl?cookieSet=1 – für aktuelle Jahrgänge
NLH: New Literary History:
    http://www.jstor.org/journals/00286087.html – für ältere Jahrgänge
    http://muse.jhu.edu/journals/new_literary_history/ – für aktuelle Jahrgänge

Shakespeare-Jahrbuch: http://docsrv1.digizeitschriften.de/cache/toc/D38555.html
Shakespeare Quarterly: http://www.jstor.org/journals/00373222.html – für ältere Jahrgänge,
    http://muse.jhu.edu/journals/shakespeare_quarterly/ – für aktuelle Jahrgänge
Shakespeare Survey
Studies in English Literature:
    1961ff.: http://www.jstor.org/journals/00393657.html
    1999ff.: http://muse.jhu.edu/journals/studies_in_english_literature/
Twentieth-Century Literature: http://www.jstor.org/journals/0041462X.html
Victorian Studies: 1999–2003: http://muse.jhu.edu/journals/victorian_studies/
Wasafiri
World Literature Written in English

- **Kulturwissenschaft**

Australian Journal of Cultural Studies
Comparative Literature and Culture: http://clcwebjournal.lib.purdue.edu
Cultural Critique
Cultural Studies: http://www.tandf.co.uk/journals/routledge/09502386.ht
Cultural Studies: A Research Journal
Cultural Studies:Critical Methodologies: http://www.sagepub.com/journal.aspx?pid=255
Culture, Theory and Critique: http://www.tandf.co.uk/journals/routledge/14735784.html
Differences
Enculturation: An Electronic Journal for Cultural Studies and Theory:
    http://www.uta.edu/huma/enculturation/index.html
European Journal of Cultural Studies
Forum: Qualitative Social Research: http://www.qualitative-research.net/fqs/fqs-eng.htm
Hard Times: http://www.erzwiss.uni-hamburg.de/sonstiges/hardtimes/hth.htm
International Journal of Cultural Studies
Journal for the Study of British Cultures: http://www.jsbc.de
Journal of British Studies: http://www.journals.uchicago.edu/JBS/home.html
Journal of Caribbean Studies
Journal of Popular Culture
KulturPoetik: Zeitschrift für kulturgeschichtliche Literaturwissenschaft:
    http://www.kulturpoetik.de – nur Abstracts und ausgewählte Artikel online
Postmodern Culture: http://jefferson.village.virginia.edu/pmc/contents.all.html – sehr viele Artikel sind kostenlos verfügbar
Public Culture: Bulletin of the Centre for Transnational Cultural Studies:
    http://www.uchicago.edu/research/jnl-pub-cult/
Representations: http://www.representations.org/
Rhizomes Net: Cultural Studies in Emerging Knowledge: http://www.rhizomes.net
Scottish Affairs: http://www.scottishaffairs.org/
Sport in Society: http://www.tandf.co.uk/journals/titles/14610981.asp
Theory, Culture & Society: http://tcs.ntu.ac.uk/tcs/
TRANS: Internet-Zeitschrift für Kulturwissenschaften: http://www.inst.at/trans/
Women: A Cultural Review: http://www.tandf.co.uk/journals/titles/09574042.asp

- **Fachdidaktik**

Applied Language Studies: http://www.solki.jyu.fi/apples
CALL-EJ Online: http://www.clec.ritsumei.ac.jp/english/callejonline
Englisch: Eine Zeitschrift für den Englischlehrer
English Language Teaching Journal
English Teaching Forum: A Journal for the Teacher of English Outside the United States
Fremdsprachen Frühbeginn
Fremdsprachen Lehren und Lernen: Zur Theorie und Praxis des Sprachunterrichts an Hochschulen

Fremdsprachenunterricht: Zeitschrift für den Fremdsprachenunterricht in der Deutschen Demokratischen Republik, seit 1989/90 *Fremdsprachenunterricht*
Der fremdsprachliche Unterricht
German as a Foreign Language (GFL)
IRAL: International Review of Applied Linguistics in Language Teaching
Language Learning: A Journal of Applied Linguistics
Language Learning Online: http://labyrinth.daedalus.com
Language Learning and Technology: http://llt.msu.edu/default.html
Linguistik und Didaktik
Modern English Teacher
The Modern Language Journal
Networks: An Online Journal of Teacher Research
Die Neueren Sprachen: Zeitschrift für Forschung, Unterricht und Kontaktstudium auf dem Fachgebiet der modernen Fremdsprachen (1893–1995)
Neusprachliche Mitteilungen aus Wissenschaft und Praxis (seit 1996 vereinigt mit *Die Neueren Sprachen*)
Practical English Teaching
Praxis des neusprachlichen Unterrichts: Didaktik, Methodik, Curriculum, Technologie, Psychologie, Linguistik, Textanalyse
ReCALL (Occasional Online Issues): http://uk.cambridge.org/journals/rec
Studies in Second Language Acquisition
Teaching English as a Second or Foreign Language: http://www-writing.berkeley.edu/TESL-EJ
The Internet TESL Journal: http://iteslj.org
TESOL Quarterly (Teachers of English to Speakers of Other Languages)
Zeitschrift für Fremdsprachenforschung
Zeitschrift für Interkulturellen Fremdsprachenunterricht:
    http://www.ualberta.ca/~german/ejournal/ejournal.html – Hauptgesichtspunkt ist hier zwar Deutsch als Fremdsprache, aber auch für Englischlehrer und -studierende interessant.
Zielsprache Englisch: Zeitschrift für den Englischunterricht in der Weiterbildung

0.5 Nützliche Internetadressen (Auswahl)

0.5.1 Allgemeine und fachübergreifende Links

The British Council: http://www.britishcouncil.org/
The British Library: http://www.bl.uk/
The British Monarchy: http://www.royal.gov.uk/output/Page1.asp
Confederation of British Industries (CBI): http://www.cbi.org.uk/home.html
Directgov: http://www.direct.gov.uk/Homepage/fs/en
German Web Portal to British Studies: http:// www.britishstudies.de/gbib1.htm
National Statistics Online: http://www.statistics.gov.uk
The Postcolonial Web: http://www.postcolonialweb.org/
Ten Downing Street: http://www.number-10.gov.uk/output/Page1.asp
Trades Union Congress Online: http://www.tuc.org.uk
24 Hour Museum: The National Virtual Museum: http://www.24hourmuseum.org.uk
The United Kingdom Parliament: http://www.parliament.uk
Universities & Colleges Admissions Service (UCAS): http://www.ucas.ac.uk/
Visit Britain:Your Official Travel Guide to Britain: http://www.visitbritain.com

0.5.2 Adressen für die Erschließung der Anglistik

Anglistik Guide at the State and University Library at Göttingen, Germany: http://www.anglistik-guide.de – Weitreichender Zugang (*subject gateway*) zu wissenschaftlich relevanten Internet-Ressourcen für den Bereich der anglo-amerikanischen Sprache und Literatur.
The EServer: http://eserver.org/ – Über 30.000 Texte aus dem Bereich der Geisteswissenschaften; auch Zugang zu elektronischen Zeitschriften. Verweis auf zahlreiche weiterführende Links, allerdings vorwiegend an der Amerikanistik orientiert.
Virtuelle Bibliothek der Universitäts- und Landesbibliothek Düsseldorf für den Bereich Anglistik/Amerikanistik: http://www.ub.uni-duesseldorf.de/fachinfo/dvb/faecher/ang – umfangreicher Einblick in die internetbezogenen Möglichkeiten für Lehre und Forschung in Anglistik und Amerikanistik.

0.5.3 Bibliothekskataloge des Fachs, Portale, Zusammenstellungen von Links

The British Library Public Catalogue (BLPC): http://blpc.bl.uk/ – 10 Millionen Einträge zu den Beständen der britischen Nationalbibliothek.
British National Bibliography (BNB): – Zugänglich über http://www.gemcatcher.com/– Auflistung von Büchern und Periodika, die von Verlagen aus Großbritannien und Irland aufgrund des *Copyright Act* der *British Library* und anderen Depositarbibliotheken in Großbritannien und Irland übergeben wurden.
**Copac:* http://copac.ac.uk/ – Britischer Verbundkatalog, der Zugang zu 24 der größten Universitätsbibliotheken im Vereinigten Königreich und in Irland, darunter die *British Library* und die *National Library of Scotland*, bietet.
Elektronische Zeitschriftenbibliothek (EZB): http://rzblx1.uni-regensburg.de/ezeit/ – Kooperativer Service von über 250 Bibliotheken, der einen bequemen Zugang zu elektronisch erscheinenden wissenschaftlichen Zeitschriften bietet. Unterschieden wird zwischen frei zugänglichen und auf das Hochschulnetz beschränkten Volltextartikeln sowie Einträgen ohne Zugriff.
The English Short Title Catalogue 1473–1800 (ESTC) on CD-ROM: – Über 390.000 Einträge zu zwischen der Einführung des Buchdrucks in England und 1800 auf den Britischen Inseln sowie in den damaligen Kolonien veröffentlichten Werken.
**Gender Inn:* http://www.uni-koeln.de/phil-fak/englisch/datenbank – Internet-Datenbank zur Frauen-Geschlechterforschung mit über 7.500 Titeln; *Gender Inn* wird regelmäßig erweitert.
Fachbibliographien und Online-Datenbanken (FabiO): http://www.bsz-bw.de/wwwroot/text/fabioANG.html#Anglistik – Angebot des Bibliotheksservice-Zentrums Baden-Württemberg; gut strukturierte Übersicht zum Bibliographien- und Datenbankenangebot der Anglistik in Baden-Württemberg.
**Karlsruher Virtueller Katalog (KVK):* http://www.ubka.uni-karlsruhe.de/kvk.html – Bietet u.a. Zugang zum Britischen Verbundkatalog, zur Australischen sowie Kanadischen Nationalbibliothek und zur Washingtoner *Library of Congress*.
Literary Resources on the Net: http://andromeda.rutgers.edu/~jlynch/Lit/ – Umfangreiche, gut strukturierte Link-Zusammenstellung, wobei auch der Zugang zu literarischen Texten berücksichtigt wird.
Literature Resource Center: Elektronische Datenbank, die Literaturen aller Epochen und Sprachen abdeckt. Basiert u.a. auf den *online*-Datenbanken *Contemporary Authors, Dictionary of Literary Biography* sowie auf Merriam-Websters *Encyclopedia of Literature*. Hinzu kommen Artikel aus elektronischen Fachzeitschriften sowie zahlreiche Links zu einschlägigen Internetseiten.
OPAC der Zeitschriftendatenbank: http://zdb-opac.de – Weltweit größte Datenbank für Zeitschriften, Zeitungen usw.; bisher mehr als 1,1 Millionen Titel in allen Sprachen von 1500 bis heute; keine Aufsatztitel.

Periodicals Contents Index (PCI): CD-ROM und *online*; überwiegend geistes- und sozialwissenschaftliche Aufsätze, die im 19. und 20. Jahrhundert publiziert wurden. Ist insbesondere auch für die Suche nach älterer Forschungsliteratur geeignet.

Reifegerste, E. Matthias: *Anglistik elektronisch in Freiburg: Eine Einführung in die elektronischen Informationsmittel für das Fach Anglistik*. Freiburg 2004. (http://www.freidok.uni-freiburg.de/volltexte/222)

Research Libraries Group: http://www.rlg.org/ – Die *Research Libraries Group* ist ein Zusammenschluss weltweiter Forschungsbibliotheken. Geboten werden Dienstleistungen und der Zugriff auf verschiedene Datenbanken.

**Voice of the Shuttle*: http://vos.ucsb.edu – Zugang zu Tausenden von Internetressourcen, die alle Bereiche der Geisteswissenschaften abdecken, u.a. Literatur, Anthropologie, Filmwissenschaften und Politik.

0.5.4 Englischsprachige Texte *online*

Alex Catalogue of Electronic Texts: http://www.infomotions.com/alex/ bzw. http://www.infomotions.com/alex2/ – Überschaubare, übersichtlich gegliederte Sammlung englischer und amerikanischer Texte.

Bartleby.com: Great Books Online: http://www.bartleby.com – Übersichtliche Sammlung elektronischer Texte; Zugang auch zu Nachschlagewerken (z.B. Bartletts Zitatenschatz), Literaturgeschichten, Wörterbüchern und Schreibanleitungen (William Strunks *The Elements of Style*).

Bibliomania: http://www.bibliomania.com/ – Sammlung von mehr als 2.000 elektronisch aufbereiteten Texten; in erster Linie *classic texts*. Die Seite bietet auch Biographien, *reference books*, *study guides* u.a.

CETH – Center for Electronic Texts in the Humanities: http://harvest.rutgers.edu/ceth/etext_directory/ – Angebot der Rutgers University in New Jersey; umfassendes Verzeichnis hauptsächlich US-amerikanischer Zentren mit elektronisch aufbereiteten literarischen und entsprechend relevanten Texten.

Electronic Text Center: http://etext.lib.virginia.edu/ – Angebot der University of Virginia; über 70.000 *online*- und *offline*-Texte aus den Geisteswissenschaften in 15 Sprachen; hinzu kommen mehr als 350.000 Darstellungen (von Buchillustrationen über Zeitungsseiten bis zu Museumsobjekten).

Humanities Text Initiative (HTI): http://www.hti.umich.edu/all/ – Angebot der University of Michigan; Sammlung zahlreicher Textarchive und Projekte, z.B. *American Verse Project*, *British Women Romantic Poets*, *The Medieval Review*.

The Internet Public Library: http://www.ipl.org/ – Interdisziplinäre Link-Zusammenstellung; im Bereich Literatur liegt der Schwerpunkt bei elektronisch aufbereiteten literarischen Texten, Autoren, *criticism*, Literaturpreisen u.a.

The Online Books Page: http://digital.library.upenn.edu/books/ – Mehr als 20.000 elektronisch aufbereitete englische Werke; einfache Suche nach Autor, Titel, Thematik u.a.

An Online Library of Literature: http://www.literature.org/ – Auf 30 ›klassische‹ Autoren beschränkte, jedoch sehr gut aufbereitete Zusammenstellung literarischer Texte.

The Oxford Text Archive: http://ota.ahds.ac.uk/ – Mehr als 2.500 Texte und Ressourcen sowie linguistische Korpora in über 25 Sprachen; die Spannbreite reicht von fiktionalen Werken bis zu *standard reference works* (z.B. die Bibel oder Wörterbücher).

Project Gutenberg: http://www.promo.net/pg/ – Über 6.000 elektronisch aufbereitete Bücher in englischer Sprache; aus *copyright*-Gründen liegt deren Erscheinungsdatum vor ca. 1920.

Wiretap: http://wiretap.area.com/Gopher/Library – Der Gopher-Index bietet Zugang zu literarischen und geistesgeschichtlich relevanten Texten; überschaubar gegliedert.

0.5.5 Enzyklopädien

Britannica: http://www.britannica.com/ – *Online*-Version zur wichtigsten Enzyklopädie der englischsprachigen Welt, mit detaillierten und vielfältigen Informationen zu Gebieten aller Art.
The Canadian Encyclopedia: http://www.thecanadianencyclopedia.com/index.cfm?PgNm=Homepage&Params=A1 – Umfassende Enzyklopädie, die auch im Bereich Literatur einen guten Überblick und viele weitere Linkvorschläge bietet.
Encyclopedia.com: http://encyclopedia.com/ – Mehr als 57.000 Einträge aus der *Columbia Encyclopedia* (derzeit 6. Auflage) inklusive weiterführender Links zu Zeitungs- bzw. Zeitschriftenartikeln, Bildern u.v.m.
The Literary Encyclopedia: http://www.litencyc.com/LitEncycFrame.htm – Ständig aktualisiertes *online*-Nachschlagewerk, das über Tausende von Autoren (»whose works are valued in the English language«, Einleitung) und deren Werke Auskunft gibt sowie zahlreiche weitere Verweise zu Links und Datenbanken bietet; auch Philosophen, Musiker und Künstler werden berücksichtigt.
LookSmart: http://search.looksmart.com/p/browse/us1/us317836/us317913/ – Portal; sehr umfangreiche und gut strukturierte Auflistung verschiedenster Wörterbücher, Enzyklopädien, Zitathandbücher, Kalender usw., die unter der Kategorie ›Reference‹ zu finden ist.
MSN Encarta: http://encarta.msn.com/artcenter_0/Encyclopedia_Articles.html#tcse/ – Mehr als 4.500 Einträge zu unterschiedlichen Gebieten, darunter ›Art, Language & Literature‹, ›History‹ und ›Religion & Philosophy‹.
Stanford Encyclopedia of Philosophy: http://plato.stanford.edu/contents.html – Von der Stanford University angebotene *online*-Enzyklopädie mit vielen hilfreichen Einträgen in Artikelform zu Kultur, Zeitströmungen, Geistesleben u.a.
Wikipedia: The Free Encyclopedia: http://en.wikipedia.org/wiki/Main_Page – Breit angelegte *online*-Enzyklopädie.

0.5.6 Kulturwissenschaftliche Institutionen und Forschungsbereiche

Amsterdam School for Cultural Analysis (ASCA): http://www.hum.uva.nl/asca/
Birmingham Research Centre for Cultural Studies and Sociology:
   http://www.res.bham.ac.uk/publications/researchpups/1999%20data/CULTSTUD.HTM
Center for Kulturforskning/Center for Cultural Research (Aarhus Denmark):
   http://www.hum.au.dk/clulturf
Institut für Kulturmanagement und Kulturwissenschaft (IKM, Wien): http://www.mdw.ac.at/ikm
Internationales Forschungszentrum Kulturwissenschaft / International Research Center for Cultural Studies (IFK, Wien): http://www.ifk.ac.at
Kulturwissenschaften / Cultural Studies Interdisziplinäre Arbeitsgruppe der Universität Wien:
   http://www.univie.ac.at/graduiertenkonferenzen-culturalstudies
Kulturwissenschaftliches Institut (Essen): http://www.kwi-nrw.de
Medien und kulturelle Kommunikation / Media and Cultural Communication SFB Forschungsstelle 427 der Universität Köln: http://www.uni-koeln.de/inter-fak/fk-427
Wissenskultur und gesellschaftlicher Wandel / The Culture of Knowledge and Social Change SFB / Forschungskolleg 435 der Universität Frankfurt a.M.: www.uni-frankfurt.de/SFB435

0.5.7 Kulturwissenschaftliche Linksammlungen

Area Studies, United Kingdom: http://www.psr.keele.ac.uk/area/uk.htm
Area Studies, Comparative Politics: http://www.psr.keele.ac.uk/area.htm
Art and Culture. Interconnected Guide to all the Arts:
   http://www.artandculture.com/cgi-bin/WebObject/ACLive.woa/wa/home

The Birmingham Department of Cultural Studies and Sociology:
http://bham.ac.uk/CulturalStudies/
CULTSTUD-L. A listserv devoted to Cultural Studies:
http://www.cas.usf.edu/communication/rodman/cultstud
Cultural Studies Central: http://www.culturalstudies.net
Cultural Studies Ressources (University of Iowa Libraries):
http://www.uiowa.edu/~commstud/CulturalStudies.html
Cultural Theory, Cultural Studies:
http://www–2cs.cmu.edu/afs/cs.cmu.edu/user/phoebe/mosaic/cultural-studies.html
The English Server. Cultural Studies and Critical Theory:
http://english-www.hss.cmu.edu/theory/
Friends of Scotland: http://www.friendsofscotland.gov.uk/
House of Commons within the UK Constitution:
http://www.leeds.ac.uk/law/teaching/law6cw/hc–1.htm
Irish Internet Hub: http://larkspirit.com/general/irishhub.html#culture
Irish Websites: http://www.qub.ac.uk/en/imperial/ireland/websites.htm
Kulturwissenschaft, Kulturphilosophie, philosophische Anthropologie:
http://buecherei.philo.at/kultur.htm – Kulturwissenschaftliche Informationsquellen im WWW
National Portrait Gallery: http://www.npg.org.uk/live/index.asp
PopCultures.com: http://www.popcultures.com
Renate Wicken's Sites in Cultural Studies (York University, Canada):
http://www.finearts.yorku.ca/rwickens/Csites.html
Sara Zupko's Cultural Studies Center: http://www.mcs.net/~zupko/popcult.html
Scottish History from Scotweb: http://www.scottish-history.com/
Spoon Collective: http://lists.village.virginia.edu/~spoons/
University of Iowa, Department of Communication Studies:
http://uiowa.edu/~commstud/resources

0.5.8 Theater und Film

British Broadcasting Corporation: http://www.bbc.co.uk
The British Film Institute: http://www.bfi.org.uk/gateway/categories/ – Der ›Film Links Gateway‹ des *British Film Institute* bietet eine große Auswahl an film- und medienrelevanten Internetseiten mit überwiegend britischer Orientierung.
CinemaSpot.com: http://www.cinemaspot.com/ – Umfangreiches Filmportal, das von den *Essentials* (z.B. *General Guides*) über Genres und Rezensionen bis hin zu Regisseuren und Schauspielern reicht.
Deutsche Shakespeare-Gesellschaft e.V.: http://www.shakespeare-gesellschaft.de/ – Homepage der 1864 gegründeten Deutschen Shakespeare-Gesellschaft; zahlreiche Hinweise zu Publikationen, künstlerischer Praxis und weiterführenden Links.
The German Society for Contemporary Theatre and Drama in English (CDE): http://fb14.uni-mainz.de/projects/cde/index.html – Bietet Bibliographien, Links zu englischsprachigen Theatergruppen und -häusern, Theaterprogramme, weiterführende Links u.v.m.
International Arts Resources from Artslynx: http://www.artslynx.org/ – Portal; hilfreiche Links zu Theater, Film, Tanz, Musik, Bildende Kunst u.a. Zahlreiche Unterkategorien; beim Theater z.B. ›Acting‹, ›Playwrights‹, ›Reviews‹, ›Theatre History‹ u.v.m.
The Internet Movie Database (IMDb): http://uk.imdb.com – Sehr umfangreiche *online*-Datenbank zu Film, Fernsehshows, Videospielen u.a.
MCS: http://www.aber.ac.uk/media/sections/film.html – Überschaubare Linkzusammenstellung mit britischem Schwerpunkt zu Themenbereichen wie ›Film and Gender‹, ›Film Genres‹, ›Film Journals‹ u.a.

Mr. William Shakespeare and the Internet: http://shakespeare.palomar.edu/default.htm – Umfangreiche und Didaktik-orientierte Internet-Ressource zu Shakespeare.
The WWW Virtual Library: Theatre and Drama: http://vl-theatre.com/ – Wertvolle Link-Zusammenstellung zur Theaterwelt in mehr als 50 Ländern; weiterführende Verweise auf Theaterwissenschaft, fachbezogene Zeitschriften und Artikel, Filmadaptionen u.v.m.

1. Sprachwissenschaft

1.1 Nachschlagewerke

1.1.1 Terminologie

Abraham, Werner: *Terminologie zur neueren Linguistik.* 2 Bde. Tübingen ²1988.
Chalker, Sylvia/Edmund Weiner: *The Oxford Dictionary of English Grammar.* Oxford 1998. – Umfassendes Kompendium zur (traditionellen) Grammatik, aber auch anderen Bereichen der Sprachwissenschaft wie Phonologie, Lexikologie, Sprachgeschichte usw.
*Crystal, David: *A Dictionary of Linguistics and Phonetics.* London ⁵2003. – Das umfassendste Nachschlagewerk mit ca. 1400 Einträgen.
*Herbst, Thomas/Rita Stoll/Rudolf Westermayr: *Terminologie der Sprachbeschreibung: Ein Lernwörterbuch für das Anglistikstudium.* München 1991. – Nützliches Nachschlagewerk mit leicht verständlichen Erklärungen, Beispielen, z.T. Übungen; Beispiele und Fachbegriffe auch in Englisch.

1.1.2 Umfassende Darstellungen/Handbücher

Ahrens, Rüdiger/Wolf-Dietrich Bald/Werner Hüllen: *Handbuch Englisch als Fremdsprache* (HEF). Berlin 1995. – Relativ umfassende Darstellung, u.a. zu Variation, Beschreibung und Gebrauch des Englischen; da von vielen Fachleuten zusammengestellt, heterogen, aber unentbehrlich.
Asher, R.E./J.M.Y. Simpson (Hrsg.): *The Encyclopedia of Language and Linguistics.* Oxford 1994. – Zehnbändiges Nachschlagewerk.
Bright, William (Hrsg.): *International Encyclopedia of Linguistics.* 4 Bde. New York 1992. – Nachschlagewerk mit ca. 660 ausführlichen Beiträgen von Spezialisten.
Crystal, David: *The Cambridge Encyclopedia of Language.* Cambridge ²2002. – Einführende Auseinandersetzung mit allen Variationen des Themas Sprache und ansprechende Darstellung der sprachwissenschaftlichen Teildisziplinen mit zahlreichen Illustrationen; auch für Leser ohne Vorkenntnisse gut geeignet.
Crystal, David: *The Cambridge Encylopedia of the English Language.* Cambridge ²2003. – Reich illustriertes, außergewöhnlich lebendiges und wohl eines der umfassendsten Referenzbücher zu Geschichte, Struktur und Gebrauch der englischen Sprache.
Malmkjær, Kirsten/James M. Anderson (Hrsg.): *The Linguistics Encyclopedia.* London 2002. – Behandelt in ausführlichen Beiträgen verschiedene Themenbereiche zu Sprache sowie alle Teilgebiete der Sprachwissenschaft.
McArthur, Tom (Hrsg.): *The Oxford Companion to the English Language.* Oxford 1996. – Breit angelegtes Nachschlagewerk mit über 4000 Artikeln zu Aspekten der englischen Sprache und gesondert zu den Bereichen ›Stil‹ sowie ›Sprache und Literatur‹.
McArthur, Tom (Hrsg.): *The Oxford Guide to World English.* Oxford 2002. – Ein günstiger, gut verständlicher Einstieg, leider ohne weiterführende Bibliographie.
Handbuch der Sprachwissenschaft und Kommunikation. – Umfangreiches Nachschlagewerk mit einem Band je Teildisziplin mit Beiträgen von internationalen Experten, z.B. István Bátori/Winfried Lenders/Wolfgang Putschke (Hrsg.): *Computational Linguistics/Computerlinguistik.* Berlin 1989.

1.1.3 Wörterbücher
(Lernerwörterbücher s. 5.1)

Oxford Dictionary of English Etymology. Hrsg. C.T. Onions. Oxford ⁷1978.
The Oxford English Dictionary (OED). 20 Bde. Oxford ²1988 oder als *CD-ROM* ²1998. – Erweiterte und überarbeitete Fassung von *A New English Dictionary on Historical Principles* (1884–1928 + Supplementbände). – Das größte (etymologische) Standardnachschlagewerk zur englischen Sprache mit 463000 Einträgen und 2,4 Millionen Zitatbelegen; auch verkleinert als *The Compact Oxford English Dictionary* oder als CD-ROM ³2002 erhältlich (http://dictionary.oed.com/ – gebührenpflichtig).
The English Dialect Dictionary. Hrsg. Joseph Weight. 6 Bde. Oxford 1981. – Das traditionelle Dialektwörterbuch mit *Grammar* in Bd. VI.
Webster's Third New International Dictionary of the English Language. Hrsg. Philip B. Gove. Springfield 1961. – Ursprünglich *Webster's International Dictionary* 1890, letzter Nachdruck 1986; umstrittenes Standardwörterbuch des »wirklichen« amerikanischen Englisch; über 450000 Einträge zum Wortschatz seit dem 16. Jahrhundert.
The Random House Dictionary of the English Language. Hrsg. Stuart Berg Flexner. New York ²1987. – 315000 Einträge, mit enzyklopädischen Stichworten zu Eigennamen sowie Fremdsprachenwörterbüchern Französisch, Spanisch, Italienisch, Deutsch im Anhang.
Dictionary of South African English on Historical Principles. Hrsg. Penny Silva. Oxford 1996. – Umfassendes Wörterbuch unter besonderer Berücksichtigung regional und kulturell bedingter Sprachvariationen.
The Australian National Dictionary. A Dictionary of Australianisms on Historical Principles. Hrsg. W.S. Ramson. Melbourne 1988 (*The Australian Concise Oxford Dictionary.* ⁴2003).
The Maquairie Dictionary. Hrsg. Arthur Delbridge. Sidney 1981, ³1997. – Wörterbuch des australischen Englisch. Ergänzt durch *The Macquarie Dictionary of New Words.* Hrsg. Susan Butler. Sydney 1990.
Dictionary of Jamaican English. Hrsg. Frederic G. Cassidy/R.B. LePage. Cambridge ²1980.
Dictionary of Regional American English. Hrsg. Frederic G. Cassidy/Joan Houston Hall. Cambridge, MA, 1985, 1991. – Das moderne computergestütze amerikanische Dialektwörterbuch (bisher bis Buchstabe Sk; auch online).
The Canadian Oxford Dictionary. Hrsg. Katherine Barber. ²2004.
Gage Canadian Dictionary. Hrsg. Walter S. Avis u.a. Toronto 1983. – Umfassendes Wörterbuch der Gesamtsprache unter besonderer Berücksichtigung der *Candianisms*.
A Concise Scots Dictionary. Hrsg. Mairi Robinson. Aberdeen 1985. – Umfassendes Wörterbuch mit ausführlicher Einleitung zu Geschichte, Aussprache, Grammatik und Problematik des *Scots*. Aufbauend auf dem *Scottish National Dictionary* (1931–76) und gekürzt als *Pocket Scot Dictionary* (1989).
A Krio-English Dictionary. Hrsg. Clifford N. Fyle/Eldred D. Jones. Oxford 1980. – Das umfassendste Wörterbuch zu einer Pidginsprache mit ausführlicher Diskussion von Abgrenzungsproblemen, Aussprache und Grammatik.

1.2 Einführungen/Handbücher zu allgemeinen Aspekten der Sprachwissenschaft

Blake, N.F./Jean Moorhead: *Introduction to English Language.* Basingstoke 1994. – Elementare Einführung in Sprachstruktur, -erwerb, -wandel und -variation; mit Anwendung auf Textsorten; mit Glossar.
Bloomfield, Leonhard: *Language.* London 1970. – Standardwerk und Grundlage aller modernen linguistischen Theorien und Schulen.
Bolinger, Dwight/Donald A. Sears: *Aspects of Language.* New York ³1981. – Fortgeschrittene Einführung in sprachwissenschaftliche Konzepte und Methodik; mit Übungen.

Crystal, David: *What is Linguistics?* London ⁴1985. – Anschauliche Zusammenfassung, was Linguistik nicht ist, was sie ist und wofür sie gut ist.

Crystal, David: *The English Language*. London 2002. – Elementare, illustrative Darstellung von Struktur, heutiger Variation und Sprachgeschichte des Englischen.

Dirven, René u.a.: *Die Leistung der Linguistik für den Englischunterricht*. Tübingen 1985. – Zeigt Relevanz und Einsatzmöglichkeiten sprachwissenschaftlicher Erklärungen und Modelle für den Unterricht; sehr anwendungsbezogen.

Fromkin, Victoria/Robert Rodman: *An Introduction to Language*. Boston ⁷2003. – Detaillierte und anschauliche Darstellung zu Funktionen von Sprache (nicht nur Englisch) und Sprachwissenschaft; eher gut geschriebene Begleitlektüre als Einführungsbuch.

Gramley, Stephan/Kurt-Michael Pätzold: *A Survey of Modern English*. London ²2003. – Umfassender Überblick über System und Variation nach Gebrauch und Nutzer.

Hudson, Richard: *Invitation to Linguistics*. Oxford 1984. – Sehr einfache Kostprobe für Abiturienten.

Kortmann, Bernd: *Linguistik Essentials*. Berlin 1999. – Ausführlicher, sehr anschaulicher Überblick mit vielen Graphiken, Beispielen und Übungen.

Kuipers, Koenraad/W. Scott Allan: *An Introduction to English Language. Sound, Word, Sentence*. London 1996. – Modernes Einführungsbuch für Studium und Lehre (aus Neuseeland) mit vielen Übungen und einem Glossar pro Sektion; Systemlinguistik ohne den Bereich der Sprachvariation.

*Leisi, Ernst/Christian Mair: *Das heutige Englisch. Wesenszüge und Probleme*. Heidelberg ⁸1999. – Lexikalischer und grammatikalischer Aufbau der englischen Sprache im Gegensatz zum Deutschen, mit Varietäten; ausführliche Literaturhinweise.

*Lyons, John: *Language and Linguistics*. Cambridge 1981. – Einführende, doch umfassende Standardlektüre, auch zur Wiederholung für Fortgeschrittene geeignet.

Mair, Christian: *Englisch für Anglisten*. Tübingen 1995. – »Eine etwas andere Einführung«, die kontrastiv deutsch-englische Aussprache, Lexikon, Grammatik, Konventionen, Übersetzungsprobleme und Sprachgeschichte behandelt; mit Glossar.

*Mair, Christian: *Einführung in die anglistische Sprachwissenschaft*. Darmstadt 1997. – Einfache, flüssig geschriebene moderne Einführung in die Grundlagen, mit vielen Beispielen.

Meyer, Paul Georg et al.: *Synchronic English Linguistics. An Introduction*. Tübingen 2002.

Pinker, Steven: *The Language Instinct. The New Science of Language and Mind*. Cambridge 1994. – Internationaler Bestseller trotz einer transformations-grammatischen Grundlage mit Strukturbäumen usw., Indoeuropäisch und *American Sign Language*; mit vielen guten Beispielen; mit Glossar.

Quirk, Randolph/Gabriele Stein: *English in Use*. Harlow 1993.

Wardhaugh, Ronald: *Investigating Language: Central Problems in Linguistics*. Oxford 1997. – Über Sprechfähigkeit, Funktion und Faszination von Sprache.

Welte, Werner: *Sprache, Sprachwissen und Sprachwissenschaft. Linguistische Propädeutik für Anglisten*. Frankfurt a.M. 1995. – Ausführlicher Überblick mit Übungen.

Yule, George: *The Study of Language: An Introduction*. Cambridge ²1996.

1.3 Handbücher zu Teilbereichen der Sprachbeschreibung

1.3.1 Phonetik/Phonologie

Arnold, Roland/Klaus Hansen: *Englische Phonetik*. Leipzig ⁹1995. – Konventionelles, fundiertes Grundlagenwerk zur englischen Phonetik.

Clark, John/Colin Yallop: *An Introduction to Phonetics and Phonology*. London ²1999.

*Cruttenden, Alan: *Gimson's Pronunciation of English*. London ⁶2001. – Handbuch zu allen Fragen/Aspekten der englischen Aussprache, inklusive Wandel und Variation.

Giegerich, Heinz: *English Phonology: An Introduction*. Cambridge 1992. – Einführung zur Phonetik und Phonologie mit besonderer Berücksichtigung der geographischen Varietäten der englischen Sprache.

Katamba, Francis: *An Introduction to Phonology*. London 2004. – Insbesondere generative Phonologie und moderne Theorieansätze; mit Beispielen und Übungen aus unterschiedlichen Sprachen.

Roach, Peter: *English Phonetics and Phonology: A Practical Course*. Cambridge ³2002. – Textbuch für Fortgeschrittene; zwei Kassetten mit Beispielen und Übungen.

1.3.2 Morphologie/Wortbildung

Bauer, Laurie: *English Word-Formation*. Cambridge 1983. – Überblicksdarstellung mit ausführlichen Erklärungen zu Theorieansätzen aus synchroner, z.T. transformations-grammatischer Sicht.

Bauer, Laurie: *Introducing Linguistic Morphology*. Edinburgh ²2003. – Einführung in die Grundbegriffe und Konzepte der Morphologie und Erläuterung der jüngsten Entwicklungen; weitergehende Diskussionsansätze; Übungsaufgaben.

Bauer, Laurie: *Morphological Productivity*. Cambridge 2001. – Verbindet Morphologie mit Syntax und Phonologie.

Kastovsky, Dieter: *Wortbildung und Semantik*. Düsseldorf 1982.

Katamba, Francis: *Morphology*. London 2004. – Einführung in morphologische Theorie- und Analyseansätze unter besonderer Berücksichtigung der generativen Grammatik; zahlreiche Beispiele und Übungen.

Plag, Ingo: *Word-Formation in English*. Cambridge 2003.

Welte, Werner: *Englische Morphologie und Wortbildung. Ein Arbeitsbuch mit umfassender Bibliographie*. Frankfurt a.M. 1988.

1.3.3 Grammatik/Syntax

Aaarts, Baas: *English Syntax and Argumentation*. Basingstoke ²2001. – Klarer Aufbau nach Funktionen und Formen, mit Übungen.

Baker, C.L.: *English Syntax*. Cambridge, MA ¹1995. – Generative Syntax aus der MIT-Schule mit nützlicher Zusammenfassung von Strukturbäumen im Anhang.

Biber, D./S. Johansson/G. Leech/S. Conrad/E. Finegan: *The Longman Grammar of Spoken and Written English*. Harlow 1999. – Das Standardwerk zur Variation der englischen Grammatik (conversation, fiction, newspaper, academic), basierend auf einem >40-Millionen-Wörter-Corpus: Kurzversion in: Biber, D./S. Conrad/G. Leech: *The Longman Student Grammar of Spoken and Written English*. Harlow 2002.

Brinten, Laurel J.: *The Structure of Modern English. A Linguistic Introduction*. Amsterdam 2000. – Mit interaktiver CD-Rom für Übungen und pädagogische Anwendungen.

Downing, Angela/Philip Locke: *A University Course in English Grammar*. London ²2002. – Funktionale Grammatik, gut verständlich mit ausreichend Übungen und Lösungen.

Givon, Talmy: *English Grammar*. 2 Bde. Amsterdam 1993. – Ausführlichste kognitive Grammatik; nicht einfach, aber sehr anregend.

Greenbaum, Sidney: *The Oxford English Grammar*. Oxford 1996. – Über 1200 Seiten starke moderne ›traditionelle‹ Grammatik, auch mit Kapiteln zu Aussprache, Wortschatz und Wortbildung.

*Greenbaum, Sidney/Randolph Quirk: *A Student's Grammar of the English Language*. London 1990. – Komprimierte, leicht überarbeitete Version der *Comprehensive Grammar*.

Halliday, Michael A.K.: *An Introduction to Functional Grammar*. London ³2004.

Huddleston, Rodney/Geoffrey Pullum: *Introduction to the Grammar of English*. Cambridge 2000. – Umfangreiche strukturalistisch orientierte Einführung; fast ein Nachschlagewerk.

*Huddleston, Rodney: *English Grammar: An Outline*. Delhi 2002. – Kurzer, leicht verständlicher Überblick über die wichtigsten grammatischen Kategorien im Englischen mit Übungen.
Huddleston, Rodney: *The Cambridge Grammar of the English Language*. Cambridge 2002. – Linguistisch anspruchsvollstes, umfassendes Standardwerk.
Hudson, Richard: *Teaching Grammar. A Guide to the National Curriculum*. Oxford 1992. – Interessante Diskussion über Grammatikunterricht für Muttersprachler im Rahmen der Erziehungsdebatte um *language awareness, discovery learning* und *Standard English* in England.
Leech, Geoffrey/Benita Cruichank/Roz Ivanic: *An A – Z of English Grammar & Usage*. Harlow ²2001.
Leech, Geoffrey/Jan Svartvik: *A Communicative Grammar of English*. Harlow ³2002. – Lern- und lehrorientierte Grammatik mit Schwerpunkt auf gesprochenem Englisch, basiert auf der *Comprehensive Grammar*, jedoch z.T. unterschiedlicher Terminigebrauch.
Lock, Graham: *Functional English Grammar*. Cambridge 1996.
Quirk, Randolph/Sidney Greenbaum/Geoffrey Leech/Jan Svartvik: *A Comprehensive Grammar of the English Language*. London 2003. – Die große und teure ›traditionelle‹ Standardgrammatik des Englischen heute; 1780 Seiten starkes Nachschlagewerk für fast jede Frage. Mit großen Anhängen zu Wortbildung, Betonung und Zeichensetzung und detailliertem Index.
Parrott, M.: *Grammar for English Language Teachers*. Cambridge 2000. – Eine ausführliche Zusammenstellung mit Übungen und Lösungen.
Radford, Andrew: *Minimalist Syntax. Exploring the Structure of English*. Cambridge 2004. – Schrittweise aber gewichtige Einführung in die neuere Form der Transformationsgrammatik mit zahlreichen Beispielen und Übungsaufgaben.
Taylor, John: Linguistic *Categorization*. Oxford ³2004.
Sammon, Geoff: *Exploring English Grammar*. Berlin 2002. – Anspruchsvolle Übersicht über die für den deutschen fortgeschrittenen Englischlerner interessantesten Besonderheiten des heutigen Englischen mit knappen historischen Rückblicken, Übungen, Lösungen und Glossar.
Thomas, Linda: *Beginning Syntax*. Oxford 1996. – Einführungsbuch zur Syntaxanalyse anhand einer Vielzahl von Übungen (mit Lösungen).

1.3.4 Semantik/Lexikologie

Aitchison, Jean: *Words in the Mind: An Introduction to the Mental Lexicon*. Oxford 1987. – Untersuchungen zur Struktur des Lexikons auf psycholinguistischer Basis.
Cruse, D.A.: *Meaning in Language. An Introduction to Semantics and Pragmatics*. Oxford 2000. – Nicht einfach, aber umfassend, theorieunabhängig und mit interessanten Übungen.
Cruse, D.A.: *Lexical Semantics*. Cambridge 2001. – Detaillierte Übersichtsdarstellung und Erklärung der Grundbegriffe der Semantik.
Herbst, Thomas/Michael Klotz: *Lexikographie. Eine Einführung*. Stuttgart 2003. – Detaillierter Überblick über alle Lexikoneinträge von der Schreibung zur Grammatik in den verschiedenen Wörterbuchtypen.
Hurford, James/Brendan Heasley: *Semantics: A Coursebook*. Cambridge 1983. – Anschauliches Lehrbuch zur Einführung und zum Selbststudium.
Jackson, Howard: *Words and their Meaning*. London 1988.
Jackson, Howard: *Lexicography*. London 2002.
Katamba, Francis: *English Words:. Structure. History, Usage*. London ²2003.
Leech, Geoffrey: *Semantics*. Harmondsworth ²1990. – Standardwerk über Inhalte und Rolle von Semantik aus angewandter und theoretischer Perspektive.
Leisi, Ernst: *Praxis der englischen Semantik*. Heidelberg ³1985. – Flüssig geschriebene Einführung in die (lexikalische) Semantik aus strukturalistischer Perspektive.
*Lipka, Leonhard: *An Outline of English Lexicology*. Tübingen 1990. – Einführende Untersuchung zur inhaltlichen und formalen Struktur des englischen Wortschatzes.

Lyons, John: *Semantics*. 2 Bde. Cambridge 1994–1996. – Breit angelegtes Handbuch zur semantischen Theorie, Semantik und Pragmatik.
Palmer, F.R.: *Semantics. An Outline*. Cambridge ²1981.
Ungerer, Friedrich/Hans-Jörg Schmid: *An Introduction to Cognitive Linguistics*. Harlow 1996. – Übergreifende kognitive Perspektive für Semantik, Syntax, Wortbildung und auch Sprachwandel.
Welte, Werner: *Englische Semantik. Ein Lehr- und Arbeitsbuch mit umfassender Bibliographie*. Frankfurt a.M. 1993.
Wierzbicka, Anna: *The Semantics of Grammar*. Amsterdam 1988.

1.3.5 Pragmatik/Textlinguistik/Diskursanalyse

Blakemore, Diane: *Understanding Utterances: An Introduction to Pragmatics*. Oxford 1992. – Diskussion zu den zentralen Aspekten der Pragmatik aus relevanztheoretischer Sicht, angelehnt an Sperber/Wilson (s.u.).
*Brown, Gillian/George Yule: *Discourse Analysis*. Cambridge 1998. – Umfassende Erklärung der Grundbegriffe sowie weiterführender Formen und Theorien.
Crystal, David/Derek Davy: *Investigating English Style*. Harlow, Essex 1992.
De Beaugrande, Robert/Wolfgang Dressler: *Introduction to Text Linguistics*. London 1981.
Green, Georgia M.: *Pragmatics and Natural Language Understanding*. Mahwah ²1996. – Anschauliche Einführung in Formen und Funktion der Pragmatik.
Halliday, Michael A.K./Ruqaiya Hasan: *Cohesion in English*. Harlow 1976. – Älteres Standardwerk zur Textkohäsion.
Levinson, Stephen C.: *Pragmatics*. Cambridge 1983. – Älteres Standardwerk.
Schiffrin, Deborah/Deborah Tannen/Heidi E. Hamilton: *The Handbook of Discourse Analysis*. Oxford 2003. – Eine fundierte Diskussion der Stärken und Schwächen sieben verschiedener Ansätze anhand derselben Textbeispiele.
Sperber, Dan/Deidre Wilson: *Relevance. Communication and Cognition*. Oxford ²2003. – Ungewöhnlich einflussreiches Buch über Präsupposition, Schlussfolgern und Relevanz als Grundlage von Sprache und Denken.
*Thomas, Jenny: *Meaning in Interaction: An Introduction to Pragmatics*. London 1995. – Einführung in die Grundkonzepte der Pragmatik einschließlich der wichtigsten Entwicklungsschritte der Disziplin; umfassende Erklärungen mit vielen Beispielen aus Medien und Alltagskommunikation.
Verschueren, Jef: *Understanding Pragmatics*. London 1999. – Umfassend und verständlich, trotz des theoretischen und methodischen Anspruchs.

1.4 Handbücher zur Beschreibung der Variation des Englischen

1.4.1 Sprachgeschichte und Sprachwandel

Aitchinson, Jean: *Language Change: Progress or Decay?* Cambridge ³2001.
Barber, Chris: *The English Language. A Historical Introduction*. Cambridge 2000.
Bauer, Laurie: *Watching English Change*. London/New York 1997.
Baugh, Albert C./Thomas Cable: *A History of the English Language*. London 2002. – Ausführliches, flüssig geschriebenes Standardwerk zu allen Aspekten der Entwicklung des Englischen.
*Berndt, Rolf: *A History of the English Language*. Leipzig ³1989. – Detaillierte nach Epochen und Aussprache/Wortschatz/Grammatik geordnete Darstellung der Sprachentwicklung mit zahlreichen Beispielen.
Burnley, David: *The History of the English Language: A Source Book*. Harlow ²2002. – Darstellung der englischen Sprachgeschichte anhand ausführlichen Textmaterials.

Burrow, John A./Thorlac Turville-Petre: *A Book of Middle English*. Malden ³2004. – Komprimierte Darstellung der mittelenglischen Grammatik mit repräsentativer Textsammlung.
Denison, David: *English Historical Syntax*. London 1993. – Ausführliche Darstellung der wichtigsten Aspekte und Veränderungen der englischen Syntax anhand zahlreicher Textbeispiele; besondere Berücksichtigung der Methodik.
Freeborn, Dennis: *From Old English to Standard English: A Course Book in Language Variation across Time*. Basingstoke ²2000. – Text- und Arbeitsbuch; erklärt und untersucht die sprachlichen Veränderungen anhand zahlreicher Texte.
Görlach, Manfred: *An Introduction of Early Modern English*. Cambridge 1993. – Übersichtswerk zu allen sprachlichen Aspekten des Frühneuenglischen mit einer großen Textsammlung.
Görlach, Manfred: *Einführung in die englische Sprachgeschichte*. Heidelberg ⁵2002. – Darstellung der wichtigsten strukturellen Veränderungen des Englischen anhand ausführlichen Textmaterials.
Hogg, Richard M. u.a. (Hrsg.): *Cambridge History of the English Language*. Cambridge 1992ff. – Englische Sprachgeschichte in 6 Bänden; Bde I-IV chronologisch aufgebaut (Bd. I bis 1066, Bd. II bis 1476, Bd. III bis 1776, Bd. IV bis zur Gegenwart), Bde V und VI geographisch (Bd. V: Großbritannien und z.T. Commonwealth, Bd. VI: Nordamerika).
Jucker, Andreas H.: *History of English and English historical linguistics*. Stuttgart 2000. – Ein Einführungsbuch mit vielen Beispielen und Texten.
Knowles, Gerry: *A Cultural History of English*. London 1997. – Gut lesbare Einführung.
Leith, Dick: *A Social History of English*. London ²1997. – Überblick über die englische Sprachgeschichte mit soziolinguistischem Schwerpunkt.
McMahon, A.M.S.: *Understanding Language Change*. Cambridge 1994. – Verbindet Grammatik mit historischer Soziolinguistik.
Mitchell, Bruce/Fred C. Robinson: *A Guide to Old English*. Oxford ⁶2002. – Einführung und Nachschlagewerk zum Altenglischen über rein sprachliche Aspekte hinaus; einschließlich Textsammlung.
Pyles, Thomas/John Algeo: *The Origins and Development of the English Language*. Boston ⁴1993. – Amerikanisches Standardwerk.
Strang, Barbara: *A History of English*. London/New York 1994. – Englische Sprachgeschichte rückwärts von der Gegenwart zu den Anfängen; einführendes Kapitel zu den Unterschieden von synchronem und diachronem Sprachwandel.
Thomason, Sarah Grey/Terrence Kaufman: *Language Contact, Creolization, and Genetic Linguistics*. Berkeley 1991. – Einflussreicher »Querdenker« zur Sprachentwicklung allgemein, mit ausführlichen Fallstudien zum Englischen.
Visser, F. Th.: *An Historical Syntax of the English Language*. 4 Bde. Leiden ³1984. – Ausführliche Darstellung historischer Syntax, orientiert an der traditionellen Grammatik; mit umfangreichem Textmaterial.

1.4.2 Soziolinguistik/Dialektologie/Stilistik

Chambers, John K./Peter Trudgill: *Dialectology*. Cambridge ²1998. – Entwicklung, Varianten und Methodik der Dialektforschung.
Coates, Jennifer: *Women, Men and Language. A Sociolinguistic Account of Sex Differences in Language*. Harlow ³2004.
Crystal, David/Derek Davy: *Investigating English Style*. London 1997. – Das klassische Werk zur linguistischen Analyse verschiedener Textsorten, v.a. »the language of conversation, unscripted commentary, religion, newspaper reporting, and legal documents«.
Holmes, Janet: *An Introduction to Sociolinguistics*. Harlow ²2002. – Ansprechende und fundierte Einführung mit hilfreichen Übungen (und Lösungen).
*Hudson, Richard A.: *Sociolinguistics*. Cambridge ²1999. – Gründliche theoretische Erörterungen und gute Darstellung der empirischen Forschungen zur Soziolinguistik im weitesten Sinne.

Leech, Geoffrey/Michael Short: *Style in Fiction. A Linguistic Introduction to English Fictional Prose.* London 1986. – Immer noch unübertroffen.
Romaine, Suzanne: *Introduction to Sociolinguistics.* Oxford ²2000.
Tannen, Deborah: *You Just Don't Understand. Women and Men in Conversation.* London 1998 [Deutsche Übersetzung: *Du kannst mich einfach nicht verstehen. Warum Männer und Frauen aneinander vorbeireden.* München 1998]. – Weltweiter Bestseller über Asymmetrien der Kommunikation.
Tannen, Deborah: *Gender and Discourse.* New York 1996. – Wissenschaftliche Analyse.
Todd, Loreto: *Pidgins and Creoles.* London ²1995. – Klassiker mit Erläuterungen zu Geschichte, Wesen und soziologischen Funktionen englisch-basierender Pidgin- und Kreolsprachen.
Trudgill, Peter: *The Dialects of England.* Oxford ²1999. – Umfassende, zugleich präzis-kurze Darstellung der englischen Dialekte mit anschaulichen Beispielen.
Trudgill, Peter/Jean Hannah: *International English: A Guide to Varieties of Standard English.* London ³2002. – Übersichtliche und komprimierte Darstellung der wichtigsten Charakteristika und Unterschiede der geographischen Varietäten des Englischen; mit Kassette.

1.4.3 Sprachvariation des Englischen weltweit

Varieties of English around the World. General Series. Amsterdam. – z.B. G5: *Scotland* 1985. G8: *The Caribbean.* G11: *Canada* 1993. G15: *South Africa* 1996. G24 *Ghanaian Pidgin English.* G25: *New Zealand English;* G26: *Australia.*
Varieties of English around the World. Text Series. Amsterdam. – T1: *Cameroon.* T2: *Central America.* T3: *Glasgow.* T4: *Singapore and Malaysia.* T5: *Southwest England.* T6: *Trinidad and Tobago.* T7: *Indian English.* T8: *North-east Scotland.* T9: *Tok Pisin Texts.*
Aitken, A./Tom McArthur (Hrsg.): *Languages of Scotland.* Edinburgh 1979.
Bailey, Richard/Manfred Görlach (Hrsg.): *English as a World Language.* Ann Arbor 1982/Cambridge 1984. – Überblicksdarstellungen zu den verschiedenen Varietäten des Englischen weltweit.
Bell, Alan/Janet Holmes (Hrsg.): *New Zealand Ways of Speaking English.* Clevedon 1990.
*Cheshire, Jenny (Hrsg.): *English around the World: Sociolinguistic Perspectives.* Cambridge 1999.
 – Zusammenfassung der britischen und nordamerikanischen Forschungsmethoden, dann nach Subkontinenten geordnete Überblicks- und Forschungsbeiträge zu Erst- und Zweitsprachen-Varietäten.
Coupland, Nick (Hrsg.): *English in Wales.* Clevedon 1990.
Dillard, J.L.: *A History of American English.* London 1993.
Fasold, Ralph W.: *The Sociolinguistics of Society. Introduction to Sociolinguistics, I. The Sociolinguistics of Language. Introduction to Sociolinguistics, II.* Oxford 1984 bzw. 1990. – Sehr ausführlicher Überblick v.a. zu Makrosoziolinguistik und Sprachvariation.
Hansen, Klaus/Uwe Carls/Peter Lucko: *Die Differenzierung des Englischen in nationalen Varianten.* Berlin 1996.
Hellinger, Marlis: *Englisch-orientierte Pidgin- und Kreolsprachen.* Darmstadt 1985.
Kachru, Braj: *The Alchemy of English. The Spread, Funktions and Models of Non-Native Englishes.* Urbana 1990. – Einflussreiches Standardwerk aus indischer Perspektive.
Kachru, Braj: *The Indianization of English in India. The English Language in India.* Delhi 1983.
Kachru, Braj (Hrsg.): *The Other Tongue: English Across Cultures.* Urbana 1982, Delhi ²1996. – Eine der ersten weltweiten Darstellungen zu *New Englishes.*
Kortmann, Bernd et al. (Hrsg.): *A Handbook of Varieties of English.* 2 Vols. Berlin 2004. – Umfassende Behandlung durch viele Spezialisten mit www-Seite. Standardwerk für Bibliotheken.
Marckwardt, Albert/Joe L. Dillard: *American English.* New York 1980.
Platt, John T./Heidi Weber. *English in Singapore and Malysia. Status-Features-Functions.* London 1984.
Romaine, Suzanne (Hrsg.): *Language in Australia.* Cambridge 1991.
Schmied, Josef: *English in Africa. A Sociolinguistic Introduction.* London/New York 1991.

Sutcliffe, David: *British Black English.* Oxford 1984.
Wolfram, Walter A./Natalie Schilling-Estes: *American English.* Oxford 1998.
Wells, J.C.: *Accents of English. I. Introduction. II. The British Isles. III. Beyond the British Isles.* Cambridge 1982. – Standardwerk mit Kassette.

1.5 Angewandte Linguistik

Aitchison, Jean: *The Articulate Mammal. An Introduction to Psycholinguistics.* London ⁴2003.
Baker, Mona: *In Other Words: A Coursebook on Translation.* London/New York 1992. – Anwendungsorientierte Diskussion zu theoretischen und linguistischen Aspekten von Übersetzungen mit praktischer Anwendung.
Bell, Roger T.: *Translation and Translating: Theory and Practice.* London 1991. – Untersuchung zu Modellen und Strategien des Übersetzungsprozesses im Verhältnis zu Übersetzungstheorien und linguistischen Forderungen.
Dulay, Heidi C./Marina K. Burt/Stephen D. Krashen: *Language Two.* New York 1982. – Praxisorientiertes Einführungsbuch zum Zweitsprachenerwerb.
Ellis, Rod: *Instructed Second Language Acquisition.* Oxford 1999. – Ausführliche Diskussion der vorherrschenden Theorien zum Zweitsprachenerwerb.
Hawkins, John: *A Comparative Typology of English and German: Unifying the Contrasts.* London 1986. – Kontrastive Syntax- und Morphologieanalyse im Hinblick auf Sprachtypologien.
Hellinger, Marlis: *Kontrastive Grammatik Deutsch/Englisch.* Tübingen 1977.
Ingram, David: *First Language Acquisition. Method, Description, and Explanation.* Cambridge 1992.
James, Carl: *Contrastive Analysis.* London ²1981. – Untersuchungen zur Rolle der Kontrastiven Analyse für das Fremdsprachenlernen; mit psycholinguistischer Komponente.
Koller, Werner: *Einführung in die Übersetzungswissenschaft.* Wiesbaden ⁶2001.
McEnery, Tony/Andrew Wilson/Paul Ryson: *Corpus Linguistics.* New York 2003. – Grundlegendes Einführungsbuch in computergestützte Arbeitsmethoden; Pilotbuch einer umfassenden Buchreihe.
Newmark, Peter: *An Introduction to Translation.* Oxford 1983.
Tobin, Yishai: *Semiotics and Linguistics.* London 1990.

2. Literaturwissenschaft

2.1 Nachschlagewerke

2.1.1 Stoff-, Motiv- und Symbolhandbücher

Biedermann, Hans: *Knaurs Lexikon der Symbole.* München 1989ff.; auch als CD-ROM [Englische Übersetzung: *Dictionary of Symbolism: Cultural Icons and the Meanings Behind Them.* New York 1992ff.]. – Insbesondere die CD-ROM-Version ermöglicht einen schnellen und bequemen Zugang zu mehr als 500 Artikeln, die über die Bedeutungsgeschichte von Farben, Tieren, Zahlen u.v.m. Aufschluss geben. Überdies werden die wichtigsten Symbole der christlichen Ikonographie ausführlich erläutert.
Chevalier, Jean/Alain Gheerbrant: *The Penguin Dictionary of Symbols.* London 1996.
Daemmrich, Horst S./Ingrid Daemmrich: *Themen und Motive in der Literatur: Ein Handbuch.* Tübingen ²1995. – Nachschlagewerk zu Themen wie ›Krankheit‹, ›Stadt‹ oder ›Liebe‹ und Motiven wie ›Straße des Lebens‹, ›Paradies‹ oder ›Jeanne d'Arc‹.
Ferber, Michael: *A Dictionary of Literary Symbols.* Cambridge 1999. – Nützliches Lexikon der Symbole, auf die man in der (englischen) Literatur häufig stößt, wie z.B. Todessymbolik, Tiersymbolik, Natursymbolik, Farbsymbolik.

Frenzel, Elisabeth: *Stoffe der Weltliteratur: Ein Lexikon dichtungsgeschichtlicher Längsschnitte.* Stuttgart ⁹1998.
Frenzel, Elisabeth: *Motive der Weltliteratur: Ein Lexikon dichtungsgeschichtlicher Längsschnitte.* Stuttgart ⁵1999.
Lurker, Manfred (Hrsg.): *Wörterbuch der Symbolik.* Stuttgart ⁵1991. – Informiert über die für die Symbolik relevanten kulturellen Kontexte, über wichtige Symbolfelder (z.B. ›Auferstehungssymbolik‹) und -träger (z.B. ›Dämonen‹) sowie exemplarisch über Künstler und Denker, in deren Werk sich ein besonderer Bezug zum Symbolischen festmachen lässt. Literaturangaben ergänzen in der Regel die Einträge.
Seigneuret, Jean-Charles (Hrsg.): *Dictionary of Literary Themes and Motifs.* 2 Bde. New York 1988. – Umfangreiche und detaillierte Einträge zu Themen bzw. Motiven wie ›Evil‹, ›Grotesque‹, ›Homosexuality‹, ›Melancholy‹ oder ›Utopia‹. Die einzelnen Artikel sind diachron strukturiert und schließen mit einer Auswahlbibliographie.

2.1.2 Nachschlagewerke zur Literaturtheorie und literaturwissenschaftlichen Terminologie

Für die Handbibliothek empfiehlt sich die Anschaffung eines terminologischen Nachschlagewerks zur deutschen und englischen literaturwissenschaftlichen Terminologie.

*Abrams, M.H.: *A Glossary of Literary Terms.* Fort Worth, TX ⁷1999. – Bewährtes, oft aktualisiertes Nachschlagewerk zu den grundlegenden traditionellen und neuen Termini; meist mit eingängigen Beispielen illustriert; im Anhang knapper Überblick zu Richtungen der modernen Literaturtheorie; zur Anschaffung empfohlen.
Baldick, Chris: *The Concise Oxford Dictionary of Literary Terms.* Oxford ²2004; auch als *online*-Ressource.
Beck, Rudolf/Hildegard Kuester/Martin Kuester: *Terminologie der Literaturwissenschaft: Ein Handbuch für das Anglistikstudium.* Ismaning 1998.
Childers, Joseph/Gary Hentzi (Hrsg.): *The Columbia Dictionary of Modern Literary and Cultural Criticism.* New York 1995. – Nützlich für neuere Terminologie der Literatur- und Kulturwissenschaft.
Coyle, Martin/Peter Garside/Malcolm Kelsall/John Peck (Hrsg.): *Encyclopedia of Literature and Criticism.* London 1990. – Artikel zu Epochen, Gattungen, theoretischen Ansätzen sowie Bezügen der Literatur zu verschiedenen Kontexten: Literatur und Bibel, Literatur und visuelle Künste, Literatur und Wissenschaft, Literatur und Kultur usw.
Cuddon, J.A.: *The Penguin Dictionary of Literary Terms and Literary Theory.* London ⁴1999.
Fowler, Roger (Hrsg.): *A Dictionary of Modern Critical Terms.* Überarbeitete und erweiterte Auflage. London 1987.
Groden, Michael/Martin Kreiswirth/Imre Szeman (Hrsg.): *The Johns Hopkins Guide to Literary Theory and Criticism.* Baltimore, MD ²2004.
Harris, Wendell V.: *Dictionary of Concepts in Literary Criticism and Theory.* New York 1992.
Hawley, John C. (Hrsg.): *Encyclopedia of Postcolonial Studies.* Westport, CT 2001.
*Hawthorn, Jeremy: *A Concise Glossary of Contemporary Literary Theory.* London ⁴2000. – Spezialisiert auf Termini der neueren und neuesten Literaturtheorie, die knapp aber verständlich erläutert werden; zweckmäßige Ergänzung zu Abrams.
Humm, Maggie: *The Dictionary of Feminist Theory.* New York ²1995. – Interdisziplinäres Nachschlagewerk zu zahlreichen Aspekten der feministischen Theorie, nicht nur zur Literaturwissenschaft.
Kroll, Renate (Hrsg.): *Metzler Lexikon Gender Studies/Geschlechterforschung: Ansätze, Personen, Grundbegriffe.* Stuttgart/Weimar 2002.
Lentricchia, Frank/Thomas McLaughlin (Hrsg.): *Critical Terms for Literary Study.* Chicago ²1995. –

Mehrseitige Überblicksartikel zu Fragestellungen und Konzepten der neueren Literaturtheorie, wie ›Discourse‹, ›Gender‹, ›Ethnicity‹, ›Race‹, ›Ideology‹ oder ›Imperialism/Nationalism‹.
Makaryk, Irena R. (Hrsg.): *Encyclopedia of Contemporary Literary Theory: Approaches, Scholars, Terms.* Toronto 1993. – Hilfreich bei der Zuordnung von Theorien und Theoretikern, letztere können namentlich nachgeschlagen werden.
Murfin, Ross C./Supryia M. Ray: *The Bedford Glossary of Critical and Literary Terms.* Basingstoke ²2003.
*Nünning, Ansgar (Hrsg.): *Metzler-Lexikon Literatur- und Kulturtheorie: Ansätze – Personen – Grundbegriffe.* Stuttgart/Weimar ³2004. – Umfangreiches, nützliches Nachschlagewerk; für Studienanfänger sind einige Einträge ggf. etwas komplex; trotzdem zur Anschaffung empfohlen.
Orr, Leonard: *A Dictionary of Critical Theory.* New York 1991. – Nachschlagewerk zu Ansätzen und Terminologie.
Peck, John/Martin Coyle: *Literary Terms and Criticism.* Basingstoke ³2002.
Preminger, Alex/T.V.F. Brogan: *The New Princeton Encyclopaedia of Poetry and Poetics.* Princeton, NJ 1993. – Bewährtes Nachschlagewerk vor allem zu Begriffen der Lyrikanalyse und der Poetik; Neubearbeitung von Preminger: *Princeton Encyclopedia of Poetry and Poetics.* Princeton, NJ 1965 und 1974.
Ruttkowski, Wolfgang: *Bibliographie der Gattungspoetik.* München 1973. – Verweist auf grundlegende Texte zur Gattungslehre allgemein und den einzelnen (Unter-)Gattungen; leider nicht aktualisiert.
Schweikle, Günther/Irmgard (Hrsg.): *Metzler Literatur Lexikon: Begriffe und Definitionen.* Stuttgart ²1990. – Nützliche, knappe Überblicke zu zahlreichen literarischen und literaturwissenschaftlichen Begriffen; im Zentrum steht aber »die deutschsprachige Literatur im Rahmen der abendländischen Kulturkreise« (Vorwort).
Wilpert, Gero von: *Sachwörterbuch der Literatur.* Stuttgart ⁸2001.
Wolfreys, Julian: *Critical Keywords in Literary and Cultural Theory.* Basingstoke 2003. – Stellt 40 Konzepte der Literatur- und Kulturtheorie genauer dar.

2.1.3 Autorenlexika

Berney, Kate A. (Hrsg.): *Contemporary British Dramatists.* London 1994. – Berücksichtigt auch irische Dramatiker sowie Autoren von Fernsehspielen.
Blain, Virginia/Patricia Clements/Isobel Grundy (Hrsg.): *The Feminist Companion to Literature in English: Women Writers from the Middle Ages to the Present.* London 1990.
British Council: *Contemporary Writers.* http://www.contemporarywriters.com – *Online*-Autorenporträts (UK und Commonwealth), die regelmäßig aktualisiert werden. Nützlich für einen ersten Autoren- und Werküberblick; leider ohne weiterführende Literaturangaben; teilweise Hinweise auf *related links*.
Contemporary Authors: A Bio-Bibliographical Guide to Current Authors and Their Works. Detroit, MI, seit 1962. – Sehr umfangreiches und informatives Bibliothekswerk (über 100 Bände); auch auf CD-ROM und *online* und hier besonders aktuell und benutzerfreundlich.
**Dictionary of Literary Biography.* Detroit, MI, seit 1978. – Sehr gutes Bibliothekswerk mit bisher über 300 Bänden; Einträge zu englischsprachigen und europäischen Literaturen, die je nach Region, Gattung und Epoche in einzelne Bände zusammengefasst sind (z.B. Elizabethan Dramatists); ausführliche bio-bibliographische Angaben; auch als *online*-Version. Kurzfassungen: *Concise Dictionary of British Literary Biography.* 8 Bde; und *Concise Dictionary of American Literary Biography.* 7 Bde.
Dictionary of National Biography (DNB). London bzw. Oxford 1885–1990. – Das ursprünglich von Leslie Stephen und Sidney Lee herausgegebene und über 60-bändige *DNB* (auch als CD-ROM) wird in überarbeiteter Form als *Oxford Dictionary of National Biography* neu erscheinen. Das *Oxford DNB* wird 60 Bände umfassen und auch *online* zugänglich sein.

Engler, Bernd/Kurt Müller (Hrsg.): *Metzler Lexikon amerikanischer Autoren*. Stuttgart/Weimar 2000.
Hogan, Robert (Hrsg.): *Dictionary of Irish Literature*. 2 Bde. Überarbeitete und erweiterte Auflage London 1996.
Kreutzer, Eberhard/Ansgar Nünning (Hrsg.): *Metzler Lexikon englischsprachiger Autorinnen und Autoren: 631 Porträts; von den Anfängen bis in die Gegenwart*. Stuttgart/Weimar 2002.
Parker, Peter (Hrsg.): *The Reader's Companion to Twentieth Century Writers*. London 1995. – Kompakte Einträge zur Biographie englischsprachiger Schriftsteller des 20. Jahrhunderts; besonders nützlich auch für neuere Autoren.
Riggs, Thomas (Hrsg.): *Contemporary Dramatists*. Detroit, MI [6]1999. – Einträge zu über 400 englischsprachigen Autoren; Pendants zu anderen Gattungen sind Thomas Riggs (Hrsg.): *Contemporary Poets*. Detroit, MI [7]2001; und Neil Schlager/Josh Lauer (Hrsg.): *Contemporary Novelists*. Detroit, MI [7]2001. – Alle Bände bieten neben bio-bibliographischer Information auch literaturkritische Anmerkungen.
Schlueter, Paul/June Schlueter (Hrsg.): *An Encyclopedia of British Women Writers*. Überarbeitete und erweiterte Auflage. New Brunswick, NJ 1998.
Shattock, Joanne (Hrsg.): *The Oxford Guide to British Women Writers*. Oxford 1993.
Todd, Janet (Hrsg.): *Dictionary of British Women Writers*. London 1989.

2.1.4 Literaturlexika und Handbücher zu den Literaturen in englischer Sprache

Adey, David/Ridley Beeton/Michael Chapman/Ernest Pereira (Hrsg.): *Companion to South African English Literature*. Craighall 1986.
Ahrens, Rüdiger/Wolf-Dietrich Bald/Werner Hüllen (Hrsg.): *Handbuch Englisch als Fremdsprache (HEF)*. Berlin 1995. – Bietet für die Literaturwissenschaft in Überblicksartikeln Einstiegsinformation und weiterführende Literaturhinweise zu literaturtheoretischen Grundlagen, zur Dramen-, Erzähltext- und Lyrikanalyse sowie zur literaturgeschichtlichen Entwicklung der britischen, amerikanischen und der postkolonialen englischsprachigen Literaturen; besonders auf die Bedürfnisse der Lehramtsstudiengänge ausgerichtet.
*Benson, Eugene/Leonard W. Conolly (Hrsg.): *Encyclopedia of Post-Colonial Literatures in English*. 2 Bde. London 1994. – Sehr nützlich und bislang konkurrenzlos; Kurzartikel zu Autoren und Aspekten der postkolonialen Literaturen in englischer Sprache.
Benson, Eugene/William Toye (Hrsg.): *The Oxford Companion to Canadian Literature*. Toronto [2]1997.
Boitani, Piero/Jill Mann (Hrsg.): *The Cambridge Chaucer Companion*. Cambridge [2]2003.
Dabydeen, David/Nana Wilson-Tagoe: *A Reader's Guide to West Indian and Black British Literature*. London [2]1997.
*Drabble, Margaret (Hrsg.): *The Oxford Companion to English Literature*. Oxford [6]2000. – Sehr nützliches Standardwerk zur ersten Information; Einträge zu Autoren, Werken, Gattungen, Schlagwörtern der Literaturgeschichte sowie einigen literarischen Termini; besonders aktuell in der überarbeiteten, preiswerten Kompaktfassung: Margaret Drabble/Jenny Stringer/Daniel Hahn (Hrsg.): *The Concise Oxford Companion to English Literature*. Oxford [2]2003 (auch als *online*-Ressource); zur Anschaffung empfohlen.
Gikandi, Simon (Hrsg.): *Encyclopedia of African Literature*. London 2003.
Godden, Malcolm/Michael Lapidge (Hrsg.): *The Cambridge Companion to Old English Literature*. Cambridge 1991.
Hart, James D.: *The Oxford Companion to American Literature*. New York [6]1995; auch als *online*-Ressource.
Hornung, Alfred (Hrsg.): *Lexikon amerikanische Literatur*. Mannheim 1992.
Jansohn, Christa (Hrsg.): *Companion to the New Literatures in English*. Berlin 2002.
Killam, Douglas/Ruth Rowe (Hrsg.): *The Companion to African Literatures*. Oxford 2000.

*Kindlers Neues Literatur Lexikon. Hrsg. Walter Jens. 22 Bde. München 1988–1992; danach Ergänzungen. – Standardlexikon zu Werken der Weltliteratur, nach Autoren geordnet; Neuausgabe von *Kindlers Literatur Lexikon* (1965ff.); zu jedem Werk Inhaltsangabe, Hinweise zu Entstehungs- und Wirkungsgeschichte, Interpretation, geistes- und literaturgeschichtlichem Kontext sowie weiterführende Literaturhinweise (Ausgaben, Übersetzungen, Sekundärliteratur); zwei Bände mit Überblicksessays zu Literaturen zahlreicher Nationen und Regionen, darunter auch postkoloniale englischsprachige Literaturen. Unbedingt zu beherzigen ist der Hinweis aus der Einführung: »Keinesfalls will das Lexikon die Lektüre der dargestellten Werke überflüssig machen.« Auch als kartonierte *Studienausgabe* und als CD-ROM erhältlich.

Kröller, Eva-Marie (Hrsg.): *The Cambridge Companion to Canadian Literature*. Cambridge 2003.

New, William H. (Hrsg.): *Encyclopedia of Literature in Canada*. Toronto 2002.

Ousby, Ian (Hrsg.): *The Cambridge Guide to Literature in English*. Cambridge ²1993. – Referenzwerk zu Autoren, Werken, Epochen sowie Literaturkritik und -theorie; berücksichtigt neben Britannien und den USA auch Kanada, die Karibik, Afrika, Australien und Neuseeland. Auch erhältlich als *Cambridge Paperback Guide to Literature in English*. Cambridge 1996.

Palling, Bruce (Hrsg.): *India: A Literary Companion*. London 1992.

Parini, Jay (Hrsg.): *The Oxford Encyclopedia of American Literature*. 4 Bde. Oxford 2004.

Robinson, Roger/Nelson Wattie (Hrsg.): *The Oxford Companion to New Zealand Literature*. Melbourne 1998.

Royle, Trevor (Hrsg.): *The Mainstream Companion to Scottish Literature*. Edinburgh 1993.

*Schabert, Ina (Hrsg.): *Shakespeare-Handbuch: Die Zeit – der Mensch – das Werk – die Nachwelt*. Stuttgart ⁴2000. – Standardwerk mit Artikeln zu den im Untertitel aufgeführten Aspekten sowie einzelnen Werken; viele weiterführende Literaturhinweise, auch zu Hilfsmitteln.

Stephens, Meic (Hrsg.): *The New Companion to the Literature of Wales*. Cardiff 1998.

Welch, Robert (Hrsg.): *The Oxford Companion to Irish Literature*. Oxford 1996. Auch als Kompaktfassung erhältlich: Welch, Robert (Hrsg.): *The Concise Oxford Companion to Irish Literature*. Oxford 2000; auch als *online-Ressource*.

*Wells, Stanley (Hrsg.): *The Cambridge Companion to Shakespeare Studies*. Cambridge 1986. – Standardwerk; Einzelaufsätze vermitteln das wichtigste Wissen über Theaterpraxis der Shakespeare-Zeit, Shakespeares Leben und Werk sowie die Rezeptions- und Forschungsgeschichte. Eine Neuausgabe ist 2001 unter dem Titel *The Cambridge Companion to Shakespeare*. Hrsg. Margreta de Grazia und Stanley Wells, erschienen. Der alte *Companion* bleibt jedoch empfehlenswert und kann in Bibliotheken benutzt werden, auch wenn er nicht mehr im Buchhandel erhältlich ist.

Wilde, William H./Joy Hooton/Barry Andrews (Hrsg.): *The Oxford Companion to Australian Literature*. Melbourne ²1994.

Wynne-Davies, Marion (Hrsg.): *The Bloomsbury Guide to English Literature*. London ²1995. – Im ersten Teil Überblicksessays zur Geschichte der englischen Literatur, im zweiten Teil Nachschlagewerk zu Autoren und Schlagwörtern; als Ableger ist die Reihe *The Bloomsbury Guides to English Literature* erschienen, die Informationen des großen *Guide* zu einzelnen Gattungen und Epochen zusammenstellt und ergänzt.

Zell, Hans M./Carol Bundy/Virginia Coulon (Hrsg.): *A New Reader's Guide to African Literature*. New York ²1983.

2.2 Literaturgeschichten und Überblicksdarstellungen zu einzelnen englischsprachigen Literaturen

*Alexander, Michael: *A History of English Literature*. Basingstoke 2000. – Aktuelle und umfassende einbändige Literaturgeschichte in englischer Sprache.

Arnold, A. James (Hrsg.): *A History of Literature in the Caribbean*. Bd. 2: *English- and Dutch-Speaking Regions*. Amsterdam 2001.

Bennett, Bruce/Jennifer Strauss (Hrsg.): *The Oxford Literary History of Australia.* Melbourne 1998.
*Borgmeier, Raimund (Hrsg.): *Die englische Literatur in Text und Darstellung.* Reihe; 10 Bde. Stuttgart 1982–1986. – Einzelne Bände von verschiedenen Herausgebern zu Epochen der Literatur Britanniens; Mischung von kompakter literaturgeschichtlicher Darstellung und Anthologie mit Gedichten und Auszügen aus Dramen und Prosatexten; zum Einstieg in einen Zeitabschnitt der englischen Literatur gut geeignet und auch für Studienanfänger nicht zu schwierig.
The Cambridge History of English Literature (CHEL). Hrsg. A.W. Ward/A.R. Waller. 15 Bde. Cambridge 1907–1927. – Sehr ausführliches, aber in Erfassungszeitraum und Ansätzen veraltetes Werk; allerdings noch immer nützlich für Information zu weniger bekannten älteren Autoren und Werken; der derzeit aktuellste Abkömmling des Ursprungswerks ist George Sampson: *The Concise Cambridge History of English Literature.* Cambridge ³1970; 1972 mit Korrekturen neu gedruckt.
Carter, Ronald/John McRae: *The Routledge History of Literature in English: Britain and Ireland.* London ²2001.
Chapman, Michael: *Southern African Literatures.* London 1996.
Coote, Stephen: *The Penguin Short History of English Literature.* Harmondsworth 1993.
Craig, Cairns (Hrsg.): *The History of Scottish Literature.* 4 Bde. Aberdeen 1987/88.
Elliott, Emory u.a. (Hrsg.): *Columbia Literary History of the United States.* New York 1988.
Evans, Patrick: *The Penguin History of New Zealand Literature.* Auckland 1990.
Fabian, Bernhard (Hrsg.): *Die englische Literatur.* Bd. 1: *Epochen – Formen,* Bd. 2: *Autoren.* München ³1997. – In Band 1 Überblick über Epochen der englischen Literatur (auch in ihrem historischen und kulturellen Kontext) vom Mittelalter bis zum 20. Jahrhundert sowie die Entwicklungsgeschichte einzelner Gattungen; Band 2 informiert über wichtige Autoren der englischen Literatur; in der Orientierung auf ›Klassiker‹ eher traditionell.
Garlick, Raymond: *An Introduction to Anglo-Welsh Literature. Cardiff 1972.*
Gelfert, Hans-Dieter: *Kleine Geschichte der englischen Literatur.* München 1997.
Gifford, Douglas/Sarah Dunnigan/Alan MacGillivray (Hrsg.): *Scottish Literature: In English and Scots.* Edinburgh 2002.
Goodwin, Ken L.: *A History of Australian Literature.* London 1986.
Griffiths, Gareth: *African Literatures in English: East and West.* Harlow 2000.
Hergenhan, Laurie (Hrsg.): *The Penguin New Literary History of Australia.* Ringwood, Victoria 1988.
Hühn, Peter: *Geschichte der englischen Lyrik.* 2 Bde. Tübingen 1995.
Innes, C.L.: *A History of Black and Asian Writing in Britain: 1700–2000.* Cambridge 2002.
Irele, F. Abiola/Simon Gikandi (Hrsg.): *The Cambridge History of African and Caribbean Literature.* 2 Bde. Cambridge 2004.
James, Louis: *Caribbean Literature in English.* London 1999.
Jeffares, A. Norman: *Anglo-Irish Literature.* London 1982.
Johnston, Dafydd: *The Literature of Wales.* Cardiff 1994.
Keith, William J.: *Canadian Literature in English.* London 1985.
King, Bruce (Hrsg.): *West Indian Literature.* London ²1995.
Klinck, Carl F.: *Literary History of Canada: Canadian Literature in English.* 4 Bde. Toronto ²1976 (Bd. 1–3) und ²1990 (Bd. 4, hrsg. W.H. New).
Kosok, Heinz: *Geschichte der anglo-irischen Literatur.* Berlin 1990.
Lindsay, Maurice: *History of Scottish Literature.* Überarbeitete Auflage. London 1992.
Longman Literature in English Series. Reihe, hrsg. David Carroll/M. Wheeler. Harlow 1985ff. – Für die Literatur Britanniens stellen die Bände dieser Reihe die Geschichte einzelner Gattungen in historischen Kontexten dar; daneben gibt es Bände zu anderen Literaturen in englischer Sprache; für Studienanfänger nicht immer leicht zu lesen.
Macmillan History of Literature. Reihe, hrsg. Norman Jeffares. London 1982ff. – Die Reihe stellt die englischsprachigen Literaturen in ihren historischen Kontexten dar; für die Literatur Britanniens Bände zu einzelnen Epochen, daneben Bände zu anderen englischsprachigen Literaturen (z.B. Irland, Kanada).

Mathias, Roland: *Anglo-Welsh Literature: An Illustrated History.* Bridgend 1987 [Teil 4 von *The Illustrated History of the Literatures of Wales].*
Mehrotra, Arvind Krishna (Hrsg.): *A History of Indian Literature in English.* London 2003.
Naik, M.K.: *A History of Indian English Literature.* New Delhi 1982.
New, William H.: *A History of Canadian Literature.* Montreal ²2003.
The New Pelican Guide to English Literature. Hrsg. Boris Ford. 9 Bde. Harmondsworth 1982–1988.
– Nachfolger des *Pelican Guide to English Literature*; Bände zu einzelnen Epochen, mit Artikeln verschiedener Verfasser; nützlich zur Einarbeitung in bestimmte Epochen.
Nünning, Ansgar (Hrsg.): *Eine andere Geschichte der englischen Literatur: Epochen, Gattungen und Teilgebiete im Überblick.* Trier ²1998.
Owomoyela, Oyekan (Hrsg.): *A History of Twentieth-Century African Literatures.* Lincoln, NE 1993.
*The Oxford History of English Literature (OHEL), ursprünglich hrsg. Bonamy Dobrée u.a. Oxford 1945ff. – Ursprünglich auf 12 Bände angelegte, sehr ausführliche Literaturgeschichte (Bibliothekswerk); mittlerweile liegen die Bände in unterschiedlichen Auflagen, Neuauflagen und Zählungen vor. Die seit 2002 von Jonathan Bate herausgegebene Nachfolgeserie trägt den Titel *The Oxford English Literary History*; von den vorgesehenen 13 Bänden sind bisher die Titel *1350–1547: Reform and Cultural Revolution, 1830–1880: The Victorians, 1960–2000: The Last of England* sowie *1948–2000: The Internationalization of English Literature* erschienen.
Peck, John/Martin Coyle: *A Brief History of English Literature.* Basingstoke 2002.
Rafroidi, Patrick: *Irish Literature in English: The Romantic Period (1789–1850).* 2 Bde. Gerrards Cross 1980.
*Rogers, Pat (Hrsg.): *The Oxford Illustrated History of English Literature.* Oxford 1987. – Kompakte und durch die Illustrationen besonders attraktive Einführung; verlässlicher erster Überblick über die Literaturgeschichte der Britischen Inseln bis 1980; 1990 unverändert auch als Paperback (2001 neu aufgelegt); ein Ableger ohne Illustrationen ist Pat Rogers (Hrsg.): *An Outline of English Literature.* Oxford ²1998.
*Sanders, Andrew: *The Short Oxford History of English Literature.* Oxford ²2000. – Preiswerte Literaturgeschichte in englischer Sprache zur ersten Information; berücksichtigt Literatur bis in die späten 1990er Jahre; englischsprachige Literatur aus Wales, Schottland und Irland sowie postkoloniale britische Literatur wird differenziert.
*Schabert, Ina: *Englische Literaturgeschichte: Eine neue Darstellung aus der Sicht der Geschlechterforschung.* Stuttgart 1997. – Empfehlenswerte Publikation, die die englische Literatur aus Sicht der Geschlechterforschung darstellt und dabei zum Teil deutlich andere Akzente setzt als herkömmliche Darstellungen.
Schirmer, Walter F./Arno Esch: *Kurze Geschichte der englischen und amerikanischen Literatur.* München ⁴1977.
*Seeber, Hans Ulrich (Hrsg.): *Englische Literaturgeschichte.* Stuttgart/Weimar ³1999, ⁴2004. – Aktuelle und kompakte Literaturgeschichte in deutscher Sprache; durch Illustrationen besonders anschaulich; bezieht die Neuen Englischen Literaturen ein; stellt Literatur in den Kontext der gesamtkulturellen Entwicklung; zur Anschaffung besonders empfohlen.
Smith, Angela: *East African Writing in English.* London 1989.
Standop, Ewald/Edgar Mertner: *Englische Literaturgeschichte.* Heidelberg ⁵1992. – Konzentriert sich in traditionellem Ansatz auf ›bedeutende‹ Autoren und ihre Hauptwerke; zur Anschaffung empfiehlt sich eine neuere Literaturgeschichte.
Sturm, Terry (Hrsg.): *The Oxford History of New Zealand Literature in English.* Auckland ²1998.
Vance, Norman: *Irish Literature: A Social History: Tradition, Identity and Difference.* Dublin ²1999.
Wagner, Hans-Peter: *A History of British, Irish and American Literature.* Trier 2003. – Für einen ersten Überblick geeignet, wobei ein Schwerpunkt bei der zeitgenössischen Literatur liegt; der Geschichte liegt ein weiter Literaturbegriff zugrunde, der auch ›populäre‹ Literatur und neue Mediengattungen wie Hypertexte oder Drehbücher einschließt. Die begleitende CD-ROM bietet neben dem Text über 400 Illustrationen.

Walsh, William: *Indian Literature in English*. London 1990.
Watson, Roderick: *The Literature of Scotland*. London 1984.
Zapf, Hubert (Hrsg.): *Amerikanische Literaturgeschichte*. Stuttgart/Weimar ²2004.

2.3 Nachschlagewerke und Geschichten zu Theater und Film

Banham, Martin (Hrsg.): *The Cambridge Guide to Theatre*. Korrigierter Nachdruck der Neuauflage von 1995: Cambridge 2000. – Einträge zu allen Aspekten des Theaters von der Antike bis heute in Europa und Nordamerika; ergänzende Essays zu Afrika, Asien, dem Mittleren Osten und Lateinamerika; auch als Taschenbuch erhältlich: Sarah Stanton/Martin Banham (Hrsg.): *The Cambridge Paperback Guide to Theatre*. Cambridge 1996.
Beaver, Frank E.: *Dictionary of Film Terms: The Aesthetic Companion to Film Analysis*. Überarbeitete und erweiterte Auflage New York 1994.
Briggs, Asa/Peter Burke: *A Social History of the Media: From Gutenberg to the Internet*. Cambridge 2002.
*Brown, John Russell (Hrsg.): *The Oxford Illustrated History of Theatre*. Neuausgabe der Erstauflage von 1995: Oxford 2001.
*Caughie, John/Kevin Rockett: *The Companion to British and Irish Cinema*. London 1996. – In Teil 1 Filmgeschichte, in Teil 2 Nachschlagewerk zu Personen und Schlagwörtern.
Hartnoll, Phyllis (Hrsg.): *The Oxford Companion to the Theatre*. Oxford ⁴1983. – Gegenüber dieser Ausgabe ist die gekürzte Ausgabe, die auch als Paperback erhältlich ist, aktualisiert: Phyllis Hartnoll/Peter Found (Hrsg.): *The Concise Oxford Companion to the Theatre*. Neuaufgelegte zweite Auflage Oxford 1996; auch als *online*-Ressource.
*Hayward, Susan: *Cinema Studies: The Key Concepts*. London ²2000. – Kompaktes Nachschlagewerk zu zentralen Termini des Kinos und des Films.
Helbig, Jörg: *Geschichte des britischen Films*. Stuttgart/Weimar 1999.
Kennedy, Dennis (Hrsg.): *The Oxford Encyclopedia of Theatre and Performance*. 2 Bde. Oxford 2003.
McFarlane, Brian: *The Encyclopedia of British Film*. London 2003.
Schanze, Helmut (Hrsg.): *Metzler Lexikon Medientheorie/Medienwissenschaft: Ansätze – Personen – Grundbegriffe*. Stuttgart/Weimar 2002.
Thompson, Kristin/David Bordwell: *Film History: An Introduction*. Boston ²2002.
*Trussler, Simon (Hrsg.): *The Cambridge Illustrated History of British Theatre*. Cambridge 1994 [2000 auch als Paperback].

• Vgl. auch die nützlichen Internetadressen in Kap. 0.5.

3. Kulturwissenschaft

Angesichts der zahlreichen Disziplinen, die die anglistische Kulturwissenschaft und die Landeskunde der englischsprachigen Länder umfassen, ist die Literatur zu diesem Bereich schier unerschöpflich. Je nach konkretem Interesse sind Publikationen aus der Politikwissenschaft, Soziologie, Wirtschaftswissenschaft, Kunstgeschichte, Musikwissenschaft, Geographie usw. sowie natürlich der Literatur- und Sprachwissenschaft zu berücksichtigen. Es sei Anglisten dringend empfohlen, für Einzelinformationen, etwa relevante Bibliographien oder spezielle Nachschlagewerke, die in der Bibliothek für die jeweiligen Fachbereiche zuständigen Bibliothekare zu befragen. Die Angaben in diesem Teil sind notwendigerweise sehr selektiv und beschränken sich auf Materialien, die als besonders empfehlenswert gelten können und weiterführende Information bieten.

Besonders aktuelle Materialien sind auch über Kulturinstitute der englischsprachigen Länder zu beziehen. Für Britannien ist dies der *British Council*, bei dem zahlreiche Materialien bis zu Videos und speziellen *Current Awareness Files* (Zeitungsausschnitte zu bestimmten Themen) zu erhalten sind; für die Vereinigten Staaten sind Amerika-Häuser zuständig. Für die meisten anderen englischsprachigen Länder gibt es, wenn auch in bescheidenerem Maß, Informationen über die Kulturabteilungen der jeweiligen Botschaften oder Konsulate.

3.1 Einführungen in die Kulturwissenschaft/Cultural Studies

Agger, Ben: *Cultural Studies as Critical Theory*. London 1992.
Alasuutari, Pertti: *Researching Culture: Qualitative Method and Cultural Studies*. London 1995.
 – Beschreibt wichtige methodische Aspekte; schlägt einen mittleren Weg zwischen empirisch-naturwissenschaftlichen und (hermeneutisch-) geisteswissenschaftlichen Methoden vor; eher für höhere Semester geeignet.
Barker, Chris: *Cultural Studies: Theory and Practice*. London 2000.
Bassnett, Susan (Hrsg.): *Studying British Cultures: An Introduction*. London ²2003.
Berger, Arthur Asa: *Cultural Criticism: A Primer of Key Concepts*. London 1995.
Böhme, Hartmut/Peter Matussek/Lothar Müller: *Orientierung Kulturwissenschaft. Was sie kann und was sie will*. Reinbek 2000. – Der Band gibt keine Einführung in Cultural Studies, aber einen recht guten Überblick über die Kulturwissenschaft in Deutschland allgemein, ihre historische Entwicklung und für Studierende generell beachtenswerte Perspektiven.
Brantlinger, Patrick: *Crusoe's Footprints: Cultural Studies in Britain and America*. New York 1990.
Brooker, Will: *Cultural Studies*. London 1998. – Einfache Darstellung in der *Teach Yourself*-Reihe.
Christopher, David: *British Culture*. London 1997.
*Connor, Steven: *Theory and Cultural Value*. Oxford 1992. – Sehr gute, anspruchsvolle Einführung in die Bedeutung der Wertdiskussion im Rahmen von (Kultur-)Theorien; besonders für fortgeschrittene Studierende zu empfehlen.
Davies, Ioan: *Cultural Studies and Beyond: Fragments of Empire*. London 1995.
Denzin, Norman K.: *Symbolic Interactionism and Cultural Studies: The Politics of Interpretation*. Oxford 1992.
Easthope, Antony: *Literary into Cultural Studies*. London 1991. – In Bezug auf die Bedeutung und Funktion literarischer Texte einseitig und vor allem für die Verhältnisse außerhalb Englands nicht immer angemessen; betont allerdings die Entwicklung zu Kulturstudien an den Universitäten.
Fiske, John: *Understanding Popular Culture*. Boston 1989.
Franklin, Sarah/Celia Lury/Jackie Stacey: *Off-Centre: Feminism and Cultural Studies*. London 1991.
Hansen, Klaus P.: *Kultur und Kulturwissenschaft: Eine Einführung*. Tübingen ³2003.
Hartley, John: *A Short History of Cultural Studies*. London 2003.
Highmore, Ben: *Everyday Life and Cultural Theory: An Introduction*. London 2002. – Eine lesenswerte Einführung in Cultural Studies mit expliziter Betonung des Alltagslebens und der Lebenswelten.
Inglis, Fred: *Cultural Studies*. Oxford 1993.
Jenks, Chris: *Culture*. London 1993.
Kramer, Jürgen: *British Cultural Studies*. München 1997.
Kroeber, Alfred L./Clyde Kluckhohn: *Culture: A Critical Review of Concepts and Definitions*. New York 1952.
Lee, Richard E.: *Life and Times of Cultural Studies: The Politics and Transformation of the Structures of Knowledge*. Durham 2003.
Leitch, Vincent B.: *Cultural Criticism, Literary Theory, Poststructuralism*. New York 1992.
Lewis, Jeff: *Cultural Studies. The Basics*. London 2002. – Eine extensive Einführung, die bei intensiver Lektüre gute Informationen liefert.

*Lotman, Yuri M.: *Universe of the Mind: A Semiotic Theory of Culture*. Bloomington 1990. – Mit viel Wissen um die Konstruktion, Funktion und Komplexität der durch den menschlichen Geist geformten Zeichenwelt/Kultur geschrieben; für höhere Semester sehr zu empfehlen.

Sardar Ziauddin/Borin Van Loon: *Cultural Studies for Beginners*. Cambridge 1997. – Witzige und ganz informative Einführung in der für die Reihe typischen Form.

Saukko, Paula: *Doing Research in Cultural Studies: An Introduction to Classical and New Methodological Approaches*. London 2003.

*Schwanitz, Dietrich: *Englische Kulturgeschichte von 1500 bis 1914*. Frankfurt a.M. 1996 (in einem Band; davor Bd. 1: *Die Frühe Neuzeit 1500–1760*. Bd. 2: *Die Moderne 1760–1914*. Tübingen 1995) – Hilfreiche, lesenswerte Darstellung, die kulturelle Zusammenhänge vermittelt und im Ganzen oder Ausschnittweise zu einzelnen Perioden und darin relevanten Personen und geistesgeschichtlichen Konzepten gelesen werden kann.

Sinfield, Alan: *Literature, Politics and Culture in Postwar Britain*. London [2]1997. – Kritischer und anregender Überblick über wichtige Bereiche der britischen Kulturszene.

Storey, John: *An Introductory Guide to Cultural Theory and Popular Culture*. London [2]1998.

Strinati, Dominic: *An Introduction to Theories of Popular Culture*. London [2]2004.

Surber, Jere Paul: *Culture and Critique. An Introduction to the Critical Discourses of Cultural Studies*. Oxford 1998. – Aufschlussreicher Überblick über die Diskurse des ›Liberalen Humanismus‹, der ›Hermeneutik‹, ›Materialistischer Kulturkritik‹, ›Psychoanalyse‹, ›Frankfurter Schule‹, ›Formalistischer, strukturalistischer und semiotischer Kulturanalyse‹, ›Poststrukturalismus und Postmoderne‹, innerhalb von Cultural Studies.

Thwaites, Tony/Lloyd Davis/Warwick Mules: *Introducing Cultural and Media Studies: A Semiotic Approach*. Houndmills 2002. – Eine nützliche und übersichtliche Einführung in Kulturwissenschaft aus semiotischer Perspektive.

Tudor, Andrew: *Decoding Culture: Theory and Method in Cultural Studies*. London 1999.

*Turner, Graeme: *British Cultural Studies: An Introduction*. London [3]2003. – Lesenswerte Einführung in Geschichte, Konzepte und Grundgedanken der britischen ›Cultural Studies‹.

3.2 Handbücher und ›Readers‹ zu Kulturwissenschaft/Cultural Studies

Ahrens, Rüdiger/Heinz Antor (Hrsg.): *Text – Culture – Reception: Cross-cultural Aspects of English Studies*. Heidelberg 1992.

Ahrens, Rüdiger/Wolf-Dietrich Bald/Werner Hüllen (Hrsg.): *Handbuch Englisch als Fremdsprache*. Berlin 1995. – Enthält mehrere Artikel zu »Kulturwissenschaftlichen Inhalten für die Lehre des Englischen als Fremdsprache«, die besonders stark aber auf Beziehungen Großbritanniens und der USA zu Europa und speziell zu Deutschland ausgerichtet sind; bietet nützliche weiterführende Literaturhinweise.

Ashcroft, Bill/Gareth Griffiths/Helen Tiffin (Hrsg.): *The Post-Colonial Studies Reader*. London 1995. – Beeindruckende und sehr anregende Sammlung von 86 Beiträgen zum Thema, die methodische und inhaltliche Grundprobleme beispielhaft diskutieren; eignet sich auch zur Einführung.

Bachmann-Medick, Doris (Hrsg.): *Kultur als Text. Die anthropologische Wende in der Literaturwissenschaft*. Frankfurt a.M. [2]1998.

Baker, Houston A./Manthia Diawara/Ruth Lindberg (Hrsg.): *Black British Cultural Studies: A Reader*. Chicago 1996.

Bal, Mieke: *Kulturanalyse*. Frankfurt a.M. 2002.

Barker, Chris: *Making Sense of Cultural Studies: Central Problems and Critical Debates*. London 2002. – Stellt einige relevante Probleme und Diskussionen der ›Cultural Studies‹ dar, liefert aber leider keine klaren Begriffe und überzeugenden Darstellungen.

Barker, Martin/Anne Beezer (Hrsg.): *Reading into Cultural Studies*. London 1992.

Berressem, Hanjo/Dagmar Buchwald/Heide Volkening (Hrsg.): *Grenzüberschreibungen: ›Feminismus‹ und ›Cultural Studies‹*. Bielefeld 2001.

Blundell, Valda/John Shepherd/Ian Taylor (Hrsg.): *Relocating Cultural Studies: Developments in Theory and Research*. London 1993.
Bobo, Jaqueline (Hrsg.): *Black Feminist Cultural Criticism*. Oxford 2001.
Bowman, Paul: *Interrogating Cultural Studies: Theory, Politics and Practice*. London 2003. – Aufschlussreicher ›Reader‹ mit relevanten Fragen über Ziele, Inhalte und Wirkungen der Cultural Studies, wobei die Antworten Einblick in die Bandbreite gegenwärtiger Positionen bieten.
Brackert, Helmut/Fritz Wefelmeyer (Hrsg.): *Kultur. Bestimmungen im 20. Jahrhundert*. Frankfurt a.M. ²1991.
Chambers, Iain/Lidia Curti (Hrsg.): *The Postcolonial Question: Common Skies, Divided Horizons*. London 1995.
Clarke, John: *New Times and Old Enemies: Essays on Cultural Studies and America*. London 1991.
Culler, Jonathan (Hrsg.): *Deconstruction: Critical Concepts in Literary and Cultural Studies*. 4 Bde. London 2003.
Daniel, Ute: *Kompendium Kulturgeschichte. Theorien, Praxis, Schlüsselwörter*. Frankfurt a.M. ⁴2004.
Davies, Alistair/Alan Sinfield (Hrsg.): *British Culture in the Postwar Period*. London 2000.
Denzin, Norman K.: *Interpretive Ethnography*. London 1997.
Denzin, Norman K./Yvonna S. Lincoln (Hrsg.): *Handbook of Qualitative Research*. London ²2000.
Düllo, Thomas/Christian Berthold/Jutta Greis/Peter Wiechens (Hrsg.): *Einführung in die Kulturwissenschaft*. Münster 1998. – Weniger eine Einführung als ein ›Reader‹ zu Themen und Problemen der Kulturwissenschaft.
During, Simon (Hrsg.): *The Cultural Studies Reader*. London 1993. – Vermittelt einen Einblick in die Fragestellungen und Inhalte der angloamerikanischen ›Cultural Studies‹; Beiträge zu Theorie und Methode der ›Cultural Studies‹ sowie den Bereichen Zeit und Raum, Nation, Ethnizität und Multikulturalismus, Sexualität, Karneval und Utopie, Konsum und Markt, Freizeit und Medien.
Easthope, Anthony/Kate McGowan (Hrsg.): *A Critical and Cultural Theory Reader*. Buckingham 1992.
Featherstone, Mike (Hrsg.): *Cultural Theory and Cultural Change*. London 1992.
Gelder, Ken/Sarah Thornton (Hrsg.): *The Subcultures Reader*. London 1997. – Eignet sich auch zur Einführung in die Themen der Subkulturen.
Glaser, Renate/Matthias Luserke (Hrsg.): *Literaturwissenschaft – Kulturwissenschaft: Positionen, Themen, Perspektiven*. Opladen 1996.
Göttlich, Udo/Lothar Mikos/Rainer Winter (Hrsg.): *Die Werkzeugkiste der Cultural Studies. Perspektiven, Anschlüsse und Interventionen*. Bielefeld 2001. – Ein interessanter ›Reader‹ aus vorwiegend soziologischer Perspektive mit starker Betonung der Medien, populärer Kultur und der Nutzung von ›Cultural Studies‹ im deutschsprachigen Raum.
Gray, Ann/Jim McGuigan (Hrsg.): *Studying Culture: An Introductory Reader*. London ²1997.
Grossberg, Lawrence/Cary Nelson/Paula A. Treichler (Hrsg.): *Cultural Studies*. New York 1992.
Jaeger, Friedrich/Burkhard Liebsch/Jörn Rüsen/Jürgen Straub (Hrsg.): *Handbuch der Kulturwissenschaften*. 3 Bde. Stuttgart/Metzler 2004.
Helduser, Ute/Thomas Schwierting (Hrsg.): *Kultur und ihre Wissenschaft. Beiträge zu einem reflexiven Verhältnis*. Konstanz 2002.
Hügel, Hans-Otto (Hrsg.): *Handbuch Populäre Kultur. Begriffe, Theorien und Diskussionen*. Stuttgart/Weimar 2003.
Jones, Amelia (Hrsg.): *The Feminism and Visual Culture Reader*. London 2003.
Jung, Thomas: *Geschichte der modernen Kulturtheorie*. Darmstadt 1999.
Kittler, Friedrich A.: *Eine Kulturgeschichte der Kulturwissenschaft*. München 2000.
Konersmannn, Ralf (Hrsg.): *Kulturphilosophie*. Leipzig 1996.
Lewis, Justin/Toby Miller (Hrsg.): *Critical Cultural Policy Studies: A Reader*. Oxford 2003.

List, Elisabeth/Erwin Fiala (Hrsg.): *Grundlagen der Kulturwissenschaften. Interdisziplinäre Kulturstudien.* Tübingen 2004.
Long, Elizabeth (Hrsg.): *From Sociology to Cultural Studies: New Perspectives.* Oxford 1997. – Bietet einen guten Überblick über das Verhältnis von Soziologie und ›Cultural Studies‹, gemeinsame Themen, unterschiedliche Ansätze etc. aus US-amerikanischer Perspektive.
Müller, Klaus E. (Hrsg.): *Phänomen Kultur. Perspektiven und Aufgaben der Kulturwissenschaften.* Bielefeld 2003.
Musner, Lutz/Gotthart Wunberg (Hrsg.): *Kulturwissenschaften. Forschung – Praxis – Positionen.* Wien 2002.
Nünning, Ansgar/Vera Nünning: *Konzepte der Kulturwissenschaften. Theoretische Grundlagen – Ansätze – Perspektiven.* Stuttgart/Weimar 2003.
*O'Sullivan, Tim/John Hartley (Hrsg.): *Key Concepts in Communication and Cultural Studies.* London ²1994.
*Owusu, Kwesi (Hrsg.): *Black British Culture and Society: A Text Reader.* London 2000. – Der ›Reader‹ zum Thema.
Payne, Michael (Hrsg.): A Dictionary of Cultural and Critical Theory. Oxford 1996.
Posner, Roland/Klaus Robering/Thomas A. Soebek (Hrsg.): *Semiotik. Ein Handbuch zu den zeichentheoretischen Grundlagen von Natur und Kultur.* 3 Bde. Berlin 1997, 1998, 2003.
Punter, David (Hrsg.): Introduction to Contemporary Cultural Studies. London 1986.
*Reckwitz, Andreas: *Die Transformation der Kulturtheorien. Zur Entwicklung eines Theorieprogramms.* Weilerswist 2000. – Äußerst lesenswerte Darstellung der relevantesten Kulturtheorien und ihrer kulturellen Kontexte.
Redhead, Steve (Hrsg.): *Subculture to Clubcultures: An Introduction to Popular Cultural Studies.* Oxford 1997. – Trotz des Untertitels ist das Buch keine Einführung, aber ein interessanter ›Reader‹ zum Thema.
Redhead, Steve/Derek Wynne/Justin O'Connor (Hrsg.): *The Clubcultures Reader: Readings in Popular Cultural Studies.* Oxford 1998.
Salper, Roberta L. (Hrsg.): *Cultural Studies: Crossing Boundaries.* Amsterdam 1991.
Scharfe, Martin: *Menschenwerk. Erkundungen über Kultur.* Köln 2002.
Schech, Susanne/Jane Haggis (Hrsg.): *Development: A Cultural Studies Reader.* Oxford 2002.
Schwemmer, Oswald: *Die kulturelle Existenz des Menschen.* Berlin 1997. – Sieht den Menschen als Symbolwesen (in der Tradition Cassirers) und damit als kulturgeprägt und kulturschaffend.
Steger, Florian: *Kultur: Ein Netz von Bedeutungen. Analysen zur symbolischen Kulturanthropologie.* Würzburg 2002.
Storey, John (Hrsg.): *Cultural Theory and Popular Culture: A Reader.* London 1994.
*Storey, John (Hrsg.): *What Is Cultural Studies? A Reader.* London 1996. – Eine der besten Sammlungen wichtiger Artikel zu ›Cultural Studies‹; auch als Einführung geeignet.
Strinati, Dominic/Stephen Wagg (Hrsg.): *Come on Down? Popular Media Culture in Post-War Britain.* London 1992.
Turner, Graeme (Hrsg.): *The Film Cultures Reader.* London 2002.
Williams, Patrick/Laura Chrisman (Hrsg.): *Colonial Discourse and Post-Colonial Theory: A Reader.* London 1993.

3.3 Einführungen in spezifische Sachgebiete, einzelne Regionen und Nationen sowie grundlegende Darstellungen relevanter Problembereiche

Abrams, Mark/David Gerard/Noel Timms (Hrsg.): *Values and Social Change in Britain.* London 1985.
Adam, Heribert/Kogila Moodley: *The Opening of the Apartheid Mind: Options for the New South Africa.* Berkeley 1993.

Alexander, Claire E.: *The Art of Being Black: The Creation of Black British Youth Identities.* Oxford 1996.
Almond, Gabriel A./Sidney Verba (Hrsg.): *The Civic Culture Revisited.* Newbury Park 1989.
Anderson, Bonnie S./Judith P. Zinsser: *A History of Their Own: From Prehistory to the Present.* New York 2000.
Archer, Margaret S.: *Culture and Agency: The Place of Culture in Social Theory.* Cambridge 1996.
Ardagh, John: *Ireland and the Irish: Portrait of a Changing Society.* Harmondsworth 1995.
Arnold, Guy: *South Africa: Crossing the Rubicon.* Basingstoke 1992.
Aronowitz, Stanley/Barbara R. Martinsons/Michael Menser (Hrsg.): *Technoscience and Cyberculture: A Cultural Study.* London 1996.
Barker, Amanda: *Bangladesh.* Oxford 1994.
Bartlett, Thomas u.a. (Hrsg.): *Irish Studies: A General Introduction.* Dublin 1988.
Bassett, Jan: *The Oxford Illustrated Dictionary of Australian History.* Melbourne 1993.
Bassnett, Susan/Alan Mountford: *British Studies: Designing and Developing Programmes Outside Britain.* London 1993.
Bassnett, Susan/André Lefevere (Hrsg.): *Constructing Cultures : Essays on Literary Translation.* Clevedon 1998.
Behrens, Michael/Robert von Rimscha: *Südafrika nach der Apartheid: Aspekte des politischen, sozioökonomischen und kulturellen Wandels in der Ära de Klerk.* Baden-Baden 1994.
Bhabha, Homi K.: *The Location of Culture.* London 1994.
Blake, Andrew: *The Land without Music: Music, Culture and Society in Twentieth-Century Britain.* Manchester 1998.
Bolton, Geoffrey (Hrsg.): *The Oxford History of Australia.* 5 Bde. Oxford 1996ff.
Brace, Steve: *Bangladesh.* Hove 1994.
Braun, Hans/Wolfgang Klooß (Hrsg.): *Kanada: Eine interdisziplinäre Einführung.* Trier 1992.
Breffny, Brian de (Hrsg.): *Ireland: A Cultural Encyclopaedia.* London 1983.
Bromhead, Peter: *Life in Modern Britain.* München [7]1991.
Brooks, Ann: *Post-feminisms: Feminism, Cultural Thoery, Cultural Forms.* London 1997.
Budge, Ian: *The New British Political System: Government and Society in the 1980s.* London [2]1988.
Cairns, David/Shaun Richards: *Writing Ireland: Colonialism, Nationalism and Culture.* Manchester 1988.
Carter, R.W.G. (Bill)/Anthony J. Parker (Hrsg.): *Ireland: Contemporary Perspectives on a Land and Its People.* London 1989.
Clark, Charles/Manning Clark: *A History of Australia.* 6 Bde. Melbourne 1962ff.
Clarke, Francis G.: *Australia: A Concise Political and Social History.* Sydney [2]1992.
Collison, Robert L./Dalvan Coger: *Kenya.* Oxford 1996.
Craik, Jennifer: *The Face of Fashion: Cultural Studies in Fashion.* London 1993.
Curtis, Tony (Hrsg.): *Wales: The Imagined Nation: Essays in Cultural and National Identity.* Bridgend 1986.
Davies, Norman: *The Isles: A History.* London 2000.
Dickson, Tony/James H. Treble (Hrsg.): *People and Society in Scotland: A Social History of Modern Scotland, 1914–1990.* Edinburgh 1992.
Docherty, James C.: *Historical Dictionary of Australia.* London [2]1999.
Docker, John: *Postmodernism and Popular Culture: A Cultural History.* Cambridge 1994.
Donald, James/Ali Rattansi (Hrsg.): ›Race‹, *Culture and Difference.* London 1992.
Dunning, Eric: *Sport Matters: Sociological Studies of Sport.* London 1999.
Fergus, Howard: *Montserrat: A History of a Caribbean Colony.* London 1994.
Foote, Geoffrey: *The Labour Party's Political Thought: A History.* New York [3]1997.
Frith, Simon: *Performing Rites: On the Value of Popular Music.* Oxford 1996.
Gahm, Colin/Richard Kirkland (Hrsg.): *Ireland and Cultural Theory: The Mechanics of Authenticity.* London 1999.

Geldart, William: *Introduction to English Law*. Hrsg. D.C.M. Yardley. Oxford [10]1995.
Graham, Brian: *In Search of Ireland: A Cultural Geography*. London 1997.
Hall, Catherine (Hrsg.): *Cultures of Empire: Colonisers in Britain and the Empire in the Nineteenth and Twentieth Centuries. A Reader*. Manchester 2000. – Der ›Reader‹ gibt einen hervorragenden Einblick in die von Kolonisatoren geschaffenen Kulturen und in ausgezeichnete Texte zu diesem Thema.
Harvie, Christopher: *Scotland and Nationalism: Scottish Society and Politics, 1707 to the Present*. London [3]1998.
Higson, Andrew: *English Heritage, English Cinema: Costume Drama since 1890*. Oxford 2003.
Hill, John: *British Cinema since the 1980s*. Oxford 1999.
Hirsch, E.D.Jr./Joseph F.Kett/James Trefil: *The New Dictionary of Cultural Literacy*. Boston 2002.
Hobsbawm, Eric J.: *Industry and Empire: From 1750 to the Present Day*. London 1999.
Hollows, Joanne: *Feminism, Femininity, and Popular Culture*. Manchester 2000.
Holt, Richard: *Sport and the British: A Modern History*. Oxford 1990.
Jackson, Paul (Hrsg.): *The Changing Geography of the United Kingdom*. London [3]2000.
Jackson, William K./Alan McRobie: *Historical Dictionary of New Zealand*. London 1996.
Jenks, Chris (Hrsg.): *Visual Culture*. London 1995.
Kear, Adrian/Deborah Lynn Steinberg (Hrsg.): *Mourning Diana: Nation, Culture and Performance*. London 1999.
Keat, Russell/Nicholas Abercrombie (Hrsg.): *Enterprise Culture*. London 1991.
Keen, Maurice: *English Society in the Later Middle Ages 1348–1500*. Harmondsworth 1990.
Kellner, Douglas: *Media Culture: Cultural Studies, Identity and Politics Between the Modern and the Postmodern*. London 1994.
Kiberd, Declan: *Inventing Ireland*. London 1995.
Koslowski, Peter: *Wirtschaft als Kultur: Wirtschaftskultur und Wirtschaftsethik in der Postmoderne*. Wien 1989.
Leach, Neil (Hrsg.): *Rethinking Architecture: A Reader in Cultural Theory*. New York 1996.
Lewis, Gordon K.: *Main Currents in Caribbean Thought: The Historical Evolution of Caribbean Society in Its Ideological Aspects 1492–1900*. Baltimore 1983.
Lewis, Justin: *Art, Culture and Enterprise: The Politics of Art and the Cultural Industries*. London 1990.
Long, Elizabeth (Hrsg.): *From Sociology to Cultural Studies: New Perspectives*. Oxford 1997. – Bietet einen guten Überblick über das Verhältnis von Soziologie und ›Cultural Studies‹, gemeinsame Themen, unterschiedliche Ansätze etc. aus US-amerikanischer Perspektive.
Lury, Celia: *Consumer Culture*. Cambridge 1996.
MacKay, Hugh (Hrsg.): *Consumption and Everyday Life*. London 1997.
Mackie, John Duncan: *A History of Scotland*. Harmondsworth [2]1978.
Marr, Andrew: *The Battle for Scotland*. Harmondsworth 1992.
Marwick, Arthur: *British Society Since 1945*. Harmondsworth [3]1996.
McCrone, David: *Understanding Scotland: The Sociology of a Nation*. London 2001.
McKay, George: *Senseless Acts of Beauty: Cultures of Resistance since the Sixties*. London 1996.
McNair, Brian: *News and Journalism in the UK*. London [4]2003.
McNaught, Kenneth: *The Pelican History of Canada*. Harmondsworth 1982.
McRobbie, Angela: *Feminism and Youth Culture*. Basingstoke [2]2000.
Medhurst, Andy: *A National Joke: Popular Comedy and English Cultural Identities*. London 1999.
Miller, Daniel (Hrsg.): *Material Cultures: Why Some Things Matter*. London 1997.
Miller, Toby/Alec McHoul: *Popular Culture and Everyday Life*. London 1998.
Moody, Theodore William/F.X. Martin/F.J. Byrne u.a. (Hrsg.): *A New History of Ireland*. 9 Bde. London/Oxford 1976–2003.
Morley, David: *Television, Audiences and Cultural Studies*. London 1992.
Morley, David/Kevin Robins: *Spaces of Identity: Global Media, Electronic Landscapes and Cultural Boundaries. London 1995*.
*Morley, David/Kevin Robins (Hrsg.): *British Cultural Studies. Geography, Nationality, and Iden-

tity. Oxford 2001. – Ein ausgezeichneter ›Reader‹ zur Thematik britische, englische, schottische etc. Identität und zur Bedeutung von ›heritage‹, Globalisierung und Konsum innerhalb dieses Themas.
Mort, Frank: *Cultures of Consumption: Masculinities and Social Space in Late Twentieth-Century Britain.* London 1996.
Müller-Funk, Wolfgang: *Die Kultur und ihre Narrative. Eine Einführung.* Wien/New York 2002.
– Keine Einführung, wie es der Titel nahe legt, aber für fortgeschrittene Studierende eine lohnende Darstellung der Bedeutung des Narrativen in der Kultur.
Munt, Sally R. (Hrsg.): *Cultural Studies and the Working Class. Subject to Change.* London 2000.
– Ein aufschlussreicher ›Reader‹ zu einem heute eher vernachlässigten Thema.
Murphy, Robert (Hrsg.): *British Cinema of the 90s.* London 2000.
Myers, Robert A. (Hrsg.): *Nigeria.* Oxford 1989.
Nairn, Tom: *The Enchanted Glass: Britain and Its Monarchy.* London ^{2}1994.
Noman, Omar: *Pakistan: A Political and Economic History since 1947.* London 1990.
Pelling, Henry: *The History of British Trade Unionism.* Harmondsworth ^{5}1992.
Pevsner, Nikolaus: *The Englishness of English Art.* Harmondsworth 1956.
Pirouet, M. Louise: *Historical Dictionary of Uganda.* London 1995.
Rado, Lisa (Hrsg.): *Modernism, Gender, and Culture. A Cultural Studies Approach.* New York 1997.
Ramet, Sabrina Petra (Hrsg.): *Gender Reversals and Gender Cultures: Anthropological and Historical Perspectives.* London 1996.
Ray, Donald I.: *Ghana: Politics, Economy and Society.* London 1986.
Regnier, Philippe T.: *Singapore: City State in South East Asia. London 1991.*
Reynolds, Simon: *Energy Flash: A Journey through Rave Music and Dance Culture.* London 1998.
Rickard, John: *Australia: A Cultural History.* London 1988.
Roberts, Elfred Vaughan: *Historical Dictionary of Hong Kong and Macau.* London 1992.
Robertson, George u.a. (Hrsg.): *The BLOCK Reader in Visual Culture.* London 1996.
Rosaldo, Renato: *Culture and Truth: The Remaking of Social Analysis.* London 1993.
Said, Edward W.: *Orientalism.* New York 1978. – Standardwerk über die geistige und sprachliche ›Konstruktion‹ des Orients durch den imperialistischen Westen.
Said, Edward W.: Culture and Imperialism. New York 1994.
Shiach, Morag (Hrsg.): *Feminism and Cultural Studies.* Oxford 1999.
Schwarz, Bill (Hrsg.): *The Expansion of England: The Cultural History of Race and Ethnicity.* London 1996.
Scott, H. Paul (Hrsg.): *Scotland: A Concise Cultural History.* Edinburgh 1993.
Short, John Rennie: *Imagined Country: Society, Culture and Environment.* London 1991.
Silva, Chandra Richard de: *Sri Lanka: A History.* New Delhi 1989.
Sparks, Penny: *An Introduction to Design and Culture in the Twentieth Century.* London 1986.
Sparks, Allister: *The Mind of South Africa.* London 1990.
Spencer, Jonathan (Hrsg.): *Sri Lanka: History and the Roots of Conflict.* London 1990.
Stenton, Doris M.: *English Society in the Early Middle Ages.* Harmondsworth ^{4}1962.
Stokes, Jane: *How to Do Media & Cultural Studies.* London 2002.
Stoneman, Colin: *Zimbabwe: Politics, Economics and Society.* London 1989.
Taylor, Jeremy (Hrsg.): *Caribbean Handbook.* Antigua 1991.
Thompson, Edward P.: *The Making of the English Working Class.* New York 1964.
Thompson, Edward P.: *Customs in Common.* Harmondsworth 1992.
Thornton, Sarah: *Clubcultures.* Cambridge 1995. – Untersucht die *Rave*-Kultur der späten 1980er und frühen 1990er.
Tiles, Mary/Hans Oberdiek: *Living in a Technological Culture: Human Tools and Human Values.* London 1995.
Tinkcom, Matthew/Amy Villarejo (Hrsg.): *Keyframes: Popular Cinema and Cultural Studies.* London 2001.

Turner, Graeme: *Cultural Studies and Film*. Oxford 2000.
Watts, David: *The West Indies: Patterns of Development, Culture and Environmental Change since 1492*. Cambridge 1987.
Wiener, Martin J.: *English Culture and the Decline of the Industrial Spirit, 1850–1980*. Cambridge 1981.
Willis, Paul: *Common Culture*. Milton Keynes 1990.
Wolin, Richard: *The Terms of Cultural Criticism: The Frankfurt School, Existentialism, Poststructuralism*. New York 1995.
Zukin, Sharon: *The Cultures of Cities*. Oxford 1995.

3.4 Auswahl landeskundlicher Materialien, landeskundlicher Einführungen für Studierende sowie historischer, sozial- und kulturgeschichtlicher Sammlungen und Nachschlagewerke

Bellamy, Joyce M./John Saville/David E. Martin (Hrsg.): *Dictionary of Labour Biography*. 9 Bde. London 1972–1993.
Berenberg, Heinrich von (Hrsg.): *Der eiserne Besen. Eine Innenansicht des heutigen England*. Berlin 1989.
Bivand, Roger/Ewa Siarkiewicz-Bivand: *Britain: Continuity and Change*. München 1981. – Mit Photographien und Texten versehene Darstellung zur ersten Einarbeitung.
Blake, Robert: *Die englische Welt: Geschichte, Gesellschaft, Kultur*. München 1983.
Bogdanor, Vernon (Hrsg.): *The Blackwell Encyclopaedia of Political Institutions*. Oxford 1987.
Brigden, Susan: *New Worlds, Lost Worlds: The Rule of the Tudors 1485–1603*. London 2000.
*Briggs, Asa: *A Social History of England*. Neuausgabe London 1994 [zuerst 1983]. – Kompakte und reich illustrierte Sozialgeschichte mit weiterführenden Literaturhinweisen; zur Anschaffung zu empfehlen.
Bromhead, Peter: *Life in Modern Britain*. London 1993.
Canada Handbook: Annual Handbook of Present Conditions and Recent Progress. Ottawa 1930ff. – Jährlich erscheinende offizielle Publikation mit landeskundlichen Daten, Tabellen, Statistiken und Angaben zu weiterführender Literatur.
Cannadine, David (Hrsg.): *The Penguin History of Britain*. London 1996ff. (Auf 9 Bände angelegt; bisher erschienen Brigden 2000, Carpenter 2003, Clarke 1996, Kishlansky 1996, Rubin 2005.)
Carpenter, David: *The Struggle for Mastery: Britain 1066–1284*. London 2003.
Central Office of Information (Hrsg.): *Britain 1995: An Official Handbook*. London 1994. – Jährlich erscheinende offizielle Publikation mit landeskundlichen Daten, Tabellen, Statistiken und Angaben zu weiterführender Literatur.
Clarke, Peter: *Hope and Glory: Britain 1900–1990*. London 1996.
Coates, David: Running the Country. London ²1996.
Cook, Chris/John Stevenson: *The Longman Handbook of Modern British History 1714–2000*. London 2001.
Döring, Herbert/Dieter Grosser (Hrsg.): *Großbritannien: Ein Regierungssystem in der Belastungsprobe*. Opladen 1987.
Döring, Herbert: *Großbritannien: Regierung, Gesellschaft und politische Kultur*. Opladen 1993.
Dunleavy, Patrick/Andrew Gamble/Ian Holliday/Gillian Peele (Hrsg.): *Developments in British Politics 7*. London 2003.
Ford, Boris (Hrsg.): *The Cambridge Cultural History of Britain*. 9 Bde. Cambridge 1988ff.
*Gascoigne, Bamber: *Encyclopedia of Britain*. Basingstoke 1994. – Populäres Nachschlagewerk, aber auch für akademische Zwecke eine reich illustrierte Fundgrube für erste Informationen zu allen Bereichen der britischen und irischen Landeskunde, insbesondere auch zu Bereichen des Alltagslebens sowie der älteren und neueren *popular culture*.
Gelfert, Hans-Dieter: *Typisch englisch: Wie die Briten wurden, was sie sind*. München ⁴2002.

Glinga, Werner: *Erben des Empire: Eine Reise durch die englische Gesellschaft.* Frankfurt a.M. 1983.
Händel, Heinrich/Daniel A. Gossel: *Großbritannien.* München ⁴2002.
Haigh, Christopher (Hrsg.): *The Cambridge Historical Encyclopaedia of Great Britain and Ireland.* Cambridge 1990. – Nachschlagewerk zu Daten, Ereignissen, Persönlichkeiten; mit Karten, Tabellen, Photographien.
Harvey, Paul/Rhodri Jones: *Britain Explored.* Harlow 2002.
Heyck, Thomas William: *A History of the Peoples of the British Isles. From 1870 to the Present.* 3 Bde. London ²2002.
Holmes, Colin: *A Tolerant Country? Immigrants, Refugees and Minorities in Britain.* London 1991.
Irwin, J.: *Modern Britain: An Introduction.* London 1994.
Jones, Bill (Hrsg.): *Political Issues in Britain Today.* Manchester ⁵1999.
Kastendiek, Hans/Karl Rohe/Angelika Volle (Hrsg.): *Länderbericht Großbritannien: Geschichte, Politik, Wirtschaft, Gesellschaft.* Bonn ²1998. – Informative Sammlung von 28 Artikeln zu Grund- und speziellen Gegenwartsproblemen; gegen Portogebühren zu beziehen über die Bundeszentrale für politische Bildung in Bonn (Schriftenreihe Bd. 354).
Kavanagh, Dennis/Anthony Seldon (Hrsg.): *The Thatcher Effect: A Decade of Change.* Oxford 1989.
Kearney, Hugh (Hrsg.): *The British Isles: A History of Four Nations.* Cambridge 1989.
Kenyon, John P.: *A Dictionary of British History.* Ware 1992.
Kishlansky, Mark: *Monarchy Transformed: Britain 1603–1714.* London 1996.
McDowall, David: *Britain in Close-Up.* London 2001.
Morgan, Kenneth O. (Hrsg.): *The Oxford History of Britain.* Oxford 2001 [zuerst 1984].
Oakland, John: *British Civilization: An Introduction.* London ⁵2002.
Oakland, John: *British Civilization: A Student's Dictionary.* London ²2003.
O'Driscoll, James: *Britain: An Introduction.* Oxford ⁹2002. – Speziell für Studierende des Englischen geschrieben; informativ, hilfreich und übersichtlich.
The Oxford Illustrated History of ... Oxford. – Alle Bände der *Oxford Illustrated Histories* (im Folgenden abgekürzt *OIH*) sind reich bebildert und geben verlässliche und gut lesbare Experteninformation. Beispiele sind etwa: Timothy C. Blanning: *The OIH of Modern Europe* (1996); Nigel Cameron (Hrsg.): *The OIH of Hong Kong* (1991); David Chandler/Ian Beckett (Hrsg.): *The OIH of the British Army* (1995); R.F. Foster (Hrsg.): *The OIH of Ireland* (1989); J.R. Hill/Brian Ranft (Hrsg.): *The OIH of the Royal Navy* (1995); George Holmes (Hrsg.): *The OIH of Medieval Europe* (1988); P.J. Marshall (Hrsg.): *The OIH of the British Empire* (1996); John Morrill (Hrsg.): *The OIH of Tudor & Stuart Britain* (1996); Keith Sinclair (Hrsg.): *The OIH of New Zealand* (1991).
The Pelican History of England. 9 Bde. Harmondsworth 1966ff.
The Pelican Social History of Britain. Hrsg. J.H. Plumb. Harmondsworth 1982ff. (bisher 5 Bde).
Platz, Norbert H. (Hrsg.): *Mediating Cultures: Probleme des Kulturtransfers. Perspektiven für Forschung und Lehre.* Essen 1991.
Randle, John: *British Life and Institutions.* Stuttgart 1992.
Room, Adrian: *Dictionary of Britain NOW!!! An A to Z of British Life.* Oxford ⁷1997.
Rubin, Miri: *Disputed Realms: Britain 1307–1485.* London 2005.
Sieper, Roswitha: *The Student's Companion to Britain: British History, Geography, Life, Institutions, Art and Thought.* München ⁸1993. – Speziell für Studierende zur ersten Einführung; mit aktuellen und geschichtlichen Informationen.
Stinshoff, Richard (Hrsg.): *Die lange Wende: Beiträge zur Landeskunde Großbritanniens am Ausgang der achtziger Jahre.* Oldenburg 1989.
Storry, Mike/Peter Childs: *British Cultural Identities.* London ²2002.
*Trevelyan, George M.: *Illustrated English Social History.* 4 Bde. London 1965–1967 (einbändig Harmondsworth 1967).
Webb, Robert K.: *Modern England: From the Eighteenth Century to the Present.* London 1969, (²1989).
Wehling, Hans-Georg (Hrsg.): *Großbritannien.* Stuttgart 1992.

4. Fachdidaktik

4.1 Handbücher und Wörterbücher zur Fachdidaktik

Ahrens, Rüdiger (Hrsg.): *William Shakespeare: Didaktisches Handbuch.* 3 Bde. München 1982.
– Umfassende Information zu allen Aspekten, die bei der Shakespeare-Behandlung im Unterricht wichtig sein können.
Ahrens, Rüdiger/Wolf-Dietrich Bald/Werner Hüllen (Hrsg.): *Handbuch Englisch als Fremdsprache (HEF).* Berlin 1995. – Die Artikel arbeiten fachwissenschaftliche Aspekte für den Englischunterricht auf.
*Bausch, Karl-Richard/Herbert Christ/Werner Hüllen/Hans-Jürgen Krumm (Hrsg.): *Handbuch Fremdsprachenunterricht.* Tübingen 1989, ⁴2003. – Standardwerk; stellt in über 100 Artikeln kompakt die Disziplinen, Problembereiche, Forschungsmethoden und -erträge sowie institutionelle Aspekte des Fremdsprachenunterrichts dar; umfassende weiterführende Literaturhinweise; zur Anschaffung empfehlenswert.
Byram, Michael (Hrsg.): *Routledge Encyclopedia of Language Teaching and Learning.* London 2000.
Köhring, Klaus H./Richard Beilharz: *Begriffswörterbuch Fremdsprachendidaktik und -methodik.* München 1973. – Enthält mehr Einträge zu fachwissenschaftlichen Termini als zur Fachdidaktik und Lernpsychologie; wenig zu Literaturunterricht; weiterführende Literaturhinweise; nicht mehr aktualisiert.
Schroeder, Konrad/Thomas Finkenstaedt (Hrsg.): *Reallexikon der englischen Fachdidaktik.* Darmstadt 1977. – Bis zum Erscheinen von Bausch u.a. Standardwerk mit Einträgen zur Terminologie der Fremsprachendidaktik, alle mit weiterführenden Literaturhinweisen; nicht mehr aktualisiert.

4.2 Einführungen in die (Teilbereiche der) Fachdidaktik

*Bach, Gerhard/Johannes Peter Timm (Hrsg.): *Englischunterricht: Grundlagen und Methoden einer handlungsorientierten Unterrichtspraxis.* Tübingen 1989, ³2003. – Gibt einen guten Einblick in die aktuelle Diskussion.
Buchbinder, V.A./W.H. Strauß (Hrsg.): *Grundlagen der Methodik des Fremdsprachenunterrichts.* Leipzig 1986.
Butzkamm, Wolfgang: *Praxis und Theorie der bilingualen Methode.* Heidelberg 1980.
Gutschow, Harald: *Englischunterricht 5–10.* München 1981.
Heuer, Helmut/Friederike Klippel: *Englischmethodik: Problemfelder, Unterrichtswirklichkeit und Handlungsempfehlungen.* Berlin 1987.
Hunfeld, Hans/Konrad Schröder (Hrsg.): *Grundkurs Didaktik Englisch.* Königstein ²1986.
Lorenzen, Käte: *Englischunterricht.* Bad Heilbrunn ³1977.
Markmann, Sigrid: *Kulturelles Lernen im Englischunterricht.* Frankfurt a.M. 1992.
Multhaup, Uwe: *Einführung in die Fachdidaktik Englisch.* Heidelberg 1979.
Multhaup, Uwe/Dieter Wolff (Hrsg.): *Prozeßorientierung in der Fremdsprachendidaktik.* Frankfurt a.M. 1992. – Vermittelt neuere Perspektiven und zukunftsträchtige Ansätze.
Neuner, Gerhard (Hrsg.): *Pragmatische Didaktik des Englischunterrichts: Beiträge zur theoretischen Grundlegung und praktischen Unterrichtsgestaltung.* Paderborn 1979.
Nissen, Rudolf: *Kritische Methodik des Englischunterrichts. Erster Teil: Grundlegung.* Heidelberg 1974.
Piepho, Hans-Eberhard: *Kommunikative Didaktik des Englischunterrichts: Sekundarstufe I.* Limburg 1979.
Puchta, Herbert/Michael Schratz: *Handelndes Lernen im Englischunterricht.* 3 Bde. München 1984.

Timm, Johannes-Peter (Hrsg.): *English Lernen und Lehren. Didaktik des Englischunterrichts.* Berlin 2003.
Walter, Gertrud: *Kompendium Didaktik Englisch.* München 1981.
Weskamp, Ralf: *Fachdidaktik: Grundlagen und Konzepte.* Berlin 2001.

4.3 Für die Fachdidaktik und das E-Learning hilfreiche Webseiten

Deutscher Bildungsserver: http://www.bildungsserver.de/zeigen.html?seite=400 mit aktuellen Richtlinien und Angeboten für Schüler/innen, Lehrer/innen, Auszubildende, Studierende, Wissenschaftler/innen etc.
Land NRW: http://www.learnline.de – mit diversen Informationen zu den neuen Medien, wie etwa ›Mit Medien lernen‹, ›Verantwortliche Internetnutzung‹, ›Recherchieren im Internet‹, ›Lernsoftware für die Uni und die Schule‹.
Das Learning and Teaching Support Center Karlsruhe (http://ltsc.ph-karlsruhe.de) bietet Links zur Fachdidaktik Englisch, u.a. zu Zeitschriften, Verlagen für Bildungsmedien, Schulen, Schulbehörden, Auswahlbibliographien, kulturwissenschaftlichen und literaturwissenschaftlichen Webseiten.
http://www.englisch.schule.de – offeriert Projekte, Tipps und Links für den Englischunterricht in der Schule, ebenso wie: http://englischlehrer.de
http://home.t-online.de/home/kfmaas/homepage.html – bietet für Lehrer und Lerner von Englisch als Zweitsprache Lehr- und Lernstrategien.
Mark Warschauer propagiert auf http://www.gse.uci.edu/markw technologiegestütztes Fremdsprachenlernen aus der Sicht der angewandten Linguistik.
Allgemeinere Informationen gibt es auf den Seiten:
http://www.campussource.de/elearning bietet Hinweise und Links zu ›Infrastrukturen für Virtuelles Lernen‹.
http://online-campus.net/edumedia ist eine Webseite der Universität Duisburg Essen vom Lehrstuhl für Mediendidaktik und Wissensmanagement, die u.a. Einblick in Publikationen zum Thema E-Learning gibt.
http://en.wikipedia.org/wiki/E-learning (Wikipedia-Enzyklopädie) vermittelt einen ersten Einblick und enthält weiterführende Links.
http://www.elearningmag.com ist eine Webseite einer Zeitschrift zum E-Learning.

5. Sprachpraxis

5.1 Wörterbücher

5.1.1 Einsprachige Wörterbücher (meist mit CD-Rom und www on-line activities)

Cambridge International Dictionary of English (CIDE). Hrsg. Paul Procter. Cambridge 1995. – Mit *usage notes* und *false friends* zu vielen Sprachen.
Cambridge Advanced Learners Dictionary. Cambridge ²2003.
Collins COBUILD *(Birmingham University International Language Database) English Language Dictionary.* London ²1995. – Erstes Wörterbuch, das auf einer Datenbank, der *Bank of English,* von *real English* basiert. Leicht verständliche Grammatikkategorien am Rand.
Concise Oxford English Dictionary (COED). Hrsg. Judy Pearsall. Oxford ¹⁰2002. – Kurzfassung des OED (s. Bibl. 1.1.2) mit etymologischen Angaben, v.a. zur Worterklärung, auch von Fremdwörtern, für Muttersprachler, eigentlich kein Lernerwörterbuch.

Oxford Advanced Learner's Dictionary (ALD). Hrsg. S. Wehmeier. Oxford ^{6}2003. – Das traditionelle Lernerwörterbuch.
Longman Dictionary of Contemporary English (LDOCE). Hrsg. Della Summers u.a. London 2003. – Die dritte Auflage mit enzyklopädischen Einträgen und *culture notes* als *Longman Dictionary of English Language and Culture.* Hrsg. Della Summers u.a. London 1992.
Macmillan English Dictionary for Advanced Learners. Oxford 2002.

5.1.2 Zweisprachige Wörterbücher

Langenscheidt Collins Großwörterbuch Englisch. Hrsg. Lorna Sinclair Knight. München ^{5}2004. – Rund 350.000 Stichwörter und Wendungen mit über 530.000 Übersetzungen auf 2.136 Seiten, Computer-kontrollierte Wortschatzauswahl auf der Basis der Collins *Bank of English.*
The Oxford Duden German Dictionary. Hrsg. W. Scholze-Studenbrecht/J.B. Sykes. Oxford ^{2}2001. – Jetzt auch auf CD-ROM.
Pons-Collins-Großwörterbuch für Experten und Universität: deutsch – englisch, englisch – deutsch. Stuttgart 2002 = *Collins German-English English-German Dictionary.* Glasgow ^{4}2001.

5.1.3 Andere Wörterbücher

Benson, Morton/Evelyn Benson/Robert Ilson: *The BBI Combinatory Dictionary of English.* A Guide to Word Combinations. Amsterdam 1993.
Longman Language Activator. Hrsg. Della Summers. Harlow 2003. – Vortreffliche Ergänzung zu den (passiven) Lernerwörterbüchern zur Wortschatzerweiterung und fürs Aufsatzschreiben, benutzerfreundlich mit Stil- und Registermarkierungen.
The Longman Lexicon of Contemporary English. Hrsg. Tom McArthur. München/Harlow: Langenscheidt/Longman 2002.
Oxford Collocations Dictionary for Students of English. Oxford 2002.
Oxford Dictionary of Current Idiomatic English (ODCIE). Hrsg. A.P. Cowie/R. Mackin/I.R. McCraig. Oxford^2 1996.
Roget's Thesaurus of English Words and Phrases. Hrsg. George Davidson. London 2003. – Neueste Bearbeitung des 1852 erstmals erschienenen Klassikers zur Wortfindung, ohne Definitionen. Auch online unter http://www.thesaurus.com oder http://poets.notredame.ac.jp/Roget/

5.2 Grammatiken (wissenschaftliche Grammatiken s. 1.1.3)

Alexander, L.G.: *Longman English Grammar Practice for Intermediate Students.* Harlow 1999.
Alexander, L.G.: *Longman English Grammar practice.* Harlow 2003.
Alexander, L.G.: *Longman Advanced Grammar. Reference and Practice.* Harlow 2001.
Azar, B. Schrampfer: *Understanding and Using English Grammer.* New Jersey ^{3}2001.
Brough, Sonia/Vincent J. Doherty: *Langenscheidts Standardgrammatik Englisch.* Berlin/München 1995. – Einfache, aber einzige wirklich kontrastive Grammatik für deutsche Englischlernende; mit Übungen und Lösungen.
Lamprecht, Adolf: *Grammatik der englischen Sprache.* Berlin ^{10}1999 u.ö. – Traditionelles und umfangreiches Nachschlagewerk.
*Swan, Michael: *Practical English Usage.* Oxford ^{2}2003. – Unerlässlich, v.a. als Ergänzung zu »Grauzonen« des Sprachgebrauchs.
Thomson, A.J./A.V. Martinet: *A Practical English Grammar.* Oxford ^{24}2003. – Auch auf deutsch erschienen, aber nicht spezifisch für deutsche Englischlernende; mit zwei Übungsbänden.

Ungerer, F./Gerhard E.H. Meier/Schäfer, Klaus: *Grammatik des heutigen Englisch.* Stuttgart 1996.
– Eine grundlegende traditionelle Schulgrammatik, wenn man vom Bekannten ausgehen will.

5.3 Theoretische Handbücher

Cook, Vivian: *Second Language Learning and Language Teaching.* London ³2001. – Stark praxisorientiertes Einführungsbuch zu Prozessen des Sprachenlernens und -lehrens im Klassenzimmer.
Cunningsworth, A.: *Evaluating and Selecting ELT Materials.* Oxford 1984. – Nützliche Hintergrundmaterialien, v.a. für Lehrende.
Ellis, Rod: *Understanding Second Language Acquisition.* Oxford 1996. – Umfassende, ausgewogene Darstellung theoretischer und angewandter Aspekte des Zweitsprachenlernens.
Harmer, J.: *The Practice of English Language Teaching.* Harlow 1983, ³2003.
Hedge, T.: *Writing.* Oxford 1988. – Ein anregendes Buch voller Ideen für Studierende und Lehrer, sowohl zum Prozess als auch zum Produkt des Schreibens.
Herbert, D./G. Sturtridge: *Simulations.* Windsor ²1983. – Ein praktisches Arbeitsbuch mit umfangreichen Materialien für den Unterricht.
Richards, Jack C. (Hrsg.): *Error Analysis: Perspectives on Second Language Acquisition.* London 1984.
Rost, Michael: *Listening in Language Learning.* London 1999.
Underwood, M.: *Teaching Listening.* London 1997. – Standardwerk mit Prinzipien, Beispielen und Übungen.
Tarone, Elaine/George Yule: *Focus on the Language Learner.* Oxford 1995. – Stellt die Sprachlerner ins Zentrum: »Was sie wissen müssen, was sie wissen und was nicht«.
Van Els, Theo u.a.: *Applied Linguistics and the Learning and Teaching of Foreign Languages.* London/New York 1991. – Handbuch zu praxisorientierten und relevanten Lehr- und Lerninhalten.
Warschauer, Mark/Richard Kern (Hrsg.): *Network-Based Language Teaching: Concepts and Practice.* Cambridge 2000.
Willis, David: *Rules, Patterns and Words. Grammar and Lexis in English Language Teaching.* Cambridge 2004.

• Zahlreiche weitere Anregungen zu Theorie und v.a. Praxis der Fremdsprachenausbildung an deutschen Universitäten finden sich in der Zeitschrift *Fremdsprachen und Hochschule* des Arbeitskreises der Sprachenzentren, Sprachlehrinstitute und Fremdsprracheninstitute (AKS) und den Bänden der Schriftenreihe *Fremdsprachen in Lehre und Forschung* (FLF) des AKS-Verlags Bochum.

5.4 Praktische Handbücher

Friedrich, Wolf: *Technik des Übersetzens. Englisch und Deutsch.* München ¹³2003.
Hollingsworth, Keith: *Teaching English Pronunciation.* München 1995.
Hönig, H.G./P. Kußmaul: *Strategie der Übersetzung. Ein Lehr- und Arbeitsbuch.* Tübingen ⁶2003.
Graver, B.D.: *Advanced Grammar Practice.* Oxford ³1986.
MacCarthy, Michael/Felicity O'Dell: *English Vocabulary in Use: Advanced.* Cambridge 2002.
Peters, Pam: *The Cambridge Guide to English Usage.* Cambridge 2004.
Parkes, Geoff/Alan Cornell: *German-English False Friends.* Southhampton Bd. 1 ²1992; Bd. 2 1991; Bd. 3 1993.
Smith, Veronica/Christine Klein-Barley: *In other words... Arbeitsbuch Übersetzung.* Ismaning ²1989.
Snell, Mary: *German – English Prose Translation.* München ⁴1993.

Swales, J.M./C.B Feak: *Academic Writing for Graduate Students: A Course for Non-Native Speakers of English.* Ann Arbor: University of Michigan Press 1994.
Thurstun, Jennifer/Christopher Candlin: *Exploring Academic English: A Workbook for Student Essay Writing.* Sidney 1997.
Woods, E./N. McLeod: *Using English Grammar.* Hemel Hempstead 1990.

5.5 Internet und Computeranwendungen

Crystal, David: *Language and the Internet.* Cambridge 2001.
Eastment, David: *Resources for Teachers. ELT Journal: (English Language Teachers Journal)*, 58/2 (2004), 213–5.
Gardner, David/Lindsay Miller: *Establishing Self-Access: From theory to practice.* Cambridge 1999.
Granger, Sylviane (Hrsg.): 1998. *Learner English on Computer.* London 1998.
McEnery, Tony/Andrew Wilson. *Corpus linguistics.* Edinburgh ²2001 (z.T.*on-line*).
Ogbue, Udoka: *Englischstudium und Internet.* Berlin 2001.
Rüschoff, Bernd/Dieter Wolff: *Fremdsprachenlernen in der Wissensgesellschaft.* München 1999.
Teeler, Dede/Petra Gray: *How to Use the Internet in ELT.* Harlow 2000.
Tribble, C./Jones, G.: *Concordances in the Classroom: Using Corpora. A Resource Guide for Teachers* [new edition]. Houston, TX: Athelstan 1997.
Warner, Chantelle N.: »It's just a game, right? Types of play in foreign language learning CMC«. Language Learning & Technology 8, 2 (2004), 69–87.
Warschauer, Mark: *Electronic Literacies: Language, Culture and Power in online Education.* New Jersey 1997.
Windeatt, Scott/David Hardisty/David Eastment: *The Internet.* Oxford 2000.

VII. Bibliographie der zitierten Literatur

1. Sprachwissenschaft

Allerton, D.J.: *Valency and the English Verb*. New York 1982.
Austin, John, L.: *How to do things with words*. Oxford 1962.
Bähr, Dieter: *Standard English und Seine Geographischen Varianten*. München 1974.
Beaugrande, Robert-Alain de/Wolfgang Dressler: *Introduction to Text Linguistics*. London 1981.
Berndt, Rolf: *A History of the English Language*. Leipzig ³1989.
Bloomfield, Leonard: *Language*. Chicago 1933.
Borsley, Robert: *Syntactic Theory. A Unified Approach*. London ²1999.
Brinker, Klaus: *Linguistische Textanalyse. Eine Einführung in Grundbegriffe und Methoden*. Berlin ⁵2001.
Brown, Gillian/George Yule: *Discourse Analysis*. Cambridge 1983.
Bühler, Karl: *Sprachtheorie. Die Darstellungsfunktion der Sprache*. Jena 1934.
Carroll, Lewis: *Alice's Adventures in Wonderland and Through the Looking Glass*. Harmondsworth 1977.
Cheshire, Jenny (Hrsg.): *English Around the World: Sociolinguistic Perspectives*. Cambridge 1991.
Chomsky, Noam: *Syntactic Structures*. Den Haag 1957.
—: *Knowledge of Language. Its Nature, Origin, and Use*. New York 1986.
Coates, Jennifer: *The Semantics of Modal Auxiliaries*. London 1985.
Cook, Vivian/Mark Newson: *Chomsky's Universal Grammar. An Introduction*. Oxford ²2001.
Crystal, David: *What is Linguistics?* London ⁴1990.
—: *The English Language*. London ²2002.
—: *The Cambridge Encyclopedia of the English Language*. Cambridge ²2004.
—: *A Dictionary of Linguistics & Phonetics*. Oxford ⁵2004.
Dillard, Joey L.: *A History of American English*. London 1996.
Firth, John R.: *Papers in Linguistics: 1934–1951*. London 1969.
Freeborn, Dennis: *From Old English to Standard English: A Course Book in Language Variation across Time*. Houndmills ²2003.
Garner, James Finn: *Politically Correct Bedtime Stories*. London 1999.
Görlach, Manfred: *Max und Moritz*. Hamburg 1986.
—: *Introduction to Early Modern English*. Cambridge 1991.
—: *Einführung in die englische Sprachgeschichte*. Heidelberg ²1994.
Graddol, David: *English: History, Diversity and Change*. London 2002.
Gramley, Stephan/Kurt-Michael Pätzold: *A Survey of Modern English*. London 1994; mit Christian Matthiessen ²2004.
Greenbaum, Sidney (Hrsg.): *Comparing English Worldwide*. Cambridge 1996.
Grice, P.: »Logic and conversation«. In: Cole P./J.L. Morgan (Hrsg.): *Syntax and Semantics*. Vol. 3, Speech Acts. New York 1975, S. 41–58.
Halliday, Michael A.K.: *An Introduction to Functional Grammar*. London ³2004.
—/Ruqaiya Hasan: *Cohesion in English*. Harlow 1976
Heinemann, Wolfgang/Dieter Viehweger: *Textlinguistik. Eine Einführung*. Tübingen 1991.
Hockett, C.F.: »The origin of speech«. *American Scientist*, 203 (1960), 89–96.
Hoey, Michael: *Patterns of Lexis in Text*. Oxford 1991.
—: *Textual Interaction*. London 2001.
Hughes, Arthur: *English Accents and Dialects: An Introduction to Social and Regional Varieties of English in the British Isles*. London 1996.
Jackson, Howard: *Grammar and Meaning. A Semantic Approach to English Grammar*. London 1990.

Jakobson, Roman: »Closing Statement: Linguistics and Poetics«. In: Thomas A. Sebeok (Hrsg.): *Style in Language*. Cambridge, MA 1960, S. 350–377.
Kastovsky, Dieter: *Wortbildung und Semantik*. Düsseldorf 1982.
Lakoff, George/Mark Johnson: *Metaphors We Live By*. Chicago 1980.
Leech, Geoffrey N.: *Semantics. The Study of Meaning*. London ²1990.
—/Jan Svartvik: *A Communicative Grammar of English*. London ³2002.
Lyons, John: *Die Sprache*. München 1993.
—: *Linguistic Semantics. An Introduction*. Cambridge 1995.
Mair, Christian: *Englisch für Anglisten*. Tübingen 1995.
Makkai, Adam: *Ecolinguistics. Toward a New Paradigm for the Science of Language?* London 1993.
Mindt, Dieter: *Modal Auxiliaries*. Braunschweig 1995.
Mitchell, Bruce: *An Invitation to Old English and Anglo-Saxon England*. Oxford 1995.
—/Fred C. Robinson: *A Guide to Old English*. Oxford ⁶2001.
Nöth, Winfried: *Handbuch der Semiotik*. Stuttgart/Weimar ²2000.
Ogden, C.K./I.A. Richards: *The Meaning of Meaning*. London 1923.
Palmer, Frank: *Mood and Modality*. Cambridge ²2001.
—: *Modality and the English Modals*. London ²1990.
Paul, Hermann: *Prinzipien der Sprachgeschichte*. Tübingen 1880, ⁵1920.
Quirk, Randolph/Sidney Greenbaum/Geoffrey Leech/Jan Svartvik: *A Comprehensive Grammar of the English Language*. London 1985.
Robins, R.H.: *A Short History of Linguistics*. London ⁴1997.
Sager/Dungworth/McDonald: *English Special Languages*. Wiesbaden 1980.
Saussure, Ferdinand de: *Grundfragen der Allgemeinen Sprachwissenschaft*. Übersetzt von H. Lommel. Berlin ³2001 [Cours de linguistique générale. 1916].
Searle, John R.: *Speech Acts. An Essay in the Philosophy of Language*. Cambridge 1979.
Seuren, Pieter A.M.: *Discourse Semantics*. Oxford 1985.
Strevens, Peter: *British and American English*. London 1972.
Thomas, Jenny: *Meaning in Interaction. An Introduction to Pragmatics*. London 1995.
Tobin, Yishai: *Semiotics and Linguistics*. Harlow 1990.
Weinreich, Uriel: *Languages in Contact*. New York 1953.
Welte, Werner: *Sprache, Sprachwissen und Sprachwissenschaft. Linguistische Propädeutik für Anglisten*. Frankfurt a.M. 1995.
Werlich, Egon: *A Text Grammar of English*. Heidelberg ²1983.
Whorf, Benjamin Lee: *Language, Thought, and Reality. Selected Writings*. Cambridge 1956.

2. Literaturwissenschaft

2.1 Primärliteratur

2.1.1 Anthologien

Insbesondere Epochen umspannende Anthologien, d.h. Sammlungen ausgewählter und oft als repräsentativ erachteter Texte, sind eine – auf längere Sicht auch finanziell – lohnende Anschaffung als Grundstock einer eigenen Handbibliothek der Primärliteratur. Allerdings hat das Bild, das eine Anthologie von einer Literatur vermittelt, immer ein subjektives Moment. Man tut deshalb gut daran, im Vorwort nachzulesen, welche Kriterien die Textauswahl der Herausgeber bestimmt haben. Angesichts der Revisionen herkömmlicher Kanonvorstellungen haben Literaturanthologien heute ein deutlich anderes Gesicht als vor einigen Jahrzehnten. So ist der Anteil von Schriftstellerinnen und von Autoren ethnischer Minderheiten in den großen Überblicksanthologien zur britischen und amerikanischen Literatur beträchtlich höher als in älteren Auflagen.

Alle Zitate im literaturwissenschaftlichen Kapitel, für die keine einzelnen Ausgaben angegeben sind, sind der folgenden Anthologie entnommen:

The Norton Anthology of English Literature. Hrsg. M.H. Abrams. 2 Bde. New York ⁵1986. – Die Anthologie wird laufend neu aufgelegt; die derzeit letzte Auflage ist ⁷2000.

Empfehlenswert für die US-amerikanische Literatur ist:
The Heath Anthology of American Literature. Hrsg. Paul Lauter. 2 Bde. Boston ⁴2002.

Eine empfehlenswerte Anthologie zu den *New English Literatures* ist:
The Arnold Anthology of Post-Colonial Literatures in English. Hrsg. John Thieme. London 1996.

2.1.2 Einzelausgaben der Primärliteratur

Jahreszahlen beziehen sich jeweils auf die benutzte Ausgabe, nicht die Erstausgabe eines Textes.

Beckett, Samuel: *Waiting for Godot.* London 1956.
Carroll, Lewis: *The Annotated Alice: Alice's Adventures in Wonderland and Through the Looking-Glass.* Harmondsworth 1970.
Churchill, Caryl: *Top Girls.* London 1991.
Collins, Merle:»No Dialects Please«. In: Rhonda Cobham/Merle Collins (Hrsg.): *Watchers and Seekers: Creative Writing by Black Women in Britain.* London 1987, 118f.
Conan Doyle, Arthur: *The Hound of the Baskervilles.* New York 1971.
Dickens, Charles: *Oliver Twist.* Harmondsworth 1966.
—: *David Copperfield.* Harmondsworth 1966.
Fielding, Henry: *Joseph Andrews.* London 1973.
—: *Tom Jones.* Harmondsworth 1966.
Gross, Ronald: [Found Poem]. In: Ronald Gross/George Quasha (Hrsg.): *Open Poetry: Four Anthologies of Expanded Poems.* New York 1973, 475.
Heaney, Seamus: »Open Letter«. In: Field Day Theatre Company (Hrsg.): *Ireland's Field Day.* London 1985, 23–30.
Joyce, James: *Ulysses.* A critical and synoptic edition. Hrsg. Hans Walter Gabler u.a. 3 Bde. New York 1986.
Kureishi, Hanif: *The Buddha of Suburbia.* London 1990.
Norman, Marc/Tom Stoppard: *Shakespeare in Love.* London 1999.
Pinter, Harold: *Mountain Language.* London 1988.
Rowling, J.K.: *Harry Potter and the Philosopher's Stone.* London 1997.
Rushdie, Salman: *Imaginary Homelands: Essays and Criticism 1981–1991.* London 1991.
Ryman, Geoff: *253: A Novel for the Internet about London Underground in Seven Cars and a Crash.* http://www.ryman-novel.com/
Saro-Wiwa, Ken: *Sozaboy: A Novel in Rotten English.* Burnt Mill 1994.
Shaffer, Peter: *Amadeus.* New York 1984.
*Shakespeare, William: *The Norton Shakespeare: Based on the Oxford Edition.* Hrsg. Stephen Greenblatt. New York 1997.
Shaw, Bernard: *Pygmalion: A Romance in Five Acts.* Harmondsworth 1941.
Stoker, Bram: *Dracula.* New York 1981.
Thomas, Dylan: *Under Milk Wood: A Play for Voices.* London 1961.

Für das Kennenlernen von Texten genügt es häufig, auf preiswerte Taschenbuchausgaben zurückzugreifen. Für den wissenschaftlichen Umgang mit Literatur benötigt man jedoch einen ›zuverlässigen‹ Text, der entweder durch einen Autor selbst autorisiert oder – gerade bei älteren Texten – durch einen Herausgeber bearbeitet, mit Anmerkungen versehen (annotiert) und kommentiert wurde. Von Shakespeares Dramen z.B. gibt es keine Manuskripte, so dass alle modernen Textausgaben auf zeitgenössische Drucke der Stücke im Quartformat (*quartos*) oder auf die erst nach Shakespeares Tod 1623 veröffentlichte Sammelausgabe im größeren Foliantenformat (*The First Folio*) zurückgehen. Eine kritische Ausgabe (*critical edition*) erstellt einen Text, der dem vermutlich originalen Text so nahe wie möglich kommt und in einem kritischen Apparat (*critical apparatus*) alle vorhandenen Textvarianten zugänglich macht sowie auf offensichtliche Fehler in alten Ausgaben hinweist.

Die in der Bibliographie genannte Norton-Ausgabe von Shakespeares Werken hat einen knappen kritischen Apparat sowie Sprach- und Sacherläuterungen. Ausführlichere Erläuterungen und Einführungen bieten Einzelausgaben von Shakespeares Werken, die in verschiedenen Reihen erhältlich sind, z.B. *The New Cambridge Shakespeare, The New Oxford Shakespeare* oder *The New Arden Shakespeare* (vgl. genauer Suerbaum 2001, 301–317). Eine kritische Ausgabe für einen modernen Autor ist die oben angeführte Joyce-Ausgabe von Gabler. Für die Arbeit im Studium werden in der Regel die Dozenten bestimmte Textausgaben empfehlen.

2.2 Sekundärliteratur

Für den bibliographischen Nachweis von Nachschlagewerken und Literaturgeschichten s. VI.2.

Abrams, M.H.: »The Deconstructive Angel« (1977). In: Lodge 2000, 241–253.
Altick, Richard D.: *The English Common Reader: A Social History of the Mass Reading Public, 1800–1900*. Columbus, OH ²1998 [zuerst 1957].
Arnold, Matthew: *The Complete Prose Works of Matthew Arnold*. Hrsg. R.H. Super. Bd. XI: *The Last Word*. Ann Arbor, MI 1978.
Ashcroft, Bill/Gareth Griffiths/Helen Tiffin (Hrsg.): *The Post-Colonial Studies Reader*. London 1995.
Ashcroft, Bill: *Post-Colonial Studies: The Key Concepts*. London 2000.
—: *The Empire Writes Back: Theory and Practice in Post-Colonial Literatures*. London ²2002 [zuerst 1989].
Asmuth, Bernhard: *Einführung in die Dramenanalyse*. Stuttgart/Weimar ⁶2004.
Attridge, Derek: *Poetic Rhythm: An Introduction*. Cambridge 1995.
Balme, Christopher: *Einführung in die Theaterwissenschaft*. Berlin ³2003.
Barry, Peter: *Beginning Theory: An Introduction to Literary and Cultural Theory*. Manchester ²2002.
Barthes, Roland: »The Death of the Author« (1968). In: Lodge 2000, 145–150.
Bennett, Andrew (Hrsg.): *Readers and Reading*. London 1995.
Bertens, Hans: *Literary Theory: The Basics*. London 2001.
Blake, Norman F.: *An Introduction to the Language of Literature*. Basingstoke 1990.
Bode, Christoph: *Einführung in die Lyrikanalyse*. Trier 2001.
*Bogdal, Klaus-Michael (Hrsg.): *Neue Literaturtheorien: Eine Einführung*. Opladen ²1997.
Bonheim, Helmut: *The Narrative Modes: Techniques of the Short Story*. Cambridge 1982.
Bordwell, David: *Narration in the Fiction Film*. Madison, WI 1985.
*Bordwell, David/Kristin Thompson: *Film Art: An Introduction*. Boston ⁷2004.
Bourdieu, Pierre: *Die Regeln der Kunst: Genese und Struktur des literarischen Feldes*. Frankfurt a.M. 1999.
Brandt, George W. (Hrsg.): *British Television Drama*. Cambridge 1981.
— (Hrsg.): *British Television Drama in the 1980s*. Cambridge 1993.
Brathwaite, Edward Kamau: »English in the Caribbean: Notes on Nation Language and Poetry«. In: Leslie Fiedler/H.A. Baker (Hrsg.): *English Literature: Opening Up the Canon*. Baltimore, MD 1981, 15–53.
Broich, Ulrich/Manfred Pfister (Hrsg.): *Intertextualität: Formen, Funktionen, anglistische Fallstudien*. Tübingen 1985.
Brooks, Cleanth/Robert Penn Warren: *Understanding Poetry*. New York ⁴1976 [zuerst 1938].

Brunow, Jochen (Hrsg.): *Schreiben für den Film: Das Drehbuch als eine andere Art des Erzählens.* München ⁵2000.
Bürgel, Peter: *Literarische Kleinprosa: Eine Einführung.* Tübingen 1983.
Burdorf, Dieter: *Einführung in die Gedichtanalyse.* Stuttgart/Weimar ²1997.
Carter, Ronald/Walter Nash: *Seeing through Language: A Guide to Styles of English Writing.* Oxford 1990.
Chatman, Seymour: *Story and Discourse: Narrative Structure in Fiction and Film.* London 1978.
Cohn, Dorrit: *Transparent Minds: Narrative Modes for Presenting Consciousness in Fiction.* Princeton, NJ 1978.
Corrigan, Timothy: *Film and Literature: An Introduction and Reader.* Upper Saddle River, NJ 1999.
Culler, Jonathan: *Structuralist Poetics: Structuralism, Linguistics and the Study of Literature.* Neuausgabe der Erstauflage [London 1975] London 2002.
Diller, Hans-Jürgen: *Metrik und Verslehre.* Düsseldorf 1978.
Drakakis, John (Hrsg.): *British Radio Drama.* Cambridge 1981.
Duff, David (Hrsg.): *Modern Genre Theory.* Harlow 2000.
During, Simon: *Foucault and Literature: Towards a Genealogy of Writing.* London 1992.
Eagleton, Mary (Hrsg.): *Feminist Literary Theory: A Reader.* Oxford ²1996.
*Eagleton, Terry: *Literary Theory: An Introduction.* Oxford ²1996 [Deutsche Übersetzung: *Einführung in die Literaturtheorie.* Stuttgart/Weimar ⁴1997].
Eagleton, Terry/Drew Milne (Hrsg.): *Marxist Literary Theory: A Reader.* Oxford 1996.
*Elam, Keir: *The Semiotics of Theatre and Drama.* London ²2002.
Esslin, Martin: *Die Zeichen des Dramas: Theater, Film, Fernsehen.* Reinbek 1989 [Englisches Original: *The Field of Drama: How the Signs of Drama Create Meaning on Stage and Screen.* London 1987].
Fabian, Bernhard (Hrsg.): *Die englische Literatur.* Bd. 1: *Epochen – Formen.* München ³1997.
—: »Text und Textausgaben«. In: Bernhard Fabian (Hrsg.): *Ein anglistischer Grundkurs: Einführung in die Literaturwissenschaft.* Berlin ⁸1998, 1–26.
Faulstich, Werner: *Grundkurs Filmanalyse.* München 2002.
— (Hrsg.): *Grundwissen Medien.* München ⁵2004.
Fenton, James: *An Introduction to English Poetry.* London 2002.
*Fischer-Lichte, Erika: *Semiotik des Theaters: Eine Einführung.* Bd. I: *Das System der theatralischen Zeichen.* Tübingen ⁴1998 [Englische Übersetzung: *The Semiotics of Theater.* Bloomington, IN 1992].
Fowler, Alastair: *Kinds of Literature: An Introduction to the Theory of Genres and Modes.* Oxford 1982.
Fowler, Roger: *Linguistic Criticism.* Oxford ²1996.
*Frank, Horst Joachim: *Wie interpretiere ich ein Gedicht? Eine methodische Anleitung.* 6., unveränderte Auflage Tübingen 2003 [zuerst 1991].
Freund, Elizabeth: *The Return of the Reader: Reader-Response Criticism.* Neuausgabe der Erstauflage [London 1987] London 2003.
Gadamer, Hans-Georg: *Wahrheit und Methode: Grundzüge einer philosophischen Hermeneutik.* Tübingen 1960.
Genette, Gérard: *Narrative Discourse.* New York 1972.
Giannetti, Louis D.: *Understanding Movies.* Upper Saddle River, NJ ⁹2002.
Goetsch, Paul: *Bauformen des modernen englischen und amerikanischen Dramas.* Darmstadt ²1992.
Grabes, Herbert: »Fiktion – Realismus – Ästhetik: Woran erkennt der Leser Literatur?« In: Herbert Grabes (Hrsg.): *Text – Leser – Bedeutung: Untersuchungen zur Interaktion von Text und Leser.* Grossen-Linden 1977, 61–81.
Greene, Gayle/Coppélia Kahn (Hrsg.): *Making a Difference: Feminist Literary Criticism.* London 1985.
Grimm, Gunter (Hrsg.): *Literatur und Leser: Theorien und Modelle zur Rezeption literarischer Werke.* Stuttgart 1975.
Hall, Donald E.: *Queer Theories.* Basingstoke 2002.

Heibach, Christiane: *Literatur im elektronischen Raum*. Frankfurt a.M. 2003.
*Hickethier, Knut: *Film- und Fernsehanalyse*. Stuttgart/Weimar ³2001.
—: *Einführung in die Medienwissenschaft*. Stuttgart/Weimar 2003.
Hill, John/Pamela Church Gibson (Hrsg.): *The Oxford Guide to Film Studies*. Oxford 1998.
Hobsbaum, Philip: *Metre, Rhythm and Verse Form*. London 1996.
Hollander, John: *Rhyme's Reason: A Guide to English Verse*. New Haven, CT ³2001.
Holub, Robert C.: *Reception Theory: A Critical Introduction*. Neuausgabe der Erstauflage [London 1984] London 2003.
Humm, Maggie: *A Reader's Guide to Contemporary Feminist Literary Criticism*. Hemel Hempstead 1994.
Jahn, Manfred: *Poems, Plays, and Prose: A Guide to the Theory of Literary Genres*. Englisches Seminar der Universität Köln 2003. http://www.uni-koeln.de/~ame02/ppp.htm
Jakobson, Roman: »Linguistics and Poetics« (1960). In: Lodge 2000, 30–55.
Kahrmann, Cordula/Gunter Reiß/Manfred Schluchter: *Erzähltextanalyse: Eine Einführung mit Studien- und Übungstexten*. Weinheim ⁴1996.
Kimmich, Dorothee/Rolf Günter Renner/Bernd Stiegler (Hrsg.): *Texte zur Literaturtheorie der Gegenwart*. Durchgesehene und aktualisierte Ausgabe Stuttgart 2003.
King, Bruce: »The New Internationalism: Shiva Naipaul, Salman Rushdie, Buchi Emecheta, Timothy Mo and Kazuo Ishiguro«. In: James Acheson (Hrsg.): *The British and Irish Novel since 1960*. London 1991, 192–211.
Korte, Barbara: »›Englische‹ Literatur? Zu den Problemen der Gegenstandsbestimmung im Zeitalter des *global village*«. *Literatur in Wissenschaft und Unterricht*, 27 (1994), 107–115.
*Korte, Helmut: *Einführung in die Systematische Filmanalyse: Ein Arbeitsbuch*. Berlin ²2001.
Lämmert, Eberhard: *Bauformen des Erzählens*. Stuttgart 1955.
Landow, George P.: *Hypertext 2.0: Being a Revised, Amplified Edition of Hypertext: The Convergence of Contemporary Critical Theory and Technology*. Baltimore, MD 1997.
Lausberg, Heinrich: *Elemente der literarischen Rhetorik: Eine Einführung für Studierende der klassischen, romanischen, englischen und deutschen Philologie*. Ismaning ¹⁰1990.
Lee, A. Robert (Hrsg.): *Other Britain, Other British: Contemporary Multicultural Fiction*. London 1995.
*Leech, Geoffrey N.: *A Linguistic Guide to English Poetry*. London 1969.
— /Michael H. Short: *Style in Fiction: A Linguistic Introduction to English Fictional Prose*. London 1980.
Lindhoff, Lena: *Einführung in die feministische Literaturtheorie*. Stuttgart/Weimar ²2003.
*Lodge, David (Hrsg.): *20th Century Literary Criticism: A Reader*. London 1972.
— (Hrsg.): *Modern Criticism and Theory: A Reader*. Harlow ²2000.
Ludes, Peter/Jochen Hörisch: *Einführung in die Medienwissenschaft: Entwicklungen und Theorien*. Berlin ²2003.
*Ludwig, Hans-Werner: *Arbeitsbuch Lyrikanalyse*. Tübingen ⁴1994.
Martinez, Matias/Michael Scheffel: *Einführung in die Erzähltheorie*. München ⁵2003.
McFarlane, Brian: *Novel to Film: An Introduction to the Theory of Adaptation*. Oxford 1996.
Miller, Toby (Hrsg.): *Television Studies*. London 2002.
Moi, Toril: *Sexual/Textual Politics: Feminist Literary Theory*. London ²2002.
*Monaco, James: *How to Read a Film: The Art, Technology, Language, History, and Theory of Film and Media*. New York ³2000 [Deutsche Übersetzung: *Film verstehen: Kunst, Technik, Sprache, Geschichte und Theorie des Films und der Medien: Mit einer Einführung in Multimedia*. Reinbek ⁴2002].
Mongia, Padmini (Hrsg.): *Contemporary Postcolonial Theory: A Reader*. London 1996.
Müller, Günther: *Die Bedeutung der Zeit in der Erzählkunst*. Bonn 1947.
Nünning, Ansgar: »*Unreliable Narration* zur Einführung: Grundzüge einer kognitiv-narratologischen Theorie und Analyse unglaubwürdigen Erzählens«. In: Ansgar Nünning (Hrsg.): *Unreliable Narration: Studien zur Theorie und Praxis unglaubwürdigen Erzählens in der englischsprachigen Erzählliteratur*. Trier 1998, 3–39.

Ottmers, Clemens: *Rhetorik*. Stuttgart/Weimar 1996.
Paech, Joachim: *Literatur und Film*. Stuttgart/Weimar ²1997.
*Pfister, Manfred: *Das Drama: Theorie und Analyse*. München ¹¹2001 [Englische Übersetzung: *The Theory and Analysis of Drama*. Cambridge 1988].
Phillips, William H.: *Film: An Introduction*. Boston ³2004.
Platz-Waury, Elke: *Drama und Theater: Eine Einführung*. Tübingen ⁵1999.
Plett, Heinrich F.: *Textwissenschaft und Textanalyse: Semiotik, Linguistik, Rhetorik*. Heidelberg ²1979.
Plett, Heinrich F.: *Systematische Rhetorik: Konzepte und Analysen*. München 2000.
Prießnitz, Horst: *Die Terranglia als System: Literarische Kohärenz- und Dezentralisierungsmarkierungen in dominant anglo-europäischen Palimpsestkulturen*. Tübingen 1999.
Prince, Stephen: *Movies and Meaning: An Introduction to Film*. Boston ²2001.
*Rimmon-Kenan, Shlomith: *Narrative Fiction: Contemporary Poetics*. London ²2002.
Rivkin, Julie/Michael Ryan (Hrsg.): *Literary Theory: An Anthology*. Malden, MA ²2004.
Rommel, Thomas/Peter Paul Schnierer (Hrsg.): *Literarische Hypertexte*. Tübingen 2004.
Schmidt, Siegfried J.: *Grundriß der empirischen Literaturwissenschaft*. Frankfurt a.M. 1991.
—: *Kalte Faszination: Medien, Kultur, Wissenschaft in der Mediengesellschaft*. Weilerswist 2000.
*Schneider, Ralf (Hrsg.): *Literaturwissenschaft in Theorie und Praxis: Eine anglistisch-amerikanistische Einführung*. Tübingen 2004.
Scholes, Robert: *Structuralism in Literature: An Introduction*. New Haven, CT 1974.
—: *Semiotics and Interpretation*. New Haven, CT 1982.
Schwarz, Alexander (Hrsg.): *Das Drehbuch: Geschichte, Theorie, Praxis*. München 1992.
Schwarz, Henry/Sangeeta Ray (Hrsg.): *A Companion to Postcolonial Studies: A Historical Introduction*. Oxford 2000.
Schwarze, Hans-Wilhelm: »Die Ebenen narrativer Texte: Geschehen, Geschichte, Diskurs«. In: Hans-Werner Ludwig (Hrsg.): *Arbeitsbuch Romananalyse*. Tübingen ⁶1998, 65–105.
—: »Ereignisse, Zeit und Raum, Sprechsituationen in narrativen Texten«. In: Hans-Werner Ludwig (Hrsg.): *Arbeitsbuch Romananalyse*. Tübingen ⁶1998, 145–188.
*Selden, Raman (Hrsg.): *The Theory of Criticism: From Plato to the Present: A Reader*. London 1988.
—/Peter Widdowson/Peter Brooker: *A Reader's Guide to Contemporary Literary Theory*. New York ⁴1997.
[Šklovskij, Viktor] Shklovsky, Victor: »Art as Technique« (1917). In: David Lodge (Hrsg.): *Modern Criticism and Theory: A Reader*. London 1988, 16–30.
Stam, Robert: *Film Theory: An Introduction*. Malden, MA 2000.
—/Alessandra Raengo (Hrsg.): *A Companion to Literature and Film*. Malden, MA 2004.
Stanzel, Franz Karl: *Typische Formen des Romans*. Göttingen ¹²1993 [zuerst 1964].
*—: *Theorie des Erzählens*. Göttingen ⁷2001 [zuerst 1979] [Englische Übersetzung: *A Theory of Narrative*. Cambridge 1984].
Sternberg, Claudia: *Written for the Screen: The American Motion-Picture Screenplay as Text*. Tübingen 1997.
*Suerbaum, Ulrich: *Das elisabethanische Zeitalter*. Stuttgart 1989; bibliographisch ergänzte Ausgabe Stuttgart 2003.
—: »Text, Gattung, Intertextualität«. In: Bernhard Fabian (Hrsg.): *Ein anglistischer Grundkurs: Einführung in die Literaturwissenschaft*. Berlin ⁸1998, 81–122.
—: *Shakespeares Dramen*. Tübingen ²2001.
Sutherland, J.A.: *Victorian Novelists and Publishers*. London 1976.
Tillyard, E.M.W.: *The Elizabethan World Picture*. London 1943.
Toolan, Michael J.: *Narrative: A Critical Linguistic Introduction*. London ²2001.
Warning, Rainer (Hrsg.): *Rezeptionsästhetik: Theorie und Praxis*. München ⁴1994 [zuerst 1975].
Watt, Ian: *The Rise of the Novel: Studies in Defoe, Richardson and Fielding*. London 1957.
White, Hayden: *Metahistory: The Historical Imagination in Nineteenth-Century Europe*. Baltimore, MD 1973.

Wolfreys, Julian (Hrsg.): *Introducing Literary Theories: A Guide and Glossary.* Edinburgh 2001.
Wright, Elizabeth: *Psychoanalytic Criticism: Theory in Practice.* Neuausgabe London 2003 [zuerst 1984].
Young, Robert: *Postcolonialism: An Historical Introduction.* Oxford 2001.
*Zapf, Hubert: *Kurze Geschichte der anglo-amerikanischen Literaturtheorie.* München ²1996.

3. Kulturwissenschaft

Adam, Heribert/Kogila Moodley: *The Opening of the Apartheid Mind: Options for the New South Africa.* Berkeley 1993.
Adam, Ian/Helen Tiffin (Hrsg.): *Past the Last Post: Theorizing Post-Colonialism and Post-Modernism.* Calgary 1990.
Alexander, Claire E.: *The Art of Being Black: The Creation of Black British Youth Identities.* Oxford 1996.
Alibhai-Brown, Yasmin: *Who Do We Think We Are? Imagining the New Britain.* London 2000.
Althusser, Louis: »On Ideology and Ideological State Apparatuses«. In: Ders.: *Lenin and Philosophy and Other Essays.* New York 1971, 121–173.
Anderson, Benedict: *Imagined Communities: Reflections on the Origin and Spread of Nationalism.* London 1991.
Androutsopoulos, Jannis K./Alexandra Georgakopoulou (Hrsg.): *Discourse Constructions of Youth Identities.* Amsterdam 2003.
Apel, Karl-Otto: »Szientistik, Hermeneutik, Ideologiekritik: Entwurf einer Wissenschaftslehre in erkenntnisanthropologischer Sicht«. In: Ders.: *Transformation der Philosophie.* Bd. 2: *Das Apriori der Kommunikationsgemeinschaft.* Frankfurt a.M. 1999, 96–127.
Ashby, Justine/Andrew Higson (Hrsg.): *British Cinema: Past and Present.* London 2000.
Ashcroft, Bill/Gareth Griffiths/Helen Tiffin: *The Empire Writes Back: Theory and Practice in Post-Colonial Literatures.* London 1989.
Assmann, Aleida/Dietrich Harth (Hrsg.): *Kultur als Lebenswelt und Monument.* Frankfurt a.M. 1991.
Aulich, James (Hrsg.): Framing the Falklands War: Nationhood, Culture and Identity. Milton Keynes 1992.
Baacke, Dieter: *Jugend und Jugendkulturen. Darstellung und Deutung.* Weinheim ³1999.
Bachmann, Martina: *Gothic, Metal, Rap and Rave – Youth Culture and Its Educational Dimensions.* Berlin 2000.
Back, Les: *New Ethnicities and Urban Culture: Racisms and Multiculture in Young Lives.* London 1996.
Banham, Mary/Bevis Hillier (Hrsg.): *A Tonic to the Nation: The Festival of Britain 1951.* London 1976.
Barker, Chris: *Cultural Studies: Theory and Practice.* London 2000.
—/Dariusz Galasinski: *Cultural Studies and Discourse Analysis: A Dialogue on Language and Identity.* London 2001.
Barrow, John D.: *Theories of Everything: The Quest of Ultimate Explanation.* Oxford 1991.
—: *Theorien für Alles. Die Suche nach der Weltformel.* Reinbek 1994.
Barthes, Roland: *Image – Music – Text: Essays Selected and Translated by Stephen Heath.* Glasgow 1977.
Baßler, Moritz (Hrsg.): *New Historicism: Literaturgeschichte als Poetik der Kultur. Mit Beiträgen von Stephen Greenblatt, Louis Montrose u.a.* Tübingen 2001.
—: »New Historicism, Cultural Materialism and Cultural Studies«. In: Nünning/Nünning 2003, 132–155.
Bayley, Stephen: *Labour Camp.* London 1999.
Benitez-Rojo, Antonio: *The Repeating Island: The Caribbean and the Postmodern Perspective.* Durham 1996.

Bennett, Andy: *Popular Music and Youth Culture: Music, Identity and Place.* Basingstoke 2000.
—/Keith Kahn-Harris: *After Subculture: Critical Studies in Contemporary Youth Culture.* Basingstoke 2003.
Bennett, Peter: »The National Past in the Contemporary British Screen Media«. In: Jens-Ulrich Davids/Richard Stinshoff (Hrsg.): *The Past in the Present.* Frankfurt a.M. 1996, 25–36.
Bennett Tony: *Culture: A Reformer's Science.* London 1998.
—/Michael Emmison/John Frow: *Accounting for Tastes: Australian Everyday Cultures.* Cambridge 1999.
—/Jane Woollacott: »Texts and Their Readings«. In: Graeme Turner (Hrsg.): *The Film Cultures Reader.* London 2002, 14–19.
Berger, Peter L./Thomas Luckmann: *The Social Construction of Reality.* New York 1966.
Berkoff, Steven: *Sink the Belgrano! with Massage.* London 1987.
Bernard, Jeff: »Kultursemiotik im Überblick«. *Semiotische Berichte* 3,4 (1993), 229–258.
Berressem, Hanjo/Dagmar Buchwald/Heide Volkening (Hrsg.): *Grenzüberschreibungen: ›Feminismus‹ und ›Cultural Studies‹.* Bielefeld 2001.
Bery, Ashok/Patricia Murray (Hrsg.): *Comparing Postcolonial Literatures: Dislocations.* Basingstoke 2000.
Bettelheim, Bruno: *Kinder brauchen Märchen.* München 1980.
Betterton, Rosemary: »Young British Art in the 1990s«. In: Morley/Robins 2001, 287–304.
Bhabha, Homi K. (Hrsg.): *Nation and Narration.* London 1990.
Bird, Jon u.a. (Hrsg.): *Mapping the Futures: Local Cultures, Global Change.* London 1993.
Blaicher, Günther (Hrsg.): *Erstarrtes Denken: Studien zu Klischee, Stereotyp und Vorurteil in englischsprachiger Literatur.* Tübingen 1987.
—: *Das Deutschlandbild in der englischen Literatur.* Darmstadt 1992.
Blair, Tony: *New Britain: My Vision of a Young Country.* London 1996.
Bleicher, Josef: »Die kulturelle Konstruktion sozialer Identität am Beispiel Schottlands«. In: Hans Haferkamp (Hrsg.): *Sozialstruktur und Kultur.* Frankfurt a.M. 1990, 328–346.
Boesch, Ernest E.: *Symbolic Action Theory and Cultural Psychology.* New York 1991.
Böhme, Hartmut/Peter Matussek/Lothar Müller: *Orientierung Kulturwissenschaft. Was sie kann, was sie will.* Reinbek 2000.
Bollenbeck, Georg: *Bildung und Kultur: Glanz und Elend eines deutschen Deutungsmusters.* Frankfurt a.M. [2]1994.
Bono, James J.: »Science, Discourse and Literature: The Role / Rule of Metaphor in Science«. In: Stuart Peterfreund (Hrsg.): *Literature and Science: Theory and Practice.* Boston 1990, 59–89.
Born, Georgina/David Hesmondhalgh (Hrsg.): *Western Music and Its Others: Difference, Representation and Approbation in Music.* Berkley 2000.
Bourke, Joanna: *Working-Class Cultures in Britain 1890–1960.* London 1994.
Brake, Michael: *Comparative Youth Culture: The Sociology of Youth Cultures and Youth Subcultures in America, Britain, and Canada.* London 1985.
Brannigan, John: *New Historicism and Cultural Materialism.* Basingstoke 1998.
Brantlinger, Patrick: *Crusoe's Footprints: Cultural Studies in Britain and America.* New York 1990.
Braun, Christina von/Inge Stephan (Hrsg.): *Gender-Studien. Eine Einführung.* Stuttgart/Weimar 2000.
Brockman, John: *The Third Culture.* New York 1995.
Broich, Ulrich: »Denkschrift: Die Gründung des Großbritannienzentrums in Berlin«. *Anglistik: Organ des Verbandes deutscher Anglisten* 5 (1994), 7–13.
Brooks, Ann: *Post-Feminism: Feminism, Cultural Theory, Cultural Forms.* London 1997.
Brydon, Diana (Hrsg.): *Postcolonialism: Critical Concepts in Literary and Cultural Studies.* London 2000.
Buell, Frederick: *National Culture and the New Global System.* Baltimore 1994.
Burgess Peter (Hrsg.): *Cultural Politics and Political Culture in Postmodern Europe.* Amsterdam 1997.

Bußmann, Hadumod/Renate Hof (Hrsg.): *Genus – Zur Geschlechterdifferenz in den Kulturwissenschaften.* Stuttgart 1995.
Carey, James W.: *Communication as Culture.* Boston 1989.
Carter, Erica/James Donald/Judith Squires (Hrsg.): *Space and Place: Theories of Identity and Location.* London 1993.
Carter, Ronald: *Keywords in Language and Literacy.* London 1995.
Cassirer, Ernst: *An Essay on Man. An Introduction to a Philosophy of Human Nature.* London 1962.
Castells, Manuel: *The Power of Identity.* Oxford 1997.
Caughie, John: »A Culture of Adaption. Adaption and the Past in British Film and Television«. *Journal for the Study of British Cultures 5, 1 (1998), 55–56.*
Centre for Contemporary Cultural Studies: The Empire Strikes Back. London 1982.
Chaney, David: *Cultural Change and Everyday Life.* Basingstoke 2002.
Chapman, Rowena/Jonathan Rutherford (Hrsg.): *Male Order: Unwrapping Masculinity.* London 1998.
Cixous, Hélène: »The Laugh of Medusa«. In: Elaine Marks/Isabelle de Courtivron (Hrsg.): *New French Criticism: An Anthology.* New York 1981, 245–264.
—/Catharine Clément: *The Newly Born Woman.* Manchester 1986.
—: »From the Scene of the Unconscious to the Scene of History«. In: Ralph Cohen (Hrsg.): *The Future of Literary Theory.* New York 1989, 1–18.
Clarke, G.: *Defending Ski-Jumpers: A Critique of Theories of Youth Subcultures.* Birmingham 1982.
Clifford, James: »On Ethnographic Allegory«. In: Ders./George E. Marcus (Hrsg.): *Writing Culture: The Poetics of Politics and Ethnography.* Berkeley 1986, 98–121.
Coetzee, J.M.: *White Writing: On the Culture of Letters in South Africa.* Johannesburg 1988.
Cohen, Anthony P.: *Belonging: Identity and Social Organization in British Rural Cultures.* Manchester 1982.
—: *The Symbolic Construction of Community.* London 1985.
—: *Symbolising Boundaries: Identity and Diversity in British Cultures.* Manchester 1986.
—: *Self Consciousness: An Alternative Anthropology of Identity.* London 1994.
— (Hrsg.): *Signifying Identities: Anthropological Perspectives on Boundaries and Contested Values.* London 2000.
—: »Peripheral Vision. Nationalism, National Identity and the Objective Correlative in Scotland«. In: Ders. (Hrsg.): *Signifying Identities: Anthropological Perspectives on Boundaries and Contested Values.* London 2000, 145–169 (2000a).
Cohen, Tom: *Ideology and Inscription: »Cultural Studies« after Benjamin, De Man and Bakhtin.* Cambridge 1998.
Cohn, Jonas: *Der Sinn der gegenwärtigen Kultur: Ein philosophischer Versuch.* Leipzig 1914.
Colebrook, Claire: *New Literary Histories: New Historicism and Contemporary Criticism.* Manchester 1997.
Collin, Matthew: *Altered State: The Story of Ecstacy Culture and Acid House.* London 1998.
Collings, Matthew: *Blimey! From Bohemia to Britpop: The London Art World from Francio Bacon To Damien Hirst.* Cambridge 1997.
Corner, John/Sylvia Harvey (Hrsg.): *Enterprise and Heritage: Crosscurrents of National Culture.* London 1991.
—: »Television and Culture: Duties and Pleasure«. In: Morley/Robins 2001, 261–272.
Couldry, Nick: *The Place of Media Power: Pilgrims and Witnesses of the Media Age.* London 2000.
Coulthard, Malcolm: *An Introduction to Discourse Analysis.* London 2001.
Crane, Diana: *The Production of Culture Media and the Urban Arts.* London 1992.
Cranny-Francis, Anne: *Gender Studies: Terms and Debates.* Houndmills 2003.
Crick, Bernard: *Building the Region: The Constitution of the United Kingdom.* Oxford 1991.
Crowley, Tony: *The Politics of Discourse: The Standard Language Question in British Cultural Debate.* London 1989.

—: *Proper English? Readings in Language, History, and Cultural Identity.* London 1991.
Dalrymple, Rawdon: *Continental Drift: Australia's Search for a Regional Identity.* Aldershot 2003.
Davids, Jens-Ulrich/Richard Stinshoff (Hrsg.): *The Past in the Present: Proceedings of the 5th Annual British and Cultural Studies Conference.* Frankfurt a.M. 1996.
Davies, Norman: *The Isles: A History.* London 2000.
Davison, R.B.: *West Indian Migrants.* London 1962.
Day, Gary: *Class.* London 2001.
Deacon, Bernard: *Building the Region: Culture and Territory in the South West of England.* Milton Keynes 2003.
Delanty, Gerard: *Social Science: Beyond Constructivism and Realism.* Buckingham 1997.
Dennett, Daniel C.: *Consciousness Explained.* Boston 1991.
Deutsch, David: *Die Physik der Welterkenntnis. Auf dem Weg zum universellen Verstehen.* Basel 1996.
Dicker, Rory Cooke: *Catching a Wave: Reclaiming Feminism for the 21st Century.* Boston 2003.
Diller, Hans-Jürgen u.a. (Hrsg.): ›Englishness‹ (Themenheft). *anglistik & englischunterricht* 46/47 (1992).
Dollimore, Jonathan: *Sexual Dissidence. Augustine to Wilde. Freud to Foucault.* Oxford 1991.
—: *Radical Tragedy: Religion, Ideology and Power in the Drama of Shakespeare and His Contemporaries.* New York ³2004.
—/ Alan Sinfield (Hrsg.): *Political Shakespeare: New Essays in Cultural Materialism.* Manchester ²1994.
—: »History and Ideology: The Instance of *Henry V*«. In: John Drakakis (Hrsg.): *Alternative Shakespeares.* London 1985, 206–227.
Douglas, Jack D. (Hrsg.): *Understanding Everyday Life.* London 1971.
Driver, Stephen/Luke Martell: *New Labour: Politics After Thatcherism.* Cambridge 1998.
Durham, William H.: »Advances in Evolutionary Culture Theory«. *Annual Reviews Anthropology* 19 (1990), 187–210.
Eagleton, Terry: *Ideology: An Introduction.* London 1991 [Deutsche Übersetzung: *Ideologie. Eine Einführung.* Stuttgart/Weimar 2000].
Eco, Umberto: *Einführung in die Semiotik.* München 1972.
—: »Erkenntnistheorie und Semiotik«. In: Ders: *Im Labyrinth der Vernunft. Texte über Kunst und Zeichen.* Leipzig 1995, 5–112.
Eiser, J.R.: *Social Psychology: Attitudes, Cognition and Social Behaviour.* Cambridge 1986.
Eldridge, John (Hrsg.): *The Glasgow Media Group Reader.* 2 Bde. London 1995.
Eliade, Mircea: *Aspects du mythe.* Paris 1963.
Embree, Lester (Hrsg.): *Life-World and Consciousness.* Evanston 1972.
Epstein, Jonathon S.: *Youth Culture: Identity in a Postmodern World.* Oxford 2002.
Eschbach, Achim/Walter Alfred Koch (Hrsg.): *A Plea for Cultural Semiotics.* Bochum 1987.
Ezzaher, Lahcen E.: *Writing and Cultural Influence: Studies in Rhetorical History, Orientalist Discourse, and Post-Colonial Criticism.* New York 2003.
Felperin, Howard: »›Cultural Poetics‹ versus ›Cultural Materialism‹: The Two New Historicisms in Renaissance Studies«. In: Ders.: *The Uses of the Canon: Elizabethan Literature and Contemporary Theory.* Oxford 1990, 142–169.
Ferguson, Margaret W./Maureen Quilligan/Nancy J. Vickers (Hrsg.): *Rewriting the Renaissance: The Discourses of Sexual Difference in Early Modern Europe.* Chicago 1985.
Ferris, Timothy: *The Whole Shebang. A State of the Universe(s) Report.* New York 1997.
Fetzer, Anita: *Recontextualizing Context. Grammaticality Meets Appropriateness.* Amsterdam 2004.
Fiske, John: *Understanding Popular Culture.* Boston 1989.
Fluck, Winfried: »American Studies – Möglichkeiten und Probleme einer kulturwissenschaftlich orientierten Literaturwissenschaft«. In: Claus Uhlig/Rüdiger Zimmermann (Hrsg.): *Anglistentag 1990 Marburg.* Tübingen 1991, 7–18.

Flude, Michael/Merril Hammer (Hrsg.): *The Education Reform Act 1988: Its Origins and Implications.* London 1990.
Fohrmann, Jürgen/Harro Müller (Hrsg.): *Diskurstheorien und Literaturwissenschaft.* Frankfurt a.M. 1992.
Forceville, Charles: *Pictorial Metaphor in Advertising.* London 1995.
Foucault, Michel: *The Archeology of Knowledge.* London 1974.
—: *Discipline and Punish.* London 1977.
Frank, Manfred: *Der kommende Gott: Vorlesungen über die Neue Mythologie.* Frankfurt a.M. 1982.
Freud, Sigmund: *Abriss der Psychoanalyse: Das Unbehagen in der Kultur.* Frankfurt a.M. 1972.
Friedman, Jonathan: *Cultural Identity and Global Process.* London 1994.
Friedman, Lester (Hrsg.): *British Cinema and Thatcherism: Fires Were Started.* London 1993.
Frith, Simon (Hrsg.): *Performing Rites: On the Value of Popular Music.* Oxford 1996.
—: *Popular Music: Critical Concepts in Media and Cultural Studies.* 4 Bde. London 2004.
Frow, John: *Cultural Studies and Cultural Value.* Oxford 1995.
Fuery, Patrick: »Prisoners and Spiders Surrounded by Signs: Postmodernism and the Postcolonial Gaze in Contemporary Australian Culture«. In: Jonathan White (Hrsg.): *Recasting the World: Writing after Colonialism.* Baltimore 1993, 190–207.
—/ Nick Mansfield: *Cultural Studies and the New Humanities: Concepts and Controversies.* Oxford 1997.
Gadamer, Hans-Georg: »Text und Interpretation«. In: Philippe Forget (Hrsg.): *Text und Interpretation: Deutsch-französische Debatte.* München 1984, 24–55.
Gallagher, Catherine/Stephan Greenblatt: *Practicing New Historicism.* Chicago 2000.
Gaze, John: *Figures in a Landscape: A History of the National Trust.* London 1988.
Geertz, Clifford: *The Interpretation of Cultures: Selected Essays.* New York 1973.
—: *Works and Lives: The Anthropologist as Author.* Cambridge 1988.
Gehlen, Arnold: *Der Mensch: Seine Natur und seine Stellung in der Welt.* Wiebelsheim 1986, ^{14}2004.
Giddens, Anthony: *The Third Way: The Renewal of Social Democracy.* Cambridge 1998.
Giles, Judy: *The Parlour and the Suburb: Domestic Identities, Class Femininity and Modernity.* Oxford 2004.
Gillespie, Marie: *Television, Ethnicity and Cultural Change.* London 1995.
Gillespie, Norman/Tom Lovett/Wendy Garner: *Youth Work and Working Class Youth Culture: Rules and Resistance in West Belfast.* Buckingham 1992.
Gilroy, Paul: *There Ain't No Black in the Union Jack: The Cultural Politics of Race and Nation.* London 1987.
—: *The Black Atlantic: Modernity and Double Consciousness.* London 1993.
—: *Small Acts: Thoughts on the Politics of Black Cultures.* London 1993 (1993a).
—: *After Empire: Multiculture or Postcolonial Melancholia.* London 2004.
Glasgow Media Group (Hrsg.): *Bad News.* London 1976.
—: *More Bad News.* London 1980.
—: *Really Bad News.* London 1982.
Goldie, Terry: *Fear and Temptation: The Image of the Indigene in Canadian, Australian and New Zealand Literatures.* Montreal 1989.
Grabes, Herbert: »Literaturwissenschaft – Kulturwissenschaft – Anglistik«. *Anglia* 1996, 376–395.
Gramsci, Antonio: *Selections from the Prison Notebooks.* Hrsg. Quintin Hoare/Geoffrey Nowell-Smith. London 1971.
—: *Selections from the Political Writings.* Hrsg. Quintin Hoare. London 1978.
—: *Selections from Cultural Writings.* Hrsg. D. Forgacs/G. Nowell-Smith. London 1985.
Grathoff, Richard: *Milieu und Lebenswelt: Einführung in die phänomenologische Soziologie und die sozialphänomenologische Forschung.* Frankfurt a.M. 1995.
Green, Michael: »The Centre for Contemporary Cultural Studies«. In: Peter Widdowson (Hrsg.): *Re-reading English.* London 1982, 77–90.
Greenblatt, Stephen: *Renaissance Self-Fashioning: From More to Shakespeare.* Chicago 1980.

—: *Shakespearean Negotiations.* Oxford 1988.
—: »Towards a Poetics of Culture«. In: Harold Aram Veeser (Hrsg.): *The New Historicism.* New York 1989, 1–14.
—: *Marvellous Possessions: The Wonder of the New World.* Oxford 1991.
—: *Schmutzige Riten. Betrachtungen zwischen Weltbildern.* Frankfurt a.M. 1995.
—: *Was ist Literaturgeschichte?* Frankfurt a.M. 2001.
—: »Die Formen der Macht und die Macht der Formen in der englischen Renaissance (Einleitung)«. In: Baßler ²2001, 29–33 (2001a).
—: »Kultur« In: Baßler ²2001, 48–59 (2001b).
—: »Selbstbildung in der Renaissance. Von More bis Shakespeare (Einleitung)«. In: Baßler ²2001, 35–47 (2001c).
Greene, Brian: *Das elegante Universum. Superstrings, verborgene Dimensionen und die Suche nach der Weltformel.* Berlin 2000.
Guth, Alan H.: *The Inflatory Universe. The Quest for a New Theory of Cosmic Origins.* Cambridge, Mass. 1997.
Habermas, Jürgen: *Theorie des kommunikativen Handelns.* Band 1: *Handlungsrationalität und gesellschaftliche Rationalisierung.* Band 2: *Zur Kritik der funktionalistischen Vernunft.* Frankfurt a.M. ⁴1988.
Hadfield, Andrew: *Literature, Politics, and National Identity: Reformation to Renaissance.* Cambridge 1994.
Hall, Catherine (Hrsg.): *Cultures of Empire: Colonisers in Britain and the Empire in the Nineteenth and Twentieth Centuries. A Reader.* Manchester 2000.
—: »British Cultural Identities and the Legacy of the Empire«. In: Morley/Robins 2001, 27–39.
Hall, Edward T.: *The Silent Language.* New York 1959.
Hall, Stuart: *Beyond Culture.* New York 1976.
—: »Cultural Studies and the Centre: Some Problematics and Problems«. In: Ders./Dorothy Hobson/Andrew Lowe/Paul Willis (Hrsg.): *Culture, Media, Language.* London 1980, 15–47.
—: »The Rediscovery of ›Ideology‹: The Return of the ›Repressed‹ in Media Studies«. In: Michael Gurevitch/Tony Bennett/James Curran/Janet Woollacott (Hrsg.): *Culture, Society and the Media.* London 1982, 56–90.
—: »Cultural Studies: Two Paradigms«. In: John Storey (Hrsg.): *What Is Cultural Studies? A Reader.* London 1996, 41–48.
Hall, Stuart/Tony Jefferson (Hrsg.): *Resistance Through Rituals: Youth Subcultures in Post-War Britain.* London 1976.
Hansen, Klaus P.: *Kultur und Kulturwissenschaft: Eine Einführung.* Tübingen ³2003.
Harper, Sue: *Picturing the Past. The Rise and Fall of the British Costume Film.* London 1994.
Hartley, John: *A Short History of Cultural Studies.* London 2003.
Harvey, P.D.A.: *Maps in Tudor England.* Chicago 1994.
Haseler, Stephen: *The English Tribe: Identity, Nation and Europe.* London 1996.
Hawking, Stephen: *Black Holes and Babay Universes and Other Essays.* London 1993.
Hazel, Robert (Hrsg.): *Constitutional Futures: A History of the New Ten Years.* Oxford 1998.
Healy, Thomas: *New Latitudes: Theory and English Renaissance Studies.* London 1992.
Hebdige, Dick: *Subculture: The Meaning of Style.* London 1979.
Helgerson, Richard: *Forms of Nationhood: The Elizabethan Writing of England.* Chicago 1992.
Hendricks, Christina/Kelly Oliver (Hrsg.): *Language and Liberation: Feminism, Philosophy, and Language.* Albany 1999.
Henningsen, Bernd/Stephen Michael Schröder (Hrsg.): *Das Ende der Humboldt-Kosmen. Konturen von Kulturwissenschaft.* Baden Baden 1997.
Hepp, Andreas: *Cultural Studies und Medienanalyse. Eine Einführung.* Opladen 1999.
—/ Rainer Winter (Hrsg.): *Kultur – Medien – Macht. Cultural Studies und Medienanalyse.* Opladen 1999.
Herr, Cheryl: *Critical Regionalism and Cultural Studies: From Ireland to the American Midwest.* Florida 1997.

Hesmondhalgh, David: »British Popular Music and National Identity«. In: Morley/Robins 2001, 272–286.
Hewison, Robert: *The Heritage Industry: Britain in a Climate of Decline.* London 1987.
Higgins, Peter: »The Falklands War and the British Daily Press«. *Englisch-Amerikanische Studien* 1982, 239–251.
Highmore, Ben: *Everyday Life and Cultural Theory: An Introduction.* London 2002.
Higson, Andrew: *Waving the Flag: Constructing a National Cinema in Britain.* Oxford 1995.
—: *Dissolving Views: Key Writings on British Cinema.* London 1996.
—: »Heritage Cinema and Television«. In: Morley/Robins 2001, 249–260.
—: *English Heritage, English Cinema: Costume Drama since 1890.* Oxford 2003.
Hill, John: *British Cinema of the 1980s.* Oxford 1999.
Hoggart, Richard: *Contemporary Cultural Studies: An Approach to the Study of Literature and Society.* Birmingham 1969.
Holderness, Graham: *Shakespeare Recycled: The Making of Historical Drama.* London 1992.
Holland, Janet/Caroline Ramazanoglu/Sue Sharpe/Rachel Thompson: *The Male in the Head: Young People, Heterosexuality and Power.* London 1998.
Hollows, Joanne: *Feminism, Femininity and Popular Culture.* Manchester 2000.
Holt, Richard: *Sport and the British: A Modern History.* Oxford 1990.
Honey, John: *Language is Power: The Story of Standard English and Its Enemies.* London 1997.
Hönnighausen, Lothar: »Das Nordamerikaprogramm der Universität Bonn: Erfahrungsbericht über einen interdisziplinären Studiengang«. In: Barbara Korte/Klaus Peter Müller (Hrsg.): *Anglistische Lehre Aktuell: Probleme, Perspektiven, Praxis.* Trier 1995, 139–150.
Hooks, Bell: *Feminist Theory: From Margin to Center.* London 2000.
Hooper-Greenhill, Eilean (Hrsg.): *Museum, Media, Message.* London 1995.
Hulme, Peter: »Rewriting the Caribbean Past: Cultural History in the Colonial Context«. In: Joan H. Pittock/Andrew Wear (Hrsg.): *Interpretation and Cultural History.* London 1991, 175–197.
Husemann, Harald: *As Others See Us: The Presentation of Germany and the Germans in England.* Paderborn 1984 (Schülerband) und 1987 (Lehrerband).
—: »English in the National Curriculum«. *Anglistik & Englischunterricht* 50, 1993, 175–188.
— (Hrsg.): *As Others See Us: Aglo-German Perceptions.* Frankfurt a.M. 1994.
Husserl, Edmund: *Die Krisis der europäischen Wissenschaften und die transzendentale Phänomenologie.* Hrsg. W. Biemel. Den Haag ²1962.
Ickstadt, Heinz: »Geschichte, Theorie und Praxis der deutschen Amerikastudien am Beispiel des Kennedy-Instituts«. In: Barbara Korte/Klaus Peter Müller (Hrsg.): *Anglistische Lehre Aktuell: Probleme, Perspektiven, Praxis.* Trier 1995, 195–202.
Imran, Irna/Tim Smith/Tony Walker: *Here To Stay: Bradford's South Asian Communities.* Bradford 1994.
Institute of Race Relations: *The Fight Against Racism.* London 1986.
Isaacs, A./J. Monk: *The Cambridge Illustrated Dictionary of British Heritage.* Cambridge 1986.
Iser, Wolfgang: *Das Fiktive und das Imaginäre: Perspektiven literarischer Anthropologie.* Frankfurt a.M. 1993.
Jacobs, Michael (Hrsg.): *Creative Futures: Culture, Identità and National Renewal.* London 1997.
Jardine, Lisa: *Reading Shakespeare Historically.* London 1996.
Jones, S.: *Black Youth, White Culture: The Reggae Tradition from JA to UK.* London 1988.
Jordan, Glenn/Chris Weedon: *Cultural Politics: Class, Gender, Race and the Postmodern World.* Oxford 1995.
Joseph, John E.: *Eloquence and Power: The Rise of Lnaguage Standards and Standard Language.* Oxford 1987.
Kaku, Michio: *Beyond Einstein. Superstrings and the Quest for Final Theory.* Oxford 1996.
Kaplan, Cora/David Glover (Hrsg.): *Genders.* London 2000.
Keating, Michael/John Loughlin (Hrsg.): *The Political Economy of Regionalism.* London 1997.
Koch, Walter A. (Hrsg.): *The Nature of Culture.* Bochum 1989.

Korte, Barbara u.a.: »Forum: ›Cultural Studies – British Studies‹«. *Anglistik: Mitteilungen des Verbandes deutscher Anglisten* 7 (1996), 34–57.
Korte, Barbara/Claudia Sternberg: *Bidding for the Mainstream? Black and Asian British Film Since the 1990s.* Amsterdam 2004.
Kott, Jan: *Shakespeare Our Contemporary.* London ²1967.
Kramer, Dieter: *Von der Notwendigkeit der Kulturwissenschaft. Aufsätze zu Volkskunde und Kulturtheorie.* Marburg 1997.
Kramer, Jürgen: »Gegenstands- und Zielbestimmungen der anglistischen Kulturwissenschaft im Lichte fachinterner Entwicklungen: Kultur, Geschichte und Gesellschaft«. In: Barbara Korte/Klaus Peter Müller (Hrsg.): *Anglistische Lehre Aktuell: Probleme, Perspektiven, Praxis.* Trier 1995, 111–124.
—: »Welche Bedeutung kommt der Anglistischen Kulturwissenschaft für das Englischlehren und –lernen zu? Eine Positionsbestimmung«. In: Lothar Bredella/Werner Delanoy (Hrsg.): *Interkultureller Fremdsprachenunterricht. Das Verhältnis von Fremdem und Eigenem.* Tübingen 1999, 46–64.
Kumar, Amitava (Hrsg.): *Class Issues: Pedagogy, Cultural Studies, and the Public Sphere.* New York 1997.
Laidler, Graham: *The British Character: Studied and Revealed by Pont.* London 1982.
Lakoff, George: *Women, Fire, and Dangerous Things: What Categories Reveal about the Mind.* Chicago 1987.
—: *Philosophy in the Flesh. The Embodied Mind and Its Challenge to Western Thought.* New York 1999.
—/ Mark Johnson: *Metaphors We Live By.* Chicago 1980.
—/ Mark Turner: *More Than Cool Reason: A Field Guide to Poetic Metaphor.* Chicago 1997.
Lakoff, Robin: *Language and Woman's Place.* New York 1975 (Neuauflage 2004).
Lankshear, Colin/Henry Giroux/Peter McLaren/Michael Peters (Hrsg.): *Counternarratives: Cultural Studies and Critical Pedagogies in Postmodern Spaces.* London 1996.
Lee, A. Robert: »Changing the Script: Sex, Lies and Videotapes in Hanif Kureishi, David Dabydeen and Mike Phillips«. In: Ders. (Hrsg.): *Other Britain, Other British: Contemporary Multicultural Britain.* London 1995, 69–87.
Lee, Richard E.: *Life and Times of Cultural Studies: The Politics and Transformation of the Structures of Knowledge.* Durham 2003.
Lenz, Bernd: »British/Cultural Studies: Landeskunde im neuen Gewand«. In: Barbara Korte/Klaus Peter Müller (Hrsg.): *Anglistische Lehre Aktuell: Probleme, Perspektiven, Praxis.* Trier 1995, 221–230.
Leonhard, Mark: *BritainTM: Reviewing our Identity.* London 1997.
Lepenies, Wolf: *Die drei Kulturen: Soziologie zwischen Literatur und Wissenschaft.* Frankfurt a.M. 1985.
Lewis, Jeff: *Cultural Studies. The Basics.* London 2002.
Link, Jürgen/Wulf Wülfing: *Bewegung und Stillstand in Metaphern und Mythen.* Stuttgart 1984.
Lotman, Yuri M.: *Universe of the Mind: A Semiotic Theory of Culture.* Bloomington 1990.
Lucas, John: *England and Englishness: Ideas of Nationhood in English Poetry 1688–1900.* London 1990.
Luhmann, Niklas: *Soziologische Aufklärung.* Bd. 2 und Bd. 4. Opladen 1975 und 1987.
—: *Zweckbegriff und Systemrationalität.* Frankfurt a.M. ⁶1999.
—: *Soziale Systeme: Grundriss einer allgemeinen Theorie.* Frankfurt a.M. 2001.
Maase, Kaspar: »Jugendkultur«. In: Hans-Otto Hügel: *Handbuch Populäre Kultur. Begriffe, Theorien und Diskussionen.* Stuttgart/Weimar 2003, 40–45.
Mackay, Hugh (Hrsg.): *Consumption and Everyday Life.* London 1997.
Marenbon, John: *English Our English: The New Orthodoxy Examined.* London 1987.
Marquand, David/Anthony Seldon (Hrsg.): *The Ideas that Shaped Post-War Britain.* London 1996.
Marr, Andrew: *The Day Britain Died.* London 1999.

Matless, David: *Landscape and Englishness*. London 1998.
Maturana, Humberto R./Francisco J. Varela: *Der Baum der Erkenntnis. Die biologischen Wurzeln menschlichen Erkennens*. München 1987.
McClintock, Anne: »The Angel of Progress: Pitfalls of the Term ›Post-Colonialism‹«. *Social Text* 14 (1992), 84–113.
McCorquodale, Duncan/Naomi Siderfin/Julian Stallabras (Hrsg.): *Occupational Hazard: Critical Writing on Recent British Art*. London 1998.
McLuhan, Marshall: *The Medium is the Message*. New York 1967.
McRobbie, Angela: »Settling Accounts with Subcultures: A Feminist Critique«. In: Tony Bennett/Graham Martin/Colin Mercer/Janet Woollacott (Hrsg.): *Culture, Ideology and Social Process: A Reader*. London 1981, 112–124.
—: »*Jackie*: An Ideology of Adolescent Femininity«. In: Bernard Waites/Tony Bennett/Graham Martin (Hrsg.): *Popular Culture: Past and Present*. London 1982, 262–283.
—: *Postmodernism and Popular Culture*. London 1994.
—: »The Es and the Anti-Es: New Questions for Feminism and Cultural Studies«. In: Marjorie Ferguson/Peter Golding (Hrsg.): *Cultural Studies in Question*. London 1997, 170–186.
—: *Back To Reality? Social Experience and Cultural Studies*. Manchester 1997.
—: *Feminism and Youth Culture*. London ²2000.
—/ Trisha McCabe (Hrsg.): *Feminism for Girls: An Adventure Story*. London 1981.
Merriman, Nick: *Beyond the Glass Case: The Heritage and the Public in Britain*. Leicster 1991.
Mikes, George: *How To Be An Alien*. Harmondsworth 1966.
Miller, Casey/Kate Swift: *Words and Women: New Language in New Times*. New York 1976.
Miller, Toby/Alec McHoul: *Popular Culture and Everyday Life*. London 1998.
Milroy, James/Lesley Milroy: *Authority in Language: Investigating Language Prescription and Standardization*. London ²1995.
Morley, David/Kevin Robins (Hrsg.): *British Cultural Studies. Geography, Nationality, and Identity*. Oxford 2001.
Montrose, Louis A.: »Professing the Renaissance: The Poetics and Politics of Culture«. In: Harold Aram Veeser (Hrsg.): *The New Historicism*. New York 1989, 15–36.
Morton, Henry Vollam: *In Search of England*. London 1927.
Moser, Johannes (Hrsg.): *Jugendkulturen: Recherchen in Frankfurt am Main und London*. Frankfurt a.M. 2000.
Mugglestone, Lynda: *Talking Proper: The Rise of Accent as Social Symbol*. Oxford 1997.
Mühler, Kurt: *Region und Nation: Zu den Ursachen und Wirkungen regionaler und überregionaler Identifikation*. Wiesbaden 2004.
Müller, Klaus Peter: »Initiations into a Canadian Identity? Contexts of Canadian ›Stories of Initiation‹«. *Anglistik & Englischunterricht* 33 (1987), 67–86.
—: »Transferring Culture in Translations – Modern and Postmodern Options«. *TTR. Traduction Terminologie Rédaction. Études sur le texte et ses transformations* 8, 1 (1995), 65–83.
—: »Facts and Fictions in Cultural Studies: The Cohesive Paradoxical Agency of Value and Meaning«. *Journal for the Study of British Cultures* 2, 1 (1995), 43–59 (1995a).
—: »Zum Stellenwert von *Cultural Studies* in einem anglistischen Netzwerk«. *Anglistik: Mitteilungen des Verbandes deutscher Anglisten* 7 (1996), 52–55.
—: »›The Enactment or Bringing Forth of Meaning from a Background of Understanding‹ – Constructivism, Anthropology, and (Non-)Fictional Literature«. In: Jürgen Schlaeger (Hrsg.): *The Anthropological Turn in Literary Studies*. Tübingen 1996, 65–79 (1996a).
—: »Constructionism in the Sciences, in Literature and in Literary Theory«. In: Elmar Schenkel/Stefan Welz (Hrsg.): *Lost Worlds and Mad Elephants. Literature, Science and Technology 1700–1990*. Berlin 1999, 305–330.
—: »Re-Constructions of Reality in Margaret Atwood's Literature: A Constructionist Approach«. In: Reingard M. Nischik (Hrsg.): *Margaret Atwood: Works and Impact*. Rochester 2000, 229–258.
—: »Constructionism«. In: John C. Hawley (Hrsg.): *Encyclopedia of Postcolonial Studies*. London 2001, 114–115.

—: »Pragmatik«. In: Ansgar Nünning (Hrsg.): *Metzler Lexikon Literatur- und Kulturtheorie: Ansätze – Personen – Grundbegriffe.* Stuttgart/Weimar ²2001, 527–529 (2001a).
Munt, Sally R. (Hrsg.): *Cultural Studies and the Working Class. Subject to Change.* London 2000.
Murphy, Robert (Hrsg.): *British Cinema of the 90s.* London 2000.
Musgrove, Frank: *Ecstacy and Holiness: Counter Culture and the Open Society.* London 1974.
Nairn, Tom: *After Britain.* London 2000.
Namenwirth, J. Zvi/Robert Philip Weber: *Dynamics of Culture.* London 1987.
Narogin, Mudrooroo: *Writing from the Fringe: A Study of Modern Aboriginal Literature.* Melbourne 1990.
Nash, Cristopher (Hrsg.): *Narrative in Culture: The Uses of Storytelling in the Sciences, Philosophy, and Literature.* London 1990.
Ndebele, Njabulo S.: *South African Literature and Culture: Rediscovery of the Ordinary.* Manchester 1994.
Neidhardt, Friedhelm/Rainer M. Lepsius/Johannes Weiß (Hrsg.): ›Kultur und Gesellschaft‹ (Sonderheft 27). *Kölner Zeitschrift für Soziologie und Sozialpsychologie.* 1986.
Newman, Karen: *Fashioning Femininity and English Renaissance Drama.* Chicago 1991.
Nixon, Sean: *Hard Looks: Masculinities, Spectatorship and Contemporary Consumption.* London 1996.
—: »Resignifying Masculinity: From ›New Man‹ to ›New Lad‹«. In: Morley/Robins 2001, 373–385.
Nünning, Ansgar: »Literatur, Mentalitäten und kulturelles Gedächtnis: Grundriß, Leitbegriffe und Perspektiven einer anglistischen Kulturwissenschaft«. In: Ders. (Hrsg.): *Literaturwissenschaftliche Theorien, Modelle und Methoden: Eine Einführung.* Trier 1995, 173–197.
—/ Vera Nünning (Hrsg.): *Konzepte der Kulturwissenschaften. Theoretische Grundlagen – Ansätze – Perspektiven.* Stuttgart/Weimar 2003.
—/ Vera Nünning: »Kulturwissenschaften: Eine multiperspektivische Einführung in einen interdisziplinären Diskussionszusammenhang«. In: Nünning/Nünning 2003, 1–18 (2003a).
Oakland, John: *British Civilization: An Introduction.* London ⁵2002.
—: *British Civilization: A Student's Dictionary.* London ²2003.
Oexle Otto Gerhard (Hrsg.): *Naturwissenschaft, Geisteswissenschaft, Kulturwissenschaft. Einheit – Gegensatz – Komplementarität?* Göttingen 1998.
Ort, Claus-Michael: »Kulturbegriffe und Kulturtheorien«. In: Nünning/Nünning 2003, 19–38.
Parekh, Bhikhu (Hrsg.): *The Future of Multi-Ethnic Britain.* London 2000.
Parr, Martin: *Think of England.* London 2000.
Parsons, Talcott: »Der Begriff der Gesellschaft: Seine Elemente und ihre Verknüpfungen«. In: Talcott Parsons: *Zur Theorie sozialer Systeme.* Opladen 1976, 121–160.
—: »Sozialsysteme«. In: Talcott Parsons: *Zur Theorie sozialer Systeme.* Opladen 1976a, 275–318.
Pflaum, Michael: *Geschichte des Wortes »Zivilisation«.* München 1961.
Pörksen, Bernhard: *Abschied vom Absoluten: Gespräche zum Konstruktivismus.* Bonn 2001.
Porter, Roy (Hrsg.): *Myths of the English.* Cambridge 1993.
Posner, Roland: »Kultur als Zeichensystem: Zur semiotischen Explikation kulturwissenschaftlicher Grundbegriffe«. In: Assmann/Harth 1991, 37–74.
— »Kultursemiotik«. In: Nünning/Nünning 2003, 39–72.
—/ Klaus Robering/Thomas A. Seboek (Hrsg.): *Semiotik: Ein Handbuch zu den zeichentheoretischen Grundlagen von Natur und Kultur.* 3 Bde. Berlin 1997, 1998, 2003.
Postles, David (Hrsg.): *Naming Society and Regional Identity: Papers Presented at a Symposium Jointly Arranged by the Marc Fifth Fund and the Department of English Local History.* Oxford 2002.
Powell, David: *Nationhood and Identity: The British State since 1800.* London 2002.
Powell, John Enoch: *Freedom and Reality.* Kingswood 1969.
Raban, Jonathan: *Coasting.* London 1986.
Raulf, Ulrich (Hrsg.): *Mentalitäten-Geschichte: Zur historischen Rekonstruktion geistiger Prozesse.* Berlin 1987.

Redhead, Steve: *Subculture to Clubcultures: An Introduction to Popular Cultural Studies.* Oxford 1997.
Reichardt, Ulfried: »The New Historicism: History as Process and Narratives of Emergence«. In: Gunter H. Lenz/Klaus J. Milich (Hrsg.): *American Studies in Germany: European Contexts and Intercultural Relations.* Frankfurt a.M. 1995, 68–76.
Reynolds, Simon: *Energy Flash: A Journey through Rave Music and Dance Culture.* London 1998.
Rickert, Heinrich: *Kulturwissenschaft und Naturwissenschaft.* Tübingen [7]1926.
Robertson, R.: *Globalization: Social Theory and Global Culture.* London 1992.
Ross, A./T. Rose: *Microphone Friends: Youth Music and Youth Culture.* London 1994.
Roszak, Theodore: *The Making of a Counter Culture: Reflections on the Technocratic Society and Its Youthful Opposition.* London 1971.
Roth, Gerhard: *Das Gehirn und seine Wirklichkeit. Kognitive Neurobiologie und ihre philosophischen Konsequenzen.* Frankfurt a.M. [5]1996.
—: *Fühlen, Denken, Handeln. Wie das Gehirn unser Verhalten steuert.* Frankfurt a.M. 2001.
Rushdie, Salman: »The Empire Strikes Back with a Vengeance«. *The Times*, 3.7.1982.
Saggar, Shamit: *Race and Politics in Britain.* New York 1992.
Samuel, Raphael: *Island Stories. Unravelling Britain.* London 1998.
Sanders, Wilbur: *The Dramatist and the Received Idea.* Cambridge 1968.
Saussure, Ferdinand de: *Cours de linguistique générale.* Paris 1976.
Schlaeger, Jürgen: *Geplante Studiengänge am Großbritannien-Zentrum Berlin.* Anglistik 1998, 34–37.
Schlesinger, Philip: *Putting »Reality« Together: BBC News.* London 1978.
Schmidt, Siegfried J.: *Der Kopf, die Welt, die Kunst: Konstruktivismus als Theorie und Praxis.* Wien 1992.
—: *Kognitive Autonomie und soziale Orientierung: Konstruktivistische Bemerkungen zum Zusammenhang von Kognition, Kommunikation, Medien und Kultur.* Frankfurt a.M. 1994.
Schmied, Josef: »Proper English: Myths and Realities«. *anglistik & englischunterricht* 50 (1992), 137–156.
Scholes, Robert: *Textual Power: Literary Theory and the Teaching of English.* New Haven 1985.
Scholz, Susanne: »Tales of Origin and Destination: The Uses of History in the Narrative of the Nation«. *Journal for the Study of British Cultures* 2, 1 (1995), 5–17.
Schulz, Muriel: »The Semantic Derogation of Women«. In: Barrie Thorne/Nancy Henley (Hrsg.): *Language and Sex: Difference and Dominance.* Rowley 1975, 64–75.
Schütz, Alfred/Thomas Luckmann: *The Structures of the Life-World.* London 1974.
—: *Strukturen der Lebenswelt.* 2 Bde. Frankfurt a.M. 1979, [5]1994.
Schweikle, Günther und Irmgard (Hrsg.): *Metzler Literatur Lexikon: Begriffe und Definitionen.* Stuttgart [2]1990.
Schwemmer, Oswald: *Theorie der rationalen Erklärung: Zu den methodischen Grundlagen der Kulturwissenschaften.* München 1976.
—: »Wissenschaft als Lebensform? Über die Ziele der Kulturwissenschaften«. In: Ders. (Hrsg.): *Vernunft, Handlung und Erfahrung: Über die Grundlagen und Ziele der Wissenschaften.* München 1981.
—: *Handlung und Struktur: Zur Wissenschaftstheorie der Kulturwissenschaften.* Frankfurt a.M. 1987.
—: *Die kulturelle Existenz des Menschen.* Berlin 1997.
Schwendter, Rolf: *Theorie der Subkultur.* Hamburg [4]1993.
Scruton, Roger: *England: An Elegy.* London 2000.
Sefton-Green, Julian: *Digital Diversions: Youth Culture in the Age of Multimedia.* London 2003.
Segal, Lynne: *Slow Motion: Changing Masculinities, Changing Men.* London 1990.
Selvon, Samuel: *The Lonely Londoners.* London 1994 [zuerst 1956].
Sharma, Ashwani/Sanjay P. Sharma/John Hutnyk (Hrsg.): *Dis-Orienting Rhythms: The Politics of the New Asian Dance Music.* London 1996.

Shiach, Morag (Hrsg.): *Feminism and Cultural Studies.* Oxford 1999.
Shields, Rob: *Places on the Margin: Alternative Geographies of Modernity.* London 1991.
Shotter, John: *Conversational Realities: Constructing Life through Language.* London 1993.
—: *Cultural Politics of Everyday Life: Social Constructionism, Rhetoric and Knowing of the Third Kind.* Buckingham 1993. (1993a).
Simpson, Moira: *Making Representations: Museums in the Post-Colonial Era.* London 1996.
Sinclair, Iain: *Sorry Meniscus: Excursions to the Millenium Dome.* London 1999.
Sinfield, Alan: *Faultlines: Cultural Materialism and the Politics of Dissident Reading.* Oxford 1992.
Singer, Milton: »CULTURE: The Concept of Culture«. In: D.L. Sills (Hrsg.): *International Encyclopedia of the Social Sciences.* Bd. 3. New York 1968, 527–543.
Slemon, Stephen: »Monuments of Empire: Allegory/Counter-Discourse/Post-Colonial Writing«. *Kunapipi* 9, 3 (1987), 1–16.
Smith Chris: *Creative Britain.* London 1998.
Smolin, Lee: *The Life of the Cosmos.* Oxford 1999.
—: *Three Roads to Quantum Gravity.* London 2000.
Snow, Charles P.: *The Two Cultures and the Scientific Revolution.* New York 1959.
Spender, Dale: *Man Made Language.* London ^{2}1985.
Spivak, Gayatri Chakravorty: »Can the Subaltern Speak?«. In: C. Nelson/L. Grossberg (Hrsg.): *Marxism and the Interpretation of Culture.* Urbana 1988, 217–313.
—: »The Making of Americans, the Teaching of English, and the Future of Culture Studies«. *New Literary History* 21 (1990), 781–798.
Stallabras, Julian: *High Art Lite.* London 2000.
— (Hrsg.): *Other Than Identity: The Subject, Politics and Art.* Manchester 1997
Stanley, Julia P.: »Paradigmatic Woman: the Prostitute«. In: David L. Shores/Carole P. Hines (Hrsg.): *Papers in Language Variation: SAMLA-ADS Collection.* Alabama 1977, 303–321.
—: »Gender Marking in American English«. In: A.P. Nilsen u.a. (Hrsg.): *Sexism and Language.* Urbana 1977, 44–76 (1977a).
Steele, Tom: *The Emergence of Cultural Studies 1945–65.* London 1997.
Steyn, Juliet (Hrsg.): *High Art Lite.* London 2000.
Stinshoff, Richard: »British OR Cultural Studies – British AND Cultural Studies? A Conference Report«. *Journal for the Study of British Cultures* 2, 1 (1995), 81–87.
Stokes, Jane: *Hown To Do Media &Cultural Studies.* London 2002.
Storey, John: *Cultural Consumption and Everyday Life.* London 1999.
Storry, Mike/Peter Childs: *British Cultural Identities.* London ^{2}2002.
Stratmann, Gerd/Merle Tönnies/Claus-Ulrich Viol (Hrsg.): *Youth Identities. Teens and Twens in British Culture.* Heidelberg 2000.
Suerbaum, Ulrich: *Das elisabethanische Zeitalter.* Stuttgart 1989.
Surber, Jere Paul: *Culture and Critique. An Introduction to the Critical Discourses of Cultural Studies.* Oxford 1998.
Taylor, Charles: »Sprache und Gesellschaft«. In: Axel Honneth/Hans Joas (Hrsg.): *Kommunikatives Handeln: Beiträge zu Jürgen Habermas' ›Theorie des kommunikativen Handelns‹.* Frankfurt a.M. 1986, 35–52.
Taylor, John: *A Dream of England: Landscape, Photography and the Tourist's Imagination.* Manchester 1994.
Taylor, Patrick: *The Narrative of Liberation: Perspectives on Afro-Caribbean Literature, Popular Culture, and Politics.* Ithaca 1989.
Taylor, Peter J.: *Modernities: A Geohistorical Interpretation.* Cambridge 1999.
—: »Which Britain? Which England? Which North?«. In: Morley/Robins 2001, 127–144.
Tenbruck, Friedrich H.: *Die kulturellen Grundlagen der Gesellschaft: Der Fall der Moderne.* Opladen ^{2}1990.
Thornton, Sarah: *Clubcultures.* Cambridge 1995.
Thwaites, Tony/Lloyd Davis/Warwick Mules: *Introducing Cultural and Media Studies: A Semiotic Approach.* Houndmills 2002.

Tillyard, E.M.W.: *The Elizabethan World Picture*. Harmondsworth 1960 [zuerst London 1943].
—: *Shakespeare's History Plays*. Harmondsworth 1962 [zuerst London 1944].
Tomlinson, Alan (Hrsg.): *Consumption, Identity and Style: Marketing, Meanings and the Packaging of Pleasure*. London 1990.
—: »Sport, Leisure, and Style«. In: Morley/Robins 2001, 399–415.
Toynbee, Jason: *Making Popular Music: Musicians, Creativity and Institutions*. London 2000.
Tulloch, John: *Television Drama: Agency, Audience and Myth*. London 1990.
Turner, Graeme: *British Cultural Studies: An Introduction*. Boston 1990 [London ³2003].
Tyacke, Sarah (Hrsg.): *English Map-Making 1500–1650*. London 1983.
*Varela, Francisco J.: *Kognitionswissenschaft – Kognitionstechnik: Eine Skizze aktueller Perspektiven*. Frankfurt a.M. ³1993.
—/ Evan Thompson/Eleanor Rosch: *The Embodied Mind: Cognitive Science and Human Experience*. Cambridge, Mass. 1991.
—: *Der Mittlere Weg der Erkenntnis: Die Beziehung von Ich und Welt in der Kognitionswissenschaft – Der Brückenschlag zwischen wissenschaftlicher Theorie und menschlicher Erfahrung*. Bern 1992.
Veeser, H. Aram: »Introduction«. In: Ders. (Hrsg.): *The New Historicism*. New York 1989, ix–xvi.
— (Hrsg.): *The New Historicism Reader*. London 1994.
Visram, Rozina: *The History of the Asian Community in Britain*. Hove-Wayland 1995.
Walker, Thomas J. Edward: *Illusive Identity: The Blurring of Working-Class Consciousness in Modern Western Culture*. Lanham 2002.
Walsh, Kevin: *The Representation of the Past: Museums and Heritage in the Post-Modern World*. London 1992.
Walter, Natasha: *The New Feminism*. London 1999.
Waniek, Eva: *Hélène Cixous: Entlang einer Theorie der Schrift*. Wien 1993.
Wardak, Ali: *Social Control and Deviance: A South Asian Community in Scotland*. Aldershot 2000.
Weaver, John A./Karen Anijar/Toby Daspit (Hrsg.): *Science Fiction Curriculum, Cyborg Teachers, and Youth Culture(s)*. New York 2004.
Weber, Max: »Die ›Objektivität‹ sozialwissenschaftlicher und sozialpolitischer Erkenntnis«. In: Max Weber: *Gesammelte Aufsätze zur Wissenschaftslehre*. Tübingen ³1968, 146–214.
Webster's New World College Dictionary. New York ³2000.
Williams, Raymond: *Culture and Society: Coleridge to Orwell*. London 1958.
—: *The Long Revolution*. Harmondsworth 1975.
—: *Marxism and Literature*. Oxford 1977.
Willis, Paul: *Profane Culture*. London 1978.
Wilson, Scott: *Cultural Materialism: Theory and Practice*. Oxford 1995.
Wollen, Tana: »Over Our Shoulders: Nostalgic Screen Fictions for the 1980s«. In: Corner/Harvey 1991, 178–193.
Worepole, Ken: »Cartels and Lotteries: Heritage and Cultural Policy in Britain«. In: Morley/Robins 2001, 235–248.
Wright, Erik Olin: *The Debate on Classes*. London 1989.
Young, Robert: *White Mythologies: Writing History and the West*. London 1990.

4. Fachdidaktik

Aitchison, Jean: *Words in the Mind: An Introduction to the Mental Lexicon*. London ³2003.
Archibald, John (Hrsg.): *Second Language Acquisition and Linguistic Theory*. Malden, Mass. 2000.
Arendt, Manfred: »Kreatives Schreiben: Realschüler verfassen Gedichte«. *Der fremdsprachliche Unterricht* (1993) H.10, 41–43.

Bach, Gerhard/Johannes Peter Timm (Hrsg.): *Englischunterricht: Grundlagen und Methoden einer handlungsorientierten Unterrichtspraxis.* Tübingen 1989, [3]2003.
Bach, Gerhard/Susanne Niemeier (Hrsg.): *Bilingualer Unterricht: Grundlagen, Methoden, Praxis, Perspektiven.* Frankfurt a.M. [2]2002.
Bachman, Lyle F./Adrian S. Palmer: *Language Testing in Practise: Designing and Developing Useful Language Tests.* Oxford 1996.
Balnis, Peter: *Unser Bildungssystem liegt schief: die PISA-Studie über die Basiskompetenzen von Schülern im internationalen Vergleich.* Essen 2002.
Bardovi-Harlig, Kathleen: »Exploring the Interlanguage of Inter-language Pragmatics: A Research Agenda for Acquisitional Pragmatics«. *Language Learning* 49 (1999), 677–713.
Bates, Elizabeth/Judith C. Goodman: »On the Inseparability of Grammar and the Lexicon: Evidence from Acquisition.« In: Tomasello/Bates 2001, 134–162.
Baumert, Jürgen: »PISA 2000: die Studie im Überblick. Grundlagen, Methoden und Ergebnisse.« *Politische Studien* 54 (2003), 8–35 (vgl. www.mpib-berlin.mpg.de/pisa; www.pisa.oecd.org).
Bausch, Karl-Richard/Frank G. Königs: »›Lernt‹ oder ›erwirbt‹ man Fremdsprachen im Unterricht? Zum Verhältnis von Sprachlehrforschung und Zweitsprachenerwerbsforschung«. *Die Neueren Sprachen* 4 (1983), 308–336.
— (Hrsg.): *Sprachlehrforschung in der Diskussion: Methodologische Überlegungen zur Erforschung des Fremdsprachenunterrichts.* Tübingen 1986.
Bausch, Karl-Richard/Heribert Christ/Hans-Jürgen Krumm: »Fremdsprachendidaktik und Sprachlehrforschung«. In: Dies. (Hrsg.): *Handbuch Fremdsprachenunterricht.* Tübingen [4]2003, 1–9
— (Hrsg.): *Interkulturelles Lernen im Fremdsprachenunterricht.* Tübingen 1994.
Bausch, Karl-Richard/Herbert Christ/Frank G. Königs/Hans Jürgen Krumm (Hrsg.): *Kognition als Schlüsselbegriff bei der Erforschung des Lehrens und Lernens fremder Sprachen. Arbeitspapiere der 18. Frühjahrskonferenz zur Erforschung des Fremdsprachenunterrichts.* Tübingen 1998.
— (Hrsg.): *Der Gemeinsame europäische Referenzrahmen für Sprachen in der Diskussion. Arbeitspapiere der 22. Frühjahrskonferenz zur Erforschung des Fremdsprachenunterrichts.* Tübingen 2003.
Bayliss, Amanda: »CALL Materials Integration in an Academic English Program«. *On CALL: The Australian Journal for Computers and Language Education* 9, 2 (1995), 42–47.
Bechtel, William/Adele Abrahamsen: *Connectionism and the Mind: An Introduction to Parallel Processing in Networks.* Cambridge, Mass. 1991.
Benson, Phil/Peter Voller (Hrsg.): *Autonomy and Independence in Language Learning.* London 1997.
Beile, Werner: *Typologie von Übungen im Sprachlabor: Zur Entmythologisierung eines umstrittenen Sachfelds.* Frankfurt a.M. 1979.
Bentlage, Ulrike/Peter Glotz/Ingrid Hamm/Johannes Hummel (Hrsg.): *E-Learning: Märkte, Geschäftsmodelle, Perspektiven.* Gütersloh 2002.
Berger, Arthur Asa: *Games and Activities for Media, Communication and Cultural Studies Students.* New York 2004.
Berloge, Sabine: »Deutsche Frauen in Australien: Assimiliert? Integriert? Isoliert?«. In: Gerhard Stilz/Heinrich Lamping (Hrsg.): *Australienstudien in Deutschland: Grundlagen und Perspektiven.* Bern 1990, 105–116.
Biermann, Rudolf/Herbert Schulte (Hrsg.): *Leben mit Medien – Lernen mit Medien. Fallstudien zum medienpädagogischen Handeln in der Schule.* Frankfurt a.M. 1997.
Bildungsstandards der Kultusministerkonferenz: http://www.kmk.org/schul/home1.htm.
Bimmel, Peter/Herrad Meese/Ute Rampillon: *Lernerautonomie und Lernstrategien.* Berlin 2000.
Bliesener, Ulrich: *Klausuren und Abiturarbeiten in Englisch.* München 1982.
—: »Alte Zöpfe – oder: Das fiel mir auf«. *Neusprachliche Mitteilungen* 39 (1986), 163–164.
Bloom, Julchen/Erich Blaich/Renate Löffler: *Spielen und Lernen im Englischunterricht.* Berlin [10]1988.
Blyth, Carl Stuart: *Untangling the Web: St. Martin's Guide to Language and Culture on the Internet.* New York 1998.

Börner, Wolfgang/Klaus Vogel (Hrsg.): *Grammatik und Fremdsprachenerwerb. Kognitive, psycholinguistische und erwerbstheoretische Perspektiven.* Tübingen 2002.
Börsch, Sabine (Hrsg.): *Die Rolle der Psychologie in der Sprachlehrforschung.* Tübingen 1987.
Bredella, Lothar: *Einführung in die Literaturdidaktik.* Stuttgart 1976.
—: *Das Verstehen literarischer Texte.* Stuttgart 1980.
—: »Das Verstehen literarischer Texte im Fremdsprachenunterricht«. *Die Neueren Sprachen* 89 (1990), 562–583.
—: »Fremdsprachliche Literaturdidaktik und Ästhetik«. In: Multhaup/Wolff 1992, 121–141.
—: *Literarisches und interkulturelles Verstehen.* Tübingen 2002.
—/ Herbert Christ (Hrsg.): *Begegnungen mit dem Fremden.* Gießen 1996.
—/ Werner Delanoy (Hrsg.): *Interkultureller Fremdsprachenunterricht. Das Verhältnis von Fremdem und Eigenem.* Tübingen 1999.
—/ Günther H. Lenz (Hrsg.): *Der amerikanische Dokumentarfilm. Herausforderungen für die Didaktik.* Tübingen 1994.
Bredenbröker, Winfried: *Förderung der fremdsprachlichen Kompetenz durch bilingualen Unterricht.* Frankfurt a.M. 2000.
Breidbach, Stephan/Gerhard Bach/Dieter Wolff (Hrsg.): *Bilingualer Sachfachunterricht: Didaktik, Lehrer-/Lernerforschung und Bildungspolitik zwischen Theorie und Empirie.* Frankfurt a.M. 2002.
Breuer, Rolf/Rainer Schöwerling: *Das Studium der Anglistik: Technik und Inhalte.* München 1980.
Brumfit, Christopher: *Communicative Methodology in Language Teaching: The Roles of Fluency and Accuracy.* Cambridge 1984.
Brunner, Cornelia/William Tally: *The New Media Literacy Handbook. An Educator's Guide to Bringing New Media into the Classroom.* New York 1999.
Burwitz-Melzer, Eva: *Allmähliche Annäherungen: fiktionale Texte im interkulturellen Fremdsprachenunterricht der Sekundarstufe I.* Tübingen 2003.
Buttjes, Dieter (Hrsg.): *Landeskundliches Lernen im Englischunterricht: Zur Theorie und Praxis des inhaltsorientierten Fremdsprachenunterrichts.* Paderborn 1980.
— (Hrsg.): *Panorama: English Cultures Around the World: Landeskundliches Oberstufenlesebuch.* 2 Bde. Dortmund 1986/87.
—: »Lernziel Kulturkompetenz«. In: Bach/Timm 1989, 68–101.
—: »Interkulturelles Lernen im Englischunterricht«. *Der fremdsprachliche Unterricht* (1991) H. 1, 2–8.
—/ Michael Byram (Hrsg.): *Mediating Languages and Cultures: Towards an Intercultural Theory of Foreign Language Education.* Clevedon 1991.
Butzkamm, Wolfgang: *Psycholinguistik des Fremdsprachenunterrichts.* Tübingen ³2002.
Byram, Michael: *Cultural Studies in Foreign Language Education.* Clevedon 1989.
—: *Teaching and Assessing Intercultural Communicative Competence.* Gießen 1997.
Byrne, Donn/Rosa Maria Hermitte: *Die Tafelzeichnung im Fremdsprachenunterricht: Eine Anleitung.* München 1984.
Celce-Murcia, Marianne/Donna M. Brinton/Janet M. Goodwin: *Teaching Pronunciation.* Cambridge 1996.
Chambers, Angela/Donall P.Ó. Baoill (Hrsg.): *Intercultural Communication and Language Learning.* Dublin 1999.
Chapelle, Carol A.: *Computer Application in Second Language Acquisition. Foundations for Teaching, Testing and Research.* Cambridge 2001.
Chomsky, Noam: *Topics in the Theory of Generative Grammar.* The Hague 1966.
Christ, Herbert/Albert-Reiner Glaap (Hrsg.): ›Kreatives Schreiben in der Fremdsprache‹ (Themenheft). *Der fremdsprachliche Unterricht* (1987) H. 82.
Coady, James/Thomas Huckin (Hrsg.): *Second Language Vocabulary Acquisition.* Cambridge 1997.
Colyer, Barry/Chris McDermott: »Teaching with Texts: The Communicative Approach«. *Zielsprache Englisch* (1994) H. 2, 18–22.

Crook, Charles: *Computers and the Collaborative Experience of Learning.* London 1994.
Dam, Leni: *Learner Autonomy 3: From Theory to Classroom Practice.* Dublin 1995.
Dam, Nick van: *The E-Learning Fieldbook. Implementation Lessons and Case Studies from Companies that Are Making E-Learning Work.* New York 2004.
Davids, Jens-Ulrich: »Black British Culture im Englischunterricht (Sek. II, Leistungskurs)«. *Der fremdsprachliche Unterricht* (1994) H. 14, 39–43.
Day, Richard R./Julian Bamford: *Extensive Reading in the Second Language Classroom.* Cambridge 1998.
Deacon, Terrence William: *The Symbolic Species. The Co-Evaluation of Language and the Human Brain.* London 1997.
Decke-Cornill, Helene: »Interventionen: Aufforderung zum Sturm auf Bilder, Filme und andere Texte (ab 11. Klasse)«. *Der fremdsprachliche Unterricht* (1996) H. 21, 43–47.
—/ Maike Reichart-Wallrabenstein (Hrsg.): *Fremdsprachenunterricht in medialen Lernumgebungen.* Frankfurt a.M. 2002.
Diller, Hans-Jürgen u.a. (Hrsg.): ›Landeskunde‹ (Themenheft). *anglistik & englischunterricht* 4 (1978).
DLR-Projektträger – Neue Medien in der Bildung (Hrsg.): *Kursbuch eLearning 2004: Produkte aus dem Förderprogramm.* Bonn 2005 (Als Download und pdf-Datei unter http://www.bmbf.de/pub/nmb_kursbuch.pdf oder http://www.medien-bildung.net erhältlich)
Donath, Reinhard: *E-Mail-Projekte im Englischunterricht.* Stuttgart 1996.
—: *Internet und Englischunterricht.* Stuttgart 1997.
—/ Ingrid Volkmer (Hrsg.): *Das Transatlantische Klassenzimmer. Interkulturelles Lernen durch Online-Projekte im Unterricht.* Hamburg [2]2000.
Donnerstag, Jürgen: »Kognitive Strategien literarischen Lesens in der Fremdsprache«. In: Multhaup/Wolff 1992, 142–156.
Doyé, Peter: *Systematische Wortschatzvermittlung im Englischunterricht.* Hannover [6]1982.
—: *Typologie der Testaufgaben für den Englischunterricht.* München [5]1992.
—: »Neuere Konzepte landeskundlichen Lernens«. *Der fremdsprachliche Unterricht* (1992) H. 7, 4–6.
—: *The Intercultural Dimension. Foreign Language Education in the Primary School.* Berlin 1999.
Dudeney, Gavin: *The Internet and the Language Classroom.* Cambridge 2000.
Düwell, Henning/Claus Gnutzmann/Frank G. Königs (Hrsg.): *Dimensionen der Didaktischen Grammatik. Festschrift für Günther Zimmermann zum 65. Geburtstag.* Bochum 2000.
Eck, Andreas/Lienhard Legenhausen/Dieter Wolff: »Der Einsatz der Telekommunikation in einem lernerorientierten Fremdsprachenunterricht«. In: Wilfried Gienow/Karl-Heinz Hellwig (Hrsg.): *Interkulturelle Kommunikation und prozeßorientierte Medienpraxis im Fremdsprachenunterricht.* Seelze 1994, 43–57.
—/ Uwe Multhaup: »Der Computer als Werkzeug im fremdsprachlichen Unterricht: CD-ROM«. *Fremdsprachen und Hochschule* 37 (1993), 99–124.
Eco, Umberto: *Das offene Kunstwerk.* Frankfurt a.M. 1977, [8]1998.
Edelhoff, Christoph: »Lehrerfortbildung und interkulturelles Lehren und Lernen im Fremdsprachenunterricht«. In: Gisela Baumgratz/Rüdiger Stephan (Hrsg.): *Fremdsprachenlernen als Beitrag zur internationalen Verständigung.* München 1987, 110–148.
—/ Ralf Weskamp (Hrsg.): *Autonomes Fremdsprachenlernen.* München 1999.
Edgerton, Susan Huddleston: *Translating the Curriculum: Multiculturalism into Cultural Studies.* London 1997.
Edmondson, Willis/Juliane House: *Einführung in die Sprachlehrforschung.* Tübingen [2]2000.
Ehlers, Swantje: *Lesetheorie und fremdsprachliche Lesepraxis.* Tübingen 1998.
Ehnert, Rolf/Hans-Eberhard Piepho (Hrsg.): *Fremdsprachen lernen mit Medien: Festschrift für Helm von Faber zum 70. Geburtstag.* München 1986.
Ellis, Nick C. (Hrsg.): *Implicit and Explicit Learning of Languages.* London 1994.
Ellis, Ralph D./Natika Newton (Hrsg.): *The Caldron of Consciousness: Motivation, Affect and Self-Organization – An Anthology.* Amsterdam 2000.

Ellis, Rod: *The Study of Second Language Acquisition*. Oxford 1994.
English G. Neue Ausgabe für Gymnasien. Band A5. Berlin 1989
Erdmenger, Manfred: *Landeskunde im Fremdsprachenunterricht*. Ismaning 1996.
—: *Medien im Fremdsprachenunterricht. Hardware, Software und Methodik*. Braunschweig 1997.
Europarat – Rat für kulturelle Zusammenarbeit: *Gemeinsamer europäischer Referenzrahmen für Sprachen: lernen, lehren, beurteilen*. 2001. (http://www.goethe.de/referenzrahmen)
Faber, Helm von/Dietrich Eggers (Hrsg.): *Video im Fremdsprachenunterricht*. München 1980.
Faulstich, Werner/Gerhard Lippert (Hrsg.): *Medien in der Schule: Anregungen und Projekte für die Unterrichtspraxis in der Sekundarstufe I und II*. Braunschweig 1996.
Felberbauer, Maria: »Der Englischunterricht an der Grundschule: Ein Beitrag zum interkulturellen Lernen«. *Der fremdsprachliche Unterricht* (1991) H. 1, 10–14.
Felix, Uschi: *Beyond Babel: Language Learning Online*. Melbourne 2001.
Fery, Renate/Volker Raddatz (Hrsg.): *Lehrwerke und ihre Alternativen*. Frankfurt a.M. 2000.
Fetzer, Anita: *Recontextualizing Context. Grammaticality Meets Appropriateness*. Amsterdam 2004.
Finkbeiner, Claudia: *Bilingualer Unterricht: Lehren und Lernen in zwei Sprachen*. Hannover 2002.
Finkenstaedt, Thomas: *Kleine Geschichte der Anglistik in Deutschland: Eine Einführung*. Darmstadt 1983.
Fischer, Gerhard: *E-Mail in Foreign Language Teaching: Toward the Creation of Virtual Classrooms*. Tübingen 1998.
Fleischhack, Erich u.a.: *English G. Neue Ausgabe. Grammatikheft zu den Bänden A3 und A4 für das 7. und 8. Schuljahr an Gymnasien*. Berlin 1990.
Frank, Christine/Mario Rinvolucri: *Grammar in Action: Awareness Activities for Language Learning*. Ismaning 1983, [6]1992.
Freese, Peter: *Growing up Black in America: Stories and Studies of Socialisation*. Paderborn 1977 (Schülerband) und 1978 (Lehrerband).
—: »Zur Methodik der Analyse von Short Stories im Englischunterricht der Sekundarstufe II«. In: Freese/Groene/Hermes 1979, 38–71.
—: »Literarische Texte im Englischunterricht der Sekundarstufe II«. *Englisch-Amerikanische Studien*, 3 (1981), 6–31.
—: *The American Short Story. I: Initiation. Interpretations and Suggestions for Teaching*. Paderborn 1986 (Lehrerband) und 1984 (Schülerband).
—/ Horst Groene/Liesel Hermes (Hrsg.): *Die Short Story im Englischunterricht der Sekundarstufe II: Theorie und Praxis*. Paderborn [2]1979.
—/ Liesel Hermes (Hrsg.): *Der Roman im Englischunterricht der Sekundarstufe II: Theorie und Praxis*. Paderborn [2]1981.
Gairns, Ruth/Stuart Redman: *Working with Words. A Guide to Teaching and Learning Vocabulary*. Cambridge 1990.
Gardenghi, Monica/Mary O'Connell (Hrsg.): *Prüfen, Testen, Bewerten im modernen Fremdsprachenunterricht*. Frankfurt a.M. 1997.
Genzlinger, Werner: »Kreatives Schreiben im Englischunterricht der Klassen 5 bis 7: Didaktischmethodische Anmerkungen und Erläuterungen«. *Praxis* 32 (1985), 365–369.
Germer, Erich: *Didaktik der englischen Aussprache*. Hannover 1980.
Giera, Fritz: »Kursorisches Lesen«. *Die Neueren Sprachen* 79 (1980), 33–42.
Gimson, Alfred Charles: *An Introduction to the Pronunciation of English*. London [4]1989.
Giroux, Henry A./Patrick Shannon (Hrsg.): *Education and Cultural Studies: Toward a Performative Practice*. London 1997.
Glaap, Albert-Reiner: »Für einen ›Offenen Kanon‹: Zeitgenössische englische Dramen als Schullektüren, Identifikationsangebote und Gesprächsanlässe«. In: Hans Hunfeld (Hrsg.): *Literaturwissenschaft – Literaturdidaktik – Literaturunterricht: Englisch. II. Eichstätter Kolloquium zum Fremdsprachenunterricht*. Königstein 1982, 178–190.

— (Hrsg.): *Anglistik heute: Perspektiven für die Lehrerfortbildung.* Frankfurt a.M. 1990.
—: »Kurzgeschichten aus verschiedenen englischsprachigen Kulturen für Grund- und Leistungskurse«. *Die Neueren Sprachen* 94 (1995), 243–263.
—/ Klaus Peter Müller: *Introducing the Essay.* 2 Bde. Frankfurt a.M. 1986.
—/ Heribert Rück: »Literarisches Curriculum«. In: Karl-Richard Bausch/Herbert Christ/Werner Hüllen/Hans-Jürgen Krumm (Hrsg.): *Handbuch Fremdsprachenunterricht.* Tübingen 1991, ^{4}2003, 133–138.
Griffiths, Peter: *Introducing Media – Newspapers, Advertising, Television, Radio and Film.* Harlow 1997.
Grindhammer, Lucille: »Hollywood in the English Language Classroom: The Dead Poets' Society«. *Neusprachliche Mitteilungen* 46 (1993), 244–250.
Groene, Horst/Udo Jung/Hanno Schilder (Hrsg.): *Medienpraxis für den Englischunterricht.* Paderborn 1983.
Gutschow, Harald: *Englisch an der Tafel: Anregungen zum Tafelzeichnen.* Berlin 1980.
Habermas, Jürgen: »Die Krise des Wohlfahrtsstaates und die Erschöpfung utopischer Energien«. In: Ders.: *Die Neue Unübersichtlichkeit: Kleine Politische Schriften V.* Frankfurt a.M. 1985, 141–163.
Hall, Stuart: »The Question of Cultural Identity«. In: Hall, Stuart/David Held/Tony McGrew (Hrsg.): *Modernity and Its Futures.* Cambridge 1992, 273–316.
Hallet, Wolfgang: *Fremdsprachenunterricht als Spiel der Texte und Kulturen. Intertextualität als Paradigma einer kulturwissenschaftlichen Didaktik.* Trier 2002.
Halliday, Michael Alexander Kirkwood: *An Introduction to Functional Grammar.* London 1985, ^{2}2000.
—/ Angus McIntosh/Peter Strevens: *The Linguistic Sciences and Language Teaching.* London 1964, ^{6}1973.
Hammerschmidt, Anette C.: *Fremdverstehen: Interkulturelle Hermeneutik zwischen Eigenem und Fremdem.* München 1998.
Hazemi, Reza/Stephen Hailes (Hrsg.): *The Digital University – Building a Learning Community.* London 2002.
Heimann, Paul/Günther Otto/Wolfgang Schulz: *Unterricht: Analyse und Planung.* Hannover ^{10}1979.
Hellwig, Karlheinz (Hrsg.): *Anfänge englischen Literaturunterrichts. Entwicklung, Grundlagen, Praxis. Primarstufe – Jahrgangsstufe 11.* Frankfurt a.M. 2000.
Hermes, Liesel: *Texte im Englischunterricht der Sekundarstufe I: Auswahl und Einsatz.* Hannover 1979.
—: »Von der gelenkten zur selbständigen Texterschließung: Lektüren im Englischunterricht der Sekundarstufe I«. *Der fremdsprachliche Unterricht* (1979) H. 51, 2–15 (1979a).
Herr, Horst Heinrich: *Omas Sprüche und die PISA-Studie. Erziehung gestern, heute und morgen.* Frankfurt a.M. 2004.
Herring, Susan C. (Hrsg.): *Computer-Mediated Communication: Linguistics, Social and Crosscultural Perspectives.* Amsterdam 1996.
Hesse, Mechthild: *Jugendliteratur als Schreiblehre. Untersuchungen zum Verhältnis von Lesen und Schreiben im Englischunterricht der Sekundarstufe I.* Tübingen 2002.
Heuer, Helmut: *Grundwissen der englischen Fachdidaktik: Ein Repetitorium in Frage und Antwort.* Heidelberg 1979.
—/ Friederike Klippel: *Englischmethodik: Problemfelder, Unterrichtswirklichkeit und Handlungsempfehlungen.* Berlin 1987.
Hinkel, Eli (Hrsg.): *Culture in Second Language Teaching and Learning.* Cambridge 1999.
Hinz, Klaus: »Visuell gestützte Wortschatzarbeit im Englischunterricht«. *Der fremdsprachliche Unterricht* (1985) H. 76, 282–290.
Holtwisch, Herbert: »›Mindmapping‹ im Fremdsprachenunterricht«. *Praxis* 39 (1992), 38–44.
Horton, William: Leading E-Learning. Alexandria 2001 (vgl. http://www.horton.com/leading).
Howatt, Anthony P.R.: *A History of English Language Teaching.* Oxford 1988 [zuerst 1984].

Hüllen, Werner: »Sprachwissenschaft und Landeskunde«. *Praxis* 16 (1969), 310–325.
Hunfeld, Hans: *Englischunterricht: Literatur 5–10.* München 1982.
Huntemann, Volker: »Gruppen- und Partnerarbeit im Englischunterricht der gymnasialen Mittelstufe«. In: *Praxis* 27 (1980), 227–237.
James, Carl: *Errors in Language Learning and Use. Exploring Error Analysis.* Harlow 2003.
—/Peter Garrett: *Language Awareness in the Classroom.* London 1992.
Jank, Werner/Hilbert Meyer: *Didaktische Modelle.* Frankfurt a.M. 1991, ⁵2002.
Jarfe, Günther (Hrsg.): *Literaturdidaktik – konkret.* Heidelberg 1997.
Jonassen, David H.: *Computers in the Classroom: Mindtools for Critical Thinking.* Englewood Cliffs 1996.
Jones, Chris/Sue Fortescue: *Using the Computer in the Language Classroom.* Harlow 1990.
Jones, J.R.H.: *Using the Overhead Projector.* London 1982.
Jost, Axel/Uwe Multhaup: »Prozeßorientierte Interpretation eines Telekommunikationsprojektes (10. Schuljahr)«. *Der fremdsprachliche Unterricht* (1996) H. 21, 31–36.
Jung, Udo O.H. (Hrsg.): *Das Sprachlabor: Möglichkeiten und Grenzen technischer Medien im Unterricht.* Königstein 1978.
Kästner, Uwe: *Freies Schreiben in der Fremdsprache – Prozesse und ihre Didaktik.* Bochum 1997.
Kallenbach, Christiane/Markus Ritter: *Computerideen für den Englischunterricht.* Berlin 2000.
Kandzia, Paul-Thomas/Thomas Ottmann (Hrsg.): *E-Learning für die Hochschule. Erfolgreiche Ansätze für ein flexibleres Studium.* Münster 2003.
Kasper, Gabriele/Richard Schmidt: »Developmental Issues in Interlanguage Pragmatics«. *Studies in Second Language Acquisition* 18 (1996), 149–169.
Katz, Richard N./Diana G. Oblinger (Hrsg.): *The ›E‹ Is for Everything: E-Commerce, E-Business and E-Learning in Higher Education.* San Francisco 2000 (vgl. http://www.educause.edu).
Keil-Slawik, Reinhard/Michael Kerres (Hrsg.): *Wirkungen und Wirksamkeit neuer Medien in der Bildung.* Münster 2003.
Kern, Richard/Mark Warschauer: »Introduction: Theory and Practise of Network-Based Language Teaching«. In: Warschauer/Kern 2000, 1–19.
Kernlehrplan Englischunterricht Sekundarstufe I. Entwurf vom 8.3.2004 (vgl. http://www.learn-line.de oder http://www.kernlehrplaene.nrw.de).
Kerres, Michael: »Konzeption multi- und telemedialer Lernumgebungen«. *HMD – Praxis der Wirtschaftsinformatik* 36 (1) (1999), 9–21.
—: »Online- und Präsenzelemente in hybriden Lernarrangements kombinieren«. In: Andreas Hohenstein/Karl Wilbers (Hrsg.): *Handbuch E-Learning: Expertenwissen aus Wissenschaft und Praxis.* Köln 2002. Download von http://www.edumedia.uni-duisburg.de/publications/kombi-hybridenLA.pdf.)
—/ Britta Voß (Hrsg.): *Digitaler Campus. Vom Medienprojekt zum nachhaltigen Medieneinsatz in der Hochschule.* Münster 2003.
Kerstan, Thomas et al.: *Schock für die Schule: die PISA-Studie und ihre Folgen.* Hamburg 2002.
Kiffe, Marion: *Landeskunde und Interkulturelles Lernen im Fremdsprachenunterricht. Eine Analyse von Englischlehrwerken für die Sekundarstufe I.* Paderborn 1998.
Klein, Eberhard/Karlfried Knapp/Fritz-Wilhelm Neumann/Hans Wolfgang Schaller (Hrsg.): *Kulturkommunikation: Anglistik in der Remediatisierung der Informationsgesellschaft.* Trier 2000.
Klein, Wolfgang: *Zweitspracherwerb: Eine Einführung.* Königstein ³1992.
Kleineidam, Hartmut (Hrsg.): ›Schulgrammatik – Konzepte und Realitäten‹ (Themenheft). *Der fremdsprachliche Unterricht* (1980) H. 54.
Klippel, Friederike: *Lernspiele im Englischunterricht: Mit 50 Spielvorschlägen.* Paderborn 1980.
—: »Australien und Neuseeland als landeskundliche Unterrichtseinheiten«. In: Albert Raasch (Hrsg.): *Beiträge zur Landeskunde im Fremdsprachenunterricht.* Frankfurt a.M. 1983, 216–239.
—: »Zielbereiche und Verwirklichung interkulturellen Lernens im Englischunterricht«. *Der fremdsprachliche Unterricht* (1991) H.1, 15–21.
—: *Englischlernen im 18. und 19. Jahrhundert: Die Geschichte der Lehrbücher und Unterrichtsmethoden.* Münster 1994.

—: *Treasure Chest. Übungen und Kopiervorlagen für einen aktiven Englischunterricht.* Berlin 1996.
—: *Englisch in der Grundschule. Handbuch für einen kindgemäßen Fremdsprachenunterricht.* Berlin ³2003.
Knapp, Werner: *Schriftliches Erzählen in der Zweitsprache.* Tübingen 1997.
Knapp, Karlfried/Annelie Knapp-Potthoff: »Interkulturelle Kommunikation«. *Zeitschrift für Fremdsprachenforschung* 1 (1990), 62–93.
Knapp-Potthoff, Annelie/Martina Liedtke (Hrsg.): *Aspekte interkultureller Kommunikationsfähigkeit.* München 1997.
Knauf, Diethelm: *Cultural Studies im Englischunterricht.* Bremen 1996.
Koch, Hartmut/Hartmut Neckel: *Unterrichten mit Internet & Co. Methodenhandbuch für die Sekundarstufe I und II.* Berlin 2001.
Köllinger, Philipp (Hrsg.): *Report E-Learning in deutschen Unternehmen: Fallstudien, Konzepte, Implementierung.* Düsseldorf 2002.
—: »E-Learning – vom Modethema zur Unternehmenspraxis«. In: Köllinger 2002, 13–35 (2002a).
Kötter, Markus: *Tandem Learning on the Internet. Learner Interactions in Virtual Online Environments (MOOs).* Frankfurt a.M. 2002.
Korte, Barbara/Klaus Peter Müller (Hrsg.): *Anglistische Lehre Aktuell: Probleme, Perspektiven, Praxis.* Trier 1995.
Kramer, Jürgen: *English Cultural and Social Studies.* Stuttgart 1983.
—: *Cultural and Intercultural Studies.* Frankfurt a.M. 1990.
—: »Black Britons: From Slave Ship to Citizenship«. *Der fremdsprachliche Unterricht* (1994) H. 14, 4–11.
Kramsch, Claire: *Context and Culture in Language Teaching.* Oxford 1993.
Krashen, Stephen D.: *Second Language Aquisition and Second Language Learning.* New York 1981.
—: *The Input Hypothesis: Issues and Implications.* London 1983.
—/ Tracy D. Terrell (Hrsg.): *The Natural Approach: Language Acquisition in the Classroom.* Oxford 1985.
Kretschmer, Horst/Joachim Stary: *Schulpraktikum: Eine Orientierungshilfe zum Lernen und Lehren.* Berlin ³2002.
Krüger-Thielmann, Karin: *Wissensbasierte Sprachlernsysteme: Neue Möglichkeiten für den computerunterstützten Sprachunterricht.* Tübingen 1992.
Kultusministerium NRW (Hrsg.): *Richtlinien und Lehrpläne für die Realschule in Nordrhein-Westfalen. Englisch.* Köln 1978.
— (Hrsg.): *Vorläufige Richtlinien und Lehrpläne für das Gymnasium – Sekundarstufe I – in Nordrhein-Westfalen. Englisch.* Köln 1978 (1978a).
— (Hrsg.): *Richtlinien und Lehrpläne für die Gesamtschule – Sekundarstufe I – in Nordrhein-Westfalen. Englisch.* Köln 1980.
— (Hrsg.): *Richtlinien für die gymnasiale Oberstufe in Nordrhein-Westfalen. Englisch.* Köln 1981.
— (Hrsg.): *Richtlinien und Lehrpläne für das Gymnasium – Sekundarstufe I – in Nordrhein-Westfalen. Englisch.* Düsseldorf 1993.
Kupetz, Rita (Hrsg.): *Vom gelenkten zum freien Schreiben im Fremdsprachenunterricht. Freiräume sprachlichen Handelns.* Frankfurt a.M. 1997.
Kuty, Margitta: »Spielerische Zugänge zur Grammatikarbeit«. *Der fremdsprachliche Unterricht* (1992) H. 6, 21–26.
Lado, Robert: *Language Teaching: A Scientific Approach.* München ⁵1977.
Lange, Bernd-Peter/Reiner Lehberger: *Cultural Studies: Projekte für den Englischunterricht.* Paderborn 1984.
Langer, Jürgen/Manfred Schurig: »Politik im Fremdsprachenunterricht«. *Praxis* 19 (1972), 5–13.

Legenhausen, Lienhard: »Vokabelerwerb im autonomen Lernkontext: Ergebnisse aus dem dänisch-deutschen Forschungsprojekt LAALE«. *Die Neueren Sprachen* 93 (1994), 467–483.
Lennon, Paul: »German Problems with British English Articulation«. *Englisch* 19 (1984), 103–106.
Liebelt, Wolf: *The Language of Film: Fachausdrücke, Interpretationsfragen & Redemittellisten für die Arbeit mit Filmen im Englischunterricht*. Hildesheim ³1998.
Littig, Peter: *Klug durch E-Learning? Eine Marktstudie der DEKRA Akademie*. Bielefeld 2002.
Littlewood, William: »Learning grammar for communication: Part 1: Introducing the concept«. *Zielsprache Englisch* (1994) H. 2, 26–30.
—: »Learning grammar for communication: Part 2: Helping learners to internalize grammar«. *Zielsprache Englisch* (1994) H. 3, 11–16.
Löschmann, Martin: *Effiziente Wortschatzarbeit*. Frankfurt a.M. 1993.
Lonergan, Jack: *Fremdsprachenunterricht mit Video*. München 1987.
Lowenstein, Wendy/Morag Loh (Hrsg.): *The Immigrants*. Ringwood 1978.
Macht, Konrad: *Methodengeschichte des Englischunterrichts*. Bd. 1: *1800- 1880*. Augsburg 1986; Bd. 2: *1880–1960*. Augsburg 1987.
Markmann, Sigrid: *Kulturelles Lernen im Englischunterricht*. Frankfurt a.M. 1992.
McCarthy, Michael/Norbert Schmitt (Hrsg.): *Vocabulary: Description, Acquisition and Pedagogy*. Cambridge 1997.
Meinhoff, Ulrike H.: *Language Learning in the Age of Satellite Television*. Oxford 1998.
Meister, Dorothee M./Peter Zentel/Sigmar-Olaf Tergan (Hrsg.): *Evaluation von E-Learning. Zielrichtungen, methodologische Aspekte, Zukunftsperspektiven*. Münster 2004.
Melde, Wilma: *Zur Integration von Landeskunde und Kommunikation im Fremdsprachenunterricht*. Tübingen 1987.
Mindt, Dieter: *An Empirical Grammar of the English Verb: Modal Verbs*. Berlin 1995.
—: *An Empirical Grammar of the English Verb System*. Berlin 2000.
Ministerium für Schule und Weiterbildung, Wissenschaft und Forschung des Landes Nordrhein-Westfalen (Hrsg.): *Richtlinien und Lehrpläne für die Sekundarstufe II – Gymnasium/Gesamtschule in Nordrhein-Westfalen. Englisch*. Düsseldorf 1999.
Mißler, Bettina/Uwe Multhaup (Hrsg.): *The Construction of Knowledge, Learner Autonomy and Related Issues in Foreign Language Teaching. Essays in Honour of Dieter Wolff*. Tübingen 1999.
Montgomery, Martin/Alan Durant/Sara Mills: *Ways of Reading: Advanced Reading Skills for Students of English Literature*. London ²2000.
Morris, Isaac: *The Art of Teaching English as a Living Language*. London 1959.
Müller, Klaus Peter: »Lektüren als Leitmedien des Englischunterrichts«. *Die Realschule* 93, 6 (1985), 261–267.
—: »Materialien zur Verbesserung der Schreibfähigkeit im Englischunterricht«. *Der fremdsprachliche Unterricht* (1987) H. 82, 30–31.
—: »Aktuelle Gesellschaftsprobleme und historisches Kulturverständnis im Englischunterricht: Möglichkeiten der Behandlung von Howard Brentons Drama ›The Genius‹«. In: Hartmut Melenk/Jean Firges/Günther Nold/Reinhard Strauch/Dieter Zeh (Hrsg.): *11. Fremdsprachendidaktikerkongress: Region, Drama, Politik, Spracherwerb*. Tübingen 1987, 268–277 (1987a).
—: »Cultural Studies and Literature in Foreign Language Classes: A Natural or an Artificial Symbiosis?« In: Gerhard Bergmann (Hrsg.): *U.S.A. Studies: Beiträge zur Landeskunde*. Halle 1992, 82–94.
Mugdan, Joachim/Wolf Paprotté: »Zur Geschichte des Faches Englisch als Exempel für eine moderne Fremdsprache«. In: Anneliese Mannzmann (Hrsg.): *Geschichte der Unterrichtsfächer I*. München 1983, 65–93.
Multhaup, Uwe/Dieter Wolff (Hrsg.): *Prozeßorientierung in der Fremdsprachendidaktik*. Frankfurt a.M. 1992.
Neuner, Gerhard: *Zur Analyse fremdsprachlicher Lehrwerke*. Frankfurt a.M. 1979.
—: »Zum Wandel der Übungsformen in der Methodik des Fremdsprachenunterrichts«. In: Albert Raasch (Hrsg.): *Handlungsorientierter Fremdsprachenunterricht und seine pragmalinguistische Begründung*. Tübingen 1983, 67–74.

Nischik, Reingard M.: *Short Short Stories: Analyses and Additional Material.* Paderborn 1985 (Lehrerband), 1983 (Schülerband).
Nissen, Rudolf: »A Black Box of Chocolates oder: Lektürearbeit als Paradigma der 2. Sprachlernstufe«. In: Michael Schratz (Hrsg.): *Englischunterricht im Gespräch.* Bochum 1983, 221–241.
—: »Rezeptionsgespräche als Lerngespräche: Schema-Begriff und kommunikatives Lernen im fremdsprachlichen Literaturunterricht«. In: Multhaup/Wolff 1992, 157–172.
—: »Vom gelenkten zum kreativen Schreiben: Freiarbeit in den Klassen 7 und 8«. *Der fremdsprachliche Unterricht* (1993) H. 10, 16–20.
—/ Wilfried Brusch (Hrsg.): *Romane im Englischunterricht.* Hamburg 1989.
Nold, Günter/Edmund Stegmaier: »›The Wide Brown Land‹ and ›A Long Bright Cloud‹: Australien und Neuseeland im Englischunterricht«. *Der fremdsprachliche Unterricht* (1991) H. 3, 4–11.
Nuttall, Christine: *Teaching Reading Skills in a Foreign Language.* London ²1996.
Oberbeil, Marlis: *Living Classes. Vergnüglicher Englischunterricht. 999 Spiele, Übungen, Kopiervorlagen und Tips für den Englischlehrer.* München 1992.
Odlin, Terrence (Hrsg.): *Perspectives on Pedagogical Grammar.* Cambridge 1994.
Ogden, Charles K.: *Basic English: A General Introduction with Rules and Grammar.* London 1930.
Ortner, Brigitte: *Alternative Methoden im Fremdsprachenunterricht. Lerntheoretischer Hintergrund und praktische Umsetzung.* Ismaning 1998.
Otten, Kurt: *Die Maßlosen, die Arglosen und die Kopflosen: Von der Bildungsreform zur Bildungskatastrophe. Aufsätze 1973 – 1993.* Heidelberg 1993.
Papert, Seymour/Idit Harel (Hrsg.): *Constructionism: Research Reports and Essays, 1985–1990.* Norwood 1991.
Peters, Klaus: »Englische Zeitungen auf CD-ROM«. *TELL & CALL: Zeitschrift für Technologie-Unterstützten Unterricht* 2 (1995), 4–18.
Pienemann, Manfred: *Language Processing and Second Language Development. Processability Theory.* Amsterdam 1998.
Piepho, Hans-Eberhard: *Kommunikative Kompetenz als übergeordnetes Lernziel im Englischunterricht.* Dornburg 1974.
—: »Das Lehrwerk im Englischunterricht«. In: Hans Hunfeld/Konrad Schröder (Hrsg.): *Grundkurs Didaktik Englisch.* Königstein 1979, 121–130.
—: *Lerneraktivierung im Fremdsprachenunterricht.* Hannover 2003.
Potter, William James: *Media Literacy.* Thousand Oaks 1998.
Raddatz, Volker: *Fremdsprachliche Landeskunde in Unterricht und Forschung: Eine Bilanz seit 1945.* Augsburg 1989.
Rampillon, Ute: *English Beyond the Classroom: Unterrichtsvorschläge und Materialien zur Förderung der interkulturellen Gesprächsfertigkeit im Englischunterricht der Sek.I.* Bochum 1990.
—: *Lerntechniken im Fremdsprachenunterricht – Handbuch.* Ismaning ³1996.
—/ Helmut Reisener (Hrsg.): ›Intercultural Language Learning‹ (Themenheft). *Der fremdsprachliche Unterricht* (1992) H. 7.
—/ Helmut Reisener (Hrsg.): ›Workshop Words‹ (Themenheft). *Der fremdsprachliche Unterricht* (1995) H. 17.
—/ Günther Zimmermann (Hrsg.): *Strategien und Techniken beim Erwerb fremder Sprachen.* Ismaning 1997.
Rat der Europäischen Union: »Allgemeine und berufliche Bildung 2010 – Die Dringlichkeit von Reformen für den Erfolg der Lissabon-Strategie«. Brüssel 2004 (Download von www.bmbwk.gv.at/medienpool/11537/zwischenbericht.pdf).
Rautenhaus, Heike/Kirsten Lund/Martina Meyer/Robert Meyer (Hrsg.): *Telekommunikation im Englischunterricht: Bericht aus einem Seminar der anglistischen Fachdidaktik.* Oldenburg 1993.
Rheingold, Howard: *Tools for Thought: The History and Future of Mind-Expanding Technology.* Cambridge 2000.
Rice, Jeff R.: *Writing about Cool: Hypertext and Cultural Studies in the Computer Classroom.* New York 2004.

Richards, Jack/Theodore S. Rodgers: *Approaches and Methods in Language Teaching*. Cambridge ²2003.
Riemer, Claudia (Hrsg.): *Kognitive Aspekte des Lehrens und Lernens von Fremdsprachen*. Tübingen 2000.
Rivers, Wilga Marie/Kathleen M. Dell'Orto: »Reading for Information«. *Zielsprache Englisch* (1977) H. 2, 1–5.
Rosenberg, Marc J.: *E-Learning. Strategies for Delivering Knowledge in the Digital Age*. New York 2001.
Roth, Gerhard: *Das Gehirn und seine Wirklichkeit. Kognitive Neurobiologie und ihre philosophischen Konsequenzen*. Frankfurt a.M. ⁵1996.
—: *Fühlen, Denken, Handeln. Wie das Gehirn unser Verhalten steuert*. Frankfurt a.M. 2001.
Rotter, Wilfried/Hermann Bendl: *Your Companion to English Literary Texts*. München 1983.
—: *Your Companion to English Texts: Comprehension, Analysis, Appreciation, Production*. München ²⁴2000.
Rüschoff, Bernd: *Fremdsprachenunterricht mit computergestützten Materialien*. München ²1988.
—: »Neue Technologien: Neue Formen der Lehre und des Lernens in der Anglistik«. In: Korte/Müller 1995, 151–164.
—: »Technologiegestützte Lernsysteme und Datenbanken und Untersuchungen zu Spracherwerbs- und Sprachverstehensstrategien«. *Die Neueren Sprachen* 94 (1995), 555–568 (1995a).
—/ Ulrich Schmitz (Hrsg.): *Kommunikation und Lernen mit alten und neuen Medien*. Frankfurt a.M. 1996.
—/ Dieter Wolff: »Developing and Using Interactive Audio for Foreign Language Learning«. *CALL Austria* 15 (1991), 186–203.
—: *Fremdsprachenlernen mit dem Computer. Neue Möglichkeiten zur Förderung von Fremdsprachenkenntnissen für den Beruf*. Bielefeld 1997.
—: *Fremdsprachenlernen in der Wissensgesellschaft. Zum Einsatz der Neuen Technologien in Schule und Unterricht*. München 1999.
Sächsisches Staatsministerium für Kultus (Hrsg.): *Lehrplan Mittelschule: Englisch*. Dresden 1992.
Sauter, Annette M./Harald Bender/Werner Sauter: *Blended Learning. Effiziente Integration von E-Learning und Präsenztraining*. München ²2004.
Schank, Roger C.: *Designing World-Class E-Learning. How IBM, GE, Harvard Business School and Columbia University Are Succeeding at E-Learning*. New York 2002.
Scheffer, Ute/Friedrich W. Hesse: *E-Learning: die Revolution des Lernens gewinnbringend einsetzen*. Stuttgart 2002.
Schmid-Schönbein, Gisela: *Didaktik: Grundschulenglisch*. Berlin 2001.
Schödel, Artur/Oswald Stille: *Tonträger und Sprachlabor im Englischunterricht*. Frankfurt a.M. 1973.
Scholes, Robert: *Textual Power: Literary Theory and the Teaching of English*. New Haven 1985.
Scholfield, Phil: »Using the English Dictionary for Comprehension«. *TESOL Quarterly* 16 (1982), 185–194.
Schratz, Michael: »Vom aktiven Hören zum produktiven Sprechen: Gruppenunterrichtliche Verfahren zur Integration fremdsprachlicher Fertigkeiten«. *Englisch* 15 (1980), 41–47.
Schrey, Helmut: *Didaktik der Landeskunde an Hauptschulen*. Ratingen 1967.
Schröder, Hartmut: »Evaluationskriterien für multimediale Lernprogramme. Ein Raster für die Praxis«. In: Schröder/Wazel 1998, 97–102.
—/ Gerhard Wazel (Hrsg.): *Fremdsprachenlernen und Neue Medien*. Frankfurt a.M. 1998.
Schröder, Konrad: »Gegenstands- und Zielbestimmungen der anglistischen Fachdidaktik im Lichte fachinterner Entwicklungen«. In: Korte/Müller 1995, 125–138.
Schütze, Ute: »Motivation und ästhetische Sensibilisierung im Lyrikunterricht der Klasse 12: Dargestellt an Gedichten von E.E. Cummings«. *anglistik & englischunterricht* 11 (1980), 97–113.
Schulmeister, Rolf: *Virtuelle Universität – Virtuelles Lernen*. München 2001.
—: *Lernplattform für das virtuelle Lernen: Evaluation und Didaktik*. München 2003 (vgl. http://www.virtual-learning.at/community; http://web.mit.edu/oki).

Selinker, Larry: *Rediscovering Interlanguage.* London 1992.
Seufert, Sabine/Peter Mayr: *Fachlexikon e-le@rning. Wegweiser durch das e-Vokabular.* Bonn 2002.
Siebold, Jörg (Hrsg.): *Sprache und Medien im Fremdsprachenunterricht.* Rostock 1997.
Sixt, Dieta (Hrsg.): *Comprehension as Negotiation of Meaning: Beiträge eines Werkstattgespräches des Goethe-Instituts Amsterdam.* München 1985.
Skehan, Peter: *A Cognitive Approach to Language Learning.* Oxford 1998.
Sloman, Martyn: *The E-Learning Revolution. From Propositions to Reality.* London 2001.
Smith, William Flint (Hrsg.): *Modern Media in Foreign Language Education: Theory and Implementation.* Lincolnwood 1987.
Stanat, Petra (Hrsg.): *PISA 2000: die Studie im Überblick: Grundlagen, Methoden und Ergebnisse.* Berlin 2002.
Stinshoff, Richard (Hrsg.): *Die lange Wende: Beiträge zur Landeskunde Großbritanniens am Ausgang der achtziger Jahre.* Oldenburg 1989.
Teske, Doris: *Cultural Studies: GB.* Berlin 2002.
Thaler, Engelbert: *Musikvideoclips im Englischunterricht. Phänomenologie, Legitimität, Didaktik und Methodik eines neuen Mediums.* München 1999.
Timm, Johannes-Peter: »Fehler und Fehlerkorrektur im kommunikativen Englischunterricht«. *Der fremdsprachliche Unterricht* (1992) H. 8, 4–11.
— (Hrsg.): *Ganzheitlicher Fremdsprachenunterricht.* Weinheim 1995.
Tomasello, Michael: *Constructing a Language: A Usage-Based Theory of Language Acquisition.* Harvard 2003.
—/ Elizabeth Bates (Hrsg.): *Language Development. The Essential Readings.* Oxford 2001.
Tribble, Chris: *Using Concordances in the Language Classroom.* Harlow 1989.
Tribble, Christopher: *Writing.* Oxford 1996.
Trim, John/Brian North/Daniel Coste: *Gemeinsamer europäischer Referenzrahmen für Sprachen: lernen, lehren, beurteilen.* Berlin 2001.
Tudor, Ian: *Learner-Centredness as Language Education.* Cambridge 1996.
Uhl, Volker: *Virtuelle Hochschulen auf dem Bildungsmarkt. Strategische Positionierung unter Berücksichtigung der Situation in Deutschland, Österreich und England.* Wiesbaden 2003.
Ungerer, Friedrich/Gerhard E.H. Meier/Klaus Schäfer/Shirley B. Lechler: *Grammatik des heutigen Englisch.* Stuttgart 1984.
Ur, Penny: *Hörverständnisübungen: Mit englischen und französischen Beispielen.* München 1987.
Varela, Francisco J.: *Kognitionswissenschaft, Kognitionstechnik: eine Skizze aktueller Perspektiven.* ^{3}1993 Frankfurt a.M..
—/ Eleanor Rosch/Eva Thompson: *The Embodied Mind: Cognitive Science and Human Experience.* Cambridge, Mass. 1991.
—: *Der mittlere Weg der Erkenntnis: die Beziehung von Ich und der Welt in der Kognitionswissenschaft – der Brückenschlag zwischen wissenschaftlicher Theorie und menschlicher Erfahrung.* Bern 1990.
Vipond, Douglas/Russell A. Hunt: »Point-Driven Understanding: Pragmatic and Cognitive Dimensions of Literary Reading«. *Poetics* 13 (1984), 7–20.
Vollmer, Helmut J. et al.: »Lernen und Lehren von Fremdsprachen: Kognition, Affektion, Interaktion. Ein Forschungsüberblick«. *Zeitschrift für Fremdsprachenforschung* 12 (2) (2001), 1–145.
Voss, Bernd/Eva Stahlheber (Hrsg.): *Fremdsprachen auf dem Prüfstand. Qualitätssicherung und Qualitätsverbesserung im Schul- und Hochschulbereich.* Berlin 2002.
Wallace, Michael J.: *Teaching Vocabulary.* London 1982.
Warschauer, Mark/Richard Kern (Hrsg.): *Network-Based Language Teaching. Concepts and Practice.* Cambridge 2000.
Weible, David M.: »Towards a Media-Specific Methodology for CALL«. In: Smith 1987, 67–83.
Weller, Franz-Rudolf/Dieter Wolff (Hrsg.): ›Bilingualer Unterricht‹ (Themenheft). *Die Neueren Sprachen* (1993) H. 1–2.
Wendt, Michael (Hrsg.): *Konstruktivistische Fremdsprachendidaktik. Lerner- und handlungsorientierter Fremdsprachenunterricht aus neuer Sicht.* Tübingen 1996.

—: *Konstruktion statt Instruktion: Neue Zugänge zu Sprache und Kultur im Fremdsprachenunterricht.* Frankfurt a.M. 2000.
Werlich, Egon: *A Text Grammar of English.* Heidelberg 1976.
—: *Impressionistic and Technical Descriptions.* Dortmund ²1976 (1976a).
—: *Stories and Reports.* Dortmund ³1977.
—: *Elementargrammatik Englisch für das 5. und 6. Schuljahr. Begleitgrammatik zum Lehrwerk GOOD ENGLISH 1 und 2.* Hannover 1978.
—: *Aufbaugrammatik Englisch für das 7. und 8. Schuljahr. Begleitgrammatik zum Lehrwerk GOOD ENGLISH 3 und 4.* Hannover 1978 (1978a).
—: *Comments and Scientific Argumentation.* Dortmund 1980.
Weskamp, Ralf: *Fachdidaktik: Grundlagen und Konzepte.* Berlin 2001.
—: *Fremdsprachenunterricht entwickeln. Grundschule – Sekundarstufe I – Gymnasiale Oberstufe.* Frankfurt a.M. 2003.
Wilkins, David Arthur: *Notional Syllabuses: A Taxonomy and Its Relevance to Foreign Language Curriculum Development.* Oxford 1976.
Willis, Jane: *Teaching English Through English.* London 1981.
Winter, Heinrich: »PC-gestützte Medien und Englischunterricht«. *Praxis* 49 (2002), 56–64.
Wolff, Dieter (Hrsg.): ›Lernerautonomie‹ (Themenheft). *Die Neueren Sprachen* (1994) H. 5.
—: »›The Proof of the Pudding Is in the Eating‹ oder Warum ich nicht als radikalkonstruktivistischer Mitstreiter von Michael Wendt verstanden werden möchte«. *Zeitschrift für Fremdsprachenforschung* 13 (2002), 181–186.
—: »Lernerautonomie und selbst gesteuertes fremdsprachliches Lernen: Überblick«. In: Bausch/Christ/Krumm 2003, 321–326.
Young, C.M.: »Turkish Teenage Girls in Australia: Experience, Attitudes, Expectations«. In: Mary-Ellen Poole u.a. (Hrsg.): *Culture and Life Possibilities: Australia in Transition.* Sydney 1985, 222–232.
Zydatiß, Wolfgang: *Bilingualer Unterricht in der Grundschule – Entwurf eines Spracherwerbskonzepts für zweisprachige Immersionsprogramme.* München 2000.
—: *Leistungsentwicklung und Sprachstandserhebungen im Englischunterricht. Methoden und Ergebnisse der Evaluierung eines Schulversuchs zur Begabtenförderung: Gymnasiale Regel- und Expressklassen im Vergleich.* Frankfurt a.M. 2002.

5. Sprachpraxis

Ambos, Erwin/Irene Werner (Hrsg.): *Interkulturelle Dimensionen der Fremdsprachenkompetenz: Dokumentation der 18. Arbeitstagung 1994.* Bochum 1996.
Bartlett, Frederick C.: *Remembering: A Study in Experimental and Social Psychology.* Cambridge 1932.
Battenburg, John D.: *English Monolingual Learners' Dictionaries: A User-Oriented Study.* Tübingen 1991.
Brookes, A./P. Grundy (Hrsg.): *Individualization and Autonomy in Language Learning.* ELT Documents, 131. London 1988.
Buttjes, Dieter/Michael Byram (Hrsg.): *Mediating Languages and Cultures: Towards an Intercultural Theory of Foreign Language Education.* Clevedon 1991.
Bygate, Martin: *Speaking.* Oxford 1987.
Byrne, Don: *Teaching Oral English.* London 1976.
Carroll, J.B.: »The prediction of success in intensive foreign language training«. In: Robert Glaser (Hrsg.): *Training research and education.* Pittsburgh 1962, 87–136.
—: »The prediction of success in intensive foreign language training«. In: Robert Glaser (Hrsg.): *Training research and education.* Pittsburgh, PA 1962, S. 87–136.
Carter, Ronald/Michael MacCarthy (Hrsg.): *Vocabulary and Language Learning.* London/New York 1988.

Ducroquet, Lucile: »Are Bilingual Dictionaries Useful Linguistic Tools?« *Language Learning Journal* 9 (1994), 48–51.
Eck, Andreas/L. Legenhausen/D. Wolff: *Telekommunikation und Fremdsprachenunterricht: Informationen, Projekte, Ergebnisse.* Bochum 1995.
Edmondson, Willis J./Juliane House: *Let's talk and talk about it. A pedagogic interactional grammar of English.* München 1981.
Ellis, Gail/Barbara Sinclair: *Learning to Learn English.* Cambridge 1989.
Gardner, David/Lindsay Miller: *Establishing Self-Access: From Theory to Practice.* Cambridge 1999.
Granger, Sylviane (Hrsg.): *Learner English on Computer.* London 1998.
Greenbaum, Sidney/Gerald Nelson: *An Introduction to English Grammar.* London ²2002.
Harmer, Jeremy: *The Practice of English Language Teaching.* London 1983, ³2001.
Heath, David/Thomas Herbst/Richard Kucharek: *Dictionary Techniques: Praktische Wörterbucharbeit mit dem DCE.* München 1989.
Hedge, Tricia: *Writing.* Oxford 1988.
Ilson, Robert F.: *Dictionaries, Lexicography and Language Learning.* Oxford 1985.
Jones, Leo: *International Business English: Video Teacher's Guide.* Cambridge 1993.
Keller, Eric/Sylvia Warner: *Conversation Gambits: Real English Conversation Practices.* Hove 1988.
Kornelius, Joachim: »Was beim Übersetzen an der Hochschule geschehen sollte«. *Anglistik und Englischunterricht* 55/56 (1995), 45–71.
Longman Language Activator. Harlow 1992/2002.
MacCarthy, M./F O'Dell: *English Vocabulary in Use.* Cambridge ²2002.
Macmillan English Dictionary for Advanced Learners. London 2002.
McEnery, Tony/Andrew Wilson: *Corpus linguistics.* Edinburgh ²2001. (z.T. on-line)
Meara, Paul M..: »Vocabulary Acquisition: An Aspect of Language Learning.« *Language Teaching and Linguistics: Abstracts* 13 (1980), 221–46.
Nation, Paul/James Coady: »Vocabulary and Reading«. In: Carter/MacCarthy: *Vocabulary and Language Teaching.* London 1988, 97–111.
Nattinger, James: »Some Current Trends in Vocabulary Teaching.« In: Carter/MacCarthy 1988, 62–82.
Nunan, David: *Designing Tasks for the Communicative Classroom.* Cambridge 1989.
O'Connor, Philip/Adrian Pilbeam/Fiona Scott-Barrett: *Negotiating.* Harlow 1992.
Ogbue, Udoka: *Englischstudium und Internet.* Berlin 2001.
Oxford Collocations Dictionary for Students of English. Oxford 2002.
Quirk, Randolph/Sidney Greenbaum/Geoffrey Leech/Jan Svartvik: *A Comprehensive Grammar of the English Language.* London 1985.
Riley, Philip: »Learners Lib: An Experiment Autonomous Learning Scheme.« In: Marion Geddes/Gill Sturtridge (Hrsg.): *Individualisation.* Loughborough 1982, 61–3.
Rivers, Wilga M./Mary S. Temperley: *A Practical Guide to the Teaching of English as a Foreign or Second Language.* New York 1978.
Rixon, Shelagh: *Developing Listening Skills.* London 1986.
Rost, Michael: *Listening in Language Learning.* London/New York 1990.
Rubin, Joan/Irene Thompson: *How to be a More Successful Language Learner.* Boston 1982.
Sammon, Geoff: *Exploring English Grammar.* Berlin 2002.
Sheerin, Susan: *Self-Access.* Oxford 1989.
Sinclair, John (Hrsg.): *Looking Up.* London 1987.
Smith, Veronica/Christine Klein-Braley: *In Other Words... Arbeitsbuch Übersetzung.* Ismaning ²1989.
Summers, Della: »The Role of Dictionaries in Language Learning.« In: Carter/MacCarthy 1988, 111–125.
Swan, Michael: *Practical English Usage.* Oxford ²1995.
Tribble, Chris/Glyn Jones: *Concordances in the Classroom: Using Corpora. A Resource Guide for Teachers* [new edition]. Houston 1997.

Underwood, Mary: *Teaching Listening*. London 1989.
Ur, Penny: *Grammar Practice Activities*. Cambridge 1988.
—: *Teaching Listening Comprehension*. Cambridge 1987.
Utley, Derek: *Intercultural Resource Pack: Intercultural Communication Resources for Language Teachers*. Cambridge 2004.
Williams, Eddie: *Reading in the Language Classroom*. London 1984, ²1996.
Wilson, J.: »Task-based Language Learning«. *ESP for the University*. *ELT Documents* 123 (1986)

Sachregister

ab ovo 128
absurdes Theater 110
accents of English 257
accentual metre 118
action → Handlung (Literaturwissenschaft)
ad spectatores 145
Adaption, *adaption* 149
Adjektiv 32, 35, 40f., 43ff., 52, 57, 59f., 70, 223
Adressat 88, 123ff., 141, 149
Adverb 43ff., 49f., 52, 57f., 66, 70f., 223
Adverbial 43, 45, 51f., 53, 54, 58, 65
Ästhetik, ästhetische Form/Gestalt 81
Affigierung, Affix 35f.
Affrikat 29
Akronym 36
Akt, *act* 141, 146
Akzeptabilität 55
allegorische Figur 129
Alliteration 116
alliterative rhyme → Stabreim
Allomorph 50f.
Allophon 22, 26f., 50
alltägliche Lebensweise 160, 168f.
Alltagssprache 11, 89, 120
Alltagswelt 169, 183, 208, 233
allwissend 136
Altenglisch 33f., 70f., 73, 90, 98, 106, 109, 118, 120
alternate rhyme → Kreuzreim
Alveolar 23, 25, 29, 51
amerikanisches Englisch 19, 25, 28, 50, 74f., 226, 262, 265
amerikanische Einstellung, *american shot* 152
Analepse 128
analytisches Drama 128
Anapäst 119
Anapher 116
Angelsachsen 32f.
annotierter Text 109
Anordnung 117, 128, 138
Anredeformen 35
Ansatz 16, 100ff.
Anthologie 94, 112
anthropogene Voraussetzungen 218f., 240
Antithese 117
Antonym 39ff., 57
Apostroph 47
Apostrophe 117
appellative Funktion 13, 61, 123
applicability → Praxisbezogenheit
approach → Ansatz
apron stage 145
arbitrary → willkürlich
argumentativ 58, 235, 256

Artikulation 23ff., 26
aside → Beiseitesprechen
Aspekt 44f., 47, 49f., 65
Assimilation 28
Assonanz 116
audio book → Hörbuch
Audiovisualität 148
Auf-/Abblende 152
Aufsicht (Film) 152
auktoriale Charakterisierung 129
auktoriale Erzählsituation 137
Aussprache 3, 17, 22–30, 34, 40, 62, 69, 74, 222, 225f., 218, 230, 237, 257, 262
Autobiographie 88
autodiegetischer Erzähler 133
autonomes Lernen VI, 215f., 224, 228, 233, 248
Autonomie des Textes 103
Autor 82, 84, 86, 88, 101–103, 110, 112f., 125, 131
auxiliary → Hilfsverb

Bachtin, Michail M. 107
backformation → Rückbildung
background/regional/area studies → Landeskunde
Ballade 111, 114
Bedeutung 11, 14f., 17, 26–29, 30–38, 49f., 53f., 57, 59–68, 105f., 115, 160f., 251, 262f.
– sieben Arten der 63
Bedeutungsverschiebung 33, 36f., 117
Bedingungsfelder 218
Beiseitesprechen 146f.
Bericht (Erzählmodus) 139
Berliner Schule 218
Beschreibung (Erzählmodus) 139
Bestimmungswort 36
Betonung 118f.
Bewusstseinsdarstellung 138, 139–140
Bewusstseinsstrom 140
bikulturelle Kompetenz 231
Bild 115
Bildersprache, Bildlichkeit 103, 115
bilingualer Englischunterricht 231
biographischer Ansatz 101
Black British Literature 93
blank → Leerstelle
Blankvers 119, 146
blending → Verschmelzung
Botenbericht 142
Botschaft 12f., 53, 55, 69, 84f., 88, 253, 267
Bourdieu, Pierre 106
britisches Englisch 74f., 262, 265
British Empire 5, 82, 92f., 171, 177

Sachregister

Bühnenform 145
Buchstabe 11, 22, 29, 36, 59

caesura → Zäsur
CALL 258, 260, 264
Calypso 119
camera angle → Kameraperspektive
camera movement → Kamerabewegung
camera position → Einstellungsgröße
Celtic Fringe 33, 90, 91f., 198
channel → Medium
character → Figur
character constellations → Figurenkonstellationen
charakter focaliser 135
Charakterisierung 129–130
Chiasmus 117
Chor 141
clipping → Kürzung
close reading 103
close up → Großaufnahme
Code 12ff., 84, 86, 101, 103, 105, 144, 194, 196
code-zentrierter Ansatz 103, 106, 109
cognitive science → Kognitivismus
Collins, Merle 1f., 20, 76f., 81, 86, 93, 109, 119, 171, 175, 178, 191, 219, 227f., 230
comment (Sprachwissenschaft) → Rhema
comment (Literaturwissenschaft) → Kommentar (Erzählmodus)
Commonwealth-Literatur 92f.
community 188, 206, 207, 266
complement 45f.
complementary distribution → komplementäre Verteilung
compounding → Kompositum
Computer 12, 18, 34, 36, 54, 68, 81, 147f., 208, 233, 242f., 243, 258, 261, 264f., 267
Computerlinguistik 17f.
concord → Kongruenz
concrete poetry → konkrete Poesie
conjunction (Kohäsionsmittel) → Konnexion
conjunction → Konjunktion
connector 46
contents → Inhalt
contextual approach → kontextzentrierter Ansatz
continuity editing → unsichtbarer Schnitt
conversion → Nullableitung
counter culture → Gegenkultur
counter discourse → Gegendiskurs
couplet → Reimpaar
covert narrator → neutrale Erzählinstanz
critical apparatus → kritischer Apparat
critical edition → kritische Ausgabe
cross-cultural contacts/relations → interkulturelle Kontakte
Cultural Materialism 108f., 190–194
Cultural Studies (s. auch Kulturwissenschaft) 160, 165–169, 171, 207, 238
cut → Schnitt

Daktylus 119
Datenbank 252, 261–264

Dauer, *duration* 138
decolonization → Entkolonisierung
defamiliarization → Verfremdung
Dekonstruktivismus 104f., 110, 192
delectare 86
Dental 25, 29
denotativ 28, 63
Derrida, Jacques 104f.
description → Beschreibung (Erzählmodus)
deskriptiv 43, 58, 81, 123, 187, 189
Detailaufnahme 151
Determinativkompositum 36
determiner 45f.
Devianz 88f., 103
Diachronie, diachron 16, 39, 195
digraph → Doppelgraph
Dialekt, Dialektologie 3ff., 17f., 20f., 33, 35, 49, 68, 73ff., 77, 85, 89, 91, 109, 113, 140
Dialog 143
Dichte Beschreibung 185
dictionary → Wörterbuch
diegetischer Ton 153
différance 105
Differenz 105
Diphthong 21, 75
direkte Figurenrede, *direct speech/thought* 139
Direkte Methode 212
discourse time → Erzählzeit
Diskurs (Erzähltheorie) 126
Diskurs (Literatur- und Kulturwissenschaft) 107, 173–176, 190, 194, 209
Diskurs (Sprachwissenschaft) 17, 57
Diskursanalyse 17, 107, 168, 172–176
dissolve → Überblendung
distinktiv 26f., 91
Distribution 106
Doppelgraph 29
Dramatik, Drama 88f.,110, 112ff., 118, 125–130, 141–147, 150
dramatische Ironie 128
dramatischer Monolog 123f.
Drehbuch 81, 112, 148
drei Einheiten 111
Dual 47
dub poetry 82
duration → Dauer
dynamische Figur 129

EAP 70
écriture féminine 172, 174
editing → Einstellungsverbindung
EFL 252
eindimensionale Figur 129
Einstellung 150
Einstellungsgröße 150f.
Einstellungsverbindung 152f.
Einstufungstest 254
Elegie 111
elektronische Medien 241f., 244, 246
Ellipse (Kohäsionsmittel) 57
Ellipse (rhetorische Figur) 117
Ellipse (Erzähltheorie) → Zeitsprung

embracing rhyme → umarmender Reim
Empfänger 12, 14, 61, 68, 84, 86
Empire → *British Empire*
Empirie, empirisch 16, 53, 62, 77, 87f., 102, 155, 158, 170f., 190, 213, 218
encapsulation → Implikation
Endreim 120f.
end-stopped line 119
Endung 3, 36, 44f., 47, 49ff., 70f., 76f.
englische Form 122f.
enjambement → Zeilensprung
Entautomatisierung 88
Entkolonisierung 92, 101
Entlehnung 32, 34
Entscheidungsfelder 218
Epik 110
episches Theater 141
Episteme 195, 236
Epoche 70, 97–100, 194
Epos 111
erlebendes Ich 133f.
erlebte Rede 140
Ersatzform 51
erzählendes Ich 133, 136
Erzähler 129, 131–140, 141f., 150
Erzählforschung 103, 130
Erzählgedicht 114, 121
Erzählliteratur 110f.,113, 118, 139
Erzählmodus/-weise 139–140
Erzählperspektive 134–135
Erzählsituation 131–137
erzählte Welt 131, 136
erzählte Zeit 138
Erzählung 76, 82, 88, 96, 118, 128, 131, 133, 169, 177, 188f., 190–193, 195, 197ff., 201, 203, 205, 232
Erzählzeit 138
ESP 70, 253
Essay 88, 90, 112, 219, 232, 256, 264
essay writing 256
Ethnie, ethnisch 2, 92f., 95, 108, 166, 175f., 180, 200, 206–209, 219, 227
Ethnolinguistik 17f.
Etymologie, etymologisch 17f., 32ff., 261
everyday life → Alltagswelt
everyday way of living → alltägliche Lebensweise
experiential learning → Handlungsorientierung (Unterricht)
experiencing I → erlebendes Ich
explizite Charakterisierung 130
explizite Erzählinstanz 132
Exposition 127f., 143
expositorisch 58
expressive Funktion 13, 61, 123
extensiver Literaturbegriff 81
externe Fokalisierung 134f.
extreme close up → Detailaufnahme
extreme long shot → Weitaufnahme

Fabel 126
Fachsprache 11, 70

fade in/out → Auf-/Abblende
faktiv 67
false friend 37f., 262
feeling of identity → Identitäts- und Wir-Gefühl
Fehleranalyse 18f., 222
Feminismus 94, 101, 167f., 172, 175, 191, 208
feministischer Ansatz 102, 107
Fernsehen 86, 93, 108, 148, 150, 170, 202, 207, 219, 237
Fernsehspiel 148f., 206f.
Fertigkeit/Fähigkeit 217, 220f., 232f., 245, 247f., 254f., 258, 269, 263, 267
Figur 80, 89, 96, 102, 104, 111f., 123, 125, 128, 129–147, 150, 152
Figura Etymologica 116
figural narrative situation → personale Erzählsituation
figurale Charakterisierung 129
figurative language → uneigentlicher Ausdruck
Figurengedicht 85
Figurenkonfigurationen 130
Figurenkonstellation 130
Figurenrede 88, 132; (Erzählmodus) 139f.
figures of speech → rhetorische Figuren
Fiktionalität, fiktional 87–88, 90, 129, 190, 193, 232f.
fiktiv 87, 124, 129
fiktiver Leser 131
Film 7, 79ff., 86, 93, 108, 125, 129, 144, 148, 149–153, 170, 184, 202, 204f., 219, 235, 237, 241f.
Filmkompetenz 152
first-person narrative situation → Ich-Erzählsituation
first-person narrator → Ich-Erzähler
flache Figur 129
flashback → Analepse
Flexion 31, 36, 47, 51, 70f., 76, 262
Fokalisierung 134–136, 138, 152
foreshadowing → Prolepse
Form 17, 31, 39, 41, 59f., 65, 105
foot → Versfuß
Foucault, Michel 107
found poetry 83ff.
frames → kognitive Schemata
free indirect discourse/speech → erlebte Rede
freier Vers 119
Fremdheit 199
Frequenz, *frequency* 138
Freud, Sigmund 102
Freytag, Gustav 127
Freytagsche Pyramide, freytagsches Dramendreieck 127
fricative → Reibelaut
Frühneuenglisch 33, 71f.
full shot → Halbtotale
Funktion 12–15, 21f., 45ff., 50, 57f., 61, 211, 252, 255; (von Literatur) 86, 90, 101
Funktionskategorien 45
Funktionswort 28, 51

Gälisch 51
ganzheitliches Lernen 247f.
Ganzheitlichkeit 187, 247
gap → Leerstelle
Gates, Henry Louis 108
Gattung 110–115, 116, 118, 150, 183, 189, 219, 235, 237
gay and lesbian studies 107
Gebrauchstext 81, 83
Gedicht → Lyrik
Gedichtanalyse 115.125
Gedichtform 121–123
Gegendiskurs
Gegenkultur
Geisteswissenschaft 19, 80, 109, 155, 164f., 213ff., 218
gender → Genus
gender studies 107, 175
Generative Grammatik 16, 53
Genette, Gérard 103, 128f., 134, 136
genre → Gattung
Genus 46ff., 70f.
Geschichte (Literaturwissenschaft) 80
Geschichten (Kulturwissenschaft) 168f., 177, 189, 203
Geschlechterrollen 107, 147
geschlossenes Ende 128
Gesellschaft 155
gesellschaftliches Phänomen 159f.
gesprochene Sprache 22, 69
Gestaltungsmittel, literarische 103
Gleitlaut → Diphthong
Globalisierung, global 164, 183, 197, 199, 206f.
Grammatik 13, 15f., 17, 42–54, 65f., 212, 220, 222, 226–230, 235, 241f., 258, 264; (Lehrwerk) 43, 47, 74, 226f., 258ff.
Graphem 29f.
Graphemik 113
Greenblatt, Stephen 107f.
Großaufnahme 150f.
Guckkastenbühne 145

Halbtotale 151
Hall, Stewart 108
Handlung, Handeln 19, 47, 49f., 51ff., 55f., 59, 66f., 127; (Literaturwissenschaft) 111, 114, 125–128
Handlungschronologie 127f.
Handlungsdynamik 127f.
Handlungsorientierung (Kulturwissenschaft) 187; (Unterricht) 215, 217f., 236, 238f., 242
Handlungsstrang 126
Handlungsstruktur 126–127
harter Schnitt 152
Haupthandlung 128
Haupttext 142f.
headword → Lemma
heritage film 205
heritage industry 201f.
Hermeneutik 109, 171, 186
Herrschaftsstrukturen 169, 172, 183
heterodiegetischer Erzähler 132–134, 135f.

Hexameter 119
high angle → Aufsicht
Hilfsverb 43f., 57f., 75
histoire → Geschichte (Literaturwissenschaft)
historische Sprachwissenschaft 6, 17f., 68, 70–74
holism → Ganzheitlichkeit
holistic learning → ganzheitliches Lernen
homodiegetischer Erzähler 132–134, 142
Homograph 40f.
Homonym 40f.
Homophon 40f.
Hörbuch 82
Hören 82, 217, 220, 223, 225, 232, 254f., 257f.
Hörer 12–15, 22, 52, 58, 66f., 69, 88, 148, 230, 257
Hörspiel 112, 148
Hörverstehen 231f., 255, 257, 260, 264
Hybridität 108
hyperfiction 81, 112, 148
Hyperonym 40f., 57
Hypertext 86
Hyponym 40f., 57

iamb → Jambus
iambic pentametre 119
I as protagonist / I as witness 133
Ich-Erzähler 132f., 136
Ich-Erzählsituation 137
Identitäts- und Wir-Gefühl 160, 204f.
Ideologie 169–172, 188, 190–194, 201
Ideologiekritik 167ff., 171, 176, 186, 209
Idiom 41, 254f., 263
image → Bild, Bildlichkeit
imagery → Bildlichkeit
Imperativ 5 2, 58, 66
implicature 67
Implikation 41
implizite Charakterisierung 130
in medias res 128
indirekte Figurenrede, *indirect speech/thought* 139
Individuum (Literaturwissenschaft) 129
informative Funktion 12f., 55
Informativität 55
Inhalt 12f., 31f., 39, 59ff.
innerer Monolog 140, 144
Institution 160ff., 185, 187f., 190, 195ff., 201, 222, 239, 246, 266f.
integrativ 166f., 198, 253
intensiver Literaturbegriff 81
Intentionalität 55
Interdisziplinarität 7, 104, 109, 186, 216
Interferenz 27
Interimsprache 214
Interjektion 43
Interkulturalität, interkulturell 17, 22, 96, 167, 178, 186, 222, 230ff., 238, 252ff., 259, 266
Interkulturelle Kommunikation 17, 167
interkulturelle Kontakte 178, 253
interkulturelles Lernen 231
interlanguage → Interimsprache

Sachregister 349

Internationales Phonetisches Alphabet (IPA) 22, 24f.
interne Fokalisierung 134–135, 152
Internet 1, 8, 20, 76, 81f., 86, 148
Interpretation, interpretieren 21, 80, 109–147, 158, 171, 183, 185, 189, 193f., 196, 207, 232f.
Intersubjektivität 173, 192
Intertextualität 13, 42, 55, 95–96, 178
Intonation 28f., 31, 62, 225, 257
Inversion (Syntax) 52
Inversion (rhetorische Figur) 117
Irland, irisch 20, 27, 33, 51, 90ff., 135, 166f., 187, 197, 203, 219, 266
Ironie 117
Isochronie 28
Isosyllabismus 28
Isotopiekette 41, 57, 110, 114f.
italienische Form 122f.
iteratives Erzählen 139

Jakobson, Roman 13, 16, 58, 84, 88, 103, 115, 123
Jambus 118f.
Jugendkultur 166, 168, 176, 180ff.
jump cut → harter Schnitt
Junggrammatiker 16
Kamerabewegung 150f.
Kameraperspektive 150, 152
Kanal → Medium
Kanon 94–95, 96 190, 219f.
Kasus 44, 47f., 51, 70
Katastrophe 127
Klangmittel 118
Klasse 21, 156, 161, 166, 172, 181ff., 189, 191ff., 204, 206
Kognition, kognitiv 18, 38f., 51, 54f., 110, 163f., 189
kognitive Schemata 102, 110
Kognitivismus 110, 163f., 189
Kohärenz 55f., 114f., 236
Kohäsion 55ff., 114f.
Kollokation 38, 41, 57, 255, 263
Kolonialismus 5, 96, 109, 171, 177
Kommentar (Erzählmodus) 139
Kommunikation 12ff., 55, 59, 66f., 88, 139, 143, 158f., 167, 169, 183, 192, 214, 218, 221f., 224, 227ff., 231, 233, 242ff., 251, 253–256, 259–262; (literarische) 83, 84–86, 100ff., 124f.
Kommunikationsmodell 12; (literarisch) 84, 101, 131
Kommunikationssituation 12, 35, 43, 55, 58, 68, 70, 86, 125, 131, 141, 143, 221, 224, 242, 254, 260
kommunikative Kompetenz 225, 231, 259
Komödie 110f., 125, 147, 150
Komparatistik 18, 187
komplementäre Verteilung 27
Komponentenanalyse 62
Komposition 36f.
konative Funktion 13
Kongruenz 47

Konjunktion 43f., 46, 49, 53, 57
Konjunktiv 75
konkrete Poesie 85
Konnexion 57
Konsonant 23–27, 29, 34, 74
Konstituenten 53
Konstrukt, Konstrukthaftigkeit 79, 84, 110, 126, 129, 149, 159, 164, 168, 171, 174, 201, 208, 214
Konstruktivismus 110, 163, 173, 215, 218, 236, 238
kontaktive Funktion 13
Kontaktsprache 34
Kontext 12ff., 17, 22, 55, 57, 81f., 84, 86f., 93, 100f., 103, 253, 255f
kontextzentrierter Ansatz 105–107
kontrastive Linguistik, kontrastiv 17f., 49, 257–260
Kontrastpaar 75
Konventionen 14
konvers 39f.
Konversationsmaxime 67f.
Konversion 35
Kooperationsprinzip 67
Korpus, Korpuslinguistik 18, 58
Kotext 22, 27, 35, 40, 50
Kreolsprachen, Kreolisierung 76f.
Kreuzreim 121
Kristeva, Julia 102
Kürzung 32, 36
Kultur 19f., 79, 84, 91ff., 150–165
– enger Kulturbegriff 155f.
– weiter Kulturbegriff 155f.
– Kultur als Text 183f., 186
Kulturanalyse 161, 182, 184
kulturelle Identität 92, 108, 149
kulturelle Kompetenz 209, 229, 231, 235, 248
Kulturgut 102, 201, 205
Kultursemantik 17
kulturspezifisch 42, 66, 111, 166, 176, 200, 239, 244, 256
Kulturvergleich 160
Kulturwissenschaft 19, 165–210
– Methoden 167ff.
– Objektbereich 167ff.
– Ziel 167ff.
Kurzgeschichte 106, 111f.

Lacan, Jacques 102
Landeskunde 19, 155, 161, 166, 188, 225, 237f.
Landeskundedidaktik 238
language acquisition → Spracherwerb
language properties → Spracheigenschaften
l'art pour l'art 86
Latein, lateinisch 21, 33f., 47ff., 71
Laut 11, 15, 22–30, 212
Lautmalerei 14, 60, 116
Lautschrift → phonetische Umschrift
Lebenswelt 158, 172f., 182, 185, 187–195, 197ff., 201, 203, 205, 207, 209f., 212, 216, 221, 240
Leerstelle 102, 260

Lehnwörter 37, 60, 71
Lehrwerk 220, 223f., 225f., 228f., 232, 239, 241
Lemma 262f.
lernerzentrierter Ansatz 252
Lernprozess 210, 215, 226, 249, 252f.
Lerntheorie 248
Lernziel 212, 217–222, 224, 230, 238, 241, 247, 252f., 259
Lesefähigkeit 232
Lesen 255
– *reading for gist* (*scanning*) 232, 255
– *reading for information* (*skimming*) 232, 255
– studienbezogenes/wissenschaftliches 79, 94–96, 100, 109f.
Leser 81, 84–86, 88, 101–103, 105, 112, 125, 131, 145
leserzentrierter Ansatz 102
Lexem 11, 31f., 35, 37f., 38–42, 50f., 57, 62ff., 263
lexical field → Wortfeld
lexikalische Kohäsion 57
Lexikalisierung 31f.
Lexikographie 18, 30
Lexikologie 17f., 30–42, 59
Lexikon, lexikalisch 31, 38–41, 55ff.
lingua franca → Verkehrssprache
literariness → Literaturhaftigkeit
literarische Kompetenz 85, 109, 112
literary criticism → Literaturkritik
Literatur 79, 80–99
Literaturbegriff 80–84
Literaturdidaktik 222, 231–236
Literaturgeschichtsschreibung 97–100
Literaturhaftigkeit 84, 86, 100
Literaturkritik 80
Literatursoziologie 106
Literatursprache 106
Literaturtheorie 80, 100–109
Literaturverfilmung 149, 205
Literaturwissenschaft 79–80
Literaturwissenschaft als Kulturwissenschaft 106
long shot → Totale
low angle → Untersicht
Lyrik 83, 110, 115–125
lyrisches Ich 124

main plot → Haupthandlung
Makrolinguistik 17f.
marxistische Literatur- und Kulturbetrachtung 106, 108, 171, 191
Massenmedien
Mauerschau 142
meaning → Bedeutung
Mediävistik 6
Medien 68, 73, 76, 79ff., 86, 102, 147–153, 168, 181, 190, 202, 204, 207, 213, 219–222, 225, 232f., 237, 241–248, 253, 256
Medienkompetenz 147
Medium (Kanal) 12f., 64, 68f., 82, 84ff., 148f., 263
medium shot → Nahaufnahme

Mehrdeutigkeit 39f.
mehrdimensionale Figur 129
mentalistisch 62
Mentalität 157, 188
messenger's report → Botenbericht
Metapher 22, 38, 42, 70, 117, 150, 173, 178, 236
Metasprache 4
metasprachliche Kommunikation 13
Methode 15f., 100–109, 155, 160, 163, 165ff.,168, 183f., 186f., 212f., 218f., 221, 234
Methodenbeherrschung 220ff., 224
Methodik 213, 219ff., 241
Metonymie 37
Metrum 118
Mikrolinguistik 17f.
Milieu 188, 190f.
mimetisch 87
Minderheiten 95, 97, 108
Minimalpaar 15, 26ff.
Minoritäten → Minderheiten
Mittelalter 28f., 32, 73, 82, 84, 90f., 108
Mittelbarkeit 131f., 150
Mittelenglisch 33, 71f., 73, 98, 120
mittlerer Weg 247
Modalverb 16, 19, 58, 70
Modul 164, 167, 222
Monolog 143
Monophthong 24, 26
Montage (Film) 152f.
Morphem 15, 31, 46–51
Morphologie 17ff., 42–51
Motiv 96, 178, 204
multidimensional character → mehrdimensionale Figur
Multikulturalismus, multikulturell 3, 92, 108, 164, 200, 240
Mündlichkeit 11f., 15, 81f., 93, 113, 118, 212, 231
Muttersprache 25, 76, 209, 231, 262, 265
Mythenkritik 169
Mythos 169, 171, 202f., 210

Nahaufnahme 151
narrated monologue → erlebte Rede
narrated time → erzählte Zeit
narratee → fiktiver Leser
narrating I → erzählendes Ich
narrativ 21, 58, 134, 186, 189f., 194, 197
narrative literature → Erzählliteratur
narrative mode → Erzählmodus
narrative perspective → Erzählperspektive
narrative poem → Erzählgedicht
narrative situation → Erzählsituation
narrative time → Erzählzeit
narratology → Erzählforschung
narrator → Erzähler
narrator-focaliser 135f.
Nasal 23, 25
Nation, Nationalidentität 5, 79, 91–94, 95, 97, 156f., 171, 182, 190, 192ff., 198–204, 206
native speaker 251f.

Natur 155f., 158, 162–165, 168, 171, 184, 197
Nebenhandlung 127
Nebensatz 45, 65
Nebentext 1–8, 94, 142, 148
Neogrammarians → Junggrammatiker
Netzwerk 1–8, 17f., 19ff., 94, 164f., 194f., 211ff., 218ff., 240f.
Neue Englischsprachige Literaturen 92–94, 95f., 108
Neue Medien 68, 81, 147, 245, 256
neutrale Erzählinstanz 132
Neutralisation 27
New Criticism 103
New English Literatures → Neue Englischsprachige Literaturen
New Historicism 108, 189f., 194–197
nicht-diegetischer Ton 153
Nomen 40, 44–47, 49
Nominalphrase 45, 52f.
non-diegetic sound → nicht-diegetischer Ton
nonfiction 88
Norm, normativ 81, 89, 94, 100, 157ff., 161, 219, 227, 229f., 240, 248, 254
Norman Conquest 26, 65, 90
Normierung 157, 183
novel → Roman
Nullableitung 35
Numerus 46f., 53, 70f.

Oberflächenstruktur 53, 55
Objekt 41, 45–48, 51–55
obligatorisch 45, 47–50, 52
Ode 111
off (Film)/*off-screen-sound* 153
offenes Ende 128
Oktett 122
omniscient → allwissend
onomasiologisch 31, 59
onomatopoeia → Lautmalerei
optional 45, 49
orature 82
order → Anordnung
Organon-Modell 60f.
Orthographie 17f., 22, 29f., 262
overt narrator → explizite Erzählinstanz

Paarreim 121
Palatal 25, 27
pan → Schwenk
Paradigma, paradigmatisch 38, 41, 230, 258
paradigmatische Beziehungen 38
Paradoxon 117
Parallelismus 117
Paronomasie 117
parsing → Satzanalyse
Passiv 47, 53, 64, 69, 70
pattern poem → Figurengedicht
Pause 137f.
Pentameter 119f.
Perfekt 46, 49, 226
Periode 33, 70f.
Peripetie

Person 13, 47f.
persona → Rollenmaske
personale Erzählsituation 137
Personifikation 117, 129
Perspektive 134, 150, 152
phatische Funktion 13
Phon, phonetisch 11, 22–26, 252, 257, 262
Phonem, phonemisch 11, 22, 26
Phonetik, phonetisch 17f., 22–26
phonetische Umschrift 22, 24–26, 226
Phonologie 17f., 26f.
Phonotaktik 28
Phrase 45f., 53
picture-frame stage → Guckkastenbühne
Pidginsprachen 76f.
placement test → Einstufungstest
Plosivlaut 24f.
plot → Handlung
plot line → Handlungsstrang
Plural 46f.
Plurimedialität 144, 150
poetic diction 89
poetic foot → Versfuß
Poetik 87, 100f., 111, 188
Poetik der Kultur 188–191
Poetik der Lebenswelt 194–197
poetische Funktion 13, 88, 115
poetische Kompetenz 85
poetry → Lyrik
point of view → Erzählperspektive
point-of-view shot → subjektive Kamera
Polysemie 39f.
popular culture 95, 168–170
Popularisierung 95, 102, 149, 152
Postkolonialismus, postkolonial 177ff., 182, 198
postkoloniale Literatur (s. auch Neue Englischsprachige Literaturen) 92–94, 107
postkoloniale Literaturtheorie 108
postmodern 104
Poststrukturalismus 102, 104f., 191
power structures → Herrschaftsstrukturen
Pragmatik 17f., 66ff., 113, 184, 214, 217, 229f.
pragmatism → Handlungsorientierung (Kulturwissenschaft)
Praktikum 211, 252
Praxisbezogenheit 211
Prädikat 43f., 51f.
Präfigierung, Präfix 35
Präposition 43ff., 48ff., 53f
präskriptiv 43
Präsupposition 67
primary text → Haupttext
Produktivität, produktiv 14f., 35
Progression 52, 228,f., 235
Prolepse 128
Pronomina 43ff., 57
pronunciation → Aussprache
Prosa (s. auch Erzählliteratur) 110, 112, 118, 148
Prosasprache 118
Prosodie 28

352 Sachregister

Proszeniumbühne → Guckkastenbühne
Prototypentheorie/-analyse 62
Prozess 215, 226, 233, 243, 247ff.
Psycholinguistik 18, 214
psychologischer/psychoanalytischer Ansatz 102
psychonarration 139
pun → Paranomasie

Quartett 122
quatrain → Quartett
queer theory 107
quoted monologue → direkte Figurenrede

race → Ethnie, ethnisch
Radio 86, 148f.
radio play → Hörspiel
raumzeitliche Situation 111, 114f.
reader → Leser
reader response theory 102
reading skill → Lesefähigkeit
realer Autor 84, 131
realer Leser 84, 131
Realität → Wirklichkeit
Received Pronunciation (*RP*) 25f., 74, 226, 257
redundant 15, 47
Reduplikation 36
Referendariat 211
Referenz 57f., 61,
– Referenzbedeutung 63
– Referenzidentität 46
– Referenzpronomina 48
Reflektorfigur 137
Regelpoetik 111
Reggae 82, 119, 208
Regieanweisung 129, 143
Regionalisierung, regional 1, 20f., 30, 68, 73f., 89, 91, 93, 113, 166, 168, 176f., 182f., 190, 197f., 200, 204, 206–209
Register 38, 64, 69, 263
Reibelaut 24f., 29
Reim 118, 120–121
Reimpaar 122f., 146
Reimschema 121
Relativsatz 62
Relevanzprinzip 67
reliability → Zuverlässigkeit
Replik 143
report → Bericht (Erzählmodus)
revisionist writing 96, 178
Rezeption 69, 83, 102f., 106, 144, 222ff., 230, 233, 236
Rezeptionsästhetik 102
Rezeptionsgeschichte 102
Rezeptionstheorie 102f.
Rhema 52ff.
Rhetorik 15, 70, 103, 116f.
rhetorische Figuren 116f.
rhyme → Reim
rhyming couplet → Reimpaar
rhyme pattern → Reimschema
Rhythmus 6, 28, 118ff.

Rimmon-Kenan, Shlomith 132, 134, 139
Rollengedicht → dramatischer Monolog
Rollenmaske 124
Roman 111
round character → runde Figur
RP → *Received Pronunciation*
Rückbildung 36
Rückwendung 128
run-on line → Zeilensprung
runde Figur 129
Russischer Formalismus 103

Satz 13, 17, 38, 41, 43ff., 47f., 55f., 119, 262
– Satzanalyse 53
– Satzbau 51ff., 113
– Satzbetonung 28
– Satzsemantik 59, 65
– Satztypen 52
– Satzzeichen 13
Saussure, Ferdinand de 11, 14, 16, 59f., 104f.
scene → Zeitdeckung
Schauplatz 114
Schlüsselwörter 114
Schnitt 150, 152
Schottland, schottisch 16, 20, 25, 27, 33, 44, 73–74, 87, 90f., 167, 183, 197f., 203, 206, 264, 266
Scots 91
Schreiben 217, 220, 227, 230, 234, 254ff.
Schreibfähigkeit 232
Schreibung 29f., 34, 36, 40, 70f.
Schriftbild 85, 113, 119, 121
Schriftlichkeit 82, 85f., 113
Schwenk 152
skill → Fertigkeit/Fähigkeit
screenplay → Drehbuch
secondary text → Nebentext
Selbstgespräch 143
Semantik, semantisch 17f., 35, 36, 38–42, 51, 53f., 57, 59–68, 257, 261ff.
semantische Rollen 65
semasiologisch 31, 59
Semem 31
Semiose 104, 188
Semiotik, semiotisch 59f., 61, 103f., 160ff., 169, 176, 184, 188, 238
Semiotisches Dreieck 14, 60f.
Sender 12ff., 61, 68, 84, 86, 221
Sequenz 150
setting → Schauplatz
Sextett 122
shaped verse → Figurengedicht
short story → Kurzgeschichte
shot → Einstellung
shot-reverse-shot → Schuss-Gegenschuss
showing 132
sign → Zeichen
Signifikant 105
Signifikat 105
Silbe 28
simile → Vergleich
Singular 47f.

singulatives Erzählen 138
Sinnkonstruktion, Sinnhaftigkeit 79, 104, 109f., 163, 169, 190, 231
Situationalität 55, 83
Sklovskij, Victor 103
social phenomenon → gesellschaftliches Phänomen
society → Gesellschaft
soliloquy → Selbstgespräch
Sonett 83, 85, 111f., 114, 121–123
Sonettzyklus 121
sound → Ton
soziokulturelle Voraussetzungen 172, 189
Soziolekt 73
Soziolinguistik 17f., 68, 74–77, 113
Spannung 126f.
speaker → Sprecher
special language → Fachsprache
speech → Figurenrede (Erzählmodus)
Sprache 9–15, 19f., 61, 68f., 71f., 76, 251ff
– Sprachdefinitionen 10f.
– Spracheigenschaften 14f.
– Sprachformen 9, 20f., 207f.
– Sprachkompetenz 262, 267
– Sprachsystem 9, 11, 26, 49, 55, 69, 72, 76
– Sprachvariation 30, 68f.
– Sprachvarietät 81, 89, 91, 109, 113
– Sprachwandel 70, 76
Sprache, literarische → Literatursprache
Sprache als System 16, 34
Spracherwerb 14, 18, 19, 215f., 253
Sprachgebrauch 35, 38, 43, 227, 253
Sprachgeschichte 33, 70f.
Sprachlabor 225, 241, 257
Sprachlehrforschung 214
Sprachlernen 19, 214, 252, 254
Sprachpraxis 212, 222, 230, 251–268
Sprachproduktion 223, 262
Sprachvermittlung 214, 231
Sprachwissenschaft 15–22
Sprechakt 50, 66
Sprechen 217, 220, 233, 255ff.
Sprecher 12–14, 22, 66f.
Sprecher (Lyrik) 124f.
Sprechsituation 124–125, 131
Stabreim 120
stage direction → Regieanweisung
Standard 73
Standardenglisch (s. auch *Received Pronunciation*) 3, 5, 20, 68, 73f., 200
Standardvarietät 4, 25, 76
stanza → Strophe
Stanzel, Franz K. 136–137
statische Figur 129
Stereotyp 200, 204, 206, 208
stichische Reihung, *stichic verse* 121
Stil (Sprach- und Literaturwissenschaft) 20, 113, 255; (Kulturwissenschaft) 168, 176f., 181, 189f., 195, 210, 255
Stilistik 17f., 69f., 258
stimmhaft 23f., 51, 225
stimmlos 23f., 51

stock character → Typ
Stoff 178
story → Geschichte (Literaturwissenschaft)
story time → erzählte Zeit
stream of consciousness → Bewusstseinsstrom
sress → Betonung
stretch → Zeitdehnung
Strophe 121
Struktur 40f., 53, 55, 57, 59, 113–114, 162, 164, 251, 258
Strukturalismus, strukturalistisch 16, 53, 101, 103f., 109, 219
subgenre → Untergattung
Subjekt 43–48, 51–54, 65
subjektive Kamera 152
Subjektivität 123–124
Subkultur 157, 168, 176ff., 180, 191
subordination → Nebensatz
subplot → Nebenhandlung
Substantiv 43ff., 47ff., 70
Substitution 28, 57
Subversion 191, 193f., 195
Suffigierung, Suffix 35
summary → Zeitraffung
suprasegmentale Phonetik 28
suspense → Spannung
syllabic metre 118
Symbol 115
Synchronie, synchron 16, 195
Synonym 38f., 41
Syntagma, syntagmatisch 38, 41f., 258
syntagmatische Beziehungen 41f.
Syntax, syntaktisch 17f., 42ff., 51ff., 174
Syntaxtheorie 53ff.
System 47, 158f., 162, 172f., 184, 218, 226, 266f.
szenische Darstellung 141f.
Szientistik 171, 186

take → Einstellumg (Film)
teaching/learning objective → Lernziel
teichoscopy → Mauerschau
telling 132
Tempus 45, 47f., 71, 227
tense → Tempus
Terranglia 1ff.
Terzett 122
Test 222, 243
Text 12ff., 21f., 55–58, 80–84, 172f., 177f., 183–186, 189f., 192–198
Textfunktion 12f., 57f.
Textlinguistik 17f., 55, 59
Textrezeption und -produktion 256, 259
Textsemantik 59
Textsorte, Texttyp 55ff., 110–113, 183
Textualität 55f., 80
textzentrierter Ansatz → werkimmanenter Ansatz
Thema 52ff., 55, 114
Thema-Rhema-Abfolge 52f.
thick description → Dichte Beschreibung
three unities → drei Einheiten

Tiefenstruktur 53, 55
Tok Pisin 76f.
Ton 153
topic → Thema
Totale (Film) 151
Tragödie 110f., 146
Transformation 53f.
Transformationsgrammatik 16, 53, 59, 230
Transkription → phonetische Umschrift
translation → Übersetzung
triplet → Terzett
Trochäus 119
Trope 117
Typ 129

Überblenden 152
Übersetzung, Übersetzungswissenschaft 18, 212, 254, 258f.
umarmender Reim 121
uneigentlicher Ausdruck 117
Union of the Crowns 73, 91
unsichtbarer Schnitt 152
Untergattung 110–113, 114, 121
Untersicht (Film) 152

Valenz 54, 65
Variation, Variante, Varietät 1, 3f., 6, 13, 20, 25, 27, 28, 39, 47, 49, 68–75, 77, 81, 89, 91, 109, 113, 257
Verbum 43f., 47, 49ff., 54, 226f.
Verfremdung 88–90
Vergangenheit 49f., 202, 205
Vergleich verschiedener Kulturen 160
Vergleich (rhetorische Figur) 117
Verkehrssprache 1, 76, 209, 254
Verlaufsform 46, 50, 65
Vers 118–120
Verschmelzung 36
Versfuß 118
Versmaß 118
Verssprache 118
Verstehen 67, 109, 169, 184f. 187f., 190, 192, 209, 233f., 236
Verstehenshorizont 110, 188
Verstehensprozess 67, 185, 233
vocabulary → Wortschatz
voice (Lyrik) → Sprecher
voice (Sprachwissenschaft) → Passiv
voice over 144, 150
voiced → stimmhaft
voiceless → stimmlos
Vokal 23f., 74
Vokaltrapez 23f.
Volksetymologie 31
Vollverb 43, 44
volta → Wendung (Sonett)
Vorausdeutung 128
Vorsilbe → Präfigierung
Vorwissen 228, 255

vowel → Vokal
vowel diagram → Vokaltrapez

Wales, walisisch 20, 32f., 90f. 197, 203, 206, 266
Weitaufnahme (Film) 151
Wendung (Sonett) 123
werkimmanenter Ansatz 103
Wert 20, 157f., 161f., 168f., 173, 178, 180, 182f., 187f., 191–194, 206, 209, 233, 237, 245
Wertigkeit → Valenz
Williams, Raymond 107f.
willkürlich 11, 14
Wirklichkeit (Sprachwissenschaft) 14, 31f., 43, 46, 48, 59ff; (Literaturwissenschaft) 86ff., 101, 104, 114–115, 126, 129, 143; (Kulturwissenschaft) 162f., 171, 173, 175, 183, 187, 191, 194, 197, 203
Wissenschaftlichkeit 5f., 7, 15f., 79f. 212
Wissenschaftsgeschichte 80
word order → Wortstellung
word-scenery → Wortkulisse
Wort 11, 31f., 35ff., 38f., 43, 261ff.
– Wortart 35f., 43–46
– Wortbetonung 28, 59, 75
– Wortfeld 40, 62
– Wortsemantik 59
– Wortstamm 35
– Wortstellung 48, 51, 71
Wortbildungslehre 17, 32, 35ff.
Wortgeschichte (s. auch Etymologie) 32ff.
Wortkulisse 146
Wortschatz 17, 30–42, 64, 70ff., 219, 223ff., 225, 230f., 243, 255, 258
Wörterbuch 3, 20, 35, 37, 42, 59, 64, 75, 105, 157, 261ff.
writing skill → Schreibfähigkeit

Zäsur 119
Zeichen (Sprachwissenschaft) 11, 14, 30f., 59, 61f.; (Literatur- und Kulturwissenschaft) 84, 104f., 144, 158–161, 177, 185, 187, 196, 203
Zeichensystem 7, 15, 79, 104, 158f., 161, 172, 181, 183f. 187, 196, 209
Zeichentheorie 104f.
Zeile 83, 85, 118f., 121f.
Zeilensprung 119
Zeit → Tempus
Zeitdauer → Dauer
Zeitdeckung 138
Zeitdehnung 138
Zeitraffung 138
Zeitsprung 138
zero derivation → Nullableitung
Zivilisation
Zoom (Film) 151
Zuverlässigkeit 136

If you have any concerns about our products,
you can contact us on
ProductSafety@springernature.com

In case Publisher is established outside the EU,
the EU authorized representative is:
**Springer Nature Customer Service Center GmbH
Europaplatz 3, 69115 Heidelberg, Germany**

Printed by Libri Plureos GmbH
in Hamburg, Germany